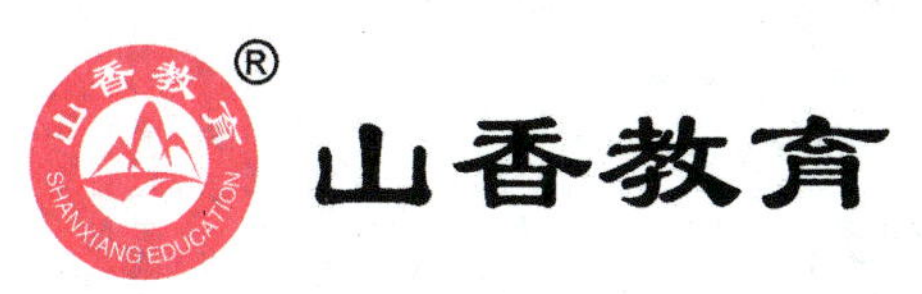

浙江省教师招聘考试专用教材

教育基础知识

中学

山 香 教 师 招 聘 考 试 命 题 研 究 中 心 主 编

图书在版编目(CIP)数据

教育基础知识. 中学 / 山香教师招聘考试命题研究中心主编. -- 北京 : 首都师范大学出版社, 2023.8
浙江省教师招聘考试专用教材
ISBN 978-7-5656-7659-8

Ⅰ. ①教… Ⅱ. ①山… Ⅲ. ①教育学－中学教师－聘用－资格考试－教材 Ⅳ. ①G40

中国国家版本馆CIP数据核字(2023)第129292号

浙江省教师招聘考试专用教材
JIAOYU JICHU ZHISHI ZHONGXUE
教育基础知识·中学
山香教师招聘考试命题研究中心 主 编

策划编辑 张文强
责任编辑 杨林玉 曹亮亮 封面设计 山香教育
首都师范大学出版社出版发行
地 址 北京市海淀区西三环北路105号
邮 编 100048
咨询电话 010-68418523(总编室) 010-68982468(发行部)
网 址 http://cnupn.cnu.edu.cn
印 刷 河南黎阳印务有限公司
经 销 全国新华书店
版 次 2023年8月第1版
印 次 2023年8月第1次印刷
开 本 889mm×1194mm 1/16
印 张 35.5
字 数 820千
定 价 68.00元

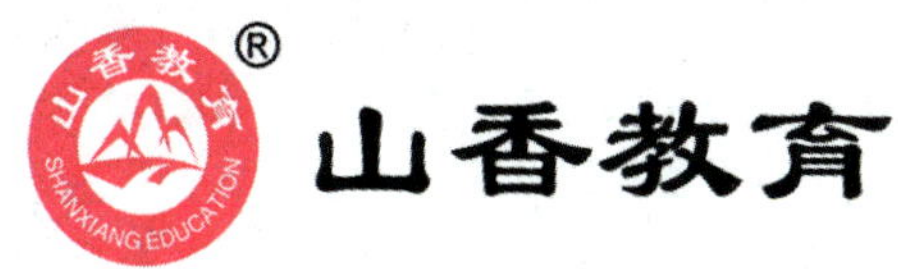

24年内容沉淀

将心注入，只为考生上岸

24年

SHANXIANG
EDUCATION

品牌
故事

山香女孩

抖音扫码 - 山香教育

一段真实感人的故事

一个中国招教的传奇

一个大山中质朴的女孩

只为了能守候心中的爱情

执著地踏上教师招考之路

几经心酸、坎坷数载

终含泪圆梦

师者大爱无疆

回首仍在招教路上迷茫无助

痛苦挣扎的考生

她忍痛放弃来之不易的光辉事业

决然分享自己的招教秘籍

撷菁撷华、纳优去粕，无微不至、倾心辅导

只为复制精彩，再造成功

她圆了一批又一批考生的教师之梦

她让一批又一批的考生喜泪盈眶

她收到了一句又一句的致谢和感恩话语

她已经不是一个她了

而是更多的她，创造了中国招教奇迹！

她就是——山香教育！

SHANXIANG EDUCATION

目录

高效备考从扫码开始……

扫码听讲的4个理由

1. 海量真题免费刷
2. 参加模考体验佳
3. 时政打卡天天有
4. 备考咨询专业答

第一部分　教育学

第三章　学校教育制度

本章考题约占试卷总分值的1%～10%，考查题型主要为单项选择题、填空题、判断题、简答题等。

第四章　教师与学生

本章考题约占试卷总分值的1%～10%，考查题型主要为单项选择题、填空题、判断题、简答题、论述题、案例分析题等。

第五章　课　程

本章考题约占试卷总分值的2%～5%，考查题型主要为单项选择题、填空题、判断题、辨析题、名词解释、简答题等。

第六章　教　学

本章考题约占试卷总分值的1%～15%，考查题型主要为单项选择题、多项选择题、填空题、判断题、辨析题、名词解释、简答题、论述题、材料分析题等。

第七章　学校德育

本章考题约占试卷总分值的1%～10%，考查题型主要为单项选择题、填空题、判断题、辨析题、简答题等。

第三部分　发展心理学

第一章　儿童心理发展

本章考题约占试卷总分值的2%～10%，考查题型主要为单项选择题、判断题、辨析题、简答题、论述题等。

第二章　中学生心理发展

本章考题约占试卷总分值的1%～12%，考查题型主要为单项选择题、判断题、简答题、论述题等。

第四部分　教育心理学

第一章　学习理论

本章考题约占试卷总分值的3%～10%，考查题型主要为单项选择题、填空题、判断题、辨析题、简答题、论述题、材料分析题等。

第二章　知识的学习与迁移

本章考题约占试卷总分值的3%～14%,考查题型主要为单项选择题、填空题、判断题、名词解释、简答题、论述题等。

第三章　学习动机

本章考题约占试卷总分值的3%～20%,考查题型主要为单项选择题、填空题、判断题、辨析题、简答题、论述题、材料分析题等。

第五部分　教育政策法规

专家微课视频索引

(扫描正文中下列知识点处的二维码,即可获取专家微课视频)

考情分析与解读

考情分析

浙江省教师招聘考试没有统一的考试形式，一般由各地教育部门或者人事部门组织招考，目前来看主要有省统考（2019年及之前）、地市统考和地区单独考试等形式。

（1）省统考。省统考的笔试内容以浙江省教育考试院发布的《浙江省中小学教师录用考试说明》为依据，包括教育基础知识和学科专业知识。其中，教育基础知识包括教育学、心理学、教育政策法规等。自2020年以来，浙江省未再组织全省统一考试。

（2）地市统考。地市统考主要有金华市/诸暨市统考、杭州市统考、台州市（椒江区、路桥区）统考、绍兴市统考（越城区、柯桥区、上虞区）、宁波市统考等，笔试内容大多包括教育基础知识和学科专业知识。（注：杭州市统考的笔试内容为学科的专业知识及教材教法）

（3）地区单独考试。单独考试的地区主要有嘉兴市、湖州市、衢州市、永康市等，笔试内容由各地区自主决定。但大部分地区的笔试内容都包括教育基础知识和学科专业知识。

整体来看，浙江省各地区的教师招聘考试笔试内容略有差异，但教育基础知识和学科专业知识为大部分地区的必考内容。并且，部分地区的笔试内容仍以浙江省教育考试院发布的《浙江省中小学教师录用考试说明》为依据，如：永康市。

注：以上信息根据浙江省历年考情整理，仅供参考。具体信息考生需以报考地区的考试公告为准。

内容解读

本教材依据浙江省教育考试院发布的《浙江省中小学教师录用考试说明》和各地市教师招聘历年考情进行编写，包括教育目的、教学、教育研究、普通心理学、发展心理学、教育心理学、教育政策、依法治校等内容。

一、教育学

在浙江省教师招聘考试中，教育学部分要求考生系统掌握教育学的基础知识、基本理论和研究方法，能够运用所学知识分析、判断和解决实际问题。

教育学部分的内容分为九章进行讲解，首先从宏观上讲解教育与教育学的发展历程、国家的教育目的、教育基本规律（教育与社会、教育与人的关系）、国家的教育制度；其次从微观上讲解学校教育所涉及的重要内容：教师与学生、课程；最后讲解教学、学校德育、班主任工作、教育研究与教育改革等教育实践领域的相关知识。

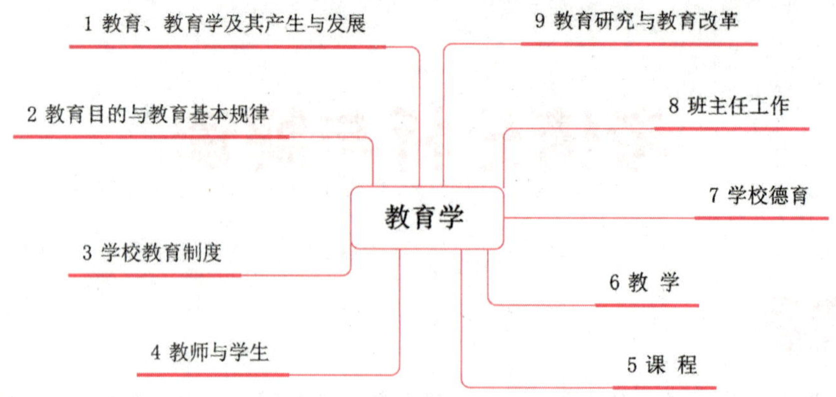

真题示例

[2023金华,辨析]讲授法属于灌输式的教学方法。

参考答案:(1)这种说法是不正确的。(2)注入式是一种"填鸭式""灌输式"的教学方法,是指教师从主观出发,把学生看成单纯接受知识的容器,向学生灌注知识,无视学生在学习上的主观能动性。启发式是指教师从学生实际出发,采取各种有效的形式去调动学生学习的积极性,指导他们自己去学习的方法。在我国传统教学中,教师多使用灌输的方式进行教学,在此过程中运用最多的又是讲授法,因此,有人将讲授法等同于注入式教学、灌输式教学,这是错误的。衡量讲授法是启发式还是灌输式,关键是看教师能否促进学生积极主动地去学习。

二、普通心理学

在浙江省教师招聘考试中,普通心理学部分要求考生系统掌握心理学的基础知识,能够运用所学知识理解、分析、解决实际问题。

普通心理学部分的内容分为四章进行讲解,首先介绍心理学的基础知识,然后详细介绍各种心理现象,具体包括认知过程、情绪情感过程和意志过程、人格心理等。

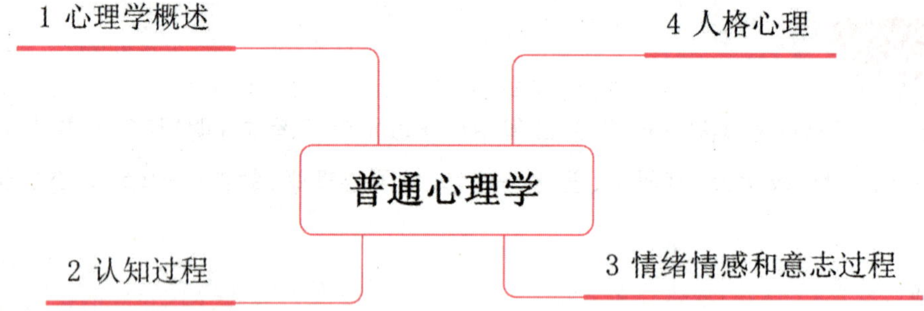

真题示例

[2023绍兴,简答]简述情绪和情感的区别和联系。

参考答案:(1)区别:①情绪是原始的、低级的,与生理需要是否满足相联系;情感是后继的、高级的,与社会需要是否满足相联系。②情绪具有情境性和易变性;情感具有稳定性和持久性。③情绪带有冲动性,伴随明显的外部表现;情感比较内隐,较为深沉。

(2)联系:①情绪是情感的基础,情感离不开情绪。人的情感是在大量情绪体验的基础上形成和发展起来的,也是通过情绪表达出来的。②对人类而言,情绪离不开情感,是情感的具体表现。情绪是情感的外在表现,情感是情绪的本质内容。

三、发展心理学

在浙江省教师招聘考试中，发展心理学部分要求考生系统掌握发展心理学的基础知识和基本理论，能够运用所学知识理解、分析、解决实际问题。

发展心理学部分的内容分为两章进行讲解，首先从宏观上讲解了儿童心理发展及相关理论，然后具体分析中学生心理发展的特点与相应的教育。

1 儿童心理发展 —— **发展心理学** —— 2 中学生心理发展

真题示例

[2023宁波，单选]西西在去年暑假回老家的路上，还不能记住回家的路线图。今年过年回家，能清楚地记得从车站到老家的路线，并能够在纸上画出具体的路线图。根据皮亚杰的认知发展阶段理论，西西的认知发展到了(　　)阶段。

A. 感知运动　　B. 前运算　　C. 具体运算　　D. 形式运算

解析：本题考查皮亚杰的认知发展四阶段。在发展中处于具体运算阶段的儿童能够去中心化并能逆向运算，因此守恒能力迅速发展。儿童开始进行一些运用符号的逻辑思考活动，可以形成一系列的行动心理表象。比如，8岁左右的儿童去过几次小朋友的家，就能够画出具体的路线图来，而5、6岁的儿童则无法做到。题干中，西西之前不能记住回家的路线，之后能够在纸上画出具体的路线图，说明其认知发展现在处于具体运算阶段。

答案：C

四、教育心理学

在浙江省教师招聘考试中，教育心理学部分要求考生系统掌握教育心理学的基础知识和基本理论，能够运用所学知识理解、分析、解决实际问题。

教育心理学部分的内容分为四章进行讲解，首先从宏观上介绍不同学习理论的观点；其次详细讲解了知识的学习、技能的形成、学习策略、学习迁移、学习动机等；最后讲解了教师心理的相关知识。

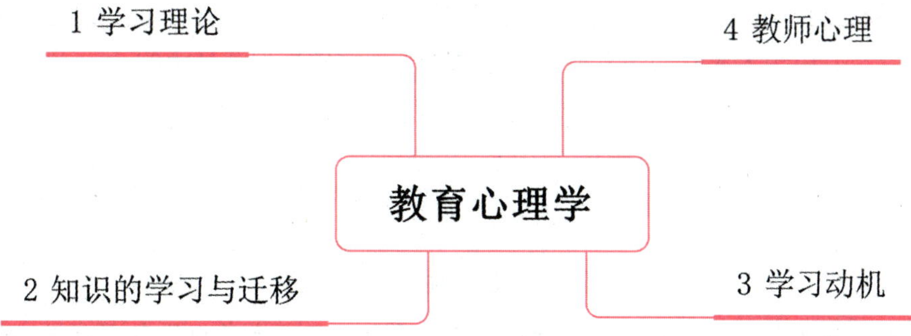

真题示例

[2023金华，论述]论述教师如何克服及缓解职业倦怠。

参考答案：减少和消除职业倦怠的方法主要有以下三点：

(1)个体的自我干预。个体干预的目的是通过改变个体自身的某些特点来增强适应工作环境的能力。个体干预的主要方法有：放松训练、时间管理、社交训练、压力管理和态度改变等。以下是个体干预职业倦怠的几种有效建议:①观念的改变;②积极的应对策略和归因方式;③合理的饮食和锻炼。

(2)组织的有效干预。组织干预的思路是通过削减过度的工作时间、降低工作负荷、明确工作任务、积极沟通与反馈、建立有效的社会支持系统来预防和缓解职业倦怠。学校对教学的评价机制是影响教师工作的积极性和创造性的重要因素,改善学校领导方式是缓解教师职业压力的有效途径。学校应提倡过程性和发展性评价,为教师建立有效的社会认同支持系统,正确认识教师的教育教学成果。另外,要为教师提供深造及参与学校民主决策的机会,增强教师对学校的认同感和归属感。

(3)构建社会支持网络。减少和消除职业倦怠,需要建立一个和谐的社会支持网络。首先,对教师的角色期待进行合理定位;其次,国家应切实采取措施提高教师的经济待遇和社会地位,维护教师的合法权利,使教师切实感受到社会的尊重;最后,教育部门应探索出有效的教师教育培训体系,将职前与职后培训有机结合起来,提高教师智力方面与非智力方面的水平,重视教师承受压力和自我缓解压力的训练。

五、教育政策法规

在浙江省教师招聘考试中,教育政策法规部分要求考生掌握教育政策法规基础知识,能够运用所学的教育法律知识分析和解决实际问题,熟悉主要的法规条文。

教育政策法规部分的内容分为五章:第一章主要讲解教育政策、教育法规及教育法学基础知识;第二章主要介绍《中共中央关于教育体制改革的决定》《关于深化教育改革全面推进素质教育的决定》等文件中较为重要的规定;第三章主要介绍《中华人民共和国教育法》《中华人民共和国义务教育法》等教育法律法规中较为重要的规定;第四章讲解了1997年和2008年修订的《中小学教师职业道德规范》;第五章讲解了依法治校、依法执教与教师违法(侵权)行为预防。

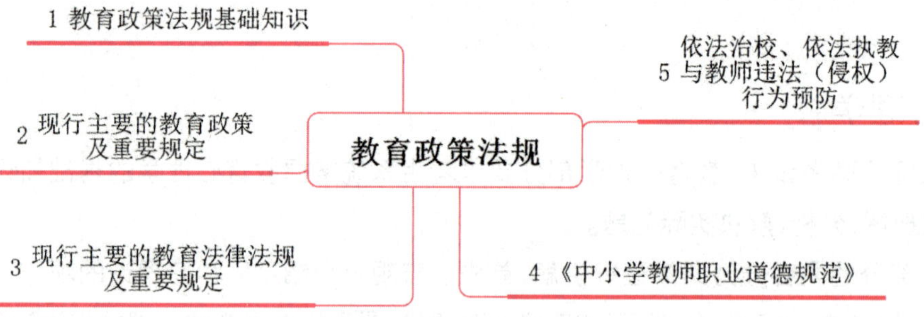

真题示例

[2023嘉兴,填空]《中华人民共和国义务教育法》规定,学校应当保证学生的__________,组织开展文化娱乐等课外活动。

答案:课外活动时间

说　明

★:考点的重要程度或者考频,星级越高则该考点的重要程度或者考频越高,最高为三颗星。

黑体字:知识点中需要重点掌握的词语。

波浪线:复习时需要重点掌握的句子。

红色句子:比画波浪线的句子更重要,需要着重掌握。

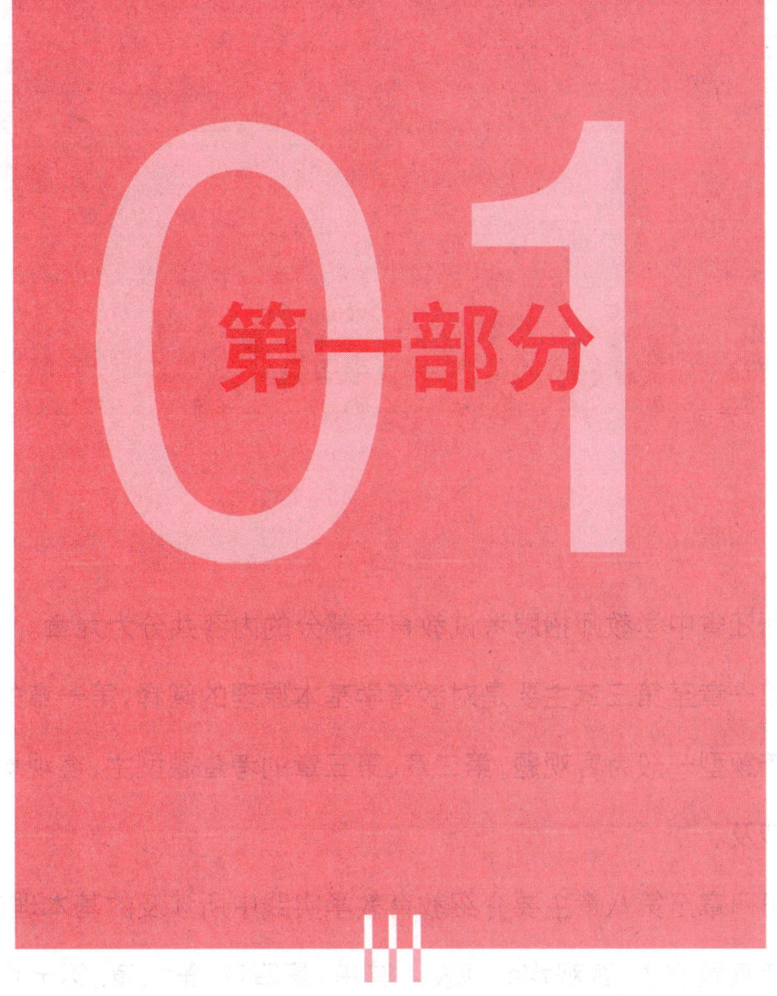

第一部分

教育学

SHAN XIANG

内容导学

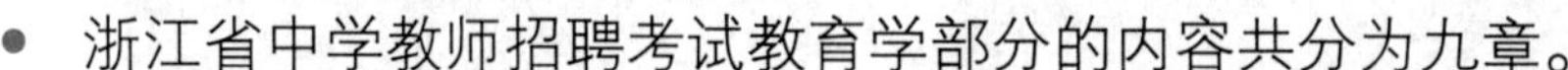

- 浙江省中学教师招聘考试教育学部分的内容共分为九章。
- 第一章至第三章主要是对教育学基本原理的阐释，第一章的考查题型一般为客观题，第二章、第三章的考查题型主、客观均会涉及。
- 第四章至第八章主要介绍教育教学实践中所涉及的基本理论，考查题型主、客观均会涉及。其中，第四章、第六章、第七章的第一节至第三节为主观题的高频考查章节。
- 第九章是对教育研究以及教育改革的介绍，以教育研究为重点，考查题型一般为客观题。
- 考生应重点掌握第一章、第二章、第四章至第七章的内容，并结合历年真题和每章的栏目有重点地复习。对于以客观题为主要考查形式的知识点，应注重识记与理解；对于以主观题为主要考查形式的知识点，不仅要做到识记和理解，更要能灵活运用。

第一章 教育、教育学及其产生与发展

思维导图

- 教育、教育学及其产生与发展
  - 教育及其产生与发展
    - 教育的概念
      - “教育”的词源：最早使用：孟子；最早解释：许慎（易混）
      - “教育”的定义（社会）：
        - 广义的教育：社会教育、学校教育和家庭教育
        - 狭义的教育：学校教育
        - 更狭义的教育：“德育”
    - 教育的属性
      - 教育的本质属性：育人（难点）
      - 教育的社会属性：“永利机场，相对民生”
    - 教育的基本要素（易错）
      - 教育者、受教育者（学习者）和教育影响（教育媒介）
      - 教育者、受教育者和教育措施（包括教育的内容和手段）
      - 教育者、学习者、教育内容和教育手段
      - 教育者、受教育者、教育内容和教育活动方式
    - 教育的功能
      - 作用的对象：个体功能、社会功能
      - 作用的呈现形式：显性功能、隐性功能
      - 作用的方向（性质）：正向功能、负向功能
    - 教育的起源
      - 神话起源说：“诸神合一”
      - 生物起源说：“本能生利息”
      - 心理起源说：“心里做着一个无意识的梦”
      - 劳动起源说（社会起源说）：“米凯爱劳动”
    - 教育的形态
      - 非形式化教育和形式化教育
      - 正规教育和非正规教育
      - 家庭教育、学校教育和社会教育
      - 原始社会的教育、古代社会的教育和近现代社会的教育
    - 教育发展的历史（易混）
      - 四书：《大学》《中庸》《论语》《孟子》
      - 五经：《诗》《书》《礼》《易》《春秋》
      - 六艺：礼、乐、射、御、书、数
      - 七艺：文法、修辞、辩证法、算术、几何、天文、音乐
      - 七技：骑马、游泳、击剑、打猎、投枪、下棋、吟诗
  - 教育学及其产生与发展
    - 教育学的概念
      - 教育学是研究教育现象和教育问题，揭示教育规律的一门科学
    - 教育学发展的历史（重点）
      - 孔子：“有教无类”、启发诱导、因材施教、学思并重、温故知新
      - 《学记》：第一部教育专著、“教师长时等七夕”
      - 夸美纽斯：《大教学论》、“泛智”教育、教育适应自然原则
      - 卢梭：“卢梭自然爱弥儿”
      - 裴斯泰洛齐：“裴齐要素心理话”
      - 洛克：“洛克白板话绅士”
      - 赫尔巴特：《普通教育学》、理论基础（伦理学和心理学）、教育性教学原则、教学形式阶段论
      - 杜威：《民主主义与教育》“三即两学无目的，还有一个三中心”
      - 文化教育学：陶冶自己的人格与灵魂，唤醒人的精神与生命活力
      - 蔡元培：“五育并举”“思想自由，兼容并包”
      - 陶行知：生活教育理论、“伟大的人民教育家”
      - 现代教学理论的三大流派：“布结构，赞发展，瓦范例”

浙江考向

本章属于教育学的基础章节，也是绍兴、金华、温州、台州、宁波、嘉兴、衢州、丽水等地区的笔试频繁考查的章节，内容广泛、识记性知识多，在考试中常以选择题、填空题、判断题等形式考查。本章的考向分析如下：

考点名称	常考题型	能力层级	考查热度
教育的概念	单选、判断	识记、理解	★★★
教育的基本要素	单选	识记	★★
教育的功能	单选、判断	识记、理解	★★
现代教育的特点	单选	识记	★★
孔子的教育思想	单选、填空、判断	识记、理解、掌握	★★★
《学记》的教育思想	单选、填空	识记、理解、掌握	★★★
卢梭的教育思想	单选	识记、理解	★★
赫尔巴特的教育思想	单选、填空、判断	识记、理解	★★★
20世纪教育学的多元化发展	单选、判断	识记、理解	★★

核心考点

第一节　教育及其产生与发展

一、教育的概念 【单选、判断】 ★★★

考点1　“教育”的词源 必背

教育是人类有目的地培养人的一种社会活动，是传承文化、传递生产与社会生活经验的一种途径。

在我国，“教育”一词最早见于《孟子·尽心上》中的“得天下英才而教育之，三乐也”。许慎在《说文解字》中这样解释：“教，上所施，下所效也”“育，养子使作善也”。

在西方，“教育”一词源于拉丁文“educere”，前缀“e”有“出”的意思，意为“引出”或“导出”。

关于“教育”一词的两个“最早”：

(1)最早使用——孟子；

(2)最早解释——许慎。

真题面对面

[2021绍兴，单选]教育史上，最早将“教”“育”二字合成一个词使用的教育家是(　　)

A. 孔子　　B. 老子　　C. 孟子　　D. 荀子

答案：C

考点 2 “教育”的定义

一般说来,人们是从两个角度给“教育”下定义的:

1. 从社会的角度来定义

从社会的角度来定义“教育”,可以把“教育”的定义区分为不同的层次:

(1)**广义的教育**,指增进人的知识与技能、发展人的智力与体力、影响人的思想观念的活动。它包括社会教育、学校教育和家庭教育。

(2)**狭义的教育**,主要指**学校教育**,是教育者依据一定的社会要求,依据受教育者的身心发展规律,有目的、有计划、有组织地对受教育者施加影响,促使其朝着所期望的方向发展变化的活动。

(3)更狭义的教育,有时是指思想品德教育活动,与学校中常说的“德育”是同义词。

2. 从个体的角度来定义

从个体的角度来定义“教育”,往往把“教育”等同于个体学习与发展的过程。

兼顾社会和个体两个方面给教育下定义:教育是在一定社会背景下发生的促使个体的社会化和社会的个性化的实践活动。

真题面对面

[2021 温州,判断]狭义的教育等同于学校教育。(　　)

答案:√

二、教育的属性 【单选、判断】★★

考点 1 教育的本质属性

教育的本质属性是育人,即教育是一种有目的地培养人的社会活动,这是教育区别于其他事物现象的根本特征,是教育的质的规定性。

教育的本质属性

教育的具体而实在的规定性体现在:(1)教育是人类所特有的一种有意识的社会活动;(2)教育是人类有意识地传递社会经验的活动;(3)教育是以人的培养为直接目标的社会实践活动。

关于教育的本质属性,我们需要注意:

(1)教育是人类社会特有的活动,动物界不存在教育。社会性和意识性是人的教育活动和动物的“教育”活动的本质区别。动物界的某些行为虽与人类社会的教育相类似,但本质不同。

(2)人类社会中的一些行为是不属于教育的。例如:①没有明确目的的、偶然发生的行为,如孩子偶然把手指伸到火苗上,被灼伤,由此获得有关火的知识;②日常家庭生活中的“抚养”“养育”行为,如初生婴儿吸奶。

考点 2　教育的社会属性

表 1-1　教育的社会属性

社会属性	内涵
永恒性	只要人类社会存在,就存在着教育
历史性	不同时期的教育有其不同的历史形态、特征
继承性	不同历史时期的教育都前后相继
长期性	无论从一个教育活动完成的角度,还是从一个个体的教育生长的角度,其时间周期都比较长
相对独立性	教育有其自身的规律,具有相对独立性,可以"超前"或"滞后"于当时的社会发展
生产性	教育是生产性活动,与其他生产活动相比,在对象、过程与结果等方面有自己的特殊性
民族性	教育是在具体的民族或国家中进行的,有其民族性的特征

记忆有妙招

为方便考生记忆,编者将教育的社会属性总结成以下口诀:

永利机场,相对民生。**永**:永恒性。**利**:历史性。**机**:继承性。**场**:长期性。**相对**:相对独立性。**民**:民族性。**生**:生产性。

三、教育的基本要素 【单选】 ★★

一般认为,教育者、受教育者(学习者)和教育影响(教育媒介)是构成教育活动的基本要素。

1. 教育者

教育者是指能够在一定社会背景下促进个体社会化和社会个性化活动的人。在教育的构成要素中,教育者是主导性的因素,是教育活动的组织者和领导者。

广义的教育者,指对受教育者态度、知识、技能、思想、品德等方面起到教育影响作用的人。其范围广泛,包括各级各类教育管理人员、专兼职教师、校外教育机构中的工作人员、家长乃至自己。

狭义的教育者,指从事学校教育活动的人。其中,教师是学校教育者的主体,是直接的教育者,在整个教育过程中起主导作用,是学生身心发展的主要影响源。

教育的基本要素说法众多,教育者与受教育者(学习者)是两个必备的要素。需注意:

(1)教育者≠教师;

(2)受教育者(学习者)≠学生。

2. 受教育者(学习者)

在社会教育活动中,在生理、心理及性格发展方面有目的地接受影响、从事学习的人,统称为受教育者,既包括在校学习的学生,也包括各种形式成人教育中的学习者。

受教育者是教育的对象及学习的主体。从法律角度看,受教育者是教育活动的自然人,与教育者是平等的,在接受思想、品德、知识、技能、行为以及智慧、性格等方面的影响时具有主观能动性。

3. 教育影响(教育媒介)

教育影响即教育活动中教育者作用于学习者的全部信息,既包括了信息的内容,也包括了信息选择、传递和反馈的形式,是内容与形式的统一。从内容上说,主要是教育内容、教育材料或教科书;从形式上说,主要是教育手段、教育方法和教育组织形式。

在教育的诸多矛盾中，受教育者与教育内容这一对矛盾是教育中基本的、决定性的矛盾，因为它是教育活动的逻辑起点。

知识再拔高

教育的基本要素的其他说法

说法一：构成教育活动的基本要素是教育者、受教育者和教育措施(包括教育的内容和手段)。

说法二：教育的基本要素主要包括教育者、学习者、教育内容和教育手段。

说法三：凡是教育活动都具有教育者、受教育者、教育内容和教育活动方式等基本要素。

真题面对面

1. [2022宁波，单选]下列关于教育活动结构的说法中，错误的是(　　)

A. 学习者就是指学生

B. 教育者就是促进个体社会化和社会个性化活动的人

C. 学习者具有主观能动性

D. 教育影响不仅仅包括信息的选择、传递和反馈

2. [2021宁波，单选]下列不属于教育活动的四个基本要素的是(　　)

A. 教育者　　B. 受教育者　　C. 教育内容　　D. 教育场所

答案：1. A　2. D

四、教育的功能 【单选、判断】 ★★

考点1　教育功能的内涵

教育功能就是教育对人的发展和社会发展所能起到的影响和作用，尤指对人和社会的发展所起到的积极的促进作用。

教育功能表示的是教育作用，与教育价值既有联系又有区别。

(1)二者的联系：都是回答教育对人的发展和社会发展的作用。

(2)二者的区别：教育价值是教育应该发挥的作用，教育功能是教育能够发挥的和实际发挥的作用。教育价值反映了“理想的教育应该干什么”，教育功能反映了“应该干什么”的教育在实践中“实际干了什么”。

考点2　教育功能的类型

表1-2　教育功能的类型

划分依据	功能类型	含义
作用的对象	个体功能	教育对个体的生存和发展所产生的作用和影响。促进个体发展的功能是教育固有的功能，因此也被称为教育的**本体功能(基本功能)**
	社会功能	教育对社会的稳定、运行和发展所产生的影响。教育的社会功能的发挥必须通过培养人来实现，因此教育的社会功能是教育的**派生功能(工具功能)**
作用的呈现形式	**显性功能**	依照教育目的、任务和价值期待，教育在实际运行中所体现出来的与之相符合的功能
	隐性功能	教育非预期的且具有较大隐藏性的功能

续表

划分依据	功能类型	含义
作用的方向(性质)	正向功能	教育有助于社会进步和个体发展的积极影响和作用
	负向功能	教育阻碍社会进步和个体发展的消极影响和作用

注:显性功能与隐性功能的区分是相对的,一旦隐性的潜在功能被有意识地开发、利用,就转变成了显性教育功能。

真题面对面

[2020宁波,单选]下列有关教育功能的说法,错误的是(　　)

A. 教育功能有正向和负向之分　　B. 教育功能即教育价值

C. 教育的政治功能自学校出现就出现了　　D. 教育功能有隐性和显性之分

答案:B

五、教育的起源 【单选、判断】 ★★

表1-3　教育的起源

代表学说	代表人物	主要观点	评价
神话起源说	朱熹	(1)教育是由人格化的神(上帝或天)所创造。 (2)教育目的是体现神或天的意志	(1)人类关于教育起源的最古老的观点。 (2)受到当时在人类起源问题上认识水平的局限,是根本错误的,非科学的
生物起源说 生物起源说	利托尔诺(法) 沛西·能(英)	教育是一种生物现象,而不是人类所特有的社会现象。教育的产生完全来自动物的本能,是种族发展的本能需要	(1)第一个正式提出的有关教育起源的学说;标志着在教育起源问题上开始转向科学解释。 (2)没有把握人类教育的目的性和社会性,把教育的起源问题生物学化
心理起源说	孟禄(美)	教育起源于日常生活中儿童对成人的无意识模仿	(1)使教育从动物界回归到人类社会,提出模仿是教育起源的新说,有一定的合理性。 (2)把人类有意识的教育行为混同于无意识模仿,同样导致了教育的生物学化,否认了教育的社会属性,是不正确的
劳动起源说(社会起源说)	苏联(如米丁斯基、凯洛夫等)和我国大多数学者	在马克思历史唯物主义理论指导下形成,认为教育起源于人类所特有的生产劳动	提供了理解教育起源和教育性质的一把“金钥匙”

神话起源说

哪有什么神或天!还不如看鸭妈妈教小鸭学走路呢!

生物起源说

心理起源说

劳动起源说

记忆有妙招

为方便考生记忆,编者将各教育起源学说总结成以下口诀:

(1)**诸神合一**:神话起源说认为教育的目的是使人皈依于神或顺从于天。**诸**:朱熹。

(2)**本能生利息**:生物起源说认为教育起源于动物的生存本能。**利**:利托尔诺;**息**:沛西·能。

(3)**心里做着一个无意识的梦**:心理起源说认为教育起源于儿童对成人的无意识模仿。**梦**:孟禄。

(4)**米凯爱劳动**:劳动起源说认为教育起源于生产劳动。**米**:米丁斯基。**凯**:凯洛夫。

六、教育的形态 【单选】 ★

教育的形态,是指教育的组织形式,是人类思维对教育现象的一种科学归纳。标准不同,“形态”的类别划分也各不相同。

1. 非形式化教育和形式化教育

这是根据教育的形式化程度所作的划分。

非形式化教育是指与生活过程、生产过程浑然一体的教育,没有固定的教育者,也没有固定的受教育者。形式化教育的教育者和受教育者相对稳定,有稳定的教育场所和设施,教育内容也相对规范化。

2. 正规教育和非正规教育

这是根据教育的正规程度所作的划分。

正规教育主要指学校教育,是学生在有组织的教育机构中所受到的教育,在有些情况下也可以称为制度化教育。非正规教育是对有组织的教育机构以外所从事的教育活动的统称。

3. 家庭教育、学校教育和社会教育

这是根据教育的实施机构所作的划分。

家庭教育是指以家庭为单位进行的教育活动。学校教育是指以学校为单位进行的教育活动。社会教育是指在广泛的社会生活和生产过程中所进行的教育活动。

4. 原始社会的教育、古代社会的教育和近现代社会的教育

这是根据教育发展的历史阶段所作的划分。

古代社会的教育包括奴隶社会的教育和封建社会的教育。近现代社会的教育包括近代社会教育和现代社会教育,其中,现代社会的教育包括资本主义社会的教育和社会主义社会的教育。

七、教育发展的历史

考点 1 原始社会的教育

原始社会的教育主要有以下三个特征:

(1)教育具有非独立性,教育和社会生活、生产劳动紧密相连。教育是在社会生活和生产劳动中进行的,没有特定的教育场所和专职教育人员。

(2)教育具有自发性、全民性(普及性)、广泛性、无等级性(平等性)和无阶级性,是原始状态下的教育机会均等,只因年龄、性别和劳动分工不同而有差别。

(3)教育具有原始性。教育内容简单,主要是传递生产经验,包括制造生产工具的经验、公共生活的规范、艺术和宗教教育;教育方法单一,由于没有文字和书籍,教育方法只限于动作示范与观察模仿、口耳相传与耳濡目染。

考点 2　古代社会的教育 【单选、判断】 ★★

1. 古代社会教育的特征

古代社会的教育一般指奴隶社会的教育和封建社会的教育。

(1)奴隶社会的教育及其特征

奴隶社会里，出现了专门从事教育工作的教师，产生了学校教育。奴隶社会的教育的共同特征包括：①学校教育成为奴隶主阶级手中的工具，具有鲜明的阶级性；②学校教育与生产劳动相脱离和相对立；③学校教育趋于分化和知识化；④学校教育制度尚不健全。

(2)封建社会的教育及其特征

封建社会的学校教育较之奴隶社会的学校教育，在规模上逐渐扩大，在类型上逐渐增多，在内容上也日益丰富，并且具有等级性、专制性和保守性。但是，由于封建社会的生产仍是手工操作的小生产，生产劳动者的培养不需要通过学校教育，因而，封建社会的学校教育仍然没有培养生产劳动者的任务，基本上也是与生产劳动脱离的。

(3)古代东西方教育的共同特征

教育的阶级性与等级性

①阶级性。学校成为统治阶级培养人才的场所，非统治阶级的子弟不能或无权进入学校接受正规的教育。

②道统性。天道、神道、人道往往合而为一，统治阶级的政治思想和伦理道德是唯一被认可的思想。

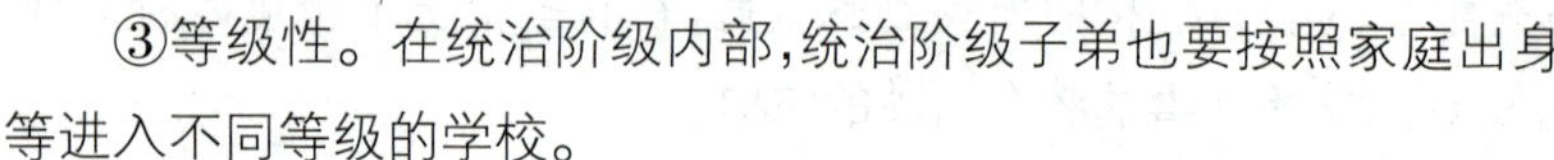

③等级性。在统治阶级内部，统治阶级子弟也要按照家庭出身等进入不同等级的学校。

④专制性。教育过程是管制与被管制、灌输与被灌输的过程，道统的威严通过教师、牧师的威严，通过招生、考试以及教学纪律的威严予以保证。

⑤刻板性。教育方法和学习方法比较单一，都是死记硬背、机械模仿。

⑥象征性。教育的象征性功能占主导地位，即能不能受教育和受什么样的教育是区别社会地位的象征。

小香课堂

关于教育的阶级性与等级性：

	阶级性	等级性
出现时期	奴隶社会	封建社会
典型表现	夏、商、西周时期"学在官府"，唯官有学而民无学（只有奴隶主子弟可以接受学校教育）	唐朝的中央官学设"六学二馆"（不同的阶级地位享有不同的教育权利和等级）

记忆有妙招

为方便考生记忆，编者将古代东西方教育的共同特征总结成以下口诀：

街道等砖刻象。**街**：阶级性。**道**：道统性。**等**：等级性。**砖**：专制性。**刻**：刻板性。**象**：象征性。

2. 古代社会教育的发展

(1)古代中国

表1-4　古代中国的教育

时期	教育发展概况
夏朝	我国最早的学校出现
商朝	有了比较正规的学校教育场所，根据不同年龄的学生在教育上的要求，划分了不同的教育阶段； 瞽宗——商代大学特有的名称，当时奴隶主贵族子弟学习礼乐的场所

续表

时期	教育发展概况
西周	建立了政教合一的官学体系，其显著特征是“学在官府”（“学术官守”）； “六艺”是西周各级各类学校教育的基本学科，具体指礼、乐、射、御、书、数。礼乐教育是“六艺”教育的中心
春秋战国	官学衰微，私学兴起，冲破了“学在官府”的限制，促成了百家争鸣的社会盛况
	战国时期，养士之风盛行，稷下学宫是养士的缩影，是由官家举办、私家主持的学校，特点是学术自由
两汉时期	汉武帝采纳董仲舒的建议，“罢黜百家，独尊儒术”，设立太学（当时最高的教育机构）； 东汉灵帝设立鸿都门学（研究文学艺术的专门学校）
	地方官学的发展始于景帝末年、武帝初年的“文翁兴学”
隋唐	在选士制度上采取科举制；形成以“六学二馆”为主干的中央官学。 （六学：国子学、太学、四门学、律学、书学、算学；二馆：崇文馆、弘文馆）
宋朝	程朱理学成为国学；教育内容主要为“四书五经”；书院盛行。 （“四书”是《大学》《中庸》《论语》《孟子》的合称，“五经”是《诗》《书》《礼》《易》《春秋》的合称）
明朝	八股文成为科考的固定格式；在城镇和乡村地区广泛开设社学（对民间儿童进行教育的重要形式）
清朝	1905年，清政府下令废科举开学堂

注：“六艺”中的“礼”包括政治、历史和以“孝”为本的伦理道德教育；“乐”包括音乐、诗歌、舞蹈教育；“射”指射箭技术教育；“御”指以驾兵车为主的军事技术教育；“书”指文字教育；“数”指简单的计算教育。

真题面对面

[2021宁波，判断]西周学校教育的基本内容是六艺，即礼、乐、射、御、书、数。（　　）

答案：√

（2）古代其他国家（地区）

表1-5　古代其他国家（地区）的教育

国家（地区）	教育发展概况
古代印度	教育与宗教联系在一起，分为婆罗门教育和佛教教育。教育目的主要是道德陶冶，内容多是消极的、遁世的，缺乏积极因素，主张禁欲修行。 ①婆罗门教育：以家庭教育为主，记诵《吠陀》经，僧侣是唯一的教师； ②佛教教育：目的在于让人们弃绝人间享乐，通过修行，追求虚幻的来世；教育活动主要是背诵经典和钻研经义
古代埃及	教育的总体特征："以僧为师""以吏为师"。 ①宫廷学校：法老教育皇子皇孙和贵族子弟的场所； ②僧侣学校：着重科学技术教育，亦为学术中心； ③职官学校：训练一般的能从事某种专项工作的官员，修业期12年； ④文士学校：开设最多的学校。文士精通文字，能写善书，执掌治事权限，较受尊重
古代希腊	雅典教育和斯巴达教育是欧洲奴隶社会两种著名的教育体系。 ①**雅典教育**：在西方最早形成体育、德育、智育、美育和谐发展的教育，教育内容比较丰富，教育方法也比较灵活，教育目的是培养有文化、有修养和多种才能的政治家和商人。 ②**斯巴达教育**：以军事体育训练和政治道德灌输为主，教育内容单一，教育方法也比较严厉，其教育目的是培养忠于统治阶级的强悍的军人和武士

续表

国家(地区)	教育发展概况
中世纪西欧	教会教育和骑士教育是欧洲封建社会两种著名的教育体系。 ①教会教育:目的是培养教士和僧侣,教育内容是"七艺",包括"三科"(文法、修辞、辩证法)和"四学"(算术、几何、天文、音乐),而且各科都贯穿神学。 ②骑士教育:目的是培养封建骑士,教育内容是"骑士七技"(也称"武士七艺"),即骑马、游泳、击剑、打猎、投枪、下棋、吟诗

关于古代东西方教育内容的"三四五六七":

三科——文法、修辞、辩证法。
四学——算术、几何、天文、音乐学。 } 七艺

四书——《大学》《中庸》《论语》《孟子》。

五经——《诗》《书》《礼》《易》《春秋》。

六艺——礼、乐、射、御、书、数。

七技——骑马、游泳、击剑、打猎、投枪、下棋、吟诗。

考点 3　近代社会的教育

19世纪以后的近代教育发展的主要特点有教育国家化、初等教育义务化、教育世俗化和法制化。具体来说,主要表现在以下几点:

(1)国家加强了对教育的重视和干预,公立教育崛起。

(2)初等义务教育的普遍实施。德国是世界上最早的普及义务教育的国家。

(3)教育的世俗化。教育从宗教中分离出来。

(4)教育的法制化。重视教育立法,依法治教。

考点 4　现代社会的教育　【单选、填空、判断】★★★

1. 现代教育的特点

虽然资本主义教育和社会主义教育存在根本性的差异,但与古代教育相比,在总体上,现代教育呈现出一些全新的特征:生产性、公共性、科学性、未来性、革命性、国际性、终身性。主要表现在:

(1)教育的生产性不断增强,教育同生产劳动从分离走向结合;(2)教育的公共性、普及性和多样性日趋突出;(3)教育制度逐步完善;(4)教育的科学化水平日益提高。

真题面对面

[2022金华,单选]下列不属于现代教育特点的是(　　)

A. 教育的生产性不断减弱　　B. 教育的科学化水平日益提高

C. 教育制度逐步完善　　D. 教育的公共性、普及性和多样性日趋突出

答案:A

2. 20世纪后期教育改革和发展的特点

(1)教育的终身化。20世纪60年代以后提出的教育贯穿人一生的终身教育思想,强调职前教育与职后教育的一体化、青少年教育与成人教育的一体化、学校教育与社会教育的一体化。

(2)教育的全民化。所谓全民教育,即全体国民都有接受教育的基本权利并必须接受一定程度的教育,通过各种方式满足基本的学习需求。也就是教育对象的全民化,亦即教育必须向所有人开放。

(3)教育的民主化。教育民主化是对教育的等级化、特权化和专制性的否定。教育民主化首先是指教育机会均等,即教育要为所有的社会成员提供平等的教育权利,包括入学机会的均等、教育过程中享有教育资源机会的均等和教育结果的均等,这意味着要对社会弱势学生群体给予特殊照顾;其次是指师生关系的民主化;再次是指教育方式、教育内容等的民主化,为学生提供更多的自由选择的机会;最后是指追求教育的自由化,包括教育自主权的扩大,根据社会要求设置课程,编写教材的灵活性等。

(4)教育的多元化。多元化是对单一性和统一性的否定,教育的多元化具体包括教育思想的多元化,培养目标、办学模式、教学内容、评价标准等的多元化,它是社会生活多元化以及人的个性化在教育上的反映。

(5)教育技术的现代化。教育技术的现代化是指现代科学技术在教育上的应用,包括教育设备、教育手段、教育方法等的现代化以及由此而引起的教育思想、观念的变化。

(6)教育全球化。进入20世纪50年代以后,科技的迅速发展、国际政治格局的调整,要求教育培养国际通用的人才。20世纪90年代以后,一些发达国家开始建立国际学校,设立国际课程,旨在培养能在未来的国际事务中大显身手的人才。

(7)教育信息化。教育信息化是指在教育管理、教学和科研等领域广泛深入地运用现代信息技术来促进教育改革与发展的过程。教育信息化的基本特征是开放、共享、交互、协作。

(8)教育具有科学性。同以往以经验指导教育相比,现代教育注重科学指导,由此使得教育科学研究获得重视。

记忆有妙招

为方便考生记忆,编者将20世纪后期教育改革和发展的特点总结成以下口诀:

忠全民,多代课,全球信息都知道。忠:终身化。**全:**全民化。**民:**民主化。**多:**多元化。**代:**现代化。**课:**科学性。**全球:**全球化。**信息:**信息化。

3. 现代教育的发展趋势

(1)培养全面发展的人正由理想走向实践。

(2)教育与生产劳动相结合成为现代教育规律之一。

(3)教育民主化向纵深发展。

(4)人文教育与科学教育携手并进。

(5)教育普及制度化,教育形式多样化。

(6)终身教育成为现代教育中一个富有生命力和感召力的教育理念。

(7)实现教育现代化是各国教育的共同追求。教育现代化的最高目的是实现人的现代化。教育现代化的内容包括教育观念现代化、教育内容现代化、教育条件设备现代化、教育管理现代化和教师素质现代化。

教育与生产劳动的关系的演变是常考点,考生需准确识记:

原始社会(结合)→奴隶社会(分离)→封建社会(分离)→现代社会(结合)。

知识再拔高

当代世界教育的特征和发展趋势

1. 当代世界教育的特征

(1)教育规模迅速增长。当代世界教育处在一个急剧增长的时代,其增长模式有四个显著特征:规模庞大、增长速度快、非均衡性、波动性。

(2)教育体制和结构显著变化。主要表现为中等教育制度由双轨制向单轨制转化,教育结构既高度分化又高度整合,教育的类型、层次、形式具有多样化的特征。

(3)教育内涵逐渐扩大。当代世界教育的内涵不断拓展和深化,涵盖了正规教育、非正规教育、非正式教育。终身教育、全民教育和学习化社会已成为教育发展的新趋势和新目标。

(4)教育不平等严重存在。

2. 当代世界教育的发展趋势

(1)教育全民化。全民教育与终身教育是当代最具影响力的两大教育思潮,全民教育的任务侧重于普及教育,终身教育的任务侧重于继续教育。

(2)教育终身化。终身教育动摇了传统教育大厦赖以存在的基石,被誉为“可以与哥白尼日心说带来的革命相媲美,是教育史上最惊人的事件之一”。

(3)教育民主化。教育的民主化是指全体社会成员享有越来越多的教育机会,受到越来越充分的民主教育。为了实现教育的民主化,一方面要做到教育的普及化,另一方面要达到教育质量和效果的平等。

(4)教育信息化。教育信息化将促进教育从固定的人在固定时间、固定地点学习固定内容向任何人在任何时间、任何地点学习任何内容的彻底转变。

考点大默写

1. 我国最早使用“教育”一词的古代教育家是__________。
2. 只要人类社会存在,就存在着教育。这表明教育具有__________。
3. __________是教育的对象及学习的主体,是教育活动构成的基本要素。
4. 依据作用的__________,教育功能可分为显性功能和隐性功能。
5. __________起源说标志着在教育起源问题上开始转向科学解释。
6. 劳动起源说认为教育起源于人类所特有的__________。
7. “以僧为师”“以吏为师”是__________教育的总体特征。
8. __________教育是“六艺”教育的中心。
9. __________是养士的缩影,是由官家举办、私家主持的学校,特点是学术自由。
10. “七艺”包括“三科”和“四学”,其中,“三科”是指__________、__________、__________。
11. 教育__________是对教育的等级化、特权化和专制性的否定。
12. 教育现代化的最高目的是实现__________。

【参考答案】

1. 孟子 2. 永恒性 3. 受教育者 4. 呈现形式 5. 生物 6. 生产劳动 7. 古代埃及 8. 礼乐 9. 稷下学宫 10. 文法 修辞 辩证法 11. 民主化 12. 人的现代化

第二节 教育学及其产生与发展

一、教育学的概念 【单选、判断、简答】 ★

1. 教育学的定义

教育学是研究教育现象和教育问题，揭示教育规律的一门科学。教育学的根本任务是揭示教育规律。

教育现象是教育活动在运动发展中的表现形式，是教育活动外在的、表面的特征，包括教育社会现象和教育认识现象。教育现象被认识和研究，便成为教育问题。

教育问题是指反映到人们大脑中的、需要探明和解决的教育实际矛盾和理论疑难。教育问题是推动教育学发展的内在动力。

教育规律是教育活动内在的、本质的和必然的联系，包括教育内部诸因素、教育与外部诸因素之间的本质性的联系，以及教育发展变化的必然趋势。

2. 教育学与教育科学的关系

教育科学是有关教育问题的各种科学理论的学科群，它包含教育社会学、教育经济学、教学论、教育技术学等。教育学是教育科学体系中的基础学科。无论教育科学体系中有多少门分支学科，教育学在教育学科群中的基础地位和作用都没有改变。

3. 教育学的价值

（1）反思日常教育经验。人类有关教育的认识大概有两种基本形式：一种是日常教育经验；另一种是科学的形式，即“教育学”。教育学是对日常教育经验的一种历史性超越。教师只有通过教育理论的学习和研究去重新审视自己的日常教育经验，才能将其纳入对教育的科学认识之中。

（2）科学解释教育问题。教育学对教育问题的科学解释是有理论依据的，而不是直接建立在感性经验与判断的基础之上的，因而是一种科学的解释。

（3）沟通教育理论与实践。教育学研究的目的不仅是促进教育理论知识的增长，而且是更好地开展教育实践。教育学扮演一种“中介”或“桥梁”的作用，沟通着教育理论与教育实践。

4. 学习和研究教育学的意义

（1）有利于树立正确的教育观，掌握教育规律，指导教育实践；

（2）有利于树立正确的教学观，掌握教学规律，提高教学质量；

（3）有利于掌握学生思想品德发展规律，做好教书育人工作；

（4）有利于建构教师合理优化的知识结构，提高教育理论水平和实际技能。

真题面对面

[2023嘉兴，简答]简述学习和研究教育学的意义。

答案：详见内文

二、教育学发展的历史

考点1　教育学的萌芽阶段【单选、填空、判断】★★★

1. 中国萌芽阶段的教育思想

(1)孔子的教育思想 必背

孔子是我国春秋末期的思想家和教育家，儒家学派的创始人。他的教育思想主要体现在《论语》一书中。

表1-6　孔子的教育思想

学说核心	以"仁"为学说核心和最高道德标准，强调忠孝和仁爱	
教育对象	"有教无类"(办学方针)	
教育内容	①编订"六经"(《诗》《书》《礼》《乐》《易》《春秋》六种教材)，奠定了儒家教育内容的基础。 ②道德教育居于首要地位，《论语·述而》中提到："子以四教：文、行、忠、信。" ③教学内容的特点：偏重社会人事，偏重文事，轻视科技与生产劳动	
教学原则与方法	启发诱导	孔子是世界上最早提出启发式教学的教育家，比苏格拉底提出的"产婆术"早几十年。 孔子曾说："不愤不启，不悱不发。举一隅不以三隅反，则不复也。"朱熹解释为：愤者，心求通而未得之意；悱者，口欲言而未能之貌；启，谓开其意；发，谓达其辞
	因材施教	"求也退，故进之；由也兼人，故退之"
	学思并重	"学而不思则罔，思而不学则殆"(学思结合，两者并重而不偏)
	温故知新	"温故而知新，可以为师矣"

因材施教

真题面对面

1. [2022金华/诸暨，单选]孔子是世界上最早提出启发式教学的教育家，比苏格拉底提出的(　　)早几十年。

A. 产婆术　　B. 传心术　　C. 登龙术　　D. 填鸭术

2. [2023宁波，判断]有教无类是孔子思想的重要组成部分，倡导每个人都有接受教育的权利，体现出教育公平的思想。(　　)

3. [2021温州，判断]提出"温故而知新，可以为师矣"的教育家是朱熹。(　　)

答案：1. A　2. √　3. ×

(2)其他学者(学派)的教育思想

表1-7 其他学者(学派)的教育思想

学者(学派)	教育思想
孟子	①持"性善论",这是其教育思想的基础。认为教育是扩充"善性"的过程,教育的目的在于"明人伦"。 ②在一般的人伦关系上,提出了一种理想的"大丈夫"人格,即"富贵不能淫,贫贱不能移,威武不能屈"
荀子	①持"性恶论",认为教育的作用是"化性起伪",就是通过教育和学习来改变自己的本性,使人具有适应社会生活的道德智能。 ②认为完整的学习过程是由感性认识到理性认识,再到行动的过程,即闻—见—知—行。"不闻不若闻之,闻之不若见之,见之不若知之,知之不若行之。学至于行之而止矣。行之,明也;明之为圣人。" ③在先秦儒家诸子中,最为提倡尊师,把教师提到与天地、祖宗并列的地位,将教师视为治国之本
墨家 (墨翟)	①以"兼爱""非攻"为教,注重文史知识的掌握和逻辑思维能力的培养,还注重实用技术的传习。 ②重视科学技术教育和训练思维能力,突破了儒家六艺教育的范畴。 ③认为人的知识来源可分为三个方面:"亲知""闻知"和"说知"。前两种都不可靠,必须重视"说知",即依靠类推和明故的方法来获得知识
道家 (老子、庄子)	①主张"绝学""愚民",认为"绝学无忧"。 ②根据"道法自然"的哲学,主张教循自然原则。 ③提倡怀疑的学习方法,讲究辩证法,提倡"用反""虚静"等充满辩证法思想的教育教学原则

(3)《学记》的教育思想 必背

《学记》(收入《礼记》)是中国也是世界教育史上的第一部教育专著,成文大约在战国末期。《学记》比较系统和全面地总结和概括了我国先秦时期的教育经验,强调了教育为社会政治服务的目的,从而把教育与个人发展和社会进步密切联系起来,尤其突出了教育的政治功能,形成了中国古代教育的突出特色。

表1-8 《学记》中的教学原则

教学原则	引文示例
教学相长	"虽有嘉肴,弗食不知其旨也;虽有至道,弗学不知其善也。是故学然后知不足,教然后知困。知不足然后能自反也,知困然后能自强也。故曰:教学相长也"
尊师重道	"凡学之道,严师为难。师严然后道尊,道尊然后民知敬学"(教师观)
藏息相辅	"大学之教也,时教必有正业,退息必有居学。不学操缦,不能安弦;不学博依,不能安诗;不学杂服,不能安礼。不兴其艺,不能乐学。故君子之于学也,藏焉修焉,息焉游焉"(正课学习与课外练习兼顾,课内与课外相结合,相互补充)
豫时孙摩	"禁于未发之谓豫"(预防性原则,要在不良倾向尚未发作前就采取预防措施); "当其可之谓时"(及时施教原则,要把握教学的最佳时机,适时进行); "不陵节而施之谓孙"(循序渐进原则,教学要遵循一定的顺序进行); "相观而善之谓摩"(学习观摩原则,学习中要相互观摩,取长补短)
启发诱导	"故君子之教,喻也。道而弗牵,强而弗抑,开而弗达"(反对死记硬背,主张启发式教学,主张开导学生,但不要牵着学生走;对学生提出较高的要求,但不能使学生灰心)
长善救失	"学者有四失,教者必知之。人之学也,或失则多,或失则寡,或失则易,或失则止。此四者,心之莫同也。知其心,然后能救其失也。教也者,长善而救其失者也"

此外,《学记》还主张"学不躐等",即教学要遵循学生的心理发展特点,循序渐进;同时,还指出"善学者,师逸而功倍,又从而庸之"。

记忆有妙招

为方便考生记忆,编者将《学记》中的主要教学原则总结成以下口诀:

教师长时等七夕。教:教学相长。**师**:尊师重道。**长**:长善救失。**时**:豫时孙摩。**等**:学不躐等。**七**:启发诱导。**夕**:藏息相辅。

真题面对面

1. [2022宁波,单选]"不学操缦,不能安弦;不学博依,不能安诗;不学杂服,不能安礼。"这句话体现的教学原则是(　　)

A. 教学相长　　B. 启发诱导

C. 长善救失　　D. 藏息相辅

2. [2020宁波,单选]下列对《学记》的表述,错误的是(　　)

A. 是世界上最早论述教育和教学问题的论著

B. 是一本比较系统、全面地总结和概括了中国秦汉时期教育经验的著作

C. 认为教育与个人发展和社会进步密切相关

D. "道而弗牵,强而弗抑,开而弗达"出自《学记》

答案:1. D　2. B

2. 西方萌芽阶段的教育思想

西方教育学的思想主要源于古希腊的哲学家苏格拉底、柏拉图和亚里士多德。

(1)苏格拉底

苏格拉底以其雄辩和与青年智者的问答而著名,他在向人传授知识时不是强制别人接受,而是发明和使用了以师生共同谈话、共同探讨问题而获得知识为特征的**问答式教学法**,也叫"**产婆术**"或"**苏格拉底法**",这种问答法分为三步:

第一步称为苏格拉底讽刺,他认为这是使人变得聪明的一个必要的步骤,因为除非一个人很谦逊,"自知其无知",否则他不可能学到真知;

第二步称为定义,在问答中经过反复诘难和归纳,从而得出明确的定义和概念;

第三步称为助产术,引导学生自己进行思索,自己得出结论。

也有说法认为,产婆术分为四个步骤:讽刺(讥讽)、助产术、归纳、定义(下定义)。

(2)柏拉图

在认识论上,柏拉图主张学习即回忆,"认识就是回忆",学习并不是从外部得到什么东西,它只是回忆灵魂中已有的知识。

柏拉图的教育思想集中体现在其代表作《理想国》中,他认为教育与政治有着密切的联系。在理想国中,他把人分为哲学家、军人和劳动者三个等级或集团,理想国中教育的最高目标是培养哲学家兼政治家的哲学王。

柏拉图还是西方第一个提出实施初等义务教育的思想家。在《法律篇》中,他首次提出了"强迫教育",要求所有公民的孩子到一定年龄都无一例外地要接受学校教育,不管其父母是否乐意。

真题面对面

[2022台州,单选]下列哪一学者认为教育的最高目的是培养哲学家兼政治家( )

A. 赫尔巴特　　B. 马卡连柯　　C. 柏拉图　　D. 凯洛夫

答案:C

(3)亚里士多德

亚里士多德是古希腊百科全书式的哲学家,他的教育思想主要体现在他的著作《政治学》中。他秉承了柏拉图的理性说,认为追求理性就是追求美德,就是教育的最高目的。

亚里士多德在教育史上首次提出了"**教育遵循自然**"的观点,主张按照儿童心理发展的规律对儿童进行分阶段教育,提倡对儿童进行和谐的教育。

(4)昆体良

昆体良是古罗马教学法大师,他是西方教育史上第一个专门论述教育问题的教育家。其代表作《**雄辩术原理**》(《论演说家的教育》)是西方最早的教育著作,也被誉为古代西方的第一部教学法论著。

昆体良认为,大多数的教学可以用同样大小的声音传达给全体学生,更不必说那些修辞学家的论证和演说,无论听众多少,每个人都能全部听清楚。他还说过,根据一些教师的实践,可把儿童分成班级,依照他们每个人的能力,指定他们依次发言。昆体良的这些见解,是班级授课制思想的萌芽。

考点2　教育学的独立形态阶段　【单选、填空、判断】★★★

17世纪以后,教育学的发展进入了一个新的阶段,逐渐形成一门独立的学科。近代**实验科学鼻祖培根**首次提出把教育学作为一门独立的学科,他提出的实验归纳法为教育学的发展奠定了方法论基础。这一时期的教育学著作主要有夸美纽斯的《大教学论》、洛克的《教育漫话》、卢梭的《爱弥儿》、裴斯泰洛齐的《林哈德与葛笃德》、赫尔巴特的《普通教育学》、福禄贝尔的《人的教育》、斯宾塞的《教育论》、乌申斯基的《人是教育的对象》和杜威的《民主主义与教育》等。

1. 夸美纽斯

夸美纽斯

捷克教育家夸美纽斯深受人文主义精神影响,具有强烈的民主主义思想,是西方近代教育理论的奠基者,是公共教育最早的拥护者。他于1632年出版的《**大教学论**》是教育学开始形成一门独立学科的标志,该书被认为是近代第一本教育学著作。其主要教育观点包括以下几点:

(1)"泛智"教育。夸美纽斯从他的民主主义的"泛智"思想出发,提出了普及教育的思想。所谓"泛智",就是指把一切有用的知识教给一切人,并使其智慧得到普遍发展的理论。他认为教学应当成为"把一切事物教给一切人类的全部艺术",提出"一切男女青年都应该进学校"。为此他编写了很多教材,如《世界图解》。

(2)教育适应自然原则。这是夸美纽斯整个教育思想体系的根本性原则。主要有两方面的内容:①自然界存在着普遍秩序,即自然规律。夸美纽斯认为,在宇宙万物和人的活动中存在着一种"秩序",即普遍规律,这种"秩序"保证了宇宙万物和谐发展。因此,人的各种活动包括教育活动都应该遵循这些自然的、普遍的"秩序"或规律。他把遵循"秩序"这条普遍法则视为教育适应自然原则的重要内容。他认为,"改良学校的基础应当是万物的严谨秩序""教导的严谨秩序应当以自然为借鉴"。②教育要适应人的自然本性和儿童年龄特征。

(3)学制系统。夸美纽斯把一个人从诞生到成年分为四个时期,并在每个时期设立相应的学校:婴儿期(1~6岁),设立母育学校;儿童期(6~12岁),设立国语学校;少年期(12~18岁),设立拉丁语学校;青年期(18~24岁),设立大学。其中,夸美纽斯非常重视早期教育,在《母育学校》一书中详细论述了对学前儿童的体育、智育、德育和游戏在学前教育中的意义,甚至还谈到胎教问题。

(4)班级授课制。夸美纽斯对近代教育学最大的贡献之一,就是他所确立的班级教学制度及其理论。

(5)教学原则。夸美纽斯提出并论证了直观性、系统性、量力性、巩固性和自觉性等教学原则。

真题面对面

1. [2023金华,单选]______在著作______中,提出泛智教育思想,主张教育是"把一切事物教给一切人类的全部艺术"。(　　)

A. 卢梭　《爱弥儿》　　B. 柏拉图　《理想国》

C. 昆体良　《雄辩术原理》　　D. 夸美纽斯　《大教学论》

2. [2022金华,单选](　　)是公共教育最早的拥护者,其理论在其所著的《大教学论》中提出。

A. 柏拉图　　B. 昆体良　　C. 夸美纽斯　　D. 苏格拉底

3. [2019宁波,单选]"改良学校的基础应当是万物的严谨秩序""教导的严谨秩序应当以自然为鉴"。这体现了夸美纽斯的(　　)原则。

A. 教育适应自然　　B. 实事求是　　C. 直观性　　D. 系统性

答案:1. D　2. C　3. A

2. 卢梭

卢　梭

卢梭是坚定的"性善论"者,他认为教育的任务应该是使儿童"归于自然"。卢梭于1762年出版了他的教育小说《爱弥儿》,系统阐述了他的自然主义教育思想,"出自造物主之手的东西都是好的,而一到了人的手里,就全变坏了"是《爱弥儿》的开篇第一句。

卢梭在《爱弥儿》中表示,自然教育的最终培养目标是"自然人"。他说每个人都是由自然的教育、事物的教育、人为的教育三者培养起来的,只有这三种教育圆满的结合才能达到预期的目的。

记忆有妙招

为方便考生记忆,编者将卢梭的教育思想总结成以下口诀:

卢梭自然爱弥儿。卢梭倡导自然教育,其代表作是《爱弥儿》。

真题面对面

[2022温州,单选]教育史上系统阐述自然教育思想的著作是(　　)

A.《教育漫话》　　B.《爱弥儿》　　C.《大教学论》　　D.《林哈德与葛笃德》

答案:B

3. 康德

康德的教育思想主要反映在《康德论教育》一书中。他认为,教育的根本就是要对人的本性进行适当的控制,"人是唯一需要教育的动物",自由是道德教育的最高目的,必要的"管束"和"训导"是实现自由的必要保证。作为哲学家，康德曾先后四次在哥尼斯堡大学讲授教育学，是最早在大学开设教育学讲座的有影响的学者之一。

4. 裴斯泰洛齐

裴斯泰洛齐

在西方教育史上，裴斯泰洛齐是第一个明确提出“**教育心理学化**”口号的教育家。所谓“教育心理学化”，就是把教育提高到科学的水平，将教育科学建立在人的心理活动规律的基础上。他的教育思想主要反映在他的教育小说《林哈德与葛杜德》中。

要素教育论是裴斯泰洛齐教学理论体系的重心，他认为，教育过程要从一些最简单的、为儿童所能接受的“要素”开始，再逐渐转到日益复杂的要素，促使儿童各种天赋能力和力量的全面、和谐的发展。

记忆有妙招

为方便考生记忆，编者将裴斯泰洛齐的教育思想总结成以下口诀：
裴齐要素心理话。裴斯泰洛齐提出了“要素教育论”和“教育心理学化”的主张。

5. 洛克

洛克反对天赋观念，提出了“**白板说**”。他认为，人的心灵原来就像一块白板，没有一切特性，没有任何观念，天赋的智力人人平等。他明确指出，“我们日常所见的人中，他们之所以或好或坏，或有用或无用，十分之九都是他们的教育所决定的。人之所以千差万别，便是由于教育之故。”

洛克认为，教育目的就是培养绅士，而这种培养只能通过家庭教育，由此提出了“绅士教育论”。在其著作《**教育漫话**》一书中，他详细论述了绅士教育的内容（即体育、德育和智育）及方法。

记忆有妙招

为方便考生记忆，编者将洛克的教育思想总结成以下口诀：
洛克白板话绅士。洛克主张“白板说”，其代表作是《教育漫话》，提出了绅士教育论。

6. 斯宾塞

斯宾塞

斯宾塞是19世纪英国著名的哲学家、社会学家和教育家，其代表作是《**教育论**》（1861年）。在《**教育论**》中，他提出教育的目的是“为完满生活作准备”，并按重要程度把人类生活进行了分类且排序为：（1）直接有助于自我保全的活动；（2）从获得生活必需品而间接有助于自我保全的活动；（3）目的在抚养和教育子女的活动；（4）与维持正常的社会和政治关系有关的活动；（5）在生活中的闲暇时间用于满足爱好和感情的各种活动。

此外，斯宾塞还明确提出了**科学知识最有价值**的见解。

7. 赫尔巴特 必背

赫尔巴特

赫尔巴特

赫尔巴特是康德哲学教席的继承者、近代德国著名的心理学家和教育学家，在世界教育史上被认为是“**现代教育学之父**”或“**科学教育学的奠基人**”。他的《**普通教育学**》的出版（1806年）标志着规范教育学的建立，同时，这本书也被认为是第一本现代教育学著作。其观点主要有以下几点：

（1）教育理论体系的两个理论基础：**伦理学和心理学**。赫尔巴特的贡献在于把道德教育理论建立在伦理学的基础上，把教学理论建立在心理学的基础上，可以说是奠定了科学教育学的基础。伦理学即实践哲学;心理学就是研究观念的科学。他重视和发展了两个重要的概念,即"意识阈"和"统觉","统觉"就是新观念被旧观念所同化和吸收的过程。

(2)教育目的。教育的最高目的是道德和性格的完善,具体来说,教育的根本目的就是要养成内心自由、完善、仁慈、正义和公平五种道德观念。

(3)教育性教学原则。在西方教学史上,赫尔巴特第一次提出了"教育性教学"的概念。赫尔巴特认为教学有不同于教育的特点,"教学的概念有一个显著的标记,它使我们非常容易把握研究方向。在教学中总是有一个第三者的东西为师生同时专心注意的。相反,在教育的其他一切职能中,学生直接处在教师的心目中"。"第三者"指知识,即"系统的知识体系"。他还指出"远非一切教学都是教育性的",但他讲的教学"仅仅是教育性教学"。这就是"教学的教育性原则"的渊源。

(4)教学形式阶段论。赫尔巴特提出了四段教学法,他将教学过程分为明了(清楚)、联合(联想)、系统、方法四个阶段。

表1-9 赫尔巴特的教学形式阶段论

阶段	含义
明了	主要是把新教材分解为各个构成部分,并和意识中相关的观念,即已经掌握的知识进行比较
联合	即建立新旧观念的联系,使学生在新旧观念的联系中继续深入学习新教材
系统	即学生在教师的指导下,在新旧观念联系的基础上进行深入思考,寻求结论和规律
方法	即通过实际练习,运用系统的知识,使之变得更熟练、更牢固

赫尔巴特的教学四阶段论,后来被发展为五段,即预备、提示、联合、总结、应用。赫尔巴特强调系统知识的传授,强调课堂教学的作用,强调教材的重要性,强调教师的权威作用和中心地位,形成了传统教育"课堂中心""教材中心""教师中心"的特点。

真题面对面

1. [2021金华/诸暨,单选]提出"在教学中总是有一个第三者的东西为师生同时专心注意的",认为这个"第三者"是指"知识,即系统的知识体系"的教育家是(　　)

A. 卢梭　　B. 赫尔巴特

C. 夸美纽斯　　D. 昆体良

2. [2022嘉兴,填空]把教育学建基于心理学和伦理学之上的首本教育著作是________的________。

3. [2021宁波,判断]赫尔巴特提出的教学过程四阶段包含明了、联合(或联想)、系统和方法。(　　)

答案:1. B　2. 赫尔巴特　《普通教育学》　3. √

8. 杜威的教育思想

杜　威

杜威的理论是现代教育理论的代表,区别于传统教育"课堂中心""教材中心""教师中心"的"旧三中心论",他提出了"儿童中心(学生中心)""活动中心""经验中心"的"新三中心论"。其代表作《民主主义与教育》(又译《民本主义与教育》,1916年)及反映在其作品中的实用主义教育思想,对20世纪的教育和教学有深远影响。其主要教育观点包括以下几点:

(1)论教育的本质。杜威认为，教育即生活，教育即生长，教育即经验的改组或改造。“教育是生活的过程，而不是将来生活的准备”，最好的教育就是“从生活中学习，从经验中学习”。此外，杜威还提出“学校即社会”，这是对“教育即生活”的进一步引申。从“教育即生活”到“学校即社会”，再到课程的变革(“从做中学”)是层层递进的。

(2)论教育的目的。杜威从“教育即生活”中引出了他的“教育无目的论”，即“教育的过程，在它自身以外没有目的，它就是它自己的目的；教育的过程是一个不断改组、不断改造和不断转化的过程。”

(3)“从做中学”。在经验论的基础上，杜威提出“从做中学”，要求以活动性、经验性的主动作业取代传统的书本式教材的统治地位。同时，“从做中学”也是杜威提出的教学方法，这是一种经验的方法、思维的方法和探究的方法。这种探究的五个步骤即**思维五步说或五步探究教学法**，即创设疑难情境；确定疑难所在；提出解决问题的种种假设；推断哪个假设能解决这个困难；验证这个假设。

杜威的教育学说提出以后，西方教育学便出现了以赫尔巴特为代表的传统教育学派和以杜威为代表的现代教育学派的对立局面。

记忆有妙招

为方便考生记忆，编者将杜威的教育思想总结成以下口诀：

三即两学无目的，还有一个三中心。三即：“教育即生活”“教育即生长”“教育即经验的改组或改造”。**两学：**“学校即社会”“从做中学”。**无目的：**“教育无目的论”。**三中心：**“儿童中心(学生中心)”“活动中心”“经验中心”。

真题面对面

[2021金华/诸暨，单选]创立实用主义教育学，并提出“教育即生活”“从做中学”的教育家是(　　)

A. 裴斯泰洛齐　　B. 斯宾塞

C. 苏格拉底　　D. 杜威

答案：D

考点3　20世纪教育学的多元化发展　【单选、判断】★★

20世纪是教育学活跃和发展的世纪，在教育学领域出现了众多的流派，彼此之间相互批评、相互借鉴、推陈出新。主要的教育学流派有实验教育学、文化教育学、实用主义教育学、马克思主义教育学、批判教育学和制度教育学。

表1-10　20世纪主要的教育学流派

教育学流派	代表人物及代表著作	主要思想
实验教育学	拉伊的《实验教育学》、梅伊曼	19世纪末20世纪初产生于德国，随后在欧美一些国家发展的以教育实验为标志的教育思想流派。重视研究儿童发展与教育的关系，重视实验，并强调从实验的结果中寻找教育的途径和方法。 实验教育学所强调的定量研究成为20世纪教育学研究的一个基本范式，极大地推动了教育科学的发展

续表

教育学流派	代表人物及代表著作	主要思想
文化教育学 (精神科学教育学)	狄尔泰的《关于普遍妥当的教育学的可能》、斯普兰格的《教育与文化》	19世纪末出现在德国，是作为科学主义的实验教育学和理性主义的赫尔巴特式教育学的对立面而出现的。 斯普朗格认为教育是一个文化过程，通过这个过程促进人格的生成与生命的唤醒。既然教育是一种历史文化过程，所以既不能采用赫尔巴特的纯粹的概念思辨，也不能依靠实验教育学的数量统计来进行，而必须采用文化科学的方法，亦即"理解"与"唤醒"的方法进行。所谓理解就是"一个人与另一个人(包括一个人对自我的理解)的交流过程"。在理解的过程中才能达到陶冶自己的人格与灵魂，唤醒人的精神与生命活力
实用主义教育学	杜威的《民主主义与教育》、克伯屈	19世纪末20世纪初，美国的杜威创立了实用主义教育学。观点： (1)教育即生活； (2)教育即学生个体经验持续不断的增长； (3)学校是一个雏形的社会； (4)课程组织应以学生的经验为中心； (5)师生关系以儿童为中心； (6)教学过程注重学生的独立发现和体验，尊重学生发展的个体差异
马克思主义教育学 (社会主义教育学)	(1)克鲁普斯卡娅的《国民教育与民主主义教育》(最早以马克思主义为基础探讨教育学问题的著作)。 (2)凯洛夫于1939年主编出版的《教育学》(世界上第一部马克思主义的教育学著作)。 (3)我国教育家杨贤江于1930年以李浩吾为化名出版的《新教育大纲》(我国第一部马克思主义的教育学著作)	观点： (1)教育是一种社会历史现象，在阶级社会中具有鲜明的阶级性，不存在脱离社会影响的教育； (2)教育起源于生产劳动； (3)教育的根本目的是促进学生的全面发展； (4)现代教育与生产劳动相结合不仅是发展社会生产力的重要方法，也是培养全面发展的人的唯一方法； (5)在与社会政治、经济、文化的关系上，教育一方面受其制约，另一方面又具有相对独立性，并反作用于政治、经济、文化； (6)马克思主义唯物辩证法和历史唯物主义是教育科学研究的方法论基础
批判教育学	鲍尔斯和金蒂斯的《资本主义美国的学校教育》、阿普尔的《教育中的文化和经济再生产》、布厄迪尔的《教育、社会和文化再生产》	兴起于20世纪70年代，是当代西方教育理论界占主导地位的教育思潮。 主张学校教育的功能是再生产出占主导地位的社会政治意识形态、文化关系和经济结构；教育目的是对师生进行"启蒙"，以达到意识"解放"
制度教育学	瓦斯凯和乌里的《走向制度教育学》《从合作班级到制度教育学》、洛布罗的《制度教育学》	20世纪60年代诞生于法国。 侧重于对学校的各种教育制度进行分析，引起了人们对学校制度的高度重视，使人们获得了对原来视为当然的学校制度进行质疑和批判的意识与能力，促进了教育社会学的发展

世界上第一部马克思主义的教育学著作为凯洛夫于1939年主编出版的《教育学》。这是因为杨贤江的《新教育大纲》(1930年出版)虽然比凯洛夫的《教育学》出版时间更早,但是在国际上凯洛夫的《教育学》影响力更大,因此凯洛夫的《教育学》被公认为世界上第一部马克思主义的教育学著作。

真题面对面

[2021台州,判断]制度教育学强调教育要陶冶人的人格与灵魂,唤醒人的精神与生命活力。(　　)

答案:×

考点4　中国近现代教育思想　【单选】★

表1-11　中国近现代著名教育家及其教育思想

教育家	教育思想	评价
蔡元培	(1)教育的最终目的:造就"完全人格"。 (2)"五育并举"的教育方针:军国民教育、实利主义教育、公民道德教育、世界观教育和美感教育。 (3)改革北京大学的教育实践:①抱定宗旨,改变校风。②贯彻"**思想自由,兼容并包**"的办学原则。提出"大学者,'囊括大典,网罗众家'之学府也"。声明在学术上"循'思想自由'原则,取兼容并包主义"。③教授治校,民主管理。④学科与教学体制改革。 (4)教育独立思想:①教育经费独立;②教育行政独立;③教育学术和内容独立;④教育脱离宗教而独立	"学界泰斗,人世楷模"(毛泽东)
黄炎培	(1)提倡"大职业教育主义"; (2)职业教育的目的:使无业者有业,使有业者乐业; (3)职业教育的教学原则:手脑并用,做学合一; (4)职业道德教育的基本规范:敬业乐群	我国职业教育的先驱
晏阳初	主张乡村平民教育,提出"四大教育""三大方式"。"四大教育":文艺教育、生计教育、卫生教育和公民教育;"三大方式":学校式、家庭式、社会式	国际平民教育之父
梁漱溟	对近代中国教育史的贡献在于他的乡村教育理论与实践。提出"创造新文化,救活旧农村"的思想。他认为乡村教育与乡村建设在实际上是合二为一的	有"中国最后一位大儒家"之称
陶行知	(1)教育思想的核心——生活教育理论,具体包括三个方面:①"生活即教育",生活教育的本质论及核心;②"社会即学校",生活教育的范围论;③"教学做合一",生活教育的方法论,提出"教"与"学"都以"做"为中心。 (2)提出教师的责任不在教,而在教学生学。他认为培养儿童的创造能力需要"六大解放",即解放儿童的眼睛、解放儿童的头脑、解放儿童的双手、解放儿童的嘴巴、解放儿童的空间、解放儿童的时间。 (3)"生活教育"实践:创办晓庄师范学校、山海工学团、育才学校,提出"艺友制""即知即传"的小先生制等。 (4)名言:"千教万教教人求真,千学万学学做真人""捧着一颗心来,不带半根草去"	(1)中国创造教育的先驱 (2)"**伟大的人民教育家**"(毛泽东) (3)"**万世师表**"(宋庆龄) (4)"一个无保留追随党的党外布尔什维克"(周恩来)

杜威与陶行知的教育思想是易混点，考生在备考时要注意理解二者的差别。陶行知的“生活教育论”是对杜威教育思想的吸取和改造，他认为杜威的“教育即生活”是把社会生活引入学校，是在鸟笼里人造一个树林，这样的生活已经失真，而真正的生活教育应该是把鸟儿从鸟笼放回树林的教育。

真题面对面

1. [2021宁波，单选]“思想自由，兼容并包”是(　　)提出的。

A. 晏阳初　　B. 梁启超

C. 蔡元培　　D. 康有为

2. [2021金华，单选]提出解放儿童的六大方面，培养儿童创造力的是(　　)

A. 王守仁　　B. 杨贤江

C. 陶行知　　D. 蔡元培

3. [2019宁波，单选]“‘教育即生活’这句话，是从杜威先生那里来的，我们过去是常常用它，但是，从来没有问过这里边有什么用意。现在，我把它翻了半个筋斗，改为‘生活即教育’。在这里，我们就要问：‘什么是生活?’有生命的东西，在一个环境里生生不已的就是生活。”以上最可能是谁的观点(　　)

A. 蔡元培　　B. 黄炎培

C. 王国维　　D. 陶行知

答案：1. C　2. C　3. D

考点5　教育学理论的新发展　【单选】　★

20世纪中叶以后，由于新科技革命的迅猛发展，人力资源开发和智力开发成为世界教育瞩目的重大课题。布鲁纳、赞科夫、瓦·根舍因等人提出的教学理论，充实了教育学的内容，提高了教育学的科学化水平，被视为现代教学理论的三大流派。

表1-12　现代教育学理论的代表人物及其教育思想

代表人物	代表著作	主要教育思想
布鲁纳(美国)	《教育过程》	提出“**结构教学论**”，强调“无论我们选教何种学科，务必使学生理解该学科的基本结构”；倡导发现法，培养学生的科学探索精神、科学兴趣和创造能力
赞科夫(苏联)	《教学与发展》	把学生的一般发展作为教学的出发点，提出了**发展性教学理论**的五条教学原则，即高难度、高速度、理论知识起主导作用、理解学习过程、使所有学生包括“差生”都得到一般发展的原则
瓦·根舍因(德国)	《范例教学原理》	创立**范例教学理论**，提出改革教学内容，加强教材的基本性、基础性，并通过对范例的接触，培养学生独立思考、独立判断与独立工作的能力
皮亚杰(瑞士)	《教育科学与儿童心理学》	教学的主要目的是发展学生的智力
保罗·朗格朗(法国)	《终身教育引论》	终身教育理论

续表

代表人物	代表著作	主要教育思想
苏霍姆林斯基(苏联)	《给教师的一百条建议》 《把整个心灵献给孩子》	提出**和谐教育**思想,认为学校教育的理想是培养全面和谐发展的人

记忆有妙招

为方便考生记忆,编者将现代教学理论的三大流派总结成以下口诀:

布结构,赞发展,瓦范例。布结构:布鲁纳提出结构教学论。**赞发展:**赞科夫提出发展性教学理论。**瓦范例:**瓦·根舍因创立范例教学理论。

真题面对面

[2020宁波,单选]下列组合不正确的是(　　)

A. 夸美纽斯——泛智教育

B. 布鲁纳——结构主义学说

C. 裴斯泰洛齐——五段教学法

D. 苏霍姆林斯基——和谐教育

答案:C

考点大默写

1. 教育学的根本任务是揭示____________。
2. 提出"学而不思则罔,思而不学则殆"的教育家是____________。
3. 孔子曾说:"不愤不启,不悱不发。"其中,朱熹把"____________"解释为"口欲言而未能之貌"。
4. ____________持"性恶论",认为教育的作用是"化性起伪"。
5. 墨子认为人的知识来源可分为三个方面:"____________""____________"和"____________"。
6. 《____________》是中国也是世界教育史上的第一部教育专著,成文大约在战国末期。
7. "教也者,长善而救其失者也"出自《____________》。
8. ____________在教育史上首次提出了"教育遵循自然"的观点,主张按照儿童心理发展的规律对儿童进行分阶段教育,提倡对儿童进行和谐的教育。
9. 《____________》是教育学开始形成一门独立学科的标志,该书被认为是近代第一本教育学著作。
10. 夸美纽斯从他的民主主义的"泛智"思想出发,提出了____________的思想。
11. 卢梭在《爱弥儿》中表示,自然教育的最终培养目标是"____________"。
12. 在西方教育史上,____________是第一个明确提出"教育心理学化"口号的教育家。
13. 《____________》的出版标志着规范教育学的建立,同时,这本书也被认为是第一本现代教育学著作。
14. 在西方教学史上,____________第一次提出了"教育性教学"的概念。
15. 杜威提出了"____________""____________""____________"的"新三中心论"。
16. ____________于1939年主编出版的《____________》是世界上第一部马克思主义的教育学著作。
17. 毛泽东赞誉____________是"伟大的人民教育家"。
18. ____________提出了"结构教学论",强调"无论我们选教何种学科,务必使学生理解该学科的基本结构"。

【参考答案】

1. 教育规律　2. 孔子　3. 悱　4. 荀子　5. 亲知　闻知　说知　6. 学记　7. 学记　8. 亚里士多德　9. 大教学论　10. 普及教育　11. 自然人　12. 裴斯泰洛齐　13. 普通教育学　14. 赫尔巴特　15. 儿童中心(学生中心)　活动中心　经验中心　16. 凯洛夫　教育学　17. 陶行知　18. 布鲁纳

我于________年____月____日完成了对本章的学习。

复盘一下,我对自己较肯定的地方是____________________

(足够努力/心态积极/方法得当……)

我觉得自己需要改进的地方是____________________

(懒惰懈怠/心情浮躁/方法不当……)

休息片刻,开启下一站征程!

扫码免费领取:

①精选历年考试真题及解析

②获取当地考试资讯,从容准备

③山香老师备考指导,不走弯路

④备考交流群,互动答疑,督促学习

免费领取方式:

①扫码关注公众号

②回复"资料"进行领取

第二章 教育目的与教育基本规律

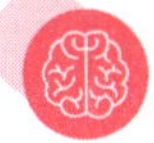

思维导图

- 教育目的与教育基本规律
  - 教育目的概述
    - 教育目的的内涵
      - 国家或社会对教育所要造就的人的质量规格所做的总体规定与要求
    - 教育目的的意义（重点）
      - 整个教育工作的核心，
      - 是教育活动的依据和评判标准、出发点和归宿
    - 教育目的的作用（功能）
      - 说法一：导向作用、激励作用和评价作用
      - 说法二：导向功能、调控功能和评价功能
    - 教育目的的层次结构
      - 三个层次：国家的教育目的、各级各类学校的培养目标和教师的教学目标
      - 四个层次：教育目的、培养目标、课程目标和教学目标
    - 确定教育目的的依据（易错）
      - 客观依据：社会政治、经济、文化背景；人的身心发展特点和需要
      - 主观依据：人们的教育理想
    - 教育目的的价值取向（重点）
      - 宗教本位论（神学的教育目的论）：夸美纽斯
      - 个人本位论：孟子、卢梭、裴斯泰洛齐、福禄贝尔、赫钦斯、奈勒、马斯洛、萨特等
      - 社会本位论：荀子、柏拉图、赫尔巴特、涂尔干、纳托普、凯兴斯坦纳、孔德、巴格莱等
      - 生活本位论：斯宾塞、杜威
  - 我国的教育目的
    - 我国不同历史阶段教育目的的演变
      - 我国古代：培养"明人伦"的君子或统治人才
      - 我国近现代：清末："忠君、尊孔、尚公、尚武、尚实"
        - "中华民国"：否定"尊孔"和"忠君"
        - 新中国成立以来：社会主义建设者和接班人
      - 现阶段我国教育目的的基本精神："两坚持、一培养、一结合、一提高"
    - 我国确立教育目的的理论依据
      - 理论依据和基础：马克思主义关于人的全面发展学说
      - "造就全面发展的人的唯一方法"：教育与生产劳动相结合
    - 我国教育目的的落实
      - 必须正确处理的几个关系：教育目的与教育目标的关系；德、智、体、美、劳诸育之间的关系；全面发展与因材施教的关系；全面发展与职业定向的关系
    - 全面发展教育（难点）
      - 体育是各育实施的物质前提，是人的一切活动的基础；
      - 智育是各育实施的认识基础和智力支持；
      - 德育则是各育实施的方向统帅和动力源泉；
      - 美育协调各育的发展；
      - 劳动技术教育是各育的实践基础
    - 全面推进素质教育（易错）
      - 实施应避免的误区：
      - 不要"尖子生"；
      - 要学生什么都学、什么都学好；
      - 不要学生刻苦学习，不给或少给学生留课后作业；
      - 要使教师成为学生的合作者、帮助者和服务者；
      - 多开展课外活动，多上文体课；
      - 不要考试，特别是不要百分制考试；
      - 会影响升学率

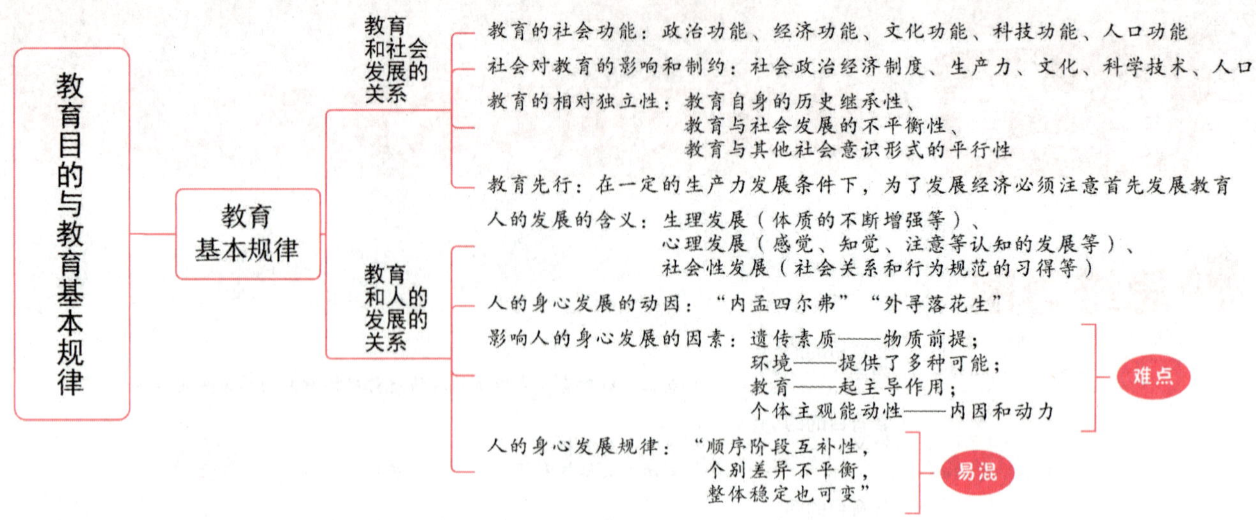

浙江考向

本章属于教育学的基础章节，也是台州、温州、绍兴、金华、宁波、丽水、衢州等地区的笔试考查的章节，内容结构清晰、识记性知识多，在考试中常以选择题、填空题、判断题、辨析题、简答题、论述题等形式考查。本章的考向分析如下：

考点名称	常考题型	能力层级	考查热度
教育目的的概念	单选	识记	★★
教育目的的意义	单选	识记、理解	★★
教育目的的价值取向	单选、填空、判断、辨析、简答	识记、理解、掌握	★★★
我国确立教育目的的理论依据	单选、填空、判断	识记、理解	★★★
全面发展教育	单选、多选、判断、辨析	识记、理解	★★
实施素质教育应避免的误区	判断	识记、理解	★★
人的身心发展的动因	单选	理解、掌握	★★
影响人的身心发展的因素	单选、填空、判断、论述	识记、理解、掌握	★★★
人的身心发展规律	单选、判断、简答	识记、理解、掌握	★★★

核心考点

第一节 教育目的概述

一、教育目的的内涵

考点1 教育目的的概念 【单选】 ★★

一般来讲，教育目的是指国家或社会对教育所要造就的人的质量规格所做的总体规定与要求。具体来讲,教育目的是指教育活动所要达到的预期结果,是人们对受教育者达成状态的期望,即人们期望受教育者通过教育在身心诸方面发生什么样的变化,或者产生怎样的结果。

真题面对面

[2021台州,单选]( )是指国家或社会对教育所要造就的人的质量规格所做的总体规定与要求,具有调控、导向、评价功能。

A. 教育方法　B. 教育原则　C. 教育目的　D. 教育内容

答案:C

考点2 教育目的与教育方针 【单选、简答】 ★

1. 教育方针的概念

教育方针是最高国家权力机关根据政治、经济要求,明令颁布实行的一定历史阶段教育工作的总的指导方针或总方向。教育方针是教育政策的总概括,是全国各级各类教育的目的和必须遵循的准则,是指导整个教育事业发展的战略原则和行动纲领。

2. 教育目的与教育方针的关系

(1)联系

教育方针是一个国家在一定时期内关于教育工作的总要求,它反映了一个国家教育的根本性质、总的指导思想和教育工作的总方向等要素。教育方针是教育目的的政策性表达,具有政策的规定性,在一定时期内具有必须贯彻的强制性,教育目的是教育方针中核心和基本的内容。

(2)区别

①"教育目的"是理论术语,是学术性概念,属于教育基本理论范畴;"教育方针"则是工作术语,是政治性概念,属于教育政策学范畴。同时,教育目的也属于目的性范畴,而教育方针则属于手段性范畴。

②教育目的着重于对人才培养规格做出规定;教育方针着重于对教育事业发展方向提出要求。或者说,教育目的反映的是一定社会对人才培养的总要求,规定教育培养人才的质量规格;教育方针是阶级或政党确定的一定时期内教育发展的基本指导思想。

③教育目的有时是由社会团体或个人提出的,对教育实践可以不具约束力;而教育方针则是由政府或政党提出的,对教育实践具有强制性。

④教育方针作为国家教育政策的概括,它对于教育工作产生的影响要大于教育目的,因为教育方针的内容不只限于教育目的的规定,还涉及教育的性质和实现教育目的的途径。

二、教育目的的意义 【单选】 ★★

教育目的是整个教育工作的**核心**,是教育活动的依据和评判标准、**出发点**和**归宿**,在教育活动中居于主导地位。同时它也是全部教育活动的主题和灵魂,是教育的最高理想。它贯穿于教育活动的全过程,对一切教育活动都有指导意义,也是确定教育内容、选择教育方法和评价教育效果的根本依据。

真题面对面

[2021温州,单选]作为整个教育工作的核心,既是教育工作的起点,又是教育工作的终点的是( )

A. 教育目的　B. 教育规律　C. 教育环境　D. 教育对象

答案:A

三、教育目的的作用(功能)【单选】★★

教育目的的作用可以概括为导向作用、激励作用和评价作用。也有说法认为,教育目的具有导向功能、调控功能和评价功能。

1. 导向作用

教育目的对教育工作具有导向作用。教育目的不仅为受教育者指明方向,预定发展结果,也为教育工作者指明工作方向和奋斗目标。因此,教育目的无论是对受教育者还是教育者都具有目标导向作用。

2. 激励作用

教育目的对贯彻教育方针具有激励作用。教育目的不仅能指导整个教育实践活动过程,而且能够激励人们为实现共同的目标而努力。教育目的本身包含对学生成长的期望和要求,因此对学生的发展具有很大的激励作用。

3. 评价作用

教育目的是对教育效果进行评价的重要标准。教育目的是衡量、评价教育实施效果的根本依据和标准。评价学校的办学水平、办学效益,检查教育教学工作的质量,评价教师的教学质量和工作效果,检查学生的学习质量和发展程度等,都必须以教育目的为依据和标准来进行。

四、教育目的的层次结构【判断】★

教育目的一般可分为三个层次:国家的教育目的、各级各类学校的培养目标和教师的教学目标。(也有人认为,教育目的分为四个层次:教育目的、培养目标、课程目标和教学目标)

1. 国家的教育目的

国家的教育目的居于第一个层次,它是由国家提出来的,其决策要经过一定的组织程序,一般体现在国家的教育文本和教育法令中。

2. 各级各类学校的培养目标

(1)培养目标的概念

各级各类学校的培养目标居于第二个层次,它是根据国家的教育目的制定的某一级或某一类学校、某一专业对人才培养的具体要求,是国家教育目的在不同教育阶段、不同级别的学校、不同专业方向的具体化。

(2)教育目的与培养目标之间的关系

教育目的与培养目标之间是普遍与特殊的关系。教育目的是针对所有受教育者提出的,而培养目标是针对特定的教育对象提出的。

3. 教师的教学目标

(1)教学目标的概念

教师的教学目标居于第三个层次,它是教育者在教育教学过程中,在完成某一阶段的工作时,希望受教育者达到的要求或产生的变化。

(2)教学目标与教育目的、培养目标之间的关系

教学目标与教育目的、培养目标之间的关系是具体与抽象的关系。教育目的是最高层次的概念,它是培养各级各类人才的总的规定,各级各类学校的培养目标、教学目标都要依据教育目的制定。培养目标是指不同类型、不同层次的学校培养人的具体要求。教学目标是三者中最低层次的概念,更为具体,微观到每堂课甚至是每个知识内容,教育目的和学校的培养目标是制定教学目标的依据。

教育目的的各层次之间的关系是:从教育目的到教学目标是抽象到具体的关系,后者是前者的具体化,只有实现了具体的教学目标,才能达到实现教育的总目的的要求。

五、确定教育目的的依据

1. 特定的社会政治、经济、文化背景

(1)不同的社会发展阶段有不同的教育目的;(2)不同的社会制度有不同的教育目的;(3)不同国家的文化背景也使教育培养的人各具特色。

2. 人的身心发展特点和需要

教育目的的确定还要受到受教育者身心发展的规律这一客观依据的影响。

3. 人们的教育理想

人们在考虑教育目的时往往会受其哲学观念、人性假设和理想人格等观念和价值取向这些主观依据的影响。在社会主义国家,马克思主义经典作家关于全面发展的人格理想是教育目的确定的重要依据。

确定教育目的的依据可分为主、客观两个方面。

(1)客观依据:①社会政治、经济、文化背景;②人的身心发展特点和需要。(2)主观依据:人们的教育理想。

需注意,“人的身心发展特点和需要”强调的是人的发展规律,规律是客观的,故属于客观依据。

六、教育目的的价值取向 【单选、填空、判断、辨析、简答】 ★★★

人们对教育活动的价值选择,历来有不同的见解和主张。首先,就个人发展与社会的关系来说,有人认为,应当把促进个人的个性发展作为教育目的;有人则认为,应当把满足社会发展的需要作为教育目的。其次,就个人的发展来说,有人强调知识的积累,有人强调智能的增进,有人强调品德的完善,有人强调美感的陶冶,有人强调行动能力的增进,有人则强调德、智、体、美等各方面的和谐发展;还有人注重通识教育,重视普通文化素质的提高,而有人则注重实用教育,重视实用知识的获取与操作能力的训练。最后,就社会需要来说,有人注重政治效益,有人注重经济效益,有人则注重文化效益;有人着眼于长远效益,有人则急功近利;有人向后看,谋求维护传统的社会秩序,有人则向前看,力图改变社会的现状等。

考点 1 宗教本位论(神学的教育目的论)

宗教本位论主张教育的终极目的就是要为人们的永生作准备,使人们信仰和皈依于神或上帝。该理论的合理之处在于强调教育对人的精神世界的作用,缺陷是宗教导向、唯心主义哲学立场,忽视生产力。其代表人物是**夸美纽斯**。

考点 2 个人本位论与社会本位论 必背

在教育目的价值取向上,争论最多、影响最大、最具根本性的问题是:教育活动究竟是应当注重满足人的个性发展需要,还是应当注重满足社会发展需要?由此,构成了教育目的选择上的两种典型的价值取向,即个人本位论和社会本位论。

1. 个人本位论

个人本位论的代表人物有**孟子、卢梭、裴斯泰洛齐、福禄贝尔、赫钦斯、奈勒、马斯洛、萨特**等。

个人本位论认为确立教育目的的根据是人的本性,教育的目的是培养健全发展的人,发展人的本性,挖掘人的潜能,增进受教育者的个人价值,个人价值高于社会价值,而不是为某个社会集团或阶级服务。简言之,教育的根本目的是人的本性和本能的高度发展。

个人本位论肯定人的价值,能够遵循人的身心发展规律进行教育,具有积极的作用。其缺点在于忽视了社会的需要以及社会的发展,仅以个体发展需要作为制定教育目的的依据,割裂了个体和社会之间的关系。

2. 社会本位论

社会本位论的代表人物有荀子、柏拉图、赫尔巴特、涂尔干、纳托普、凯兴斯坦纳、孔德、巴格莱等。

社会本位论认为确立教育目的的根据是社会的要求，个人的发展必须服从社会的需要，教育的目的是为社会培养合格的成员和公民，使受教育者社会化，社会价值高于个人价值，教育质量和效果可以用社会发展的各种指标来评价。简言之，教育以社会的稳定和发展为最高宗旨。

社会本位论从国家和社会的发展角度来衡量教育成果，充分利用国家和社会资源发展教育事业，重视教育目的的社会制约性。其缺点在于忽视了个人的发展需要，无视个体的主观能动性，否定人的价值，扭曲了社会需要和个人发展之间的辩证关系。

真题面对面

1. [2022金华，单选]对于教育目的的价值取向，最具争议性同时也最具根本性的问题是(　　)

A. 强调知识的积累还是道德的完善

B. 满足个人发展需求还是社会发展需求

C. 注重通识教育还是实用教育

D. 维护传统的社会秩序还是力图改变社会现状

2. [2021绍兴，辨析]凯兴斯坦纳曾说："我以为国家公立学校的目的——也就是一切教育的目的——是教育有用的国家公民。"这种观点属于本体论。

3. [2023绍兴，简答]简述教育目的的个人本位论和社会本位论。

答案：1. B　2. (1)这种说法是不正确的。(2)教育目的的社会本位论主张教育的目的是为社会培养合格的成员和公民，使受教育者社会化。由题干可知，凯兴斯坦纳认为教育的目的是培养有用的国家公民，这属于社会本位的教育目的论。故题干说法不正确。　3. 详见内文

考点3　生活本位论

生活本位论主张教育要和生活相联系，注重的是使受教育者怎样生活。其代表人物主要是斯宾塞和杜威。

1. 斯宾塞的"教育准备生活说"

斯宾塞是教育要为未来的生活作准备的倡导者。他在《什么知识最有价值》中明确提出，教育目的是为"完满的生活"作准备，教育的主要任务就是教会人们怎样生活，教会他们运用一切能力。

2. 杜威的"教育适应生活说"

杜威是"教育即生活本身"教育目的的倡导者。他反对将教育视为未来生活的准备，主张学校不能脱离眼前生活，学校教育应该利用现有的生活情境作为其主要内容，把儿童培养成能完全适应眼前社会生活的人。

★★ 考点大默写 ★★

1. ____________是教育目的的政策性表达，具有政策的规定性，在一定时期内具有必须贯彻的强制性。

2. ____________是全部教育活动的主题和灵魂，是教育的最高理想。

3. 教育目的不仅为受教育者指明方向，预定发展结果，也为教育工作者指明工作方向和奋斗目标。这说明教育目的对教育工作具有____________作用。

4. ____________是衡量、评价教育实施效果的根本依据和标准。

5. 教育目的的层次结构中，最为具体化的是__________。

6. 教育目的与培养目标是__________的关系。

7. 教育在于使青年社会化——在我们每一个人之中，造成一个社会的我。这便是教育的目的。这种观点在教育目的论上属于__________本位论。

8. __________认为，教育是生活的过程，而不是将来生活的准备。

9. __________在《什么知识最有价值》中明确提出，教育目的是为“完满的生活”作准备，教育的主要任务就是教会人们怎样生活，教会他们运用一切能力。

【参考答案】

1. 教育方针　2. 教育目的　3. 导向　4. 教育目的　5. 教学目标　6. 普遍与特殊　7. 社会　8. 杜威
9. 斯宾塞

第二节　我国的教育目的

一、我国不同历史阶段教育目的的演变

在新中国建立之前，我国教育目的的表述多是用教育宗旨的形式；在新中国建立以后，我国教育目的的表述则多采用教育方针的形式。教育宗旨是我国近代教育史上出现的一个教育概念，目前学术界的看法尚不一致，一般认为“教育宗旨”包含有“教育方针”和“教育目的”双重含义，有时指国家教育工作的总方向，有时指培养受教育者的总目标。不同论者各有侧重，但普遍认为它在一定意义上可以等同于我们今日所谓的教育目的。

考点1　我国古代的教育目的

原始社会的教育活动未从生产活动中分离出来，教育目的寓于生产劳动和生活劳动本身的目的之中。在我国的奴隶社会和封建社会，教育的目的主要体现在政治伦理方面，所以，在我国古代社会，教育的根本目的就是要培养能够维护奴隶社会和封建社会的政治制度和伦理秩序的人才。如中国古代的著名教育家孟子就认为教育要培养“明人伦”的君子或统治人才，这就是当时的教育目的。

考点2　我国近现代的教育目的

1. 清末的教育宗旨

1902年以前，我国并没有确定全国统一的教育目的。中国近代教育史上由国家制定的教育目的，始于1904年的《奏定学堂章程》。

1906年，当时清政府的学部正式规定教育宗旨为“忠君、尊孔、尚公、尚武、尚实”。这一教育宗旨后三项的解释注意到了国民公共心、国家观念、身体素质和基本生活技能的培养，教学方法上的学用结合等，虽并不具体，但这一宗旨毕竟在就教育自身发展方向而言的同时，含有对人才培养规格的限定。这一教育目的也反映了对封建传统礼教的继承和对西方新思想的吸收。

2. “中华民国”的教育宗旨

1912年9月，国民政府教育部公布了“注重道德教育，以实利教育、军国民教育辅之，更以美感教育完成其道德”的教育宗旨，体现了蔡元培的基本思想，否定了清末以来的“尊孔”和“忠君”等内容，是教育目的在认识上的一大进步。

1929年，国民党召开代表大会，确定“中华民国之教育，根据三民主义，以充实人民生活，扶植社会生存，发展国民生计，延续民族生命为目的；务期民族独立，民权普遍，民生发展，以促进世界大同”。这一教育目的更重视教育与人的发展、与人民生活的联系。

1936年，国民政府公布了《中华民国宪法草案》，规定“中华民国之教育宗旨，在发扬民族精神，培养国民道德，训练自治能力，增进生活智能，以造就健全国民”。这一教育宗旨的表述是比较全面的。

3. 新中国成立以来的教育目的 【单选、填空】 ★

1957年，毛泽东在最高国务会议上提出：“我们的教育方针，应该使受教育者在德育、智育、体育几方面都得到发展，成为有社会主义觉悟的有文化的劳动者。”这是新中国成立后颁布的第一个教育方针。

2001年，《国务院关于基础教育改革与发展的决定》提出：“坚持教育必须为社会主义现代化建设服务，为人民服务，必须与生产劳动和社会实践相结合，培养德智体美等全面发展的社会主义事业建设者和接班人。”

2012年，党的十八大报告提出：“坚持教育为社会主义现代化建设服务、为人民服务，把立德树人作为教育的根本任务，培养德智体美全面发展的社会主义建设者和接班人。”

2017年，党的十九大报告提出：“落实立德树人根本任务，发展素质教育，推进教育公平，培养德智体美全面发展的社会主义建设者和接班人。”

2018年，习近平在全国教育大会上提出：“坚持中国特色社会主义教育发展道路，培养德智体美劳全面发展的社会主义建设者和接班人，加快推进教育现代化、建设教育强国、办好人民满意的教育。”

2021年修正的《中华人民共和国教育法》提出：“教育必须为社会主义现代化建设服务、为人民服务，必须与生产劳动和社会实践相结合，培养德智体美劳全面发展的社会主义建设者和接班人。”

考点3 现阶段我国教育目的的基本精神 【判断、简答】 ★★

新中国成立以来，党和国家制定的各种文件中有关教育方针及其规定的教育目的，提法虽然不尽相同，但基本内涵或基本精神是一致的，包含一个总的精神，就是培养学生成为未来国家、社会发展的主人。其基本点主要表现在：

(1)坚持社会主义方向性。要求培养的人是社会主义事业的建设者和接班人，因此要坚持政治思想道德素质与科学文化知识能力的统一。

(2)坚持全面发展。要求学生在德、智、体、美、劳等方面全面发展，要求坚持脑力与体力两方面的和谐发展。

(3)培养独立个性。适应时代要求，强调学生个性的发展，重点是培养学生的创新精神和实践能力。

(4)教育与生产劳动相结合，是实现我国教育目的的根本途径。

(5)注重提高全民族素质。

总的来说，其体现的精神实质是：第一，培养劳动者(为经济建设和社会的全面发展进步培养各级各类人才)是社会主义教育目的的总要求；第二，要求德、智、体、美、劳等方面全面发展是社会主义的教育质量标准；第三，坚持社会主义方向，是我国教育目的的根本性质和特点；第四，坚持教育与生产劳动相结合的根本途径。同时，这也体现了我国教育目的的基本特征，即：第一，以马克思主义关于人的全面发展学说为指导思想；第二，具有鲜明的政治方向；第三，坚持全面发展与个性发展的统一。

真题面对面

[2020丽水，简答]简述我国教育目的的基本精神。

答案：详见内文

二、我国确立教育目的的理论依据 【单选、填空、判断】★★★

马克思

马克思主义关于人的全面发展学说是我国确定教育目的的**理论依据**和**基础**。其基本内容包括：

(1)人的全面发展的含义。所谓**人的全面发展**，是指人的劳动能力，即人的体力和智力的全面、和谐、充分的发展，还包括人的道德的发展和人的个性的充分发展。

(2)旧式分工造成了人的片面发展。旧的社会生产分工和不合理的生产关系是人的片面发展的原因。

(3)机器大工业生产为人的全面发展提供了基础和可能。

(4)社会主义制度是实现人的全面发展的社会条件。

(5)教育与生产劳动相结合是"造就全面发展的人的**唯一方法**"。马克思说："教育与生产劳动相结合，不仅是提高社会生产的一种方法，而且是造就全面发展的人的唯一方法。"也就是说，教育与生产劳动相结合是培养全面发展的人的**根本途径**，也是唯一途径。

真题面对面

1. [2022绍兴，单选]我国教育目的的理论基础是(　　)

A. 加德纳的多元智力理论　　B. 马克思主义的劳动起源说

C. 杜威的教育无目的论　　D. 马克思主义关于人的全面发展学说

2. [2019丽水，填空]马克思主义观点认为，培养全面发展的人的唯一方法是__________。

答案：1. D　2. 教育与生产劳动相结合

三、我国教育目的的落实

考点1　落实我国教育目的必须正确处理的几个关系 【单选、判断】★

1. 教育目的与教育目标的关系

从教育目的到教育目标的转换实际上就是教育目的由一般到具体的实现过程。根据《中华人民共和国义务教育法》等法律的规定，学校教育必须做到"两个全面"，即"全面发展"和"面向全体(学生)"。

2. 德、智、体、美、劳诸育之间的关系

正确处理诸育关系对于教育目的的实现至关重要。在诸育关系认识上，有几点至关重要：一是"五育"在全面发展中的地位存在不平衡性；二是"五育"各有其相对独立性；三是"五育"之间具有内在联系。具体内容参见本节"全面发展教育各组成部分之间的关系"。

3. 全面发展与因材施教的关系

这实际上是我国教育目的的全面发展和个性发展相统一的一个具体要求。全面发展是每个人的全面发展，即"**个性的全面发展**"。我们所指的个性是指每个人在全面发展过程中由于客观存在的各种差异而形成的各不相同的个性，是全面发展的自然结果，即"**全面发展的个性**"。全面发展不排斥个性发展，而且以个人合乎本性的自由发展为条件。全面发展不等于平均或平面的发展。在教育实践中，必须根据每一个学生的特殊性对学生因材施教，在充分发挥每一个人的长处的同时求得他的全面发展。

4. 全面发展与职业定向的关系

在基础教育阶段，个性发展的重要意义就在于使有特殊个性和才干的受教育者更有可能适应未来不同社会工作的需要。全面发展的人才终究要在一定社会中生活，要满足社会发展的需要，教育就必须为不同的社会岗位培养人才。如果不管不问教育的性质和实际，一味片面强调划一的全面发展，反而会葬送全面发展的教育目的。在促进学生全面发展的同时，应当鼓励学生对社会上不同职业的特点和要求有一些直观、感性的认识，激励受教育者努力学习，为祖国的明天做好充分的准备。

考点2　当前我国教育目的在实践中存在的主要问题及其解决措施

1. 主要问题——片面追求升学率

在我国教育目的的实践中，多年来一直存在着中小学片面追求升学率的倾向，这严重背离了教育目的的基本精神。片面追求升学率的现象和过度的应试倾向给我国教育造成了很大危害，这主要表现在：(1)注重少数学生的发展而忽视全体学生的发展；(2)注重学生的个别方面(主要是知识方面)的发展而忽视学生素质的全面提高。

2. 解决措施

片面追求升学率的现象是与社会主义初级阶段的教育目的相背离的，因而必须尽力克服这种消极现象。这是一个长期而艰巨的任务。

(1)这有赖于整个社会的发展。只有社会生产力得到大发展，教育的发展才具有坚实的物质基础，教育资源上的供需矛盾得到根本解决才具有现实可能性。

(2)要深化教育体制改革。①要努力建立更加灵活和开放的教育体制，加大教育发展力度，多渠道办学，充分挖掘教育资源潜力，加速非义务教育的发展历程，扩大教育机会，从而缓解教育机会竞争；②要加大新一轮基础教育课程改革的力度，在课程理念、课程内容、课程结构、课程评价、课程管理等方面规范和引导学校办学；③要积极推进高考制度的改革，为中小学教育树立正确导向；④要进一步深化中等教育结构的改革，特别是要大力提高中等职业学校的办学水平；⑤要合理配置教育资源，加强中小学的学校建设。

(3)中小学本身也应积极进行改革，端正办学思想，认真落实教育方针和教育目的，深化教育教学改革，提高教育教学的质量和效益，促进全体受教育者身心全面发展。

四、全面发展教育　【单选、多选、判断、辨析】　★★

考点1　全面发展教育的组成部分

全面发展教育的目的决定了全面发展教育的内容，德育、智育、体育、美育、劳动技术教育是全面发展教育的基本组成部分。

1. 德育

德育是培养学生正确的人生观、世界观、价值观，使学生具有良好的道德品质和正确的政治观念，形成正确的思想方法的教育。

德育的基本任务包括：(1)培养学生良好的道德品质；(2)培养学生正确的政治方向；(3)培养学生正确的价值观；(4)培养学生良好、健康的心理品质；(5)培养学生良好的思想品德能力等。

知识再拔高

普通中学在德育方面的要求

帮助学生初步了解马克思主义的基本观点和中国特色社会主义理论；让学生热爱党，热爱人民，热爱祖国，热爱劳动，热爱科学；培养学生勇于开拓的思维方法和科学精神，形成社会主义的现代文明意识和道德观念；使学生养成适应不断改革开放形势的开放心态和应变能力。

真题面对面

[2022台州,单选]"帮助学生初步了解马克思主义的基本观点"属于义务教育阶段在(　　)方面的要求。

A.智育　　B.美育　　C.劳育　　D.德育

答案:D

2.智育

智育是传授给学生系统的科学文化知识、技能,发展他们的智力和与学习有关的非认知因素的教育。智育的**根本任务**是要培育或发展学生的智慧,尤其是智力。

智育的具体任务包括:(1)向学生系统传授科学文化知识,为学生各方面发展奠定良好的知识基础;(2)培养训练学生,使其形成基本技能;(3)培养和发展学生的智力才能,增强学生各个方面的能力;(4)培养学生良好的学习品质和热爱科学的精神。

我国中小学智育的主要任务与内容是传授知识、发展技能、培养自主性和创造性。

3.体育

体育即身体素质教育,是指组织和指导学生进行锻炼身体,增强身体素质,提高健康水平和运动能力的教育。

体育的基本任务包括:(1)指导学生锻炼身体,促进身体正常发育和技能的发展,增强学生体质,提高健康水平;(2)使学生掌握运动锻炼的科学知识和基本技能,掌握运动锻炼的方法,增强运动能力;(3)使学生掌握身心卫生保健知识,养成良好的身心卫生保健习惯;(4)发展学生良好品德,养成学生文明习惯。

增强学生体质是学校体育的**根本任务**,这也是学校体育与学校其他活动最根本的区别。学校体育的**基本组织形式**是体育课,学校体育活动的基本特性是教育性、技能性和娱乐性。

4.美育

美　育

美育是培养学生健康的审美观,发展他们感受美、鉴赏美和创造美的能力,以及培养他们高尚的情操与文明素养的教育。

(1)美育的任务

①培养学生正确的审美观点,使他们具有感受美、理解美和鉴赏美的知识与技能;

②培养学生艺术活动的技能,发展他们体现美和创造美的能力;

③培养学生的心灵美和行为美,使他们在生活中体现内在美和外在美的统一。

(2)美育的内容

学校美育的内容主要包括形式教育、理想教育和艺术教育三个方面。

①**形式教育**。包括形式美和美的形式两个方面。形式美指事物的自然属性及其组合规律的美;美的形式是审美对象的外部美的表现形态和内部美的结构方式。

②**理想教育**。主要包括社会理想教育、人生理想教育、道德理想教育等。

③**艺术教育**。主要包括表演艺术教育、造型艺术教育、语言艺术教育和综合艺术教育。艺术教育无疑是美育最主要的内容与手段。

(3)美育的功能

人们对美育功能的认识主要有三个方面:①美育的直接功能。即"育美"功能。②美育的间接功能(或附带功能、潜在功能),具体说就是美育的育德、促智、健体功能等。③美育的超美育功能。即美育的超越性功能。

5. 劳动技术教育

劳动技术教育是引导学生掌握劳动技术知识和技能,形成劳动观点和习惯的教育。劳动技术教育包括劳动教育和技术教育。

劳动技术教育的任务包括:(1)培养学生的劳动观点、劳动习惯和学习生产技术的兴趣;(2)使学生初步掌握现代生产技术的基础知识和基本技能,学会使用一般的生产工具;(3)掌握组织生产和管理生产的初步知识和技能。

考点2　全面发展教育各组成部分之间的关系

1.“五育”在全面发展中的地位存在不平衡性

全面发展不能理解为要求学生“样样都好”的平均发展,也不能理解为人人都要发展成为一样的人。全面发展的教育同“因材施教”“发挥学生的个性特长”并不是对立的、矛盾的。人的发展既应是全面的、和谐的,又应有鲜明个性。在实际生活中,青少年德、智、体、美、劳诸方面的发展往往是不平衡的,有时需要针对某个带有倾向性的问题强调某一方面。学校教育也常会因某一时期任务的不同,在某一方面有所侧重。

2.“五育”各有其相对独立性

“五育”中的每一组成部分都有其相对独立性,有其特定的任务、内容和功能,对其他各育起着影响、促进的作用,各育不能相互代替。各育都具有特定的内涵、特定的任务,其各自的社会价值、教育价值、满足人发展的价值都是通过各自不同的作用体现出来的。

体育是各育实施的物质前提,是人的一切活动的基础;智育是各育实施的认识基础和智力支持;德育则是各育实施的方向统帅和动力源泉;美育协调各育的发展;劳动技术教育是各育的实践基础。

3.“五育”之间具有内在联系

德育、智育、体育、美育、劳动技术教育紧密相连,它们互为条件,互相促进,相辅相成,构成一个统一的整体。它们的关系具有在活动中相互渗透的特征。

真题面对面

[2022温州,单选]深化“五育”并举课程实施是新时代教育高质量发展的迫切课题。五育之间既相互独立又相互促进,其中,智育的作用是(　　)

A. 各育实施的认识基础　　B. 人的一切活动的基础

C. 协调各育的发展　　D. 各育实施的方向统帅和动力源泉

答案:A

五、全面推进素质教育

考点1　素质教育的概念与特点　【判断】★

1. 素质教育的概念

1999年的《关于深化教育改革全面推进素质教育的决定》将素质教育确定为我国教育改革和发展的长远方针,素质教育随之成为我国各级各类教育追求的共同理想。

素质教育是依据人的发展和社会发展的实际需要,以全面提高全体学生的基本素质为根本目的,以尊重学生主体性和主动精神,注重开发人的智慧潜能,形成人的健全个性为根本特征的教育。

2. 素质教育的特点

素质教育的特点有：全体性、全面性、基础性、主体性、发展性、合作性和未来性。其中，全体性是素质教育最本质的规定、最根本的要求。所谓“全体性”，广义地说，是指素质教育必须面向全体人民，任何一名社会成员，均必须通过正规或非正规的途径接受一定时限、一定程度的基础教育。狭义地看，素质教育的“全体性”是指为全体适龄儿童开放接受正规基础教育的大门。

考点 2　素质教育的目的与任务

素质教育的根本目的，就是全面地提高学生的素质。它可以分为做人与成才两个层次：前者是后者的基础，偏重于共同要求；后者是前者的发展，偏重于区别对待。

素质教育有三大基本任务：一是培养学生的身体素质；二是培养学生的心理素质；三是培养学生的社会素质。

考点 3　素质教育的内涵　【单选、判断】　★★

1. 素质教育是面向全体学生的教育

素质教育倡导人人都有受教育的权利，强调在教育中每个人都能得到发展，而不是只注重一部分人，更不是只注重少数人的发展。每一位学生都能得到发展，是每一位学生的基本权利。我们应该尊重这种权利，保护这种权利，创造条件实现这种权利。

2. 素质教育是促进学生全面发展的教育

素质教育倡导的是在教育中使每个学生都得到充分的、全面的发展。个体本身蕴含了多方面发展的潜能，全面发展是人发展自身的要求；社会生活的丰富多样性也要求人的全面发展，社会发展的程度越高，对人的全面发展的要求也就越高。素质教育的理论依据是全面发展教育，素质教育是对全面发展教育的具体落实和深化。实施素质教育必须坚持“五育”并举，促进学生生动活泼地发展。

3. 素质教育是促进学生个性发展的教育

素质教育是全面发展的教育，是从教育对所有学生的共同要求的角度来看的。但每一个学生都有其个别性，如有不同的认知特征、不同的欲望需求、不同的兴趣爱好、不同的创造潜能，这些不同点铸造了一个个千差万别的、个性独特的学生。因此，教育还要尊重并充分发展学生的个性。

4. 素质教育是以培养创新精神和实践能力为重点的教育

作为国力竞争基础工程的教育，必须培养具有创新精神和实践能力的新一代人才，这是素质教育的时代特征。对教育来说，培养创新精神和实践能力不是一般性的要求，更不是可有可无的事，而应成为教育活动的根本追求，成为素质教育的**核心**。应试教育不仅加重了学生的学习负担，牺牲了多数学生的发展，更重要的是忽视甚至是扼杀了学生的创新精神和实践能力。因此，能不能培养学生的创新精神和实践能力是应试教育和素质教育的**本质区别**。

考点 4　实施素质教育应避免的误区　【判断】　★★

误区一：素质教育就是不要“尖子生”。

这是对素质教育面向全体学生的误解。素质教育坚持面向全体学生，意味着素质教育要使每个学生都得到与其潜能相一致的发展。

误区二：素质教育就是要学生什么都学、什么都学好。

这是对素质教育使学生全面发展的误解。素质教育强调为学生的发展奠定基础，同时又要发展学生的个性，因此，素质教育对学生的要求是合格加特长。

误区三:素质教育就是不要学生刻苦学习,“减负”就是不给或少给学生留课后作业。

这是对素质教育使学生生动、主动和愉快发展的误解。学生真正的愉快来自通过刻苦的努力而获得成功之后的快乐,学生真正的负担是不情愿的学习任务。

误区四:素质教育就是要使教师成为学生的合作者、帮助者和服务者。

这是对素质教育所倡导的“学生的主动发展”和“民主平等的师生关系”的误解。这种观点忽略了教师的地位和作用,忽略了学生的特点。

误区五:素质教育就是多开展课外活动,多上文体课。

这是对素质教育形式的误解。教育培养人的基本途径是教学,学生的基本任务是在接受人类文化精华的过程中获得发展。这就决定了素质教育的主渠道是教学,主阵地是课堂。

误区六:素质教育就是不要考试,特别是不要百分制考试。

这是对考试的误解,考试包括百分制考试本身没有错,要说错的话,就是在应试教育中使用者将其看作学习的目的。考试作为评价的手段,是衡量学生发展的尺度之一,也是激励学生发展的手段之一。

误区七:素质教育会影响升学率。

这是对素质教育内涵的误解。首先,素质教育的目的是促进学生的全面发展,素质教育旨在提高国民素质,升学率只是衡量教育质量的标准之一。其次,真正的素质教育不会影响升学率,因为素质教育强调科学地学习、刻苦地学习、有针对性地学习,这样有助于升学率的提高。

真题面对面

[2021台州,判断]提倡素质教育,就是不要用考试的方式来评价学生。(　　)

答案:×

★★ 考点大默写 ★★

1. ____________是实现我国教育目的的根本途径。
2. 马克思主义关于人的____________学说是我国确定教育目的的理论依据和基础。
3. 当前我国教育目的在实践中存在的主要问题是片面追求____________。
4. 智育的根本任务是要培育或发展学生的智慧,尤其是____________。
5. 学校体育的基本组织形式是____________。
6. 学校美育的内容主要包括形式教育、____________和____________三个方面。
7. “五育”各有其相对独立性,其中,____________是各育实施的认识基础和智力支持。
8. 素质教育必须面向全体人民,任何一名社会成员,均必须通过正规或非正规的途径接受一定时限、一定程度的基础教育。这体现了素质教育的____________特征。
9. 素质教育就是要学生什么都学、什么都学好。这是对素质教育____________的误解。
10. 能不能培养学生的____________和____________是应试教育和素质教育的本质区别。

【参考答案】

1. 教育与生产劳动相结合　2. 全面发展　3. 升学率　4. 智力　5. 体育课　6. 理想教育　艺术教育
7. 智育　8. 全体性　9. 使学生全面发展　10. 创新精神　实践能力

第三节　教育基本规律

一、教育和社会发展的关系

考点1　教育的社会功能 【单选、辨析】 ★★

1. 教育的政治功能

教育的政治功能是指教育具有维系国家和社会政治稳定、促进社会政治发展的功能，具体表现为：

(1)维系社会政治稳定

教育维系社会政治稳定主要通过两个路径：①教育为社会培养各种政治人才；②教育培养具有一定政治素质的社会公民。

(2)促进社会政治变革

教育促进社会政治变革的途径有：①通过教育普及促进社会政治变革；②教育通过传播先进的思想促进社会政治的变革；③教育可以促进社会政治民主化。教育促进民主化进程，但对政治经济制度不起决定作用。

2. 教育的经济功能

教育的经济功能主要体现在教育对社会生产力的促进作用，具体表现为：

(1)教育再生产劳动力

教育再生产劳动力具体表现在：

①教育使潜在的生产力转化为现实的生产力；

②教育可以提高劳动力的质量和素质，使之获得一定劳动部门认可的技能和技巧，成为发达的和专门的劳动力；

③教育可以改变劳动力的形态，把一个简单劳动力训练成一个复杂劳动力，把一个体力劳动者培养成一个脑力劳动者；

④教育可以使劳动力得到全面发展，提高劳动转换能力，摆脱现代分工对每个人造成的片面性。

(2)教育再生产科学知识

教育是实现科学知识再生产、进行科技创新的重要手段。教育再生产科学知识具体表现在：

①教育可以高效能地扩大科学知识的再生产，使原来为少数人所掌握的科学知识在较短的时间内为更多的人所掌握，从而提高劳动生产效率，促进生产力的发展；

②教育担负着发展科学、再生产科学的任务，这在高校表现得尤为明显。

知识再拔高

教育与社会关系的相关理论

20世纪60年代，以美国的**舒尔茨**为代表的西方经济学家提出了**人力资本理论**，舒尔茨认为人力资本主要指凝聚在劳动者身上的知识、技能及其所表现出来的劳动能力，这是现代经济增长的主要因素。倡导该理论的学者们重视教育投资的作用，认为教育不仅是一种消费活动，也是一种投资活动。

到20世纪60年代末和70年代初，人们发现教育投资并没有收到预期的效果，并且还出现了许多社会问题、经济问题、教育问题。鉴于此，教育经济学界人士认为人力资本理论不够完善，由此提出了新的理论和主张，主要有三种：(1)**筛选假设理论**，或称**文凭理论**，强调教育的信号本质，强调筛选作用为教育的主要经济价值。(2)社会化理论。(3)劳动力市场划分理论。西方人士把这三种理论称为教育经济学第二代理论，以区别于第一代人力资本理论。

3. 教育的文化功能

教育与文化是相辅相成的，教育以传播、继承与发展文化为己任，文化通过教育得以世代相传，不断地得到继承和革新，从而推动文化的发展和社会的进步。教育的文化功能具体表现在：

（1）教育能够传承文化。文化的传承是文化得以延续和发展的基本前提。教育传承文化的功能主要表现为：①教育可以传递和保存文化；②教育可以活化文化。

（2）教育能够改造文化（选择和整理、提升文化）。改造文化是指在原有文化要素的基础上所进行的取舍、调整和再组合。教育对文化的改造主要是通过选择文化和整理文化来实现的。

（3）教育能够传播、交流和融合文化。教育通过传播文化，使不同国家和民族的文化相互交流、交融，促进文化的优化和发展。

（4）教育能够更新和创造文化。这主要表现为：①教育通过培养具有创新精神和创造能力的人来发挥其文化创造的功能；②教育直接创造新的文化。

4. 教育的科技功能

（1）教育能完成科学知识再生产。

（2）教育推进科学的体制化。科学的体制化是指出现职业的科学家以及专门的科研机构去开展科学研究。只有在教育高度发达的情况下，才会出现科学的体制化。

（3）教育具有科学研究的功能。

（4）教育促进科研技术成果的开发利用。

5. 教育的人口功能

（1）减少人口增长；（2）提高人口素质；（3）改善人口结构；（4）促进人口流动。

考点 2　社会对教育的影响和制约　【单选、判断】 ★★

1. 社会政治经济制度对教育的影响和制约

社会政治经济制度决定教育的性质。在同一政治经济制度下，各国的教育虽然也有差异，但其本质属性是相同的。

（1）社会政治经济制度决定教育的领导权。社会中占统治地位的阶级，通过对教育方针政策的颁布、教育目的的制定、教育经费的分配、教育内容特别是意识形态教育内容的规定、教师和教育行政人员的任命聘用等，实现对教育领导权的控制。

（2）社会政治经济制度决定受教育权。在阶级社会中，统治阶级采取种种直接或间接的手段，决定和影响受教育权在社会中的分配。

（3）社会政治经济制度决定教育目的。

（4）社会政治经济制度决定着教育内容的取舍。

（5）社会政治经济制度决定着教育体制。任何一个国家的教育体制都不存在固定僵化的模式，要随着政治体制、经济体制的变革而变革。

（6）社会政治经济制度制约教育的改革与发展。在推动教育改革和发展的动力因素中，政治经济制度起着直接的推动作用。

2. 生产力对教育发展的影响和制约

（1）生产力的发展水平制约着教育发展的规模和速度。教育发展的规模与速度，取决于生产力发展所提供的物质条件和生产力发展对教育事业所提出的要求。

(2)生产力的发展水平制约着人才培养的规格。

(3)生产力的发展水平制约着教育结构的变化。

(4)生产力的发展水平制约着教育的内容、方法与手段。

(5)生产力的发展水平制约着学校的专业设置。

3. 文化对教育发展的影响和制约

(1)文化类型影响教育目的。教育目的的确立,除了取决于社会政治经济制度和生产力的发展水平以外,还受文化的影响。

(2)文化观念影响教育观念。这主要表现在:①文化观念制约人们对教育的态度和行为;②文化观念影响教育思想的产生和发展。

(3)文化传统影响教育内容和教育方法。教育的内容就是人类的文化,不同时期的文化和不同国家与民族的文化,影响着教育内容的不同选择。不同的文化影响着人们对知识及其来源的认识,在教育上影响着人们对师生关系的认识,由此决定了人们对教育教学方法的不同应用。

知识再拔高

中国传统文化价值观对中国教育的消极影响

(1)**重功利轻发展**的价值观对教育的影响。在中国传统社会,教育价值观是相当狭隘和功利的,导致中国传统教育过分追求功利目的而忽视受教育者内在素质的真正发展。直到今天,重外在功利、轻内在发展仍然是中国教育的一大特色,应试教育就是最显著的表现。

(2)**重共性轻个性**的价值观对教育的影响。在中国传统社会中,个性是不受欢迎的,压制学生个性的一个突出表现就是教育的模式化,模式化的学校、模式化的目标、模式化的内容、模式化的方法、模式化的过程,乃至模式化的教师,最后“制造”出模式化的学生。

(3)**重服从轻自主**的价值观对教育的影响。中国传统文化倡导人云亦云、唯书唯上、逆来顺受,在教育中首先是要盲目服从经典和师长,好学生的第一标准就是“听话”。深受中国传统文化影响的中国教育至今仍然相当强调学生服从品质的养成,致使所培养出来的人唯书崇上。

(4)**重认同轻创造**的价值观对教育的影响。中国传统文化价值观念倾向于厚古薄今,唯古是法作为一种价值观念代代相传。在教育上,推崇的是引经据典,上施下效。

真题面对面

[2021台州,单选]下列不是中国传统文化价值观对中国教育消极影响的是(　　)

A. 重创造轻认同　　B. 重共性轻个性

C. 重服从轻自主　　D. 重功利轻发展

答案:A

4. 科学技术对教育的影响和制约

科学技术对教育的影响,首先表现为对教育的动力作用。具体地说,科技对教育的作用表现如下:

(1)科学技术能够改变教育者的观念。科技发展水平决定了教育者的知识水平和知识结构,影响到他们对教育内容、方法的选择和运用,也会影响到他们对教育规律的认识和教育过程中教育机制的设定。

(2)科学技术能够影响受教育者的数量和教育质量。

(3)科学技术能够影响教育的内容、方法和手段。

5. 人口对教育发展的影响和制约

(1)人口数量对教育发展的影响和制约。具体表现为:①一定的人口数量及其增长率影响着教育事业发展的规模和速度;②人口增长还影响和制约着教育发展战略目标的实现和战略重点的选择。

(2)人口质量对教育发展的影响和制约。具体表现为直接影响和间接影响两个方面:直接影响是指入学者已有的水平对教育质量的影响;间接影响是指年长一代人口质量影响新生一代人口质量,从而影响以新生一代为对象的学校的教育质量。

(3)人口结构对教育发展的影响和制约。具体表现为:①人口年龄结构制约着教育发展;②人口就业结构制约着教育发展。

考点3 教育的相对独立性

教育的相对独立性是指教育具有自身独特的发展规律和能动性。一般来说,教育为一定社会的生产力发展水平所制约,为一定社会的政治经济制度所决定,为一定社会的文化所影响。但是教育又常显示出其自身所特有的形式和发展轨迹。这是因为,作为教育活动主体的教育者和受教育者是人,而人的显著特点是具有自主性、能动性和创造性等,这些特点决定了人的独立性,从而也决定了教育的独立性。教育的相对独立性主要表现在以下几个方面:

1. 教育自身的历史继承性

教育和其他社会现象一样,在其历史的发展过程中必然从各个方面吸收和利用以往历史阶段的教育成果和经验。教育的思想、制度、内容和方法等各个方面不仅反映着一定社会的生产力发展水平和政治、经济制度的要求,而且与教育发展的历史沿革有着一定的渊源,都带有自己发展历程中的烙印。这就是教育自身的历史继承性。

2. 教育与社会发展的不平衡性

教育受一定社会的生产力发展水平和政治、经济制度制约、决定,但与社会生产力发展水平和政治经济制度的改变并非完全同步,具有与社会发展的不平衡性。

3. 教育与其他社会意识形式的平行性

教育作为社会意识形态中的一种意识形式,与社会意识形态中的其他意识形式,如政治思想、哲学观念、伦理道德、宗教、文学、艺术等,有着密切的联系,这种联系不是决定与被决定的关系,而是相互影响的平行性关系。

考点4 教育先行

所谓"教育先行",是指在一定的生产力发展条件下,为了发展经济必须注意首先发展教育。教育先行有两层含义:其一是社会用于发展教育的投资要适当超越于现有生产力和经济发展状态而超前投入;其二是教育发展要先于或优于社会上其他行业和部门而先行发展。在这里,"优先是指在全局中与其他非优先的事务相比较而言,是指在长远的多种事务不能齐头并进时,在排序上使某一事务先行而言。"

长期以来,人们由于受传统教育观念的影响,在处理教育与经济的关系上存在着重经济轻教育的思想偏向,只重视对物质生产部门的投资,而忽视了教育投资。因此,教育滞后于经济的发展。

教育要先行,需要超前于经济建设,是由教育本身的特点决定的。教育的特点之一就是未来性。教育的周期长,因此,今天的教育是为了明天的世界,人才的培养应先于经济的发展。

二、教育和人的发展的关系

考点1 人的发展的含义 【单选】 ★

"人的发展"一般有两种释义。一种是将它看成是人类的发展或进化的过程。另一种则将它看成是人类个体的成长变化过程。

人的发展是整体性的发展，大体可以分为三个层面：一是**生理发展**，包括机体的正常发育，体质的不断增强，神经、运动、生殖等系统的生理功能的逐步完善；二是**心理发展**，包括感觉、知觉、注意、记忆、思维、想象、言语等认知的发展，需要、兴趣、情感、意志等意向的形成，能力、气质、性格等个性的完善；三是**社会性发展**，包括社会经验和文化知识的掌握，社会关系和行为规范的习得，使人不断社会化、提高社会性，发展成为具有社会意识、人生态度和实践能力的现实的社会个体，能够适应并促进社会发展的人。

人的发展的三个方面，既有一定的相对独立性，又密切地联系在一起，相互制约、相辅相成，有机地促进人的体、智、德、美及实践能力的全面发展。

知识再拔高

人的素质的基本特征

素质即人在先天生理基础上，受后天环境、教育等的影响，通过个体自身的认识与社会实践形成的比较稳定的身心发展的基本品质，也可以称为素养。人的素质的基本特征包括：

(1)**基本性**。素质是人最一般、最基础的品质，是人在社会中生活所必需的，是人认识社会、改造社会的最基本特质。因此，素质是每一个人都具有的，人与人之间的素质差异不是"有"和"无"的区别，而是体现在水平的高低、结构的完整与否以及功能的发挥程度等方面。

(2)**稳定性**。对于群体来讲，随着人类社会的发展，不同历史时期人的素质也会具有不同的形态与内容。对于个体来讲，素质一经形成便具有了稳定性特征。人的素质是先天遗传与后天实践共同作用下形成的。人的先天遗传因素为人的素质形成提供了前提条件与基础，在后天环境的作用下，人通过认识世界、参加社会实践活动获得了能力、品质、修养等。因此，素质一旦形成就不会随意改变和消失，个体的那些稳定的、持续的、惯常的身体与心理特性才能被称为素质。

(3)**内隐性**。素质内在于个体的生理与心理之中，与个体的活动密切联系在一起，无法外在于个体而单独存在。

(4)**个体性**。社会生活中人所具有的社会与心理特征都会因个体的不同而存在差异，个体独具的兴趣、爱好、品格、气质等都会彰显个体素质的差异与不同。

真题面对面

1. [2022金华，单选]人的发展大体分为三个方面，下列选项中处于同一方面的是(　　)

A. 体质增强，社会性提高　　B. 感知觉发展，性格完善

C. 神经系统功能完善，注意力提升　　D. 行为规范习得，言语发展

2. [2022金华，单选]人的素质一旦形成就不会随意改变和消失，这体现了人的素质的(　　)

A. 稳定性　　B. 功利性　　C. 内隐性　　D. 个体性

答案：1. B　2. A

考点2　人的身心发展的动因　【单选】　★★

1. 内发论(遗传决定论)　必背

内发论强调内在因素，如"需要""成熟"，强调人的身心发展的力量主要源于人自身的内在需要，身心发展的顺序也是由身心成熟机制决定的。即在人的身心发展过程中起决定作用的是遗传素质。

表1-13　内发论的主要代表人物及其观点

代表人物	主要观点
孟子	人的本性是善的,“万物皆备于我”
弗洛伊德	人的性本能是最基本的自然本能
威尔逊	“基因复制”是决定人的一切行为的本质力量
高尔顿	高尔顿是遗传决定论的“鼻祖”,他认为个体的发展及其个性品质早在基因中就决定了,发展只是这些内在因素的自然展开,环境只起引发作用;**“优生学”**
格塞尔	强调成熟机制对人的发展的决定作用
霍尔	“一两的遗传胜过一吨的教育”;“复演说”

总的来说,内发论认为心理发展与生理发展没有什么根本的实质性区别,认为心理发展是先天因素成熟的结果,因而完全否定后天学习、经验的作用。其关注重点是人的“生长”,以及人的成长规律和成熟机制是怎样的。我国历史上的“生而知之”的“天才论”,以及“性也者,与生俱生也”“唯上智与下愚不移”的观点和“龙生龙,凤生凤,老鼠生来会打洞”等俗语都属于遗传决定论的范畴。

2. 外铄论(环境决定论)

外铄论认为人的发展主要依靠外在的力量,诸如环境的刺激和要求、他人的影响和学校的教育等。

表1-14　外铄论的主要代表人物及其观点

代表人物	主要观点
荀子	人的贵贱、愚智、贫富都取决于后天的教育和学习,教育在人的发展中起着“化性起伪”的作用
洛克	提出“白板说”,认为人的心灵犹如一块白板,它本身没有内容,可以任意涂抹
华生	给我一打健康的婴儿,不管他们祖先的状况如何,我可以任意把他们培养成从领袖到小偷等各种类型的人

总的来说,外铄论一般都注重教育的价值,对教育改造人的本性,形成社会所要求的知识、能力、态度等方面,都保持积极乐观的态度。他们关注的重点是人的“学习”:学习什么和怎样有效学习。

记忆有妙招

为方便考生记忆,编者将内发论与外铄论的代表人物总结成以下口诀:

(1)**内孟四尔弗。内:**内发论。**孟:**孟子。**四尔:**威尔逊、高尔顿、格塞尔、霍尔。**弗:**弗洛伊德。

(2)**外寻落花生。外:**外铄论。**寻:**荀子。**落:**洛克。**花生:**华生。

真题面对面

1. [2022金华/诸暨,单选]在个体身心发展的动因上,“优生学”的代表人物高尔顿所持观点属于(　　)

A. 性善论　　B. 内发论　　C. 性恶论　　D. 外铄论

2. [2020宁波,单选]我国古代思想家荀子认为:“兰槐之根是为芷,其渐之滫,君子不近,庶人不服。其质非不美也,所渐者然也。故君子居必择乡,游必就士,所以防邪辟而近中正也。”荀子这种观点属于(　　)

A. 遗传决定论　　B. 环境决定论　　C. 教育主动论　　D. 主观能动论

答案:1. B　2. B

考点 3　影响人的身心发展的因素　【单选、填空、判断、论述】★★★

总体看来，影响人的身心发展的因素主要有遗传、环境、教育(学校教育)和个体主观能动性等。

遗传素质是人的身心发展的**物质前提**，环境为人的发展提供了**多种可能**，而教育作为特殊的环境对人的身心发展起**主导作用**，个体主观能动性是人的身心发展的**内因和动力**。这些因素彼此关联、相互配合，共同发挥作用，促进人的身心发展。

1. 遗传

遗传，也叫遗传素质，是指从上一代继承下来的生理解剖上的特点。这些遗传素质是先天的，与生俱来的。人的发展就是在人类特有的遗传素质基础上展开的。遗传素质是人的身心发展的前提，具体体现在以下几个方面：

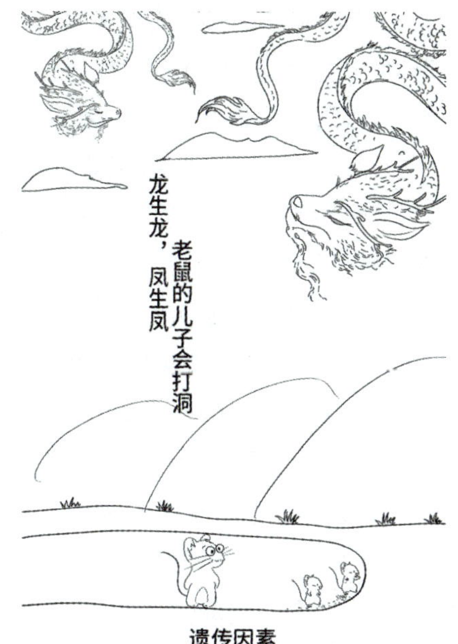

遗传因素

(1)遗传素质是人的身心发展的前提，为人的发展提供了可能性，但不能决定人的发展

①人的身心发展必须以正常的遗传素质为基础，发展才有可能。没有这个前提，任何发展都不可能，或者某些遗传素质有缺陷，某种发展可能就永远不能实现。*例如，一个生而失聪的儿童，就不可能发展其听觉能力而成为音乐家。*

②遗传素质不决定人身心发展的现实性。遗传素质具有一定的可塑性，它会随着环境、教育的改变和人类实践活动的深入等作用而逐渐发生变化。遗传因素对人的影响在整个发展过程中总体上呈减弱趋势。因此，一个人的神经系统，虽然生来就被某些属性制约，但是它本身却具有极大的可塑性。"遗传决定论"的观点夸大了遗传的作用，把遗传看作是决定人的发展的唯一因素，是不正确的。

(2)遗传素质的个别差异是人的身心发展的个别差异的原因之一

遗传素质存在着个别差异，表现在高级神经活动类型、感觉器官的结构和机能方面。这些差异是个性形成的生理基础，是人的个性差异的最初原因。

(3)遗传素质的成熟机制制约着人的身心发展的水平及阶段

个体的遗传素质是逐步发展成熟的。遗传素质的成熟程度，为一定年龄阶段的身心发展提供了限制与可能，制约着年青一代身心发展的过程及其阶段。教育必须按照遗传素质发展的水平进行，超越或落后于遗传素质成熟水平都不利于人的发展。

2. 环境

环境包括自然环境和社会环境两大部分，教育学中所说的环境一般指社会环境。广义上来说，教育也包括在环境这一概念之中。为了突出学校教育在人的身心发展中的自觉性、目的性和计划性的特点，以区别于环境影响的某种程度的自发性，我们把学校教育从环境中分离出来，单独叙述。

环境因素

(1)社会环境为个体的发展提供了多种可能，使遗传提供的发展可能变成现实

社会环境是人发展的外部条件，为个体的发展提供了多种可能，

如机遇、条件和对象。离开社会环境这种外部条件，再好的遗传素质也难以发挥作用。遗传提供的可能只有在一定的社会环境下才能变为现实。“近朱者赤，近墨者黑”“蓬生麻中，不扶而直”及“孟母三迁”的故事，都说明了社会环境对人的发展的影响。

(2)环境是推动人身心发展的动力

①环境是人身心发展不可缺少的外部条件。

②环境推动和制约着人身心发展的速度和水平。环境对个体发展的影响有积极和消极之分，一般来说，生产力发达地区或良好的社会生活条件，可以加速年青一代身心发展的进程；相反，不良的社会生活条件，可以阻碍年青一代身心发展的进程。

(3)环境不决定人的发展

环境对人身心发展具有一定的影响，但环境不决定人的发展，因为环境作用具有自发性、偶然性等特点，对于环境的影响，个体存在适应与对抗，“出淤泥而不染”讲的就是这个道理。这也说明虽然环境制约着人的身心发展，但是人在一定程度上又可以发挥主观能动性，超越环境的制约。因此，夸大环境对人的发展的作用，特别是“环境决定论”的观点，是错误的。

(4)人对环境的反应是能动的

社会环境是人发展的外部条件，但是个体受环境的影响不是消极被动的，而是积极能动的实践过程。环境对人的发展的影响要通过个体的主观努力和社会实践活动才能实现。有的人在良好的环境中却没有什么成就，甚至走向与环境要求相反的道路；有的人在恶劣的环境中却能“出淤泥而不染”，成为很有作为的人。因此，主观能动性是外部影响转化为内部发展要素的根据。

真题面对面

[2023宁波，单选]在建设一个优秀班集体的过程中，优良班风、学风的培育尤其关键。这主要说明了(　　)在人的发展中的作用。

A. 遗传　　B. 教育　　C. 个体主观能动性　　D. 环境

答案：D

3. 教育(学校教育)

教育，从逻辑上讲既是特殊的实践，又是特殊的环境。由于这种特殊性，使得在影响人的发展的因素中，教育对人的发展特别是对年青一代的发展起着**主导作用**和**促进作用**。

(1)学校教育在人身心发展中起主导作用的原因

①学校教育是有目的、有计划、有组织地培养人的活动；②学校有专门负责教育工作的教师，相对而言效果较好；③学校教育能有效地控制和协调影响学生发展的各种因素。

另外，学校教育给人的影响比较全面、系统和深刻。学校教育保证了教育教学的良好秩序，同时又具有系统而积极、正面的学习内容。而环境中其他方面的影响，往往是自发的、偶然的、片段的，是不能与学校教育相比拟的。相比于社会教育、家庭教育、自学成才等教育形式和方式，学校教育速度更快、效果更显著。

(2)学校教育在人身心发展中起主导作用的表现

①学校教育对于个体发展做出社会性规范；②学校教育具有开发个体特殊才能和发展个性的功能；③学校教育对个体发展的影响具有即时和延时的价值；④学校教育具有加速个体发展的特殊功能。

(3)实现学校教育在人身心发展中起主导作用和促进作用的条件

学校教育主导作用和促进作用的实现是相对的、有条件的。从外部环境方面来说，它要求社会的发展为个体的发展提供相应的前提，它依赖于家庭环境的影响和社会发展的状况；从教育系统内部来说，它依赖于教育自身的状况和学习者的主观能动性，要求教育要遵循儿童的身心发展规律等。

(4)正确看待教育在个体发展中的作用

在肯定学校教育对个体发展起主导作用的同时，应正确地看待“教育万能论”和“教育无用论”在教育功能认识上的误区。

表1-15 教育万能论与教育无用论

	基本观点	代表人物
教育万能论	人完全是教育的产物 (片面地夸大了教育在人的发展中的作用)	英国的洛克、德国的康德、美国的华生、法国的爱尔维修等
教育无用论	教育对人的发展无能为力 (抹杀了教育在人的发展中的作用)	英国的高尔顿等

4. 个体主观能动性

个体主观能动性是指人的主观意识和活动对于客观世界的积极作用，包括能动地认识客观世界和改造客观世界，并统一于人们的社会实践活动中。

个体的主观能动性是一种寻求发展的积极动机和渴望，是人的身心发展的内在动力，也是促进个体发展从潜在的可能状态转向现实状态的决定性因素。逆境可以成才，“同流而不合污”“出淤泥而不染”“威武不能屈”等典故反映出人的主观能动性在个体发展中的作用。

考点4 人的身心发展规律 【单选、判断、简答】 ★★★

顺序性和阶段性

1. 顺序性

(1)概念

个体身心发展的顺序性是指人的身心发展是一个由低级到高级、由简单到复杂、由量变到质变的连续不断的发展过程。例如，身体的发展遵循着从上到下、从中间到四肢、从骨骼到肌肉的发展顺序，心理的发展总是由机械记忆到意义记忆、由具体思维到抽象思维。

(2)教育要求

人的发展的顺序性是客观的、不以人的意志为转移的，教育工作要遵循这种顺序性，循序渐进地促进人的发展。所以，教育一般不可“陵节而施”，否则就会出现教育的异化，造成教育的负效应。对于早期教育的问题，我们要明白：早期教育并不是越早越好，过于夸大早期教育的目的和作用是极为错误的。

2. 阶段性 必背

(1)概念

个体身心发展在不同的年龄阶段表现出不同的总体特征及主要矛盾，面临着不同的发展任务，这就是身心发展的阶段性。在一定的年龄阶段，人的生理与心理两方面就会出现某些典型的、本质的特征，即年龄特征。例如，童年期学生的思维特点是具有较大的具体性和形象性，抽象思维能力还比较弱，对抽象的道理不易理解；少年期的学生，抽象思维已经有了很大的发展，但经常需要具体的感性经验作支持。

(2)教育要求

个体身心发展的阶段性规律，决定了教育工作必须根据不同年龄阶段学生的特点分阶段进行。如果不顾学生的年龄特征和接受能力，在教育工作中搞“一刀切”“一锅煮”，让孩子同成年人一样听报告、搞活动、开批判会，把对儿童和青少年的教育“成人化”，这就违反了学生身心发展的阶段性规律。教育工作必须从学生的实际出发，针对不同年龄阶段的学生，提出不同的具体任务，采取不同的教育内容和方法。

真题面对面

[2021台州,判断]身心发展的阶段性特点,要求我们在教学中做到循序渐进。(　　)

答案:×

3. 不平衡性(不均衡性) 必背

(1)表现

一方面是指身心发展同一方面的发展速度,在不同的年龄阶段是不平衡的。例如,青少年的身高体重在其全部发展过程中经历两个高峰:第一个高峰是在一岁左右,第二个高峰是在青春发育期。在这两个高峰期内,身高体重的发展较之其他阶段快得多。

另一方面是就个体身心发展的不同方面而言的。研究表明,青少年身心的不同方面所达到的某种发展水平或成熟的时期是不平衡的,有的方面可能在较早年龄就达到较高水平,而有的方面则晚些。例如,青春初期的孩子身高体重的增长已达到较高水平,而骨化过程远远没有完成。感知觉是认识的低级阶段,儿童的感知觉的发展比高级形式的判断、推理等逻辑思维能力的发展要早许多。

(2)教育要求

根据个体身心发展的不平衡性,教育教学要抓住关键期,以求在最短的时间内取得最佳的效果。所谓**关键期**,就是指人的某种身心潜能在人的某一年龄段有一个最好的发展时期。研究认为,关键期既包括有机体需要刺激的时期,也包括有机体对某种刺激最敏感的时期。因此,关键期也叫**敏感期**、**最佳期**。在这一时期内,对学生某一方面进行训练可以获得最佳成效,并能充分发挥学生在这一方面的潜力。当然,关键期也并不是绝对的,错过关键期之后,经过补偿性学习仍有可能得到发展,只是难度要大些。因此教育必须适应人身心发展的不平衡性,在人的素质发展的关键期内,施以相应的教育,促进该素质的发展。

真题面对面

[2022台州,单选]下列关于教育与人的发展的关系,说法错误的是(　　)

A. 学校教育在人的发展过程中起主导作用

B. 社会教育给人的影响是最为全面、系统和深刻的

C. 人的发展的阶段性要求教育要有针对性,不能搞一刀切

D. 人的发展的不平衡性要求教育要抓住关键期

答案:B

4. 互补性

(1)概念

互补性是指机体某一方面的机能受损甚至缺失后,可通过其他方面的超常发展得到部分补偿。机体各部分存在互补的可能,为人在自身某方面缺失的情况下能与环境协调,从而继续生存与发展提供了条件。互补性也存在于心理机能与生理机能之间。人的精神力量、意志、情绪状态对整个机能起到调节作用,能帮助人战胜疾病和残缺,使身心依然得到发展。

(2)教育要求

教育工作者要树立信心,相信每一个学生,特别是暂时落后或某些方面有缺陷的学生,通过其他方面的补偿性发展,能达到与一般学生一样的发展水平;还要掌握科学的教育方法,发现学生的优势,扬长避短、长善救失,激发学生自我发展的信心和自觉。

5. 稳定性和可变性

(1)概念

个体身心发展的稳定性，是指在一定社会和教育条件下，其身心发展阶段、发展顺序和每一阶段变化过程及速度大体上是相同的。但另一方面，个体身心发展又是可变的，它表现在不同社会，或同一社会的不同的发展阶段，同一年龄的学生，其发展水平是有差异的，同时又是可变的。可变性是绝对的，而稳定性则是相对的。但是显著的变化要依靠相对的静止状态来准备条件。

(2)教育要求

教育工作者必须掌握某一年龄阶段那些相对稳定的特征，并依此确定与之相适应的教育、教学内容与方法；教育工作者还应重视学生身心发展的可变性，改变僵死的教学模式和陈腐的教学内容及方法，利用可变性的特点，及时更新教育、教学的内容和方法。

6. 个别差异性

(1)概念

个体身心发展的个别差异性，是指个体之间的身心发展以及个体身心发展的不同方面之间，存在着发展程度和速度的不同。人的先天素质、环境和教育以及自身的主观能动性的不同，决定了人的身心发展存在着个别差异。

(2)表现

①不同儿童同一方面的发展速度和水平不同。例如，有些人“少年得志”，有些人则“大器晚成”。

关于个别差异性与不平衡性：

(1)个别差异性：存在于不同个体或群体间；

(2)不平衡性：存在于同一个体的同一方面或不同方面。

②不同儿童不同方面的发展存在差异。例如，有的儿童数学能力较强，但绘画能力却很差，而有的儿童正好相反。

③不同儿童所具有的个性心理不同。例如，同年龄的儿童具有不同的兴趣、爱好和性格等。

④个别差异也表现在群体间，如男女性别的差异。

(3)教育要求

根据个体发展的个别差异性规律，教育必须因材施教，充分发挥每个学生的潜能和积极因素，有的放矢地选择适宜、有效的教育途径和方法手段，使每个学生都能得到最大的发展。

7. 整体性

(1)概念

学生是一个整体的人，以其整个身心投入教学生活，并以整个身心来感知、体验、享受和创造这种教学生活。教师所面对的是一个活生生的、整体的人，尽管这个整体不是“完美”的整体。

(2)教育要求

教学应该面对学生整个身心；教学要着眼于学生的整体性，促进学生的一般发展，注意做到认知因素与非认知因素、意识与潜意识、科学与艺术的统一。

记忆有妙招

为方便考生记忆，编者将人的身心发展规律总结成以下口诀：

顺序阶段互补性，个别差异不平衡，整体稳定也可变。

★★ 考点大默写 ★★

1. 教育可以提高劳动力的质量和素质，使之获得一定劳动部门认可的技能和技巧，成为发达的和专门的劳动力。这体现了教育的__________功能。
2. 倡导人力资本理论的学者们认为教育不仅是一种消费活动，也是一种__________活动。
3. 根雕、女红等课程在一定程度上促进了非物质文化遗产的传承、保护与发展。该现象体现出教育具有__________功能。
4. __________制约着教育发展的规模和速度。
5. 科学技术对教育的影响，首先表现为对教育的__________作用。
6. __________是指在一定的生产力发展条件下，为了发展经济必须注意首先发展教育。
7. __________提出的"一两的遗传胜过一吨的教育"属于__________决定论。
8. __________是遗传决定论的"鼻祖"，他认为个体的发展及其个性品质早在基因中就决定了，发展只是这些内在因素的自然展开，环境只起引发作用。
9. 洛克提出"白板说"，表明其在人的身心发展的动因上持__________决定论。
10. "近朱者赤，近墨者黑""蓬生麻中，不扶而直"及"孟母三迁"的故事，都说明了__________对人的发展的影响。
11. 教育对人的发展特别是对年青一代的发展起着__________作用和促进作用。
12. 逆境可以成才，"同流而不合污""出淤泥而不染""威武不能屈"等典故反映出人的__________在个体发展中的作用。
13. 一些事例显示，对"兽孩"进行的补救教育都不是很成功。这体现出人的身心发展具有__________规律。
14. 根据个体发展的__________规律，教育必须因材施教，充分发挥每个学生的潜能和积极因素，有的放矢地选择适宜、有效的教育途径和方法手段，使每个学生都能得到最大的发展。

【参考答案】

1. 经济　2. 投资　3. 文化　4. 生产力的发展水平　5. 动力　6. 教育先行　7. 霍尔　遗传　8. 高尔顿　9. 环境　10. 环境　11. 主导　12. 主观能动性　13. 不平衡性(不均衡性)　14. 个别差异性

即时反思与复盘总结

我于________年____月____日完成了对本章的学习。

复盘一下，我对自己较肯定的地方是____________________

(足够努力/心态积极/方法得当……)

我觉得自己需要改进的地方是____________________

(懒惰懈怠/心情浮躁/方法不当……)

休息片刻，开启下一站征程！

第三章 学校教育制度

思维导图

- 学校教育制度
  - 教育制度概述
    - 教育制度的内涵：广义的教育制度：国民教育制度；狭义的教育制度：学校教育制度，简称“学制”
    - 教育制度的发展历史：前制度化教育：始于人类早期教育，终于定型的形式化教育；制度化教育：学校教育系统的形成；非制度化教育：教育不应再限于学校的围墙之内
    - 现代教育制度的发展趋势：趋势之一：高等教育的大众化
  - 现代学校教育制度
    - 学校教育制度的概念：一个国家各级各类学校的系统及其管理规则，它规定着各级各类学校的性质、任务、入学条件、修业年限以及各级各类学校之间的衔接关系（易错）
    - 现代学校教育制度的类型：双轨制：英国、法国、联邦德国等；单轨制：美国；分支型学制：苏联
    - 建立学制的依据：生产力发展水平和科学技术发展状况；社会政治经济制度；青少年儿童身心发展规律；人口发展状况；文化传统；本国学制的历史发展和国外学制的影响
    - 学校教育制度的发展趋势：双轨制在向分支型学制和单轨制方向发展
    - 我国的学校教育制度：旧中国的学制沿革：“壬颁布，癸实施，壬子癸丑最小资，戊美国，六三三”（重点）
  - 义务教育与终身教育
    - 义务教育：特点：强制性（义务性）、普及性（普遍性、统一性）、免费性（公益性）、公共性（国民性）和基础性（难点）
    - 终身教育：特点：终身性、全民性、广泛性、灵活性、实用性（易混）
  - 学校与学校文化
    - 学校的概念：专门从事教育工作的社会组织和机构
    - 学校的基本性质：社会组织、规范性组织、公益性组织、专门的教育机构、具有民族性、处于不断变革之中
    - 学校产生、发展的历史
      - 学校的萌芽：国外——青年之家；我国——成均、庠
      - 学校的产生：国外——苏美尔学校；我国——一般认为在夏朝，有文字和实物证实的在商朝
      - 学校的发展：中国——学在官府、私学兴起、官私学并存、近代学校等；西方——斯巴达的军事化学校、文科中学和实科中学等
    - 学校教育及其价值
      - 教育是与人类社会共始终的
      - 学校教育是人类文明发展到特定历史阶段的产物
      - 学校教育的价值是个体价值和社会价值的有机统一
    - 学校文化
      - 学校文化的缩影：校园文化
      - 类型：精神文化、物质文化和制度文化

浙江考向

本章属于教育学的基础章节，也是金华、温州、台州、丽水、宁波等地区的笔试考查的章节，内容广泛、理解性知识多，在考试中常以选择题、填空题、判断题、简答题等形式考查。本章的考向分析如下：

考点名称	常考题型	能力层级	考查热度
学校教育制度的概念	单选、填空	识记	★★
旧中国的学制沿革	单选、填空、判断	识记、理解、掌握	★★★
义务教育的性质和特点	单选、填空、简答	识记、理解、掌握	★★★
终身教育的特点	单选、判断	识记、理解	★★

核心考点

第一节　教育制度概述

一、教育制度的内涵

考点 1　教育制度的概念 【单选】 ★

教育制度是指一个国家或地区各级各类教育机构与组织的体系及其各项规定的总称。它包括相互联系的两个基本方面：一是各级各类教育机构与组织的体系；二是各级各类教育机构与组织体系赖以存在和运行的一整套规则，如各种各样的教育法律、法规、条例等。

广义的教育制度指国民教育制度，是一个国家为实现其国民教育目的，从组织系统上建立起来的一切教育设施和有关规章制度的总和。具体而言，教育制度应包括生活惯例习俗、教育教学制度、学校管理制度、学校教育制度、教育行政体制、教育政策法规、教育价值理念七个方面。

狭义的教育制度指学校教育制度，简称“学制”。

考点 2　教育制度的特征

1. 客观性

教育制度的制定虽然反映着人们的一些主观愿望和特殊的价值需要，但是人们并不是也不可能随心所欲地制定或废止教育制度，某种教育制度的制定或废止，有它的客观基础，也是有规律可循的。

2. 规范性

任何教育制度都是其制定者根据自己的需要制定的，是有其一定的规范性的。这种规范性主要表现为入学条件(即受教育权的限定)和各级各类学校培养目标的日益标准化。在阶级社会中，教育制度的规范性主要表现为其阶级性，即教育制度总是体现着某一阶级的价值取向，总是为某一阶级的利益服务的。

3. 历史性

教育制度是随着时代和文化背景的变化而不断创新的。

4. 强制性

教育制度作为教育系统活动的规范是面向整个教育系统的。从某种意义上说，它独立于个体之外，对个体的行为具有一定的强制作用。

二、教育制度的发展历史

历史上教育的发展经历了从非正式教育、正式而非正规教育再到正规教育的演变。正规教育产生的主要标志是近代以学校系统为核心的教育制度的建立(又称制度化教育)。以制度化教育为参照,之前的非正式、非正规教育都可归为前制度化教育,而之后的非正式、非正规教育则可归为非制度化教育。因此,教育制度的发展经历了从前制度化教育到制度化教育、再到非制度化教育的过程。

考点1 前制度化教育

前制度化教育始于人类早期教育,终于定型的形式化教育,即实体化教育。

教育实体的形成具有以下特点:(1)教育主体确定;(2)教育的对象相对稳定;(3)形成系列的文化传播活动;(4)有相对稳定的活动场所和设施等;(5)由以上因素结合而成的独立的社会活动形态。

考点2 制度化教育 【单选、判断、简答】 ★★

1. 制度化教育的发展

近代学校系统的出现,开启了制度化教育的新阶段。学校教育系统的形成意味着制度化教育的形成,学校教育制度的建立是制度化教育的典型表征。制度化教育主要指的是正规教育,也就是具有层次结构的、按年龄分级的教育制度。我国近代制度化教育兴起的标志是清朝末年的"废科举,兴学校",以及颁布了全国统一的教育宗旨和近代学制。

2. 制度化教育的特征

(1)学校化。把教育等同于上学。

(2)制度化。明确规定各种制度,如入学制度、教学制度、学籍管理制度等。

(3)封闭化。它按自身特有的标准,以自身特有的规则、规范构筑壁垒,形成对其他系统、其他实体、其他过程的排斥性,导致正规教育"十分狭隘"。

(4)标准化。用划一的标准与规格来管理,保持教育系统的一致性。

考点3 非制度化教育 【单选、判断】 ★

非制度化教育是相对于制度化教育而言的。它指出了制度化教育的弊端,但又不是对制度化教育的全盘否定。非制度化教育所推崇的理想是:"教育不应再限于学校的围墙之内。"一般认为,库姆斯等人的"非正规教育"概念、伊利奇的"非学校化"主张都是非制度化教育的核心思想。提出构建学习化社会的理想是非制度化教育的重要体现。

三、现代教育制度的发展趋势

(1)加强学前教育并重视与小学教育的衔接。

(2)强化普及义务教育,延长义务教育年限。

(3)中等教育中普通教育与职业教育朝着相互渗透的方向发展。在中等教育中,普通教育是以升学为主要目标、以基础知识为主要教学内容的教育。职业教育是以就业为主要目标、以从事某种职业或生产劳动所需要的知识和技能为主要教学内容的教育。二战后,综合中学的比例逐渐增加,出现了普通教育职业化、职业教育普通化的趋势。

(4)高等教育的大众化。

(5)终身教育体系的建构。

(6)教育社会化与社会教育化。

(7)教育的国际交流加强。

(8)学历教育与非学历教育的界限逐渐淡化。

★★ 考点大默写 ★★

1. ____________是指一个国家或地区各级各类教育机构与组织的体系及其各项规定的总称。
2. 教育制度的____________主要表现为入学条件(即受教育权的限定)和各级各类学校培养目标的日益标准化。
3. 教育制度的发展经历了从____________教育到____________教育、再到____________教育的过程。
4. ____________教育所推崇的理想是:"教育不应再限于学校的围墙之内。"
5. 学校教育系统的形成意味着____________教育的形成。
6. 教育制度是随着时代和文化背景的变化而不断创新的。这体现的教育制度的特征是____________。
7. 现代教育制度的发展趋势之一是,中等教育中____________教育与____________教育朝着相互渗透的方向发展。

【参考答案】

1. 教育制度 2. 规范性 3. 前制度化 制度化 非制度化 4. 非制度化 5. 制度化 6. 历史性 7. 普通 职业

第二节 现代学校教育制度

一、学校教育制度的概念 【单选、填空】 ★★

学校教育制度,简称"学制",指的是一个国家各级各类学校的系统及其管理规则,它规定着各级各类学校的性质、任务、**入学条件**、**修业年限**以及各级各类学校之间的**衔接关系**。学校教育制度是国民教育制度的核心与主体,是国民教育制度中最重要的组成部分,体现了一个国家国民教育制度的实质。

学校教育制度是一个国家教育政策的根本体现。它直接关系到国家教育目的的实现和各级各类学校培养目标的落实,制约着学校教育的发展规模和人才培养的质量规格。一般来说,它是由三个基本要素构成的,即学校的类型、学校的级别和学校的结构。

真题面对面

[2022金华/诸暨,单选]下列不属于学校教育制度规定的内容的是(　　)

A. 入学条件　　B. 衔接关系

C. 教学内容　　D. 修业年限

答案:C

二、现代学校教育制度的类型 【单选、判断】 ★★

根据分类标准的不同,学校教育制度可以分为不同的类型。

根据学校教育制度权力支配主体的不同,可将其分为中央集权制、地方分权制、中央与地方合作制。

现代学校教育制度的类型

根据学校教育制度的选拔分层功能，可将其分为双轨制、单轨制、分支型学制。具体如下表所示：

表1-16　双轨制、单轨制与分支型学制

学制类型	代表国家	特点
双轨制	英国、法国、联邦德国等欧洲国家	(1)其学校系统分为两轨：一轨是学术教育，为特权阶层子女所占有，学术性很强，学生可升到大学以上；另一轨是职业教育，为劳动人民的子弟所开设，属生产性的一轨。两轨之间互不相通，互不衔接。 (2)不利于教育的普及
单轨制	美国	(1)从小学直至大学、形式上任何儿童都可以入学。 (2)有利于教育的普及，但教育参差不齐、效益低下、发展失衡，同级学校之间教学质量相差较大
分支型学制 (中间型学制或"Y"型学制)	苏联	(1)介于双轨制和单轨制之间，试图融会二者之长，兼顾公平与效益。 (2)既有利于教育的普及，又使学术性保持较高水平。但教学不够灵活，特别是地域性较强的课程得不到很好的发展

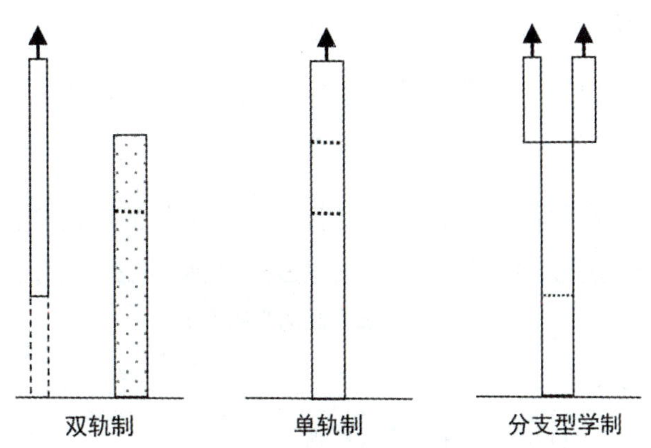

三、建立学制的依据

(1)生产力发展水平和科学技术发展状况；(2)社会政治经济制度；(3)青少年儿童身心发展规律；(4)人口发展状况；(5)文化传统；(6)本国学制的历史发展和国外学制的影响。

四、学校教育制度的发展趋势 【单选】 ★

1. 从学校系统分析，双轨制在向分支型学制和单轨制方向发展

从发展过程可以得出两点结论：(1)义务教育延长到哪里，双轨制就要并轨到哪里，**单轨制**是机会均等地普及教育的好形式；(2)综合中学是双轨制并轨的一种理想形式，因而，综合中学化就成了现代中等教育发展的一种趋势。

真题面对面

[2019统考，单选]世界学制的演变表明：义务教育延长到哪里学制就并轨到哪里，最能体现教育机会均等的学制是(　　)

A. 分支型学制　　B. 双轨制

C. 单轨制　　D. 多轨制

答案：C

2. 从学校阶段来看，每个阶段都发生了重大变化

(1)幼儿教育阶段:①幼儿教育的结束期有提前的趋势;②加强小学与幼儿教育的衔接。

(2)小学教育阶段:①小学已无初、高级之分;②小学入学年龄提前至6岁甚至5岁;③小学年限缩短;④小学和初中直接衔接，取消了升入初中的入学考试。

(3)初中教育阶段:①初中学制延长;②把初中阶段看作普通教育的中间阶段，中间学校由此而来;③不把初中作为中学的初级阶段，而是把初中阶段和小学连接起来，统一进行科学文化基础知识教育。

(4)高中教育阶段:高中阶段学制的多种类型，即高中阶段教育结构的多样化，乃是现代学制的一个重要特点。

(5)职业教育阶段:从总体上看，职业教育在当代有两个突出的特征:①文化科学技术基础越来越高;②职业教育的层次和类型的多样化。

(6)高等教育阶段:①多层次，不仅有本科，还包括专科、研究生(硕士、博士);②多类型，现代高等学校的院校、科系、专业类型十分繁多。

五、我国的学校教育制度

考点1 我国现代学校教育制度的演变 【单选、填空、判断】★★★

1. 旧中国的学制沿革 必背

我国古代的学校分为官学、私学和书院，与之相对应，我国古代的学校教育制度主要由官学教育系统、私学教育系统和书院教育系统构成。我国现代学制的建立是从清末“废科举，兴学校”开始的。

表1-17 旧中国的学制沿革

学制名称	借鉴蓝本	简介
1902年的“壬寅学制”(《钦定学堂章程》)	日本学制	(1)由当时的管学大臣张百熙起草。 (2)中国近代教育史上**最早**由国家正式颁布的学制系统，虽然正式公布，但并未实行
1904年的“癸卯学制”(《奏定学堂章程》)	日本学制	(1)由张之洞、荣庆、张百熙修订。 (2)规定教育目的是“忠君、尊孔、尚公、尚武、尚实”，明显反映了“**中学为体，西学为用**”的思想。 (3)规定不许男女同校，轻视女子教育。 (4)突出特点是教育年限长，共26年。若6岁入学，中学毕业为20岁，读完通儒院则是32岁。 (5)中国近代教育史上**第一部**由国家颁布的并在全国实行的学制系统，成为中国近代教育走向制度化、法制化阶段的标志
1912～1913年学制(“壬子癸丑学制”)	日本学制	(1)由民国第一任教育总长蔡元培主持修订。 (2)明令废除在受教育权方面的性别和职业限制，在法律上体现了教育机会均等。 (3)第一次规定了男女同校，废除读经，充实了自然科学的内容，将学堂改为学校。 (4)我国教育史上第一个具有资本主义性质的学制(中国近代以来第一个反封建的教育学制)
1922年的“壬戌学制”(“新学制”“六三三学制”)	美国学制	(1)由留美派主持的全国教育会联合会颁布。 (2)采用美国式的六三三分段法，即小学六年、初中三年、高中三年。 (3)明确以学龄儿童和青少年身心发展规律作为划分学校教育阶段的依据，这在我国现代学制史上是第一次。 (4)国民党政府于1928年对其进行修改，并一直沿用到全国解放初期

注：因为癸卯学制是1903年拟定、1904年颁布执行的，故在不同的参考资料中，有说1903年的“癸卯学制”，也有说1904年的“癸卯学制”。本书结合历年真题及大多数资料的说法，采用1904年的“癸卯学制”这一说法。

记忆有妙招

为方便考生记忆，编者将旧中国的四个学制总结成以下口诀：

壬颁布，癸实施，壬子癸丑最小资，戊美国，六三三。

真题面对面

1. [2022金华，单选]假如小唐是清末的一名学生，在当时的学制要求下，他应6岁入学，20岁中学毕业，32岁读完通儒院，教育年限共26年，则当时的学制为（ ）

A. 癸卯学制　　B. 壬寅学制

C. 壬戌学制　　D. 壬子癸丑学制

2. [2022温州，单选]下列对我国学校教育制度的产生时间，按先后顺序排列正确的是（ ）

A. 癸卯学制，壬寅学制，壬戌学制，壬子癸丑学制

B. 癸卯学制，壬寅学制，壬子癸丑学制，壬戌学制

C. 壬寅学制，癸卯学制，壬子癸丑学制，壬戌学制

D. 壬寅学制，癸卯学制，壬戌学制，壬子癸丑学制

3. [2021台州，判断]壬寅学制是我国第一个反封建的学制。（ ）

答案：1. A　2. C　3. ×

2. 新中国的学制沿革

表1-18　新中国的学制沿革

时间	文件	主要内容
1951年	《关于改革学制的决定》	规定我国学制包括幼儿教育、初等教育、中等教育和高等教育（标志着我国学制发展到了一个新阶段）
1958年	《关于教育工作的指示》	提出了“两条腿走路”的办学方针和“三个结合”“六个并举”的具体办学原则。其中，“三个结合”指统一性与多样性相结合、普及与提高相结合、全面规划与地方分权相结合
1985年	《中共中央关于教育体制改革的决定》	（1）教育体制改革的根本目的是提高民族素质，多出人才、出好人才；（2）把发展基础教育的责任交给地方，有步骤地实行九年制义务教育；（3）调整中等教育结构，大力发展职业技术教育
1993年	《中国教育改革和发展纲要》	确定20世纪末教育发展的总目标：“**两基**”（基本普及九年义务教育和基本扫除青壮年文盲）；“**两全**”（全面贯彻党的教育方针，全面提高教育质量）；“**两重**”（建设好一批重点学校和一批重点学科）
1999年	《关于深化教育改革全面推进素质教育的决定》	提出形成社会化、开放式的教育网络，逐步完善终身学习体系，而且还要求在减轻学生课业负担、课程设置、教学内容、考试制度等方面进行改革
2001年	《国务院关于基础教育改革与发展的决定》	要求在基础教育阶段深化教育教学改革，扎实推进素质教育，进一步明确加快构建符合素质教育要求的新的基础教育课程体系的任务

续表

时间	文件	主要内容
2004年	《2003～2007年教育振兴行动计划》	(1)努力提高普及九年义务教育的水平和质量，为2010年全面普及九年义务教育和全面提高义务教育质量打好基础；(2)以全面推进素质教育为目标，加快考试评价制度改革；(3)积极推进普通高中、学前教育和特殊教育的改革与发展；(4)健全教育督导与评估体系，保障教育发展与改革目标的实现

考点2　我国现行学校教育制度的结构及类型　【单选】★

1. 我国现行学校教育制度的结构

学校教育结构是指学校教育的总体中各个部分的比例关系和组合方式，通常可以从层次结构和类别结构两个方面来分析。

从层次结构上来看，我国现行学校教育包括学前教育、初等教育、中等教育和高等教育四个层次。

从类别结构上来看，我国现行学校教育可划分为基础教育、职业技术教育、高等教育、成人教育和特殊教育五个大类。我国的基础教育包括**学前教育和普通中小学教育**。其中，基础教育是实施普通文化科学知识的教育，是提高民族素质的奠基工程，在教育中处于基础性地位，其主要任务是为学生以后的进一步学习、生活和工作打下扎实的基础。

记忆有妙招

为方便考生记忆，编者将我国现行学制的类别结构总结成以下口诀：

高人特机智。高：高等教育。**人**：成人教育。**特**：特殊教育。**机**：基础教育。**智**：职业技术教育。

2. 我国现行学校教育制度的类型

从类型上看，我国现行学制是从单轨学制发展而来的分支型学制。

考点3　我国现行学校教育制度的改革

根据我国社会主义现代化建设发展的需要，我国现行学制还要进行几个方面的改革：(1)基本普及学前教育；(2)均衡发展义务教育；(3)努力普及高中阶段教育；(4)大力发展高等教育。

★★　考点大默写　★★

1. ____________规定着各级各类学校的性质、任务、入学条件、修业年限以及各级各类学校之间的衔接关系。
2. ____________制有利于教育的普及，但教育参差不齐、效益低下、发展失衡。
3. 分支型学制又称____________学制或____________学制，它介于双轨制和单轨制之间，试图融会二者之长，兼顾公平与效益。
4. 我国现代学制的建立是从清末“____________”开始的。
5. ____________学制是中国近代教育史上最早由国家正式颁布的学制系统，虽然正式公布，但并未实行。
6. 规定教育目的是“忠君、尊孔、尚公、尚武、尚实”，且男女不许同校的是____________学制。
7. ____________学制成为中国近代教育走向制度化、法制化阶段的标志。
8. ____________学制是我国教育史上第一个具有资本主义性质的学制。

9. 第一次规定了男女同校，废除读经，充实了自然科学的内容，将学堂改为学校的是__________学制。

10. __________学制明确以学龄儿童和青少年身心发展规律作为划分学校教育阶段的依据，这在我国现代学制史上是第一次。

11. 从__________上来看，我国现行学校教育包括学前教育、初等教育、中等教育和高等教育四个层次。

12. 从类型上看，我国现行学制是从单轨学制发展而来的__________学制。

【参考答案】

1. 学校教育制度　2. 单轨　3. 中间型　"Y"型　4. 废科举，兴学校　5. 壬寅　6. 癸卯　7. 癸卯　8. 壬子癸丑　9. 壬子癸丑　10. 壬戌　11. 层次结构　12. 分支型

第三节　义务教育与终身教育

一、义务教育

义务教育是以法律形式规定的，适龄儿童和少年必须接受的，国家、社会、学校和家庭必须予以保证的国民基础教育。

考点 1　义务教育的性质和特点　【单选、填空、简答】★★★

义务教育作为一项教育制度和法律制度，具有不同于其他教育制度和教育工作的属性。就其性质而言，义务教育具有强制性（义务性）、普及性（普遍性、统一性）、免费性（公益性）、公共性（国民性）和基础性。其中，强制性、免费性、普及性是义务教育的三个最基本的特征。

1. 强制性（义务性）

义务教育的强制性是义务教育的最本质特征。义务教育是法律保证实施的教育活动。国家、社会、学校和家庭必须依法予以保证。对不履行义务教育的行为，国家以立法的形式，强制执行。

2. 普及性（普遍性、统一性）

义务教育的普及性是义务教育的基本性质。所谓普及性是指全体适龄儿童、少年，除依照法律规定办理缓学或免学手续的以外，都必须入学接受教育，并且必须完成规定年限的义务教育。在《中华人民共和国义务教育法》中，从始至终强调在全国范围内实行统一的义务教育，这个统一包括要制定义务教育阶段统一的教科书设置标准、教学标准、经费标准、建设标准、学生公用经费的标准等。

3. 免费性（公益性）

免费性是义务教育的重要特征。所谓免费性是指国家对接受义务教育的适龄儿童、少年免除其全部或大部分就学费用。所谓公益性，就是明确规定"不收学费、杂费"。公益性和免费性是联系在一起的。根据《中华人民共和国义务教育法》第二条规定，实施义务教育，不收学费、杂费。国家建立义务教育经费保障机制，保证义务教育制度实施。

4. 公共性（国民性）

义务教育的公共性也称义务教育的国民性，是义务教育的一个重要特征。所谓公共性是指义务教育是一种社会公共事业，属于国民教育的范畴。它表现在义务教育属于一种政府行为，是在国务院领导下，实行地方负责，分级管理。义务教育是与国家利益紧密相关的事，不是个人或家庭的私事，它代表了广大人民群众的利益。义务教育的这种国民性，保证了国家对义务教育的宏观调控，有利于义务教育质量的提高。

5. 基础性 必背

基础性也是义务教育的重要特征。所谓基础性是指义务教育是基础教育,其目的是为提高民族素质、培养“四有”的社会主义人才奠定基础。义务教育作为依法强制适龄儿童、少年接受一定年限教育的制度,一般都是基础教育的一部分或包括基础教育制度。公民接受一定的基础教育是促进个体社会化的必要途径,是社会健康发展的保证。义务教育的基础性还表现在义务教育是一种全民性的教育,而不是英才教育,其根本的目的是使全体适龄儿童、少年在德、智、体、美、劳等方面全面发展,为提高民族素质、培养社会主义的建设人才奠定基础。

真题面对面

[2022 台州,简答]请简述义务教育的基础性主要表现在哪些方面。

答案:详见内文

考点 2 我国义务教育的实施

1. 我国的义务教育制度

1986年4月12日,第六届全国人民代表大会第四次会议通过的《中华人民共和国义务教育法》,正式以法律形式确定“国家实行九年义务教育”,标志着我国确立了普及义务教育制度。

2006年6月29日,第十届全国人民代表大会常务委员会第二十二次会议修订通过了《中华人民共和国义务教育法》,规定“国家实行九年义务教育制度”“实施义务教育,不收学费、杂费”“义务教育实行国务院领导,省、自治区、直辖市人民政府统筹规划实施,县级人民政府为主管理的体制”。2006年9月1日正式施行后,拉开了我国义务教育向均衡、公平方向快速发展的序幕。

2015年4月24日,第十二届全国人民代表大会常务委员会第十四次会议对《中华人民共和国义务教育法》进行了修改,将第四十条修改为:“教科书价格由省、自治区、直辖市人民政府价格行政部门会同同级出版行政部门按照微利原则确定。”

2018年12月29日,第十三届全国人民代表大会常务委员会第七次会议再次修改《中华人民共和国义务教育法》,将第四十条修改为:“教科书价格由省、自治区、直辖市人民政府价格行政部门会同同级出版主管部门按照微利原则确定。”

2. 我国义务教育的学制改革

新中国成立后,我国在义务教育方面进行了一系列学制改革实验,其中最有影响的是五四制实验和六三制实验。五四制实验始于1981年,由北京师范大学学制研究小组在其附属中小学开始实验。六三制实验在我国最早可追溯到1922年的学制改革,1996年秋,六三制的覆盖率在全国为61%。目前,我国义务教育主要实行九年一贯制。

二、终身教育

考点 1 终身教育的含义 【单选、判断】 ★

“终身教育”这一术语是1965年在联合国教科文组织主持召开的成人教育促进国际会议期间,由时任联合国教科文组织成人教育局局长法国的**保罗·朗格朗**正式提出来的。终身教育是适应科学知识的加速增长和人的持续发展要求而逐渐形成的一种教育思想和教育制度,包括各个年龄阶段的各种方式的教育。

考点 2　终身教育的特点　【单选、判断】★★

(1)终身性。它突破了正规学校的框架,把教育看成是个人一生中连续不断的学习过程,是人们在一生中所受到的各种培养的总和,实现了从学前期到老年期的整个教育过程的统一。既包括正规教育,又包括非正规教育,包括了教育体系的各个阶段和各种形式。把终身教育等同于成人教育或职业教育是片面的。

(2)全民性。指接受终身教育的人包括所有的人。

(3)广泛性。既包括家庭教育、学校教育,也包括社会教育。即它包括人的各个阶段的教育,是一切时间、一切地点、一切场合和一切方面的教育。

(4)灵活性和实用性。任何需要学习的人,可以随时随地接受任何形式的教育;可以根据自己的特点和需要选择最适合自己的学习。

真题面对面

[2019宁波,判断]终身教育是人一生各阶段当中所受教育的总和,因此终身教育既包括正规教育,也包括非正规教育。(　　)

答案:√

考点 3　终身教育思想的主要观点

(1)从胎儿到坟墓的人生全程教育(终身性);(2)超越学校围墙的教育(开放性);(3)终身教育的学习方式:自我导向学习(自主性);(4)无所不包的学习内容;(5)终身教育的目标——完善的人与和谐的社会。

考点 4　运用终身教育理念规划与指导教师专业发展

1. 教师终身学习的内容

(1)学会学习。在当今社会,学会获取知识的方法比获取知识本身更为重要。

(2)通晓自己所教的学科,成为学科专家。一个合格的教师应全面学习一门学科,包括学科历史、学科结构体系、学科基础理论、学科知识应用以及跨学科知识等。

(3)学习有关教育的学问。未来的教师必须是一个教育专家,必须在学习专业学科的同时掌握其他有关教育的学问,如心理学、教育哲学、教育技术、管理学等。

(4)学习信息技术。教育信息化主要强调将现代化信息技术转化为现代教学手段。它包括两类:一类是视听技术,如广播、电影、录像等;另一类指信息处理技术,主要是计算机的操作技术。

2. 教师终身学习的方法

(1)参加系统的终身学习;(2)参加校本学习;(3)参加各类成人教育;(4)借助媒体学习。

★★　考点大默写　★★

1. ____________是以法律形式规定的,适龄儿童和少年必须接受的,国家、社会、学校和家庭必须予以保证的国民基础教育。
2. 义务教育的____________是义务教育的最本质特征。
3. 义务教育的____________是指义务教育是一种社会公共事业,属于国民教育的范畴。

4. ____________是适应科学知识的加速增长和人的持续发展要求而逐渐形成的一种教育思想和教育制度。

5. 终身教育既包括正规教育，又包括____________教育，包括了教育体系的各个阶段和各种形式。

6. 义务教育是基础教育，其目的是为提高民族素质、培养“四有”的社会主义人才奠定基础。这体现的义务教育的特征是____________。

7. 目前，我国义务教育主要实行____________年一贯制。

8. 终身教育包括人的各个阶段的教育，是一切时间、一切地点、一切场合和一切方面的教育。这体现的终身教育的特点是____________。

【参考答案】

1. 义务教育 2. 强制性 3. 公共性 4. 终身教育 5. 非正规 6. 基础性 7. 九 8. 广泛性

第四节 学校与学校文化

一、学校的概念

学校是专门从事教育工作的社会组织和机构，是在一定社会制度下所建构的，以专门促进个体发展为核心任务的社会组织和机构。

二、学校的基本性质

(1)学校是一种社会组织。

(2)学校是一个规范性组织。作为社会文化传承创新的场所，学校组织建立在一种固有的社会文化规范之上。

(3)学校是一个公益性组织。所谓公益性组织是指“其所提供的产品和服务不具有排他性，即投资者并不能独占投资所形成的产品和服务，整个社会和所有人都可以获得和享有公益组织所提供的产品和服务”。义务教育下的学校是一个比较典型的公益性组织，其目的是为社会培养合格公民。个体在教育投资上会获得一定的回报，而作为大系统的社会则因此会得到相应的发展，从中取得更大的收益。

(4)学校是专门的教育机构。学校的专门性主要体现在：①专门的教育职能；②专门的教育人员；③专门的活动内容和形式；④专门的评价方式；⑤专门的经费支持。

(5)学校具有民族性。

(6)学校处于不断变革之中。

三、学校产生、发展的历史

学校的产生与发展经历了一个漫长的过程，这一过程包括学校的孕育、萌芽，然后才是学校的产生与发展。

考点1 学校的萌芽

学校的萌芽始于原始社会的末期。

1. 国外学校的萌芽——青年之家

在非得利岛上的原始居民中，未成年的男孩住在单独的房舍里；一些部落的少年达到一定年龄(通常为7~9岁)就与成年人分开居住。人们称此机构为“青年之家”。青年男子在其中进行身体训练，学习生产技能、礼仪、禁忌等，并且往往要经过严格的考核程序或仪式才能成为部落成员。到原始社会末期，“青年之家”分化为两种：一种是为普通人设立的；另一种是为特权者设立的。后者成为学校的萌芽，发展为阶级社会的学校。

2. 我国学校的萌芽——成均、庠

据中国古籍记载，“成均”和“庠”都是原始社会末期开展多种活动，包括教育活动在内的机构。它们虽然还不是正规的学校，但已开始进行有目的、有组织的活动，为以后专门教育机构的产生奠定了基础。

考点 2 学校的产生 【单选、判断】★

进入奴隶社会后，随着政治、经济、文化的发展，萌芽的学校已经发育成熟，于是，专门的、独立的教育机构——学校便应运而生了。

1. 国外学校的产生——苏美尔学校

20世纪30年代，考古学家在幼发拉底河岸发掘了公元前3500年的马里城，发现了两间类似校舍的房子。但是，美国学者克雷默认为，世界上最早的学校是产生于公元前2500年的苏美尔学校。苏美尔学校已经以教育为主要职能，是为培养寺院和宫廷里的缮写人员而设立的。学生都是男生，出身于富有的家庭，他们的父亲都是比较富有的城市居民，且大都是官员。

2. 我国学校的产生

一般认为，在夏朝的时候，我国就出现了学校。但是，我们并没有从考古发掘中找到可靠的实物来证实。而有文字记载，同时又有考古出土的实物证实的学校出现在商朝。

3. 学校产生的条件

(1)生产力的发展以及社会生产力水平的提高，为学校的产生提供了物质基础；

(2)脑力劳动和体力劳动的分离，为学校的产生提供了专门从事教育活动的知识分子；

(3)文字的创造与知识的积累，为学校教育活动的开展提供了有效的教育手段与充分的教育内容；

(4)国家机器的产生需要专门的机构来培养官吏和知识分子来为统治阶级服务。

考点 3 学校的发展

1. 中国学校的发展

(1)学在官府

西周时期的学校由官府开办，“学在官府”是这个时期的主要特点。西周官学分国学和乡学两类，国学是设在王都或诸侯都城的学校，按学生的年龄和知识水平又可以分为小学和大学；乡学指设在王都郊外六乡行政区中的地方学校，可以分为庠、序、校、塾等种类。

(2)私学兴起

春秋战国时期，奴隶制生产关系逐步解体，“学在官府”变为“学在四夷”。战国时期私学大盛，以齐国设于稷下的高等学府“稷下学宫”最为著名。

(3)官私学并存

汉唐时期，官学和私学并存，且都比较发达。

汉代官学分中央官学和地方官学两类。中央官学指设在京都的官办学校，主要有太学、官邸学和鸿都门学；地方官学指设在郡国的官办学校。汉代私学的程度各不相同，有的相当于太学程度，较普遍的还是蒙学。

唐代的官学制度已相当完备，宋代中央官学所设学校的门类与唐代相近。唐宋私学也很发达，许多乡里之学多为民间自发形成。

书院萌芽于唐，但作为一种教育制度形成和兴盛则在宋朝。宋初最著名的六大书院有：白鹿洞书院、石鼓书院、岳麓书院、应天府书院、嵩阳书院、茅山书院。

（4）官学衰落

元明清三代的官学和书院逐渐衰落。民间的启蒙主要依靠私学。

（5）近代学校

我国近代学校的诞生以1862年京师同文馆的设立为标志。这是我国政府自行创立的第一所新式学堂。近代洋务运动以来，称学校为“学堂”；维新变法时期，才正式改称“学堂”为“学校”。

2. 西方学校的发展

自公元前8世纪的古希腊到18～19世纪的工业革命期间，是西方学校发展、成熟和完备的时期。根据纵向发展顺序，西方学校主要有斯巴达的军事化学校、雅典的人性化学校、基督教学校、城市学校、中世纪大学、人文主义学校、文科中学和实科中学等。

（1）斯巴达的军事化学校

斯巴达人高度重视教育，建立了以培养勇猛善战的军人和武士为目的的教育制度。这种教育不重视人的智慧的培养，而是经过长期、严格有序的军事训练，使年青一代成为忠于祖国、勇敢善战、对奴隶残暴的军人。斯巴达的教育由国家控制，家庭几乎不承担教育的任务。

（2）雅典的人性化学校

雅典的儿童7岁以前在家中受教育。当儿童到了7岁时，便被送入学校学习，一直到16岁为止。儿童可上的学校有文法学校、音乐学校、体操学校。

（3）基督教学校

教会主办管理的学校的教学内容以“七艺”为主，但贯穿着神学精神，教育目的是培养对上帝虔诚、忠于教权的教士。

（4）城市学校

12～13世纪，欧洲经济的发展和工商业的兴旺促进了城市的繁荣，城市人口迅速增加，市民阶层逐渐扩大，为适应手工业和商业发展的实际需要，便创办了培养手工业者和商人的基尔特学校（或译“手工业者学校”或“商业行会学校”）。

（5）中世纪大学

中世纪后期，西欧教育领域发生了一个重大事件，这就是中世纪大学的诞生。中世纪大学首先出现在工商业和城市发展较快的意大利的一些城市。到13世纪末，欧洲的大学已增加到20多所。中世纪大学的组织一般分为四个学院，即文学院、法学院、医学院和神学院。其中，神学院地位最高，文学院为预科性质，讲授“七艺”，修业年限一般为5～7年。

（6）人文主义学校

人文主义学校是伴随着文艺复兴而建立的。其主要贡献在于中等教育，如意大利的宫廷学校和贵族学校、德国的王子学校、英国的公学等。随着宗教改革的发展和其后的国家学校教育体系的建立，人文主义学校逐渐地归中央政府控制，但是，各国的人文主义学校始终是各自国家的中等学校的主要类型，成为后世普通中学的源头。

(7)文科中学和实科中学

16世纪中期,德国教育家梅兰克吞和斯图谟分别创立了拉丁中学和文法中学,以讲授古典课程为主,承担着普通教育的任务。18世纪,文科中学发展到了鼎盛时期。1708年,德国人席姆勒在哈勒创立了世界上第一所实科中学,此后,德国的许多城镇也随之成立许多类似的学校。这些学校成了传播实用知识、提高人们劳动能力的培训场所。

四、学校教育及其价值 【单选】 ★

学校教育的产生与学校的出现和发展是紧密相连的。教育与学校教育有着不同的历史起点。教育是与人类社会共始终的,而学校教育则是人类文明发展到特定历史阶段的产物。它的出现标志着人类教育活动开始进入一个自觉自为的历史时期。尽管学校教育产生在社会教育和家庭教育之后,并且在其发展过程中历经兴衰变换,却始终以社会和家庭教育无可比拟的速度向前发展着,并成为当代教育系统中的主干和人类社会事业的重要组成部分。

在学校教育的价值关系中,学校教育是价值关系的客体,个体和社会是价值关系的主体。学校教育的价值就是作为整体的学校教育对个体和社会发展的意义,对个体和社会一定需要的满足。学校教育的价值是个体价值和社会价值的有机统一。

五、学校文化 【单选、判断、简答】 ★★

1. 学校文化的概念

学校文化是指学校成员在教育、教学、科研、组织和生活的长期活动与发展演变过程中共同创造的、对外具有个性的精神和物质共同体,如教育和管理观念、历史传统、行为规范、人际关系、风俗习惯、教育环境和制度以及由此而体现出来的学校校风和学校精神。**校园文化**是学校文化的缩影,是学校全体成员在学习、工作和生活的过程中所共同拥有的价值观、信仰、态度、作风和行为准则。

2. 学校文化的类型

从其形式来看,学校文化可以分为精神文化、物质文化和制度文化三类。

学校精神文化包括学生文化和教师文化,主要是以人或人际关系为基础构成的文化形态。

学校物质文化是指学校物质环境所构成的一种文化,如校园布局、学校建筑、教学设备、图书馆等,都会构成一种独特的文化内涵。

学校制度文化是指学校的规范所构成的一种文化,学校规范是针对学校成员的,不同的规范体现了不同的价值和态度,因而构成不同的文化。学校中的传统、仪式和规章都属于学校的制度文化。

3. 学校文化的作用

(1)导向作用。学校管理者通过各种文化活动,把师生成员的积极性引导到学校目标所确定的方向上来,使之在确定的目标下从事教育、教学和管理活动。

(2)凝聚作用。学校文化的凝聚作用表现为,学校文化是联系和协调一所学校所有成员行为的纽带。

(3)规范作用。学校文化中蕴含着道德因素,能调节人际关系,使之心理相容、和谐有序,产生对成员的规范约束作用。

★★ 考点大默写 ★★

1. ____________是专门从事教育工作的社会组织和机构，是在一定社会制度下所建构的，以专门促进个体发展为核心任务的社会组织和机构。

2. 生产力的发展以及社会生产力水平的提高，为学校的产生提供了____________。

3. 西周时期的学校由官府开办，“____________”是这个时期的主要特点。

4. 我国近代学校的诞生以1862年____________的设立为标志。

5. ____________是学校文化的缩影，是学校全体成员在学习、工作和生活的过程中所共同拥有的价值观、信仰、态度、作风和行为准则。

6. 从形式来看，学校文化可以分为____________、____________和____________三类。

7. 学校中的传统、仪式和规章都属于学校的____________文化。

8. 学校教育的价值是____________价值和____________价值的有机统一。

9. ____________是指学校成员在教育、教学、科研、组织和生活的长期活动与发展演变过程中共同创造的、对外具有个性的精神和物质共同体。

【参考答案】

1. 学校　2. 物质基础　3. 学在官府　4. 京师同文馆　5. 校园文化　6. 精神文化　物质文化　制度文化　7. 制度　8. 个体　社会　9. 学校文化

即时反思与复盘总结

我于________年____月____日完成了对本章的学习。

复盘一下，我对自己较肯定的地方是____________________

（足够努力/心态积极/方法得当……）

我觉得自己需要改进的地方是____________________

（懒惰懈怠/心情浮躁/方法不当……）

休息片刻，开启下一站征程！

第四章 教师与学生

思维导图

- 教师与学生
  - 教师及其职业素养
    - 教师的概念
      - 学校教育工作的主要实施者，根本任务是教书育人
    - 教师在学校教育中的地位和作用
      - 地位：教育者、领导者和组织者
      - 作用：主导作用
    - 教师职业的发展历史
      - 非职业化阶段：官吏兼任、官师一体，僧侣兼任等；
      - 职业化阶段：我国春秋战国时期的“士”，古希腊的智者；
      - 专门化阶段：世界上最早的师范教育机构诞生于法国；
      - 专业化阶段：“教师教育大学化”
    - 教师的职业特征
      - 教师职业的性质：专门职业；促进个体社会化的职业
      - 教师的职业角色：“传道者”（人类灵魂的工程师），“授业、解惑者”（知识传授者、人类文化的传递者），示范者（榜样），“教育教学活动的设计者、组织者和管理者”，“家长代理人、父母”和“朋友、知己”，“研究者”和“学习者”“学者”
      - 教师劳动的特点：复杂性和创造性，连续性和广延性，长期性和间接性，主体性和示范性，劳动方式的个体性和劳动成果的群体性 【易混】
    - 教师的职业素养 【重点】
      - 职业道德素养：对待事业：忠于人民的教育事业，对待学生：热爱学生，对待集体：团结协作，对待自己：为人师表（良好的道德修养）
      - 知识素养：政治理论修养，精深的学科专业知识（本体性知识），广博的科学文化知识，必备的教育科学知识（条件性知识），丰富的实践知识
      - 能力素养：语言表达能力，组织管理能力，组织教育和教学的能力，自我调控和自我反思能力（较高的教育机智）等
      - 职业心理健康：高尚的职业道德，愉悦的情绪情感，良好的人际关系，健康的人格特征等
    - 教师的权利和义务
      - 权利：教育教学权，科学研究权，指导、评价学生权，获取工资福利权，民主管理权，进修培训权
      - 义务：遵纪守法的义务，教育教学的义务，教书育人的义务，尊重学生人格的义务，保护学生合法权益的义务等
  - 教师专业发展与职业生涯规划
    - 教师观的变迁与发展
      - 教师中心论：赫尔巴特，强调教师在教育中的权威作用
      - 现代教师观（新课程改革的教师观）
    - 教师专业发展
      - 概念：包括教师群体的专业发展和教师个体的专业发展
      - 内容：专业理想的建立、专业态度和动机的完善、专业知识的拓展与深化、专业能力的提高、教师的专业人格、专业自我的形成
      - 阶段：“自我更新”取向教师专业发展阶段论；休伯曼的职业生涯周期论 【易错】
      - 途径：师范教育、新教师的入职培训、教师的在职培训和教师的自我教育
    - 教师的职业生涯规划
      - 自我反思、成长目标的制定、成长阶段设计

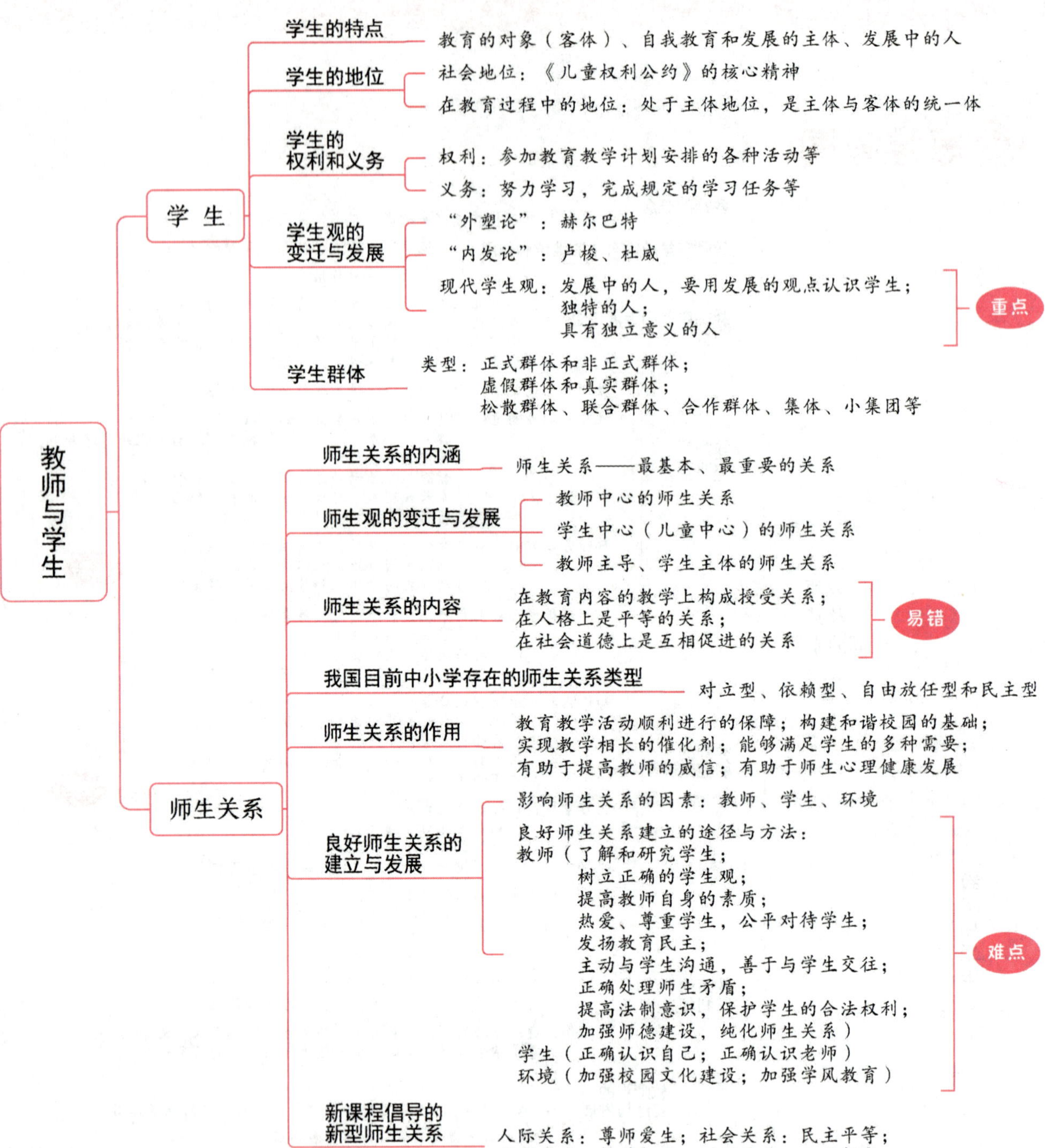

教师与学生
学 生
学生的特点
教育的对象（客体）、自我教育和发展的主体、发展中的人
学生的地位
社会地位：《儿童权利公约》的核心精神
在教育过程中的地位：处于主体地位，是主体与客体的统一体
学生的权利和义务
权利：参加教育教学计划安排的各种活动等
义务：努力学习，完成规定的学习任务等
学生观的变迁与发展
“外塑论”：赫尔巴特
“内发论”：卢梭、杜威
现代学生观：发展中的人，要用发展的观点认识学生；
独特的人；
具有独立意义的人
重点
学生群体
类型：正式群体和非正式群体；
虚假群体和真实群体；
松散群体、联合群体、合作群体、集体、小集团等
师生关系
师生关系的内涵
师生关系——最基本、最重要的关系
师生观的变迁与发展
教师中心的师生关系
学生中心（儿童中心）的师生关系
教师主导、学生主体的师生关系
师生关系的内容
在教育内容的教学上构成授受关系；
在人格上是平等的关系；
在社会道德上是互相促进的关系
易错
我国目前中小学存在的师生关系类型
对立型、依赖型、自由放任型和民主型
师生关系的作用
教育教学活动顺利进行的保障；构建和谐校园的基础；
实现教学相长的催化剂；能够满足学生的多种需要；
有助于提高教师的威信；有助于师生心理健康发展
良好师生关系的建立与发展
影响师生关系的因素：教师、学生、环境
良好师生关系建立的途径与方法：
教师（了解和研究学生；
树立正确的学生观；
提高教师自身的素质；
热爱、尊重学生，公平对待学生；
发扬教育民主；
主动与学生沟通，善于与学生交往；
正确处理师生矛盾；
提高法制意识，保护学生的合法权利；
加强师德建设，纯化师生关系）
学生（正确认识自己；正确认识老师）
环境（加强校园文化建设；加强学风教育）
难点
新课程倡导的新型师生关系
人际关系：尊师爱生；社会关系：民主平等；
教育关系：教学相长；心理关系：心理相容

浙江考向

本章属于教育学的基础章节，也是宁波、台州、衢州、丽水、温州等地区的笔试考查的章节，内容广泛、理解性知识多，在考试中常以选择题、填空题、判断题、简答题、论述题、案例分析题等形式考查。本章的考向分析如下：

考点名称	常考题型	能力层级	考查热度
教师劳动的特点	单选、填空、判断、简答、论述	识记、理解、掌握	★★★
教师的职业素养	单选、填空、判断、简答、论述	识记、理解、掌握	★★★
现代学生观	单选、填空、简答	识记、理解	★★★
师生关系的内容	单选、判断、简答	识记、理解	★★
良好师生关系建立的途径与方法	单选、判断、论述、案例分析	识记、理解、掌握、运用	★★★

第一节 教师及其职业素养

一、教师的概念 【单选、填空、判断】 ★★

教师是传递和传播人类文明的专职人员，是学校教育职能的主要实施者。从广义上讲，凡是把知识、技能和技巧传授给别人的人，都可称之为教师。从狭义上讲，教师指经过专门训练、在学校从事教育教学工作的专门人员。教师是学校教育工作的主要实施者，根本任务是教书育人。

《中华人民共和国教师法》第一章第三条对教师概念进行了全面的、科学的界定：教师是履行教育教学职责的专业人员，承担教书育人，培养社会主义事业建设者和接班人、提高民族素质的使命。

夸美纽斯认为，教师是太阳底下最崇高、最优越的职业。

二、教师在学校教育中的地位和作用 【填空、判断】 ★

1. 教师在教育过程中的地位

教师是发展教育事业的骨干力量。在教育过程中，教师处于教育者、领导者和组织者的地位，对教育内容、教育方法和教育过程的组织，对学生的学习、锻炼、身心发展等，都起主导作用。一所学校能否卓有成效地完成培养人的任务，关键在于教师的质量。

2. 教师在教育过程中的作用

教师在教育过程中起主导作用，这是因为：(1)教师是代表社会要求的施教者，他的作用就在于使学生的身心朝着社会要求的方向发展。教师是教育方针、政策的体现者和执行者，决定着学校教育的思想政治方向。(2)教师是教育活动的组织者、领导者。(3)教师是专门的教育工作者。

三、教师职业的发展历史

表1-19 教师职业的发展历史

发展阶段	发展概况	特征
非职业化阶段	原始社会末期：长者为师、能者为师； 我国奴隶社会：官吏兼任，官师一体； 欧洲封建社会：僧侣兼任	没有专门的教师职业
职业化阶段	私学出现，独立的教师职业由此而生，教师开始回归到专业教育工作者的角色上来，私学教师逐渐成为一种职业。如我国春秋战国时期的“士”，古希腊的智者	虽有专门的教师，但教师职业基本上还不具备专门化水平，私学教师没有形成从教的专业技能
专门化阶段	以专门培养教师的教育机构的出现为标志。 世界上最早的师范教育机构诞生于法国（1681年，法国“基督教兄弟会”神甫拉萨儿在兰斯创立第一所师资训练学校，这是世界上独立的师范教育的开始）。 我国最早的师范教育产生于清末（盛宣怀在上海创办的南洋公学师范院，即中国最早的师范教育机构）	师范教育产生，教师的培养走上专门化的道路
专业化阶段	1966年10月，国际劳工组织和联合国教科文组织在巴黎会议上通过的《关于教师地位的建议》中提出：教师工作应被视为一种专业。之后，“师范教育”的概念逐步被扩充为“教师教育”。 在中国，教师的专业技术人员身份在1993年颁布的《中华人民共和国教师法》中得到确认，规定“教师是履行教育教学职责的专业人员”	学校对教师的需求开始从“量”的急需向“质”的提高方面转变，独立设置的师范院校逐渐并入文理学院，教师的培养改由综合大学的教育学院或师范学院承担，这被称为“教师教育大学化”

四、教师的职业特征

考点1 教师职业的性质 【单选、判断】 ★

1. 教师职业是一种专门职业，教师是专业人员

教师职业属于专门职业，教师是从事教育教学工作的专业人员。1994年实施的《中华人民共和国教师法》第一次从法律角度确认了教师的专业地位。

2. 教师是教育者，教师职业是促进个体社会化的职业

学生从自然人发展成社会人，是在学习、接受人类经验，消化、吸收人类文化的社会化过程中逐步实现的。教师根据一定社会要求，向年青一代传授人类长期积累的知识经验，规范他们的行为品格，塑造他们的价值观念，引导他们把外在的社会要求内化为个体的素质，从而实现个体的社会化。

考点2 教师的职业角色 【单选、填空、判断、简答】 ★★

教师职业的最大特点在于职业角色的多样化。一般来说，教师的职业角色主要有以下几个方面：

1. “传道者”角色（人类灵魂的工程师）

教师负有传递社会道德传统、价值观念的使命，“道之所存，师之所存也。”除了社会一般道德、价值观外，教师对学生的“做人之道”“为业之道”“治学之道”等也有引导和示范的责任。

2.“授业、解惑者”角色(知识传授者、人类文化的传递者)

教师是社会各行各业建设人才的培养者,他们在掌握了人类经过长期的社会实践活动所获得的知识经验、技能的基础上,对其精心加工整理,然后以特定的方式传授给年青一代,并帮助他们解除学习中的困惑。

3.示范者角色(榜样)

(1)教师的言行是学生学习和模仿的榜样。夸美纽斯曾说过,教师的职责是以自己为榜样教育学生。学生具有可塑性和向师性的特点,教师的言谈举止、行为方式、为人处世的态度等都会对学生产生耳濡目染、潜移默化的影响,因此教师是学生学习的最直接的榜样。

(2)优秀教师还是其他教师学习的模范,是社会各界学习的模范,这就构成师表维度的四个不同层次:规范、垂范、模范、世范。

4.“教育教学活动的设计者、组织者和管理者”角色

(1)教师是教育教学活动的设计者。好的教学设计可以使教学有序进行,给教学提供良好的环境,使学生养成循序渐进的习惯,全面地完成教学任务。精心地进行教学设计,需要教师全面把握教学的任务、教材的特点、学生的特点等要素。

(2)教师是教育教学活动的组织者,即教师在教学资源分配(包括时间分配、内容安排、学生分组)和教学活动开展等方面是具体的实施者。通过科学地分配活动时间,采取合理的活动方式,可以启发学生的思维,协调学生的关系,激发集体学习的动力。

(3)教师是教育教学活动的管理者。教师需要肩负起教育教学管理的职责,包括确定目标、建立班集体、制定和贯彻规章制度、维持班级纪律、组织班级活动、协调人际关系等,并对教育教学活动进行控制、检查和评价。

不同的教师进行教学管理的方式不同,这取决于教师的能力素质结构、权威结构、兴趣结构、性格气质结构、年龄结构等因素,显示了教师的不同个性,决定教学管理活动的水平和质量,主要存在四种教师的管理类型:强硬专断型、仁慈专断型、放任自流型以及民主管理型。

表1-20　教师的管理类型

类型	教师的行为特点	学生的典型反应
强硬专断型	对学生严加监视；要求即刻无条件接受一切命令，很少表扬学生；认为没有教师的监督，学生不可能自觉学习	屈服，不信服、厌恶这种领导；推卸责任；易激怒，不愿合作，可能会在背后伤人；教师一旦离开教室，学习明显松垮
仁慈专断型	不认为自己是一个专断独行的人；经常表扬学生并关心学生；他专断的症结在于他的自信，他的口头禅是：我喜欢这样做/你能给我这样做吗；这种教师以自我为班级一切工作的标准	大部分学生喜欢他，但看穿他的这套方法的学生可能恨他；学生在各方面都依赖教师，没有多大的创造性；屈从，缺乏个人的发展
放任自流型	认为学生爱怎样就怎样；很难做出决定，对学生管理没有明确目标；不鼓励学生，也不反对学生；不参加学生的活动，也不提供帮助或方法	道德差，学习也差；有许多"推卸责任""寻找替罪羊""容易激怒"的行为；没有合作，谁也不知道该做些什么
民主管理型	善于和集体共同制订计划和做出决定，在不损害集体的情况下，很乐意给个别学生以帮助、指导，尽可能鼓励集体的活动，给予客观的表扬和批评	喜欢学习，喜欢和别人尤其是教师一道工作；学习的质和量都很高，相互鼓励，且独自承担某些责任；不论教师在不在课堂，要改正的问题很少

5."家长代理人、父母"和"朋友、知己"的角色

教师是儿童继父母之后所遇到的另一个社会权威，是家长的代理人。低年级的学生倾向于把教师看作父母的化身，对教师的态度类似于对父母的态度。而高年级学生则往往愿意把教师当作他们的朋友，也期望教师能把他们当作朋友看待，在学习、生活、人生等多方面给予指导，希望教师能与他们一起分担痛苦与忧伤、分享欢乐与幸福。

6."研究者"角色和"学习者""学者"角色

(1)教师工作的对象是充满生命力和个性特点的青少年，传授的是不断变化的科学知识和人文知识。所以，教师不能千篇一律地、机械地进行教育，而是要不断反思、研究自己的工作，灵活机智、创造性地开展教书育人工作。教师应该积极地参与教学研究、教学实验与改革，不断地提高自身的教育理论水平和教育质量。

(2)教师的研究，不仅是对科学知识的研究，还有对教育对象(即学生)的研究，对教师和学生交往的研究等，这都需要教师终身学习，更新自己的知识结构，以便使教育教学建立在更宽广的知识背景之上，适应学生的个性发展、自己的专业发展和教育教学改革的需要。

(3)教师还被认为是智者的化身，必须拥有渊博的知识。

考点3　教师劳动的特点【单选、填空、判断、简答、论述】★★★

教师的劳动不仅能满足社会发展的需要，而且也能满足教师个人生存、发展和自我实现的需要，因此，教师劳动的价值由社会价值和个人价值构成，是社会价值与个人价值的统一。具体来说，教师的劳动具有以下特点：

1.教师劳动的复杂性和创造性

(1)教师劳动的复杂性

教师劳动的复杂性

教师劳动的复杂性是由其工作性质、任务及过程的特殊性决定的。教师劳动的复杂性主要表现在：

①教师劳动性质的复杂性。教师的劳动属于专业行为，是一种高度复杂的心智劳动。

②**教师劳动对象的复杂性**。教师的劳动对象是千差万别的人。教师不仅要经常在同一个时空条件下，面对全体学生，实施统一的课程计划、课程标准，还要根据每个学生的实际情况因材施教。

③**教师劳动任务的复杂性**。教师不仅要传授科学文化知识和训练学生的技能，发展学生的智力、培养能力，还要培养学生一定的思想品德，促进学生的身心健康。教育目的就是使每个学生得到全面、和谐而独特的发展。

④教师劳动过程的复杂性。要使学生形成一种良好的思想品德，需要经过知识的传授、情感的体验、意志的锻炼、信念的建立以及行为习惯的培养这样一个长期的过程。

⑤教师劳动手段的复杂性。教育要有效地促进学生的全面发展，必须保持教育影响的一致性，优化组合各种影响，使之发挥最佳的合力。然而，把这些复杂的影响有效地组织到教育过程中，使来自各方面的影响协调一致，这是一种复杂的工作。

记忆有妙招

为方便考生记忆，编者将教师劳动复杂性的表现总结成以下口诀：

对手过任性。**对**：劳动对象。**手**：劳动手段。**过**：劳动过程。**任**：劳动任务。**性**：劳动性质。

(2)教师劳动的创造性 必背

教师劳动的创造性主要是由劳动对象的特点决定的。教师劳动的创造性主要表现在：

①因材施教。

②教学方法上的不断更新。"**教学有法，教无定法**"是对教师劳动创造性的最好注脚。

③教师需要"教育机智"。**教育机智**是教师在教育教学过程中的一种特殊定向能力，是指教师能根据学生新的特别是意外的情况，迅速而正确地做出判断，随机应变地采取及时、恰当而有效的教育措施解决问题的能力。教育机智是教师良好的综合素质和修养的外在表现，是教师娴熟运用综合教育手段的能力。教育机智可以用四个词语概括：因势利导、随机应变、掌握分寸、对症下药。

2. 教师劳动的连续性和广延性

(1)教师劳动的连续性

连续性是指时间的连续性。教师的劳动没有严格的交接班时间界限，这个特点是由教师劳动对象的相对稳定性决定的。教师要不断了解学生的过去与现状，预测学生的发展与未来，检验教育教学效果，获取教育教学反馈信息，准备新一轮的教育教学活动。

(2)教师劳动的广延性

广延性是指空间的广延性。教师没有严格界定的劳动场所，课堂内外、学校内外都可能成为教师劳动的空间，这个特点是由影响学生发展因素的多样性决定的。学生的成长不仅受学校的影响，还受社会和家庭的影响。教师不能只在课内、校内发挥影响力，还要走出校门，协调学校、社会、家庭的教育影响，以便形成教育合力。

3. 教师劳动的长期性和间接性

(1)教师劳动的长期性

长期性指人才培养的周期比较长，教育的影响具有迟效性。教师劳动的成效并不是一时就可以检验出来的,而是需要教师付出长期的大量的劳动才能看到结果、得到验证,教师的某些影响对学生终身都会发生作用。因此,教师的劳动具有长期性。"十年树木,百年树人"就是对这个道理的最佳阐释。

(2)教师劳动的间接性

间接性指教师的劳动不直接创造物质财富,而是以学生为中介实现教师劳动的价值。教师的劳动并没有直接服务于社会,或直接贡献于人类的物质产品和精神产品。教师劳动的结晶是学生,是学生的品德、学识和才能,待学生走上社会,由他们来为社会创造财富。

4. 教师劳动的主体性和示范性

(1)教师劳动的主体性

主体性指教师自身可以成为活生生的教育因素和具有影响力的榜样。对于教师来说,首先,教育教学过程就是教师直接用自身的知识、智慧、品德影响学生的过程。再者,教师劳动工具的主体化也是教师劳动主体性的表现。教师所使用的教具、教材,也必须为教师自己所掌握,成为教师自己的东西,才能向学生传授。

(2)教师劳动的示范性 必背

示范性指教师的言行举止,如人品、才能、治学态度等都会成为学生学习的对象。教师劳动的示范性特点是由学生的可塑性、向师性和模仿性心理特征决定的。同时,教师劳动的主体性也要求教师的劳动具有示范性特点。德国著名教育家第斯多惠指出:"教师本人是学校里最重要的师表,是最直观的、最有教益的模范,是学生最活生生的榜样。"任何一个教师,不管他是否意识到这一点,不管他是自觉还是不自觉,他都在对学生进行示范。因此,教师必须以身作则、为人师表。

真题面对面

1. [2021宁波,单选]学生的"向师性"和"模仿性"决定了教师劳动具有(　　)特性。

A. 示范性　　B. 创造性　　C. 长期性　　D. 艰苦性

2. [2019衢州,填空]"学为人师,行为世范"体现了教师劳动的__________和__________。

3. [2019宁波,判断]教师劳动具有复杂性与创造性、长期性与间接性、主体性与示范性、连续性与广延性等特点。(　　)

答案:1. A　2. 主体性　示范性　3. √

5. 教师劳动方式的个体性和劳动成果的群体性

从劳动手段的角度来看,教师的劳动主要是以个体劳动的形式进行的。同时,教师的劳动成果又是集体劳动和多方面影响的结果,教师的个体劳动最终都要融汇于教师的集体劳动之中。

五、教师的职业素养 【单选、填空、判断、简答、论述】 ★★★

考点1　教师的职业道德素养

教师的职业道德素养是从教师对待事业、对待学生、对待集体和对待自己的态度上来体现的。教师职业道德是指教师在其职业生活中所应遵守的基本行为规范或准则,以及在此基础上所表现出来的观念意识和行为品质。这是调节教师与他人、教师与集体及社会相互关系的行为准则,是一定社会对教师行为的基本要求。

1. 对待事业:忠于人民的教育事业

热爱教育事业是教师做好教育工作的前提,是教师职业道德的基础,也是教师劳动积极性和创造性的源泉。忠于人民的教育事业要求教师做到:(1)依法执教,严谨治教;(2)爱岗敬业,廉洁从教。

2. 对待学生:热爱学生

热爱教育事业具体体现在热爱学生上。热爱学生是教师职业道德的核心,是教师高尚道德品质的表现。热爱学生的要求包括:(1)把对学生的爱与严格要求相结合;(2)把爱与尊重、信任相结合;(3)要全面关怀学生;(4)要关爱全体学生;(5)理解和宽容学生;(6)解放学生;(7)对学生要保持积极、稳定的情绪。

3. 对待集体:团结协作

人的培养靠单个教师是不行的,因为人的成长要受到多方面因素的影响。人才的全面成长,是多方教育者集体劳动的结晶。这就要求教师必须与各方面协同合作,以便形成教育合力,共同完成培养人的工作。为此,要求教师做到:(1)相互支持、相互配合;(2)严于律己,宽以待人;(3)弘扬正气,摒弃陋习。

4. 对待自己:为人师表(良好的道德修养)

教师的言行举止、品德才能、治学态度等方面都会对学生产生潜移默化的影响,成为学生学习的对象。这是由教师劳动的"主体性和示范性"特点以及学生的"向师性、模仿性和可塑性"特点所决定的。为此,教师必须做到:(1)高度自觉,自我监控;(2)身教重于言教。

知识再拔高

教师职业道德的结构

(1)教师职业理想。职业理想是指人们对于未来工作类别的选择以及在工作上达到何种成就的向往和追求。

(2)教师职业责任。教师职业责任是指教师必须承担的职责和任务。在社会主义条件下,人民教师的根本职责,就是培养社会主义新人,换句话说,人民教师的职责,是培养社会主义现代化事业的建设者和接班人。

(3)教师职业态度。教师职业态度是指教师对自身职业劳动的看法和采取的行为,简而言之,就是指教育劳动态度或教师劳动态度。

(4)教师职业纪律。教师职业纪律是指教师在从事教育劳动过程中应遵守的规章、条例、守则等。

(5)教师职业技能。教师职业技能集中地表现为教师教书育人的本领,教师教书育人活动的效果是教师职业技能的反映。

(6)**教师职业良心**。教师职业良心是指教师在对学生、学生家长、同事以及对社会、学校、职业履行义务的过程中所形成的特殊道德责任感和道德自我评价能力。

(7)教师职业作风。教师职业作风是指教师在自身职业活动中表现出来的一贯态度和行为。

(8)教师职业荣誉。教师职业荣誉是指教师在履行职业义务后,社会所给予的赞扬和肯定,以及教师个人所产生的尊严与自豪感。

考点2 教师的知识素养

教师的知识素养

1. 政治理论修养

马列主义、毛泽东思想和中国特色社会主义理论体系。

2. 精深的学科专业知识(本体性知识)

这是教师知识结构的核心,也是教师向学生传授知识的必备基础。主要包括:(1)掌握该学科的基本知识和基本技能;(2)掌握该学科的基本理论和学科体系;(3)了解该学科的发展脉络;(4)了解学科领域的思维方式和方法论。

3. 广博的科学文化知识

教师的知识不仅要"专",而且要"博",教师的专业知识应建立在广博的科学文化知识的基础之上。这是因为:(1)这是科学知识日益融合和渗透的要求;(2)这是青少年多方面发展的要求;(3)教师的任务是教书育人。

4. 必备的教育科学知识(条件性知识)

教师的教育科学知识主要包括三个方面:(1)学生身心发展的知识;(2)教与学的知识;(3)学生成绩评价的知识。教育学、心理学及各科教材教法是教师首先要掌握的最为基本的教育科学知识。此外,教师还要掌握教育管理方面的知识。

5. 丰富的实践知识

教师的实践性知识是基于教师个人的经验积累,在对待和处理教育问题时体现的个人特质和教育智慧。

考点 3　教师的能力素养

1. 语言表达能力

语言,特别是口头语言,是教师向学生传递教育信息的重要工具,因此要求教师具有较强的语言表达能力。对教师语言表达的要求有:(1)准确、简练,具有科学性;(2)清晰、流畅,具有逻辑性;(3)生动、形象,具有启发性;(4)口头语言和肢体语言的巧妙结合。

2. 组织管理能力

教师要进行教育活动,必须具备一定的组织管理能力。具体地说包括两个方面:(1)教师要有确定合理目标和计划的能力;(2)教师要有引导学生的能力。

3. 组织教育和教学的能力

教师是教育教学过程的组织者、领导者,因此要求教师具有驾驭教育和教学的能力。具体包括:

(1)教师要善于制订教育教学工作计划,编写教案,组织教材,以加强教学工作的预见性、有序性;

(2)教师要善于组织课堂教学,以保证教学过程的顺利进行和教学任务的完成;

(3)教师要善于组织学校、家庭及社会各方面的教育力量,使各方面相互配合,进行教育资源的整合。

4. 自我调控和自我反思能力(较高的教育机智)

教师的自我调控和自我反思能力主要表现为:(1)对自身的教育教学表现进行自我监督、自我反馈、自我反思、自我改进的能力;(2)根据新情况、新问题调整自己的预定计划以适应变化的能力。

此外,教师还应该具备教育科研能力、学习能力、观察学生的能力、创新能力以及运用现代教育技术手段的能力。

真题面对面

[2019丽水,填空]一名合格教师应具备的能力结构主要包括组织教育和教学的能力、__________、组织管理能力、自我调控和自我反思能力。

答案:语言表达能力

考点4 职业心理健康

教师心理健康的构成是指一个优秀教师所应有的心理素质，也就是教师对内外环境及人际关系有着良好适应的条件。这些条件包括高尚的职业道德、愉悦的情绪情感、良好的人际关系、健康的人格特征等。

真题面对面

[2021金华，论述]联系实际，分析“学者未必为良师，良师必定为学者”。

答案：“学者”指学术上有一定成就的人，即具备精深的学科专业知识的人。教师是学生人生的引路人，承担着教书育人的重任，一名合格的人民教师需要具备以下四个方面的职业素养：

(1)职业道德素养。教师良好的职业道德素养主要表现为：①对待事业：忠于人民的教育事业；②对待学生：热爱学生；③对待集体：团结协作；④对待自己：为人师表。

(2)知识素养。教师应具备的知识素养主要包括：①政治理论修养；②精深的学科专业知识；③广博的科学文化知识；④必备的教育科学知识；⑤丰富的实践知识。

(3)能力素养。教师应具备的能力素养主要有：①语言表达能力；②组织管理能力；③组织教育和教学的能力；④自我调控和自我反思能力。此外，教师还应该具备教育科研能力、学习能力、观察学生的能力、创新能力以及运用现代教育技术手段的能力。

(4)健康的职业心理。主要包括高尚的职业道德、愉悦的情绪情感、良好的人际关系、健康的人格特征等。

“良师”除了具备精深的学科专业知识之外，还需具备作为一名教师必备的各种素养，所以说，具备精深的学科专业知识的“学者”未必是“良师”。例如，社会中一些教师虽然具有扎实的学科专业知识，但缺乏良好的职业道德素养，在教育工作中借助排座位、评优等各种机会暗示并要求家长送礼。这样的教师虽可以为“学者”，但定不是“良师”。

六、教师的权利和义务 【单选、填空、简答】 ★★

考点1 教师的权利

教师的权利是指教师在教育教学活动中享有的由教育法律赋予的权利。依据《中华人民共和国教师法》第二章第七条的规定，教师享有下列权利：

1. 教育教学权

教师有权依据国家规定的教育教学要求，“进行教育教学活动，开展教育教学改革和实验”。教育教学权是教师为履行教育教学职责必须具备的**最基本权利**。

2. 科学研究权

教师在完成规定的教育教学任务的前提下有权“从事科学研究、学术交流，参加专业的学术团体，在学术活动中充分发表意见”。这是教师作为专业技术人员所享有的基本权利之一。

3. 指导、评价学生权

教师有权“指导学生的学习和发展，评定学生的品行和学业成绩”。这是教师享有的在教育教学过程中居于主导地位的基本权利。

4. 获取工资福利权

教师有权"按时获取工资报酬,享受国家规定的福利待遇以及寒暑假期的带薪休假"。这是宪法规定的公民享有劳动权、获取劳动报酬权和休息权在教师权利上的具体体现。

5. 民主管理权

教师有权"对学校教育教学、管理工作和教育行政部门的工作提出意见和建议,通过教职工代表大会或者其他形式,参与学校的民主管理"。这项权利使教师参与学校管理,成为学校的主人,成为管理学校的主体。

6. 进修培训权

教师有权"参加进修或者其他方式的培训"。这是教师不断更新知识,提高自己的品德修养和业务素质,保证教育教学质量的需要。

考点2 教师的义务

教师的义务是指教师依法应尽的责任。《中华人民共和国教师法》第二章第八条规定,教师应当履行下列义务:

1. 遵纪守法的义务

《中华人民共和国教师法》要求教师"遵守宪法、法律和职业道德,为人师表"。

2. 教育教学的义务

《中华人民共和国教师法》要求教师"贯彻国家的教育方针,遵守规章制度,执行学校的教学计划,履行教师聘约,完成教育教学工作任务"。

3. 教书育人的义务

《中华人民共和国教师法》要求教师"对学生进行宪法所确定的基本原则的教育和爱国主义、民族团结的教育,法制教育以及思想品德、文化、科学技术教育,组织、带领学生开展有益的社会活动"。

4. 尊重学生人格的义务

《中华人民共和国教师法》要求教师"关心、爱护全体学生,尊重学生人格,促进学生在品德、智力、体质等方面全面发展"。

5. 保护学生合法权益的义务

《中华人民共和国教师法》要求教师"制止有害于学生的行为或者其他侵犯学生合法权益的行为,批评和抵制有害于学生健康成长的现象"。

6. 提高业务水平的义务

《中华人民共和国教师法》要求教师"不断提高思想政治觉悟和教育教学业务水平"。

★★ 考点大默写 ★★

1. 教师是学校教育工作的主要实施者,根本任务是____________。
2. 教师是履行教育教学职责的____________,承担教书育人,培养社会主义事业建设者和接班人、提高民族素质的使命。
3. 教师职业的最大特点在于职业角色的____________。

4. “教学有法，教无定法”说明教师的劳动具有____________。

5. ____________是指教师能根据学生新的特别是意外的情况，迅速而正确地做出判断，随机应变地采取及时、恰当而有效的教育措施解决问题的能力。

6. 教师的劳动没有严格的交接班时间界限，这体现了教师劳动的____________特点。

7. 教师劳动的广延性指____________的广延性。

8. “十年树木，百年树人”是教师劳动____________特点的最佳阐释。

9. “教师本人是学校里最重要的师表，是最直观的、最有教益的模范，是学生最活生生的榜样。”这体现了教师劳动的____________特点。

10. 热爱____________是教师做好教育工作的前提，是教师职业道德的基础，也是教师劳动积极性和创造性的源泉。

11. 教师职业____________是指教师在对学生、学生家长、同事以及对社会、学校、职业履行义务的过程中所形成的特殊道德责任感和道德自我评价能力。

12. ____________是教师为履行教育教学职责必须具备的最基本权利。

【参考答案】

1. 教书育人　2. 专业人员　3. 多样化　4. 创造性　5. 教育机智　6. 连续性　7. 空间　8. 长期性　9. 示范性　10. 教育事业　11. 良心　12. 教育教学权

考点1　新时代中小学教师职业行为十项准则

教师是人类灵魂的工程师，是人类文明的传承者。长期以来，广大教师贯彻党的教育方针，教书育人，呕心沥血，默默奉献，为国家发展和民族振兴作出了重大贡献。新时代对广大教师落实立德树人根本任务提出新的更高要求，为进一步增强教师的责任感、使命感、荣誉感，规范职业行为，明确师德底线，引导广大教师努力成为**有理想信念、有道德情操、有扎实学识、有仁爱之心**的好老师，着力培养德智体美劳全面发展的社会主义建设者和接班人，特制定以下准则。

十项准则包括：(1)坚定政治方向；(2)自觉爱国守法；(3)传播优秀文化；(4)潜心教书育人；(5)关心爱护学生；(6)加强安全防范；(7)坚持言行雅正；(8)秉持公平诚信；(9)坚守廉洁自律；(10)规范从教行为。

真题面对面

[2023嘉兴，填空]四有好老师是指有理想信念、有____________、有扎实学识、有____________的好老师。

答案：道德情操　仁爱之心

考点2　习近平2018年9月10日在全国教育大会上的讲话

(1)教育的首要问题。习近平指出，培养什么人，是教育的首要问题。我国是中国共产党领导的社会主义国家，这就决定了我们的教育必须把培养社会主义建设者和接班人作为根本任务，培养一代又一代拥护中国共产党领导和我国社会主义制度、立志为中国特色社会主义奋斗终身的有用人才。这是教育工作的根本任务，也是教育现代化的方向目标。

(2)6个“下功夫”。习近平强调，要在**坚定理想信念**上下功夫；要在厚植爱国主义情怀上下功夫；要在加强品德修养上下功夫；要在**增长知识见识**上下功夫；要在培养奋斗精神上下功夫；要在增强综合素质上下功夫。

(3)坚决克服5个“唯”。习近平指出，要深化教育体制改革，健全立德树人落实机制，扭转不科学的教育评价导向，坚决克服唯分数、唯升学、唯文凭、唯论文、唯帽子的顽瘴痼疾，从根本上解决教育评价指挥棒问题。

真题面对面

1. [2019丽水，填空]____________是教育的首要问题。

2. [2019衢州，填空]习近平总书记在2018年全国教育大会上的讲话中提出6个“下功夫”，要在____________上下功夫；要在厚植爱国主义情怀上下功夫；要在加强品德修养上下功夫；要在____________上下功夫；要在培养奋斗精神上下功夫；要在增强综合素质上下功夫。

答案：1. 培养什么人　2. 坚定理想信念　增长知识见识

第二节　教师专业发展与职业生涯规划

一、教师观的变迁与发展

考点1　教师中心论

“教师中心论”是教育发展史上影响较大的一种主张，强调教师在教育中的权威作用，在近代以前尤为盛行。德国教育家**赫尔巴特**是“教师中心论”的主要代表人物，他认为教师应成为教学活动的中心，成为教学过程的主宰，成为学生发展的舵手，培养学生心智的任务总体上应当留给教师。在师生关系方面，二者是给予和接受、上级和下级甚至主人和奴隶的关系。学生对教师必须保持一种被动状态。教师对儿童要严加管理，要紧紧地牢固地抓住管理这根缰绳，甚至可以用威胁、监督、命令和服众、惩罚等措施，来治理儿童不服从的烈性，以保证教学的良好秩序，通过严格管理最终避免儿童那些危害他人和社会的不良行为。

考点2　现代教师观(新课程改革的教师观)

(1)教师由传统的知识传授者成为学生学习的参与者、引导者和合作者；(2)教师由传统的教学支配者、控制者成为学生学习的组织者、促进者和指导者；(3)教师由传统的静态知识占有者成为动态的研究者。

二、教师专业发展

考点1　教师专业发展的概念

教师专业发展，又称教师专业成长，是指教师在整个专业生涯中，依托专业组织、专门的培养制度和管理制度，通过持续的专业教育，习得教育教学专业技能，形成专业理想、专业道德和专业能力，从而实现专业自主的过程，它包括教师群体的专业发展和教师个体的专业发展。

教师群体的专业发展是指教师职业不断成熟、逐渐达到专业标准，并获得相应的专业地位的过程。它既是教师个体专业化的条件和保障，同时也最终代表着教师职业的专业化。

教师个体的专业发展是教师作为专业人员，从专业思想到专业知识、专业能力、专业心理品质等方面由不成熟到比较成熟的发展过程，即由一个专业新手发展成为专家型教师或教育家型教师的过程。

从历史发展的总趋势来看，教师专业发展的核心以及最终体现就在于教师个体的专业发展。

考点 2　教师专业发展的内容 【单选、判断】 ★

（1）**专业理想的建立**。教师的专业理想是教师对成为一个成熟的教育专业工作者的向往与追求，它为教师提供了奋斗的目标，是推动教师发展的巨大动力。

（2）专业态度和动机的完善。教师的专业态度和动机是教师专业活动的动力基础。

（3）专业知识的拓展与深化。教师作为一个专业人员，必须具备从事专业工作所需要的基本知识。因此，教师的专业知识是教师专业发展中的一个重要内容，教师的专业知识主要包括：

①**本体性知识**，即特定学科及相关知识，是教学活动的基础。

②**条件性知识**，即认识教育对象、开展教育活动和研究所需的教育学科知识和技能，如教育原理、心理学、教学论、学习论、班级管理、现代教育技术等。

③**实践性知识**，即课堂情境知识，体现教师个人的教育教学智慧和教学风格，如导入、强化、发问、课堂管理、沟通与表达、结课等技巧。

（4）**专业能力的提高**。教师的专业能力是教师综合素质最突出的外在表现，也是评价教师专业性的核心因素。这种专业能力可分为教学技巧和教学能力两个方面。

（5）教师的专业人格。教师的专业人格是教师在教育教学工作中所必须具有的道德品质方面的自我修养。诚实正直、善良宽容、公正严格是教师专业人格的重要内容。

（6）专业自我的形成。教师的专业自我是教师个体对自我从事教学工作的感受、接纳和肯定的心理倾向，这种倾向将显著地影响到教师的教学成效。

考点 3　教师专业发展的阶段 【单选、判断】 ★

1.“自我更新”取向教师专业发展阶段论

叶澜等人从“自我更新”取向角度对教师专业发展阶段进行了深入研究，将其划分为五个阶段：

表 1-21　“自我更新”取向教师专业发展阶段论

阶段名称	时限	主要特征
“非关注”阶段	正式教师教育之前	无意识中以非教师职业定向的形式形成了较稳固的教育信念，具备了一些“直觉式”的“前科学”知识以及与教师专业能力密切相关的一般能力
“虚拟关注”阶段	师范学习阶段（包括实习期）	对合格教师的要求开始思考，在虚拟的教学环境中获得某些经验，对教育理论及教师技能进行学习和训练，有了对自我专业发展反思的萌芽
“生存关注”阶段	新任教师阶段	在“现实的冲击”下，产生了强烈的自我专业发展的忧患意识，特别关注专业活动中的“生存”技能，专业发展集中在专业态度和动机方面
“任务关注”阶段	——	随着教学基本“生存”知识、技能的掌握，自信心日益增强，由关注自我的生存转到更多地关注教学，由关注“我能行吗”转到关注“我怎样才能行”
“自我更新关注”阶段	——	不再受外部评价或职业升迁的牵制，自觉依照教师发展的一般路线和自己目前的发展条件，有意识地自我规划，以谋求最大程度的自我发展，关注学生的整体发展，积累了比较科学的个人实践知识

2. 休伯曼的职业生涯周期论

美国教育家休伯曼等人依据教师的生命周期将教师的职业生涯划分为五个时期：

表1-22 休伯曼的职业生涯周期论

阶段名称	时间	主要特征
入职期	从教最初的1~3年	新教师由于缺乏教学经验，难以应对课堂教学的复杂性问题，产生专业理想与教学现实的冲突；同时，由于初为人师，有了自己的学生和教学任务，表现出积极、热情的一面
稳定期	从教的4~6年	教师逐渐适应了课堂教学，由关注自己转向关注教学活动，改进教学技能，力求因材施教，工作情绪处于稳定状态
实验和重估期（实验和歧变期）	从教的7~25年	教师开始不安于教学现状，尝试进行教学改革；批评学校管理中的弊端，不断对职业和自我进行挑战，有的甚至考虑是否继续执教
平静和保守期	从教的26~33年	长期的教育工作使之成为资深教师，在经历怀疑和危机之后开始平静下来，丰富的教育经验使他们对教师工作充满自信，同时也失去专业发展的热情，志向水平开始下降，对专业投入也有所减少，工作趋于保守
退出教职期	从教的34~40年	临近退休，多数教师在工作上讲究适可而止，平静地面对职业生涯的结束，有的难免有些失落感

真题面对面

[2021台州，单选]根据休伯曼的职业生涯周期论，在（　　），教师开始不安于教学现状，尝试进行教学改革，不断对职业和自我进行挑战。

A. 稳定期　　B. 实验和歧变期　　C. 平静和保守期　　D. 退出教职期

答案：B

考点4　教师专业发展的途径 【单选、判断】 ★

教师专业发展的途径，主要包括师范教育、新教师的入职培训、教师的在职培训和教师的自我教育。

1. 师范教育

职前师范教育阶段是师范生进行专业准备与学习，初步形成教师职业所需要的知识与能力的关键时期，是教师专业化发展的**起始**和**奠基**阶段。

2. 入职培训

新教师都会面临一个角色适应问题。为了让新教师尽快进入角色，新教师的任职学校应当采取及时有效的支持性措施。在我国，各级师范院校还承担了短期的系统培训工作，培训的目的是向新教师提供系统而持续的帮助，使之尽快转变角色、适应环境。

3. 在职培训

为了适应教育改革与发展的需要，为在职教师提供的继续教育，主要采取"理论学习、尝试实践、反省探究"三结合的方式，培养教师研究教育对象、教育问题的意识和能力。教师的在职培训活动很广，可以是业余进修，也可以是校本培训（如集体观摩、相互评课、相互研讨等）。

4. 自我教育

教师的自我教育就是专业化的自我建构，它是教师个体专业化发展的最直接、最普遍的途径。教师自我教育的方式主要有经常性的、系统的自我反思，主动收集教改信息，研究教育教学中的各种关键事件，自学现代教育教学理论，积极感受教学的成功与失败等。教师的自我教育是专业理想确立、专业情感积淀、专业技能提高、专业风格形成的关键。

此外，跨校合作（如教师专业发展学校）、专家指导（如讲座、报告）、政府教育部门和教研机构组织的各类专业培训和交流活动等也是教师专业发展的途径。

三、教师的职业生涯规划

教师的职业生涯规划受很多因素的影响，我们简单地从以下三个主要方面来加以分析：

1. 自我反思

自我反思是教师职业生涯规划的基础。反思对教师专业发展具有重要意义，因为教师专业发展的过程是自主学习和提高的过程，其含义在于教师行为的改变，这种变化来自教师的内心，可以说，教师专业发展就是一种自我反思的过程。反思被广泛地看作教师专业发展的决定性因素。

2. 成长目标的制定

成长目标的制定是教师职业生涯规划的核心。成长目标是教师在工作上努力追求的个人目标，无论是新手教师还是已经工作了较长时间的教师，要对未来的职业生涯角色进行定位，都应该对自己的职业生涯目标进行一次规划。一个人事业的成败，很大程度上取决于有无正确适当的个人成长目标。个人成长目标的制定一般包括以下两个步骤：(1)角色定位；(2)具体目标设计。

3. 成长阶段设计

成长阶段设计是教师职业生涯规划的关键。作为一名教师，制定了职业生涯规划的总目标和阶段性目标，并不代表可以轻松地达到目标，还有一个很关键的问题就是如何科学、合理地设计自己的职业成长阶段。成长阶段的设计主要从以下几方面来进行：(1)了解自己所处的成长阶段；(2)设计以后每个阶段的发展任务和大体时间；(3)提出成长中需要的条件和措施。

★★ 考点大默写 ★★

1. 德国教育家__________是“教师中心论”的主要代表人物。
2. 现代教师观强调教师由传统的知识传授者成为学生学习的__________、__________和__________。
3. 教师的__________是教师综合素质最突出的外在表现，也是评价教师专业性的核心因素。
4. 由关注“我能行吗”转到关注“我怎样才能行”，根据“自我更新”取向教师专业发展阶段论，此时教师处于__________阶段。
5. 根据休伯曼的职业生涯周期论，在__________阶段的教师逐渐适应了课堂教学，由关注自己转向关注教学活动，改进教学技能，力求因材施教。
6. __________阶段是教师专业化发展的起始和奠基阶段。
7. 教师的__________就是专业化的自我建构，它是教师个体专业化发展的最直接、最普遍的途径。

【参考答案】

1. 赫尔巴特 2. 参与者 引导者 合作者 3. 专业能力 4. 任务关注 5. 稳定期 6. 师范教育 7. 自我教育

第三节 学生

一、学生的特点 【单选、填空、判断】★

考点1 学生是教育的对象(客体)

1. 依据

从教师方面看,由于教师是教育过程的组织者、领导者,学生是教师教育实践活动的作用对象,因而学生是被教育者、被组织者和被领导者。从学生自身特点看,学生具有可塑性、依赖性和向师性。

(1)学生具有可塑性。因为学生处于长知识、长身体的时期,也是品德、人格正在形成的时期,各方面尚未成熟,具有很大的发展潜力,而且尚未定型,极易受外部环境因素的影响,具有"染于苍则苍,染于黄则黄"的特点。

(2)学生具有依赖性。因为学生多属于未成年人,还不具备完全独立生活的能力。在家里,他们要依赖父母,入学后他们将对父母的依赖转为对教师的依赖。

(3)学生具有向师性。学生入学后,教师会自然地成为他们亲近、信赖、尊敬甚至崇拜的对象,把教师作为获取知识的智囊、解决问题的顾问、行为举止的楷模。

2. 表现

学生明确自己的主要任务是学习,具有愿意接受教育的心理倾向,服从教师的指导,接受教师的帮助,期待从教师那里汲取营养,促进自身的身心发展。

考点2 学生是自我教育和发展的主体

1. 依据

(1)学生是具有主观能动性的人。学生是有意识、有情感、有个性的社会人,他们不是盲目、机械、被动地接受作用于他们的影响,而是具有主观能动性的人。

(2)学生在接受教育的过程中,也具有一定的素质,可以进行自我教育。因此,学生是自我教育和发展的主体。

2. 表现

(1)独立性。每个学生都是一个自组织系统,一个独立的物质实体。承认学生独立性是发挥学生主体性的前提条件,承认独立性也就承认了学生发展过程的多途性、发展方式的多样性和发展结果的差异性。

(2)选择性。它是指学生在教育过程中可以在多种目标、多种活动中进行抉择的特点。学生对教学的影响不是无条件地接受,不是盲目地模仿,而总是根据主体的条件(愿望、态度、能力等)来进行选择。不过,选择的效果如何,还依赖于学生已有的主体能力和环境提供的支持度。

(3)调控性。学生可以对自己的学习活动进行有目的的调整和控制,如学习困难时,激励自己;取得成绩时,告诫自己不要骄傲;学习目标不恰当时,及时调整修正;对学习过程进行自我监控等。

(4)创造性。它是指学生在教育活动中可以超越教师的认识,超越时代的认识与实践局限,科学地提出不同的观点、看法,并创造具有成效的学习方法。创造性是主体性的最高表现形式。

(5)自我意识性。即学生作为主体对自己的状态及在教育中的地位、作用、情感、态度、行为等的自我认知。主体认识自己越全面越客观，主体性就可能越强；反之，自我认知的水平低，自我调控能力就可能差，自我创造和自我实现的可能性就小。

考点3　学生是发展中的人

学生不是成人，他们正处于身心发展最迅速的时期，生理和心理两方面都不太成熟，具有很大的发展的可能性与可塑性。学生是发展中的人，包括四层含义：(1)学生具有和成人不同的身心发展特点；(2)学生具有发展的巨大潜在可能性；(3)学生具有发展的需要；(4)学生具有获得成人关怀的需要。

二、学生的地位 【单选、判断】 ★

1. 学生的社会地位

学生的社会地位是指他们作为社会成员应具有的主体地位。青少年儿童是未来社会的主人，有着独立的社会地位，并依法享受各项社会权利。

1989年11月20日联合国大会通过的《儿童权利公约》的核心精神，正是维护青少年儿童的社会权利主体地位。这一精神的基本原则有儿童利益最佳原则、尊重儿童尊严原则、尊重儿童观点与意见原则和无歧视原则。我国是《儿童权利公约》的缔约国之一，在履行《儿童权利公约》的同时，还在《中华人民共和国宪法》《中华人民共和国教育法》《中华人民共和国未成年人保护法》等一系列有关法律、法规和政策中对青少年享有的权利做了规定，概括起来讲，主要有：(1)生存的权利；(2)受教育的权利；(3)受尊重的权利；(4)安全的权利。

2. 学生在教育过程中的地位

现代教育理论认为，在教育过程中，学生既是认识的客体又是认识的主体。

学生作为教育认识的客体是指学生相对于社会的要求、新的教学内容和教师的认识来说都处于一种被动状态，需要教师有目的、有计划、有组织地引导，将一定社会要求转化为学生内部需要，将新的教育内容转化为学生的素质。然而，在教育过程中外界的一切影响并不是简单地输送或移植给学生，必须经过学生主体的主动吸收、转化，学生是活生生的、具有主观能动性的人，是学习的主人。因此，学生在教育过程中处于主体地位，是主体与客体的统一体。

三、学生的权利和义务

考点1　学生的权利 【简答】 ★

学生的权利，有广义和狭义两种解释。广义的学生的权利包括两个方面：一方面是作为公民享有法律所赋予公民的一切权利，另一方面是作为受教育者所享有的受教育的权利。狭义的学生的权利是指学生所享有的教育法律法规所规定的权利。《中华人民共和国教育法》第四十三条规定，受教育者享有下列权利：

(一)参加教育教学计划安排的各种活动，使用教育教学设施、设备、图书资料；

(二)按照国家有关规定获得奖学金、贷学金、助学金；

(三)在学业成绩和品行上获得公正评价，完成规定的学业后获得相应的学业证书、学位证书；

(四)对学校给予的处分不服向有关部门提出申诉，对学校、教师侵犯其人身权、财产权等合法权益，提出申诉或者依法提起诉讼；

(五)法律、法规规定的其他权利。

考点2 学生的义务

《中华人民共和国教育法》第四十四条规定，受教育者应当履行下列义务：

（一）遵守法律、法规；

（二）遵守学生行为规范，尊敬师长，养成良好的思想品德和行为习惯；

（三）努力学习，完成规定的学习任务；

（四）遵守所在学校或者其他教育机构的管理制度。

四、学生观的变迁与发展

考点1 “外塑论”学生发展观

“外塑论”学生发展观是以**赫尔巴特**为代表的。这一观点突出教师的作用，强调教师的权威，否定学生的主观能动性，把学生视为完全消极被动接受外来影响的客体。教师可随意地依据自己的目的向学生施加各种影响，控制学生的发展方向，把教育过程看成对学生严格要求和强行灌输的过程。

考点2 “内发论”学生发展观

“内发论”学生发展观是以**卢梭、杜威**为代表的。这一观点突出了学生内因的作用而否定或贬低外因的作用，把学生看成能够完全决定整个教育过程和教育结果的主体，认为学生具有一种内在的动力，不凭借外力帮助就能形成和谐的社会行为，而教师的任务只是刺激学生去学习，学生才是教育过程的中心。

考点3 现代学生观（“以人为本”/新课程改革的学生观）【单选、填空、简答】★★★

“以人为本”的学生观将学生视为发展中的人，尊重学生个体的独特性，并能够确保学生在教育教学过程中处于发展主体的地位。教师要树立“以人为本”的学生观，这也体现了新课程改革“为了每位学生的发展”的核心理念。

1. 学生是发展中的人，要用发展的观点认识学生

（1）学生的身心发展是有规律的

学生身心发展的规律客观上要求教师应依据学生身心发展的规律和特点来开展教育活动。

（2）学生具有巨大的发展潜能

在实际工作中，许多人往往从学生的现实表现推断学生没有出息、没有潜力。其实，学生具有巨大的发展潜能，智力水平可以明显提高，这已被科学研究（如裂脑研究、左右脑研究等）所证实。

（3）学生是处于发展过程中的人

作为发展中的人，意味着学生还是不成熟的人，是一个正在成长的人。把学生作为发展中的人来对待，就要理解学生身上存在的不足，就要允许学生犯错误。当然，更重要的是要帮助学生解决问题，改正错误，从而不断促进学生的进步和发展。

（4）学生的发展是全面的发展

传统教育重视智力教育，把系统知识的传授放在学校教育工作的中心位置，造成了学生的片面发展，导致走出校门的学生缺乏社会适应能力；现代学生观则强调，教师在教育教学实践中，不仅要重视“知识与技能”的传授，更要看到“过程与方法”“情感态度与价值观”的重要性，把学生培养成全面发展的人。

2. 学生是独特的人 必背

(1)学生是完整的人

学生是有着丰富个性的完整的人。在教育活动中，必须反对那种割裂人的完整性的做法，还学生完整的生活世界，丰富学生的精神生活，给予学生全面展现个性力量的时间和空间。

(2)每个学生都有自身的独特性

“人心不同，各如其面。”珍视学生的独特性和培养具有独特个性的人，应成为我们对待学生的基本态度。独特性也意味着差异性，差异是一种财富。尊重差异，不仅是教育的基础，也是学生发展的前提，要尊重学生的差异，使每个学生都得到完全、自由的发展。

(3)学生与成人之间存在着巨大的差异

学生和成人之间是存在很大差别的，学生的观察、思考、选择和体验，都和成人有明显不同。“应当把成人看作成人，把孩子看作孩子。”

3. 学生是具有独立意义的人

(1)每个学生都是独立于教师的头脑之外，不以教师的意志为转移的客观存在

教师不可以对学生随意支配或任意捏塑，不可以随意强加给学生一些外在的知识，因为这样并没有尊重学生的主观能动性，只会挫伤他们的主动性、积极性，扼杀他们的学习兴趣，窒息他们的思想，引起他们自觉或不自觉的抵制或抗拒。因此，绝不是教师想让学生怎么样，学生就怎么样。

(2)学生是学习的主体

教师对学生的教育与改造，只是学生发展的外部条件和外因，学生的主体活动才是学生获得发展的内在机制和内因。

(3)学生是责权主体

从法律角度看，在现代社会，学生在社会系统中享受各项基本权利，有些甚至是特定的。但同时，学生也要承担一定的责任和义务。把学生作为责权主体来对待，是现代教育区别于古代教育的重要特征，是教育民主的重要标志。

知识再拔高

公平公正的学生教育观

运用“以人为本”的学生观来开展中小学教育活动，就要遵循“教育公正”的原则，处理好中小学生发展的“共同性”与“差异性”问题。

1. 以教育机会均等为基本原则

教育机会均等原则的提出，是因为受教育者之间存在着差异。这些差异包括性别、民族、地域、经济状况、家庭背景和身心发展状况等。教育机会均等就是要求公正地对待学生，不因性别、民族、地域、经济状况、家庭背景和身心发展状况的差异而受到不同的对待。换言之，无论学生有怎样的差异，给予他们的受教育机会都应当是均等的。

2. 一视同仁，正视差异

学生的差异并不表现为好坏、高低、贵贱之间的差异，而是多样化的表现。作为教师，要在教育活动中对学生持民主与尊重的态度，对不同出身、性别、智力、相貌、年龄、个性的学生都能够做到一视同

仁，同等对待，对每一个学生都要关心、爱护、无偏见、不偏袒、不以个人的私利和好恶作为标准。

3. 尊重个性，因材施教

坚持教育公正，是“以人为本”对中小学教育的本质要求。正确对待所有学生，促进所有学生的共同发展，并不是让所有学生步调一致，而是让每一个学生都能在自己发展潜能的基础上，个性能够得到充分发展。在教学中，教师面对的是千差万别的独立个体，他们每一个人都是独一无二的。由于遗传、后天环境等因素的不同影响，每个学生都有自己的个性。教育要真正做到“以人为本”“以学生为本”，就必须因材施教，针对不同学生设置不同的教学内容，制订不同的教学计划。

真题面对面

[2022台州，单选]下列哪一学生观反对割裂人的完整性的做法，提倡尊重学生的差异(　　)

A. 学生是具有独立意义的人　　B. 学生是教育教学的研究者

C. 学生是发展中的人　　D. 学生是独特的人

答案：D

五、学生群体

考点1　学生群体的类型及特征

1. 正式群体和非正式群体

根据群体构成的原则和方式，学生群体可以分为正式群体和非正式群体。

(1)正式群体

正式群体是指由有关行政部门明文规定的、有固定的成员编制、明确的职责权限和确定的组织地位的群体，比如学校、年级、班级等都属于正式群体。

(2)非正式群体

非正式群体是指人们在相互交往的基础上，自然形成的具有强烈的情感色彩的群体。与正式群体相比，非正式群体的结构松散，缺乏稳定性，没有明确的职责权限，学生中的亲密伙伴就属于非正式群体。

根据学生非正式群体的性质，可将其分为以下四种类型：

①积极型非正式群体。这种非正式群体的活动目标与学校教育目标一致，如学生自己组成的学习兴趣小组、自学小组等。

②消极型非正式群体。这种非正式群体的目标往往与学校的教育目标不一致，其活动往往影响学校活动的正常开展，但并未超出法律允许的范围。

③中间型非正式群体。介于上述两种类型之间，没有明显的积极或消极作用。例如，经常在一起游玩、娱乐的学生小团伙等。

④破坏型非正式群体。也叫“团伙”，这类非正式群体的成员往往有严重的违反学校纪律甚至违法犯罪行为，是一种破坏性力量。

2. 虚假群体和真实群体

根据群体成员相互作用和接触的方式，学生群体可以分为虚假群体和真实群体。

虚假群体是指由一些具有某些典型的心理特点但又没有任何个人之间接触的成员构成的群体，比如“中学生”“小学生”等就属于虚假群体。

真实群体是指群体成员之间在不同程度上发生相互作用和接触的群体，比如班级就是真实群体。

3. 松散群体、联合群体、合作群体、集体、小集团等

根据群体发展的水平，学生群体可以分为松散群体、联合群体、合作群体、集体、小集团等。

松散群体是最低水平的群体，它几乎没有共同的活动目的。随着共同活动的展开，在松散水平基础上逐渐形成定型的、带有情感色彩的结构，这时的群体已达到联合水平。到合作群体水平时，共同的活动对成员有着越来越重要的意义，并成为群体进一步发展的基础。**集体**是个人间的关系以有个人意义和社会价值的群体活动内容为中介的群体，它是群体发展的高级形式。**小集团**是偏离群体正常发展的一种特殊群体，它突出成员间的个人关系及个体意义，可能从事反对或妨碍社会利益的共同活动，典型的如少年犯罪团伙。

考点 2　学生群体的作用

1. 班级群体对学生个体的影响

班级的活动和气氛对学生的行为、认知能力和个性特征的发展产生着重要的影响。

(1)班级环境是学生自我意识发展的重要场所，学生在与群体成员广泛交往过程中，学会分析和鉴别同伴对自己的评价，他们的自我观念就是在别人对自身的评价和自我评价两者对比鉴别过程中获得发展的。

(2)班级活动为学生社会化的形成搭建了重要平台，促使学生逐渐认识到尊重自己及尊重他人的感情和意志的重要性，使学生体验到集体生活的乐趣和成员的团结，同时也为学生提供了社会化的机会——学习并遵守规范，学习人与人的交往和文化知识等。

(3)班级舆论是学生自我教育的重要手段，它从各方面影响和熏陶学生，使学生常常不知不觉地产生对集体、对社会的“归属感”，感受到群体压力和社会的要求，在思想和行为上表现出与社会大多数成员的一致性，从而达到社会控制的目的。

(4)良好的群体气氛可以使学生感受到班级的温暖、教师的可亲。

2. 同辈群体对学生个体的影响

同辈群体是指年龄和社会地位差不多相同者的结合，此种结合是为了亲睦和乐群，具有极其重要的社会化功能。每个学生在属于某个班级的同时，还一定属于一个或几个同辈群体，这种群体对学生的身心发展具有巨大的影响力。这主要表现在：(1)同辈群体为学生社会化提供必要条件；(2)同辈群体为学生自我意识的发展提供必要的借鉴；(3)同辈群体为学生平等观念的发展提供了基础；(4)同辈群体为学生进步提供了竞争的环境；(5)同辈群体除了具有正功能外，还具有负功能。

3. 参照群体对学生个体的影响

参照群体是指个体自觉接受其规范、准则并以此来指导自己行为的群体。参照群体对学生个体的影响主要是为学生提供了一种用来评价自己和别人的规范和准则，因此，参照群体的性质对学生的成长和发展方向有着重大影响。教师除了自身为人师表外，还要为学生树立更多的榜样，这些榜样可以是先进班级、“五好”学生、好的同辈群体等。作为教师要引导学生将这些榜样包括教师自身当作他们的参照群体。

4. 学生群体凝聚力对学生个体的影响

学生群体凝聚力是指群体对学生个体的吸引力和学生个体之间的相互吸引力。它表现为认同感、归属感和力量感。学生群体凝聚力的高低不同，对学生的作用也不一样。凝聚力高的学生群体，其成员有较强的归属感，学生作为这种群体里的一个成员往往很自豪。而且成员愿意更多地承担群体的责任，关心群体的存在和发展，因此，群体聚会的出席率高于凝聚力低的群体。此外，在沟通的语言上，凝聚力高的学生群体往往更多地使用正面的、友善的语言和非语言的沟通方式。

★★ 考点大默写 ★★

1. “染于苍则苍，染于黄则黄”表明学生具有__________的特点。
2. 学生入学后，教师会自然地成为他们亲近、信赖、尊敬甚至崇拜的对象，把教师作为获取知识的智囊、解决问题的顾问、行为举止的楷模。这体现出学生具有__________。
3. __________是学生主体性的最高表现形式。
4. 《儿童权利公约》的核心精神的基本原则有儿童利益最佳原则、尊重儿童尊严原则、尊重儿童观点与意见原则和__________原则。
5. 把学生看成是独特的人，包含三个基本含义：学生是__________、每个学生都有自身的独特性、学生与成人之间存在着巨大的差异。
6. 学生在教育过程中处于__________地位，是主体与客体的统一体。
7. “__________”的学生发展观突出教师的作用，强调教师的权威。
8. “__________”的学生发展观是以卢梭、杜威为代表的。
9. 经常在一起游玩、娱乐的学生小团伙等属于__________非正式群体。
10. __________是指由有关行政部门明文规定的、有固定的成员编制、明确的职责权限和确定的组织地位的群体，比如学校、年级、班级等都属于这一群体。
11. __________非正式群体的活动目标与学校教育目标一致，如学生自己组成的学习兴趣小组、自学小组等。

【参考答案】

1. 可塑性　2. 向师性　3. 创造性　4. 无歧视　5. 完整的人　6. 主体　7. 外塑论　8. 内发论　9. 中间型　10. 正式群体　11. 积极型

第四节　师生关系

一、师生关系的内涵【单选、填空】★

师生关系是指教师和学生在教育教学活动中为完成一定的教育任务，以“教”和“学”为中介而形成的一种特殊的社会关系，包括彼此所处的地位、作用和态度等。师生关系是教育活动过程中人与人关系中**最基本、最重要**的关系。

师生之间的现实关系是不断变化和丰富多样的，可以从不同的层面进行划分，主要表现为：

(1)社会关系（以年青一代成长为目标的社会关系）。它是人与人的各种社会关系在教育教学中的反映。

（2）**教育关系**（以直接促进学生发展为目标的教育关系）。师生之间的教育关系是指教师与学生在教育教学活动中为完成一定的教育任务，以“教”和“学”为中介，以促进学生的整体发展和自主发展为目标而建立的一种工作关系。教育关系是基本关系，其他师生关系皆服务于这一关系。

（3）**心理关系**（以维持和发展教育关系为目标的心理关系）。师生心理关系的实质是师生个体之间的情感是否融洽、个性是否冲突、人际关系是否和谐。

（4）**伦理关系**。师生之间的伦理关系是指在教育教学活动中，教师与学生构成一个特殊的道德共同体，各自承担一定的伦理责任，履行一定的伦理义务。这种关系是师生关系体系中最高层次的关系形式，对其他关系形式具有约束和规范作用。

二、师生观的变迁与发展 【单选、辨析】 ★

不同性质师生关系的形成往往受制于一定社会的政治、经济、文化等，以及由此影响的教师观和学生观。在人类的教育发展史上，师生关系随着社会和教育的变化而变化，形成了不同的理论学说及相应的实践。其中，比较有代表性的有以下三种：

1. 教师中心的师生关系

这是传统社会中典型的师生关系，代表人物是**赫尔巴特**。他认为，教育的天职就是要将大量的知识快速地传递给学生，教师作为知识的拥有者和传递者，理所当然地成为权威，教师的传授就是教育活动的中心。教师主宰教育过程中的一切，学生完全成为一个被改造的对象、被灌输的容器。至于学生的独立性、自主性反被认为是有害的东西，从而使教学进行得死板、枯燥、乏味。很显然，在以教师为中心的传统师生关系中，教师与学生之间是支配与从属、控制与服从、统治与被统治的关系。学生的主体性被漠视，与此同时教师的主体性也丧失了，因为他们也同样被知识所奴役，丧失了自己的精神自由。

2. 学生中心（儿童中心）的师生关系

这一师生观的代表人物有法国的**卢梭**和美国的**杜威**。他们认为学生在接受教育的过程中具有主动性，强调教育活动的成功必须以学生的自觉积极性为前提，因此十分强调从学生的兴趣和需要出发，甚至认为学生能够完全决定整个教育过程。

这种主张显然不符合教育活动的本质特征，忽视了学生是教育活动的对象这一基本事实。在教育活动中如果没有起主导作用的教育者的存在，学生的活动就只能局限于日常生活的水平和范畴之内。

3. 教师主导、学生主体的师生关系

20世纪80年代，在我国教育理论界又提出了建立教师主导、学生主体的师生关系。主张作为社会的代表以及“闻道在先”的教师在教学活动中应起主导作用，而作为具有主观能动性的学生，则是其自身学习活动的主体，在教育活动中二者都不可偏废。

在教育过程中贯彻以教师为主导、学生为主体思想的基本要求包括：（1）充分发挥教师主导作用，把教师主导作用与学生主体地位统一起来；（2）树立教是为了学的观念；（3）重视学生主体因素，从学生实际出发；（4）尊重学生的主动精神，让学生在活动中受锻炼、得发展。

目前，就国内中小学教育的现实而言，学生主体地位和教师主导作用相统一的观点具有明显的进步意义，因此也具有比较普遍和深刻的影响力。在坚持这一观点的同时，不间断地在理论和实践上对师生关系进行研究和探讨，将会使得我们对于这一关系的认识日趋合理与完善。

三、师生关系的内容 【单选、判断、简答】 ★★

1. 师生在教育内容的教学上构成授受关系

(1)从教育内容的角度说，教师是传授者，学生是受授者；

(2)学生在教学中主体性的实现，既是教育的目的，也是教育成功的条件；

(3)对学生的指导、引导的目的是促进学生的自主发展。

2. 师生在人格上是平等的关系

(1)学生作为一个独立的社会个体，在人格上与教师是平等的；

(2)教师和学生是一种朋友式的友好帮助关系；

3. 师生在社会道德上是互相促进的关系

(1)师生关系从本质上是一种人—人关系；

(2)教师对学生的影响不仅仅是知识上、智力上的影响，更是思想上、人格上的影响。

真题面对面

[2020丽水，判断]师生关系在人格上是一种管理与被管理的关系。(　　)

答案：×

四、我国目前中小学存在的师生关系类型 【单选、判断】 ★

表1-23　我国目前中小学存在的师生关系类型

特点 类型	师生相互态度	师生感情关系	师生课堂合作状态	教学效果
对立型	教师简单、粗暴，学生畏服	学生情绪不愉快，师生关系疏远、紧张、对立	教师不允许学生有不同意见，往往以教师的主张、决定为准；学生的主动性、积极性受到压抑，独立思维受阻	师生交往呈明显的单向型，教学效果极差
依赖型	教师以领导者自居，学生采取服从态度	师生之间感情平衡，无冲突	教师包揽一切活动，学生跟着教师设计的路子走，明显缺乏学习的主动性、创造性	从知识的掌握来看，有一定的教学效果，但学生独立思考和解决问题的能力差
自由放任型	教师对学生没有严格要求，放松指导责任，学生对学习采取自由态度	课堂气氛淡漠	教师让学生自主学习，学生各行其是，教师能够解答学生的问题，但不能给予及时的正确指导，不认真检查学习结果	教学效果明显下降
民主型	教师对学生严格要求，热情、和蔼、公正，尊重学生，发扬教学民主；学生尊敬教师，接受指导，主动自觉地进行学习	情绪热烈、和谐，课堂气氛活跃	师生之间呈现积极的双向交流，学生积极思考、提出问题、各抒己见，教师认真引导	教学效果良好

五、师生关系的作用 【论述】 ★

(1)良好的师生关系是教育教学活动顺利进行的保障。良好的师生关系能使学生产生安全感，能激发学生学习的兴趣、学习的注意力，启发学生的积极思维，乐于接受教师的引导和影响；相反，师生关系紧张，师生互不信任、彼此冷漠将会干扰教育教学活动的顺利进行。

(2)良好的师生关系是构建和谐校园的基础。良好的师生关系有利于提高教学质量，保障教育教学获得成功，推进学校和谐发展。良好的师生关系是建设和谐校园的一个重要内容，是一所学校精神风貌、教学风貌的整体反映。

(3)良好的师生关系是实现教学相长的催化剂。良好的师生关系一方面能使学生产生"爱屋及乌"的情感，激发学生浓厚的学习兴趣，另一方面也有利于教师教学水平的发挥，实现"教学相长"的双赢局面。

(4)良好的师生关系能够满足学生的多种需要。良好的师生关系能够促进学生的心智发展，能带给学生幸福和快乐，有利于促进学生的社会成熟。总之，良好的师生关系能够满足学生多方面的需求，最终促使学生社会化水平不断提高。

此外，良好的师生关系还有助于提高教师的威信，有助于师生心理健康发展。

真题面对面

[2019统考，论述]试论述师生关系在教育中的作用。

答案：详见内文

六、良好师生关系的建立与发展

考点1　影响师生关系的因素　【判断】　★

良好师生关系的建立是学生健康、和谐发展的重要保证，是实施素质教育、提高教育质量的重要条件。影响师生关系的因素归纳起来主要有以下几个方面：

1. 教师方面

(1)教师对学生的态度；(2)教师的领导方式；(3)教师的智慧；(4)教师的人格因素。

2. 学生方面

学生对师生关系影响的主要因素是学生对教师的认识。许多调查表明，学生与教师关系好就喜欢上这位教师的课，就会主动亲近教师；自认为教师瞧不起自己的，就会主动疏远教师。

3. 环境方面

影响师生关系的环境主要是学校的人际关系环境和课堂的组织环境。学校领导与教师的关系、教师之间的关系、教师与家长的关系，必然影响师生关系。课堂的组织环境主要包括教室的布置、座位的排列、学生的人数等。我国中小学课桌的摆放多呈**"秧田式"**，教师讲台置于块状空间的正前方，这种格局阻隔了师生之间的交往及生生之间的交往。目前，许多国家都在探讨圆桌式、马蹄形、半圆形、蜂巢式等便于师生交往和交流的座位排列方式。

考点2　良好师生关系建立的途径与方法　【单选、判断、论述、案例分析】　★★★

1. 教师方面

教师是教育过程的组织者，在全部教育活动中起主导作用。从根本上说，良好的师生关系首先取决于教师。为此，教师要从以下几个方面努力：

(1)了解和研究学生。教师要与学生取得共同语言，使教育影响深入学生的内心世界，就必须了解和研究学生。了解和研究学生主要包括三个方面:①了解和研究学生个人,如学生个体的思想意识、道德品质、兴趣、需要、知识水平、个性特点、身体状况;②了解学生的群体关系,如班集体的特点及其形成原因;③了解和研究学生的学习和生活环境,如学习态度和方法。

(2)树立正确的学生观。教师既要把学生看作教育的对象,又要把学生看作学习的主人;既要耐心细致地做好各项指导工作,又要充分调动学生的主动积极性。

(3)提高教师自身的素质。教师的道德素养、知识素养和能力素养是学生尊重教师的重要条件,也是教师提高教育影响力的保证。

(4)热爱、尊重学生,公平对待学生。热爱学生包括热爱所有学生,对学生充满爱心,经常走到学生之中,忌挖苦、讽刺和粗暴对待学生。尊重学生特别要尊重学生的人格,保护学生的自尊心,维护学生的合法权益,避免师生对立。教师处理问题必须公正无私,使学生心悦诚服。

(5)发扬教育民主。民主平等是现代师生伦理关系的核心要求。

(6)主动与学生沟通,善于与学生交往。

(7)正确处理师生矛盾。

(8)提高法制意识,保护学生的合法权利。

(9)加强师德建设,纯化师生关系。

2. 学生方面

(1)正确认识自己。学生如果能够正确认识自己的优缺点以及应该努力的目标,站在客观的角度思考和看待自己,那么他们对于教师的指导就能更加认真倾听和思考,这对于形成良好师生关系有很大的促进作用。

(2)正确认识老师。每位老师都有其自身的特征、缺点和优点,当学生发现老师不能满足他们某些方面的期待或不喜欢某位老师时,学生应该摒弃对教师的固有成见,要学会客观地认识和理解老师的付出,积极主动地和老师沟通,这样互相理解的师生双方才是良好师生关系的形成基础。

3. 环境方面

(1)加强校园文化建设,确保校园文化的相对独立性、完整性和纯洁性;

(2)加强学风教育,促进良好学风养成,使学生在一个良好的学风氛围下健康地学习。

七、新课程倡导的新型师生关系

考点1 我国新型师生关系(理想师生关系)的特点 【单选、简答】 ★

1. 人际关系:尊师爱生

尊师与爱生是相互促进的两个方面:教师通过对学生的尊重和关爱换取学生发自内心的尊敬和信赖,而这种尊敬和信赖又可以激发教师更加努力地工作,为学生营造良好的心理气氛和学习条件。爱生是尊师的重要前提,尊师是爱生的必然结果。

2. 社会关系:民主平等

民主平等不仅是现代社会民主化趋势的需要,也是教学生活的人文性的直接要求和现代人格的具体体现。它要求教师理解学生,发挥非权力性影响,并一视同仁地与所有学生交往,善于倾听不同意见,同时也要求学生正确表达自己的思想和行为,学会合作和共同学习。

3. 教育关系:教学相长

在教育过程中,教师的教促进学生的学,学生的学促进教师的教,教与学是相互促进的,"学然后知不足,教然后知困"。教师在教的过程中,促使自己不断学习、不断进步。同时,在教育过程中,虚心的教师也会从学生那里学到不少东西,从而不断充实自己。

教学相长包括三层含义:(1)教师的教可以促进学生的学;(2)教师可以向学生学习;(3)学生可以超越教师。

4. 心理关系:心理相容

心理相容指的是教师与学生之间在心理上协调一致,在教学实施过程中表现为师生关系密切、情感融洽、平等合作。在教学过程中,师生的心理情感总是伴随着认识、态度、情绪、言行等的相互体验而形成亲密或排斥的心理状态。不同的情绪反应对学生课堂上参与的积极性和学习效率起着重大影响。

要消除教学中出现的师生心理障碍,增强师生之间的心理相容性,提高教学效果,应该着重从三个方面努力:(1)多接触学生,研究学生,了解学生的心理状态;(2)遵循教育规律,多采取讨论、启发等教学方法;(3)为人师表,以人格力量感化学生。

考点2 如何建立新型的师生关系

1. 新课程的推进要致力于建立充分体现着尊重、民主和发展精神的新型师生伦理关系

(1)师生伦理关系目前存在的主要问题

当前,在学校教学活动中存在的师生伦理关系方面的问题主要是:①师生之间的权利义务关系比较混乱,学生权利经常得不到应有的保护;②在学校教育中,教师为学生筹划一切,包办代替。不论是侵犯学生权利还是包办代替,都不是恰当的师生伦理关系。

(2)创造这种新型的师生关系,应做出的努力

①树立教育民主思想;②提高法制意识,保护学生的合法权利;③加强师德建设,纯化师生关系。

2. 课程改革需要建立一种以师生个性全面交往为基础的新型师生情感关系

(1)师生情感关系目前存在的主要问题

从整体上说,师生情感关系的状况仍难以令人满意,师生之间情感冷漠、缺乏沟通的现象比比皆是。师生之间缺乏积极的情感联系,不仅使得一直为人们所珍视的师生情谊黯然失色,也使教学活动失去了宝贵的动力源泉。优化师生情感关系,重建温馨感人的师生情谊,是师生关系改革的现实要求。

(2)创造这种新型的师生关系,应做出的努力

新型的良好师生情感关系应该是建立在师生个性全面交往基础上的情感关系。为此,需要教师全身心的真情投入,需要在完善教学活动和完善个性两个方面共同努力:①教师要真诚对待学生,关心爱护学生,展现教学过程的魅力,品味教学成功的喜悦;②完善个性,展现个人魅力。

★★ 考点大默写 ★★

1. ____________是教育活动过程中人与人关系中最基本、最重要的关系。
2. 教师与学生之间在心理上协调一致,在教学实施过程中关系密切、情感融洽、平等合作。这体现出我国新型师生关系的特点是____________。

3. 师生关系可以概括为教育内容上的__________、人格上的__________和道德上的相互促进关系三种形式。

4. 我国中小学课桌的摆放多呈“__________”。

5. 从根本上说，良好的师生关系首先取决于__________。

6. __________是现代师生伦理关系的核心要求。

7. 我国新型师生关系的特点包括：__________、民主平等、教学相长、心理相容。

8. 教师不允许学生有不同意见，学生的主动性、积极性受到压抑。这属于__________的师生关系。

9. “学然后知不足，教然后知困”。这体现的新型师生关系的特点是__________。

【参考答案】

1. 师生关系　2. 心理相容　3. 授受关系　平等关系　4. 秧田式　5. 教师　6. 民主平等　7. 尊师爱生　8. 对立型　9. 教学相长

即时反思与复盘总结

我于______年____月____日完成了对本章的学习。

复盘一下，我对自己较肯定的地方是____________________

（足够努力/心态积极/方法得当……）

我觉得自己需要改进的地方是____________________

（懒惰懈怠/心情浮躁/方法不当……）

休息片刻，开启下一站征程！

第五章 课 程

思维导图

- 课程
  - 课程概述
    - 课程的内涵
      - 在我国，“课程”一词始见于唐宋期间；
      - 在西方，“课程”一词最早出现在斯宾塞的《什么知识最有价值》
    - 课程与教学的关系
      - 观点：大教学论、大课程论、独立论、整合论
      - 区别：课程侧重“教什么”；教学侧重“怎么教”
    - 课程基本理论
      - 活动课程论
      - 学科课程论（结构主义、要素主义、永恒主义课程理论）
      - 社会中心课程论
    - 课程的基本类型（重点）
      - 学科课程与活动课程（固有属性）；
      - 分科课程与综合课程（组织方式）；
      - 必修课程与选修课程（对学生学习要求）；
      - 国家课程、地方课程与校本课程（课程设计、开发和管理主体）；
      - 基础型课程、拓展型课程与研究型课程（课程任务）；
      - 显性课程与隐性课程（表现形式或者说影响学生的方式）
    - 制约课程的主要因素
      - 社会、知识、儿童
  - 课程开发
    - 课程开发的概念
      - 完成一项课程计划的整个过程
    - 课程开发的基本模式
      - 泰勒的目标模式：目标、内容、方法、评价（重点）
      - 斯腾豪斯的过程模式：针对目标模式的缺陷提出
      - 情境模式：使课程生成于时代文化之中
    - 课程开发过程
      - 课程目标的基本取向：普遍性目标取向、行为性目标取向、生成性目标取向、表现性目标取向（易错）
      - 课程文本的三种表现形式：课程计划、课程标准、教材（易错）
      - 课程实施的基本取向：忠实取向、相互适应取向、创生取向（易错）
      - 课程评价的主要模式：目标评价模式、目的游离评价模式、CIPP评价模式
  - 三级课程管理与校本课程开发
    - 新课程的管理政策
      - 国家、地方和学校三级课程管理体制
    - 校本课程开发
      - 理念：“学生为本”的课程理念；
        “决策分享”的民主理念；
        校本课程开发的主体是教师而不是专家；
        “全员参与”的合作精神；
        校本课程开发的基础：善于利用现场课程资源；
        个性化是校本课程开发的价值追求；
        校本课程开发的性质：国家课程的补充；
        校本课程开发的运作：同一目标的追求
      - 途径：合作开发；
        课题研究与实验；
        规范原有的选修课、活动课和兴趣小组
  - 课程资源的开发与利用
    - 课程资源的含义及类型
      - 类型：校内课程资源、校外课程资源（空间分布）；
        素材性课程资源、条件性课程资源（功能特点）；
        显性课程资源、隐性课程资源（存在方式）
    - 课程资源开发和利用的原则和理念
      - 原则：共享性原则；经济性原则；实效性原则；因地制宜原则
      - 理念：课程标准和教科书等是基本而特殊的课程资源；
        教师是最重要的课程资源；
        学生既是课程资源的消费者，又是课程资源的开发者；
        教学过程是师生运用课程资源共同建构知识和人生的过程
    - 课程资源开发和利用的途径与方法
      - 进行社会调查；开发实施条件；
        审查学生活动，总结和反思教学经验；
        研究学生情况；鉴别利用校外资源；建立资源数据库

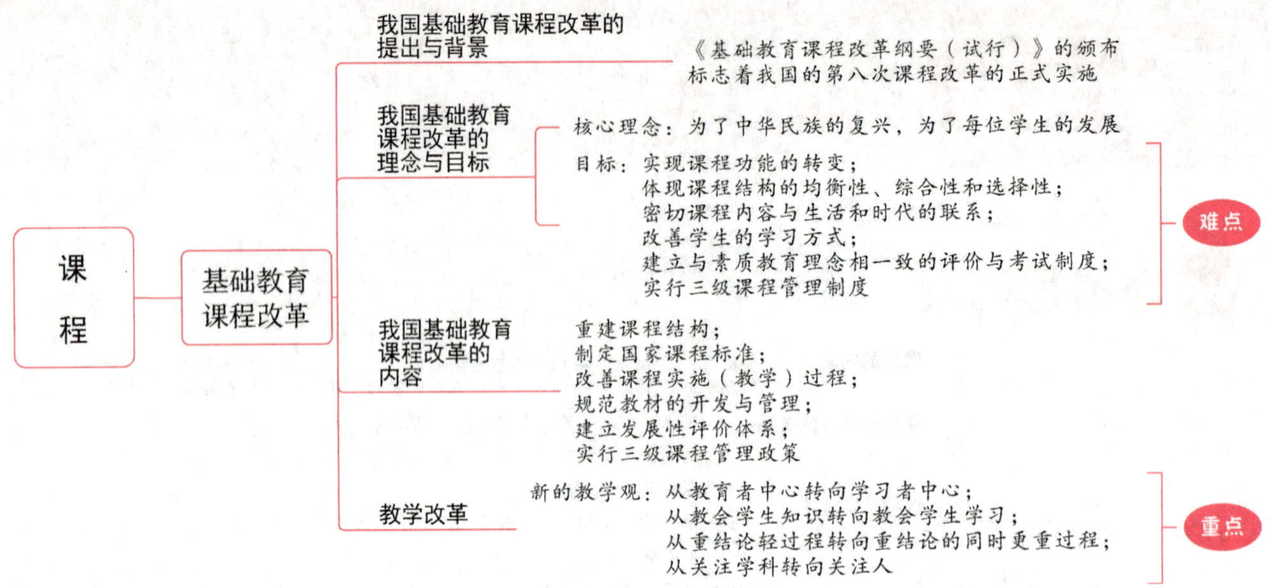

浙江考向

本章属于教育学的基础章节，也是金华、台州、宁波、绍兴、丽水、衢州、嘉兴、温州等地区的笔试频繁考查的章节，内容广泛、识记性知识多，在考试中常以选择题、填空题、判断题、辨析题、名词解释、简答题等形式考查。本章的考向分析如下：

考点名称	常考题型	能力层级	考查热度
课程的基本类型	单选、填空、判断、名词解释、简答	识记、理解、掌握	★★★
泰勒的目标模式	单选、简答	识记、理解	★★
课程目标的基本取向	单选	识记、理解	★★
课程文本的三种表现形式	单选、填空、判断、辨析、简答	识记、理解、掌握	★★★
基础教育课程改革的具体目标	单选、填空、判断、简答	识记、理解、掌握	★★★
新的教学观	单选	识记、理解	★★

核心考点

第一节　课程概述

一、课程的内涵

考点1　课程的概念　【单选】　★

在我国，“课程”一词始见于唐宋期间。唐代孔颖达为《诗经·小雅·巧言》中“奕奕寝庙，君子作之”一句注疏：“维护课程，必君子监之，乃得依法制。”这是我国历史上迄今为止所能见到“课程”一词的最早使用。但这里所说的课程并不是现代意义上的。宋代教育家朱熹在《朱子全书·论学》中提及“宽着期限，紧着课程”“小立课程，大作功夫”等句，这里的“课程”是指功课及其进程，已与今天日常语言中“课程”的意义极为相近。

在西方，“课程”一词**最早出现**在英国教育家**斯宾塞**的《什么知识最有价值》一文中。它由拉丁语派生而来，意为“跑道”。根据这个词源，最常见的课程定义是“学习的进程”，简称学程。

一般认为，美国学者**博比特**在1918年出版的《课程》一书，标志着课程作为专门研究领域的诞生，这也是教育史上第一本课程理论专著。

我们可以从广义和狭义两方面来理解课程。广义的课程是指学校为实现培养目标而选择的教育内容及其进程的总和，它包括学校所教的各门学科和有目的、有计划的教育活动。狭义的课程是指某一门学科。

考点2　课程内涵的发展

1. 课程即学科(教学科目)

把课程等同于教学科目，这是使用最普遍也是最常识化的课程定义，在历史上由来已久。无论是中国古代的“六艺”(礼、乐、射、御、书、数)、古希腊的“七艺”(文法、修辞、辩证法、算术、几何、天文、音乐)，还是近现代的百科全书式课程、功利主义课程等，无不把课程视为所传授的学科，强调课程知识的组织与累积、保存功能。

2. 课程即学习经验

这种观点认为只有个体亲身的经历才称得上是学习，强调只有经过个体亲身经历，才能将外在的知识转化为学习者自身所有的经验。课程就是让学习者体验各种各样的经历，在这样的过程中，将学习对象——包括知识但不仅限于知识，转化为自身的经验，并且实现自身的变化发展。

3. 课程即预期的学习结果或目标

一些学者认为，课程应该直接关注预期的学习结果或目标，即要把重点从手段转向目的，因而教育教学目标的选择和制定成为核心任务。这就要求课程应事先制定一套有结构、有序列的学习目标，然后，围绕预定的教育教学目标而选择、组织学习经验，实施教育教学活动，并进行教育教学评价。持这种课程观的主要有博比特、泰勒等人。

4. 课程即活动或进程

把课程界定为活动或进程是一种生成性的课程观，这种观点认为课程不是静止的“跑道”，也不仅仅是需要贯彻的课程计划或需要遵循的教学指南，而是个体生活经验的改造和建构。

二、课程与教学的关系

1. 主要理论观点

关于课程和教学的关系，目前主要有以下四种观点：

(1)大教学论。这种观点认为教学包含课程，课程是教学的重要组成部分。

(2)大课程论。这种观点认为课程包含教学，教学是课程的重要组成部分。

(3)独立论。这种观点认为课程与教学是相对独立的，都是教育学的下位概念。

(4)整合论。这种观点认为课程与教学有机整合成一门新的学科——课程与教学论。

大教学论　　**大课程论**　　**独立论**　　**整合论**

2. 二者的关系

课程与教学是相互决定、相互制约的。

(1)二者的区别主要表现为：它们侧重教育的不同方面。课程是指学校的意图，侧重“教什么”的问题；教学是指达到教育目的的手段，侧重“怎么教”的问题。

(2)二者的联系主要表现为：它们存在统一的基础，二者的研究对象在实践中具有内在联系。

三、课程基本理论 【单选】 ★

考点1 活动课程论

活动(经验)课程论是以学生的现实生活特别是活动为中心来编制课程的理论，主要倡导者是美国实用主义教育家**杜威**。其基本主张包括：

(1)**经验论**。教育就是经验的改造或改组。这种改造或改组，既能增加经验的意义，又能提高指导后来经验进程的能力。课程即那种对学生经验增长有教育价值的经验。

(2)**以儿童为中心的活动论**。活动课程论认为，教育应以儿童的实际经验为起点，从做中学。一切学习都要通过“做”，由“做”而得到的知识才是真正的知识。

(3)主动作业论。所谓主动作业是着眼于儿童经验的发展而对社会生活中的典型职业进行分析、归纳而获得的各种活动方式，如商业、烹饪、缝纫、纺织、木工等。

(4)课程组织的心理顺序论。杜威并不否认课程的组织要考虑教材的逻辑顺序，但他更重视课程的组织要考虑儿童的心理顺序。他主张课程的组织应从儿童的经验出发，将教材心理学化，在教学过程中将儿童的个体经验逐渐提升到教材的逻辑水平。

考点2 学科课程论

表1-24 学科课程论的主要流派

理论流派	代表人物	主要观点
结构主义课程理论	布鲁纳	该理论以学科结构为课程中心，认为人的学习是认知结构不断改进与完善的过程，因此，学科基本结构的学习对学习者的认知结构发展最有价值
要素主义课程理论	巴格莱	(1)课程的内容应该是人类文化的“共同要素”，首先要考虑的是国家和民族的利益； (2)学科课程是向学生提供经验的最佳方法； (3)重视系统知识的传授，以学科课程为中心
永恒主义课程理论	赫钦斯	该理论认为课程涉及的第一个根本问题就是为了实现教育目的，什么知识最有价值或如何选择学科。永恒主义对此的回答是：具有理智训练价值的传统的“永恒学科”的价值高于实用学科的价值。“永恒学科”是课程的核心。永恒学科首先是那些经历了许多世纪而达到古典著作水平的书籍

考点3 社会中心课程论

社会中心课程论是以适应社会需要为中心编制的理论，以**布拉梅尔德**为代表。

社会中心课程论认为应该把课程重点放在当代社会的问题、社会的主要功能、学生关心的社会现象，以及社会改造与社会活动计划等方面。这种理论认为设计课程要通过对社会问题的分析来确定教育目标，主张打破传统的学科课程界限，但不按学生的活动来组织课程；要兼顾儿童的年龄特征，但不主张以学生的兴趣和动机作为编制课程的基本出发点，而以社会现实问题作为课程设计的核心。其核心观点是：课程不应该帮助学生去适应社会，而是要建立一种新的社会秩序和社会文化。因此，该理论主张学生尽可能多地参与到社会中去，课程应以广泛的社会问题为中心。

四、课程的基本类型 【单选、填空、判断、名词解释、简答】★★★

学科课程和活动课程

考点1 学科课程与活动课程

从课程内容的固有属性来划分，课程可分为学科课程与活动课程。

1. 学科课程 必背

学科课程是指以文化知识（科学、道德、艺术）为基础，按照一定的价值标准，从不同的知识领域或学术领域选择一定的内容，根据知识的逻辑体系，将所选出的知识组织为学科的课程类型。它是最古老、使用范围最广泛的课程类型。其主导价值在于传承人类文明，强调使学生掌握、传递和发展人类积累下来的文化遗产。我国古代的“六艺”和古希腊的“七艺”都是学科课程。

（1）学科课程的特征

①从知识体系、社会需要出发设计课程，是知识本位、社会本位的；②以知识的逻辑体系为中心编制课程；③重视理论知识，强调把各门学科中的基本概念、基本原理、规律和事实教给学生。

（2）学科课程的优缺点

优点：①从社会发展角度讲，有助于文化遗产的系统传承；②从学生角度讲，有助于学生全面、准确地了解该领域的发展状况，实现智力的充分发展；③从教学角度讲，学科课程的教学活动容易组织，也容易评价，便于提高教学效率；④从国家角度讲，在保证尖端人才的培养和促进国家科学技术的发展方面具有不可替代的基础作用。

缺点：①从学生发展角度讲，过多考虑知识的逻辑和体系，不能完全照顾学生的需要和兴趣；②从课程本身角度讲，与现实生活存在较远距离，缺乏活力，造成学习内容的凝固化；③从教师教学角度讲，容易导致偏重知识授受的倾向，不利于学生全面和富有个性的发展。

> **真题面对面**
>
> ［2022金华/诸暨，简答］简述学科课程的优缺点。
>
> 答案：详见内文

2. 活动课程

活动课程亦称经验课程，是指围绕着学生的需要和兴趣、以活动为组织方式的课程形态，即以学生的主体性活动的经验为中心组织的课程。经验课程以开发与培育主体内在的、内发的价值为目标，旨在培养具有丰富个性的主体。学生的兴趣、动机、经验是经验课程的基本内容。其主导价值在于使学生获得关于现实世界的直接经验和真切体验。**杜威**是活动课程的主要代表人物。

（1）活动课程的特征

①乡土性，以儿童所在地区的课题为题材；②综合性，以生活题材为学习单元；③经验性，儿童通过解决面临的问题重构经验；④伸缩性，儿童可以根据自己的兴趣和能力选择学习；⑤心理学化，强调把教材变为直接的和个人的经验。

（2）活动课程的缺点

①经验课程以学习者的经验为中心来组织，容易导致学科知识的支离破碎，学生难以掌握完整系统的学科知识体系；

②经验课程以学习者的活动为中心，但学习者的活动具有多种性质，并非所有的活动都有教育价值，也并非所有的活动都能带来同样的教育价值，因此在实施中容易导致“活动主义”，为活动而活动，如果把握不当，会极大地影响教学效率和教育质量；

③经验课程在课程实施中对教师的教学组织能力以及相关教学设施提出了较高要求，它要求教师具有相当高的专业素养和教育艺术素养，在师资条件不具备的情况下，经验课程的实施具有一定的风险性。

真题面对面

[2020宁波，判断]活动课程重视学生对知识的系统学习，便于学生对知识的掌握和运用。(　　)

答案：×

考点2　分科课程与综合课程

分科课程与综合课程

从课程内容的组织方式来划分，课程可分为分科课程与综合课程。

1. 分科课程

分科课程是根据学校教育目标、教学规律和一定年龄阶段的学生发展水平，分别从各门学科中选择部分内容，组成各种不同的学科，彼此分立地安排它们的教学顺序、教学时数和期限。其主导价值在于使学生获得逻辑严密和条理清晰的文化知识，但是容易带来科目过多、分科过细的问题。

2. 综合课程

综合课程是指打破传统的分科课程的知识领域，组合两门或两门以上学科领域而构成的一门学科。其主导价值在于通过相关学科的集合，促使学生认识的整体发展并形成把握和解决问题的全面视野与方法。

需要注意的是，“相关课程”“融合课程”“广域课程”“核心课程”都是综合课程的形式，隶属综合课程，只不过综合的程度以及设计的思路略有差异。

表1-25　综合课程的形式

类型	内涵
相关课程	在保留原来学科的独立性基础上，寻找两个或多个学科之间的共同点，使这些学科的教学顺序能够相互照应、相互联系、穿插进行
融合课程	即把有内在联系的学科的内容融合在一起而形成一门新的学科。例如，把动物学、植物学、微生物学、生理学、解剖学、遗传学融合为生物学
广域课程	即合并数门相邻学科的内容形成的综合课程。例如，社会研究课综合了历史、地理、经济学、社会学、政治学、法学和人类学等有关学科内容
核心课程	即以问题为核心，将几门学科结合起来的课程。例如，以人类生存、环境保护、交通运输、社会组织与管理、娱乐和审美活动等人类的基本活动为主题设计的课程

真题面对面

[2022台州，单选]某校准备将物理课与劳动实践课组合起来构成一门新课程，以培养学生在实际生活中应用知识和解决问题的能力。这种课程属于(　　)

A. 分科课程　　B. 综合课程　　C. 地方课程　　D. 基础课程

答案：B

考点3　必修课程与选修课程

从对学生学习要求的角度来划分，课程可分为必修课程与选修课程。

1. 必修课程

必修课程是根据人的发展和社会发展需要制定的，所有学生都必须学习的科目。它是个体社会化的基础，主导价值在于培养和发展学生的共性。就我国现阶段基础教育课程现状而言，必修课程一般包括国家课程和地方课程。

2. 选修课程

选修课程是针对必修课程的不足提出来的，是为发展学生的兴趣、爱好和个性特长而开设的课程。选修课程的主导价值在于满足学生的兴趣、爱好，培养和发展学生的个性。

考点4　国家课程、地方课程与校本课程

从课程设计、开发和管理主体来看，课程可分为国家课程、地方课程与校本（学校）课程。

1. 国家课程

国家课程是由中央教育行政机构编制和审定的课程，其管理权限属中央级教育机关。国家课程的主导价值在于通过课程体现国家的教育意志。

2. 地方课程

地方课程是省级教育行政部门以国家课程为基础，依据当地的政治、经济、文化、民族等发展的需要而开发设计的课程。地方课程的主导价值在于通过课程满足地方社会发展的现实需要。

3. 校本课程

校本课程也称学校课程，是学校在确保国家课程和地方课程有效实施的前提下，针对学生的兴趣和需要，结合学校的传统和优势以及办学理念，充分利用学校和社区的课程资源，自主开发或选用的课程。校本课程的主导价值在于通过课程展示学校的办学宗旨和特色，提升学校的办学水平，促进学生的个性发展。

校本课程是一种多样化的课程，其课程的形式多种多样，既可以是必修课，也可以是选修课；既可以是学科课程，也可以是活动课程。课程内容可以和某一学科紧密相关，也可以和多门学科相互结合；可以以学习知识为主，也可以以各种探索性、实践性活动为主。

考点5　基础型课程、拓展型课程与研究型课程

从课程任务的角度来划分，课程可分为基础型课程、拓展型课程与研究型课程。

1. 基础型课程

基础型课程注重培养学生的基础学力，注重学生对科学文化基础知识和基本技能的掌握，同时获得智力的发展和能力的培养，即培养学生作为一个公民所必需的以“三基”（读、写、算）为中心的基础教养，是中小学课程的主要组成部分。基础型课程的内容是基础的，以基础知识和基本技能为主，不仅注重知识、技能的传授，也注重思维力、判断力等能力的发展和学习动机、学习态度的培养。基础型课程是必修的、共同的课程。

2. 拓展型课程

拓展型课程注重拓展学生的知识和能力，开阔学生的知识视野，发展学生各种不同的特殊能力，并迁移到其他方面的学习。拓展型课程常常以选修课的形式出现，与基础型课程相比有较大的灵活性。

3. 研究型课程

研究型课程注重培养学生的探究态度和能力。这类课程从问题的提出、方案的设计到实施以及结论的得出，完全由学生自己来做，重研究过程甚于注重结论。

考点6　显性课程与隐性课程

从课程的表现形式或者说影响学生的方式来划分，课程可分为显性课程与隐性课程。

1. 显性课程

显性课程亦称公开课程，是指在学校情境中以直接的、明显的方式呈现的课程。显性课程的主要特征是计划性，这是区分显性课程和隐性课程的主要标志。

2. 隐性课程 必背

隐性课程亦称潜在课程、自发课程，是学校情境中以间接的、内隐的方式呈现的课程。“隐性课程”一词是由杰克逊在1968年出版的《班级生活》一书中首先提出的。隐性课程的主要表现形式有：

(1)观念性隐性课程。包括隐藏于显性课程之中的意识形态，学校的校风、学风，有关领导与教师的教育理念、价值观、知识观、教学风格、教学指导思想等。

(2)物质性隐性课程。包括学校建筑、教室的设置、校园环境等。

(3)制度性隐性课程。包括学校管理体制、学校组织机构、班级管理方式、班级运行方式。

(4)心理性隐性课程。主要包括学校人际关系状况，师生特有的心态、行为方式等。

此外，课程还有其他分类方式：(1)从课程功能的角度，课程可分为工具性课程、知识性课程、技能性课程、实践性课程；(2)从课程的组织核心角度，课程可分为学科中心课程、学生中心课程、社会中心课程等。

真题面对面

1. [2021金华，单选]苏霍姆林斯基说的“让学校的每一面墙壁都开口说话”体现了(　　)

A. 物质类的隐性课程的作用　　B. 精神类的隐性课程的作用

C. 组织制度类的隐性课程的作用　　D. 心理类的隐性课程的作用

2. [2022金华/诸暨，名词解释]隐性课程

答案：1. A　2. 详见内文

五、制约课程的主要因素 【简答】 ★

总的来说，社会、知识、儿童是制约学校课程的三大因素。具体表现如下：

(1)一定历史时期社会发展的要求及提供的可能(社会需求)；

(2)一定时代人类文化及科学技术发展水平(学科知识水平)；

(3)学生的年龄特征、知识与技能的基础及其可接受性(学习者身心发展的需求)。

此外，课程理论也是制约课程的因素。建立在不同教育哲学理论基础上的课程理论以及课程的历史，对课程产生重要的结构性影响。

★★ 考点大默写 ★★

1. 一般认为，美国学者__________在1918年出版的《课程》一书，标志着课程作为专门研究领域的诞生，这也是教育史上第一本课程理论专著。
2. __________课程理论以学科结构为课程中心，认为人的学习是认知结构不断改进与完善的过程。
3. 我国古代的“六艺”和古希腊的“七艺”都是__________课程。
4. __________课程即以学生的主体性活动的经验为中心组织的课程。
5. __________课程容易导致学科知识的支离破碎，学生难以掌握完整系统的学科知识体系。
6. 从课程内容的__________来划分，课程可分为分科课程与综合课程。

7. ____________课程是指打破传统的分科课程的知识领域，组合两门或两门以上学科领域而构成的一门学科。

8. ____________课程的主导价值在于满足学生的兴趣、爱好，培养和发展学生的个性。

9. ____________课程是一种多样化的课程，其课程的形式多种多样。

10. ____________课程的主导价值在于通过课程展示学校的办学宗旨和特色，提升学校的办学水平，促进学生的个性发展。

11. 从____________的角度划分，课程可分为基础型课程、拓展型课程与研究型课程。

12. 显性课程的主要特征是____________，这是区分显性课程和隐性课程的主要标志。

13. ____________课程亦称潜在课程、自发课程，是学校情境中以间接的、内隐的方式呈现的课程。

14. 学校管理体制、学校组织机构、班级管理方式、班级运行方式等属于____________隐性课程。

15. 总的来说，____________、____________、____________是制约学校课程的三大因素。

【参考答案】

1. 博比特　2. 结构主义　3. 学科　4. 活动　5. 活动　6. 组织方式　7. 综合　8. 选修　9. 校本　10. 校本　11. 课程任务　12. 计划性　13. 隐性　14. 制度性　15. 社会　知识　儿童

第二节　课程开发

一、课程开发的概念

课程开发，也称为**课程编制**，是课程研究领域里的一个重要概念。关于课程开发一词的含义目前仍然存在不同见解，这里我们采用我国课程论学者施良方先生的观点：课程开发是指完成一项课程计划的整个过程，它包括确定课程目标、选择和组织课程内容、实施课程和评价课程等阶段。

二、课程开发的基本模式

考点1　泰勒的目标模式　【单选、简答】　★★

1. 代表人物及主要观点

目标模式是伴随20世纪初的课程开发科学化运动而产生的，是课程开发的经典模式。目标模式是以目标为课程开发的基础和核心，围绕课程目标的确定、实现和评价等环节进行课程开发的模式。其主要代表人物是美国课程论专家**泰勒**。泰勒于1949年出版了被誉为“**现代课程理论圣经**”的《**课程与教学的基本原理**》，提出了关于课程编制的四个问题。

(1)学校应当追求哪些目标？(学校应当追求的目标)

泰勒认为应根据学习者本身的需要、当代校外生活的要求以及专家的建议三方面来提出目标。

(2)怎样选择和形成学习经验？(选择和形成学习经验)

(3)怎样有效地组织学习经验？(有效地组织学习经验)

(4)如何确定这些目标正在得以实现？(课程评价/评价结果)

围绕上述四个问题，泰勒提出了课程编制的四个步骤或阶段，即著名的“泰勒原理”。泰勒原理可概括为目标、内容、方法、评价，即：(1)确定课程目标；(2)根据目标选择课程内容；(3)根据目标组织课程内容；(4)根据目标评价课程。他认为一个完整的课程编制过程都应包括这四项活动。泰勒原理的实质是以目标为中心的模式，因此又被称为“目标模式”。

2. 评价

目标模式的优点：注重目标的重要性，其整个课程开发过程都是围绕目标来进行的。目标模式提出了一个有章可循的实践模式，便于操作。

目标模式的缺点：(1)目标行为化有很大的局限性，如情感、审美、道德这样一些重要的目标很难直接通过行为表现出来。(2)课程开发也不只是一个直线式的过程，而是一个循环的、不断反馈的过程。而目标模式轻视课程设计过程与实施过程，不重视学生的主动性，从而压抑了学生的主动积极性等。(3)目标模式过于注重目标而忽视了过程。

真题面对面

[2022金华，简答]简述课程开发的目标模式。

答案：(1)目标模式是以目标为课程开发的基础和核心，围绕课程目标的确定、实现和评价等环节进行课程开发的模式。(2)目标模式的主要代表人物是美国课程论专家泰勒。(3)目标模式(泰勒原理)可概括为目标、内容、方法、评价。(4)目标模式的优点：注重目标的重要性，其整个课程开发过程都是围绕目标来进行的。目标模式提出了一个有章可循的实践模式，便于操作。(5)目标模式的缺点：①目标行为化有很大的局限性；②目标模式轻视课程设计过程与实施过程，不重视学生的主动性，从而压抑了学生的主动积极性等；③目标模式过于注重目标而忽视了过程。

考点2　斯腾豪斯的过程模式

1. 代表人物及主要观点

针对目标模式过分强调预期行为结果即“目标”而忽视“过程”的缺陷，英国课程论专家**斯腾豪斯**提出了“过程模式”。过程模式是指课程的开发不是为了生产出一套“计划”，然后予以实施和评价的过程，而是一个连续不断的研究过程，并贯穿着对整个过程的评价和修正。而所有这些都集中在课堂实践中，教师是整个过程的核心人物。

2. 评价

过程模式在一定程度上弥补了目标模式的局限性。这一模式强调以确定知识与教育活动的内在价值为基础，鼓励学生主动探索具有内在价值的知识领域，并重视培养学生的思考能力和创造性，重视课程实施的复杂性，重视教师在课程设计与实施中的作用，提出了教师作为研究者的观点，这些都是有创见的。但过程模式在课程开发的程序设计上并没有提出一个更为明确的方案，也没能在理论上予以系统的概括，不便于课程开发者采纳实施。因而在某种意义上说，斯腾豪斯过程模式的思想性意义大于它的实际操作意义。

考点3　情境模式

情境模式是强调通过社会的或学校的文化情境分析，着重于进行文化选择，使课程生成于时代文化之中的一种课程开发模式。

情境模式的主要代表人物是斯基尔贝克和劳顿。情境模式由五部分组成：(1)分析情境；(2)拟订目标；(3)设计教与学的课程方案；(4)诠释和实施课程方案；(5)评估、反馈和重新建构。

三、课程开发过程

考点1　确定课程目标

1. 课程目标的含义

课程目标是指导课程开发过程最为关键的准则。确定课程目标，不仅有助于明确课程与教育目的的衔接关系，从而明确课程开发工作的方向，而且还有助于课程内容的选择和组织，并可作为课程实施的依据和课程评价的标准。

2. 课程目标的基本取向 【单选】 ★★

（1）普遍性目标取向

普遍性目标是根据一定的哲学或伦理观、意识形态、社会政治需要，对课程进行总括性和原则性规范与指导的目标，一般表现为对课程有较大影响的教育宗旨或教育目的。它对各门学科都有普遍的指导价值。《大学》提出的“格物、致知、诚意、正心、修身、齐家、治国、平天下”的教育宗旨，即为典型的普遍性目标。

（2）行为性目标取向

行为取向的课程目标是期待的学生的学习结果，具有导向、控制、激励与评价功能。行为目标具体、明确，便于操作、评价，对学习以训练知识、技能为主的课程内容较为适合。行为取向的课程目标理论主要有泰勒的课程目标理论和布卢姆的教育目标分类学。

（3）生成性目标取向

生成性目标的提出萌芽于杜威“教育即生长”的命题。生成性目标不是由外部事先规定的目标，而是在教育情境之中随着教育过程的展开而自然生成的目标。它关注的是学习活动的过程，而不像行为目标那样重视结果，而是强调目标的适应性、生成性。

课程目标的四种取向较难理解，考生可按下表做区分：

普遍性目标	各科课程普遍适用
行为性目标	具体、明确，好操作。适用于以训练知识、技能为主的课程
生成性目标	不事先规定，在教学过程中自然生成
表现性目标	强调学生的个性化发展和创造性表现。适用于以学生活动为主的课程

（4）表现性目标取向

表现性目标指在教育情境的种种遭遇中每一个学生个性化的创造性表现，是生成性目标的进一步发展。它关注学生的创造精神、批判思维，适合以学生活动为主的课程安排。例如，在一个星期内读完《红与黑》，讨论时列出你印象最深刻的三件事；参观动物园，讨论在那里看到的最有趣的几件事”。

表现性目标的优点在于它强调学生的个性发展和创造性表现，强调学生的主体性和个性化发展，尊重学生的个性差异。它期望的不是学生反应的一致性，而是反应的多样性、个体性。

真题面对面

[2022宁波，单选]李老师让学生去公园里玩耍，并让学生回来后谈谈自己看到的有意思的事。这一课程目标取向是（　　）

A. 普遍性目标取向　　B. 行为性目标取向

C. 表现性目标取向　　D. 生成性目标取向

答案：C

3. 确定课程目标的依据

（1）学习者的需要（对学生的研究）；（2）当代社会生活的需要（对社会的研究）；（3）学科知识及其发展的需要（对学科的研究）。

4. 三维课程目标 【单选、填空、简答】 ★

（1）“知识与技能”目标：基础性目标。强调基础知识和基本技能的获得，相当于传统的“双基教学”。这一维度的目标立足于让学生学会。

(2)**“过程与方法”目标**:关键性目标。突出的是让学生“学会学习”,使学生获得知识的过程同时成为获得学习方法和能力发展的过程。这一维度的目标立足于让学生会学。

(3)**“情感态度与价值观”目标**:终极性目标。重在人格塑造,强调在教学过程中激发学生的情感共鸣,引起积极的态度体验,形成正确的价值观。这一维度的目标立足于让学生乐学。

可以说,知识与技能是物质载体,情感态度与价值观是动力,过程与方法是策略,三者是相互渗透、密不可分的有机整体。在教学中,既没有离开情感态度与价值观、过程与方法的知识与技能的学习,也没有离开知识与技能的情感态度与价值观、过程与方法的学习。

2022年,教育部印发了新修订的义务教育课程方案和语文等16个课程标准。此次课标修订,力求使课程目标自觉体现本课程在培育学生核心素养方面的基本贡献,结合本课程的性质、理念及课程的基本内容,从核心素养视角对课程总目标及学段目标进行表述。例如,《义务教育语文课程标准(2022年版)》中规定,“语文课程围绕核心素养,体现课程性质,反映课程理念,确立课程目标”“义务教育语文课程培养的核心素养,是学生在积极的语文实践活动中积累、建构并在真实的语言运用情境中表现出来的,是文化自信和语言运用、思维能力、审美创造的综合体现”。

随着《义务教育课程方案和课程标准(2022年版)》的实施,教师在进行教学目标设计时,除了要从知识与技能、过程与方法、情感态度与价值观三个维度出发外,还要关注各学科课程培养的核心素养。

真题面对面

[2022嘉兴,填空]新课程标准的三维目标是知识与技能、__________、__________。

答案:过程与方法　情感态度与价值观

考点2　选择和组织课程内容

1. 课程内容的含义　【辨析】　★

课程内容是指各门学科中特定的事实、观点、原理与问题,以及处理它们的方式。课程内容的基本性质是知识,它具有直接经验和间接经验两种形态。任何形式的课程都必须包括一定的直接经验和间接经验。直接经验是指与学生现实生活及其需要直接相关的社会知识、自然知识及其技能的总和。由于课程性质的不同,有的课程甚至以引导学生获取直接经验为主,如活动课程。间接经验即理论化、系统化的书本知识,它是人类认识的基本成果,间接经验具体包括在各种形式的科学中。间接经验是课程内容的重要来源,直接经验只是课程内容的补充和完善。

课程的内容主要包括三个方面的知识:一是关于自然、社会和人的发展规律的基础知识;二是关于自然、社会和人的互动的基本技能;三是对待世界和他人的态度的知识经验。

2. 课程文本的三种表现形式　【单选、填空、判断、辨析、简答】　★★★

目前在我国,中小学课程主要由**课程计划、课程标准、教材**三部分组成。1992年,原国家教委在制订九年义务教育的教学计划时,把“教学计划”更名为“课程计划”。2001年颁布的《基础教育课程改革纲要(试行)》采用“课程计划”这一术语,把原来用的“教学大纲”改称为“课程标准”。

课程计划和课程标准

(1)课程计划

课程计划是根据一定的教育目的和培养目标,由教育行政部门制定的有关学校教育和教学工作的指导性文件。课程计划主要由课程计划的指导思想、培养目标、课程设置及其说明、课时安排、课程开设顺序和时间分配、考试考查制度和实施要求几部分构成。在基本内容上，课程计划主要是指教学科目的设置（课程设置）、学科顺序（课程开设顺序）、课时分配（教学时数）、学年编制和学周安排。其中，开设哪些科目（课程设置）是课程计划的**中心**和**首要**问题。

我国义务教育阶段的课程计划具有**强制性**、**普遍性**、**基础性**的特点。

真题面对面

[2023金华，辨析]课程计划除规定教学科目的设置、学科顺序外，还规定了学科的课程性质和目标。

答案：(1)这种说法是不正确的。(2)在基本内容上，课程计划主要是指教学科目的设置（课程设置）、学科顺序（课程开设顺序）、课时分配（教学时数）、学年编制和学周安排。国家课程标准规定各门课程的性质、目标、内容框架。故题干后半句说法错误。

（2）课程标准

课程标准是课程计划中每门学科以纲要的形式编写的、有关学科内容的指导性文件，是课程计划的分学科展开。它规定了学科的教学目标、任务，知识的范围、深度和结构，教学进度以及有关教学方法的基本要求，是编写教科书和教师进行教学的直接依据，也是衡量各科教学质量的重要标准。教师应将课程标准作为检查自己教学质量的依据。

国家课程标准是教材编写、教学、评估和考试命题的依据，是国家管理和评价课程的基础。应体现国家对不同阶段的学生在知识与技能、过程与方法、情感态度与价值观等方面的基本要求，规定各门课程的性质、目标、内容框架，提出教学和评价建议。

（3）教材

教材是根据学科课程标准系统阐述学科内容的教学用书，它是知识授受活动的主要信息媒介，是课程标准的进一步展开和具体化。教材可以是印刷品（包括教科书、讲义、教学指导用书、补充读物、图表等），也可以是音像制品（包括幻灯片、电影、录音带、录像带、磁盘、光盘等）。教科书和讲义是教材的主体。

教材≠教科书。教材不仅包括教科书，还包括教学指导用书、讲义、电影、幻灯片等。教科书只是教材的一个重要组成部分。

新课程将教材视为“跳板”而非“圣经”。倡导教师“用教材教”，而不是简单地“教教材”。新的课程计划和课程标准为教学活动预留了充分的空间，视教材为案例，开放教材，鼓励教师充实并超越教材。教师完全可以而且应该根据学生的情况来处理教材。

教科书编写应遵循的原则：①科学性与思想性统一；②强调内容的基础性与适用性；③知识的内在逻辑与教学法要求的统一；④理论与实践统一；⑤教科书的编排形式要有利于学生的学习；⑥注意与其他学科的纵向和横向联系。

真题面对面

[2022绍兴，辨析]教材是课程标准具体化的体现。

答案：(1)这种说法是正确的。(2)课程标准是课程计划中每门学科以纲要的形式编写的、有关学科内容的指导性文件，是课程计划的分学科展开。教材是根据学科课程标准系统阐述学科内容的教学用书，它是知识授受活动的主要信息媒介，是课程标准的进一步展开和具体化。故题干说法正确。

3. 课程内容选择的基本取向

自课程作为一个独立的研究领域以来，对课程内容的解释大多围绕着三种不同的取向而展开：(1)课程内容即教材；(2)课程内容即学习活动；(3)课程内容即学习经验。

表 1-26　课程内容选择的基本取向

取向	评价
课程内容即教材	有利于考虑到各门学科知识的系统性，使教师与学生明确教与学的内容，从而使课堂教学工作有据可依。但是，把课程内容定义为教材，就意味着教材是以外加的形式强加于学生，从而忽略了学生的学习兴趣
课程内容即学习活动	往往注重学生外显的活动，却无法看到学生的经验是如何发生的，容易只注意表面的热闹，而不是深层次的学习结构，可能导致偏离学习的本质
课程内容即学习经验	一方面突破了外部强加给学生的东西，另一方面却因为学习经验是一种心理体验，只有学生自己才了解这种经验的真正结果，从而增加了课程编制者研究的难度

考点 3　课程实施

1. 课程实施的含义

课程实施是指把课程计划付诸实践的过程，它是达到预期的课程目标的基本途径，关注的焦点是课程实践中实际发生的变革的程度及影响变革的因素。从课程计划到课程实施之间还有一个过渡环节——“课程采用”。课程采用是指做出使用某项课程变革计划的决定的过程。

2. 课程实施的基本取向

(1)忠实取向

这种取向认为，课程实施过程是忠实地执行课程变革计划的过程。衡量课程实施成功与否的基本标准是课程实施过程对预定的课程变革计划的实现程度。实现程度高，则课程实施成功；实现程度低，则课程实施失败。

(2)相互适应取向

这种取向认为，课程实施过程是课程变革计划与班级或学校实践情境在课程目标、内容、方法、组织模式诸方面相互调整、改变与适应的过程。一个课程变革计划付诸实施之后可能会发生两个方面的变化：一方面，既定的课程计划会发生变化，以适应各具体实践情境的特殊需要；另一方面，既有的课程实践会发生变化，以适应课程变革计划的要求。在这种取向看来，课程实施过程中发生相互适应现象在某种意义上具有必然性。

(3)创生取向

这种取向认为，真正的课程是教师与学生联合创造的教育经验，课程实施本质上是在具体教育情境创生新的教育经验的过程，即有的课程变革计划只是提供这个经验创生过程选择的工具而已。

表 1-27　三种课程实施取向的评价

取向	评价
忠实取向	该取向强化了课程政策制定者和课程专家在课程变革中的作用，但是否定了课程变革的直接参与者——教师和学生的主体价值
相互适应取向	把外部专家所开发的课程与对这种课程产生影响的学校情境、社区情境的因素均予以考虑。但是，该取向带有折中主义色彩，不可避免地具有另外两种取向的局限性
创生取向	这一取向把处于具体教育情境中的教师和学生在课程开发、课程创造中的主体性解放了出来。但是，该取向具有浓厚的理想色彩，对课程实践领域的要求较高，推行的范围有限

3. 影响课程实施的主要因素

（1）课程计划本身的特点。包括课程计划的合理性、和谐性、明确性、简约性、可传播性和可操作性等。

（2）学区的特征。学校所在的行政区域即“学区”，学区的特征是影响课程实施的又一因素。表现在：①学区从事课程变革的传统；②学区对课程计划的采用过程；③学区对课程变革的行政支持；④课程变革人员的发展水平与对变革的参与程度；⑤课程变革的时间表和评价体系；⑥学区教育委员会与社区的特征。

（3）学校的特征。学校的特征是影响课程实施的又一重要因素，这类因素主要有：校长、教师与教师之间的关系、教师的特征与价值取向。

（4）校外环境。包括政府部门的重视、外部机构的支持以及社区与家长的协助等。

考点 4　课程评价

1. 课程评价的含义

课程评价是以一定的方法、途径对课程的目标、实施和结果等有关问题的价值和特点做出判断的过程。它包括对课程本身的评价和对学生学业的评价。

2. 课程评价的主要模式

（1）目标评价模式

美国课程理论专家，也是有着“**课程评价之父**”美誉的**泰勒**，第一个系统研究了课程评价理论、提出了课程评价模式。他针对20世纪初形成并流行的常模参照测验的不足提出了目标评价模式，这种模式以目标为中心展开。该评价原理可概括为七个步骤或阶段：①确定教育计划的目标；②根据行为和内容来界定每一个目标；③确定使用目标的情境；④设计呈现情境的方式；⑤设计获取记录的方式；⑥确定评定时使用的计分单位；⑦设计获取代表性样本的手段。其中，确定目标是最为关键的一步，因为其他所有步骤都是围绕目标展开的。

（2）目的游离评价模式

该评价模式是由美国学者**斯克里文**针对目标评价模式的弊病而提出来的。他主张把评价的重点从“课程计划预期的结果”转向“课程计划实际的结果”上来。评价者不应受预期的课程目标的影响，尽管这些目标在编制课程时可能是有用的，但不适宜作为评价的准则。目的游离评价模式对目标评价模式的批判是击中要害的。评价除了要关注预期的结果之外，还应关注非预期的结果。评价的指向不应该只是课程计划满足目标的程度，而且更应该考虑课程计划满足实际需要的程度。

（3）CIPP评价模式

CIPP评价模式是美国教育评价家**斯塔弗尔比姆**倡导的课程评价模式。他认为课程评价不应局限在评定目标达到的程度上，而应该是一种过程，旨在描述、取得及提供有用的资料，为判断各种课程计划、课程方案服务。该模式包括四个步骤：①背景评价；②输入评价；③过程评价；④成果评价。

★★ 考点大默写 ★★

1. ____________于1949年出版了被誉为“现代课程理论圣经”的《课程与教学的基本原理》，提出了关于课程编制的四个问题。
2. 针对目标模式过分强调预期行为结果即“目标”而忽视“过程”的缺陷，英国课程论专家____________提出了“过程模式”。

3.《大学》提出的“格物、致知、诚意、正心、修身、齐家、治国、平天下”的教育宗旨是典型的________目标。

4. 目前在我国，中小学课程主要由________、________、________三部分组成。

5. ________是根据一定的教育目的和培养目标，由教育行政部门制定的有关学校教育和教学工作的指导性文件。

6. 我国义务教育阶段的课程计划具有________、________、________的特点。

7. ________是课程计划中每门学科以纲要的形式编写的、有关学科内容的指导性文件，是课程计划的分学科展开。

8. ________和________是教材的主体。

9. 课程实施的________认为，课程实施过程是忠实地执行课程变革计划的过程。

10. 课程实施的________认为，真正的课程是教师与学生联合创造的教育经验，课程实施本质上是在具体教育情境创生新的教育经验的过程。

11. ________评价模式是由美国学者斯克里文针对目标评价模式的弊病而提出来的。

12. ________评价模式是美国教育评价家斯塔弗尔比姆倡导的课程评价模式。

【参考答案】

1. 泰勒　2. 斯腾豪斯　3. 普遍性　4. 课程计划　课程标准　教材　5. 课程计划　6. 强制性　普遍性　基础性　7. 课程标准　8. 教科书　讲义　9. 忠实取向　10. 创生取向　11. 目的游离　12. CIPP

第三节　三级课程管理与校本课程开发

一、新课程的管理政策 【单选、填空、判断】 ★★

1985年，《中共中央关于教育体制改革的决定》首次提出“实行基础教育由地方负责、分级管理的原则”。

1999年，《关于深化教育改革全面推进素质教育的决定》进一步指出“试行国家课程、地方课程和学校课程”，标志着我国长期以来实行的中央集中管理的课程政策体系开始向中央—地方—学校分散管理的课程体制过渡。

2001年颁布的《基础教育课程改革纲要(试行)》明确规定实行国家、地方和学校三级课程管理体制。这样做是为了改变我国原有课程管理过于集中的状况，通过确立地方和学校参与课程改革的权力主体地位，完善课程管理体系，进一步增强课程对地方、学校及学生的适应性。

至此，我国的课程管理体制逐步完善和成熟起来。

1. 国家对课程的管理

国家对课程的管理主要体现在：(1)教育部总体规划基础教育课程；(2)制定课程管理的各项政策；(3)制定基础教育课程标准；(4)积极试行新的课程评价制度。

2. 地方对课程的管理

地方对课程的管理体现在：(1)贯彻国家课程政策，制订课程实施计划；(2)组织课程的实施与评价；(3)加强课程资源的开发和管理。

3. 学校对课程的管理

学校对课程的管理体现在：(1)制定课程实施方案；(2)重建教学管理制度；(3)管理和开发课程资源；(4)改进课程评价。

真题面对面

[2022绍兴,单选]新课改提倡的课程管理方式是(　　)

A. 国家统一管理制度　　B. 国家、地方分级管理制度

C. 学校自主管理制度　　D. 国家、地方、学校三级管理制度

答案:D

二、校本课程开发

校本课程开发有利于形成学校办学特色,有利于教师专业水平的提高,尤其是科研能力的提高,有利于学生主体性的发展,真正满足学生生存与发展的需要。校本课程开发的主体是教师,通常以选修课的形式出现。

1. 校本课程开发的理念　【判断】★

(1)"学生为本"的课程理念。校本课程开发要基于学生的实际发展要求。

(2)"决策分享"的民主理念。

(3)校本课程开发的主体是教师而不是专家。国家课程和地方课程的开发主体可以而且常常是专家,但校本课程的开发主体则必须是教师,而不是专家。否则,"校本课程"是很难真正满足学生实际发展需求的。

(4)"全员参与"的合作精神。

(5)校本课程开发的基础:善于利用现场课程资源。

(6)个性化是校本课程开发的价值追求。

(7)校本课程开发的性质:国家课程的补充。

(8)校本课程开发的运作:同一目标的追求。

2. 校本课程开发的条件

(1)法定的学校自主权。这是校本课程开发的首要条件。

(2)明确的教育哲学思想和办学宗旨。

(3)民主开放的学校组织结构。

(4)体现学校教育哲学和办学宗旨的教学系统。

(5)教师的专业精神与技能。

(6)共享的课程资源。

(7)自觉自律的内部评价与改进机制。

(8)与课程专家的合作。

此外,还需要合理地开发与利用课程资源,对时间、场所和资金进行优化配置,并注意从学校周围的研究所、大学等教育科研机构和社区组织中获得资源支持。

3. 校本课程开发的类型

校本课程开发的类型可以从课程的开发范围、开发主体以及课程的活动方式三个维度进行划分。从课程的活动方式进行划分,校本课程的开发类型主要包括以下几种:

(1)课程选择。课程选择是校本课程开发中最普遍的活动,是指在众多可能的课程项目中决定学校付诸实施的课程计划的过程。

(2)课程改编。校本课程中的课程改编主要是指教师对正式课程的目标和内容进行某些具体的改动以适应他们的具体的课堂教学情境,也包括某些学校对国外引进的课程进行本土化改造。

(3)课程整合。**课程整合**是指超越不同知识体系而以关注共同的要素的方式来安排学习的课程开发活动。

(4)课程补充。**课程补充**是指为提高国家课程的教学成效而进行的课程材料开发活动。

(5)课程拓展。**课程拓展**指以拓展课程的范围为目的而进行的课程开发活动。课程拓展的目标是拓宽正规课程,为学生提供获取知识、内化价值观和掌握技能的机会。

(6)课程新编。校本课程开发也可以开发全新的课程板块和课程单元,我们把这类活动称作课程新编。

4. 校本课程开发的程序

校本课程开发包括建立组织、现状分析、制定目标、课程编制、课程实施、课程评价与修订六个步骤,即学校成立由课程开发专家、校长、各部门负责人、教师、家长及社区人员等组成的民主开放的校本课程开发委员会或校本课程开发工作小组,在分析学生的发展需求、学校和社区的发展需要、学校和社区的课程资源三个方面后,确定校本课程开发的总目标,以此为基础进行校本课程的编制、实施与评价。

需要注意的是,在具体的校本课程开发过程中,其程序不是一成不变的。各校在开发过程中必须结合实际,选取合适的操作流程,使校本课程的开发更有时效性。

5. 校本课程开发的途径

(1)合作开发;(2)课题研究与实验;(3)规范原有的选修课、活动课和兴趣小组。

6. 校本课程开发对于教师专业发展的重要性

作为校本课程开发的主力军,校本课程的开发带给教师的不仅是挑战,更为其自身专业发展提供了契机,是教师专业发展的有效途径。

(1)校本课程开发促进教师专业自主意识的提升;(2)校本课程开发促进教师知识结构的完善;(3)校本课程开发提高教师的学科教学能力;(4)校本课程开发增强教师的参与意识和合作能力;(5)校本课程开发促进教师研究意识和能力的提升;(6)校本课程开发促进教师反思意识和能力的提升;(7)校本课程开发对教师的精神世界有重大的影响。

★★ 考点大默写 ★★

1. 我国实行三级课程管理体制,通过确立地方和学校参与课程改革的权力主体地位,完善课程管理体系,进一步增强课程对__________、__________及学生的适应性。
2. 校本课程开发的主体是__________,通常以__________课的形式出现。
3. 校本课程开发秉持“__________”的合作精神。
4. __________是校本课程开发的价值追求。
5. 校本课程开发的途径包括:__________、课题研究与实验和规范原有的选修课、活动课和兴趣小组。

【参考答案】

1. 地方　学校　2. 教师　选修　3. 全员参与　4. 个性化　5. 合作开发

第四节　课程资源的开发与利用

一、课程资源的含义及类型

考点 1　课程资源的含义

课程资源是课程建设的基础，它包括教材以及学生家庭、学校和社会生活中一切有助于学生发展的资源。**教材**是课程资源的核心和主要组成部分。

课程资源有广义和狭义之分：广义的课程资源包括形成课程的直接要素来源（素材性课程资源）和实施课程的必要而直接的条件（条件性课程资源）。狭义的课程资源仅指形成课程的直接要素来源。

综合这两种观点，**课程资源**是指课程设计、实施和评价等整个课程教学过程中可以利用的一切人力、物力以及自然资源的总和，包括教材、教师、学生、家长以及学校、家庭和社区中所有有利于实现课程目标、促进教师专业成长和学生有个性的全面发展的各种资源。

考点 2　课程资源的类型

表 1–28　课程资源的类型

分类依据	类型	含义	举例
空间分布	校内课程资源	学校范围之内	教材、教师等
	校外课程资源	超出学校范围	校外图书馆、科技馆、博物馆、网络资源、乡土资源等
功能特点	**素材性课程资源**	作用于课程，并且能够成为课程的素材或来源	知识、技能、经验、活动方式与方法、情感态度与价值观等
	条件性课程资源	作用于课程却并不是形成课程本身的直接来源，但在很大程度上决定着课程的实施范围和实施水平，间接制约课程的实际效果和人的现实发展水平	与课程实施有关的人力、物力和财力，以及时间、场地、媒体、设备、设施和环境等
存在方式	显性课程资源	看得见、摸得着，可以直接作用于教育教学	教材、计算机网络、自然和社会中的事物、活动等
	隐性课程资源	以潜在的方式对教育教学活动施加影响，作用方式具有间接性和隐蔽性的特点	学校的风气，社会风气，家庭氛围，师生关系，教师或学生的经验、感受、困惑、意见等

二、课程资源开发和利用的原则和理念

考点 1　课程资源开发和利用的基本原则

（1）共享性原则。

（2）经济性原则。课程资源的开发与利用要尽可能用最少的开支和精力，达到最理想的效果。

（3）实效性原则。课程资源的开发与利用必须在可能的课程资源范围内和在充分考虑成本的前提下突出重点，针对不同的课程目标，精选那些对学生终身发展具有决定意义的课程资源。

（4）因地制宜原则。课程资源的开发与利用不应强求一律，而应从实际出发，发挥地域优势，强化学校特色，区分学科特性，展示教师风格，扬长避短，扬长补短，因地制宜、因人制宜地开发与利用课程资源。

考点 2　课程资源开发和利用的理念

（1）课程标准和教科书等是基本而特殊的课程资源。

(2)教师是最重要的课程资源。教师不仅是课程资源的开发者,而且其本身也是重要的课程资源。教师不仅决定课程资源的鉴别、开发、积累和利用,是素材性课程资源的重要载体,而且自身就是课程实施的首要的基本条件资源。

(3)学生既是课程资源的消费者,又是课程资源的开发者。

(4)教学过程是师生运用课程资源共同建构知识和人生的过程。教学过程是一个程序化的过程,也是一个动态的生成过程。因此,教学过程是动态的课程资源。

三、课程资源开发和利用的途径与方法

(1)进行社会调查;(2)审查学生活动,总结和反思教学经验;(3)开发实施条件;(4)研究学生情况;(5)鉴别利用校外资源;(6)建立资源数据库。

★★ 考点大默写 ★★

1. ____________是课程资源的核心和主要组成部分。
2. 根据____________,可将课程资源分为素材性课程资源和条件性课程资源。
3. 课程资源的开发与利用要尽可能用最少的开支和精力,达到最理想的效果。这体现的是课程资源开发和利用的____________原则。
4. ____________既是课程资源的消费者,又是课程资源的开发者。

【参考答案】

1. 教材　2. 功能特点　3. 经济性　4. 学生

第五节　基础教育课程改革

一、我国基础教育课程改革的提出与背景 【单选】 ★

课程改革是教育改革的核心内容。新中国成立后,除了几次重大的学制调整之外,在基础教育课程和教材领域至少进行了七次较大规模的改革。本次新一轮课程改革是指1999年正式启动的基础教育课程改革,简称"新课改"。2001年6月8日,教育部颁布了《基础教育课程改革纲要(试行)》(下文简称《纲要》),标志着我国基础教育新课程改革的正式实施。这是中华人民共和国成立以来我国的**第八次**课程改革,也是规模最大、影响最为深广的一次课程改革。《纲要》指出:基础教育课程改革是一项系统工程。应始终贯彻"先立后破,先实验后推广"的工作方针。

新课程改革的背景:(1)时代发展特征的新要求(时代背景);(2)我国政治经济发展的客观需要(社会背景);(3)我国基础教育发展的内在需求;(4)国外课程改革的启示。

二、我国基础教育课程改革的理念与目标

考点1　基础教育课程改革的理念 【单选、填空、判断】 ★

1. 基础教育课程改革的核心理念

贯穿于第八次课程改革的核心理念是:为了中华民族的复兴,为了每位学生的发展。

2. 基础教育课程改革的基本理念

(1)关注学生作为"整体的人"的发展。"整体的人"包括两层含义:人的完整性和生活的完整性。

(2)统整学生的生活世界和科学世界。生活世界是最值得重视的世界，是通过知觉可以直观体验的世界，是一个有人参与其中，保持着目的、意义和价值的世界。科学世界指建立在数理、逻辑结构的基础上，由概念、原理和规则构成的世界。

(3)寻求学生主体对知识的建构。①基础教育课程确立了新的知识观，视知识为一种探索的行动或创造的过程，从而使人摆脱传统知识观的钳制，走向对知识的理解和建构。②基础教育课程强调个性化的知识生成方式。③基础教育课程构建发展性的评价模式。

(4)创建富有个性的学校文化。课程改革不仅仅意味着内容的更新、完善与平衡，更为重要的是意味着理想的"学校文化"的创造。学校文化的变革是课程与教学改革最深层次的改革，创建富有个性的学校文化正是课程改革的核心课题。

考点2 基础教育课程改革的具体目标 【单选、填空、判断、简答】★★★

1. 实现课程功能的转变

改变课程过于注重知识传授的倾向，强调形成积极主动的学习态度，使获得基础知识与基本技能的过程同时成为学会学习和形成正确价值观的过程。

2. 体现课程结构的均衡性、综合性和选择性

改变课程结构过于强调学科本位、科目过多和缺乏整合的现状，整体设置九年一贯的课程门类和课时比例，并设置综合课程，以适应不同地区和学生发展的需求，体现课程结构的均衡性、综合性和选择性。

3. 密切课程内容与生活和时代的联系

改变课程内容"难、繁、偏、旧"和过于注重书本知识的现状，加强课程内容与学生生活以及现代社会和科技发展的联系，关注学生的学习兴趣和经验，精选终身学习必备的基础知识和技能。

4. 改善学生的学习方式

改变课程实施过于强调接受学习、死记硬背、机械训练的现状，倡导学生主动参与、乐于探究、勤于动手，培养学生搜集和处理信息的能力、获取新知识的能力、分析和解决问题的能力以及交流与合作的能力。

5. 建立与素质教育理念相一致的评价与考试制度

改变课程评价过分强调甄别与选拔的功能，发挥评价促进学生发展、教师提高和改进教学实践的功能。

6. 实行三级课程管理制度

改变课程管理过于集中的状况，实行国家、地方、学校三级课程管理，增强课程对地方、学校及学生的适应性。

真题面对面

1. [2019宁波，判断]基础教育课程改革的具体目标之一是使学生获得基础知识与基本技能的过程同时成为学生学会学习和形成正确价值观的过程。(　　)

2. [2023金华，简答]简述新课改的具体目标。

答案：1. √　2. 详见内文

三、我国基础教育课程改革的内容

考点1 重建课程结构 【单选、填空、判断、简答】★★

课程结构是指课程各部分有机的组织和配合，即课程内容有机联系在一起的组织方式。课程结构是课程目标转化为教育成果的纽带，是课程活动顺利开展的依据。课程结构调整就其实质而言，就是重新认识和确立各种课程类型以及具体科目在学校课程体系中的价值、地位、作用和相互关系。

在课程结构方面，教育部于2001年印发的《基础教育课程改革纲要（试行）》提出：小学阶段以综合课程为主，初中阶段设置分科与综合相结合的课程，高中以分科课程为主，从小学至高中设置综合实践活动并作为必修课程，农村中学课程要为当地社会经济发展服务。这里主要介绍综合实践活动：

1. 综合实践活动的概念与内容

教育部于2001年印发的《基础教育课程改革纲要（试行）》规定，综合实践活动的内容主要包括：信息技术教育、研究性学习、社区服务与社会实践、劳动与技术教育。小学中高年级开设综合实践活动等课程。

综合实践活动课程是我国基础教育课程改革的重要内容之一。随着基础教育课程改革的深入，综合实践活动课程的内容有所变化。考生在学习这部分内容时，要重点关注“变化”。

教育部于2017年印发的《中小学综合实践活动课程指导纲要》规定，综合实践活动是从学生的真实生活和发展需要出发，从生活情境中发现问题，转化为活动主题，通过探究、服务、制作、体验等方式，培养学生综合素质的跨学科实践性课程。综合实践活动是国家义务教育和普通高中课程方案规定的必修课程，与学科课程并列设置，是基础教育课程体系的重要组成部分。该课程由地方统筹管理和指导，具体内容以学校开发为主，自小学一年级至高中三年级全面实施。

教育部于2022年印发的《义务教育课程方案（2022年版）》规定，将劳动、信息科技从综合实践活动课程中独立出来。

2. 研究性学习

（1）研究性学习的概念

研究性学习是指学生在教师指导下，从学习生活和社会生活中选择和确定研究专题，主动获得知识、应用知识、解决问题的学习活动。

（2）作为学习方式的“研究性学习”与作为课程的“研究性学习”的关系

作为一种学习方式，“研究性学习”是指教师不把现成结论告诉学生，而是学生自己在教师指导下自主地发现问题、探究问题、获得结论的过程。这种“研究性学习”是渗透于学生的所有学科、所有活动之中的。

作为一种课程形态，“研究性学习”课程是为“研究性学习”方式的充分展开所提供的相对独立的、有计划的学习机会。具体来说，是在课程计划中规定一定的课时数，以更有利于学生从事“在教师指导下，从学习生活和社会生活中选择和确定研究专题，主动获得知识、应用知识、解决问题的学习活动”。

为使“研究性学习方式”尽快深入人心，有必要设置专门的“研究性学习”课程。再者，即使各门学科有效渗透了“研究性学习方式”，也有必要设置“研究性学习”课程。这是因为：

①学科中的研究性学习具有学科性，往往局限于一门学科的狭隘视野，研究性学习课程则属于经验课程的范畴，它基于学生的直接经验，面向学生自身的生活和火热的社会生活实践，强调操作与体验，强调综合运用学生的所有知识。

②学科中的研究性学习具有手段的、辅助的性质，往往服从于学生掌握系统学科知识的需要；而研究性学习课程则把研究性学习本身视为直接的目的，它强调学生需要的优先性，强调对学生独特经验的尊重，强调学生从自己的立场与世界交互作用出发，建构自己的意义。

当然,学科中的研究性学习与研究性学习课程也有内在联系:二者都强调研究性学习这种学习方式;二者的终极目的都指向学生的个性发展,尽管直接目的有别。研究性学习课程是学科中的研究性学习的归纳、整合、开拓、提升;学科中的研究性学习则可从学科领域细化、深化生活中的主题。

考点2　制定国家课程标准　【单选、判断、简答】★

(1)课程标准主要是对学生在经过某一学段之后的学习结果的行为描述,而不是对教学内容的具体规定;

(2)课程标准是国家制定的某一学段的共同的、统一的基本要求,而不是最高要求;

(3)学生学习结果的描述尽量是可理解的、可达到的、可评估的,而不是模糊不清的、可望而不可即的;

(4)课程标准隐含着教师不是教科书的执行者,而是教学方案(课程)的开发者,即教师是"用教科书教,而不是教教科书";

(5)课程标准的范围应涉及认知、情感、动作技能三个领域,而不仅仅是知识与技能方面的要求。

考点3　改善课程实施(教学)过程

(1)教师是教学过程的组织者和引导者。教师要面向全体学生,了解和研究每一个学生的需要及其发展的可能性,因材施教,创造性地进行教学。教师要学习、探索和积极运用多种教学组织方式和先进的教学方法,不断提高师德素养和专业水平。

(2)学生是学习的主人。完整的学习过程应使学生在获得必要的基础知识和基本能力的同时,情感、态度与价值观都能得到发展。

(3)教材是教学内容的重要载体。教师在教学过程中应依据课程标准,灵活地、创造性地使用教材,并充分利用校内外多样的课程资源。

(4)加强师生相互交流和沟通。倡导教学民主,建立平等合作的师生关系,营造同学之间合作学习的良好氛围,为学生的全面发展和健康成长创造有利的条件。

考点4　规范教材的开发与管理

就我国的教育理论背景与实践传统而言,教科书一直是课程的核心因素。综合而言,规范教材的开发与管理主要包括三大内容:(1)完善管理制度;(2)强化教材质量;(3)严格审定制度。

考点5　建立发展性评价体系　【单选、判断】★★

新课程倡导"立足过程,促进发展"的课程评价,强调对学生的发展价值,对教师的发展价值,以及对课程本身的改善价值。具体内容如下:

1. 学生发展评价

建立旨在促进学生全面发展的评价体系。评价不仅要关注学生在语言和数理逻辑方面的发展,而且要发现和发展学生多方面的潜能;评价应充分了解学生发展中的需求,关注个别差异,帮助学生认识自我,建立自信,促进每个学生在已有水平上的发展。

2. 教师发展评价

建立旨在促进教师不断提高的评价体系。强调教师对自己教学行为的分析与反思,建立以教师自评为主,校长、教师、学生、家长共同参与的评价制度,使教师从多种渠道获得改进教学行为的信息,不断提高教学水平。

3. 课程发展评价

建立旨在不断促进课程发展的评价体系。这种评价将周期性地对学校课程方案执行的情况、课程实施中的问题进行分析评估，调整课程内容、改进教学管理，形成课程不断革新的机制。

4. 改革和完善考试制度

考试是学业评价的一种形式，应遵循全面推进素质教育的基本原则，按照不同的考试目的和性质，确定考试方法和考试结果的处理，考试的内容要依据课程标准，杜绝设置偏题、怪题和难题的现象。教师应保护学生的隐私权，不排名公布考试成绩，教师应对每位学生的考试情况做出具体的分析指导。教育行政部门要减少不必要的统考，建立中考的命题和考试管理制度。鼓励各地中小学自行组织毕业考试。高中毕业会考改革的统筹决策权交给省级教育行政部门。

考点 6　实行三级课程管理政策

为保障和促进课程对不同地区、学校、学生的适应性，实行有指导的逐步放权，建立国家、地方和学校的三级管理模式，明确各自的职责。

四、教学改革 【单选、判断】 ★★

考点 1　本次教学改革的任务与观点

1. 本次教学改革的主要任务

(1)要改革旧的教育观念，真正确立起与新课程相适应的、体现素质教育精神的教育观念。确立新的教育观念，是教学改革的首要任务。

(2)要坚定不移地推进教学方式和学习方式的转变。学习方式的转变被看成是本次课程改革的显著特征和核心任务。

(3)要致力于教学管理制度的重建。在转变观念和方式的同时，重建制度，同样是本次教学改革的重要任务。

2. 我国当前教学改革的主要观点

(1)实施素质教育——我国当前教学改革的**主题**；(2)坚持整体教学改革和实验——我国当前改革的基本策略；(3)建立合理的课程结构——我国当前教学改革的**重心**；(4)实施科学的教学评价。

考点 2　新的教学观 必背

(1)从教育者中心转向学习者中心。新课改强调应该倡导“学习者中心”，以学生为主体，尊重学生的意见想法及实际需要，满足学生的兴趣爱好，调动学生的主动性和积极性，让学生主动参与课堂，真正成为学习的主人。

(2)从教会学生知识转向教会学生学习。所谓“授人以鱼不如授人以渔”，教会学生知识只能让学生着眼于现在，而教会学生学习则能够着眼于学生的终身发展。新课改注重教授学生学习的方法，培养学生的学习态度和习惯，让学生学会学习。

(3)从重结论轻过程转向重结论的同时更重过程。唯分数论的思维往往过多关注结果而忽视过程，造成了学生在学习过程中急功近利，忽视对知识的深层理解等问题。新课改要求让学生经历学习的过程，增强感知；关注学生的发展过程，能够做到“容错”；关注学生的日常表现，不以分数作为评价学生的唯一标准。

(4)从关注学科转向关注人。学科为本位的教学理念往往是重认知轻情感，重教书轻育人，不能够实现人的全面发展。新课改强调关注每一位学生，关注学生的情绪生活和情感体验，关注学生的道德生活和人格养成。

真题面对面

[2021金华/诸暨,单选]黄老师在开家长会的时候说,不能只关注学生的成绩排名,更应该关注学生在学习过程中的情感体验,要注重培养学生良好的道德品格。这体现了新课改(　　)的教学观。

A. 教学从"以教育者为中心"转向"以学习者为中心"

B. 教学从"教会学生知识"转向"教会学生学习"

C. 教学从"重结论轻过程"转向"重结论的同时更重过程"

D. 教学从"关注学科"转向"关注人"

答案:D

考点大默写

1. ____________是教育改革的核心内容。
2. 课程改革不仅仅意味着内容的更新、完善与平衡,更为重要的是意味着理想的"____________"的创造。
3. 改变课程过于注重知识传授的倾向,强调形成积极主动的学习态度,使获得基础知识与基本技能的过程同时成为学会学习和形成正确价值观的过程。这属于新课程改革在实现____________的转变方面的目标。
4. 新课程倡导建立与____________理念相一致的评价与考试制度。
5. 综合实践活动是国家义务教育和普通高中课程方案规定的____________课程。
6. ____________既是一种学习方式,也是一种课程形态。
7. 新课程倡导"立足过程,____________"的课程评价,强调对学生的发展价值,对教师的发展价值,以及对课程本身的改善价值。
8. ____________的转变被看成是本次课程改革的显著特征和核心任务。
9. 建立合理的____________是我国当前教学改革的重心。
10. 关注学生的情绪生活和情感体验,这体现了新课改从关注学科转向____________的教学观。

【参考答案】

1. 课程改革　2. 学校文化　3. 课程功能　正确价值观　4. 素质教育　5. 必修　6. 研究性学习　7. 促进发展　8. 学习方式　9. 课程结构　10. 关注人

边缘考点

考点　《义务教育课程方案(2022年版)》

义务教育课程方案(2022年版)(节选)

习近平总书记多次强调,课程教材要发挥培根铸魂、启智增慧的作用,必须坚持马克思主义的指导地位,体现马克思主义中国化最新成果,体现中国和中华民族风格,体现党和国家对教育的基本要求,体现国家和民族基本价值观,体现人类文化知识积累和创新成果。

义务教育课程规定了教育目标、教育内容和教学基本要求,体现国家意志,在立德树人中发挥着关键作用。

一、培养目标

义务教育要在坚定理想信念、厚植爱国主义情怀、加强品德修养、增长知识见识、培养奋斗精神、增强综合素质上下功夫，使学生有理想、有本领、有担当，培养德智体美劳全面发展的社会主义建设者和接班人。

二、基本原则

为落实培养目标，义务教育课程应遵循以下基本原则：(1)坚持全面发展，育人为本；(2)面向全体学生，因材施教；(3)聚焦核心素养，面向未来；(4)加强课程综合，注重关联；(5)变革育人方式，突出实践。

三、课程设置

1. 课程类别

义务教育课程包括国家课程、地方课程和校本课程三类。以国家课程为主体，奠定共同基础；以地方课程和校本课程为拓展补充，兼顾差异。

国家课程由国务院教育行政部门统一组织开发、设置。所有学生必须按规定修习。

地方课程由省级教育行政部门统筹规划，确定开发主体。充分利用地方特色教育资源，注重用好中华优秀传统文化资源和红色资源，强化实践性、体验性、选择性，促进学生认识家乡，涵养家国情怀，铸牢中华民族共同体意识。校本课程由学校组织开发，立足学校办学传统和目标，发挥特色教育教学资源优势，以多种课程形态服务学生个性化学习需求。校本课程原则上由学生自主选择。

2. 科目设置

义务教育课程九年一贯设置，按“六三”学制或“五四”学制安排。

国家课程设置道德与法治、语文、数学、外语(英语、日语、俄语)、历史、地理、科学、物理、化学、生物学、信息科技、体育与健康、艺术、劳动、综合实践活动等。

3. 教学时间

每学年共39周。一至八年级新授课时间35周，复习考试时间2周，学校机动时间2周；九年级新授课时间33周，第一学期复习考试时间1周，第二学期毕业复习考试时间3周，学校机动时间2周。学校机动时间可用于集中安排劳动、科技文体活动等。

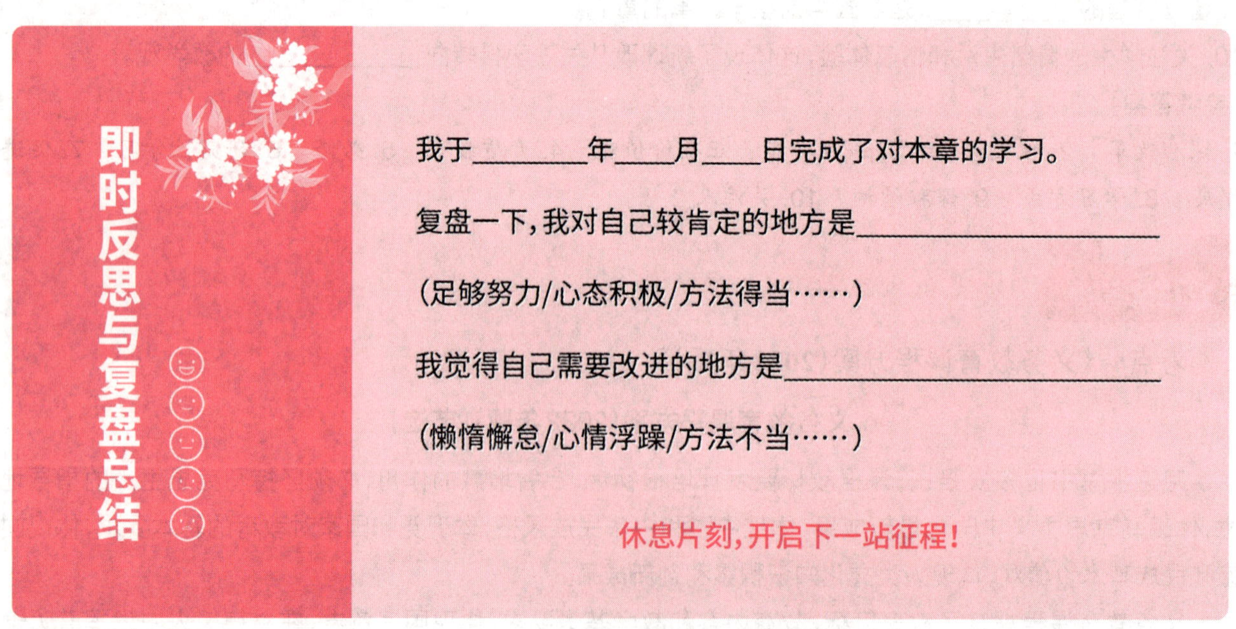

第六章 教 学

思维导图

- 教学
  - 教学概述
    - 教学及其特点：教学是有目的的活动；教学活动是教与学的有机统一；教学活动是以课程内容为中介的共同活动；教学是科学与艺术的统一（重点）
    - 教学与教育、智育、上课、自学的关系：教学与教育：部分与整体的关系；教学与智育：复杂的交叉关系；教学与上课：教学工作以上课为中心环节；教学与自学：教学不包括在教学过程以外，学生自主进行的自学
    - 教学的意义：教学是贯彻教育方针，实施全面发展教育，实现教育目的的基本途径
    - 教学的一般任务：引导学生掌握科学文化基础知识和基本技能（首要任务）
  - 教学过程
    - 教学过程的概念与构成要素：三要素说：教师、学生、教学内容；四要素说：教师、学生、教学内容、教学手段
    - 教学过程的本质：一种特殊的认识活动
    - 历史上对教学过程的各种理解：思孟学派："博学之，审问之，慎思之，明辨之，笃行之"（《礼记·中庸》）
    - 教学过程的基本规律（难点）
      - 教师主导作用与学生主体作用相统一的规律（双边性规律）
      - 直接经验与间接经验相结合的规律（间接性规律）
      - 掌握知识与发展智力相统一的规律（发展性规律）
      - 传授知识与思想品德教育相统一的规律（教育性规律）
    - 课堂教学的基本阶段：激发学习动机、领会知识、巩固知识、运用知识、检查知识（易错）
  - 教学组织形式
    - 教学组织形式的概念：教学活动中教师与学生为实现教学目标所采用的社会结合方式
    - 教学组织形式的历史发展：个别教学、班级授课制、分组教学、设计教学法、道尔顿制、文纳特卡制、特朗普制
    - 现代教学的基本组织形式：班级授课制
    - 现代教学的特殊形式：复式教学
    - 现代教学的辅助组织形式：现场教学和个别教学
    - 教学组织形式的变革：新的教学组织形式来代替班级授课制；以班级授课制为基础，追求教学组织形式的综合化和多元化
  - 教学工作的基本环节
    - 备课：教师教学的起始环节，是上好课的先决条件
    - 上课：上好课的基本要求：教学目标明确；教学内容准确；教学结构合理；教学方法适当；讲究教学艺术；板书有序；充分发挥学生的主体性（重点）
    - 作业的布置与反馈：布置原则：目的性、针对性、趣味性、层次性、多样性、开放性（易混）
    - 课外辅导：上课的必要补充，是适应学生个别差异，贯彻因材施教的重要措施
    - 学业成绩的检查与评定
      - 检查的方式：平时考查和考试
      - 评定的方式：记分和写评语

教学

- **教学原则**
  - 教学原则的概念：根据一定教学目标和教学过程规律而制定的指导教学工作的基本准则
  - 中学常用的教学原则：直观性原则、启发性原则、巩固性原则、循序渐进原则、因材施教原则、理论联系实际原则、量力性原则、思想性（教育性）和科学性相统一的原则 【重点】
- **教学方法**
  - 教学方法的概念：包含了教师的教法和学生的学法
  - 两种对立的教学方法指导思想：注入式和启发式
  - 中学常用的教学方法 【易混】
    - 以语言传递为主：讲授法、谈话法、讨论法、读书指导法
    - 以直观感知为主：演示法和参观法
    - 以实际训练为主：练习法、实验法、实习作业法、实践活动法
    - 以引导探究为主：发现法
    - 以情感陶冶（体验）为主：欣赏教学法和情境教学法
  - 国内外教学方法的改革与发展
    - 国内：愉快教学法、情境教学法、尝试教学法、成功教学法等
    - 国外：发现法、暗示教学法、非指导教学法、合作教学法等
  - 教学方法的选择和运用
    - 基本依据：教学目的和任务的要求；课程性质和特点；每节课的重点、难点；学生年龄特征；教学时间、设备、条件；教师业务水平、实际经验及个性特点等
- **教学评价**
  - 教学评价的概念：包括对学生学习结果的评价和对教师教学工作的评价
  - 教学评价的原则：客观性原则、发展性原则、整体性原则、指导性原则
  - 教学评价的类型：诊断性评价、形成性评价和总结性评价（教学评价的作用）；相对性评价、绝对性评价和个体内差异评价（评价采用的标准）；内部评价和外部评价（评价主体）
  - 教学评价的方法：观察法、测验法、调查法
  - 当代教学评价的改革：新课程教学评价倡导的基本理念：关注学生发展；强调教师成长；重视以学论教（以学定教） 【重点】
- **教学模式**
  - 教学模式的概念：基本要素：理论基础、目标、操作程序、实现条件、评价
  - 当代国外主要的教学模式：掌握学习教学模式、范例教学模式、非指导性教学模式等 【易错】
  - 当代我国主要的教学模式：传递—接受式、自学—指导式、示范—模仿式、目标—导控式等
- **教学设计**
  - 教学各要素设计：教学目标设计、教学“三点”的设计、教学过程设计 【难点】
  - 教案设计：基本内容：概况、教学过程、板书设计、教学后记或教学反思

浙江考向

本章属于教育学的重点章节，也是浙江省各地笔试都会重点考查的章节，内容广泛、难度较大，在考试中常以选择题、填空题、判断题、辨析题、名词解释、简答题、论述题、材料分析题等形式考查。本章的考向分析如下：

考点名称	常考题型	能力层级	考查热度
教学的本质含义	单选、判断、论述	识记、理解、掌握	★★
教学过程的基本规律	单选、填空、判断、简答、论述	理解、掌握	★★★
课堂教学的基本阶段	单选、判断	识记、理解	★★
教学工作的基本环节	单选、填空、简答、论述、材料分析	理解、掌握、运用	★★★
中学常用的教学原则	单选、填空、判断、简答、论述、材料分析	理解、掌握、运用	★★★
中学常用的教学方法	单选、判断、名词解释、简答、论述	识记、理解、掌握	★★★
教学评价的类型	单选、判断	识记、理解	★★
新课程教学评价倡导的基本理念	判断	识记、理解	★★
当代国外主要的教学模式	单选	识记、理解	★★
教学各要素设计	单选、多选、判断	识记、理解、掌握	★★★

核心考点

第一节　教学概述

一、教学及其特点

教学是在一定教育目的的规范下，教师的教和学生的学共同组成的传递和掌握社会经验的双边活动。

考点 1　**教学的本质含义**　【单选、判断、论述】　★★

1. 教学是有目的的活动

在教学活动中，教师活动的目的指向学生的发展，一切活动的进行都要建立在为学生的学习和发展服务上。尽管教师也有其他活动目的，但要通过引起学生的学习与发展而实现。学生也有各种各样的目的，但在教学活动中，其学习的出发点与归宿在个体的学习与发展上。

2. 教学活动是教与学的有机统一

教学活动包含教师的教与学生的学两个方面，它是教师的教与学生的学的有机统一。首先，教不同于学；其次，教与学互相依赖；再次，教与学是辩证有机统一的。

3. 教学活动是以课程内容为中介的共同活动

课程内容是联系教师的教与学生的学的中介和纽带，没有特定活动内容材料的传输与学生自身经验的体验，教学活动将不能成为事实。因此，教学活动中，教师必须明晰学生所学的内容，并正确运用教育情境中的相关教育资源与影响。

4. 教学是科学与艺术的统一 必背

教学是科学还是艺术？这一问题曾被长期争论着，有人认为教学是科学，有人认为教学是艺术，各据其理。实际上，教学既是科学，又是一门特殊的艺术，是科学与艺术的统一。

教学是科学，教学活动必然要按一定的规律进行。构成教学的诸种要素之间是相互作用、相互影响的，这种作用与影响是有其内部规律与必然联系的，不管人们承认与否，它都客观地存在于教学过程之中。从事教学活动的主体必须认识、把握并利用它，从而使教学活动得以顺利进行。所以，教学要建立在一定的科学基础之上。

教学是艺术，只是说教学具有艺术性，教学活动可以艺术地表现出某些方法、内容和技巧。教学可以是一种艺术化的存在形式，但又区别于其他艺术而有其独立存在的内在规定性或根本特点。

因此，教学既是科学，又是艺术，是科学与艺术的统一。一味追求教学的科学内部规律，往往会使教学活动变得呆板、机械、枯燥无味而失去教学活动的乐趣；同样，片面地把教学当成艺术表演与欣赏，就会失去对教学活动的目的性与教育性的本质追求。要克服艺术形式的表面现象，把艺术精神内化于教学活动的实践中。

真题面对面

[2022绍兴，论述]请结合实际，论述“教学既是一门科学，也是一门艺术”。

答案：详见内文

考点2 教学的特点

(1)教学以培养全面发展的人为根本目的；(2)教学由教与学两方面组成，教学是师生双方的共同活动；(3)学生的认识活动是教学中的重要组成部分；(4)教学具有多种形态，是共性与多样性的统一。

二、教学与教育、智育、上课、自学的关系

1. 教学与教育

教学与教育是一种部分与整体的关系。教育包括教学，教学只是学校进行教育的一个基本途径。除教学外，学校还通过课外活动、生产劳动、社会活动等途径对学生进行教育。

2. 教学与智育

教学与智育是一种复杂的交叉关系，两者既有联系又有区别。作为教育的一个组成部分的智育，即向学生传授系统的科学文化知识和发展学生的智力，主要是通过教学进行的，但不能把两者等同。一方面，教学也是德育、美育、体育、劳动技术教育的途径；另一方面，智育也需要通过课外活动等才能全面实现。把教学等同于智育将阻碍教学作用的全面发挥。

3. 教学与上课

上课是实施教学的一种方式。就当前我国的情况来看，班级上课是教学的基本组织形式。教学工作以上课为中心环节。

4. 教学与自学

教学与自学这两个概念的关系比较复杂，因为学生的自学有两种，必须加以区分。一种是在教学过程内、在教师指导下的自学。它包括配合教学进行的预习、复习、自习和作业，是教学的组成部分。另一种是在教学过程以外，学生自主进行的自学，其内容广泛，教学不包括这种学生自主进行的自学。

三、教学的意义 【单选、判断】★

教学是贯彻教育方针，实施全面发展教育，实现教育目的的基本途径。具体如下：

(1)教学是传播系统知识、促进学生发展的最有效的形式，是社会经验的再生产、适应并促进社会发展的有力手段。

(2)教学是进行全面发展教育、实现培养目标的基本途径，为个人全面发展提供科学的基础和实践，是培养学生个性全面发展的重要环节。

(3)教学是学校教育的中心工作，学校教育工作必须坚持以教学为主。学校工作以教学为主，既是由教学本身的性质决定的，也是多年来教育工作经验的总结。但这并不意味着可以轻视甚至忽略其他工作，应当坚持"教学为主，全面安排"的原则。

四、教学的一般任务 【单选、判断】★

(1)引导学生掌握科学文化基础知识和基本技能。教学的**首要任务**是使学生掌握系统的科学文化基础知识，形成基本技能、技巧，其他任务的实现都是在完成这一任务的过程中和基础上进行的。

(2)发展学生智能，特别是培养学生的创新精神和实践能力。

(3)发展学生体能，提高学生身心健康水平。

(4)培养学生高尚的审美情趣和审美能力。

(5)培养学生具备良好的道德品质和个性心理特征，形成科学的世界观。

上述五项任务是相互联系、相互促进的，其中，使学生掌握基础知识、形成基本技能是基础，发展智能是核心，发展体能是保证，思想品德是方向，良好的个性心理品质是理想目标。

★★ 考点大默写 ★★

1. ____________是在一定教育目的的规范下，教师的教和学生的学共同组成的传递和掌握社会经验的双边活动。
2. 教学与教育是一种____________与____________的关系。
3. 教学是贯彻教育方针，实施全面发展教育，实现教育目的的____________。
4. ____________是学校教育的中心工作。
5. 教学的首要任务是使学生掌握系统的____________，形成基本技能、技巧，其他任务的实现都是在完成这一任务的过程中和基础上进行的。

【参考答案】

1. 教学　2. 部分　整体　3. 基本途径　4. 教学　5. 科学文化基础知识

第二节　教学过程

一、教学过程的概念与构成要素

考点1　教学过程的概念

教学过程是教师根据一定社会的要求和学生身心发展的特点，通过有目的、有计划地指导学生掌握系统的科学文化知识和基本技能，发展学生的智力和体力，培养学生的良好品德和健康个性，使其形成科学世界观的过程。

考点 2　教学过程的构成要素 【单选】 ★

构成教学过程的要素有许多方面，人们从不同的立场和视角进行分析，形成了不同的观点。例如：

(1)三要素说——教师、学生、教学内容；

(2)四要素说——教师、学生、教学内容、教学手段；

(3)五要素说——教师、学生、教学内容、教学手段、教学环境；

(4)六要素说——教师、学生、内容、方法、媒体、目的；

(5)七要素说——学生、目的、内容、方法、环境、反馈和教师。

一般认为，教师、学生、教学内容和教学手段是构成教学过程的基本要素。

二、教学过程的本质 【单选】 ★

教学活动，是教师教、学生学的统一活动。活动是在过程中实现的，而过程则是通过活动得以展开的。因此，教学活动与教学过程在本质上的含义是相同的。教学活动就其本质而言，是一种特殊的认识活动。

1. 教学过程主要是一种认识过程

教学过程中有两类不同性质的活动(教和学)，但教学过程的主要矛盾是学生与其所学知识之间的矛盾(教师提出的教学任务同学生完成这些任务的需要、实际水平之间的矛盾)，实际上也就是学生认识过程的矛盾，是认识主体与其客体之间的矛盾，因此，学生的认识活动是教学中最主要的活动，教学过程是一种认识过程，它遵循的是感性认识和理性认识相统一、认识和实践相统一的普遍性规律。

2. 教学过程是一种特殊的认识过程

教学过程作为一种特殊的认识过程，其特殊性表现在：

(1)**认识对象的间接性与概括性**。即学习的内容是已知的、他人的，也是经过提炼的认识成果。

(2)**认识方式的简捷性与高效性**。通过间接知识认识世界，可以减少探索的实践，避免探索的弯路，尽快地掌握人类的文化精华，因而是高效的。

(3)**教师的引导性、指导性与传授性(有领导的认识)**。学生具有不成熟性，学生的认识始终是在教师的传授、指导下进行以达到认识目的的。

(4)**认识的交往性与实践性**。教学活动是发生在师生之间及学生之间的一种特殊的交往活动，这种交往活动同时具有实践的性质。

(5)**认识的教育性与发展性**。即教学中学生认识的形成既是目的，也是发展的手段，认识中追求并实现着学生的知、情、意、行等方面的发展与完全人格的养成。

3. 教学过程以认识活动为基础，是促进学生身心发展的过程

教学过程不等于发展过程，它是实现发展的途径和手段。教学的目的在于使学生理解与掌握知识、形成技能技巧、培养学生的能力。但学生的情感、意志等因素也同时参与学生的认识过程，并与学生的认识过程交织在一起。因此，学生在掌握知识的教学过程中，也在实现着其身心的全面发展。

真题面对面

[2019统考，单选]教学过程是一种特殊的认识过程，下列与其显著特点不同的是(　　)

A. 间接性　　　　B. 绝对性

C. 简捷性　　　　D. 引导性

答案：B

三、历史上对教学过程的各种理解 【单选】 ★

教学过程的理论是教学的基本理论，历代中外教育家曾以不同观点从不同角度对教学过程做过种种的探索，提出各自的见解。

表1-29 关于教学过程的各种理解

教育家(学派)	对教学过程的理解
孔子	“学—思—行”(也有说法认为是“学—思—习—行”)的统一过程
思孟学派	“博学之，审问之，慎思之，明辨之，笃行之”(《礼记·中庸》)，其重点在说明学习过程
夸美纽斯	把教学建立在感觉活动的基础之上，这是以个体认识论为基础提出的教学理论
赫尔巴特	试图用心理学的“统觉理论”来解释教学过程，提出“明了、联合、系统、方法”的四阶段论，这一理论标志着教学过程理论的形成
杜威	教学过程是学生的直接经验不断改造和增加的过程，是“从做中学”的过程
凯洛夫	教学过程是一种认识过程

当代国外的教学过程理论主要有：加涅的信息加工理论、布鲁纳的结构教学理论、赞科夫的教学与发展理论、巴班斯基的教学过程最优化理论、斯金纳的程序教学论。

四、教学过程的基本规律(教学过程中应处理好的几组关系) 【单选、填空、判断、简答、论述】 ★★★

考点1 教师主导作用与学生主体作用相统一的规律(双边性规律)

1. 教师主导作用与学生主体作用相统一的含义

教学活动是教师的教和学生的学组成的双边活动。在教学过程中，教师的教和学生的学两者相互依存、缺一不可。教学是教师教学生去学，学生是教师组织的教学活动中的学习主体，教师对学生的学习起主导、指导作用。

2. 教师主导作用与学生主体作用在教学过程中的关系

(1)充分发挥教师的主导作用

教师是教学活动的领导者、组织者，是学生学习的指导者和学习质量的检查者，他能够引导学生沿着社会所期望的方向发展，使学生成为社会所需要的人才。

①教师起主导作用的原因：学生在各方面不成熟，学生对知识的掌握、能力的培养、品德的提高离不开教师的组织和安排，需要教师的指导；教师受过专业训练，有较丰富的知识。

②发挥教师主导作用的条件：教师主导作用的实现有赖于教师自身的条件，即具备应有的知识和能力素质、品德及人格；教师主导作用的发挥还必须具备各种客观条件，如教师在教育过程中的地位是否得到应有的肯定，教师工作的条件是否得到基本的保证。

③发挥教师主导作用的表现：教师主导作用是针对能否引导学生积极学习与上进而言的。它体现在：在做人上能以身作则，正直、智慧、敬业、严谨、耐心、和蔼，受学生尊敬、爱戴，有很高的威信与亲和力；在教学上要善于启发、诱导、讲解、示范、训练、辅导、指点和耐心服务，以便使学生积极而高效地掌握知识，提高自身的才能、修养。

(2)充分发挥学生主体参与教学的能动性

发挥学生主体作用的原因：①学生是学习的主人。教师的教学内容只有被学生主动地吸收、消化才能为学生所掌握。②学生的许多方面虽然并不成熟，需要教师的指导，但他们仍然是认识和自身发展的主体，具有主观能动性。

3. 贯彻教师主导作用与学生主体作用相统一的规律，要防止两种倾向

在教学过程中，不能只重视教师的作用，忽略学生学习的主动性和创造性，也不能只强调学生的作用，使学生陷入盲目探索状态，学不到系统的知识，要把二者有机地结合起来。

历史上，以**赫尔巴特**为代表主张的“**教师中心**”和以**杜威**为代表主张的“**学生中心**”两种倾向，或者忽视学生主体作用或者忽视教师主导作用，都是片面的、不正确的、行不通的。

考点 2　直接经验与间接经验相结合的规律（间接性规律）

1. 直接经验与间接经验相结合的含义

人们认识客观事物主要有两条途径：一是获取直接经验，即通过亲自探索、实践所获得的经验；二是获取间接经验，即他人的认识成果，主要是指人类在长期认识过程中积累并整理而成的书本知识。教学活动是学生认识客观世界的过程，要以间接经验为主、直接经验为辅，将二者有机结合起来。

2. 直接经验与间接经验相结合在教学过程中的关系

（1）以间接经验为主是教学活动的主要特点

学习间接经验是学生认识客观世界的基本途径。这是因为：①借助间接经验认识世界是认识上的捷径。这也是教学过程中认识方式的简捷性与高效性的体现。②学习间接经验也是由学生特殊的认识任务决定的。这是教学过程中认识对象的间接性与概括性，教师的引导性、指导性与传授性的体现。

（2）学生学习间接经验要以直接经验为基础

书本知识，一般表现为概念、定理、原理等，这对学生来说是间接经验。学生要把这些知识转化为自己的知识，必须以个人以往积累的或现实获得的感性经验为基础，教师要根据教学需要充分利用和丰富学生的直接经验。

3. 贯彻直接经验与间接经验相统一的规律，要防止两种倾向

在教学中，要正确处理直接经验与间接经验的关系，必须防止两种倾向：一种是过分强调书本知识的传授和学习，忽视引导学生通过实践活动、亲身参与、独立探索去积累经验、获取知识的倾向。一种是只强调学生通过自己探索去发现、积累知识，忽视书本知识的学习和教师的系统讲授。

考点 3　掌握知识与发展智力相统一的规律（发展性规律）

1. 掌握知识与发展智力相统一的含义

知识和智力是两个不同的概念。知识是人们对客观世界的认识，智力是人们认识客观事物的基本能力。知识的多少与才能的高低并不等同，知识和运用知识的能力也并不相同。智力并不完全是随着知识的掌握而自然发展起来的。教学过程既是向学生传授知识的过程，又是发展学生智力和能力的过程，二者相互依存、相互促进，统一在同一教学活动中。

2. 掌握知识与发展智力在教学过程中的关系

（1）掌握知识与发展智力二者是相互统一和相互促进的

①掌握知识与发展智力这两个教学任务统一在同一个教学活动之中，统一在同一个认识主体的认识活动之中；②知识是发展智力的基础；③发展智力又是掌握知识的重要条件。

（2）要使知识的掌握真正促进智力的发展是有条件的

①从传授知识的内容上看，传授给学生的知识应是规律性的知识。只有掌握了规律性的知识，才能举一反三、触类旁通，才能实现知识的“迁移”，才能由已知推至未知，才具有真正的思维能力。而且也只有规

律性的知识，才需要理性思维的形式。

②从传授知识的量来看，一定时间范围内所授知识的量要适当，不能过多。要给学生留有充分的时间去思考。通过思考，促进学生智力的发展。

③采用启发式教学。教学过程从始至终都应唤起学生积极的思维，启发学生学习的愿望，引导学生学习的兴趣，始终使学生处在一种对知识的追求状态。

④培养学生良好的个性，重视学生的个别差异，注重因材施教。

3. 贯彻掌握知识与发展智力相统一的规律，要防止两种倾向

在整个教学过程中，我们要防止形式教育论和实质教育论两种倾向。

表1-30　形式教育论与实质教育论

	形式教育论	实质教育论
代表人物	洛克、裴斯泰洛齐	斯宾塞、赫尔巴特
主要观点	教学的主要任务在于通过开设希腊文、拉丁文、逻辑、文法和数学等学科发展学生的智力，至于学科内容的实用意义则是无关紧要的	教学的主要任务在于传授给学生有用的知识，至于学生的智力则无需进行特别的培养和训练
评价	只强调训练学生的思维形式，忽视了知识的传授	只向学生传授对实际生活有用的知识，忽视了对学生认识能力的训练

考点4　传授知识与思想品德教育相统一的规律（教育性规律）

1. 传授知识与思想品德教育相统一的含义

在教学过程中，学生的认识过程同时也是接受德、智、体等全面发展教育的过程，就是说教学总是有教育性的。

2. 传授知识与思想品德教育之间的关系

在教学过程中，学生掌握科学文化知识和提高思想品德修养是相辅相成的两个方面。

（1）知识是思想品德形成的基础

学生思想品德水平的提高有赖于其对科学文化知识的掌握。首先，科学的世界观和先进的思想都要有一定的科学文化知识作为基础；其次，知识学习的本身是艰苦的劳动，这个学习过程可以培养学生的优秀道德品质。正如赫尔巴特说的“我不承认有任何无教育的教学”，教学永远具有教育性。在教学过程中，学生的知、情、意同时介入，相互作用。

（2）思想品德修养水平的提高为学生积极地学习知识提供动力

学习活动是一项十分艰苦的脑力劳动，在学习过程中必然会遇到各种各样的困难，这就需要学习者必须有明确的学习目的、强烈的学习欲望和较高的思想觉悟。在教学中，教师要不断培养、提高学生的思想品德水平，引导他们将个人的学习与社会发展、祖国前途联系起来，充分调动他们学习的主动性、积极性，这是学生获取知识的重要保证。

3. 贯彻传授知识与思想品德教育相统一的规律，要防止两种倾向

在教学中，要正确处理传授知识与思想品德教育的关系，必须防止两种倾向：一种是脱离知识进行思想品德教育，这会使思想品德教育成为无源之水、无本之木，不仅不利于学生品德水平的提高，而且还影响系统知识的教学。一种是只强调传授知识，忽视思想品德教育。不能认为学生学习了知识以后，思想品德水平自然会随之提高。因为，教学的教育性必须要经过教师给学生施加积极影响，必须通过启发、激励，使学生对所学知识产生积极的态度，教学的教育性才能得以实现。

知识再拔高

智力因素与非智力因素的关系

智力是人的一种综合认识能力，包括注意力、观察力、记忆力、想象力和思维力等因素。非智力因素则包含了除智力以外的其他所有的心理因素，如兴趣、情感、意志和性格等。

在教学中，学生在进行认识活动时，其心理是一个整体，不仅有智力因素，而且伴随着非智力因素。这二者的关系体现在两个方面：(1)非智力因素依赖于智力因素，并积极作用于智力因素；(2)只有按教学需要调节学生的非智力活动，才能有效地促使学生进行智力活动，完成教学任务。

五、课堂教学的基本阶段 【单选、判断】★★

课堂教学的基本阶段(教学过程的基本阶段)即教学过程的结构，教学过程大致分为以下五个阶段：

课堂教学的基本阶段

1. 激发学习动机

教学应从诱发和激起求知欲并把求知欲聚焦于当前学习的知识开始，从引导学生做好学习的心理准备开始。

2. 领会知识

领会知识是教学过程的**中心环节**。领会知识包括使学生感知和理解教材。感知教材主要是使学生获得关于所学内容的一个整体的表象，是所有教学活动的必经阶段。理解的目的在于形成概念、原理，真正认识事物的本质和规律。

3. 巩固知识

巩固所学的知识是教学过程的一个必要环节。巩固知识的意义在于避免或减少对先前所学知识的遗忘，并且为顺利地学习新知识、新材料奠定基础。

4. 运用知识

在教学中，运用知识、形成技能技巧主要是通过教学实践来实现的，如完成各种书面或口头作业、实验等。此外，运用知识不只局限于技能和技巧的掌握，它还包括“知识迁移”的能力和创造能力的发挥等。

5. 检查知识

检查知识是指教师通过作业、提问、测验等方式对学生的学习效果进行考查的过程。检查知识的目的在于使教师及时获得关于教学效果的反馈信息，以调整教学进程与要求，并帮助学生了解自己掌握知识技能的情况，以便及时改进。

真题面对面

[2022台州，单选]单元测验是教师及时获得教学效果反馈的一种有效方式，这种方式有利于学生及时发现自己的问题，调节自己的学习方式。这属于教学过程中的(　　)环节。

A. 领会知识　　B. 巩固知识　　C. 检查知识　　D. 运用知识

答案：C

★★ 考点大默写 ★★

1. 一般认为，教师、学生、__________和__________是构成教学过程的基本要素。
2. 历史上对教学过程的各种理解中，__________认为教学过程是“学—思—行”的统一过程。

3. 教学活动是学生认识客观世界的过程，要以____________经验为主、____________经验为辅，将二者有机结合起来。

4. ____________是发展智力的基础。

5. ____________教育论认为教学的主要任务在于通过开设希腊文、拉丁文、逻辑、文法和数学等学科发展学生的智力，至于学科内容的实用意义则是无关紧要的。

6. ____________教育论认为，教学的主要任务在于传授给学生有用的知识，至于学生的智力则无需进行特别的培养和训练。

7. "博学之，审问之，慎思之，明辨之，笃行之"出自《____________》。

8. ____________是教学过程的中心环节。

9. ____________的意义在于避免或减少对先前所学知识的遗忘，并且为顺利地学习新知识、新材料奠定基础。

【参考答案】

1. 教学内容　教学手段　2. 孔子　3. 间接　直接　4. 掌握知识　5. 形式　6. 实质　7. 礼记·中庸　8. 领会知识　9. 巩固知识

第三节　教学组织形式

一、教学组织形式的概念

教学组织形式是指教学活动中教师与学生为实现教学目标所采用的社会结合方式。

二、教学组织形式的历史发展 【单选】★

在教学史上先后出现过多种教学组织形式，其中影响比较大的有以下几种：

考点 1　个别教学

在古代的东西方，学校教学组织形式一般都采用个别教学的形式。教师向学生传授知识，布置、检查和批改作业都是个别进行的，即教师对学生一个个轮流地教。教师在教某个学生时，其余学生均按教师的要求进行复习或做作业。

个别教学制的最大优点是教师能根据学生的特点因材施教，使教学内容、进度适合学生的接受能力。不足是难以完成系统化、程序化传授知识的任务，教学效率不高。

考点 2　班级授课制

1632年，捷克教育家夸美纽斯出版的《大教学论》最早从理论上对班级授课制进行阐述，为班级授课制奠定了理论基础。后来，以赫尔巴特为代表的教育家提出教学过程的形式阶段论（即明了、联想/联合、系统、方法），班级授课制得以进一步完善而基本定型。最后，以苏联教育学家凯洛夫为代表，提出课的类型和结构的概念，使班级授课制形成一个完整的体系。

在我国，最早采用班级授课制的是清政府于1862年设于北京的京师同文馆，并在癸卯学制中以法令形式确定下来，随之在全国范围内推广。

考点 3　分组教学

为了解决班级上课不易照顾学生个别差异的弊病，19世纪末20世纪初，在一些国家出现了分组教学。分组教学就是按学生的能力或学习成绩将学生分为不同的组进行教学的组织形式。分组教学的类型：

(1)**能力分组和作业分组**。能力分组是根据学生的能力水平分组，各组学习的课程相同，但学习年限则各不相同。作业分组是根据学生的特点和意愿分组，各组学习年限相同，学习的课程则各有不同。

(2)**内部分组和外部分组**。内部分组是在按年龄编班的基础上，根据学生的能力或学习成绩的差异分组教学。外部分组是打破传统的年龄编班，按学生的能力或学习成绩的差异分组教学。

分组教学是根据学生的学习能力、学习水平的差异进行的分层教学，这样就便于保证教学能够适应小组内部的全体学生。但是，这种形式将学生进行了分类，能力强的学生可能容易骄傲，能力差的学生则容易自卑；并且，由于分组阻碍了不同水平的学生之间的相互交流，这在一定程度上会影响学生的发展尤其是后进生的发展。

考点4　设计教学法

1918年，美国教育家**克伯屈**发表了论文《设计教学法》，系统地归纳和阐述了设计教学法的理论，赢得了很大的声誉，被称为“设计教学法”之父。设计教学法主张废除班级授课制和教科书，打破传统的学科界限，教师不直接向学生传授知识和技能，而是指导学生根据自己已有的知识和兴趣，自行组成以生活问题为中心的综合性学习单元。学生在自己设计、自己负责的单元活动中获得有关的知识和能力。

设计教学法的重点是以活动课程代替学科课程，使学生在活动中获得对知识的整体认知。其主要缺陷是忽视系统知识，影响教学质量，而且在教学实施过程中困难很多，难以落实。

考点5　道尔顿制

道尔顿制是由美国教育家**柏克赫斯特**创建的一种新的教学组织形式。其创立的初衷是为了解决班级授课制形式下容易使学生处于被动地位、学生的性格差异被忽视等问题。这一制度的主要措施是：(1)把教室一律改为作业室，作业室按学科分设，室内陈列各科的参考书、图表及实验仪器等，供学生学习使用；(2)废除班级授课制，把各科教学内容制成分学期、分月、分周的作业大纲，规定每学期、每月、每周应完成的各项作业及其进度，由学生根据各科作业大纲自行学习，自行记载成绩表，教师在作业室担任指导者；(3)实行学分制，年级递升具有一定的弹性和自由度。

1922年，《教育杂志》刊登《道尔顿实验室计划》一文，道尔顿制被介绍到中国。1923年，全国教育会联合会第九届年会议决《新制中学及师范学校宜研究试行道尔顿制案》，该案认为道尔顿制作为新教学法，“其用意在适应个性，指导研究，打破学年制”；提议在中学和师范学校先行试验，若确有成效，再不断推广。

道尔顿制的优点是有利于调动学生学习的主动性，培养他们的学习能力和创造才能。缺点是不利于系统知识的掌握，对教学设施和条件要求较高。

真题面对面

[2023金华，单选]1922年，(　　)经《教育杂志》被介绍到中国。1923年，全国教育会联合会第九届年会评价，“其用意在适应个性，指导研究，打破学年制”。

A. 特朗普制　　B. 道尔顿制　　C. 文纳特卡制　　D. 贝尔—兰喀斯特制

答案：B

考点6　文纳特卡制

文纳特卡制是美国人**华虚朋**于1919年在芝加哥市郊文纳特卡镇公立学校实行的教学组织形式。其指导思想和道尔顿制大致相同，做法则完全不一样。它把课程分成两部分：一部分按学科进行，由学生个人自学读、写、算和历史、地理方面的知识和技能；另一部分是通过音乐、艺术、运动、集会，以及开办商店、组织自治会来培养学生的“社会意识”。前者通过个别教学进行，后者通过团体活动进行。

文纳特卡制的特点是：(1)按单元进行学习，各单元都有明确的学习目标和具体的学习内容，并配以小步子的自学教材；(2)每个单元结束后，经测验诊断，接着学习新的单元；(3)教师随时对学生进行个别指导。

考点7　特朗普制

特朗普制是20世纪50年代出现于美国的一种综合化的教学组织形式。它由教育学教授**劳伊德·特朗普**创立。它把大班上课、小班讨论、个人自学结合起来，以灵活的时间单位代替固定统一的上课时间。首先，由优秀教师采用现代化教学手段给大班进行集体教学，然后在15～20人组成的小班里开展研究讨论，最后由学生个人独立自学、研习、作业。这种形式把教学时间进行了划分，大班上课占40%，小班讨论占20%，个人自学占40%。

三、现代教学的基本组织形式 【单选、填空、判断】 ★★

现代教学的基本组织形式是班级授课制。

1. 班级授课制的概念

课堂教学的主要形式是班级授课制。班级授课制是把学生按年龄和文化程度分成固定人数的班级，教师根据课程计划和规定的时间表进行教学的一种组织形式。

2. 班级授课制的基本特点

(1)以班为单位集体授课，学生人数固定。

(2)按课教学。“课”是教学活动的基本单元。

(3)按时授课。把每一“课”规定在固定的单位时间内进行，这个单位时间称为“课时”，课与课之间有一定的间歇和休息。

3. 班级授课制的优点与局限性

(1)优点

①有利于经济有效地大面积培养人才，提高教学效率；

②它以“课”为教学活动单元，能保证学习活动循序渐进，有利于学生获得系统的科学知识；

③有利于发挥教师的主导作用；

④有利于发挥学生集体的教育作用；

⑤有利于学生德、智、体多方面的发展；

⑥有利于进行教学管理和教学检查。

(2)局限性

①不利于学生主体性的发挥。学生的独立性、自主性受到限制，不利于培养学生的志趣、特长。

②不利于培养学生的探索精神、创造能力和实际操作能力。过于强调书本知识的学习，容易造成理论和实践的脱节。

③不能很好地适应教学内容和教学方法的多样化。班级授课制中，无论用什么教学方法，都只能适应部分学生。

④不利于因材施教，难以满足学生个性化的学习需要。

⑤不利于学生之间真正的交流和启发。在班级授课制中，课堂成为学生生活的基本空间，课堂教学成为学生最主要的生活方式，学生的交往受到限制。

⑥以“课”为基本的教学活动单位，某些情况下会割裂内容的整体性。

四、现代教学的特殊形式

现代教学的特殊形式是复式教学。

复式教学是把两个或两个以上不同年级的学生编在一个教室里，由一位教师分别用不同的教材，在一节课里对不同年级的学生进行教学的一种特殊组织形式。它适用于学生少、教师少、校舍和教学设备较差的农村以及偏远地区。

五、现代教学的辅助组织形式

现代教学的辅助组织形式是现场教学和个别教学。

（1）现场教学。现场教学是指教师把学生带到事物发生、发展的现场进行教学活动的形式。它可以以班级为单位，也可以以小组或个人为单位，通常需要有关现场人员的参加。

（2）个别教学。个别教学就是教师根据每个学生的具体情况，对学生进行个别指导，有针对性地开展教学。个别教学的目的是促进每一个学生的发展，实现教育目的。

六、教学组织形式的变革

总结当前的教学组织形式改革趋势，主要有两个方向：

（1）使整个教学过程个别化、个性化，主张用自学辅导以及借助现代教学技术的程序教学、计算机辅助教学等新的教学组织形式来代替班级授课制。

（2）以班级授课制为基础，追求教学组织形式的综合化和多元化，吸收其他教学组织形式的优点，如分组教学、合作教学等，实现多种教学组织形式的综合运用，弥补班级授课制的不足，最大限度地发挥班级授课制的优势。

★★ 考点大默写 ★★

1. 夸美纽斯出版的《____________》最早从理论上对班级授课制进行阐述，为班级授课制奠定了理论基础。
2. 在我国，最早采用班级授课制的是清政府于1862年设于北京的____________，并在癸卯学制中以法令形式确定下来，随之在全国范围内推广。
3. ____________就是按学生的能力或学习成绩将学生分为不同的组进行教学的组织形式。
4. ____________主张废除班级授课制和教科书，打破传统的学科界限，教师不直接向学生传授知识和技能，而是指导学生根据自己已有的知识和兴趣，自行组成以生活问题为中心的综合性学习单元。
5. ____________是由美国教育家柏克赫斯特创建的一种新的教学组织形式。
6. 文纳特卡制是美国人____________于1919年在芝加哥市郊文纳特卡镇公立学校实行的教学组织形式。
7. ____________把课程分成两部分：一部分按学科进行，由学生个人自学读、写、算和历史、地理方面的知识和技能；另一部分是通过音乐、艺术、运动、集会，以及开办商店、组织自治会来培养学生的“社会意识”。
8. ____________把大班上课、小班讨论、个人自学结合起来，以灵活的时间单位代替固定统一的上课时间。
9. ____________是把学生按年龄和文化程度分成固定人数的班级，教师根据课程计划和规定的时间表进行教学的一种组织形式。
10. ____________是把两个或两个以上不同年级的学生编在一个教室里，由一位教师分别用不同的教材，在一节课里对不同年级的学生进行教学的一种特殊组织形式。

【参考答案】

1. 大教学论 2. 京师同文馆 3. 分组教学 4. 设计教学法 5. 道尔顿制 6. 华虚朋 7. 文纳特卡制 8. 特朗普制 9. 班级授课制 10. 复式教学

第四节 教学工作的基本环节

教师教学工作包括五个基本环节(基本程序):备课、上课、作业的布置与反馈、课外辅导和学业成绩的检查与评定。

一、备课 【单选、填空、简答、论述】 ★★

备 课

备课就是教师根据学科课程标准的要求和本门课程的特点,结合学生的具体情况,选择最合适的表达方法和顺序,以保证学生有效地学习。备课分个人备课和集体备课两种。**个人备课**是教师自己钻研学科课程标准和教材的活动。**集体备课**是由相同学科和相同年级的教师共同钻研教材,解决教材的重点、难点和教学方法等问题的活动。

考点 1 备课的意义

备课是教师教学的**起始环节**,是上好课的先决条件,备好课是上好课的前提。对教师而言,备好课可以加强教学的计划性,有利于教师充分发挥主导作用。

考点 2 备课的要求

1. 做好三方面的工作

教师备课应做好三方面的工作,即钻研教材、了解学生、设计教法。

(1)钻研教材(备教材)

钻研教材包括学习学科课程标准、钻研教科书和阅读有关参考资料。课程标准是教师备课的指导文件,教科书是教师备课和上课的主要依据,参考资料是补充。

(2)了解学生(备学生)

了解学生应当是全面的:①要考虑学生总体的年龄特征,熟悉他们身心发展的特点;②要了解学生个体的能力水平、学习态度和兴趣特点;③要了解班级的一般状况,如班纪、班风等。

(3)设计教法(备教法)

教师要在钻研教材、了解学生的基础上,考虑用什么方法使学生有效地掌握知识并促进他们能力、品德等方面的发展。教师应根据教学目的、内容,学生的特点等来选择最佳的教学方法。此外,也要相应地考虑学生的学法,包括预习、学生在课堂中的学习活动与课外作业等。

2. 写好三种计划

教师备课还要写好三种计划,即学年(或学期)教学计划、课题(或单元)计划、课时计划(教案)。

(1)学年(或学期)教学计划

该计划包括学生情况的简要分析、本学期或学年的教学总要求、教科书的章节或课题、各课题的教学时数和时间的具体安排、各课题所需要运用的教学手段等。

(2)课题(或单元)计划

在制订好学年教学计划的基础上,教师还要制订出课题计划。课题计划一般包括课题名称、课题教学目的、课时划分、各课时课的类型、主要教学方法、必要的教具。此外,教师还要考虑课题之间的联系,做好协调工作。

(3)课时计划

课时计划即教案,它通常是指教师为某一节课而拟订的上课计划。

二、上课 【单选、填空、简答、论述】 ★★★

考点1 上课的意义

上课是整个教学工作的**中心环节**，是教师教和学生学的最直接的体现，是提高教学质量的关键。

考点2 课的类型

(1)**根据教学的任务划分**：可分为传授新知识课(新授课)、巩固新知识课(巩固课)、技能技巧课(技能课)和检查知识课(检查课)。

(2)**根据一节课所完成任务的类型数划分**：可分为单一课和综合课。其中，单一课又可细分为以传授新知识为目的的新授课，以巩固复习已学知识为目的的复习课，以培养技能、技巧为目的的练习课、实验课，以检查学生知识、技能、技巧为目的的检查课等。

(3)**根据主要使用的教学方法划分**：可分为讲授课、演示课(演示实验或放幻灯片、录像)、练习课、实验课和复习课。

考点3 课的结构

课的结构是指课的基本组成部分及各组成部分进行的顺序、时限和相互关系。

一般来说，构成课的基本组成部分有组织教学、检查复习、讲授新教材、巩固新教材、布置课外作业等。其中，检查复习的目的在于对已学知识进行复习巩固，了解学生掌握的情况，加强新旧知识的联系，培养学生对学业的责任感和按时完成作业的习惯。检查复习的内容，可以是上一节课已学过的内容，也可以是以前学过并与将要学习的新教材有联系的内容。检查的方式有口头问答、板演、抽查课外作业等。检查后一般予以评定指导。

考点4 上好课的基本要求 必背

(1)**教学目标明确**。①教学目标的制定应符合课程标准的要求及学生的实际；②课堂上的一切教学活动都应该围绕教学目标来进行。

(2)**教学内容准确**。要保证教学内容的科学性和思想性。

(3)**教学结构合理**。教学要有严密的计划性和组织性。

(4)**教学方法适当**。教师要善于启发、调动学生学习的积极性，各种方法有机结合、运用自如，师生密切配合、感情融洽，使教学过程中既有紧张的学习活动，又有生动活泼的学习气氛。

(5)**讲究教学艺术**。教师要讲普通话，语言流畅生动，语音清楚准确，语调抑扬顿挫，富有节奏感；教师的表情、动作要自然优美，富有情感。

(6)**板书有序**。教师板书要字迹规范、清楚、位置适当；内容上要突出教学重点，详略得当。

(7)**充分发挥学生的主体性**。这是上好课的最根本的要求，离开了这一点，以上的所有要求就失去了意义。

真题面对面

[2021金华，简答]简述一堂好课的基本要求。

答案：详见内文

三、作业的布置与反馈 【材料分析】 ★★

考点1 作业的意义

作业是结合教学内容，要求学生独立完成的各种类型的练习。无论是课内作业还是课外作业，作用都在于加深和加强学生对教材的理解和巩固，帮助学生掌握相关的技能、技巧。通过作业的布置、检查和批改，教师可以及时发现学生在知识或技能方面的缺陷并加以纠正，同时对学生的作业完成情况做出评价并提出进一步学习的建议。

考点 2 作业的形式

(1)阅读作业，如复习、预习教科书，阅读人文和科学读物；

(2)口头作业，如口头回答、朗读、复述、背诵；

(3)书面作业，如演算习题、作文、绘图；

(4)实践作业，如观察、实验、测量、社会调查等。

考点 3 布置作业的原则 必背

作业的布置，是教师教学思想的体现，其容量和难易程度都会对学生产生一定的影响，教师要全面思考、精心设计。作业的布置要遵循以下原则：

(1)**目的性**。作业的布置应体现课堂教学要达到的教学目标，学生通过作业进一步巩固知识，使思维能力得到进一步发展。

(2)**针对性**。针对教材和学生实际，教师要精心选择作业题。太难会使学生无从下手，太简单则降低了教学的要求，会影响学生对知识的把握。

(3)**趣味性**。具有趣味性的作业能激发学生的学习动机，吸引自制力尚处于薄弱阶段的学生，使他们以愉快的心情完成每次作业。

(4)**层次性**。学生的水平存在一定的差异，这就要求作业的布置体现层次性。

(5)**多样性**。作业的形式要新颖灵活，不拘一格。除了传统的手写作业外，应适当地运用口头练习、表演练习、实际操作等多种作业形式。

(6)**开放性**。新课程要求部分作业应突出开放性和探究性，也就是学生解答问题时要有一定的思考和实践。

真题面对面

[2022 金华，材料分析]阅读下列材料，并回答问题。

谢老师在为同学们解释《第一次真好》这篇文章后，布置了一个特殊的家庭作业——完成一件以前从未做过的事情，并以“第一次真好”为主题写一篇记叙文，但同学们“面面相觑”，不知该从何处入手。

作为本班班主任，谢老师对学生们的情况非常了解，知道他们活泼好动。于是，谢老师就让学生们回家帮爸爸妈妈做一件事情，并且把做事情的过程以及当时的想法、感受都记录下来。学生们平时很少参加活动，听到老师布置这样一个任务，都很感兴趣。

星期一，学生们把作文整整齐齐交到谢老师手里，就连平时不爱写作业的几个孩子都按时完成。谢老师批改作文时，为学生们有美好而多样的第一次体验而惊喜：有写第一次做饭的，有写第一次打扫房间的，有写第一次洗衣服的……而且都写得十分详细，更可贵的是学生还把自己的真实感受写了出来。

这次活动之后，学生们不仅对写作文产生了兴趣，还主动承担起了家里的部分家务劳动。

问题：

(1)你赞同谢老师的教学方法吗？为什么？

(2)结合“双减”政策，谈谈教师布置家庭作业的原则。

答案：(1)我赞同谢老师的教学方法。谢老师布置作业的方式符合“双减”政策下提高作业设计质量的要求。理由如下：

①谢老师的教学方法尊重了学生在教学过程中的主体性。谢老师在布置完作业之后，看到了学生们的迷茫，于是主动进行作业指导，提供了适合学生的做作业的灵感和思路。这说明谢老师重视学生的主体地位，关注学生的疑问，并给予指导，充分尊重了学生的主体性。

②谢老师的教学方法激发了学生学习的积极性。谢老师在了解学情的基础上，让学生们回家帮父母做事以完成此次作业，大多数学生对此都很感兴趣。这符合该班学生的性格特点，激发了学生学习的积极性。

③谢老师的教学方法重视了学生的体验性。学生们听从谢老师的建议，回家做了平常没有做过的事情，在收获新奇体验的同时也完成了作业，这与通常意义上的书面作业不同，充分重视了学生的体验性。

④谢老师的教学方法有利于促进学生的全面发展。谢老师布置的作业，不仅锻炼了学生的写作能力，还促进了学生品德的发展和劳动能力的提升。这充分促进了学生的全面发展。

(2)“双减”就是减轻义务教育阶段学生过重作业负担和校外培训负担。在学生过重的作业负担方面，“双减”要求健全作业管理机制、分类明确作业总量、提高作业设计质量、加强作业完成指导、科学利用课余时间。这说明了教师布置作业时要全面思考、精心设计，遵循以下原则：

①目的性。作业的布置应体现课堂教学要达到的教学目标，学生通过作业进一步巩固知识，使思维能力得到进一步发展。

②针对性。针对教材和学生实际，教师要精心选择作业题。

③趣味性。具有趣味性的作业能激发学生的学习动机，吸引自制力尚处于薄弱阶段的学生，使他们以愉快的心情完成每次作业。

④层次性。学生的水平存在一定的差异，这就要求作业的布置体现层次性。

⑤多样性。作业的形式要新颖灵活，不拘一格。除了传统的手写作业外，应适当地运用口头练习、表演练习、实际操作等多种作业形式。

⑥开放性。新课程要求部分作业应突出开放性和探究性，也就是学生解答问题时要有一定的思考和实践。

考点4 布置作业的要求

(1)作业内容符合课程标准的要求；

(2)考虑不同学生的能力需求；

(3)分量适宜、难易适度；

(4)作业形式多样，具有多选性；

(5)要求明确，规定作业完成时间；

(6)作业反馈清晰、及时；

(7)作业要具有典型意义和举一反三的作用；

(8)作业应有助于启发学生的思维，含有鼓励学生独立探索并进行创造性思维的因素；

(9)尽量同现代生产和社会生活中的实际问题结合起来，力求理论联系实际。

四、课外辅导

课外辅导是在课堂教学规定的时间之外，教师对学生的辅导。课外辅导的目的在于因材施教以及对学生进行学习目的、学习态度和学习方法等方面的个别教育和指导。课外辅导是上课的必要补充，是适应学生个别差异，贯彻因材施教的重要措施。

五、学业成绩的检查与评定

考点 1　学业成绩检查

1. 学业成绩检查的方式

检查学生学业成绩的方式主要有两大类：平时考查和考试。**平时考查**的方式主要有口头提问、检查书面作业和单元测验等；**考试**是对学生知识、技能等进行总结性检查时所采用的一种方式。

2. 学业成绩检查的基本要求

(1)学业成绩检查要坚持科学性、有效性和可靠性；(2)学业成绩检查的内容应力求全面，使其既能反映出学生对课程知识的掌握程度，又能反映出学生认知结构的情况；(3)学业成绩检查的方法要灵活多样。

考点 2　学业成绩评定

1. 学业成绩评定的方式

评定学生成绩有记分和写评语两种方法。**记分**是抽象地以数字来表明学生学习成绩水平的方法。常用的记分方法有百分制和等级制。**评语**能够反映和表达学生学业的具体特点，分析出问题的原因，指出努力的方向。

2. 学业成绩评定的基本要求

(1)客观公正，必须严格遵循评定标准；(2)方向明确，要向学生指出学习上的优缺点和努力的方向，这是评定学生学业成绩的主要目的；(3)鼓励学生创新，在评定中，不仅要看答案，而且要看思路，要重视学生思维的创造性。

★★　考点大默写　★★

1. ____________是教师教学的起始环节，是上好课的先决条件。
2. 教师备课应做好三方面的工作，即____________、____________、____________。
3. ____________是整个教学工作的中心环节，是教师教和学生学的最直接的体现，是提高教学质量的关键。
4. 根据一节课所完成任务的类型数，可将课的类型分为____________和____________。
5. 构成课的基本组成部分有____________、____________、讲授新教材、巩固新教材、布置课外作业等。
6. 充分发挥学生的____________是上好课的最根本的要求。
7. ____________是上课的必要补充，是适应学生个别差异，贯彻因材施教的重要措施。
8. 检查学生学业成绩的方式主要有两大类：____________和____________。

【参考答案】

1. 备课　2. 钻研教材(备教材)　了解学生(备学生)　设计教法(备教法)　3. 上课　4. 单一课　综合课　5. 组织教学　检查复习　6. 主体性　7. 课外辅导　8. 平时考查　考试

第五节　教学原则

一、教学原则的概念

教学原则是根据一定教学目标和教学过程规律而制定的指导教学工作的基本准则。教学原则是人们在长期的教学实践中总结出来的。教学原则的制定必须以教学规律为依据，教学原则是教学规律在教学中的反映。

二、中学常用的教学原则 【单选、填空、判断、简答、论述、材料分析】 ★★★

考点1　直观性原则 必背

直观性原则

1. 基本含义

直观性原则是指在教学活动中，教师应尽量利用学生的多种感官和已有的经验，通过各种形式的感知，使学生获得生动的表象，从而比较全面、深刻地掌握知识。直观手段种类繁多，一般分为三大类：实物直观、模像直观和言语直观。这一原则的提出是由学生的年龄特征所决定的。

对教学中的直观性原则，古今中外教育家都做过非常精辟的阐述：

中国古代教育家荀子说过，“不闻不若闻之，闻之不若见之”“闻之而不见，虽博必谬”，提出了在学习中不仅要闻之更要见之，才能博而不谬。

捷克教育家夸美纽斯在他的著作《大教学论》中指出，应该尽可能地把事物本身或代替它的图像放在面前，让学生去看看、摸摸、听听、闻闻等。

乌申斯基指出：“一般来说，儿童是依靠形式、颜色、声音和感觉来进行思维的。”他还指出：“逻辑不是别的东西，而是自然界里的事物和现象的联系在我们头脑中的反映。”在乌申斯基看来，直观教学并不是以抽象的观念和文字为基础，而是以学生直接感知的具体形象为基础的。

2. 贯彻此原则的要求

(1)正确选择直观教具和教学手段；(2)重视运用言语直观；(3)直观教具的演示要与语言讲解结合起来。

真题面对面

1. [2022宁波，单选]在教学过程中，数学几何部分的知识需要借助各种教具。这体现了教学的(　　)

A. 启发性原则　　B. 直观性原则

C. 循序渐进原则　　D. 理论联系实际原则

2. [2022温州，单选]在物理课上，学生听老师讲述液桥实验的过程，却不能很好地理解其中的原理。而通过“天宫课堂”的液桥演示实验，学生观察到水在表面张力作用下，将两个塑料板连接起来，形成一座液体搭建的桥，便对物体表面张力的特性有了更深的认识。这说明教师在教学中应遵循(　　)

A. 直观性原则　　B. 科学性和思想性相统一的原则

C. 循序渐进原则　　D. 巩固性原则

答案：1. B　2. A

考点2 启发性原则 必背

1. 基本含义

启发性原则

启发性原则是指在教学活动中，教师要调动学生的主动性和积极性，引导他们通过独立思考、积极探索，生动活泼地学习，自觉地掌握科学知识，提高分析问题和解决问题的能力。启发性原则是教师主导作用与学生主体作用相统一的规律在教学中的反映。

苏格拉底的"产婆术"，孔子提出的"不愤不启，不悱不发"的教学要求，《学记》中"道而弗牵，强而弗抑，开而弗达"的教学思想，以及朱熹提出的"读书无疑者，须教有疑；有疑者，却要无疑，到这里方是长进"的学习方法，都是这一教学原则的体现。第斯多惠还提出："一个坏的教师奉送真理，一个好的教师则教人发现真理。"

2. 贯彻此原则的要求

(1)加强学习的目的性教育，调动学生学习的主动性；

(2)设置问题情境，启发学生独立思考，培养学生良好的思维方法和思维能力；

(3)让学生动手，培养学生独立解决问题的能力，鼓励学生将知识创造性地运用于实际；

(4)发扬教学民主。

真题面对面

1. [2021金华，单选]一位教师在讲解"浮力"时问："为什么一根针会沉入海底，万吨巨轮却能漂浮海上?"这体现的教学原则是(　　)

A. 启发性教学原则　　B. 理论联系实际原则

C. 直观性教学原则　　D. 因材施教原则

2. [2022嘉兴，填空]"道而弗牵，强而弗抑，开而弗达"体现的是________原则。

答案：1. A　2. 启发性

考点3 巩固性原则

1. 基本含义

巩固性原则是指教师在教学中要引导学生在理解的基础上牢固地掌握基本知识和基本技能，而且在需要的时候，能够准确无误地呈现出来，以利于知识技能的利用。

历代教育家都很重视知识的巩固问题：孔子要求"学而时习之""温故而知新"；夸美纽斯明确提出了"教与学的巩固性原则"；乌申斯基认为"复习是学习之母"。

2. 贯彻此原则的要求

(1)要在教学的全过程中加强知识的巩固；

(2)组织好学生的复习工作，教会学生记忆的方法；

(3)通过扩充、改组和运用知识的过程来巩固知识。

真题面对面

[2019丽水，单选]"学而时习之""温故而知新"体现的教学原则是(　　)

A. 量力性原则　　B. 直观性原则

C. 巩固性原则　　D. 循序渐进原则

答案：C

考点4 循序渐进原则

1. 基本含义

循序渐进原则在西方常称为系统性原则，是指教师要严格按照科学知识的内在逻辑和学生的认知发展规律进行教学，使学生掌握系统的科学文化知识，能力得到充分的发展。

《学记》要求"学不躐等""不陵节而施"，提出"杂施而不孙，则坏乱而不修"，意思是："如果教学不按一定的顺序，杂乱无章地进行，学生就会陷入紊乱而没有收获。"朱熹进一步提出"循序而渐进，熟读而精思"，明确提出了循序渐进的教育要求。

2. 贯彻此原则的要求

(1)教师的教学要有系统性；

(2)抓主要矛盾，解决好重点与难点；

(3)教师要引导学生将知识体系化、系统化；

(4)按照学生的认识顺序，由浅入深、由易到难、由简到繁地进行教学。

考点5 因材施教原则

1. 基本含义

因材施教原则是指教师在教学中，要从课程计划、学科课程标准的统一要求出发，面向全体学生，同时又要根据学生的个别差异，有的放矢地进行有差别的教学，使每个学生都能扬长避短，获得最佳的发展。因材施教的教学原则既为学生身心发展的客观规律所决定，也受我国教育目的的制约。

我国古代孔子善于根据学生的不同特点，有针对性地进行教育，以发挥他们各自的专长。宋代朱熹把孔子这一经验概括为"孔子施教，各因其材"，这是"因材施教"的来源。美国心理学家加德纳提出并阐明的"多元智力理论"也有力地说明了应当针对学生的个性特征进行教育。

2. 贯彻此原则的要求

(1)要坚持课程计划和学科课程标准的统一要求；

(2)教师要了解学生，从实际出发进行教学；

(3)教师要善于发现每个学生的兴趣、爱好，并创造条件，尽可能使每个学生的不同特长都得以发挥。

考点6 理论联系实际原则

1. 基本含义

理论联系实际原则是指教师在教学中，应使学生从理论与实际的结合中来理解和掌握知识，并引导他们运用新获得的知识去解决各种实际问题，培养他们分析问题和解决问题的能力。这一原则是直接经验与间接经验相统一的教学规律在教学中的体现。

古希腊智者派认为，没有实践的理论和没有理论的实践都没有意义。裴斯泰洛齐很重视"知识与知识的应用"。乌申斯基也指出："空洞的、毫无根据的理论是一点用处也没有的。理论不能脱离实际，事实不能离开思想。"

2. 贯彻此原则的要求

(1)重视书本知识的教学，在传授知识的过程中注重联系实际；

(2)重视引导和培养学生运用知识的能力；

(3)加强教学的实践性环节，逐步培养与形成学生综合运用知识的能力，进行"第三次学习"；

(4)正确处理知识教学与能力训练的关系；

(5)补充必要的乡土教材。

考点7 量力性原则 必背

1. 基本含义

量力性原则，也称**可接受性原则**，是指教学的内容、方法、分量和进度要适合学生的身心发展，使他们能够接受，但又要有一定的难度，需要他们经过努力才能掌握，以促进学生的身心发展。

我国古代的墨子很重视学习上的量力而为。他提出："夫智者必量其力所能至而从事焉。"经验证明，教学中传授的知识只有符合学生的接受能力才能被他们理解，顺利地转化为他们的精神财富，罗素、布鲁纳、赞科夫都持这种观点。另外，这一原则还与维果斯基提出的最近发展区理论相接近。

为了应对突飞猛进的社会发展的挑战，现代教学注重促进儿童的发展，因而改称**发展性原则**更能反映其实质。

2. 贯彻此原则的基本要求

(1)了解学生的发展水平，从实际出发进行教学；(2)考虑学生认识发展的时代特点。

真题面对面

[2021温州，判断]维果斯基的最近发展区理论，体现教师应当坚持量力性教学原则。(　　)

答案：√

考点8 思想性(教育性)和科学性相统一的原则 

1. 基本含义

思想性(教育性)和科学性相统一的原则是指教学要以马克思主义为指导，授予学生科学知识，并结合知识教学对学生进行社会主义品德和正确人生观、科学世界观教育。这一原则的实质是要求在教学活动中把**教书**和**育人**有机地结合起来。

2. 贯彻此原则的要求

(1)教师要保证教学的科学性；

(2)教师要结合教学内容的特点进行思想品德教育；

(3)教师要通过教学活动的各个环节对学生进行思想品德教育；

(4)教师要不断提高自己的业务能力和思想水平。

真题面对面

[2022台州，单选]何老师在注重教书的同时也注重育人，善于挖掘教材中对学生的价值观起正向引导作用的内容，这体现了(　　)

A. 科学性与思想性相统一的原则　　B. 理论联系实际原则

C. 量力性原则　　D. 巩固性原则

答案：A

★★ 考点大默写 ★★

1. ____________原则是指在教学活动中，教师应尽量利用学生的多种感官和已有的经验，通过各种形式的感知，使学生获得生动的表象，从而比较全面、深刻地掌握知识。

2. 直观手段种类繁多，一般分为三大类：__________直观、__________直观和__________直观三大类。

3. __________原则是教师主导作用与学生主体作用相统一的规律在教学中的反映。

4. “一个坏的教师奉送真理，一个好的教师则教人发现真理。”这体现了教学的__________原则。

5. 乌申斯基认为“复习是学习之母”。这体现了教学的__________原则。

6. __________原则在西方常称为系统性原则。

7. “知之不若行之，学至于行之而止矣。行之，明也。”这一思想强调的教学原则是__________原则。

8. 美国心理学家加德纳的“多元智力理论”启示教师要遵循__________原则。

9. __________原则，也称可接受性原则，是指教学的内容、方法、分量和进度要适合学生的身心发展，使他们能够接受，但又要有一定的难度，需要他们经过努力才能掌握，以促进学生的身心发展。

10. “夫智者必量其力所能至而从事焉。”这体现了教学的__________原则。

11. “读书无疑者，须教有疑；有疑者，却要无疑，到这里方是长进。”这句话体现的教学原则是__________原则。

12. 数学课上，老师有意让学习较差的学生回答简单的问题，体现的教学原则是__________原则。

【参考答案】

1. 直观性 2. 实物 模像 言语 3. 启发性 4. 启发性 5. 巩固性 6. 循序渐进 7. 理论联系实际 8. 因材施教 9. 量力性 10. 量力性 11. 启发性 12. 因材施教

第六节 教学方法

一、教学方法的概念

教学方法指教师和学生为了完成教学任务、实现教学目标而采取的共同活动方式，是教师引导学生掌握知识技能、获得身心发展而共同活动的方法。它包含了教师的教法和学生的学法。

二、两种对立的教学方法指导思想 【辨析】★

依据指导思想不同，各种教学方法可归并为两大类：注入式和启发式，这是两种根本对立的教学方法指导思想。提倡启发式，反对注入式，是当代运用教学方法的指导思想。

注入式是一种“填鸭式”“灌输式”的教学方法，是指教师从主观出发，把学生看成单纯接受知识的容器，向学生灌注知识，无视学生在学习上的主观能动性。在这种思想的指导下，教师在教学中仅仅起着一个现成信息的载负者和传递者的作用，而学生则仅仅起着记忆器的作用。

启发式是指教师从学生实际出发，采取各种有效的形式去调动学生学习的积极性，指导他们自己去学习的方法。衡量一种教学方法是否具有启发性，关键是看教师能否促进学生积极主动地去学习，而不是单从形式上去加以判断。

真题面对面

[2023金华，辨析]讲授法属于灌输式的教学方法。

答案：(1)这种说法是不正确的。(2)注入式是一种“填鸭式”“灌输式”的教学方法，是指教师从主观出发，把学生看成单纯接受知识的容器，向学生灌注知识，无视学生在学习上的主观能动性。启发式是指教师从学生实际出发，采取各种有效的形式去调动学生学习的积极性，指导他们自己去学习的方法。

在我国传统教学中，教师多使用灌输的方式进行教学，在此过程中运用最多的又是讲授法，因此，有人将讲授法等同于注入式教学、灌输式教学，这是错误的。衡量讲授法是启发式还是灌输式，关键是看教师能否促进学生积极主动地去学习。

三、中学常用的教学方法 【单选、判断、名词解释、简答、论述】 ★★★

考点 1 以语言传递为主的教学方法

以语言传递为主的教学方法运用极为广泛，主要有讲授法、谈话法、讨论法、读书指导法。

1. 讲授法

(1)讲授法的概念

讲授法是教师运用口头语言系统连贯地向学生传授知识、技能，发展学生智力的教学方法。讲授法是课堂教学中使用最广泛的一种教学方法，也是一种最基本、最常用的教学方法。讲授法可分讲读、讲述、讲解和讲演四种形式：

①讲读是读与讲的结合，边读边讲，亦称串讲。

②**讲述**是教师向学生描绘学习的对象、介绍学习的材料、叙述事物产生变化的过程。

③**讲解**是教师向学生对概念、原理、规律、公式等进行解释、论证。

④**讲演**是教师在中学高年级采用的一种教学方法，它要求教师不仅要系统全面地描述事实，而且要通过深入分析、推理、论证来归纳、概括科学的概念或结论。

(2)讲授法的优缺点

优点：可以充分发挥教师的主导作用，使学生在短时间内获得大量系统的科学知识，并且能结合知识传授进行思想品德教育。

缺点：不易发挥学生的主动性和积极性，不利于因材施教，容易造成“填鸭式”“满堂灌”的教学效果。

(3)运用此方法的基本要求

①讲授内容要有科学性、系统性和思想性，要认真组织；②讲授要讲究策略和方式，要系统完整，层次分明，重点突出，符合知识的系统性和启发性教学原则的要求；③教师要努力提高语言表达水平，讲究语言艺术；④要组织学生听讲；⑤要与其他教学方法配合使用。

2. 谈话法

(1)谈话法的概念

谈话法是教师和学生相互交谈，以引导学生根据已有的知识和经验，通过独立思考去获得新知识的教学方法。

(2)谈话法的优点

能够照顾到每个学生的特点，充分激发学生的思维活动，有利于发展学生的语言表达能力；并使教师通过谈话直接了解学生的学习程度，及时检验自己的教学效果，从而提出一些补救措施来弥补学生的知识缺陷，开拓学生的思路，使学生保持注意和兴趣。

(3)运用此方法的基本要求

①要做好计划，教师要对谈话的中心、提问的内容做充分准备，并拟定谈话提纲；

②要善问，教师提出的问题要明确、具体、难度适宜，符合学生已有的知识程度、经验，还要有启发性，形式要多样化；

③要善于启发诱导，谈话时，教师要面向全体学生，给学生留有思考的余地，因势利导，让学生一步步地去获得新知；

④谈话结束后，教师应结合学生回答的情况进行归纳和小结，给出问题的正确答案，指出谈话过程中的优缺点。

3. 讨论法 必背

(1)讨论法的概念

讨论法是全班或小组成员在教师的指导下，围绕某一中心问题发表自己的看法和见解，从而进行相互学习的一种方法。运用讨论法需要学生具备一定的基础知识、一定的理解能力和独立思考能力，因此，讨论法在高年级运用得比较多。

(2)讨论法的优点

通过对所学内容的讨论，学生之间可以集思广益，互相启发，加深理解，提高认识，同时还可以激发学生的学习热情，培养对问题的钻研精神并训练学生的语言表达能力。

谈话法与讨论法是两种易混淆的教学方法，两者区别在于教师的作用不同：谈话法——教师和学生进行交流互动；讨论法——教师指导学生针对某一问题进行交流。

(3)运用此方法的基本要求

①讨论前，教师应提出有吸引力的讨论题目，并明确讨论的具体要求，指导学生收集有关资料；

②讨论时，教师要善于引导学生围绕中心，联系实际，自由发表意见，并让每个学生都有发言的机会；

③讨论结束后，教师要进行小结，并提出需要进一步思考的问题。

谈话法

讨论法

真题面对面

[2022金华，单选]在老师的指导下，中学某班的学生们对某个问题进行探讨、评析，以此提升辩证思维能力。这种教学方法是(　　)

A. 讨论法　　B. 读书指导法　　C. 实验法　　D. 演示法

答案：A

4. 读书指导法

(1)读书指导法的概念

读书指导法是指教师指导学生通过阅读教科书和其他参考书，以获得知识、巩固知识、培养学生自学能力的一种方法。

(2)运用此方法的基本要求

①提出明确的目的、要求和思考题。让学生自主掌握学习的方向、要求,主动去实现。

②教给学生读书的方法。让他们学会朗读、默读;学会浏览与精读;学会查阅读物的序言、目录、注释、图表;学会做记号、提问题、做眉批、摘要和写读书心得等。

③善于在读书中发现问题和解决问题。读书要深入,关键在于对所学知识能否产生疑惑、提出问题,进而解决问题。正如朱熹所言:"读书无疑者,须教有疑;有疑者,却要无疑,到这里方是长进。"

④适当组织学生交流读书心得。在个人阅读基础上,适当组织学生开展讨论、办学习园地、交流心得,以增进读书的收获,培养读书的兴趣爱好。

真题面对面

[2022宁波,单选]南宋朱熹说:"读书无疑者,须教有疑;有疑者,却要无疑,到这里方是长进。"这句话说明教师在教育过程中要(　　)

A. 提出明确的目的、要求和思考题

B. 教给学生读书的方法

C. 善于引导学生在读书中发现问题和解决问题

D. 适当组织学生交流读书心得

答案:C

考点2　以直观感知为主的教学方法

以直观感知为主的教学方法是指教师通过展示实物、演示直观教具或组织教学性的参观等,使学生形成正确认识的方法。主要有演示法和参观法。

1. 演示法

(1)演示法的概念

演示法是指教师通过展示实物、教具和示范性的实验来说明、印证某一事物和现象,使学生掌握新知识的一种教学方法。演示法体现了直观性、理论联系实际的教学原则。演示所使用的工具可分为四大类:①实物、标本、模型、图片的演示;②图表、示意图、地图的演示;③实验演示;④幻灯片、电影、录像的演示。

(2)运用此方法的基本要求

①明确演示目的,做好演示准备;②演示必须精确可靠、操作规范;③演示时要引导学生集中注意力,运用多种感官去感知,以发展学生的思考力和观察力;④演示结束后,教师要引导学生分析观察结果以及各种变化之间的关系,通过分析、对比、归纳、综合得出正确结论。

2. 参观法

(1)参观法的概念

参观法又称**现场教学**,是指教师根据教学目的和要求,组织学生进行实地考察、研究,使学生获取新知识,巩固、验证旧知识的一种教学方法。

(2)运用此方法的基本要求

①参观前,教师要根据教学目的和要求,做好准备工作;②参观时,教师要引导学生收集资料,做好必要记录,也可以请有关人员进行讲解或指导;③参观结束后,教师要组织学生及时进行小结。

考点3　以实际训练为主的教学方法

以实际训练为主的教学方法是指以形成技能技巧、培养行为习惯和发展学生能力为主的教学方法。主要有练习法、实验法、实习作业法、实践活动法。

1. 练习法

(1)练习法的概念

练习法是指学生在教师的指导下巩固知识，培养各种技能和技巧的基本教学方法。练习法是中小学各科教学普遍采用的教学方法。练习法的种类有说话的练习，解答问题的练习，绘画、制图的练习，作文和创作的练习，运动与文娱技能、技巧的练习。

(2)练习法的优点

练习法的优点在于可以有效地发展学生的各种技能技巧，对培养学生的意志品质也有重要作用。

(3)运用此方法的基本要求

①教师要使学生明确练习目的和要求；②练习的题目要注意学生基础知识的积累、巩固以及基本技能的提高；③教师要教给学生正确的练习方法，并对学生的练习进行及时的检查和反馈；④在练习过程中要注意培养学生自我检查的能力和习惯；⑤练习方式要多样化。

2. 实验法

(1)实验法的概念

实验法是指教师引导学生使用一定的仪器和设备，进行独立操作，引起某些事物和现象产生变化，从而使学生获得直接经验，培养学生技能和技巧的教学方法。实验法常用于物理、化学、生物等自然学科的教学。

演示法中的实验演示与实验法是考生容易混淆的知识点，两者的区别在于操作主体的不同：实验演示——教师做实验，学生看；实验法——学生做实验，教师指导。

(2)实验法的优点

可以把理论与实践结合起来，有利于激发学生的求知欲望；有利于培养学生独立使用仪器进行科学实验的基本技能；有利于培养学生严谨的科学态度和扎实的作风。

(3)运用此方法的基本要求

①认真编写实验计划；②加强实验指导；③做好实验总结。

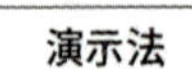

演示法

实验法

3. 实习作业法

(1)实习作业法的概念

实习作业法是指教师根据学科课程标准的要求，指导学生运用所学知识在课内或课外进行实际操作，将知识运用于实践的教学方法。这种方法在自然学科的教学中占有重要的地位，如数学课的测量练习、生物课的植物栽培和动物饲养等。

(2)运用此方法的基本要求

①要在教师的指导下有目的、有计划、有组织地进行;②实习中,教师要加强指导;③实习结束后,教师要指导学生写出实习报告或体会,并进行评阅和评定。

4. 实践活动法

实践活动法是指让学生参加社会实践活动,培养学生解决实际问题的能力和多方面实践能力的教学方法。在实践活动法中,学生是中心,教师是学生的参谋或顾问,教师必须保证学生的主动参与,决不能越俎代庖。

真题面对面

[2021宁波,单选]下列不属于以实际训练为主的教学方法是(　　)

A. 练习法　　B. 实验法　　C. 读书指导法　　D. 实践活动法

答案:C

考点4　以引导探究为主的教学方法

以引导探究为主的教学方法,是指教师组织和引导学生通过独立的探究和研究活动而获得知识的方法。主要有发现法。

发现法,通常称作**发现学习或问题教学法**,就是让学生通过独立工作,自己主动发现问题、解决问题及掌握原理的一种教学方法。它是由美国心理学家**布鲁纳**所倡导的。

发现法的特点:(1)学生通过对问题的探究获得经验和知识,提高创新意识和进取精神;(2)学生在教师的引导下探究和解决问题,在教学中处于主要地位;(3)教学方法以学生独立探究和作业为主,教师的讲授、指导以及学生的阅读、练习服务于独立探究。

真题面对面

1. [2021台州,单选]教育学家和心理学家杰罗姆·布鲁纳,提倡让学生独立工作,自己发现问题、解决问题及掌握原理。这种教学法是(　　)

A. 发现式教学法　　B. 整个教学法

C. 教学做合一　　D. 自然教学法

2. [2020宁波,判断]发现法是美国心理学家斯金纳所提倡的一种教学方法。(　　)

答案:1. A　2. ×

考点5　以情感陶冶(体验)为主的教学方法

以情感陶冶为主的教学方法是指教师根据一定的教学要求,有计划地使学生处于一种类似真实的活动情境之中,利用其中的教育因素综合地对学生施加影响的一种教学方法。主要有欣赏教学法和情境教学法。

1. 欣赏教学法

欣赏教学法是指教师在教学过程中指导学生体验客观事物的真善美的一种教学方法。

2. 情境教学法

情境教学法是指在教学过程中,教师有目的地引入或创设具有一定情绪色彩的生动具体的场景,以引起学生一定的情感体验,从而帮助学生理解教材,并使学生的心理机能得到发展的教学方法。

知识再拔高

指导自学法

指导自学法是教师有意识地培养学生的自学能力、主动探究精神与终身学习习惯的一种方法。学生在教师指导下进行自学。一般认为学生自学有以下三个共同的要素:

(1)学生(有时是一组学生)选择一个问题、论题、方面或争论问题进行调查研究。连同这种选择一起,寻找各种有关的教材和参考资料。在这个寻找过程中更加严密地确定这个课题。

(2)选择一个问题后,学生根据进一步的调查、研究或实验着手解决这个问题。

(3)最后组织并提出有关结果的适当的报告书。教师所起的是间接的辅导作用。

四、国内外教学方法的改革与发展 【单选、填空、判断】 ★

1. 国内具有代表性的教学方法

(1)上海特级教师倪谷音首先倡导的愉快教学法。

(2)江苏省特级教师李吉林首创的**情境教学法**。

(3)江苏常州特级教师邱学华首创的**尝试教学法**。教师采用"先练后讲""先学后教"的方式,让学生先去尝试练习,依靠自己的努力初步解决问题,最后教师根据学生练习中的难点,有针对性地进行讲解。

(4)以上海闸北八中校长刘京海为首的一批教改研究者首先提出的成功教学法。

2. 国外具有代表性的教学方法

(1)美国心理学家布鲁纳所倡导的**发现法**。

(2)美国著名教育心理学家斯金纳倡导的程序教学法。

(3)苏联教育家沙塔洛夫创立的纲要信号图表教学法。

(4)德国学者瓦·根舍因首创的**范例教学法**。

(5)保加利亚医学和心理学博士洛扎诺夫首创的**暗示教学法**。暗示教学法的基本原理:广泛利用环境的暗示信息,充分利用人的可暗示性,使理智与感情统一,有意识功能和无意识功能统一,尤其是调动和发掘大脑无意识领域的潜能,使学生在愉快气氛中不知不觉地接受信息。这种教学方法在外语教学方面,被公认为创造了奇迹。

(6)美国人本主义心理学家罗杰斯提出的**非指导教学法**。

(7)苏联心理学家和教育学家阿莫纳什维利等人提出的**合作教学法**。

五、教学方法的选择和运用

1. 选择与运用教学方法的基本依据 【简答】 ★

(1)教学目的和任务的要求;(2)课程性质和特点;(3)每节课的重点、难点;(4)学生年龄特征;(5)教学时间、设备、条件;(6)教师业务水平、实际经验及个性特点。

此外,教学方法的选择与运用还受教学手段、教学环境等因素的制约,这就要求我们要全面、具体、综合地考虑各种相关因素,进行权衡取舍。

2. 教学方法运用的综合性、灵活性、创造性

(1)教学方法运用的**综合性**是指根据教学任务和教学内容的需要,综合运用多种教学方法,而不要长期只使用一种教学方法;(2)教学方法运用的**灵活性**是指在实际应用中,要从实际需要出发,随时对其进行调整;(3)教学方法运用的**创造性**是指从教学实践出发,在把握现有教学方法的基础上有所创造。

★★ 考点大默写 ★★

1. ____________指教师和学生为了完成教学任务、实现教学目标而采取的共同活动方式，是教师引导学生掌握知识技能、获得身心发展而共同活动的方法。它包含了教师的教法和学生的学法。
2. 依据指导思想不同，各种教学方法可归并为两大类：注入式和____________。
3. 以语言传递为主的教学方法主要有____________、____________、____________、读书指导法。
4. 讲授法可分为____________、____________、____________和讲演四种形式。
5. ____________是教师和学生相互交谈，以引导学生根据已有的知识和经验，通过独立思考去获得新知识的教学方法。
6. ____________是全班或小组成员在教师的指导下，围绕某一中心问题发表自己的看法和见解，从而进行相互学习的一种方法。
7. 一位地理教师带着地图走进教室，其采用的教学方法是____________。
8. 洛扎诺夫首创了____________，这种教学方法在外语教学方面，被公认为创造了奇迹。
9. ____________是课堂教学中使用最广泛的一种教学方法，也是一种最基本、最常用的教学方法。
10. 《学记》指出“独学而无友，则孤陋而寡闻”“相观而善”等。这说明我们在教学中要注意运用的教学方法是____________。
11. ____________由江苏常州特级教师邱学华首创，是一种“先练后讲”“先学后教”的教学方法。

【参考答案】

1. 教学方法 2. 启发式 3. 讲授法 谈话法 讨论法 4. 讲读 讲述 讲解 5. 谈话法 6. 讨论法 7. 演示法 8. 暗示教学法 9. 讲授法 10. 讨论法 11. 尝试教学法

第七节 教学评价

一、教学评价的概念 【辨析】 ★★

教学评价是指以教学目标为依据，通过一定的标准和手段，对教学活动及其结果给予价值上的判断，即对教学活动及其结果进行测量、分析和评定的过程。教学评价从本质上说是一种价值判断活动，是对教学活动现实的或潜在的价值作出判断的过程。其目的是对课程、教学方法以及学生培养方案做出决策。

教学评价主要包括对学生学习结果的评价和对教师教学工作的评价，也可以划分为学生学业评价、课堂教学评价和教师评价。

真题面对面

[2022绍兴，辨析]教学评价就是对学生学习结果进行评价。

答案：(1)这种说法是不正确的。(2)教学评价是指以教学目标为依据，通过一定的标准和手段，对教学活动及其结果给予价值上的判断，即对教学活动及其结果进行测量、分析和评定的过程。教学评价主要包括对学生学习结果的评价和对教师教学工作的评价，也可以划分为学生学业评价、课堂教学评价和教师评价。故题干说法过于片面。

二、教学评价的原则

1. 客观性原则

(1)评价标准客观,不带随意性;(2)评价方法客观,不带偶然性;(3)评价态度客观,不带主观性。

2. 发展性原则

教学评价是鼓励师生、促进教学的手段,所以教学评价应着眼于学生的学习进步和动态发展,着眼于教师的教学改进和能力提高,以调动师生的积极性,提高教学质量。

3. 整体性原则

(1)评价标准全面,尽可能包括教学目标和任务的各项内容,防止突出一点、不及其余;(2)把握主次,区分轻重;(3)把分数评价、等级评价和语言评价结合起来,以求全面、准确地接近客观实际。

4. 指导性原则

(1)明确教学评价的指导思想在于帮助师生改进教学和学习,提高教学质量;(2)及时反馈信息;(3)重视形成性评价的作用以便及时矫正;(4)对学生或教师的分析指导要切合实际,注意发扬优势,克服不足。

三、教学评价的类型 【单选、判断】 ★★

考点1 诊断性评价、形成性评价和总结性评价 必背

根据教学评价的作用,教学评价可以分为诊断性评价、形成性评价和总结性评价。

1. 诊断性评价

(1)诊断性评价的概念

诊断性评价是在学期开始或一个单元教学开始时,为了了解学生的学习准备状况及影响学习的因素而进行的评价。也可以说是在某项教学活动开始之前对学生的知识、技能以及情感等状况进行的预测。它包括各种通常所称的**摸底考试**。

(2)诊断性评价的主要功能

①检查学生的学习准备程度;②决定对学生的适当安置;③辨别造成学生学习困难的原因。

2. 形成性评价

(1)形成性评价的概念

形成性评价是在教学过程中为改进和完善教学活动而进行的对学生学习过程及结果的评价。通常教学中一个单元或章节后进行的小测验及随堂测验都属于形成性评价的范畴。

(2)形成性评价的主要功能

①改进学生的学习;②为学生的学习定步;③强化学生的学习;④给教师提供反馈。

真题面对面

[2022台州,单选]“快问快答”环节是詹老师课堂中的一大特色,詹老师经常在一节课快结束时,通过快问快答的方式考查学生对课堂内容的掌握情况。这种教学评价属于( )

A. 形成性评价　　B. 诊断性评价　　C. 终结性评价　　D. 相对性评价

答案:A

3. 总结性评价

(1)总结性评价的概念

总结性评价也称为终结性评价,是在一个大的学习阶段、一个学期或一门课程结束时对学生学习结果

的评价。也可以说是在教学活动告一段落后,为了解教学活动的最终效果而进行的评价。总结性评价注重考查学生掌握某门学科的整体程度,概括水平较高,测验内容范围较广,常在**学期中**或**学期末**进行。

(2)总结性评价的主要功能

①评定学生的学习成绩;②证明学生掌握知识、技能的程度和能力水平以及达到教学目标的程度;③确定学生在后继教学活动中的学习起点;④预言学生在后继教学活动中成功的可能性;⑤为制定新的教学目标提供依据。

表1-31　三种教学评价类型的比较

类型 对比项	诊断性评价	形成性评价	总结性评价
作用	查明学习准备和不利因素	确定学习效果	评定学业成绩
主要目的	合理安置学生,考虑区别对待,采取补救措施	改进学习过程,调整教学方案	证明学习已经达到的水平,预言在后续教学中成功的可能性
评价重点	素质、过程	过程	结果
手段	特殊编制的测验、学籍档案和观察记录分析	经常性检查、作业,日常观察	考试
测试内容	必要的预备性知识、技能的特定样本,与学生行为有关的生理、心理、环境的样本	课题和单元目标样本	课程和教程目标的广泛样本
试题难度	较低	依教学任务而定	中等
分数解释	常模参照、目标参照	目标参照	常模参照

真题面对面

1. [2023宁波,单选]孟老师每开始一个新的单元教学时,都会对学生进行阶段性检测,弄清楚学生现有的知识掌握程度和整体水平,进而决定自己下一步的教学计划。这属于教学评价中的(　　)

A. 诊断性评价　　B. 问题性评价

C. 相对性评价　　D. 个体内差异评价

2. [2021温州,单选]____________一般是指在某项教学活动开始之前,对学生的认知、技能以及情感等状况进行的预测,而____________一般是在教学活动告一段落后,为了解教学活动的最终效果而进行的评价。(　　)

A. 总结性评价　形成性评价　　B. 形成性评价　动态性评价

C. 诊断性评价　总结性评价　　D. 动态性评价　总结性评价

答案:1. A　2. C

考点2　相对性评价、绝对性评价和个体内差异评价

根据评价采用的标准,教学评价可以分为相对性评价、绝对性评价和个体内差异评价。

1. 相对性评价

(1)相对性评价的概念

相对性评价又称为**常模参照性评价**,是运用常模参照性测验对学生的学习成绩进行的评价。它主要依据学生个人的学习成绩在该班学生成绩序列或常模中所处的位置来评价和决定他的成绩的优劣,而不考虑是否达到教学目标的要求。

(2)相对性评价的优缺点

相对性评价具有甄选性强的特点，因而可以作为选拔人才、分类排队的依据。它的缺点是不能明确表示学生的真正水平，不能表明他在学业上是否达到了特定的标准，对于个人的努力状况和进步的程度也不够重视。

2. 绝对性评价

(1)绝对性评价的概念

绝对性评价又称为**目标参照性评价**(标准参照性评价)，是运用目标参照性测验对学生的学习成绩进行的评价。它主要依据教学目标和教材编制试题来测量学生的学业成绩，判断学生是否达到了教学目标的要求，而不以评定学生之间的差异为目的。进行评价时，每个人的成绩分数只与统一的、固定的客观标准进行比较，即这种评价并不照顾评价对象的整体水平状况而提高或降低评价标准。

(2)绝对性评价的优缺点

绝对性评价可以衡量学生的实际水平，了解学生对知识、技能的掌握情况，宜用于升级考试、毕业考试和合格考试。它的缺点是不适用于甄选人才。

3. 个体内差异评价

(1)个体内差异评价的概念

个体内差异评价是对评价对象的过去和现在进行比较，或对评价对象的不同方面进行比较。

(2)个体内差异评价的优缺点

个体内差异评价的最大优点是充分体现了尊重个体差异的因材施教原则，适当减轻了评价对象的压力。但是，评价本身由于缺乏客观标准，不易给评价对象提供明确的目标，难以发挥评价的应有功能。

考生在理解相对性评价、绝对性评价和个体内差异评价这三个概念时，可把相对性评价理解为“看位置”，绝对性评价理解为“看标准”，把个体内差异评价理解为“看自己”。

考点3　内部评价和外部评价

按照评价主体，教学评价可以分为内部评价和外部评价。

1. 内部评价

(1)内部评价的概念

内部评价也就是自我评价，指由课程设计者或使用者自己实施的评价。这种评价易于开展，可以经常进行。

(2)内部评价的优缺点

评价对象对自己的情况最了解，如果态度端正，会有较高的准确性，同时，也可为外部评价提供丰富的信息，便于评价工作的进行。此外，自我评价还能增强评价对象的自我评价意识和评价能力，有利于及时进行自我反馈、调节。但是，自我评价不便于进行横向比较，主观性大，容易出现评价偏高或偏低的趋向。

2. 外部评价

(1)外部评价的概念

外部评价是评价对象之外的专业人员对评价对象进行明显的(看得见的、众所周知的)统计分析或文字描述。

(2)外部评价的优缺点

与自我评价相比，他人评价更为客观真实，更容易看到成绩与问题所在。但是，他人评价的要求比较严格，组织工作也比较难，花费的人力、财力也比较多。

四、教学评价的方法

考点1 观察法

观察法适用于在教学中评价那些不易量化的行为表现(如兴趣、爱好、态度、习惯与性格)和技艺性的成绩(如唱歌、绘画、体育运动和手工制成品)。但当被观察者知道自己被人观察时，他的行为便会不同于平常，因而观察的结果并不是完全可靠的，观察精确化的问题也需解决。为了提高观察的可靠性和精确度，一方面应使观察经常化，如通过行为日记或轶事报告，使评价所根据的资料更全面；另一方面可采用等级量表，力求观察精确。

考点2 测验法

测验是考核、测定学生成绩的基本方法。它适用于对学生学习文化科学知识的成绩评定。

测验的优点是能在同一时间内用同一试卷测验众多的对象，不仅简便易行、运用广泛，而且结果也较可靠，故历来受到重视。但是，测验亦有局限性，如难以测定学生智力、能力和行为技能的水平等。

常见的测验类型主要有以下几种：

1. 常模参照测验和标准参照测验

常模参照测验是以学生团体测验的平均成绩作为参照标准，说明某一学生在团体中的相对位置，将学生分类排队。它着重于个人与个人之间的比较，主要用于选拔或编组、编班。

标准参照测验是以体现教育教学目标的标准作业为准，看学生是否达到标准以及达到标准的程度，主要不是用于比较个人之间的差异。它所关心的是试题是否从数量上、质量上、结构上同要测定的内容和范围一致，即能否正确反映教学目标的要求，而不是这些试题的难易和区分度。利用标准参照测验可以具体地了解学生对某单元的知识、技能的学习和掌握的情况。我国的高中会考就属于标准参照测验。

2. 标准化成绩测验和教师自编测验

标准化成绩测验一般是由学科专家和测验编制专家或专门的测验编制机构，按照一定的程序共同编制的，具有较高的信度和效度。标准化成绩测验的突出优点是具有客观性和可比性。在我国，标准化成绩测验主要用于高考。

教师自编测验是教师根据自己在教学各个阶段的需要，自行设计与编制的测验。由于制作过程较为简单，测验的信度、效度等事先没有经过严密的论证，其应用范围仅能限于本班、本校。但它常可以迅速达到很多具体的评价目的。如果教师希望利用恰当评价对学生做好个别指导的话，他就必须善于自己编制各种不同的测验和试题，借此去发现和肯定学生的成就和优点，找出不足和缺点。

3. 客观测验和论文式测验

测验的试题可以客观地记分，即不同的评分者虽然各自评分，但评定的结果也是相同的，这样的测验叫客观测验。客观测验强调评分标准和试题答案的确定性和唯一性，这就使编制较为困难而费时，而且对测量诸如发散思维、创造力、没有唯一答案的现实问题的分析能力、写作能力等方面的水平，显得无能为力。但是它具有多种优点，如排除了评分的主观性与不确定性，能提高阅卷的效率和准确性；测验试题的容量较大，可以保证试题样本有较高的代表性，可以提高测验的效度；测验项目和要求填写的答案内容简短，测验的效率较高等。客观测验主要有是非题、匹配题、排列题等再认式试题形式，有时也会用答案非常简单的填空、简答、改错等回忆式试题。

论文式测验是以少数试题让受测者或申述说明，或分析比较，或论证批判，或评价鉴赏，等等，根据自己的想法和认识自由作答的一种测验。它是一种衡量较高级的思维过程和能力的测验。论文式测验的试题容易编写，最适合于组织能力、分析综合能力、文字表达能力、发散思维、创造能力等方面学习成就的测量。但是，论文式测验的题目少，取样缺乏代表性，而且评分困难，既费时又难以排除无关因素，尤其是评分者的主观因素的影响，从而使测验的效率、可靠性和有效性降低。

考点 3　调查法　【判断】★

调查法是为了了解学生的学习情况而收集资料的一种方法。调查法一般通过问卷、交谈进行。

1. 问卷

问卷是通过要求学生笔答预先设计好的调查题以获取有关评价资料的方法。问卷要简明扼要，调查要给答卷人对所问之题进行自由评论和自由选择的权利。否则，所获资料可能失真。

(1)问题表述的基本方式

一般来说，运用问卷法向研究对象提出问题时，问题表述有开放式和封闭式两种基本类型。

①开放式问题。开放式问题只是向研究对象提问，不提供预先设计好的答案，由其根据自己的想法回答。开放式问题主要有两种，一是自由回答式，即提出问题让研究对象自由回答；二是联想式，即研究者提出一个词或其他刺激物，让研究对象回答联想到的其他词或物。这类问题也可以反映被试在某方面的看法和真实的思想。开放式问题一般提问比较简单，回答比较真实，但结果难做定量分析。在对其进行定性分析时，通常是将回答进行分类。

②封闭式问题。封闭式问题不仅提问，而且还提供了可选择的答案让被试选择。封闭式问题主要以是否式、多项选择式、排列顺序式、评分式等形式出现。封闭式问题由于答案施行了标准化，因而不仅回答容易，更主要的是便于处理分析和结果比较，可以运用多种统计方法来分析。其缺点在于限制性较强，被试难以发挥主动性，在回答时不能充分表现真实想法，有时只能做出被迫的回答。

为了对研究问题有更明确的认识，一般会在调查正式实施前进行试探性调查，此时，应使用开放性问题，以利于研究者了解调查对象对具体问题的回答。而在正式调查实施时，研究者对相关问题的认识已经较为明确，可以设计较为准确的选项供研究对象选取时，应设计封闭性问题。

(2)调查问卷的类型

根据问卷中的问题是封闭型问题还是开放型问题，我们可以把问卷分为三种类型：

①结构型问卷，也称为封闭型问卷，是由封闭型问题组成的问卷；

②非结构型问卷，也称开放型问卷，是指由开放型问题组成的问卷；

③半结构型问卷，是由部分封闭型题目和部分开放型题目组合而成的问卷。

真题面对面

[2019 宁波，判断]开放型问卷可以用来了解学生独特的观点、思想，尤其是在试探性调查中。(　　)

答案：√

2. 交谈

交谈是了解学生的兴趣、需要、态度和课后学习情况的一个重要方法。召集部分学生座谈要安排一定的时间，与学生个别交谈则可以利用课余、课间等短时间接触的机会进行。对交谈要有准备，问些什么、要达到什么目的，都要心中有数。即使短时间交谈也要有的放矢。

五、当代教学评价的改革

考点 1　国际总体改革趋势

各国的教学改革都对教学评价做出了新的要求。总体来看，教学评价改革体现了以下发展趋势：

(1)重视教学评价发展性功能的发挥；(2)注重学生个性的培养及评价能力的养成；(3)越来越注重对学生解决问题能力的评价；(4)评价的模式向多样性、综合化发展。

考点 2　我国新课程改革中体现出的教学评价新方向

2001年6月教育部颁布的《基础教育课程改革纲要(试行)》中，把"改变课程评价"作为新一轮基础教育课程改革的目标之一，提出："改变课程评价过分强调甄别与选拔的功能，发挥评价促进学生发展、教师提高和改进教学实践的功能。"可见，教学评价体系的改革是我国当前基础教育课程改革中的重要部分。从《基础教育课程改革纲要(试行)》对教学评价的要求分析，我国教学评价改革所体现的新趋势主要有：

(1)由过去主要评价教师的"教"向重点评价学生的"学"转变。

(2)由过去注重"双基"和"学科能力"目标落实的评价，向既注重"双基"和"能力"的形成，也注重学生在学习过程中情感、态度的发展的评价转变。

(3)由注重教师对教材使用和教学方法选择的评价，向注重对学生学习方法的指导和教学媒体的有效利用的评价转变。

(4)注重发挥教学评价的发展性功能，即淡化评比和奖惩，突出其发展性价值。

(5)构建新的课堂教学评价标准，主要体现在：关注学生的全面发展；注重教师角色的转变，发展新型的师生关系；倡导自主、探究、合作的学习方式；关注个体差异，满足不同学生的需要等。

(6)重视教师的自评与教学反思，自评与他评相结合。尊重教师的主体地位，注重教师的自我评价和教学反思，这是当前课堂教学评价改革的一个主要趋势。

考点 3　新课程教学评价倡导的基本理念　【判断】　★★

新课程教学评价倡导的基本理念包括关注学生发展、强调教师成长和重视以学论教(以学定教)。这里重点介绍"以学论教"的评价思想。

新课程课堂教学要真正体现以学生为主体，以学生发展为本，就必须对传统的课堂教学评价进行改革，体现以学生的"学"来评价教师"教"的"以学论教"的评价思想，强调以学生在课堂教学中呈现的状态为参照来评价课堂教学质量。提倡"以学论教"，主要从学生的情绪状态、注意状态、参与状态、交往状态、思维状态、生成状态六个方面进行评价。

(1)**情绪状态**：学生是否具有浓厚的兴趣，对学习是否具有好奇心和求知欲；是否能长时间保持兴趣，能否自我调节和控制学习情绪；学习过程是否愉悦，学习愿望是否不断得以增强。

(2)注意状态：学生是否开始关注讨论的主要问题，并能保持较长的注意力；学生的目光是否始终追随发言者(教师或学生)的一举一动；学生的倾听是否全神贯注，回答是否具有针对性。

(3)参与状态：学生是否全员参与学习活动；是否积极主动地投入思考并踊跃发言，兴致勃勃地参与讨论和发言，是否自觉地进行练习。

(4)交往状态：看整个课堂气氛是否民主、和谐、活跃；学生在学习过程中是否友好分工与合作；是否能虚心地听取他人的意见，尊重他人的发言；遇到困难时，学生能否主动与他人交流、合作，共同解决问题。

(5)思维状态：学生是否围绕讨论的问题积极思考、踊跃发言，学生回答问题的语言是否流畅、有条理，是否善于用自己的语言阐述自己的观点；学生是否敢于质疑，提出有价值的问题并展开讨论；学生的回答或见解是否有自己的思考或创意。

(6)生成状态：学生是否全面完成了学习目标，学生的学习能力、实践能力和创新能力是否得到增强，是否有满足、成功和喜悦等积极的心理体验，是否对未来的学习充满了信心。

真题面对面

1. [2023宁波，判断]新课程课堂教学提倡以学论教，主要从学生的情绪状态、注意状态、参与状态、交往状态、思维状态、生成状态六个方面进行评价。(　　)

2. [2019宁波，判断]新课改的三大基本理念分别是关注学生发展、强调教师成长、重视以学定教。(　　)

答案：1. √　2. √

★★ 考点大默写 ★★

1. 教学评价主要包括对学生__________的评价和对教师__________的评价。
2. 教学评价是鼓励师生、促进教学的手段，所以教学评价应着眼于学生的学习进步和动态发展，着眼于教师的教学改进和能力提高，以调动师生的积极性，提高教学质量。这体现了教学评价的__________原则。
3. 根据教学评价的__________，教学评价可以分为诊断性评价、形成性评价和总结性评价。
4. 摸底考试属于__________评价。
5. __________评价是在教学过程中为改进和完善教学活动而进行的对学生学习过程及结果的评价。
6. 通常教学中一个单元或章节后进行的小测验及随堂测验都属于__________评价的范畴。
7. __________评价常在学期中或学期末进行。
8. 证明学生掌握知识、技能的程度和能力水平以及达到教学目标的程度，这属于__________评价的功能。
9. __________评价又称为常模参照性评价。
10. __________评价具有甄选性强的特点，因而可以作为选拔人才、分类排队的依据。
11. 驾驶执照考试、体育达标测试都属于__________评价。
12. __________评价是对评价对象的过去和现在进行比较，或对评价对象的不同方面进行比较。
13. 按照__________，教学评价可以分为内部评价和外部评价。
14. "学生是否具有浓厚的兴趣，对学习是否具有好奇心和求知欲"属于从学生的__________来评价课堂的教学质量。

【参考答案】

1. 学习结果　教学工作　2. 发展性　3. 作用　4. 诊断性　5. 形成性　6. 形成性　7. 总结性(终结性)　8. 总结性(终结性)　9. 相对性　10. 相对性(常模参照性)　11. 绝对性(目标参照性)　12. 个体内差异　13. 评价主体　14. 情绪状态

第八节　教学模式

一、教学模式的概念

教学模式是指反映特定教学理论的逻辑轮廓，为实现某种教学任务建立起来的相对稳定而具体的教学活动结构。它既是教学理论的具体化，又是教学实践经验的系统概括。

教学模式一般包括以下几个基本要素:

(1)**理论基础**。理论基础反映了教学模式的内在特征,渗透或蕴涵在教学模式的各个要素之中。

(2)**目标**。目标在教学模式的结构中处于核心地位,对构成教学模式的其他要素具有制约作用,并决定着教学模式的操作程序,是教学评价的标准和尺度。

(3)**操作程序**。操作程序规定了教学活动的实施顺序和步骤以及各个阶段的具体任务,具有明显的时间性、顺序性和可操作性等特点。操作程序不是僵化的和一成不变的。

(4)**实现条件**。实现条件为教师正确选择和运用合适的教学策略和方法提供合理、必要的建议。

(5)**评价**。评价是教学模式的一个重要因素,包括评价的标准、内容和方法。

二、当代国外主要的教学模式 【单选】 ★★

考点1 程序教学模式

程序教学模式是一种使用程序教材并以个人自学形式进行的个别化教学模式。程序教学发源于美国。1924年,美国心理学家普雷西设计了第一台自动化教学机器。20世纪50年代,美国行为主义心理学家**斯金纳**以操作性条件反射学说和强化理论为基础,对程序教学进行了理论论证,提出了学习材料程序化的思想。后来,程序教学利用计算机速度快、容量大的特点来呈现程序教材,逐步发展成为计算机辅助教学(CAI)。当前,程序教学的类型有:程序化了的教材通过机器来呈现的,称为机器教学;通过课本来呈现的,称为课本式程序教学;通过电子计算机来呈现的,称为**计算机辅助教学**。

1. 理论基础

程序教学的理论基础是**行为主义心理学**。行为主义心理学认为学习就是刺激与反应之间联结的加强,通过"刺激—反应—强化"而形成行为。一种复杂的行为,可用逐步接近、积累的方法,由简单的行为联结而成。

2. 教学程序

程序教学把学习内容分解成许多易于被学习者掌握的小步子(即只含有一看就懂的简单内容或运算过程),并将其排列成便于循序渐进学习的程序。其中每一步都模拟真实的教学过程阶段,由**提示新信息**、**复习巩固**、**练习**(要求学生解答问题或做作业)、**检查**(提供检查学生的解答是否正确的信息)等部分组成。在学习过程中,学生对程序教材中的每一步所提出的练习题都要作出回答,经过检查确认回答正确后才能进入下一步学习。

3. 教学原则

在程序教学中,应遵循的基本原则有:小步子原则、积极反应原则、及时反馈原则、自定步调原则、低错误率原则。

考点2 发现教学模式

发现教学模式是一种以培养学生的创造性思维为目的,以学科的基本结构为内容,以不断发现和探究为方法的教学模式。它由美国认知心理学家**布鲁纳**提出。

1. 教学目标

布鲁纳认为,教学的目的是促进每个学生的智力得到良好的发展。在教学过程中,作为结果的知识固然重要,但更重要的是学生的学习过程——学生是否进行了充分的智力活动,是否进行了独立的思考和积极的探索。因此,"学会如何学习"本身要比"学会什么"更重要,教学必须注重培养学生发现问题的精神以及独立解决问题和预见未知的能力。

2. 教学程序

布鲁纳认为，教学过程是一个教师引导学生发现的过程。在教学程序上，发现教学模式具有四个基本特征：关注学习过程；强调直觉思维；注重内在动机；强调信息提取。发现教学模式的基本程序包括四个阶段：(1)提出问题；(2)创设问题情境；(3)提出假设；(4)检验假设，得出结论。

考点 3　掌握学习教学模式

掌握学习教学模式是指在"所有学生都能学好"的思想指导下，采取班级教学和个别辅导相结合的方式，以班级教学为基础，辅之以经常、及时的反馈和矫正，提供学生所需要的个别化帮助和额外学习时间，从而使绝大多数人达到学业规定要求的教学模式。它由美国教育心理学家**布卢姆**提出。

掌握学习的教学程序：(1)教学准备；(2)确定课时教学目标；(3)进行课堂教学；(4)测验；(5)矫正；(6)再测验。

考点 4　暗示教学模式

暗示教学模式是指运用暗示手段激发个人心理潜力，提高学习效率的一种教学模式。它由保加利亚心理治疗医生**洛扎诺夫**提出。

(1)指导思想。一是暗示学理论；二是现代心理学关于人脑功能的研究。

(2)教学目标。充分调动学生的无意识心理活动，不断促进学生潜能的发展。

(3)教学程序。创设情境—参与各类活动—总结转化。

(4)教学原则。贯穿暗示教学模式的三个原则是愉快而不紧张的原则、有意识和无意识相统一的原则、暗示手段相互作用的原则。

考点 5　范例教学模式

范例教学模式为德国**瓦·根舍因**等教育学者所倡导，是通过典型的内容和方式，使学生从个别到一般，掌握带规律性的知识和方法，发展独立学习、独立解决问题能力的一种教学策略。

1. 特点

(1)体现基本性，教学重视基本知识的学习；

(2)体现基础性，教学重视学生的实际和可接受性，难度适宜；

(3)体现范例性，在学科知识中精选起示范作用的内容，便于学生学习时进行正向迁移；

(4)体现四个统一，即知识教学与德育的统一、问题教学与系统学习的统一、掌握知识与发展能力的统一、主体与客体的统一。

2. 教学程序

范例性地阐明"个"案—范例性地阐明"类"案—范例性地掌握规律原理—范例性地掌握规律原理的方法论意义—规律原理的运用训练。在教学过程中，教师应注意选取不同的带有典型性的范例，从个别入手，归纳成类；再从类入手，提炼本质特征；最后上升到规律与原理。范例教学模式比较适合于社会科学中的一些原理和规律的教学，有助于培养学生的分析能力，有助于学生理解规律和原理。

考点 6　非指导性教学模式

非指导性教学模式是一种以学生为中心，以情感为基础，通过建立民主平等的师生关系、创设适宜的学习环境来促进学生自我实现的个别化的教学模式。它由美国人本主义心理学家**罗杰斯**提出。

1. 教学程序

在教学程序上，非指导性教学具有两个突出特点：(1)以学生和学生的经验为中心；(2)教师是学生学习的促进者。具体来说，非指导性教学模式大致包括三个阶段：(1)创设情境；(2)提出问题；(3)进行开放性探索。

2. 教学原则

非指导性教学模式的基本原则是：教师在教学过程中必须有“安全感”，他信任学生，同时感到学生也信任他，不能把学生当成“敌人”倍加提防。也就是说，课堂教学中的气氛必须是融洽的、诚意的、开放的、相互理解和相互支持的，有利于促进学生自主地确定个人的学习方向，自由地表达个人的情感和想法。

真题面对面

1. [2022绍兴，单选]提出“非指导性教学”的心理学家是(　　)

A. 赞科夫　　B. 布卢姆　　C. 罗杰斯　　D. 洛扎诺夫

2. [2021温州，单选]下列对应错误的是(　　)

A. 合作教学法—阿莫纳什维利　　B. 掌握教学模式—布卢姆

C. 示范性教学—瓦·根舍因　　D. 认知教学理论—罗杰斯

答案：1. C　2. D

三、当代我国主要的教学模式

1. 传递—接受式

传递—接受式教学模式以传授系统知识、培养基本技能为目标，其着眼点在于充分挖掘人的记忆力、推理能力以及间接经验在掌握知识方面的作用，使学生能够快速有效地掌握更多的信息量。该模式强调教师的指导作用，认为知识是从教师到学生的一种单向传递，非常注重教师的权威性。

优点：学生能在短时间内接受大量的信息，有利于培养学生的纪律性和抽象思维能力。

缺点：学生很难真正地理解接受的信息，不利于培养学生的创新思维和解决实际问题的能力。

2. 自学—指导式

教师是学生自学的“指导者”“引导者”。教师一般要设计出要求明确的自学提纲，提供必要的参考书、学习辅助工具(如词典、字典)。该模式主要用于具备一定阅读能力的学生。

3. 问题—探究式(引导—发现式)

这是一种以解决问题为中心，注重学生独立活动，着眼于创造性思维能力和意志力培养的教学模式。

操作程序：第一步，提出问题。第二步，建立假说。针对问题，提出解决问题的可能性设想。第三步，拟定计划。第四步，验证假说。资料式的验证主要是通过学生收集、整理有关假说的材料，经分析、概括得出结论。实验式的验证主要是通过动手做实验、分析实验、总结实验结果，看假说是否成立、有效。第五步，总结提高。根据验证的结果，交流提高。

4. 情境—陶冶式

这种教学模式是从“人的认识是有意识心理活动和无意识心理活动的统一、理智活动和情感活动的统一”的观点出发，通过创设一种情感和认识相互促进的教学环境，引导学生在轻松愉快的教学氛围中有效地获取知识、陶冶情感的教学模式。

理论依据：吸取洛扎诺夫的暗示教学理论，并参照我国教学实际工作者积累的有效经验加以概括而形成，如情境教学、愉快教学、成功教学等。

5. 示范—模仿式

这种教学模式是教师有目的地把示范技能作为有效的刺激，以引起学生相应的行动，使他们通过模仿有效地掌握必要的技能的一种教学模式。它是教学中最基本的教学模式之一，多用于以训练技能为目的的教学。

基本步骤：第一步，定向（明确所学目的）；第二步，参与性练习；第三步，自主练习；第四步，迁移（熟练掌握）。

6. 目标—导控式

这种教学模式是以明确的教学目标为导向，以教学评价为动力，以矫正、强化为手段，促使绝大多数学生有效掌握教学内容、大面积提高教学质量的一种教学模式。

理论依据：学习是按由低到高的不同水平逐步递进的。每一较高水平的学习植根于较低水平的学习之上。因而要设计出由低到高的一个紧接一个的程序化目标，通过评价学生对学习目标所达到的水平，以调节教师给学生提供的学习条件和时间，发挥学生的潜能。

★★ 考点大默写 ★★

1. ____________是指反映特定教学理论的逻辑轮廓，为实现某种教学任务建立起来的相对稳定而具体的教学活动结构。
2. 发现教学模式是一种以培养学生的创造性思维为目的，以学科的基本结构为内容，以不断发现和探究为方法的教学模式。它由美国认知心理学家____________提出。
3. 掌握学习教学模式由美国教育心理学家____________提出。

【参考答案】

1. 教学模式　2. 布鲁纳　3. 布卢姆

第九节　教学设计

教学设计，是教师为了达到预期的教学目标，对整个教学活动涉及的因素和流程进行安排的过程。教学设计一般要遵循系统性原则、程序性原则、可行性原则和反馈性原则。

一、教学各要素设计　【单选、多选、判断】★★★

考点1　教学目标设计

教学目标是指教学活动实施的方向和预期达成的结果，是一切教学活动的出发点和最终归宿，是整个教学设计最重要的组成部分。

1. 教学目标的构成

布卢姆的教学目标分类学将教学目标分为认知目标、情感目标和动作技能目标三大领域。我国基础教育课程改革确立了三维目标，即知识与技能、过程与方法、情感态度与价值观。

2. 教学目标的表述

一个完整的教学目标应该具备四要素，即行为主体、行为动词、行为条件和表现程度。

（1）行为主体。教学目标的对象可以是全班学生，也可以是部分学生。但必须明确的是教学目标表述的是学生的行为而不是教师的行为。错误的表述如“使学生……”“让学生……”“培养学生……”等。正确的表述应该是：“能认出……”“能解释……”“能写出……”等，要清楚地表明达成目标行为的主体是学生。

（2）行为动词。教学目标应该采用可观察、可操作、可检测的行为动词来描述。行为动词就应该避免运用一些笼统、模糊的术语，如“提高”“培养”“掌握”等缺乏质和量的具体规定。

（3）行为条件。行为条件指学生表现目标行为的条件或情境因素，它包括环境因素、设备因素、信息因素、时间因素、人的因素等。例如“在课堂讨论中……”“通过社会实践……”“在5分钟内，能……”“在某某统计表中，能……”。

（4）表现程度。表现程度指学生行为结果应该达到的最低标准，使教学目标可测。例如“学会……三种解题方法”“记住……主要部件名字”“能用符号语言表述三角形”等。

3. 课堂教学目标制定中存在的几个问题

（1）课堂教学目标指向主体错误。课堂教学目标是对学生学习结果的预期，所以教学目标指向的主体是学生而不是教师。

（2）课堂教学目标不全面。我国传统的教学强调知识、技能的掌握而忽略了学生的全面发展。在课堂教学目标的制定过程中，很多教师只注重知识、技能目标而忽略了情感、态度、价值观及其他素质的培养。

（3）课堂教学目标水平层次混乱。课堂教学目标水平层次混乱表现在两个方面：①在教学目标设计中，有的教师利用国家的课程目标或学校的教学目标替代具体的课程教学目标，有的用学科教学目标替代单元教学目标或课时教学目标。这种课堂教学目标与较为宏观的教学日标的混淆造成层次混乱。②课堂教学目标的内部层次混乱。在具体操作中，有的教师由于无法确切界定每个行为动词的含义与隶属的目标层次，因此误用甚至滥用行为动词，这造成了目标水平的混乱。

（4）课堂教学目标脱离学生实际。课堂教学目标制定要依据国家和上级教学主管部门提出的总的教育教学目标、学校教育教学目标、学科知识的性质与特点，也要考虑学生的主体因素。但很多教师在制定教学目标时，往往只根据上述层次的目标要求和学科知识而忽视了对学生主体的需要、个体差异等因素的考察。

（5）课堂教学目标表述不确切。在教学目标的表述上有两种倾向。一种是倾向于精确化表述，认为应通过可观察、可测量的行为表述课堂教学目标；一种倾向认为，精确化表述对于传统的知识、技能方面的目标是可行的，但对情感、态度等方面的目标未必恰当。我们认为，过于追求精确化目标会导致机械化、简单化；过于模糊的目标又不利于其功能的发挥。在课堂教学目标表述上应结合两种目标表述的优势，做到既有一般性目标，又有具体目标。而目前的目标表述往往走向某一极端，要么过于精确和琐碎，要么过于模糊和概括，这造成了目标表述的不确切问题。

考点2 教学“三点”的设计

教学的“三点”是指教学重点、教学难点和教学关键点，这三点是教师进行教学时必须面对的工作，也是保证教学高效率的前提，是提高课程教学质量的保证。

1. 教学重点的确定

教学重点，是指教学中的重点内容，是课堂教学中需要解决的主要矛盾，是教学的重心所在。教学重点是针对教材中的学科知识系统、文化教育功能和学生的学习需要而言的。重点的确定可以从知识重点、育人重点和问题重点三个角度进行。

2. 教学难点的确定

教学难点，是指那些太抽象、离学生生活实际太远、过程太复杂、学生难于理解和掌握的知识、技能和方法。

难点与重点的区别在于：重点更多的是相对学科而言的，具有稳定性和长期性。不管学生掌握与否，它仍然是重点。难点是相对学生而言的，具有相对性和暂时性。对某些学生是难点，但对另一部分学生而言可能就不是难点；一旦这个难点为学生所理解与掌握，难点自然消失。所以，难点的确定主要根据学生的实际情况而定。

3. 教学关键点的确定

教学关键点，俗称"课眼"，是指教学内容的关键之处和教学的重心所在。在教材中往往有一些内容对掌握某一部分知识或解决某一类问题起着决定性的作用，这些内容就是教学关键点。"课眼"具有牵一发而动全身的功效，是教学活动的生长点，也是教学活动的切入点。

考点3　教学过程设计

教学过程设计，就是对整个课堂教学实施作出的安排，主要涉及导入设计、教学情境设计、课堂提问设计、结课设计、板书设计等。这里，我们主要阐述课堂提问设计。

课堂提问是教师在课堂教学中，通过创设问题情境、设置疑问来引导和促进学生学习的教学行为方式。

1. 课堂提问的功能

(1)激发学习动机，集中注意力；(2)提示学习重点；(3)启发学生的思维；(4)培养学生参与能力；(5)实现师生互动交流，活跃课堂气氛。

2. 课堂提问的类型

表1-32　课堂提问的类型

提问的类型	具体要求
回忆型提问	要求学生对教师的提问进行迅速的记忆搜索，回答出教师要求记忆的内容
理解型提问	要求学生能用自己的语言对事实、概念、规则等进行描述，对已学过的知识进行回忆、解释、重新组合，对学习材料进行内化处理，推断出结论，并组织语言表达出来
应用型提问	要求学生能够掌握概念、定理、方法的应用，并且能主动运用新获得的知识和回忆所学过的知识解决新的问题，或进一步要求学生独立思考，灵活运用学习过的知识，进而提出解决问题的新途径、新方法、新见解，同时培养学生的思维能力
分析型提问	要求学生识别条件和结论，或者找到条件之间、因果之间的关系
综合型提问	要求学生对已有材料进行分析、综合，独立思考，发现知识之间的内在联系，提出新见解、新观点，从分析中得出结论，或要求学生根据已有的事实推理想象可能的结论
评价型提问	要求学生能提出个人的见解，形成自己的价值观

真题面对面

[2023宁波，判断]应用型提问指教师要求学生对已有材料进行分析、综合，独立思考，发现知识之间的内在联系，提出新见解、新观点，从分析中得出结论。(　　)

答案：×

3. 课堂提问的有效运用　必背

要实现提问的有效运用，教师应做到以下四点：

(1)精心设计问题

一般来说，设计精良的问题应具有以下特点：①具有明确的目的；②难易适度；③富有启发性；④角度新颖，具有趣味性；⑤问题清晰明了；⑥问题具有序列性。

(2)讲究发问策略

①把握发问时机。教师发问应问在学生"心求通而未得，口欲言而不能"之时。

②恰当分配问题。在实际的教学提问中，许多教师不能公平分配问题，往往对某些学生施以更多关注，

提许多问题，而对另一些学生则是忽视，从不提问或很少提问。这种提问方式，必然导致不平衡的课堂互动，不利于学生的发展。因此，教师要公平而恰当地将问题分配给每一个学生，使所有学生都有所发展。

③适当停顿。大量的研究表明，适当的停顿有助于提升教学提问的效果。发问中的停顿主要包括教师提问之前的停顿、教师提问之后与学生回答问题之前的停顿。其中，教师提问之后与学生回答之前的停顿即候答时间，候答时间的长短，直接影响到教学提问的效果。教师如果延长候答时间至3秒或更长，给学生提供更多的思考时间，学生的回答就会有显著的改善，教学效果明显提高。

④态度自然。教师发问应态度自然、友善，可用殷切、鼓励、信任的目光扫视全体学生，这样有助于学生积极思考，畅所欲言。

⑤语言清晰。教师发问时应语言清晰、简单，尽量一次到位，避免复述，这样既节省时间，又可防止学生养成不注意教师发问的不良习惯。

(3)恰当理答

理答是指教师对学生回答的处理。提问本身是一个师生互动的过程：教师提问—学生回答—教师反馈。教师的理答是反映教师与学生之间互动质量的重要指标之一。恰当理答的前提是认真倾听，认真倾听有助于提升提问效果，还有利于建立良好的师生关系。此外，学生回答后，教师不应马上评论或判断，而应停顿片刻(3～5秒)，略作思考，然后再由教师或其他学生对刚才学生的回答作出评价或判断。常用的理答方式主要有：

①提示。提示是指当学生回答不出问题、回答错误或回答不完整时，教师通过层层启发，逐级诱导，帮助学生慢慢接近正确答案，并最终由学生自己得出正确答案的一种理答方式。在所有的理答方式中，提示是对教师挑战最大、难度最大的一种。

②探究。探究是指在教师提问之后，学生虽然提供了正确答案，但他们提供的答案往往不够深入，或者不够详细，或者不够清楚，或者不够规范，这时教师要求学生提供补充信息，进一步解释或澄清自己的观点，使得自己的回答更深入、更详细、更清晰、更规范的一种理答方式。

③转引。转引是教师就一个问题分别向两个或两个以上学生提问的理答方式。

④延伸。延伸是指教师在随后的教学中用到学生前面提供的正确结论，或者教师对学生提供的正确答案做进一步的发挥，使其更具概括性、代表性、普遍性的一种理答方式。延伸实际上对学生是一种非常含蓄、十分有效的奖励手段，因为它能满足学生的成功感。同时，延伸也有助于提高学生的认识能力。

⑤回问。回问是指当某位学生不能回答时，教师先把问题转引给其他学生，待其他学生正确回答后，再将原问题提问给刚才那位不会回答的学生，或者再问那位不会回答的学生一道类似的题目，直到他(她)也能正确回答的理答方式。

(4)鼓励、培养学生提问

①鼓励学生敢于提问；②引导学生善于提问。

真题面对面

[2022温州，单选]课堂提问是教师进行形成性评价的途径之一。下列教师提问的行为中，有利于创设理想课堂教学的是(　　)

A. 学生回答错误后立刻纠正　　B. 每次都选取固定的几位学生回答

C. 避免追求标准答案的倾向　　D. 提问后立即抽学生回答

答案：C

二、教案设计

考点 1 教案的内涵

教案是教师经过周密策划而设计出来的关于课堂教学的具体实施方案,通常以一节课为单位编写,也称之为课时计划。它既是备课成果的提炼和升华,又是备课的继续和深入。设计教案是教师备课工作的最后一个环节,也是教师备课工作中最全面系统、深入具体的一步,是保证教师有计划、有步骤地上好课的必要手段,对提高教学质量有着重要意义。

考点 2 教案的类型

教案没有固定的格式,通常各学校可根据自己的实际情况,在遵循教案基本构成要素的基础上编制富有自身特色的教案格式。教案从基本形式上可分为三大类:记叙式教案、表格式教案、卡片式教案。

1. 记叙式教案

记叙式教案是指主要用文字形式将教学方案表达出来的教案。记叙式教案根据内容的详略分为讲稿式的详案、纲要式的简案。其中,详案是新教师和年轻教师备课时,以及老教师在进行新课题教学时,常常采用的类型。

2. 表格式教案

表格式教案是指以表格形式呈现备课内容的教案。表格式教案具有言简意赅、重点突出、方便使用等特点。

3. 卡片式教案

卡片式教案是指将教案的纲要、重点、难点和易忘点等内容,以及需要补充的材料等以卡片的形式呈现的一种教案。卡片式教案适合有一定教学经验的教师使用,也可以作为教师授课时的辅助材料。卡片式教案通常有两种作用:一是教案纲要提示;二是教学内容提示和材料补充。

卡片式教案没有固定的格式,教师可根据自己的需要确定其书写格式、内容的详略。卡片式教案形式灵活、方便,有利于修改与补充,在辅助课堂教学方面有一定的优势。

考点 3 教案的基本内容

一般来说,教案内容主要由概况、教学过程、板书设计、教学后记或教学反思四部分组成。

1. 概况

主要包括课题、教学目标、教学重难点、课时安排、课型、教法学法、媒体选择等。

(1)课题是本课时所讲的题目,一般要醒目地写在一页的首行中间。

(2)教学目标是一篇(节)教材教学的行动纲领,是课程标准的具体落实,是一节课的出发点和落脚点,教学目标要写得具体明确、恰当适中、有指导作用。

(3)教学重难点是依据本节课的教学目标确定的,要有利于实现教学目标。在教学过程中,要突出重点,解决难点,从重难点上启迪学生思维,发展学生的智能。

(4)课时安排要根据教学内容的分量和学生的接受能力而定。课时教学内容的分配要科学合理、突出重点、分散难点。

此外,上课的课型,运用的教学方法、学习方法和媒体等,在编写教案时都要写清楚。

2. 教学过程

教学过程是教师为了实现教学目标,完成教学任务而制定的具体的教学步骤和措施。教学过程是整个教案的核心和主体,编写时要根据教学目标及教材的具体情况,该详则详,该略则略,做到内容充实、重点突出、详略得当。具体来讲,一个完整的教学过程包括:(1)导入;(2)讲授新课;(3)巩固练习;(4)归纳小结。

3. 板书设计

教案中要对上课的板书进行精心设计，板书设计要具有科学性、整体性和条理性。

4. 教学后记或教学反思

教学后记或教学反思是指教师课后的教学小结或教学心得，教师要及时总结每一节课的成败，为以后的教学总结经验，积累资料，有效地提高教学水平。

考点4 教案设计的要求

（1）端正态度，高度重视。

（2）切合实际，坚持“五性”。学生是教师教学的对象，是教学认识活动的主体。因此，教师编写教案时一定要切合他们的实际，以加强课堂教学的针对性和有效性。教案的编写不仅要切合学生实际，还要坚持“五性”，即科学性、主体性、教育性、经济性和实用性。

（3）优选教法，精设课型。编写教案要根据实际，综合考虑各种因素，认真选择教学方法，以使教学最优化。同时，还要注意课型的设计。教师要认真设计课型，要根据课型及其结构来编写教案。

（4）重视“正本”，关注“附件”。“正本”即教案的主体，它通常包括教学目的、教学内容、教学重难点、教学程序和方法、时间分配及思考题等。“附件”指板书、板面计划和直观演示计划、物资保障计划（如多媒体设备、挂图、图钉等）。教师在备课时既要重视“正本”，编写出高质量的教案，又要抓好“附件”，对板书、板画、图表、实物、模型等直观教具以及多媒体设备的使用和演示进行通盘计划，并做好课前准备工作。另外，还要在教案中用不同色彩的笔标出各种符号，以便于突出重点。

（5）认真备课，纠正“背课”。

（6）内容全面，及时调整。整个教案的编写应内容全面、环节完整、具体明确、层次清楚，各部分的过渡衔接应自然顺畅，以确保教案在教学中的指导作用。在具体教学实施中，教案并不是不可改变的，相反，教师要根据课堂上的实际情况随机应变，对教案进行必要的修改和调整，适应情况的变化，以便更好地完成教学任务。

考点大默写

1. 教学目标指向的主体是____________。
2. ____________是指那些太抽象、离学生生活实际太远、过程太复杂、学生难于理解和掌握的知识、技能和方法。
3. 一个完整的教学目标应该具备四要素，即____________、行为动词、____________和表现程度。
4. ____________是指主要用文字形式将教学方案表达出来的教案。

【参考答案】

1. 学生　2. 教学难点　3. 行为主体　行为条件　4. 记叙式教案

考点　处理课堂问题行为常用的策略

（1）预防策略

运用先入为主策略，事先预防学生的课堂问题行为。预防策略如下：

①确立学生的行为标准。让学生明确日常学校生活的行为标准。

②让学生不断获得成功的体验。学生的成功经验，通常会激发他们的愉悦情绪，降低挫折水平，从而避免或减轻问题行为。

③保持建设性的课堂环境。有效的课堂行为管理，很大程度上是建立在良好的课堂环境基础之上的。

④建立和谐的师生关系。教师要热爱与尊重学生，实现师生之间的情感互动。

(2)控制策略

运用行为控制策略，及时终止课堂问题行为。行为控制策略包括强化良好行为和终止已有问题行为。

①强化良好行为，以良好行为控制问题行为。通常采用社会强化、活动强化、行为协议和替代强化等方式。

②选择有效方法，及时终止问题行为。通常采用信号暗示、使用幽默、有意忽视、提问学生、转移注意、移除媒介、正面批评、劝其暂离课堂、利用惩罚等方法。

(3)矫正策略

①熟悉课堂问题行为矫正的内容。主要包括正确认识课堂问题行为、消退处理、积极塑造。

②遵循课堂问题行为矫正的原则。主要包括多奖少惩原则、一致性原则、结合性原则。

③课堂问题行为矫正的程序包括觉察、诊断、目标、改正、检评、追踪六个基本环节。

④有一些课堂问题行为需要通过心理辅导来处理和矫正，教师应协助心理辅导教师对有问题行为的学生进行针对性的帮助。

即时反思与复盘总结

我于________年____月____日完成了对本章的学习。

复盘一下，我对自己较肯定的地方是______________________

(足够努力/心态积极/方法得当……)

我觉得自己需要改进的地方是__________________________

(懒惰懈怠/心情浮躁/方法不当……)

休息片刻，开启下一站征程！

第七章 学校德育

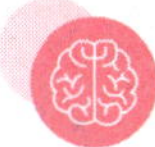

思维导图

- 学校德育
  - 德育概述
    - 德育与品德
      - 广义的德育：社会德育、社区德育、学校德育和家庭德育等；狭义的德育：学校德育
      - 品德的心理结构：知、情、意、行
    - 德育的性质：社会性、历史性、阶级性、民族性、继承性
    - 德育的任务：培养学生树立坚定正确的政治方向；引导学生逐步树立科学世界观和人生观；逐步使学生具有社会主义的基本道德品质和法纪观念及养成文明行为习惯；培养学生具有一定的品德能力和良好的品德心理品质
    - 德育的功能：社会性功能、个体性功能和教育性功能
    - 德育的基本内容：政治教育、思想教育、道德教育和心理健康教育 ——重点
  - 德育过程
    - 德育过程的内涵：德育过程与思想品德形成过程是教育与发展的关系
    - 德育过程的基本要素：教育者、受教育者、德育内容和德育方法
    - 德育过程的主要（基本）矛盾：教育者提出的德育要求（社会所要求的道德规范）与受教育者已有品德水平之间的矛盾
    - 德育过程的基本规律
      - 对学生知、情、意、行的培养与提高的过程 ——难点
      - 一个促进学生思想内部矛盾斗争的发展过程，是教育与自我教育相结合的过程
      - 组织学生的活动和交往，统一多方面教育影响的过程
      - 一个长期的、反复的、逐步提高的过程
  - 德育原则
    - 德育原则的概念：根据教育目的、德育目标和德育过程规律提出的指导德育工作的基本要求
    - 中学常用的德育原则：“两导两因一知行，尊重集体要正面，另外还有一教育” ——重点
  - 德育途径
    - 思想品德课（思想政治课）与其他学科教学：基本途径
    - 共青团、学生会的活动：有利于调动学生的积极性和创造性
    - 课外、校外活动：群众性活动、小组活动和个别活动
    - 社会实践活动：组织学生参加劳动；开展勤工俭学活动；组织学生参加社会政治活动
    - 校会、班会、周会、晨会、时事政策的学习：晨会：对出现的问题予以及时解决
    - 班主任工作：重要而又特殊的途径
  - 德育方法
    - 德育方法的概念：包括教育者的教学方式和受教育者的学习方式
    - 中学常用的德育方法：说理教育法、榜样示范法、陶冶教育法、实际锻炼法、品德评价法、角色扮演法、品德修养指导法 ——易错
    - 选择德育方法的依据：德育目标；德育内容；学生的年龄特点和个性差异等
    - 当前我国中小学德育中存在的问题及改革趋势：趋势之一：落实德育工作在素质教育中的首要位置

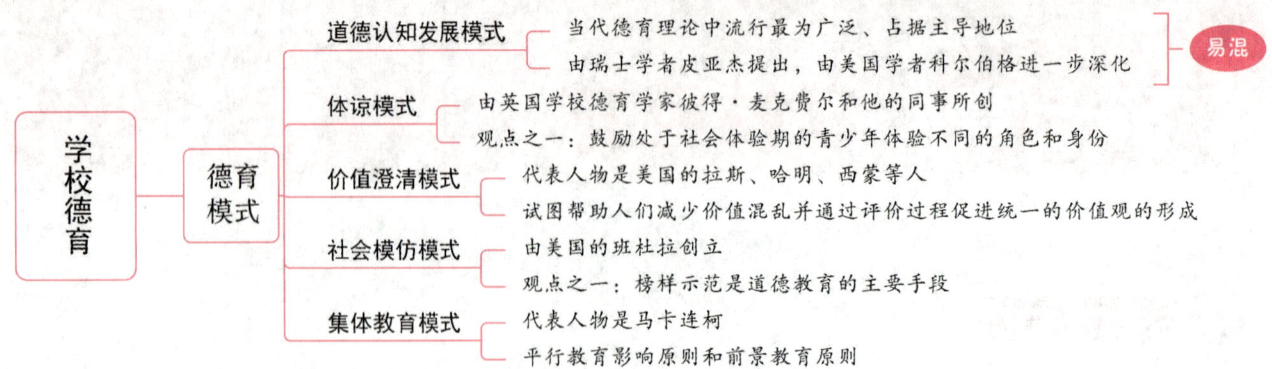

浙江考向

本章属于教育学的基础章节，也是温州、金华、绍兴、宁波、台州、嘉兴等地区的笔试重点考查的章节，内容广泛、理解性知识多，在考试中常以选择题、填空题、判断题、辨析题、简答题等形式考查。本章的考向分析如下：

考点名称	常考题型	能力层级	考查热度
德育的基本内容	单选	识记、理解	★★
德育过程的基本规律	单选、填空、判断、辨析、简答	识记、理解、掌握	★★★
中学常用的德育原则	单选、简答	识记、理解、掌握	★★★
中学常用的德育方法	单选、判断	识记、理解、掌握	★★★
道德认知发展模式	单选	识记、理解	★★

核心考点

第一节　德育概述

一、德育与品德 【单选、填空】 ★

考点1　德育的概念

广义的德育泛指所有有目的、有计划地对社会成员在政治、思想与道德等方面施加影响的活动，包括社会德育、社区德育、学校德育和家庭德育等方面。

狭义的德育专指学校德育。**学校德育**是指教育者按照一定社会或阶级的要求和受教育者品德形成发展的规律与需要，有目的、有计划、有系统地对受教育者施加思想、政治和道德等方面的影响，并通过受教育者积极的认识、体验与践行，以使其形成一定社会与阶级所需要的品德的教育活动，即教育者有目的地培养受教育者品德的活动。

考点2　品德概述

1. 品德的心理结构

品德的心理结构包括四种相辅相成的基本心理成分：道德认知、道德情感、道德意志和道德行为，简称知、情、意、行。(具体内容参见发展心理学部分第二章第六节中的“品德的心理结构”)

2. 品德形成的一般过程

一种品德的形成过程经历了从外到内的转化过程，它是社会规范的接受和内化，大致经历了三个阶段：

(1)依从

依从即表面上接受规范，按照规范的要求来行动，但对规范的必要性或根据缺乏认识，甚至有抵触情绪。依从是规范内化的初级阶段，是品德建立的开端。

(2)认同

认同是在思想、情感、态度和行为上主动接受他人的影响，使自己的态度和行为与他人相接近。认同实质上就是对榜样的模仿，其出发点就是试图与榜样一致。与依从相比，认同更深入一层，它不易受外界压力控制，行为具有一定的自觉性、主动性和稳定性等特点。

(3)内化

内化指在思想观点上与社会规范及其价值一致，将自己所认同的思想和自己原有的观点、信念融为一体，构成一个完整的价值体系。由于在内化过程中解决了各种价值的矛盾和冲突，当个人按自己内化了的价值行动时，会感到愉快和满意；而当出现了与自己的价值标准相反的行动时，会感到内疚和不安。在内化阶段，个体的行为具有高度的自觉性和主动性，并具有坚定性。此时，稳定的态度和品德即形成了。

3. 道德与品德的区别与联系

(1)区别

①道德是依赖于整个社会的存在而存在的一种社会现象，而品德则是依赖于某一个体存在而存在的一种个体心理现象。

②道德的发生和发展受社会发展规律的制约，不同的社会有不同的道德标准，具有明显的阶级性和历史性。品德的形成和发展不仅受社会环境的影响，还受个体生理、心理等内部因素的影响。

③社会道德内容是一定社会或阶级伦理行为规范的完整体系，个体品德内容只是社会道德准则或规范的部分表现。

④道德是伦理学和社会学研究的对象，品德则是心理学和教育学研究的对象，心理学研究品德也会涉及某些品德的内容和教育方法，但它的主要任务是探讨品德的心理结构及其产生和发展的规律。

(2)联系

①社会道德制约着个人品德，离开了道德也就谈不上个人品德，个人品德的内容是社会道德在个体身上的具体表现。

②品德是个人在社会生活中，主要在社会道德舆论、家庭成员与学校教育的影响下，通过自己的道德实践活动而形成发展的。

③个人品德对社会道德风气能产生一定的反作用，特别是优秀人物的品德，作为一种道德品质的典范，往往会对整个社会良好道德风气产生深远的影响。

二、德育的性质

德育的性质是由特定的社会经济基础决定的。

（1）德育具有**社会性**，是各个社会共有的社会、教育现象，与人类社会共始终；

（2）德育具有**历史性**，随社会发展变化而变化；

（3）阶级和民族存在的社会，德育具有**阶级性**和**民族性**；

（4）德育具有继承性，在其历史发展过程中，其原理、原则、内容和方法等存在一定的共同性。

三、德育的任务

（1）培养学生树立坚定正确的政治方向；

（2）引导学生逐步树立科学世界观和人生观；

（3）逐步使学生具有社会主义的基本道德品质和法纪观念及养成文明行为习惯；

（4）培养学生具有一定的品德能力和良好的品德心理品质。

四、德育的功能 【单选】 ★

学校德育的功能可以概括地表述为德育的社会性功能、个体性功能和教育性功能三个方面。

1. 德育的社会性功能

德育的社会性功能指的是学校德育能够在何种程度上对社会发挥何种性质的作用。具体来说，主要指学校德育对社会政治、经济、文化等发生影响的政治功能、经济功能、文化功能等。

2. 德育的个体性功能

德育的个体性功能是指德育对受教育者个体发展能够产生的实际影响。德育的个体性功能可以描述为德育对个体生存、发展、享用产生影响的三个方面。其中，享用性功能是德育个体性功能的最高境界。

3. 德育的教育性功能

德育的教育性功能是指德育具有“教育性”，它有两大含义：一是指德育的“教育”或价值属性；二是指德育作为教育子系统对平行系统的作用。

五、德育的基本内容 【单选】 ★★

根据1988年、1994年和1996年中共中央颁布的有关决定，我国学校德育内容主要有**政治教育**、**思想教育**、**道德教育**和**心理健康教育**。

（1）政治教育，主要是按照特定国家的政治观和社会对公民的一般要求，对公民进行系统的政治理论教育和法制教育以及社会行为规范教育。

（2）思想教育，即有关人生观、世界观以及相应思想观念方面的教育。

（3）道德教育，即注重受教育者的良好个性培养及社会公德的教育，我们通常所说的道德教育，是指社会主义道德教育和共产主义道德教育。

(4)心理健康教育，指通过对受教育者进行心理健康知识的训练，培养良好的心理素质，预防心理疾病的发生，促进身心和谐发展的教育。我国学校的心理健康教育主要有三方面的内容，即学习辅导、生活辅导和择业指导。

也有说法认为，我国学校德育内容主要有**政治教育**、**思想教育**、**道德教育**、**法制教育**和**心理健康教育**。

教育部于2017年印发的《中小学德育工作指南》中提出的德育内容包括：理想信念教育、社会主义核心价值观教育、中华优秀传统文化教育、生态文明教育、心理健康教育。

真题面对面

[2021温州，单选]以下对德育表述不正确的是(　　)

A. 德育即思想政治教育　　B. 德育在阶级社会里具有鲜明的阶级性

C. 德育具有一定继承性　　D. 德育对其他各育起着保持动力的作用

答案：A

★★ 考点大默写 ★★

1. 广义的德育包括__________、__________、__________和__________等方面。
2. 狭义的德育专指__________。
3. 一种品德的形成过程大致经历了三个阶段：__________、__________和__________。
4. 德育随社会发展变化而变化，这体现的德育的性质是__________。
5. 阶级和民族存在的社会，德育具有__________和__________。
6. 德育的__________功能指的是学校德育能够在何种程度上对社会发挥何种性质的作用。
7. 德育的个体性功能可以描述为德育对个体__________、__________、__________产生影响的三个方面。
8. __________功能是德育个体性功能的最高境界。
9. 心理健康教育主要包括__________、__________和__________。

【参考答案】

1. 社会德育　社区德育　学校德育　家庭德育　2. 学校德育　3. 依从　认同　内化　4. 历史性　5. 阶级性　民族性　6. 社会性　7. 生存　发展　享用　8. 享用性　9. 学习辅导　生活辅导　择业指导

第二节　德育过程

一、德育过程的内涵

1. 德育过程的概念与本质

德育过程是教育者按照一定的道德规范和受教育者思想品德形成的规律，对受教育者有目的、有计划地施加影响，以形成教育者所期望的思想品德的过程，是促使受教育者道德认识、道德情感、道德意志和道德行为发展的过程。德育过程的本质就是个体社会化与社会规范个体化的统一过程。

2. 德育过程与品德形成过程的关系

（1）德育过程与品德形成过程的联系

德育过程与思想品德形成过程是教育与发展的关系。德育过程的最终目标是使受教育者形成一定的思想品德。品德形成属于人的发展过程，德育过程是对品德的形成与发展过程的调节与控制。德育只有遵循人的品德形成发展规律，才能有效地促进人的品德形成与发展。

（2）德育过程与品德形成过程的区别

德育过程是一种教育过程，是教育者与受教育者双方统一活动的过程，是培养和发展受教育者品德的过程。教育者根据社会发展提出的要求，依据学生特点，以适当的方式调动受教育者的主观能动性，从而将相应的社会规范转化为学生的品德，不断提高学生的道德水平。而品德形成过程是受教育者思想道德结构不断建构完善的过程，影响这一过程的有生理的、社会的、主观的和实践的等因素。

二、德育过程的基本要素（结构）【单选】★

德育过程通常由教育者、受教育者、德育内容和德育方法四个相互制约的要素构成。

（1）**教育者**。教育者是德育过程的组织者、领导者，在德育过程中起主导作用。

（2）**受教育者**。受教育者包括受教育者个体和群体，他们都是德育的对象。在德育过程中，受教育者既是德育的客体，又是德育的主体。

（3）**德育内容**。德育内容是用以形成受教育者品德的社会思想政治准则和法纪道德规范，是教育者进行德育工作的重要依据，是受教育者学习、修养和内在化的客体，是教育者与受教育者双边活动的中介。

（4）**德育方法**。德育方法是教育者施教传道和受教育者受教修养的相互作用的活动方式的总和。

真题面对面

［2021 绍兴，单选］德育过程的基本要素是（　　）

A. 教育者、受教育者、德育内容、德育方法　B. 教育者、受教育者、德育内容、德育途径

C. 教育者、受教育者、德育原则、德育方法　D. 教育者、受教育者、德育方法、德育途径

答案：A

三、德育过程的主要（基本）矛盾【填空】★

德育过程的矛盾包括教育者与受教育者的矛盾，教育者与德育内容、方法的矛盾，受教育者与德育内容、方法的矛盾，受教育者自身思想品德内部诸要素之间的矛盾等。

德育过程的主要（基本）矛盾是教育者提出的德育要求（社会所要求的道德规范）与受教育者已有品德水平之间的矛盾。这是德育过程中最一般、最普遍的矛盾，也是决定德育过程本质的特殊矛盾。

四、德育过程的基本规律【单选、填空、判断、辨析、简答】★★★

考点 1　德育过程是对学生知、情、意、行的培养与提高的过程

德育过程的基本规律

1. 知、情、意、行是构成思想品德的四个基本因素

学生的思想品德由知、情、意、行四个心理因素构成。其中，知是基础，行是关键。品德行为是衡量品德水平的重要标志。学生思想品德的形成与发展，即这四个心理因素的形成与发展的过程，学校德育过程也就是对这四个心理因素的培养过程。

2. 知、情、意、行之间的关系及其发展

德育过程的一般顺序可以概括为：提高品德认识、陶冶品德情感、锻炼品德意志和培养品德行为习惯。德育过程一般以知为开端，以行为终结。但由于社会生活的复杂性，德育影响的多样性等因素，在德育具体实施过程中，又具有多种开端，可根据学生品德发展的具体情况，或从导之以行开始，或从动之以情开始，或从锻炼品德意志开始，最后达到使学生品德在知、情、意、行几方面和谐发展的目的。

另外，无论德育过程从何处开始，都要注意同其他因素的配合，因为知、情、意、行的独立是相对的，它们之间的不平衡是绝对的。只有使各个因素都能相互协调、配合，才能发挥其最大的整体功能，才能促进学生的知、情、意、行不断地发展。

考点 2　德育过程是一个促进学生思想内部矛盾斗争的发展过程，是教育与自我教育相结合的过程

(1)学生思想品德的任何变化，都依赖于学生个体的心理活动。任何外界的教育和影响，都必须通过学生思想状态的变化，经过学生思想内部的矛盾斗争，才能发生作用，促使学生品德的真正形成。

(2)在德育过程中，学生思想内部的矛盾斗争，实质上是对外界教育因素的分析、综合过程，斗争的过程也就是学生品德不断发展的过程。

(3)学生的自我教育过程，实际上也是他们思想内部矛盾斗争的过程。这要求教育者在重视对学生进行思想品德教育的同时，高度重视培养学生的自我教育能力，发挥学生在德育过程中的主观能动性。学生的自我教育能力是学生品德赖以形成的内部因素，也是学生品德发展程度的一个主要标志。自我教育能力主要由自我评价和自我调控能力构成。为此，要遵循学生自我教育能力的发展规律，从实际出发，因势利导，有计划地培养与提高学生的自我意识、自我评价和自我调控能力，以形成和发展他们的自我教育能力。自我教育能力的形成与发展，反过来会帮助学生更加积极地吸收外在的教育因素，促进自身的品德发展。

考点 3　德育过程是组织学生的活动和交往，统一多方面教育影响的过程

(1)活动和交往是学生品德形成的基础。个体的思想品德是在活动和交往的过程中，接受外界教育影响，逐渐形成和发展，并通过活动和交往的过程表现出来的。有目的地根据德育目标和思想品德的形成规律设计实施活动，能加快个体品德发展的速度，对学生品德发展方向起规范和保证作用。这就要求教育者精心设计和组织教育活动和交往。

(2)学生在活动中，必定受到多方面的影响，其中既有校内的正式影响，又有校外的非正式影响；既有积极正面的影响，也有消极负面的影响。学校德育应在多方面影响中发挥主导作用，将多方面教育影响统一到教育目的上来，形成学校与家庭、社会教育的合力，促使学生良好品德的形成和发展。

(3)德育过程中活动和交往的主要特点是：①具有引导性、目的性和组织性；②不脱离学生学习这一主导活动，主要交往对象是教师和学生；③具有科学性和有效性，是按照学生品德形成发展规律和教育学、心理学原理组织的，因而能更加有效地影响学生品德的形成。

考点 4　德育过程是一个长期的、反复的、逐步提高的过程

(1)德育过程的长期性是由人类认识规律决定的。构成思想品德的因素比较复杂，知、情、意、行各因素本身和各因素之间要通过不断斗争，才能得到发展和统一。

(2)青少年正处于成长时期，可塑性比较强，思想不成熟，其发展也具有双向性，某一阶段出现某些倒退是正常的，这使得德育过程是一个反复的持续的过程。

(3)德育过程中，学生除了接受学校的有目的、有计划、有组织的正规教育影响外，还受到来自社会的、

家庭的多种影响，这些影响中难免会有负面的，因而一个人思想品德提高过程中出现反复是正常的。

(4)当前意识形态领域中斗争的复杂性，也使得对学生社会主义品德的培养是长期的、反复的过程。

(5)据此规律，教育者必须树立“抓反复，反复抓”的德育思想。

真题面对面

1. [2022嘉兴，填空]德育过程是对学生知、情、________、________的培养和提高过程。

2. [2021金华，辨析]德育过程必须从训练学生的行为习惯开始。

答案：1. 意　行　2. (1)这种说法是不正确的。(2)德育过程一般以知为开端，以行为终结。但由于社会生活的复杂性，德育影响的多样性等因素，在德育具体实施过程中，又具有多种开端，可根据学生品德发展的具体情况，或从导之以行开始，或从动之以情开始，或从锻炼品德意志开始，最后达到使学生品德在知、情、意、行几方面和谐发展的目的。故题干说法不正确。

考点大默写

1. 德育过程的本质就是________与社会规范个体化的统一过程。
2. 德育过程与思想品德形成过程是________与________的关系。
3. 德育过程通常由教育者、受教育者、________和________四个相互制约的要素构成。
4. 德育过程的基本要素中，________是德育过程的组织者、领导者，在德育过程中起主导作用。
5. 德育过程的主要(基本)矛盾是教育者提出的德育要求(社会所要求的道德规范)与受教育者已有________之间的矛盾。
6. ________是衡量品德水平的重要标志。
7. 德育过程是一个促进学生思想内部矛盾斗争的发展过程，是教育与________相结合的过程。
8. ________和________是学生品德形成的基础。
9. 德育过程是一个________、________、逐步提高的过程。

【参考答案】

1. 个体社会化　2. 教育　发展　3. 德育内容　德育方法　4. 教育者　5. 品德水平　6. 品德行为　7. 自我教育　8. 活动　交往　9. 长期的　反复的

第三节　德育原则

一、德育原则的概念

德育原则是根据教育目的、德育目标和德育过程规律提出的指导德育工作的基本要求。德育原则对制定德育大纲、确定德育内容、选择德育方法、运用德育组织形式等具有指导作用。

二、中学常用的德育原则 【单选、简答】 ★★★

考点1　导向性原则

1. 基本含义

导向性原则是指进行德育时要有一定的理想性和方向性，以指导学生向正确的方向发展。在我国，德育工作要把无产阶级的政治方向放在首位，对学生的德育要求要同共产主义目标相联系。

2. 贯彻此原则的基本要求

(1)坚持正确的政治方向；(2)德育目标必须符合新时期的方针政策和总任务的要求；(3)要把德育的理想性和现实性结合起来。

考点2 疏导原则 必背

1. 基本含义

疏导原则是指进行德育要循循善诱、以理服人，从提高学生认识入手，调动学生的主动性，使他们积极向上。疏导原则也就是循循善诱原则。我国古代教育家孔子很善于诱导他的学生，其弟子颜回这样称赞道："夫子循循然善诱人，博我以文，约我以礼，欲罢不能。"

2. 贯彻此原则的基本要求

(1)讲明道理，疏导思想；(2)因势利导，循循善诱；(3)以表扬、激励为主，坚持正面教育。

真题面对面

1. [2022金华，单选]下列哪一项体现了德育的疏导原则(　　)

A. 虽有嘉肴，弗食不知其旨也；虽有至道，弗学不知其善也

B. 子路、曾皙、冉有、公西华侍坐

C. 夫子循循然善诱人，博我以文，约我以礼，欲罢不能

D. 读书无疑者，须教有疑；有疑者，却要无疑，到这里方是长进

2. [2022温州，单选]疏导原则是重要的德育原则。下列不属于其基本要求的是(　　)

A. 因势利导，循循善诱　　B. 讲明道理，疏通思想

C. 以表扬、激励为主　　D. "一分为二"地看待学生

答案：1. C　2. D

考点3 尊重信任学生与严格要求学生相结合原则

1. 基本含义

在德育过程中，教育者既要尊重信任学生，又要对学生提出严格的要求，把严和爱有机地结合起来，使教育者的合理要求转化为学生的自觉行动。

这一原则是教育者正确对待受教育者的基本情感和态度。在德育工作中，尊重、信任与严格要求是辩证统一的，尊重和信任是严格要求的前提，正如苏联教育家马卡连柯所说："要尽量多地要求一个人，也要尽可能地尊重一个人。"爱是严的基础，严是爱的体现，只有把两者紧密结合在一起，才能取得最佳教育效果。

2. 贯彻此原则的基本要求

(1)教育者要有强烈的事业心、责任感以及尊重热爱学生的态度；(2)教育者应根据教育目的和德育目标，对学生严格要求，认真管理；(3)教育者要从学生的年龄特征和品德发展状况出发，提出适度的要求，并坚定不渝地贯彻到底。

考点4 教育影响的一致性与连贯性原则 必背

1. 基本含义

德育工作中，教育者应主动协调多方面教育力量，统一认识和步调，有计划、有系统、前后连贯地教育学生，发挥教育的整体功能，培养学生正确的思想品德。

2. 贯彻此原则的基本要求

(1)充分发挥教师集体的作用,统一学校内部的多种教育力量,使之成为一个分工合作的优化群体;(2)争取家长和社会的配合,主动协调好与家庭、社会教育的关系,逐步形成以学校为中心的"三位一体"的德育网络;(3)保持德育工作的经常性和制度化,处理好衔接工作,保证对学生影响的连续性、系统性,使学生的思想品德得以循序渐进地持续发展。

真题面对面

[2022台州,简答]请简述德育原则中的教育影响的一致性与连贯性原则的基本含义和贯彻要求。

答案:详见内文

考点5 因材施教原则

1. 基本含义

因材施教原则是指教育者在德育过程中,应根据学生的年龄特征、个性差异以及品德发展现状,采取不同的方法和措施,加强德育的针对性和实效性。孔子很早就提出了"视其所以,观其所由,察其所安"的了解学生的有效方法,并根据学生的特点进行有区别的教育。这一原则是对我国优良教育传统的继承和发扬,也符合青少年学生身心发展规律。

2. 贯彻此原则的基本要求

(1)以发展的眼光客观、全面、深入地了解学生的个性特点和内心世界,正确认识和评价当代青少年学生的思想特点;(2)根据不同年龄阶段学生的特点,选择不同的内容和方法进行教育,防止一般化、成人化、模式化;(3)注意学生的个别差异,因材施教。

考点6 知行统一原则

1. 基本含义

知行统一原则是指教育者在进行德育时,既要重视对学生进行系统的思想道德的理论教育,又要重视组织学生参加实践锻炼,把提高认识和行为养成结合起来,使学生做到言行一致。

2. 贯彻此原则的基本要求

(1)加强思想道德的理论教育,提高学生的思想道德认识;(2)组织和引导学生参加社会实践,通过实践活动加深认识,增强情感体验,养成良好的行为习惯;(3)对学生的评价和要求要坚持知行统一的原则;(4)教育者要以身作则,严于律己,言行一致。

考点7 集体教育和个别教育相结合原则

1. 基本含义

在德育过程中,教育者要善于组织和教育学生集体,并依靠集体教育每个学生,同时,通过对个别学生的教育,来促进集体的形成和发展,从而把集体教育和个别教育有机地结合起来。这一原则是苏联教育家马卡连柯成功教育经验的总结。马卡连柯指出,教师要影响个别学生,首先要去影响这个学生所在的集体,然后通过集体和教师一道去影响这个学生,便会产生良好的教育效果。这就是著名的"平行教育原则"。

马卡连柯

2. 贯彻此原则的基本要求

(1)建立健全的学生集体;(2)开展丰富多彩的集体活动,充分发挥学生集体的教育作用;(3)加强个别教育,并通过个别教育影响集体,增强集体的生机和活力,将集体教育和个别教育统一起来。

考点 8　正面教育与纪律约束相结合的原则

1. 基本含义

德育工作既要正面引导，说服教育，启发自觉，调动学生接受教育的内在动力，又要辅之以必要的纪律约束，并使两者有机结合起来。

2. 贯彻此原则的基本要求

(1)坚持正面教育原则，以科学的理论、客观的事实、先进的榜样和表扬鼓励为主的方法教育和引导学生；(2)坚持摆事实，讲道理，以理服人，启发自觉；(3)建立健全学校规章制度和集体组织的公约、守则等，并且严格管理，认真执行。

考点 9　依靠积极因素，克服消极因素的原则(长善救失原则)

1. 基本含义

在德育工作中，教育者要善于依靠、发扬学生自身的积极因素，调动学生自我教育的积极性，克服消极因素，以达到长善救失的目的。该原则又称作“发扬优点、克服缺点”的原则。

2. 贯彻此原则的基本要求

(1)教育者要用一分为二的观点，全面分析和了解学生，客观地评价学生的优点和不足；(2)教育者要有意识地创造条件，将学生思想中的消极因素转化为积极因素；(3)教育者要提高学生自我认识、自我评价的能力，启发他们自觉思考，克服缺点，发扬优点。

记忆有妙招

为方便考生记忆，编者将我国中学常用的德育原则总结成以下口诀：

两导两因一知行，尊重集体要正面，另外还有一教育。

★★ 考点大默写 ★★

1. ____________是根据教育目的、德育目标和德育过程规律提出的指导德育工作的基本要求。
2. 坚持正确的政治方向是贯彻德育的____________原则的要求。
3. ____________原则是指进行德育要循循善诱，以理服人，从提高学生认识入手，调动学生的主动性，使他们积极向上。
4. 德育中要贯彻尊重信任学生与严格要求学生相结合原则。正如苏联教育家____________说过：“要尽量多地要求一个人，也要尽可能地尊重一个人。”
5. 依靠积极因素，克服消极因素的原则要求教育者用____________的观点，全面分析和了解学生，客观地评价学生的优点和不足。
6. 孔子“视其所以，观其所由，察其所安”，这体现了德育的____________原则。
7. ____________原则要求教育者要以身作则，严于律己，言行一致。
8. 集体教育和个别教育相结合原则是苏联教育家____________成功教育经验的总结。
9. 教师要影响个别学生，首先要去影响这个学生所在的集体，然后通过集体和教师一道去影响这个学生，便会产生良好的教育效果。这就是著名的“____________原则”。

【参考答案】

1. 德育原则　2. 导向性　3. 疏导　4. 马卡连柯　5. 一分为二　6. 因材施教　7. 知行统一　8. 马卡连柯　9. 平行教育

第四节　德育途径

德育途径是指学校教育者对学生实施德育时可供选择和利用的渠道，又称为德育组织形式。以下是几个最主要的德育途径：

一、思想品德课（思想政治课）与其他学科教学　【单选、填空】★

思想品德课（思想政治课）与其他学科教学是学校有目的、有计划、系统地对学生进行德育的**基本**途径。学校以教学为主，因此，思想品德课之外的其他各科教学是德育**最经常**、**最基本**的途径。通过教学实施德育是通过传授和学习科学文化知识实现的。各科教材中都包含有丰富的德育内容，只要充分发掘教材本身所固有的德育因素，把教学的科学性和思想性统一起来，就能在传授和学习科学文化知识的同时，使学生受到科学精神、社会人文精神的熏陶，从而使学生形成良好品德。

二、共青团、学生会的活动

共青团、学生会是学生自己的集体组织，通过自己的组织进行德育，有利于调动学生的积极性和创造性。团组织和学生会活动能激发学生的上进心和荣誉感，促使他们严格要求自己，自觉提高思想认识，培养优良品德。

三、课外、校外活动　【单选、判断】★

1. 课外、校外活动的概念

课外、校外活动是指在课程计划和学科课程标准以外，利用课余时间，对学生施行的各种有目的、有计划、有组织的教育活动。课外、校外活动是整个教育体系的一部分，是进行全面发展教育的一个重要途径，也是学校实施德育的一个重要途径。

2. 课外、校外活动的特点

课外、校外活动具有自愿性、自主性、灵活性、实践性与广泛性等特点。

3. 课外、校外活动的内容

课外、校外活动的主要内容包括学科活动、科技活动、文学艺术活动、社会公益活动和课外阅读活动等。其中，学科活动是学校课外、校外活动的主体部分，学校应高度重视，分科组织落实。

4. 课外、校外活动的形式

课外、校外活动的组织形式有三种：群众性活动、小组活动和个别活动。

（1）群众性活动。群众性活动是一种面向多数或全体学生的带有普及性质的活动，具体活动方式包括：集会活动，竞赛活动，参观、访问、游览和调查，主题系列活动等。

（2）小组活动。小组活动是课外、校外活动的主要形式，具有自愿组合、小型分散、灵活机动的特点。

（3）个别活动。个别活动是指学生在教师指导下，在课外、校外单独进行的活动。

四、社会实践活动

学生品德是在活动和交往中形成发展的。因此，根据德育的要求，组织学生参加各种形式的社会实践活动，是实现德育内容、达到德育目标、使他们形成良好品德所不可忽视的途径。社会实践活动一般有三种：(1)组织学生参加劳动，如生产劳动、社会公益劳动、自我服务性劳动；(2)开展勤工俭学活动；(3)组织学生参加社会政治活动。

五、校会、班会、周会、晨会、时事政策的学习

校会是学校组织的全校师生参加的活动。

班会是教学班组织的全班同学参加的活动，能持久地潜移默化地影响学生，能及时、有针对性地解决学生的思想问题。

周会主要对学生进行社会主义道德教育和时事政策教育。

晨会一般在每天早晨进行，对出现的问题予以及时解决，也是对学生进行品德教育的重要形式。

时事政策学习是国情教育的重要途径，一般采用做政策报告、学生自己阅读报纸或收听广播、收看电视等形式。

六、班主任工作 【单选、填空】 ★

班级是学校教育工作的基本单位，班主任是班级教育系统的主导力量。班主任工作是学校对学生进行德育的一个**重要而又特殊**的途径。通过班主任，学校可以强有力地管理基层学生集体，更好地发挥上述各个德育途径的作用。

★★ 考点大默写 ★★

1. ____________是指学校教育者对学生实施德育时可供选择和利用的渠道。
2. 思想品德课（思想政治课）与其他学科教学是学校有目的、有计划、系统地对学生进行德育的____________途径。
3. ____________是课外、校外活动的主要形式，具有自愿组合、小型分散、灵活机动的特点。
4. ____________是学校对学生进行德育的一个重要而又特殊的途径。

【参考答案】

1. 德育途径　2. 基本　3. 小组活动　4. 班主任工作

第五节　德育方法

一、德育方法的概念

德育方法是为了达到德育目的，在德育过程中所采用的教育者和受教育者相互作用的活动方式的总和。它包括教育者的教学方式和受教育者的学习方式。它是实现德育任务，提高德育实效性的关键因素。

二、中学常用的德育方法 【单选、判断】★★★

考点1 说理教育法

1. 基本含义

说理教育法又称**说服教育法**，是通过语言说理，使学生明晓道理，分清是非，提高品德认识的方法。这是一种坚持正面理论教育和正面思想引导，增强辨别是非能力，促进道德发展的重要方法。它是学校对学生进行思想品德教育的基本方法。说理教育法的方式可以分为两大类：(1)运用语言文字进行说理的方式，如讲解、报告、谈话、讨论、辩论、读书指导等；(2)运用事实进行说理教育的方式，主要包括参观、访问和调查。

2. 运用要求

(1)明确目的性和针对性；(2)富有知识性、趣味性；(3)注意时机；(4)以诚待人。

考点2 榜样示范法 必背

1. 基本含义

榜样示范法是以他人的高尚品德、模范行为和卓越成就来影响学生品德的方法。对学生影响最大的榜样类型一般有三种，即伟人的典范、教育者的示范和学生中的榜样。运用榜样示范法可以把抽象的思想准则和道德规范具体化、人格化，符合青少年由具体到抽象的认识发展特点，也符合青少年学生爱好学习、善于模仿、崇拜英雄、追求上进的年龄特点。

2. 运用要求

(1)榜样必须真实可信。任何榜样都是社会集体中的成员，不可能尽善尽美。教师在宣传榜样的事迹时，不能人为地夸大、拔高。要客观地、全面地展示其全部的成长过程，要如实地反映其真正具有的高尚的思想品德。

(2)要帮助学生缩短角色距离。教师要善于找到榜样和学生之间沟通的联结点；要引导学生学习榜样的根本精神，而不是单纯从形式上模仿其具体言行。除此之外，为了缩短学生与榜样之间的心理距离，还要尽可能在学生身边寻找学习的榜样。

(3)要促使榜样成为学生自律的力量。榜样不能只是作为一种凌驾于常人之上的、外在的力量来规范人、约束人，榜样也是生活在现实生活条件下的活生生的人，不能把榜样与学生人为地隔离开来。

真题面对面

1. [2022绍兴，单选]教师以他人的高尚品德、模范行为和卓越成就来影响学生品德的方法是(　　)

A. 榜样示范法　　B. 陶冶教育法

C. 品德评价法　　D. 说服教育法

2. [2022宁波，单选]根据榜样示范法的要求，下列关于榜样挑选的说法错误的是(　　)

A. 榜样的事迹需要全面、生动、形象　　B. 榜样需要与学生之间有共同之处

C. 尽可能在学生身边寻找榜样　　D. 不能人为隔离榜样与常人

答案：1. A　2. A

考点 3　陶冶教育法

1. 基本含义

陶冶教育法是教师利用或创设具有教育意义的环境或情境，对学生进行潜移默化的熏陶和感染，使其在耳濡目染中受到感化的德育方法。陶冶教育法的方式主要有环境陶冶、情感陶冶、人格陶冶、艺术陶冶、科学知识陶冶、各种活动和交往情境陶冶等。

2. 运用要求

（1）创设良好的情境；（2）与启发、说服相结合；（3）引导学生参与情境的创设。

考点 4　实际锻炼法

1. 基本含义

实际锻炼法是有目的地组织学生参加各种实际活动，使其在活动中锻炼思想，增长才干，培养优良思想和行为习惯的德育方法。锻炼的方式主要是学习活动、社会活动、生产劳动和课外文体科技活动。

2. 运用要求

（1）目的明确，计划周密，加强指导，坚持严格要求；（2）生动活泼，灵活多样，调动学生的主动性；（3）注意检查和持之以恒，随时总结。

考点 5　品德评价法

1. 基本含义

品德评价法是通过对学生品德进行肯定或否定的评价而予以激励或抑制，促使其品德健康形成和发展的方法。它包括奖励、惩罚、评比和操行评定。

2. 运用要求

（1）公平、正确、合情合理；（2）发扬民主，获得群众支持；（3）注重宣传与教育；（4）奖励为主，抑中带扬。

考点 6　品德修养指导法

品德修养指导法是指教师指导学生自觉主动地进行学习、自我反省，以实现思想转化及行为控制的方法。品德修养指导法主要包括学习、自我批评、座右铭、自我实践体验与锻炼等。这种方法可以增强学生的主体意识，促进其自我意识及自我修养能力的提高，调动他们自觉主动地接受教育，增强他们抵制不良思想道德影响的免疫能力，推动学校德育工作的开展以及学校德育目标、内容的实现。

考点 7　角色扮演法

角色扮演法是通过让儿童扮演处境特别的求助者或其他有异于自己的社会角色，使扮演者暂时置身于他人的位置，按照他人的处境或角色来行事、处世，以求在体验别人的态度、方式中，增进扮演者对他人及其社会角色的理解和认同。角色扮演法对于发展个体关爱他人、体谅他人的社会情感以及发展人际交往能力方面有着重要意义。

三、选择德育方法的依据

（1）德育目标；（2）德育内容；（3）学生的年龄特点和个性差异。

此外，选择德育方法还要考虑到所面对的时代特征、学生的思想实际、学校和教师的实际情况，以及文化传统的作用。

四、当前我国中小学德育中存在的问题及改革趋势

考点1　当前我国中小学德育存在的问题

(1)中小学教育中重智育、轻德育的现象依然存在,德育为先的办学思想未得到落实;

(2)德育目标脱离实际且杂乱无序;

(3)德育内容与学生的思想实际、生活实际和发展需要脱节;

(4)知与行分离,重视德育知识的灌输,轻视实践教育和道德行为的养成;

(5)形式主义和简单化盛行,缺乏吸引力和感染力。

考点2　我国中小学德育改革的主要趋势

(1)落实德育工作在素质教育中的首要位置;

(2)确立符合中小学生思想品德发展实际的德育目标;

(3)坚持贴近实际、贴近生活、贴近学生的德育方式,改进德育内容;

(4)积极改进中小学思想品德教育的方法和形式;

(5)坚持知和行统一,积极探索实践教学和学生参加社会实践、社区服务的有效机制,建立科学的学生思想道德行为综合考评制度;

(6)因地制宜开展德育活动。

★★ 考点大默写 ★★

1. ____________是为了达到德育目的,在德育过程中所采用的教育者和受教育者相互作用的活动方式的总和。
2. ____________是通过语言说理,使学生明晓道理,分清是非,提高品德认识的方法。
3. ____________是教师利用或创设具有教育意义的环境或情境,对学生进行潜移默化的熏陶和感染,使其在耳濡目染中受到感化的德育方法。
4. 根据学生善于模仿、崇拜英雄的特点,我们可以使用的德育方法是____________。
5. 教师指导学生通过座右铭勉励自己进步,这使用的德育方法是____________。
6. 品德评价法的方式包括____________、____________、评比和操行评定。
7. "奖励为主,抑中带扬"是德育方法中____________的运用要求之一。
8. 通过让儿童扮演处境特别的求助者或其他有异于自己的社会角色,使扮演者暂时置身于他人的位置,增进扮演者对他人及其社会角色的理解和认同。这运用的德育方法是____________。

【参考答案】

1. 德育方法　2. 说理教育法(说服教育法)　3. 陶冶教育法　4. 榜样示范法　5. 品德修养指导法　6. 奖励　惩罚　7. 品德评价法　8. 角色扮演法

第六节　德育模式

学校德育模式,实际上是指在学校德育实施过程中道德理论与德育理论、德育内容、德育手段、德育方法、德育途径的某种组合方式。这里主要介绍几种国内外知名的德育模式:

一、道德认知发展模式 【单选】 ★★

考点1 道德认知发展模式的主要观点

道德教育的认知模式是当代德育理论中流行**最为广泛、占据主导地位**的德育学说，它是由瑞士学者**皮亚杰**提出，而后由美国学者**科尔伯格**进一步深化的。该模式假定人的道德判断力按照一定的阶段和顺序从低到高不断发展，道德教育的目的就在于促进儿童道德判断力的发展及其行为的发生。

考点2 道德认知模式的特色

(1)提出以公正观发展为主线的德育发展阶段理论；(2)建构了较为科学的道德发展观，提出智力与道德判断力关系的一般观点；(3)通过实验建立了崭新的学校德育模式。

考点3 道德认知模式对我国学校德育改革的启示

(1)科尔伯格对于道德判断发展六个阶段的界定未必合乎我们的国情，但其研究方法和研究结果总的来说是可信的，值得进一步研究和发展。可根据本民族的文化传统，对科尔伯格的研究进行修正。

(2)发展性原则在我国学校的知识教学中已经得到广泛认可和应用，但在德育上还没有更多的研究和展开。我们应遵循发展性原则，探索德育的多种模式。

(3)我国学校在系统地传授道德知识方面颇有心得，但在提高学生道德思维能力方面缺乏行之有效的办法，在此方面，道德认知模式可提供有益的借鉴。

知识再拔高

道德两难

科尔伯格采用道德两难故事法研究儿童的道德发展。所谓道德两难，指的是同时涉及两种道德规范且两者不可兼顾的情境或者问题。它除了可以用于测量儿童的道德判断的发展水平，还具有非常特别的教育意义：

(1)可用于促进儿童的道德判断力的发展；

(2)可用于提高学生的道德敏感性；

(3)可用于提高学生在道德问题上的行动抉择能力；

(4)可用于深化学生的道德理解，提高道德认识。

真题面对面

[2021金华/诸暨，单选]德育的“认知模式”中，设置两难问题是为了(　　)

A. 测量道德发展的形式　　B. 测量道德判断的发展水平

C. 测量道德发展的能力　　D. 测量道德发展的结构

答案：B

二、体谅模式 【单选】 ★★

考点1 体谅模式的主要观点

体谅或学会关心的道德教育模式形成于20世纪70年代，为英国学校德育学家彼得·麦克费尔和他的同事所创。该理论的观点有:(1)满足学生与人友好相处的需要是教育的重要职责;(2)道德教育重在提高学生的人际意识和社会意识,引导学生学会关心;(3)鼓励处于社会体验期的青少年体验不同的角色和身份;(4)教育即学会关心。

考点2 体谅模式的特色

(1)有助于教师较全面地认识学生在解决特定的人际—社会问题时的各种可能反应;(2)有助于教师较全面地认识学生在解决特定的人际—社会问题时可能遭到的种种困难,以便更好地帮助学生学会关心;(3)它提供了一系列可能的反应,教师能够根据它们指导学生围绕大家提出的行动方针进行讲座或角色扮演的主题活动。

考点3 体谅模式对我国学校德育发展改革的启示

(1)如果把"学会关心"视为学校德育的一个重要方面,那么,这个总的教育目的应当分解成层层推进的目标体系,从培养学生对他人需要、目的、利益的敏感性,到培养较为丰富的人际意识,直到培养比人际意识更为复杂的社会意识。

(2)目标体系应当通过一套精心设计、内容逼真且包含人际—社会问题情境的教材体现出来。

(3)应当与各学科的教学结合起来使用,大量使用有助于提高学生人际意识和社会意识的教学方法。

三、价值澄清模式

价值澄清模式的代表人物是美国的**拉斯**、**哈明**、**西蒙**等人。这种模式着眼于价值观教育,试图帮助人们减少价值混乱并通过评价过程促进统一的价值观的形成。其目的是通过选择、赞扬和实践过程来增进富于理智的价值选择。

考点1 价值澄清模式的理论观点

价值澄清的目标之一就是使人们获得一种价值观念,这种价值观念使他们能以一种令人满意与明智的方式适应他们所处的不断变化的世界。因此,价值观并不是一种固定的观点或永恒不变的真理,而是建立在个体亲身经历的社会经验基础上的一种指南。

考点2 价值澄清模式的评价过程

要了解自己的价值观,必须经过选择、评价和按这些价值观行动的过程。全部的价值澄清过程实际上包括三个阶段和七个步骤:

表1-33 价值澄清模式的阶段和步骤

阶段		步骤	
一	选择	1	自由地选择
		2	从各种可供选择的项目中进行选择
		3	在仔细考虑后果之后进行选择
二	评价	4	赞同与珍视所做的选择
		5	确认自己的选择
三	行动	6	依据选择行动
		7	重复

四、社会模仿模式(社会学习模式)

考点1 社会模仿模式的主要观点

社会模仿模式主要是由美国的**班杜拉**创立的,该模式认为人与环境是一个互动体,人既能对刺激做出反应,也能主动地解释并作用于情境。其基本观点有:(1)儿童的道德行为、道德判断是通过社会学习(观察学习)获得和改变的;(2)榜样示范是道德教育的主要手段;(3)提出环境、行为和人的交互作用论;(4)强调自我调节。

考点2 社会模仿模式的特色

(1)在吸收其他学派的基础上,发展了行为主义,使之对人的道德行为做出更合理的阐释,对德育工作有很大意义;(2)在文化环境与人的道德发展相互作用方面有重要的成果,系统论述了示范榜样对道德发展的内在作用机制以及影响道德行为的各种形式和途径;(3)具体阐述培养学生自我评价能力,建立认知调节机制的基本过程,把环境的示范和个体的发展与认知调节机制的互动表达出来,从中可以看到学生是如何内化外部作用,从而逐渐发展成自我评价能力的;(4)注重理论与实践相结合。

考点3 社会模仿模式对我国学校德育发展改革的启示

(1)在探讨道德教育与行为形成方面,社会学习理论的许多成果值得借鉴,对我们加强道德知识教育和行为习惯培养有较大启迪作用。

(2)强调自我效能,注重个体自我评价能力的培养,努力引导学生学会自我强化。

五、集体教育模式 【单选】 ★

考点1 集体教育模式的基本观点

苏联教育家**马卡连柯**是集体教育思想的代表人物。其基本观点有:(1)教育工作的主要方式是集体教育,教育工作的基本对象是集体,教育的任务是培养集体主义者;(2)在集体中,通过集体,为了集体的教育体系。

马卡连柯还分析了儿童集体形成的阶段,提出了**平行教育影响原则**和**前景教育原则**。前者是指教师应以集体为教育对象,通过集体并在集体中教育和影响个人。后者是指通过经常在集体和集体成员面前呈现美好的"明天的快乐"的前景,推动集体不断地前进,永远保持生机勃勃的旺盛的力量。

考点2 集体教育模式在学校中的实践

具体来说,集体教育模式对学校中的实践提出了几个原则:(1)平行教育影响原则;(2)前景教育原则;(3)尊重与要求相结合原则。

真题面对面

[2021金华,单选]平行教育思想的提出者是(　　)

A. 班杜拉　　B. 布鲁纳　　C. 马卡连柯　　D. 杜威

答案:C

考点大默写

1. 道德教育的__________是当代德育理论中流行最为广泛、占据主导地位的德育学说。
2. 认知模式假定人的道德判断力按照一定的阶段和顺序从低到高不断发展，道德教育的目的就在于促进儿童__________的发展及其行为的发生。
3. __________模式鼓励处于社会体验期的青少年体验不同的角色和身份。
4. __________模式的代表人物是美国的拉斯、哈明、西蒙等人。
5. 社会模仿模式主要是由美国的__________创立的。
6. 社会模仿模式认为儿童的道德行为、道德判断是通过__________获得和改变的。
7. 马卡连柯分析了儿童集体形成的阶段，提出了平行教育影响原则和__________原则。

【参考答案】

1. 认知模式　2. 道德判断力　3. 体谅　4. 价值澄清　5. 班杜拉　6. 社会学习(观察学习)　7. 前景教育

我于______年____月____日完成了对本章的学习。

复盘一下，我对自己较肯定的地方是________________

(足够努力/心态积极/方法得当……)

我觉得自己需要改进的地方是________________

(懒惰懈怠/心情浮躁/方法不当……)

休息片刻，开启下一站征程！

第八章 班主任工作

思维导图

- 班主任工作
  - 班集体与班主任
    - 班集体
      - 班集体的发展阶段：
        说法一：初建期的松散群体、形成期的合作群体、成熟期的集体阶段；
        说法二：组建、形核、发展、成熟阶段
      - 班集体的形成与培养：
        “定目标、建核心、建秩序、搞活动、树班风” 【重点】
      - 班集体建设的方法：
        合作法、激励法、规范法、示范法、强化法 【易混】
    - 班主任
      - 班主任的素养：
        思想道德素养、业务素养、心理素养、人际关系素养和形象素养
      - 班主任的领导方式：
        专制型、民主型、放任型
      - 班主任工作的内容与方法：
        了解和研究学生；有效地组织和培养优秀班集体；
        组织课外、校外活动和指导课余生活；
        协调校内外各种教育力量；
        学习指导、学习活动管理和生活指导、生活管理；
        建立学生档案；操行评定；班主任工作计划与总结；
        个别教育工作；班会活动的组织；偶发事件的处理 【难点】
  - 班级管理
    - 班级管理的概念：教师根据一定的目的与要求，采用一定的手段与措施，带领全班学生，对班级中的各种资源进行计划、组织、协调、控制，以实现教育目的的组织活动过程
    - 班级管理的功能：“主要抓教学、基本是秩序、重要在学生”
    - 班级管理的内容：班级组织建设、班级制度管理、班级教学管理、班级活动管理
    - 班级管理的模式：班级常规管理、班级平行管理、班级民主管理、班级目标管理 【重点】
    - 班级管理中存在的问题及解决策略：解决策略：建立以学生为本的班级管理新机制
  - 班级活动设计
    - 班级活动概述：类型：班会活动、学习活动、科普活动、文化体育活动、社会实践活动、社会公益服务活动
    - 班级活动的规划与方案设计：班级活动规划应依据本班集体建设的总目标进行规划，并由教师和班级成员共同参与，合作完成
    - 班级活动的组织：原则：目的性、针对性、多样性、易操作性、创造性、整体性
    - 班主任在班级活动管理中的角色：班级活动的协调者、引导者、参与者
  - 班级教育力量管理
    - 班级中的各种教育力量：学校教育力量、家庭教育力量、社会教育力量
    - 教育力量协调一致：为实现班级工作目标，班主任组织协调班级各方面教育力量，互相配合，通力合作，做好班级的教育与管理工作
    - 学校、家庭、社会三结合教育
      - 家庭教育的特点：先导性、感染性、权威性、针对性、终身性、个别性
      - 教育合力：学校、家庭、社会三种教育力量相互联系、相互协调、相互沟通，统一教育方向，形成以学校教育为主体，以家庭教育为基础，以社会教育为依托的共同育人的力量，使学校、家庭、社会一体化，以提高教育活动实效 【易错】

浙江考向

本章属于教育学的基础章节，也是台州、宁波、丽水、嘉兴等地区的笔试频繁考查的章节，识记、理解性知识多，在考试中常以选择题、填空题、判断题、简答题、案例分析题等形式考查。本章的考向分析如下：

考点名称	常考题型	能力层级	考查热度
班集体的形成与培养	简答、案例分析	理解、掌握、运用	★★★
班集体建设的方法	单选	识记、理解	★★
班主任的地位和作用	单选、填空、判断	识记、理解	★★
班主任工作的内容与方法	单选、多选、填空、简答	识记、理解、掌握	★★★
班级管理的模式	单选、判断	识记、理解	★★
学校、家庭、社会三结合教育	单选、填空、判断	识记、理解	★★

核心考点

第一节　班集体与班主任

一、班集体

考点 1　班集体的概念

班集体是按照班级授课制的培养目标和教育规范组织起来的，以共同学习活动和直接性人际交往为特征的社会心理共同体。

考点 2　班集体的特征　★

“班级”一词最早由**埃拉斯莫斯**提出。班级是学校中开展各类活动的最基本的组织形式，是学校行政体系中最基层的行政组织，是按照一定的教育目的、教学计划和教育要求组织起来的学生群体。但一个班的学生群体还不能称为班集体，学生群体和班集体之间有着本质差别。班集体必须具备以下四个基本特征：

(1)明确的共同目标。这是班集体形成的基础。

(2)一定的组织结构，有力的领导集体。

(3)共同生活的准则，健全的规章制度。

(4)具有正确的集体舆论以及团结、和谐、向上的人际关系。

考点 3　班集体的教育作用　【单选、简答】　★

在学校教育中，良好的班集体对学生的健康成长是非常重要的，具体表现在：

(1)有利于形成学生的群体意识。

(2)有利于培养学生的社会交往与适应能力。

(3)有利于训练学生的自我教育能力。班集体是学生自己的集体，每个学生在所属的班集体中都拥有一定的权利和义务，都能找到适合自己的角色与活动。因此，班集体是训练班级成员自己管理自己、自己教育自己、自主开展活动的最好载体。

考点 4　班集体的发展阶段

班级成立以后，从其初步形成到巩固成熟是一个连续的动态的发展过程，通常把班集体的发展分为以下几个阶段：

1. 班集体初建期的松散群体阶段

班级处于组建之初，班级成员之间互不认识，每位同学只是按照课表进入同一教室上课或根据班主任的统一安排参加共同活动而已。同学彼此之间处在新奇而互相观察的状态，对班主任依赖性较强，班级工作主要由班主任主持。因此，这一时期是班主任工作最繁忙的时期，也是班主任工作能力经受考验的关键期。

2. 班集体形成期的合作群体阶段

这一时期，班级中开始涌现出热心为大家服务的同学，班主任指定的班干部也开始发挥核心作用，班级的凝聚力有所显现，多数学生在班集体中获得了归属感，在班主任的指导下，班干部可以独立组织班级活动。因此，这一时期是班主任培养班级骨干的重要时期。

3. 班集体成熟期的集体阶段

这一阶段是班集体趋向成熟的时期，集体的特征得到充分而完全的体现，并为集体成员所内化，全班已成为一个组织制度健全的有机整体，学生积极参与班级活动，并使自己的个性特长得到发展，整个班级洋溢着一种平等、和谐、上进、合作的心理气氛。班主任已经开始成为班级领导者，主要任务在于根据学校教育计划，加强班集体的特色化建设；同时根据对每位学生的了解，为学生提出发展规划建议，促进学生的个性发展。

此外，也有说法认为，班集体的形成一般分为四个阶段：组建阶段、形核阶段、发展阶段和成熟阶段。

考点 5　班集体的形成与培养（班集体建设的内容）【简答、案例分析】★★★

班集体不是自然形成的，任何一个班集体的形成，都会经历组建、形成、发展的过程，这实际上也是教育培养与社会化的过程。

1. 确定班集体的发展目标

目标是集体发展的方向和动力，一个班集体只有具有共同的目标，才能使班级成员在认识上和行动上保持统一，才能推动班集体的发展。班集体的发展目标一般可分为近期、中期、远期目标三种，目标的提出应由易到难、由近到远地逐步提高。在实现班集体目标的过程中，教师要充分发挥班级成员的积极性，使实现目标的过程成为教育与自我教育的过程。

2. 建立得力的班集体核心

得力的班集体核心是班主任的左膀右臂，是维护和推动班级工作的有力助手，是带动全班同学实现集体发展目标的核心。因此，建立一支核心队伍是培养班集体的一项重要工作。建立班集体的核心队伍，首先，教师要善于发现和培养积极分子，及时发现并选拔出热心为集体服务、团结同学且具有一定管理能力的学生干部；其次，教师应把对积极分子的使用与培养结合起来。

3. 建立班集体的正常秩序

班集体的正常秩序是维持和控制学生在校生活的基本条件，是教师开展工作的重要保证。班集体的正常秩序包括必要的规章制度、共同的生活准则以及一定的生活规律。教师在班集体的组建阶段，就应着手正常秩序的建立工作，特别是当接到一个教育基础较差的班级时，首先就要做好这项工作。

4. 组织形式多样的教育活动

班集体是在全班同学参加各种教育活动的过程中逐步成长起来的，而各种教育活动又可以使每个人都有机会为集体出力并展示自己的才能。班级教育活动主要由日常性的教育活动与阶段性的教育活动两大部分组成，所涉及的内容有主题教育活动、文艺体育活动、社会公益活动等。教师在组织各种教育活动时，要有明确的目的和要求，精心设计活动内容，注意形式的适龄化，力争把活动的开展过程变成教育过程。

5. 培养正确的舆论和良好的班风

班集体舆论是班集体生活与成员意愿的反映。正确的班集体舆论是一种巨大的教育力量，对班集体每个成员都有约束、激励作用，是教育集体成员的重要手段。良好的班风是班集体大多数成员精神状态的共同倾向与表现。正确的舆论和良好的班风是班集体形成的重要标志。

记忆有妙招

为方便考生记忆，编者将班集体的形成与培养总结成以下口诀：
定目标、建核心、建秩序、搞活动、树班风。

真题面对面

[2022台州，案例分析]阅读案例，回答问题。

【案例】季老师是A班新来的班主任，刚刚接手A班时，A班的课堂纪律很差，于是季老师就打算对A班进行纪律整治，用投票的方式让学生选出纪律最差的学生，然后对该学生进行专项整治。

一开始，学生们都不愿意参加此次活动，于是季老师就规定，不参加投票的学生以后就站着上课。学生们不得已只能参加此次投票，季老师还当众公布投票结果，被投票选出的学生感到很羞愧，再也不敢破坏课堂纪律了。

【问题】结合案例，请你分析季老师的教育行为并针对A班的情况提出教育建议。

答案：(1)季老师的教育行为偏重专断型，违背了班级管理的民主性，伤害了学生的自尊心，忽视了学生在班级管理中的主体性，是不合理的。具体分析如下：

①在班级纪律整治中，季老师强制学生参加投票，并且规定不参加投票的学生以后站着上课。这一行为表明季老师在管理中独断专行，没有做到民主管理。

②季老师让学生用投票的方式选出纪律最差的学生，并且当众公布投票结果。这一行为严重打击了学生的自尊心，也不利于班级的团结。

③在班级纪律整治中，季老师没有询问学生的意见，反而强迫学生按照自己的想法行事。这一行为表明季老师忽视了学生在班级管理中的主体性，没有做到以学生为本。

(2)针对A班的情况，教师可从以下方面进行班集体建设：

①确定班集体的发展目标。目标是集体发展的方向和动力，一个班集体只有具有共同的目标，才能使班级成员在认识上和行动上保持统一，才能推动班集体的发展。针对A班课堂纪律差的情况，教师可以先确定班集体的发展目标，引导学生朝着目标努力。

②建立得力的班集体核心。得力的班集体核心是班主任的左膀右臂，是维护和推动班级工作的有力助手，是带动全班同学实现集体发展目标的核心。针对A班的情况，教师可先从A班中发现并选拔出热心为集体服务、团结同学且具有一定管理能力的学生干部，让他们协助自己进行班级纪律管理。

③建立班集体的正常秩序。班集体的正常秩序是维持和控制学生在校生活的基本条件,是教师开展工作的重要保证。教师可先在A班公布一些必要的规章制度、共同的生活准则以及一定的生活规律。

④组织形式多样的教育活动。班集体是在全班同学参加各种教育活动的过程中逐步成长起来的,而各种教育活动又可以使每个人都有机会为集体出力并展示自己的才能。教师可通过组织主题教育活动,使学生在活动过程中受到教育。

⑤培养正确的舆论和良好的班风。班集体舆论是班集体生活与成员意愿的反映。正确的班集体舆论是一种巨大的教育力量,对班集体每个成员都有约束、激励作用,是教育集体成员的重要手段。针对A班课堂纪律差的情况,教师可从培养良好的班风入手,从而约束、激励学生。

考点6 班集体建设的方法 【单选】 ★★

1. 合作法

合作法是指围绕班级的奋斗目标、规范和舆论进行协作配合,形成合力,统一给学生施加教育影响,发挥整体的教育效应。它包括:班级教师间的合作、班级学生骨干的合作、班级学生家长的合作、班级与学校的合作、班级与社会教育机关的合作等。

2. 激励法

首先是**目标激励法**,主要表现为班主任根据教育目标和班级实际发展状况,不断地、一步步向全班提出明确的目标和要求,引导和激励学生为实现美好的期望和目标而奋发努力。其次是**竞赛激励法**,即通过班内竞赛活跃集体生活,通过班级之间争夺"卫生红旗""守纪红旗""文明班级"的荣誉称号以及在各种文体竞赛中争取获奖,以此来振奋班集体精神。

3. 规范法

班主任要以规范去引导和调节学生的言行,从而推动班集体的形成和发展。它包括两类:一类是成文的规范,对这类成文的规范要逐步实施,逐步训练,养成习惯。另一类是非成文的规范,即集体生活中约定俗成的准则,这类规范带有浓厚的感情色彩,体现出集体生活的特色,对学生具有较强的约束力。班主任要有意识地去发现、倡导和培养非成文的规范,借以推动班集体的发展。

4. 示范法

班主任首先要为人师表,发挥其示范和引导作用;其次,要充分发挥学生干部和积极分子的带头作用;再次,要借助于高年级学生的指导和带动作用;最后,要充分发挥先进模范、典型事迹的激励和影响作用。

5. 强化法

通过强化手段进行控制和鼓励,也是形成班集体不可缺少的方法。强化法通常的方式是批评和表扬,二者要配合使用。对学生宜多采用正强化,以鼓励为主。此外,通过舆论宣传也是一种强化的方式。

真题面对面

[2019统考,单选]班主任用批评、表扬、舆论宣传、板报、班会等方式进行的班集体建设和培养的方法是( )

A. 激励法　　B. 规范法　　C. 强化法　　D. 示范法

答案:C

二、班主任

考点1 班主任的概念

班主任是班级工作的组织者和领导者，是贯彻国家教育方针，促进学生全面健康成长的骨干力量。

教育部印发的《中小学班主任工作规定》指出："班主任是中小学日常思想道德教育和学生管理工作的主要实施者，是中小学生健康成长的引领者，班主任要努力成为中小学生的人生导师。"

考点2 班主任的地位和作用 【单选、填空、判断】 ★★

1. 班主任的地位

理解班主任的工作地位，应着眼于：

(1)教师在社会主义现代化建设中具有举足轻重的地位。而班主任是教师群体中负有最重要责任的一部分人，越是认识到教师的重要，也就越清楚地认识了班主任工作的重要性。

(2)从学校教育的实际工作看，班主任工作直接影响着青少年的成长，关系着国家的未来。

(3)班主任工作是在学校统一领导下进行的，是学校教育教学工作的具体实施者，学校的教育工作很大程度上是通过班主任具体落实实施的，他们处在育人的最前线，是学校工作的具体体现。班主任是班级学生教育的首席责任教师，在学校工作中占有举足轻重的地位，一所学校教育教学工作的成败与这所学校的班主任队伍有着十分密切的关系。

以上论述充分说明了班主任工作确实是高尚而神圣的职业，无论在宏观的社会主义现代化建设中，还是在微观的学校教育工作中，班主任都具有举足轻重的特殊地位。

2. 班主任的作用

班级是学校思想品德教育工作的基本单位，班主任是学生班级的直接教育者、组织者和领导者。班主任的作用表现在他是学生健康成长的引路人，是联系班上各个任课教师的纽带，是沟通学校、家庭和社会各方面教育力量的桥梁，是学校对学生进行思想品德教育的骨干力量。

真题面对面

[2021宁波，判断]班主任是学生班级的直接组织者、教育者和领导者。(　　)

答案：√

考点3 班主任的素养 ★

新时期的班主任的职业素养一般包括思想道德素养、业务素养、心理素养、人际关系素养和形象素养。

1. 思想道德素养

班主任的思想道德素养主要包括：(1)坚定的理想和信念，正确的政治方向，较高的理论修养和高尚的道德品质；(2)热爱教育事业，热爱学生；(3)以身作则，为人师表。

2. 业务素养

班主任的业务素养主要指两个方面：一是知识素养，二是能力素养。

(1)知识素养。①要掌握系统、全面、扎实的专业知识；②应当广泛涉猎心理学、管理学、社会学、美学、人才学、创新学等相关知识。

(2)能力素养。班主任的能力具体是指教育能力、研究能力和管理能力。

3. 心理素养

现代教育对班主任的心理素养要求越来越高，主要包括：(1)稳定的情绪；(2)良好的性格；(3)坚强的意志。

4. 人际关系素养

班主任要处理好与学生、同事、领导和家长的关系。

(1)与学生的关系。师生关系是班主任工作的主要人际关系。

(2)与同事的关系。处理好同事之间的关系，不仅有助于合作学习、分享经验，同时也有助于加强教师的职业情感和专业意识。尤其是班主任，要使班级健康发展，处理好与任课教师的关系相当重要。

(3)与领导的关系。班主任与领导的关系，是干群关系，也是上下级关系，正确地处理好这一关系，不仅有利于上下沟通、工作协调、提高教学质量，而且对班主任的自身发展也会产生有利的影响。

(4)与家长的关系。做好教育工作，班主任就必须与家长配合，形成教育合力，共同承担培养下一代的责任。

5. 形象素养

班主任作为学校的公众人物，要重视自己的外在风貌，将良好的形象展现给学生。因此，班主任应注意几个方面的素养：(1)身体素养，良好的身体素质是班主任的必备素质；(2)仪表素养；(3)谈吐素养；(4)教态素养。

考点4　班主任的领导方式　【单选、论述】　★★

1. 班主任的领导方式——专制型、民主型、放任型

表1-34　班主任的领导方式

领导方式	特点	学生的反应
专制型	属于支配性指导。无视学生的个别差异，以僵硬的对策为基础，只给予统一强制的指导，或一味的斥责、威胁	学生的自主性、能动性行为显著减少，消极性、依存性行为增多
民主型	属于综合性的指导。比较善于倾听学生的意见，能够灵活地适应学生的个别差异，以此为基础引出学生的自发行为，促进学生在合作中进行思想交流	学生的行为较稳定，自主积极的行为较多
放任型	属于不干预性指导。对班级管理不做过多干预，以容忍的态度对待班级生活中的冲突，不主动组织班级活动	学生有目的的活动水平低下，违背团体原则的自发行为增多

2. 班主任在具体操作过程中的两种领导方式

上述三种领导方式是班主任常用的比较典型的领导管理方式，但在当前班级管理实践中，班主任在具体操作过程中有两种领导方式运用得比较多，即“**教学中心**”和“**集体中心**”的领导方式。

“教学中心”是目前用得较多的领导方式，这与现行的班主任工作评价机制不无关系，它最大的弊端是忽视人的因素，班级工作只见教学不见学生，只看学生分数不看学生发展。

“集体中心”的领导方式主张信赖而不是怀疑集体，用集体领导的手段管理班级，将班级作为教育的对象。尽管如此，班集体是由每一个具有不同个性的学生个体组成的，所以，在实施“集体中心”的领导方式时，既要重视发挥班集体的教育功能，又要重视教育转化个别学生，促进班级的管理和发展。

考点5 班主任工作的内容与方法 【单选、多选、填空、简答】★★★

1. 了解和研究学生

(1)了解和研究学生的意义

了解和研究学生是班主任工作的**前提**和**基础**。了解和研究学生包括对班级群体和班级个体的了解和研究,是班级教育过程中有效开展各项工作必不可少的基本环节。

(2)了解和研究学生的主要内容

①了解和研究班级群体,具体包括:

第一,班级成员的基本构成,如生源状况、年龄层次、性别比例等;

第二,班级群体的学业状况,包括不同学业程度的具体情况和不同学科学业程度的具体情况;

第三,班级群体的发展状况,如班级组织、班级规范、人际关系、班级舆论、班风、班级传统等;

第四,班级日常行为表现,如学习习惯、课堂内外的纪律等。

②了解和研究班级个体,具体包括:

第一,学生的基本情况,如性别、年龄、身体状况、兴趣爱好、个性倾向等;

第二,学生的社会关系,如家长职业、家庭经济状况、家庭结构、家庭关系、家庭所在的社区环境等;

第三,学生的学业和品德状况,如学习态度、学习习惯、学习性向、智能发展水平等;

第四,学生的品德形成与社会性发展状况,如行为习惯、人际关系、人际交往方式、思想道德面貌等。

(3)班主任了解学生的方法

①**观察法**,即在自然条件下,有目的、有计划地对学生的各种行为表现进行观察。这是班主任了解、研究学生的最基本方法。

②**谈话法**,指班主任通过与学生面对面谈话来深入了解学生情况的基本方法。具有灵活、方便、容易了解事情细节、有利于感情沟通等特点。

③**调查法**,即通过对学生本人或知情者的调查访问,从侧面间接地了解学生,包括问卷、座谈等。通过这种方法可获得大量第一手材料,反映的问题比较深刻全面。

④**书面材料分析法**,即借助学生的成绩表、作业、日记等书面材料对学生进行了解的方法。这是了解学生基本情况的最简易方法。

2. 有效地组织和培养优秀班集体

组织和培养优秀班集体是班主任工作的**中心环节**,班主任应有计划、有组织地在短时间内有效地组建班集体。

3. 组织课外、校外活动和指导课余生活

课外活动和校外活动一般都以班为单位来组织与安排,所以,组织与指导这些活动也是班主任的一项经常性的重要工作。班主任还应经常关心和了解学生的课余生活,并给予必要的指导。

4. 协调校内外各种教育力量

班主任要对班级实施有效的教育与管理,必须要争取校内外各种教育力量的配合,调动各方面的积极因素。具体内容如下:

(1)协调本班各任课教师的工作,充分发挥本班任课教师的作用。

(2)协助和指导班级团队活动。

(3)争取运用家庭和社会教育力量。班主任要与学生、家庭和社会有关方面取得联系,加强学生的思想政治工作。具体如下:①借助社会力量到学校来影响学生;②把学生有组织、有目的地放到社会上去接受积极影响;③学校与社会合作,形成有组织的来往,使其成为班级活动的一部分。

5. 学习指导、学习活动管理和生活指导、生活管理

(1)学习指导、学习活动管理。**学习指导**包括:①指导学生掌握科学的学习方法;②指导学生养成良好的学习习惯;③指导学生制订学习计划。**学习活动管理**包括上课、课外作业、考试、学生的集体自修等。

(2)生活指导、生活管理。**生活指导**包括:①对学生进行礼仪常规教育;②指导学生的日常交往;③指导学生搞好生理卫生;④指导学生遵纪守法;⑤对学生进行劳动教育。**生活管理**包括考勤、日常作息安排、维持各种活动纪律、清洁卫生、执行守则、维持学生正常秩序等。

6. 建立学生档案

班主任在全面了解学生的基础上,对掌握的材料进行分析处理,并将整理结果分类存放起来,即建立学生的档案。建立学生档案一般分为四个环节:收集—整理—鉴定—保管。

7. 操行评定

(1)操行评定的概念

操行评定是以教育目的为指导思想,以"学生守则"为基本依据,对学生一个学期内在学习、劳动、生活、品行等方面的小结与评价。操行评定的主要内容有道德品行、学习、身心健康三个方面。

(2)学生操行评语的基本写法

①谈心式;②描述性;③过程性;④情感性。

(3)操行评定的一般步骤

①学生自评;②小组评议;③班主任评价;④信息反馈。

(4)班主任做好操行评定应注意的几个方面

①要实事求是,抓主要问题,评定要准确反映学生思想品德的全面表现和发展趋向;②要充分肯定学生的进步,并适当指出他们的不足;③评语要简明、具体、贴切,严防用词不当伤害学生的情感。

8. 班主任工作计划与总结

班主任工作计划一般分为学期计划、月或周计划以及具体的活动计划。学期计划比较完整,一般包括三大部分:(1)基本情况;(2)班级工作的内容、要求和措施;(3)本学期中的主要活动与安排。

班主任工作总结是对整个班主任工作过程、状况和结局做出全面的、恰如其分的评估,进行质的评议和量的估计。班主任工作总结一般分为两类:全面总结和专题总结,一般在学期或学年末进行。做好总结应注意两点:(1)平时注意对班主任工作资料的积累;(2)注意做阶段小结。

9. 个别教育工作

班主任必须根据学生的个别差异,做好学生的个别教育工作。只有使每个学生都得到发展,班集体才能健康地发展。班主任做好个别教育工作,包括做好先进生的教育工作、中等生的教育工作和后进生的教育工作。班主任做好个别教育工作的一般要求包括:(1)摸清情况,分析原因,区别对待;(2)热爱和尊重学生,促其转化;(3)发现"闪光点",及时表扬,逐步提高;(4)自我剖析,制定措施,接受监督;(5)常抓不懈,持之以恒。

关于个别教育工作需注意:

(1)教育对象:全班每一位学生。

(2)工作方法:个别指导、个别谈心等。

(3)个别教育工作≠做后进生的思想工作。

这里主要介绍先进生和后进生的教育工作:

(1)先进生工作

先进生的心理特征:①自尊心强,充满自信;②强烈的荣誉感;

③较强的超群愿望与竞争意识。

对于先进生的教育,班主任应注意:①严格要求,防止自满;②不断激励,弥补挫折;③消除嫉妒,公平竞争;④发挥优势,全班进步。

(2)后进生工作

后进生通常指那些学习积极性不高、学习成绩暂时落后、不太守纪律的学生。后进生是一个相对概念,运用时应谨慎。后进生的心理特征:①不适度的自尊心;②学习动机不强;③意志力薄弱。

对于后进生的教育,班主任应注意:①关心爱护后进生,尊重他们的人格;②培养和激发学习动机。

10. 班会活动的组织

(1)班会的概念及类型

班会是以班级为单位,在班主任的指导下,一般由学生干部主持进行的全班性会务活动。班会一般有三类,即常规班会、生活班会和主题班会。

(2)主题班会

①主题班会的概念

主题班会是班主任依据教育目标,指导学生围绕一定主题,由学生自己主持、组织进行的班会活动。主题班会是班级活动的主要形式。

②主题班会的形式

第一,主题报告会;第二,主题汇报会;第三,主题讨论会;第四,科技小制作成果展评会;第五,主题竞赛;第六,主题晚会。

③组织主题班会的阶段

第一,确定主题;第二,精心准备;第三,具体实施;第四,总结深化。

④组织主题班会应注意的问题

第一,主题不能过杂;第二,要有的放矢;第三,班主任要做好"导演"而不是"演员"。

11. 偶发事件的处理

(1)偶发事件的概念

偶发事件是指在教育的过程中发生的事先难以预料、出现频率较低,但必须迅速做出反应、加以特殊处理的事件。

(2)偶发事件的特点

突发性、紧迫性、冲击性和多样性。

(3)偶发事件处理的原则

①教育性原则;②客观性原则;③有效性原则;④可接受性原则;⑤冷处理原则。

(4)偶发事件处理的办法

①沉着冷静面对;②机智果断应对;③公平民主处理;④善于总结引导。

知识再拔高

班主任工作内容的其他说法

班主任的任务,除了抓好学生的学习之外,主要是对学生进行有计划的、经常性的思想品德教育。具体来说应该做好五个方面的工作:(1)了解和研究学生;(2)组织和培养班集体;(3)结合学习任务做好思想品德教育工作;(4)做好个别学生的教育工作;(5)做好学生家长工作。

真题面对面

[2019丽水,多选]班主任工作的内容有( )

A. 了解和研究学生

B. 组织和培养班集体

C. 做好学生家长工作

D. 做好个别学生的教育工作

E. 结合学习任务做好思想品德教育工作

答案:ABCDE

★★ 考点大默写 ★★

1. ______是按照班级授课制的培养目标和教育规范组织起来的,以共同学习活动和直接性人际交往为特征的社会心理共同体。
2. “班级”一词最早由______提出。
3. 明确的______是班集体形成的基础。
4. 班集体形成期的______阶段,班级中开始涌现出热心为大家服务的同学,班主任指定的班干部也开始发挥核心作用。
5. ______是集体发展的方向和动力。
6. 当接到一个教育基础较差的班级时,班主任首先要做好的工作是______。
7. ______是班级工作的组织者和领导者,是贯彻国家教育方针,促进学生全面健康成长的骨干力量。
8. 新时期的班主任的职业素养一般包括思想道德素养、______、______、人际关系素养和形象素养五个方面。
9. ______是班主任工作的前提和基础。
10. ______是班主任工作的中心环节。
11. 建立学生档案一般分为四个环节:______—______—______—______。
12. 操行评定是以______为指导思想,以“______”为基本依据,对学生一个学期内在学习、劳动、生活、品行等方面的小结与评价。
13. 班主任做好个别教育工作,包括做好______的教育工作、______的教育工作和______的教育工作。
14. ______是班级活动的主要形式。

【参考答案】

1. 班集体 2. 埃拉斯莫斯 3. 共同目标 4. 合作群体 5. 目标 6. 建立班集体的正常秩序 7. 班主任 8. 业务素养 心理素养 9. 了解和研究学生 10. 组织和培养优秀班集体 11. 收集 整理 鉴定 保管 12. 教育目的 学生守则 13. 先进生 中等生 后进生 14. 主题班会

第二节　班级管理

一、班级管理的概念

班级管理是一种有目的、有计划、有步骤的社会活动，这一活动的根本目的是实现教育目的，使学生得到充分的、全面的发展。班级管理的对象是班级中的各种管理资源，而主要对象是学生，班级管理主要是对学生的管理；班级管理的主要手段有计划、组织、协调和控制；班级管理是一种组织活动过程，它体现了教师与学生之间的双向活动，是一种互动的关系。

总之，**班级管理**是一个动态的过程，它是教师根据一定的目的与要求，采用一定的手段与措施，带领全班学生，对班级中的各种资源进行计划、组织、协调、控制，以实现教育目的的组织活动过程。

二、班级管理的功能 【单选、判断】 ★

(1)有助于实现教学目标，提高学习效率——**主要功能**。

(2)有助于维持班级秩序，形成良好的班风——**基本功能**。

(3)有助于锻炼学生能力，学会自治自理——**重要功能**。

记忆有妙招

为方便考生记忆，编者将班级管理的功能总结成以下口诀：
主要抓教学、基本是秩序、重要在学生。

三、班级管理的内容

考点 1　班级组织建设

1. 班级组织的结构

班级组织机构是班级组织结构形成的基础与前提。班级组织机构的微观建制的形式有三种：(1)直线式；(2)职能式；(3)直线职能式。直线式的结构图式是：班主任—班长—组长—学生。职能式的结构，在班长与组长中间横向的层次上又出现了许多新的职责分工，负责在班长与组长及学生之间的沟通和联系工作。直线职能式同时兼具上述两种形式的特点，在这种建制中既有明显的垂直水平的支配关系，又有明显的横向水平的责任分工的关系。

班级组织的结构包括：(1)职权结构；(2)角色结构；(3)师生关系结构；(4)生生关系结构。

2. 班级组织建设的内容

班级组织建设要做的主要工作有以下两个方面：(1)建立良好的班集体；(2)指导班级建设。

3. 班级组织建构的原则 【单选、判断】 ★

(1)有利于教育的原则。有利于教育的原则是班级组织建立的一条首要原则。当其他原则与其发生冲突的时候，其他原则都必须无条件地服从这一原则。

(2)目标一致的原则。组建班级组织很重要的一点，就是被组建的人群在基本目标上应该是一致的。

(3)有利于身心发展的原则。

考点 2　班级制度管理

制度是调节人与人之间关系的行为规范。按制度的形成，可分为成文制度和非成文制度。

1. 成文制度

成文制度是指政府、学校、班级制定的规章制度，它反映了国家、社会的价值观和要求。班级制度管理的基本环节有以下几个方面：(1)拟定实施细则；(2)宣传、教育；(3)监督、评比；(4)总结、奖惩。

2. 非成文制度

非成文制度是约定俗成的，主要包括班级的传统、舆论、风气、习惯等。学生和教师具有个人的意志和行为方式，在班集体的行为互动中，会形成独特的行为方式，这种习惯化的行为方式就形成了不成文的制度。不成文的制度影响着成文制度的管理效果。

两种制度在班级管理中发挥着不同的作用。成文制度具有普遍的规范性和约束力，是刚性的；非成文制度具有个别性和针对性，是柔性的。由于班级管理的对象是学生，班级管理在执行刚性规章制度的同时，也要注意塑造、提升班级文化等柔性管理规范。

考点 3　班级教学管理

对一个"教学班"的教学管理，是班主任最重要的管理职能之一。教学是学校的中心工作，**教学质量管理**是班级教学管理的**核心**。班级教学管理的内容包括：(1)明确教学管理的目标和任务；(2)建立行之有效的班级教学秩序；(3)建立班级管理指挥系统；(4)指导学生学会学习。

考点 4　班级活动管理

班级活动是班级在班主任指导下，根据学校整体安排或班级学生发展需要而进行的全员性活动的总称，它既可以是弥补课程教学不足的教学活动，也可以是开发智力或发展能力的课外、校外活动，是学校教育活动的有机组成部分。

四、班级管理的模式 【单选、判断】 ★★

考点 1　班级常规管理

班级常规管理是指通过制定和执行规章制度来管理班级的经常性活动。班级常规管理是建立良好班集体的基本要素。遵守班级规章制度是对每个学生的基本要求，也是每个学生必须履行的基本义务和职责。

开展以班级规章制度为核心的常规管理，是班主任工作的重要内容之一。一般来说，班级的规章制度主要由三部分组成：

(1)教育行政部门统一规定的有关班集体与学生管理的制度，如学生守则、日常行为规范等；

(2)学校根据教育目标、上级有关指示制定的学校常规制度，如考勤制度、奖惩制度、作业要求等；

(3)班集体根据学校要求和班级实际情况讨论制定的班级规范，如班规、值日生制度、考勤制度等。

考点 2　班级平行管理

班级平行管理是指班主任既通过对集体的管理去间接影响个人，又通过对个人的直接管理去影响集体，从而把对集体和个人的管理结合起来的管理方式。

班级平行管理的理论源于马卡连柯的"**平行影响**"的教育思想。马卡连柯认为，教师要影响个别学生，首先要影响这个学生所在的班级，然后通过学生集体与教师一起去影响这个学生，这样就会产生巨大的教育力量。

考点 3　班级民主管理

班级民主管理是指班级成员在服从班集体的正确决定和承担责任的前提下参与班级全程管理的一种

管理方式。班级民主管理的实质是在班级管理的全过程中，调动学生自我教育的力量，使人人都积极主动地参与班级事务。如建立干部轮换制度、定期评议制度、值日生制度、值周生制度、民主教育活动制度等。

考点 4　班级目标管理

班级目标管理是指班主任与学生共同确定班级总体目标，然后转化为小组目标和个人目标，使其与班级总体目标融为一体，形成目标体系，以此推动班级管理活动，实现班级目标的管理方法。目标管理是由美国管理学家德鲁克提出来的。

五、班级管理中存在的问题及解决策略

考点 1　当前我国学校班级管理中存在的问题

1. 班主任的班级管理方式偏重于专断型

班主任一直在从事程式化的教育教学工作，他们最关心的是两件事：一是如何使学生在考试中取得好成绩，确保班级成绩在学校中的排名；二是如何让学生服从教师，以维护教师的权威不受侵犯。学生必须被动地按照教师的要求去做，缺乏自主性。

2. 班级管理制度缺乏活力，学生参与班级管理的程度较低

在班级中设置干部，旨在培养学生的民主意识与民主作风，学会自治自理。然而，很多中小学的班干部相对固定，使一些学生养成了“干部作风”，不能平等地对待同学，以致多数学生缺少锻炼机会。学生在社会环境及家长的影响下，往往把班干部看成荣誉的象征，以致多数学生在班级管理中缺乏自主性。

考点 2　解决策略——建立以学生为本的班级管理新机制

(1)以满足学生的发展为目的。学生的发展是班级管理的目标。班级管理的实质，就是让学生的潜能得到尽可能的开发。

(2)确立学生在班级中的主体地位。发展学生的主体性是学校管理的宗旨。现代班级管理强调以学生为核心，建立一套能够持久地激发学生主动性、积极性的管理机制，来确保学生的持久发展。

(3)有目的地训练学生进行班级管理的能力。把以教师为中心的班级教育活动转变为学生自我教育的过程，即把班集体作为学生自我教育的主体。要实行班级干部的轮流执政制，让每个学生都有锻炼的机会，并学会与人合作。

★★ 考点大默写 ★★

1. 班级管理的实质，就是让学生的__________得到尽可能的开发。
2. __________是班级组织建立的一条首要原则。
3. __________管理是班级教学管理的核心。
4. 班级__________管理是指通过制定和执行规章制度来管理班级的经常性活动。
5. 班级__________管理是指班主任既通过对集体的管理去间接影响个人，又通过对个人的直接管理去影响集体，从而把对集体和个人的管理结合起来的管理方式。
6. 班级平行管理的理论源于马卡连柯的“__________”的教育思想。
7. 班级__________管理是指班级成员在服从班集体的正确决定和承担责任的前提下参与班级全程管理的一种管理方式。
8. 目标管理是由美国管理学家__________提出来的。

【参考答案】

1. 潜能　2. 有利于教育的原则　3. 教学质量　4. 常规　5. 平行　6. 平行影响　7. 民主　8. 德鲁克

第三节　班级活动设计

一、班级活动概述

考点1　班级活动的内涵

班级活动是指在班级管理者领导和指导下，由管理者或班级学生自己组织，由班级学生参与，为实现教育教学目标而开展的各种活动。班级活动是班级教育与管理的重要途径和手段，是培养班集体和使学生身心获得全面发展的基本形式。

考点2　班级活动的类型

班级活动的类型按发生的场合可分为课内班级活动、校内课外活动、校外活动；按活动内容可分为班会活动、学习活动、科普活动、文化体育活动、社会实践活动、社会公益服务活动等。这里主要从活动内容的角度来介绍一下班级活动的类型。

1. 班会活动

班会是班主任管理班级、进行班集体建设、对学生实施德育的主阵地，这是一个班级中最常见也是最基本的班级活动，开好班会可以说是一个班主任的基本功。

2. 学习活动

学习活动指为了促进学生学习而开展的一些扩大知识视野、提高学习兴趣、培养和提高学习能力的活动。其主要形式有：学习经验交流会、知识竞赛、智力竞赛、课外阅读活动等。

3. 科普活动

科普活动指可以扩大学生的科普知识领域，培养学生对科普的兴趣和爱好，以适应社会发展的活动。其主要方式有：科普参观、科普兴趣小组及科技小发明、小制作和动植物的培养等实践性科普活动。

4. 文化体育活动

文化体育活动指各种文娱体育及文化艺术活动，活动旨在丰富学生的课余生活，创建校园文化氛围，活跃学生身心，增强学生体质，培养和发展学生的审美能力和创造美的能力。如校园艺术节、体育节、拔河比赛、球类比赛、文艺晚会等。

5. 社会实践活动

社会实践活动指学生参与各种社会生活与生产实践的班级活动。活动旨在让学生亲身体悟社会实践，有利于理论与实践相结合，脑力劳动与体力劳动相结合，有利于培养学生的观察、思考、分析和实际操作能力。这类活动包括参观、访问、社会调查等。

6. 社会公益服务活动

中学阶段是学生成长的关键阶段，除了要全面提高自身素质外，很重要的是培养正确的人生价值取向。中学生年龄虽小，但也能在日常的学习、生活中，通过点滴小事，为他人、为集体、为社会做贡献，履行社会责任，实现人生的价值。

考点3　班级活动的特点

班级活动与课堂教学的目的都是使学生在德、智、体、美、劳等方面获得充分自由和谐的发展。但班级活动主要偏重于学生的动手能力，在内容、形式上不同于课堂教学，所以有其自身的特点。具体如下：

(1)参加班级活动的自愿性和选择性，即学生可以根据自己的特点自觉自愿、自由地选择并努力参加活动；

(2)活动内容的广泛性和伸缩性，即活动内容可以不受课程计划、课程标准的限制，班主任可根据具体情况、条件和学生的实际需要而确定；

(3)活动方法的独立性和自主性，即以学生独立自主地进行活动为主，教师处于指导和辅导的地位；

(4)组织形式和考核方式的多样性和灵活性，班级活动可根据学生的情况，不受现行编班的限制，活动的规模、时间、空间灵活，考核方式多种多样。

考点4　班级活动的意义

(1)有利于学生的全面发展和个性培养；(2)有利于思想品德教育；(3)有利于理论联系实际；(4)有利于班集体建设；(5)有利于教师的身心健康。

二、班级活动的规划与方案设计

考点1　班级活动的规划

班级活动的规划是设计班级活动在一定时期内总的价值取向、活动目标和活动内容安排等的依据，体现着班级活动的长远性和整体性思路。具体来说，就是对一学期(或一学年)班级活动的目标指向、内容结构、主要教育主题等进行总体设想，形成班级活动体系的实施框架。班级活动规划应依据本班集体建设的总目标进行规划，并由教师和班级成员共同参与，合作完成。

(1)班级活动规划的步骤：①分析班级情况，明确班级建设需要；②了解和研究学生，确定学生发展需要；③发动学生，共同参与制订班级活动规划。

(2)班级活动规划的内容：①班级基本情况分析；②班级活动目标；③班级活动内容；④班级活动的具体安排；⑤班级活动的组织与管理；⑥班级活动的成果展示。

考点2　班级活动方案设计

1. 班级活动方案的结构

班级活动方案主要由活动课题，活动目的，活动的时间、地点和人物，活动的内容、形式，活动的程序安排，活动的器材、设备，活动的目标、方向及评价构成。

2. 班级活动方案设计的要求

在设计班级活动方案过程中，应遵循一定的原则和要求，确保活动方案的科学性、趣味性、广泛性、教育性等。班级活动方案的设计要求有：(1)班级活动方案必须有明确的目的和指导思想；(2)班级活动方案的设计要有周密的计划；(3)班级活动方案设计的内容要丰富多彩；(4)设计活动方案要发挥学生的主体性。

三、班级活动的组织

考点1　组织班级活动的原则

1. 目的性原则

开展班级活动的目的在于使学生在德、智、体诸方面都得到发展，在于促进班集体奋斗目标的实现。因此，组织和指导班级活动一定要有目的、有计划地进行，要寓教育于活动之中，寓学习于活动之中，最大限度地发挥班级活动的作用，不能盲目地为搞活动而活动。

2. 针对性原则

班级活动的开展要有针对性，针对性越强，收效越大。这种针对性一是要针对学生的年龄特点和身心发展需要，二是要针对班级里实际存在的问题，三是要针对社会上对学生有影响的现象开展班级活动。

3. 多样性原则

多样性是指在开展班级活动时，内容、形式、组织方式要多种多样。坚持多样性的原则，一是为了适应德、智、体、美、劳全面发展的要求，促进学生全面和谐的发展；二是为了适应学生的心理特点。

4. 易操作性原则

班级活动与社会中开展的大型活动不同，它受班级学生的精力、经验以及现有条件的限制，因此要注意其易操作性，根据本班、本校、本地现有的条件开发活动资源，规模、频率要适当。

5. 创造性原则

要搞好班级活动，必须不断地创新，坚持创造性原则。这种创造性体现在班级活动的内容和形式上。

6. 整体性原则

整体性是指班级活动的内容、活动的全过程、活动的教育力量都要成为一个系统，用整体的教育思想指导整体的教育活动，达到教育目标实现的整体性和学生身心发展的整体性的最高境界。

考点 2　组织班级活动的阶段

1. 班级活动的选择

选择适当的班级活动需要注意如下问题：

(1)充分调动学生的思维。在选择班级活动的内容或形式时，应充分调动学生的思维，收集“点子”。

(2)充分尊重学生的意愿。对一些主题范畴较广、内容形式比较灵活的班级活动的选择，可以充分尊重学生的意愿，允许学生选择自己比较擅长或比较感兴趣的活动内容和方式。

(3)充分展现本班的特长。在选择班级活动的内容和方式时，要充分展现本班的特长。

2. 班级活动的准备

(1)充分重视全班学生的参与；(2)充分发挥班干部的才能；(3)充分体现管理者的关心。

3. 班级活动的实施

班级活动的实施是活动的中心环节。实施是对计划的落实执行，是达到活动目的、完成活动的基本手段与途径，是整个活动进行的关键。理论必须通过实践去检验，计划的落实必须在具体的实践活动中展开。班级教育活动要按照班级教育活动计划的具体要求、步骤去展开。当然，在实施过程中，若出现新问题、新情况，或原计划与具体实施情况出现偏差，应允许修改原计划，使原计划更符合客观实际。

4. 班级活动的总结

总结是理性的反思过程，是认识过程的又一次飞跃，也是学生得以形成正确的观念和方法的必要途径。因此，班集体活动开展后，不论成功与否，都应当进行总结。

(1)充分评价活动的质量。评价应尽可能得体和中肯，让学生在活动后既得到付出努力后的赞扬，又清楚自己的弱点与不足。

(2)充分显示学生的感受。班级活动开展后，不仅班级管理者要充分评价活动的质量，也要让学生充分显示自己的感受，总结活动的得与失。

四、班主任在班级活动管理中的角色

班主任在班级活动管理中要认清自己的角色定位，不能“越俎代庖”代替学生去发展。

首先，班主任是班级活动的协调者。由于学生经验的缺乏和身心发育的不成熟，班主任需要对班级活动进行必要的组织、协调。在班级活动中，妥善处理好发挥学生的主动性、积极性与加强活动的组织领导之间的关系；同时，密切关注学生在活动中的感受和合作中的问题，及时帮助他们解决和疏导，保证活动的顺利进行。

其次，班主任是班级活动的引导者。这里所谓的“引导”，是引导学生“当家做主”，动脑又动手。具体体现在能够高瞻远瞩、洞察全局上。当学生考虑不周时，要恰当地给予补充；当学生兴趣不浓时，要巧妙地给予启发；当学生百思不得其解时，要机智地加以引导；当发现出现问题和漏洞时，要进行拨正和提醒。

最后，班主任是班级活动的参与者。班主任作为班级活动的参与者，要与学生加强交往，密切关系，了解学生的思想、学习情况，做好学生的思想工作；班主任要以身作则，积极参与班级活动，为学生树立榜样，使他们能够自觉参与，树立集体意识，形成良好班集体。

考点大默写

1. ______是指在班级管理者领导和指导下，由管理者或班级学生自己组织，由班级学生参与，为实现教育教学目标而开展的各种活动。
2. 组织班级活动通常要遵循目的性、______、______、易操作性、创造性、整体性六个原则。
3. 班主任是班级活动的协调者、______和参与者。

【参考答案】

1. 班级活动　2. 针对性　多样性　3. 引导者

第四节　班级教育力量管理

一、班级中的各种教育力量

1. 学校教育力量

学校的每个部门、每名工作人员都对学生负有教育责任。任课教师承担着班级的教学任务，是班主任最需要协调的最重要的教育力量。

2. 家庭教育力量

家长是影响学生发展的重要因素。班主任对家长的教育思想、教育方法给予必要的指导，能够使家庭和学校的教育保持一致，形成教育合力，更有利于学生的健康成长。

3. 社会教育力量

社会为学校教育提供了生动丰富的内容，也为学生的学习成长创造了感性、富有人情味的环境。班主任应引导学生参与社区活动，走出校门接触社会，让学生体会到自身与社会发展的密切关系，在实践中提升自己适应社会的能力。

二、教育力量协调一致

教育力量协调一致是指为实现班级工作目标，班主任组织协调班级各方面教育力量，互相配合，通力合作，做好班级的教育与管理工作。

考点1　班主任与任课教师的协调

任课教师是班级组织的直接管理者，班主任通过任课教师对班级组织进行间接的管理。为此，班主任要协调好与任课教师的关系。

1. 班主任协调任课教师工作的主要任务

（1）了解任课教师课堂管理情况；（2）指导任课教师进行课堂管理；（3）对任课教师课堂管理提供支持。

2. 班主任协调任课教师进行课堂管理的途径

（1）建立班主任与任课教师协调会的制度。

（2）班主任对任课教师课堂管理进行个别指导。具体包括两个方面：①管理思想的指导；②课堂管理方法的指导。

考点2　班主任与家长的协调

学生的家庭生活对他们的班级生活发生着影响，得到家庭生活支持的班级生活的行为方式，会支持班主任的班级管理，因而家长可以作为班主任班级管理的助手。班主任与家长的协调，就是要使家长成为班主任进行班级管理的助手。

（1）成功的班级管理必须向家庭延伸。班级管理的要求与家庭生活的要求具有一致性，这是班级组织目标实现的必要条件。由此可见，班级管理并不能止于班级范围，必须向外延伸，包括向家庭延伸。

（2）班级管理需要家长的协助。班级管理要向家庭延伸，但是班主任并不能代替几十位学生家长去进行家庭的管理，而只能依靠家长的协助，使家长能够在家庭中支持孩子在学校班级中学得的行为。

（3）家长应该成为重要的教育力量。班主任与家长进行教育的协调，或对家长进行管理，核心的任务是要对家长进行家庭教育的指导，即帮助家长提高家庭教育的素养，学会正确的“教子方法”。对家长进行家庭教育指导的途径和方法有：①参与家长学校工作；②召开家长会；③进行家访和接待家长来访。

考点3　整合社会教育资源

1. 依托社区教育委员会

社区教育委员会是在当地政府的领导下，由学校、家庭、社会团体、企事业单位等组成，旨在发挥教育导向作用，整合社区教育力量，创设有利于青少年成长的社会环境。其功能是增强学校与社会的联系，为学生的社会实践提供广阔的天地，改善办学条件，发动社会力量来关心和支持学校教育，为学生的健康发展创造一个良好的社会环境。

2. 建立校外教育基地

校外教育基地是学校对学生在校内实施一切教育手段、途径和渠道的延续和拓展，是帮助学生学知识、长技能的好场所。校外教育要与学校教育有效衔接，实现资源共享。

三、学校、家庭、社会三结合教育 【单选、填空、判断】 ★★

考点1　家庭教育

家庭教育是指在家庭生活中，由父母或其他年长者对其子女与年幼者实施的教育和影响。这是狭义的家庭教育。广义的家庭教育应当是家庭成员之间的一种影响。我们一般所说的家庭教育，是狭义的家庭教育。家庭教育是学校教育的基础和补充，有不可替代的教育作用。

1. 家庭教育的特点

（1）先导性。一个人最早接受的教育是家庭教育，第一批教育者是家长。家长的政治态度、对问题的看法，甚至思想作风、爱好特长，都直接或间接地影响着学生。家庭这种先入为主的教育对他们以后的德、智、体等方面的发展影响极大，甚至影响他们的未来。

(2)感染性。所谓感染性，就是人的喜、怒、哀、乐等情感能够引起别人产生同样的或与之相联系的情感。情感的感染性像无声的语言，对人起着感动和感化的作用，是一种潜移默化的力量。

(3)权威性。家庭教育与其他教育相比，具有更大的权威性。家长的权威是家庭教育成功的保障和前提。

(4)针对性。所谓针对性，是指教育工作能从实际出发，有的放矢，而不是想当然，不是一般化的说教。相对来说，家庭教育的针对性更强。人们常说："知子莫若父，知女莫若母。"子女自幼随父母生活，长期相处，父母能够全面细致地了解、熟知子女。

(5)终身性。家庭教育的终身性是家庭教育的一个显著特点。

(6)个别性。与学校教育中教师要面对几十名学生相比，子女在家庭里有可能得到更多的个别教育。

2. 家庭教育的基本要求

(1)环境和谐——创造和谐的家庭环境；

(2)方法科学——家长教育子女需要科学的态度和方法；

(3)以身作则——树立良好的榜样；

(4)爱严相济——家长要把对孩子的关心爱护与严格要求紧密结合；

(5)要求一致——家长对孩子的要求应统一，前后一贯；

(6)全面关心——要对孩子的物质生活与精神生活、身体健康与心理健康、智力开发与非智力因素培养等多方面给予全面关心，把孩子培养成全面发展的合格公民。

真题面对面

[2019丽水，单选]"知子莫若父，知女莫若母"说明家庭教育比学校教育更具有(　　)

A. 感染性　　B. 针对性

C. 权威性　　D. 先导性

答案：B

考点2　社会教育

社会教育主要是指学校、家庭环境以外的社区、文化团体和组织等给予儿童和青少年的影响。它主要通过以下途径和形式来影响儿童和青少年的身心发展。

1. 社区对学生的影响

社区环境对儿童的价值观念和生活习惯的养成有着直接的影响。一方面要鼓励和支持他们走出家门，同更多的同龄人交往，参加群体的活动，以使他们更快地认识自己，了解社会，并注意克服自己的不良行为；另一方面也要帮助他们选择交往的伙伴。

2. 各种校外机构的影响

各种校外教育机构主要是指少年宫、少年科技站、各种业余学校等。这些机构在一定程度上弥补了学校教育的不足，在培养儿童和青少年不同兴趣爱好和特长方面发挥着重要的作用。

3. 报刊、广播、电影、电视、戏剧等大众传播媒介的影响

由于报刊、广播、电影等大众传播媒介具有灵活性、生动形象、趣味性强等特点，深受儿童和青少年的喜爱，并对他们产生了巨大吸引力和影响力。教师和家长在指导青少年儿童接受宣传教育时要注意培养他们的辨别能力和批判能力，自觉抵制不良影响。

考点 3　学校、家庭、社会三结合，形成教育合力　必背

教育合力是指学校、家庭、社会三种教育力量相互联系、相互协调、相互沟通，统一教育方向，形成以学校教育为主体，以家庭教育为基础，以社会教育为依托的共同育人的力量，使学校、家庭、社会教育一体化，以提高教育活动实效。

1. 学校教育占主导地位

学校作为专职教育机构，有着明确的目的、周密的计划、科学的组织，有经验丰富、掌握青少年学生身心发展规律的专门教育工作者。同时，学校具有青少年学生集中、学习环境好、规章制度健全、育人周期长等明显的教育优势，并在社会上具有广泛的凝聚力、号召力，容易得到包括党政机关在内的社会各界的支持协助。

2. 家庭、社会和学校三者协调一致，互相配合

三者协调一致有利于保证整个教育在方向上的高度一致，实现各种教育间的互补作用，从而加强整体教育效果。

3. 加强学校与家庭之间的相互联系

学校可以通过与家庭相互访问、建立通讯联系、定时举行家长会、组织家长委员会、举办家长学校等途径加强与家庭之间的联系。

4. 加强学校与社会教育机构之间的相互联系

(1)建立学校、家庭和社会三结合的校外教育组织

校外教育组织的任务是：①相互交换情况，研究学生在学校、家庭和社会上的各种表现；②宣传好人好事；③制订转变后进生的计划和具体措施；④共同协商一些主要问题，如学生勤工俭学、校外文体活动所需要的器材、指导教师和场地等问题。

(2)学校与校外教育机构建立经常性的联系

学校应与宣传部门、社会公共文化机构及专门性的社会教育机构建立联系，通过开展各种活动丰富学生的课余生活，提高学生对社会的关注度及实践能力。

(3)采取走出去、请进来的方法与社会各界保持密切联系

社会各界可以指有关工矿、企业和部队等单位。学校可以请这些部门的优秀同志到学校作报告或聘请他们为校外辅导员，也可以组织学生到这些单位参观、访问和劳动。

在我国，家庭、学校和社会的根本利益是一致的。为了使受教育者身心得以健康的发展，学校应成为这三者相互联系、相互配合的最积极的倡导者和组织者，而家庭和社会应大力支持学校工作。

真题面对面

[**2022嘉兴，填空**]教育合力是指以学校教育为主体、以________为基础、以________为依托的共同育人的力量。

答案：家庭教育　社会教育

★★ 考点大默写 ★★

1. 教育力量__________是指为实现班级工作目标，班主任组织协调班级各方面教育力量，互相配合，通力合作，做好班级的教育与管理工作。
2. 一个人最早接受的教育是__________。
3. 家庭教育的__________特点是指，教育工作能从实际出发，有的放矢，而不是想当然，不是一般化的说教。
4. 家庭教育的特点包括：先导性、感染性、权威性、针对性、__________和个别性。
5. __________主要是指学校、家庭环境以外的社区、文化团体和组织等给予儿童和青少年的影响。
6. __________是指学校、家庭、社会三种教育力量相互联系、相互协调、相互沟通，统一教育方向，形成以学校教育为主体，以家庭教育为基础，以社会教育为依托的共同育人的力量，使学校、家庭、社会教育一体化，以提高教育活动实效。
7. 学校可以通过与家庭相互访问、建立通讯联系、定时举行__________、组织家长委员会、举办__________等途径加强与家庭之间的联系。
8. 在我国，家庭、学校和社会的__________是一致的。

【参考答案】

1. 协调一致　2. 家庭教育　3. 针对性　4. 终身性　5. 社会教育　6. 教育合力　7. 家长会　家长学校　8. 根本利益

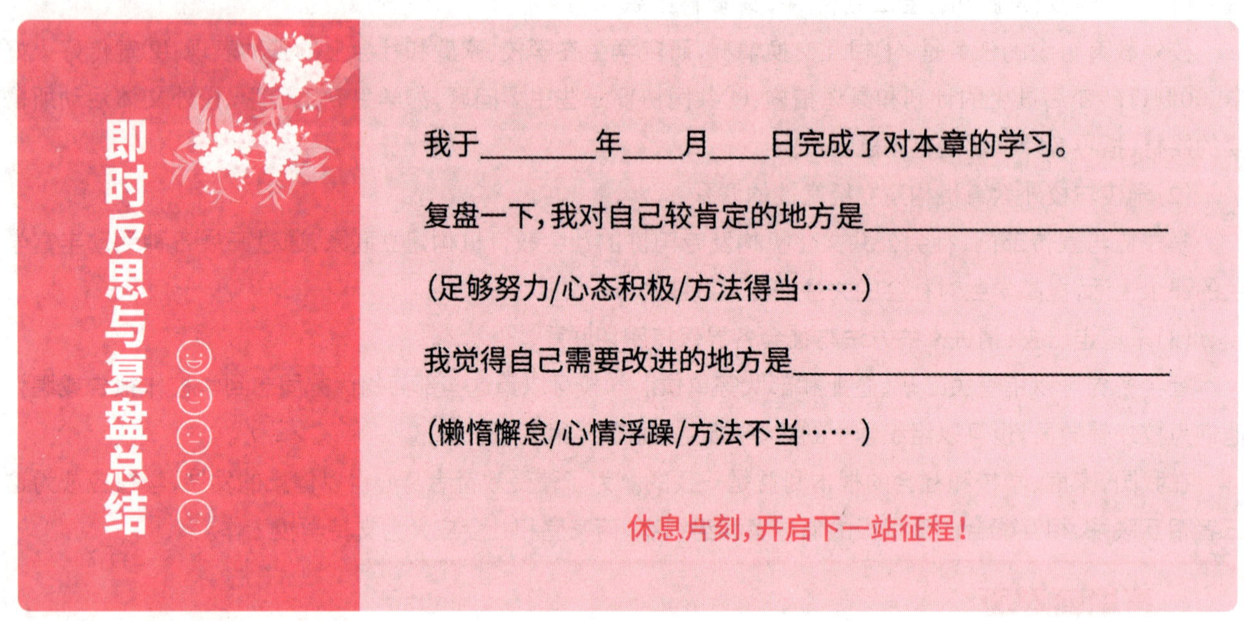

第九章 教育研究与教育改革

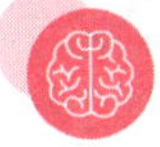

思维导图

- 教育研究与教育改革
  - 教育研究
    - 教育研究概述
      - 要素：客观事实、科学理论和方法技术
      - 性质：文化性、价值性、伦理性、主体性
      - 类型：基础研究、应用研究与开发研究（研究目的的不同）；定量研究与定性研究（方法论的不同）；描述性研究与干预性研究（是否对研究对象施加影响）【易混】
    - 教师在教育研究中的地位和作用
      - 地位：教师要成为研究者
    - 教育研究方法【易错】
      - 观察研究法：中小学教师最为常用的研究方法
      - 调查研究法：最基本、使用最广泛的方法是问卷调查
      - 实验研究法：唯一能确定因果关系的研究
      - 案例研究：又称个案研究
      - 行动研究法：计划、行动、考察和反思四个环节
      - 质性研究法：最早起源于人类学、社会学、民俗学等学科
      - 叙事研究：以教师的生活故事为研究对象
      - 校本教研：自我反思、同伴互助、专业引领
    - 教育研究的基本过程
      - "一选二检三制订，整理分析写报告"【重点】
    - 教育研究的发展趋势
      - 研究背景的现场化；
      - 多种教育理论流派的形成导致教育研究方法的统一性与多元性；
      - 现代科学研究成果及其研究方法的移植；
      - 关注教育研究的价值标准；
      - 研究手段的现代化
  - 教育改革
    - 教育改革的含义、作用
      - 含义：教育发展过程中源于社会政治及经济需求的宏观变革
    - 国外教育改革的背景和趋势【难点】
      - 高度重视教育改革，突出教育的战略地位；
      - 教育改革的重点转向提高教育质量；
      - 课程改革是教育改革的核心；
      - 加强和改进道德教育；
      - 重视提高师资水平；
      - 教育公平渐成教育改革的主题
    - 我国的教育改革
      - 1977～1984年，拨乱反正，恢复整顿的时期；
      - 1985～1989年，全面开展教育体制改革的时期；
      - 20世纪90年代中期至2003年，教育发展的经济主义时期；
      - 2003年至今，贯彻落实科学发展观，促进教育公平的时期

浙江考向

本章属于教育学的基础章节，也是绍兴、金华、衢州等地区的笔试考查的章节，内容广泛，在考试中常以选择题、判断题、辨析题、简答题等形式考查。本章的考向分析如下：

考点名称	常考题型	能力层级	考查热度
教育研究的类型	单选	识记、理解	★★
教育研究方法	单选、判断	识记、理解	★★★
教育研究的基本过程	单选、简答	识记、理解、掌握	★★★
国外教育改革的背景和趋势	单选、辨析	识记、理解	★★

第一节 教育研究

一、教育研究概述

考点1 教育研究的内涵

教育研究是以教育问题为对象，运用科学的方法，遵循一定的研究程序，收集、整理和分析有关资料，以发现和总结教育规律的一种认识活动。教育研究同所有的科学研究一样，由三个要素组成，即客观事实、科学理论和方法技术。

考点2 教育研究的性质

(1)教育研究的**文化性**。文化性是由教育实践本身的文化属性，以及教育思想或理论的文化关怀决定的。

(2)教育研究的**价值性**。在教育研究活动中，不仅研究者带着个人的价值观参与其中，而且整个研究活动本身就包括了一种普遍化的价值，这种价值折射出教育研究特定的价值取向。

(3)教育研究的**伦理性**。教育研究是建立在一定伦理基础上的，具有一定伦理诉求，体现一定社会责任感的研究活动。

(4)教育研究的**主体性**。教育问题的呈现形式具有鲜明的主体特征，即所有教育问题的提出，不仅与一个时代的发展课题有关，而且与研究者个人的生活背景、文化经验、个人追求有关。

考点3 教育研究的类型 【单选】 ★★

1. 基础研究、应用研究与开发研究

根据研究目的的不同，分为基础研究、应用研究与开发研究。

(1)基础研究

基础研究是以对教育知识做出根本性贡献为目的，而不管这种新的教育知识(规律性认识)是否对现在应用有直接的和实际的价值。但可以认为基础研究的成果在今后某个时期的价值或实用性是无法估量的。

(2)应用研究

应用研究是以解决某些实际教育问题或为教育决策和教育实践提供直接有用的知识为主要目的的研究。

(3)开发研究

开发研究又称发展研究，是以把基础性和应用性的研究成果转化为教育实践中可用的新的操作模式、方案、设计或教学用具为主要目的的研究。

真题面对面

[2021绍兴，单选]一位高中语文教师，拟借鉴人本理念，尝试改进课堂教学方法，从研究目的上看，这种研究是(　　)

A. 定性研究　　B. 定量研究　　C. 基础性研究　　D. 应用性研究

答案：D

2. 定量研究与定性研究

根据方法论的不同，分为定量研究与定性研究。

(1)定量研究

定量研究，也称量化研究，是指确定事物某方面量的规定性的科学研究，就是将问题与现象用数量来表示，进而去分析、考验、解释，从而获得意义的研究方法和过程。通俗地讲，定量研究就是对事物的量的分析和研究，也就是通过解决“是多少”等的数量问题来对事物进行研究，主要是侧重于用数字和量表来描述所研究的事物。定量分析是教育研究走向成熟的重要标志，它常常可以消除一些无谓的争论，验证和确认定性的结论。定量研究的主要方法有调查法、相关法和实验法。

(2)定性研究

定性研究，也称质化研究，就是对事物的质的方面的分析和研究。定性研究是一种发现探索性研究，也是一个发现问题的过程。定性研究主要是想通过解决所研究事物“为什么”的问题，继而对所研究的事物做出语言文字的描述。定性研究的方法主要包括：访问法、观察法以及案例研究法。

与定性研究相比，定量研究更强调标准研究程序和预先设计，更强调通过数据的展现说明研究结果。最典型的定量研究应是教育实验，教育调查介于定性与定量之间。从实践角度看，定性研究与定量研究往往是不可分割的。因此，在实践研究领域，应该把定性与定量研究看作一个连续体，各种具体方法都可以置于定性与定量的连续体之中。

3. 描述性研究与干预性研究

根据是否对研究对象施加影响，分为描述性研究与干预性研究。

(1)描述性研究

描述性研究对客观事物予以考察，努力反映其客观状态，回答“是什么”“怎么样”“为什么”的问题，其出发点不在于对客观事物施加可能引起改变的影响。但是，最终要为以后是否改变和如何改变提供必要的思路。

(2)干预性研究

与描述性研究不同，干预性研究着力于对客观事物施加可能引起改变的影响，通过这种影响达到改变现状、解决问题的目的。与此同时，通过对影响结果的考察，寻找或证明事物之间的因果关系，从而掌握事物的内在规律。教育研究的最终目的是改进教育现状，促进教育发展。目前所进行的新课程实验就是试图通过“新课程”这一因素的干预，达到改进教育教学的目的。

干预性研究所施加的影响是通过描述性研究对事物有了深入认识之后得出来的。因此，干预性研究与描述性研究是不可分割的。

二、教师在教育研究中的地位和作用

1. 教师在教育研究中的地位——教师要成为研究者

20世纪80年代以来，教师作为研究者成为了一种国际思潮，被许多国家认可。在我国，近年来教师作为研究者的理念也逐渐深入人心，被广大教师所认可。

2. 教师在教育研究中的作用

教师作为一个研究者，能够进入到研究状态，以研究的态度、行为来对待教育教学工作，意义重大。这种意义主要表现为：

(1)教师的教育研究有利于解决教育教学实际问题，提高教育教学质量；

(2)教师的教育研究可以使课程、教学与教师真正融为一体；

(3)教师的教育研究也是教育科学发展的需要；

(4)教师的教育研究可以促进教师专业成长与发展，不断提升教师的自我更新能力和可持续发展能力，增强教师职业的价值感和尊严感；

(5)教师的教育研究有利于教师不断积累实践知识；

(6)教师的教育研究有利于提高学校办学品位，形成学校办学特色。

三、教育研究方法 【单选、判断】★★★

教育研究方法是按照某种途径，有组织、有计划、系统地进行教育研究和构建教育理论的方式，是以教育问题为对象，以一定的方法为手段，遵循一定的研究程序，以获得教育科学规律性知识为目标的一整套系统研究过程。简言之，教育研究方法就是人们在进行教育研究中所采取的步骤、手段和方法的总称。

考点1 观察研究法

1. 观察研究法的概念

观察研究法是指人们有目的、有计划地通过感官和辅助仪器，对处于自然状态下的客观事物进行系统考察，从而获取经验事实的一种科学研究方法。观察研究法是中小学教师最为常用的研究方法。观察研究法不限于肉眼观察、耳听手记，还可以利用视听工具，如录音机、录像机、电影机等。

2. 观察研究法的类型

(1)根据观察的情境条件可分为自然观察法和实验观察法；

(2)根据观察时是否借助仪器设备可分为直接观察法和间接观察法；

(3)根据观察者是否直接参与被观察者所从事的活动，可分为参与观察法和非参与观察法；

(4)根据观察内容是否有统一设计的、有一定结构的观察项目和要求，可分为结构性观察和非结构性观察；

(5)根据观察的内容是否连续完整以及观察记录的方式，可分为叙述观察法、取样观察法和评价观察法。

3. 观察研究法的优缺点

优点：(1)可以在自然状态下获取教育事实数据；(2)不干扰观察对象的自然表现，可以获得客观、真实的数据；(3)可以对同一观察对象进行较长时间的跟踪研究。

缺点：(1)取样小，观察研究法一般限于小样本的研究；(2)所获材料具有一定的表面性；(3)观察缺乏控制，不能说明所观察到现象的因果关系。

考点2 调查研究法

1. 调查研究法的概念

调查研究法是研究者采用问卷、访谈、观察、测量等方式对现状进行了解，对事实进行考察，对材料进行收集，从而探讨教育问题、教育现象之间联系的研究方法。在教育调查研究中，常用的调查方法有查阅资料、问卷法、开调查会、访谈法和调查表法，其中最基本、使用最广泛的方法是问卷调查。

2. 调查研究法的类型

（1）依据调查的目的分为历史调查、现状调查、发展调查、常规调查、比较调查和原因调查等；

（2）依据调查的性质分为事实调查和意见调查；

（3）依据调查的范围，可分为综合调查和专题调查；

（4）依据调查的对象，可以分为全面调查、重点调查、抽样调查和个案调查；

（5）根据调查的内容，可分为科学性的典型调查、反馈性的普遍调查和预测性的抽样调查。

知识再拔高

随机抽样方法

1. 简单随机抽样

简单随机抽样是所有随机抽样方法中最基本的一种抽样方法。它必须符合两条原则：(1)机会均等；(2)相互独立。简单随机抽样最常见的形式就是抽签。预先在签条上写好入样或不入样，然后随机抽取分发给每个元素，样本自然生成。

2. 分层抽样

如果一个总体比较大，所抽样本容量比较小，并且这个总体的内部结构又比较复杂，则必须采用分层抽样才能保证样本对总体的代表性。分层抽样也有一条原则，就是在总体中，各部分元素之间的差异要大于各部分元素之内的差异。分层抽样的实质就是将总体各部分按其容量在总体规模中的比分派到样本结构中去，然后进行抽样。所以分层抽样是分两步进行的：第一步，按比例求出各部分入样元素数；第二步，各部分按要求的入样数用简单随机抽样的方法产生入样元素，最终合成总样本。

3. 分阶段抽样

如果总体之下虽有部分之别，其间却无明显差异，但是“部分”的个数却很多，在样本容量较小的情况下，可以采用分阶段抽样方法。分阶段抽样实际上进行两次抽样，第一次是以“部分”为元素进行抽样，然后再在入样的这些“部分”中抽取入样元素。两次抽样都可以采取简单随机抽样的办法进行。

4. 等距抽样

等距抽样适用于总体很大，样本较小，总体无中间层次结构的抽样。等距抽样的第一步也是首先对总体所有元素编号，所编号码应该是连续有序的；第二步是计算每相邻两个入样元素的间隔距离；第三步是在第一间隔中随机确定第一个入样元素的号码；第四步则开始抽取入样元素。等距抽样也有一条原则，即编号元素的性质不能出现规律性变化。如果编号元素性质有规律性变化，并且与等距规律出现同步现象，那就会失去样本的随机性。

3. 调查研究法的优缺点

优点：可以深入了解教育现状，发现问题，弄清事实，为教育行政部门制定教育政策、教育规划以及为教育改革提供事实依据。

缺点：(1)调查往往只是表面的，难以确定其因果关系；(2)调查的成功往往取决于被调查者的合作态度，更多地受制于研究对象；(3)调查的可靠性有一定限制，调查者的主观倾向、态度都有可能影响被调查者，使调查的客观性降低。

考点3 实验研究法 必背

1. 实验研究法的概念

实验研究法是根据研究目的，运用一定的人为手段，主动干预或控制研究对象的发生、发展过程，通过观察、测量、比较等方式探索、验证所研究现象因果关系的研究方法。实验研究的目的是发现事物间的因果关系，是各类研究中唯一能确定因果关系的研究。

2. 实验研究法的性质

(1)教育实验必须要有一个理论假说；(2)实验的根本目的在于揭示变量之间的因果关系；(3)实验必须控制某些条件；(4)真正的科学实验是可以重复验证实验结果的。

3. 实验研究法的类型

(1)按照实验研究的目的可以分为探索性实验、验证性实验和改造性实验；

(2)根据对实验的控制程度可把教育实验分为前实验、准实验和真实验；

(3)根据实验环境不同，可把教育实验分为实验室实验和自然实验；

(4)根据分配方法可分为等组实验、单组实验和轮组实验；

(5)根据自变量因素的多少，可分为单因素实验和多因素实验。

4. 实验研究法的优缺点

优点：(1)能确立因果关系，认识事物的本质和规律；(2)研究结果客观、准确、可靠；(3)能对变量进行控制，提高研究的信度；(4)能为理论的构建提供佐证和说明；(5)能将实验变量和其他变量的影响分离开来；(6)严密的逻辑性是其他研究方法难以比拟的。

缺点：(1)应用范围有限，有些问题难以用实验的方法来解决；(2)可能会有人为造作的痕迹，实验的结果不一定就是现实的结果，缺乏生态效应等。

真题面对面

[2022绍兴，单选]张老师要比较讲授法和讨论法的教学效果，他分别选用了两个班级。1班采用讲授法，2班运用讨论法，两个班的学生在智力、学业基础等方面基本一致，期末测验显示两个班的成绩有显著差异。张老师运用的研究方法是(　　)

A. 观察法　　B. 调查法　　C. 实验法　　D. 个案研究法

答案：C

考点4 案例研究

1. 案例研究的概念

案例研究又称个案研究，就是围绕某一研究对象或问题，通过系统地收集和整理资料，以获得对该对象或问题的整体性的认识与思考。

2. 案例研究对教师成长的意义

(1)案例研究为教师提供了一个记录自己教育教学经历的机会；

(2)案例研究可以促使教师更为深刻地认识自己工作中的重点和难点；

(3)案例研究可以促进教师对自身行为的反思，提升教育教学工作的专业化水平。

考点5 行动研究法

1. 行动研究法的概念

行动研究法是指实际工作者(如教师)基于解决实际问题的需要,与专家、学者及本单位的成员共同合作,将实际问题作为研究的主题,进行系统的研究,以解决实际问题的一种研究方法。

2. 行动研究法的特点

教育行动研究的特点可以概括为"为教育行动而研究""在教育行动中研究""由教育行动者研究"。

(1)"为教育行动而研究"指出了教育研究的目的,行动研究以提高行动质量、解决实际问题为首要目标;

(2)"在教育行动中研究"指出了研究的情境和研究的方式,行动研究以行动过程与研究过程的结合为主要表现形式;

(3)"由教育行动者研究"指出了教育行动研究的主体是实际工作者,主要是教师。

3. 行动研究法的步骤

行动研究的基本过程大致分为循序渐进的四个环节,即计划、行动、考察和反思。

考点6 质性研究法

1. 质性研究法的概念

质性研究法也称为"实地研究法"或"参与观察法",它是基于经验和直觉的研究方法,以研究者本人作为研究工具,凭借研究者自身的洞察力,在与研究对象的互动中理解和解释其行为和意义建构。质性研究实际上并不是一种方法,而是许多不同研究方法的统称。

2. 质性研究法的特点

质性研究最早起源于人类学、社会学、民俗学等学科,近年来逐渐应用于教育领域,它的总体特征可以概括为一种归纳的、描述的、现场参与的研究方法。

考点7 叙事研究

1. 叙事研究的概念

叙事研究主要通过对教师生活故事的描述和分析,揭示内隐于日常事件、生活和行为背后的意义和观念,使人们从故事中体验、思考和理解教育的本质与价值。

2. 叙事研究的特点

(1)以"质的研究"为方法论;(2)以教师的生活故事为研究对象;(3)由解说者描述和分析。

真题面对面

[2021金华/诸暨,单选]通过对教师生活故事的描述和分析,揭示内隐于日常事件、生活和行为背后的意义和观念,使人们从故事中体验、思考和理解教育的本质与价值的研究是( )

A. 行动研究　　B. 校本研究　　C. 叙事研究　　D. 比较研究

答案:C

考点8 校本教研(校本研究) 必背

1. 校本教研的概念

校本教研是"以校为本的教学研究"的简称,它是指以学校为基地、以学校内教学实践中的实际问题为研究内容、以教师为研究主体、以促进师生共同发展为研究目的所开展的教学行动研究活动。

2. 校本教研的基本理念

(1)学校是教学研究的基地。从认识论的角度来看,校本教研是一种以校为本的教学研究制度。其中涉及三个重要概念,即"为了学校""在学校中"和"基于学校"。

(2)教师是教学研究的主体。参与教学研究是所有教师(而不只是少数人员)的权利和责任,学校就是研究中心,课堂就是研究室,教师就是研究员。

(3)促进师生共同发展是教学研究的主要而直接的目的。

3. 校本教研的基本要素

(1)自我反思。自我反思是教师与自我的对话,是开展校本研究的基础和前提,是校本教研最普遍和最基本的活动形式。

(2)同伴互助。同伴互助是教师与同行的对话,是校本研究的标志和灵魂。同伴互助的基本方法和形式有:①对话。对话可分为信息交换、经验共享、深度会谈(课改沙龙)、专题讨论(辩论、质疑、答疑)。②协作。协作指教师寻找伙伴共同承担责任完成对某个问题的研究任务,既有共同的研究目的,又有各自的研究责任。③帮助。帮助指教学经验丰富、教学成绩突出的优秀教师指导新任教师或教学能力需要提升的教师,发挥传、帮、带的作用,使其尽快适应角色和环境的要求。学校各类骨干教师要在同伴互助中通过"老带青""结对子"等教师之间日常的互助合作形式发挥积极作用,防止和克服教师各自为战和孤立无助的现象,以实现共同提高的目的。

(3)专业引领。专业引领主要是指各层次专业研究人员对校本教研的介入。

真题面对面

1. [2023金华,单选]校本教研的基本要素不包括( )

A. 社会舆论　　B. 专业引领　　C. 自我反思　　D. 同伴互助

2. [2022金华/诸暨,单选]学校各类骨干教师通过"老带青""结对子"等形式指导新任教师或教学技能需要提升的教师,使其尽快适应角色和环境的要求,以实现共同提高的目的。这属于校本教研途径中的( )

A. 职业修养　　B. 自我反思　　C. 教育叙事　　D. 同伴互助

答案:1. A　2. D

四、教育研究的基本过程 【单选、简答】 ★★★

1. 选择研究课题

(1)研究课题的来源。研究课题可以来源于教育实践,也可以来源于教育理论。

(2)一个好的研究课题必须具有的特点。①选题必须有价值;②选题必须有科学的现实性;③选题必须明确具体;④选题必须新颖,有独创性;⑤选题必须有可行性。

2. 教育文献检索与综述

(1)教育文献的分类

按文献的处理、加工程度,可将教育文献分为一次文献、二次文献和三次文献。

表1-35　教育文献的分类

类型	含义	特点	典例
一次文献	以作者本人的实践为依据而创作的原始文献，是直接记录事件经过、研究成果、新知识、新技术的文献	具有创造性，有很高的直接参考和借鉴使用价值，但储存分散、不成系统化	专著、论文、调查报告、档案材料等
二次文献	对原始文献加工、整理，使之系统化、条理化的检索性文献	具有报告性、汇编性和简明性，是对一次文献的认识，是检索工具的主要组成部分	题录、书目、索引、提要和文摘等
三次文献	在利用二次文献的基础上对某个范围内的一次文献进行广泛深入的分析研究之后，综合浓缩而成的参考性文献	具有综合性、浓缩性和参考性特点	动态综述、专题述评、数据手册、年度百科大全以及专题研究报告等

(2)教育文献检索

在教育研究过程中，文献检索是必不可少的步骤，它贯穿研究的全过程。查阅文献资料的途径有很多，既可利用目录、索引、文摘等检索工具进行，也可利用联机检索、光盘检索、上网检索等计算机检索方法进行。其中，网络检索是查阅资料最快捷的方法。文献检索的基本方法包括顺查法、逆查法、引文查找法、综合查找法。

(3)教育文献综述

对于比较正规的教育科研或较大研究课题来说，完成文献资料的阅览之后，还要撰写文献资料综述，也就是在对文献进行整理、阅读、思考、分析、综合、概括的基础上，用自己的语言将与研究课题有关的文献内容叙述出来，在叙述的同时可以根据需要进行评论。文献综述有两种类型：一种是叙述性文献综述，另一种是述评性文献综述。

3. 制订研究计划

撰写研究计划，首先必须了解研究计划的基本要求和写作形式。基本要求可以概括为四个问题：研究什么、为什么研究、怎样研究、预计成效。

4. 教育研究资料的收集、整理与分析

(1)收集研究资料。收集研究资料是指研究者在实施研究计划过程中所得到的现实资料。收集资料是研究的主要任务和研究基础。

(2)整理研究资料。资料整理是根据调查、研究的目的，对收集和调查研究所得的资料进行科学的审核、分类、汇总和再加工的过程。

(3)分析研究资料。分析研究资料就是对收集到的教育事实和数据进行整理和分析，做理性的加工处理。资料分析的基本步骤：阅读资料—筛选资料—解释资料。

5. 教育研究论文与报告的撰写

研究论文是对某一问题进行探讨、研究后写出的具有自己独到见解的研究文章，是研究成果的书面表达形式。人们通常把表达科学研究成果的学术性文章称为研究论文。教育学术论文的结构一般由题目、署名、摘要、关键词、前言、正文、结论、注释(或参考文献)等组成。其中，前言、正文和结论构成论文的主体。

记忆有妙招

为方便考生记忆，编者将教育研究的基本过程总结成以下口诀：
一选二检三制订，整理分析写报告。

真题面对面

［2021金华，简答］简述教育研究的基本步骤。

答案：详见内文

五、教育研究的发展趋势

(1)研究背景的现场化；(2)多种教育理论流派的形成导致教育研究方法的统一性与多元性；(3)现代科学研究成果及其研究方法的移植；(4)关注教育研究的价值标准；(5)研究手段的现代化。

考点大默写

1. 教育研究同所有的科学研究一样，由三个要素组成，即____________、____________和____________。
2. 根据方法论的不同，教育研究可分为____________与____________。
3. ____________是中小学教师最为常用的研究方法。
4. ____________是研究者采用问卷、访谈、观察、测量等方式对现状进行了解，对事实进行考察，对材料进行收集，从而探讨教育问题、教育现象之间联系的研究方法。
5. 调查研究法常用的研究方法中，最基本、使用最广泛的方法是____________。
6. 各类研究中唯一能确定因果关系的研究方法是____________。
7. ____________是指实际工作者(如教师)基于解决实际问题的需要，与专家、学者及本单位的成员共同合作，将实际问题作为研究的主题，进行系统的研究，以解决实际问题的一种研究方法。
8. 行动研究的基本过程大致分为循序渐进的四个环节，即____________、____________、____________和____________。
9. 专著、论文、调查报告、档案材料等属于____________文献。
10. 文献检索的基本方法包括顺查法、逆查法、____________、综合查找法。

【参考答案】

1. 客观事实　科学理论　方法技术　2. 定量研究　定性研究　3. 观察研究法　4. 调查研究法　5. 问卷调查　6. 实验研究法　7. 行动研究法　8. 计划　行动　考察　反思　9. 一次　10. 引文查找法

第二节　教育改革

一、教育改革的含义、作用

1. 教育改革的含义

教育改革是教育发展过程中源于社会政治及经济需求的宏观变革。教育改革就是要把教育发展过程中旧的、不合理的部分变得更好，以适应客观情况。教育在改革中发展、在发展中改革，创新成为教育进步的不竭动力。

2. 教育改革的作用

(1)实现更高水平的普及教育；(2)形成惠及全民的公平教育；(3)提供更加丰富的优质教育；(4)构建体系完备的终身教育；(5)健全充满活力的教育体制。

二、国外教育改革的背景和趋势 【单选、辨析】 ★★

面对全球范围内经济和科技的竞争，各国都加快了教育改革的步伐，纷纷制定了本国的教育发展战略。进入20世纪90年代后，各国教育改革的最大特征就是面向21世纪进行教育规划，教育不再是被动追随时代，而是主动适应时代。

1. 高度重视教育改革，突出教育的战略地位

各国都视教育改革为决定国家和民族命运的大事，教育获得了前所未有的战略地位。例如，1983年，美国发表了《国家处在危机中：教育改革势在必行》的报告，要求进行一次全面的教育改革；英国政府颁布了《1988年教育改革法》，以推进全面的教育改革；日本于1985～1987年相继发表了日本临时教育审议会的四个咨询报告；等等。

2. 教育改革的重点转向提高教育质量

20世纪初和二战后发达国家的教育发展，更多关注了教育数量的增长、义务教育普及化、中等及中等以上教育的大众化，但却对教育质量有所忽视。20世纪80年代以来，西方国家把经济衰退、失业率上升和劳动力素质下降与教育质量问题联系起来，表现出对教育质量问题的担忧，从而把教育改革的重点转向提高教育质量。美国的《国家处在危机中：教育改革势在必行》报告，英国《1988年教育改革法》规定的全国统一课程以及日本临时教育审议会的报告等，都始终强调了教育质量的重要性。法国、德国等发达国家也将中小学教育改革的重点放在提高教育质量和办学效率上。

3. 课程改革是教育改革的核心

当今各国的教育改革都重视课程在改革中的核心地位。

4. 加强和改进道德教育

20世纪80年代以来，西方国家出现了道德教育的复兴，各国都将加强青少年道德教育作为教育改革的一个主要目标并给予高度重视。许多国家在教育改革中明确提出要加强道德品质教育，培养儿童、青少年适应社会变化的能力，并采取诸如增加德育投资、加强品德教育研究、改革德育方法与途径、制定防范管理条例等措施。

5. 重视提高师资水平

随着世界性教育改革浪潮的掀起，人们越来越认识到：没有高质量的教师，就不可能有高质量的教育水平。为提高教师素质，各国采取的改革措施有：(1)提高教师的聘用标准，完善教师资格证书制度；(2)改善教师待遇；(3)改革教师培训制度；(4)发挥优秀教师的主导作用。

6. 教育公平渐成教育改革的主题

进入以知识经济为特征的20世纪90年代，人们已经认识到国家的强弱、民族的前途和人类的命运，并不仅仅取决于少数精英及其所掌握的尖端技术，全民的知识水平和综合素质才是更根本的决定因素。在这样的历史背景下，教育权作为一项基本人权的重要地位得到了空前的重视，教育公平的问题在教育改革过程中也成了一个十分突出的改革主题。教育公平是指全体社会成员可以自由、平等地选择和分享各层次公共教育资源。它可分为三类，即入学机会公平、受教育过程公平和教育结果公平。教育公平是人生起点的公平，是社会公平和社会和谐的基石。

联合国教科文等国际组织1990年3月在泰国召开的“世界全民教育大会”可以看作教育公平的标志性事件。在此后的历次世界全民教育大会上，“满足所有人的基本学习需要”这一理念不断加强，其意义从一般的普及基础教育逐步扩展到在种族、性别、年龄等方面所有人都平等地享有受教育权利，扩展到了面向所有人的终身教育体系和学习化社会的建构。

真题面对面

[2022金华,辨析]教育公平是社会公平与社会和谐的基石。

答案:(1)这种说法是正确的。(2)教育公平是指全体社会成员可以自由、平等地选择和分享各层次公共教育资源。它可分为三类,即入学机会公平、受教育过程公平和教育结果公平。教育公平是人生起点的公平,是社会公平和社会和谐的基石。实现教育公平是我国政府的一项重要职责。故题干说法正确。

三、我国的教育改革

以1904年癸卯学制的颁布、1905年科举制的废除为起点,中国现代教育的发展已逾百年。改革开放以来,教育的改革发展可划为四个时期:

(1)1977~1984年,拨乱反正,恢复整顿的时期;

(2)1985~1989年,全面开展教育体制改革的时期;

(3)20世纪90年代中期至2003年,教育发展的经济主义时期;

(4)2003年至今,贯彻落实科学发展观,促进教育公平的时期。

20世纪80年代,以体制改革为核心的教育改革取得一定成就。20世纪90年代之后,由于体制改革停滞,出现官本位、行政化的回潮,教育走上被称为“教育产业化”的轨道。面向未来的中国教育,需要继续解放思想,积极推进改革。

★★ 考点大默写 ★★

1. ____________是教育发展过程中源于社会政治及经济需求的宏观变革。
2. ____________是教育改革的核心。
3. ____________渐渐成为教育改革的主题。

【参考答案】

1. 教育改革　2. 课程改革　3. 教育公平

我于________年____月____日完成了对本章的学习。

复盘一下,我对自己较肯定的地方是________________________

(足够努力/心态积极/方法得当……)

我觉得自己需要改进的地方是________________________

(懒惰懈怠/心情浮躁/方法不当……)

休息片刻,开启下一站征程!

普通心理学

SHAN XIANG

内容导学

- 浙江省中学教师招聘考试普通心理学部分的内容共分为四章。
- 第一章是对心理学的概述，考查题型主要为客观题。
- 第二章至第四章是对各种心理现象的阐述，考查题型主要为客观题，偶尔会涉及主观题。
- 考生应重点掌握第二章、第四章的内容，并结合历年真题和每章的栏目有重点地复习。对于以客观题为主要考查形式的知识点，应注重识记与理解；对于以主观题为主要考查形式的知识点，不仅要做到识记和理解，更要能灵活运用。

第一章 心理学概述

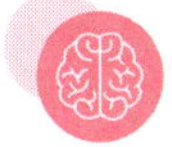

思维导图

- 心理学概述
  - 心理学的研究对象与任务
    - 心理学是什么：中间（边缘）科学
    - 心理现象及其结构（易混）
      - 心理过程：认知、情绪情感、意志
      - 人格心理：人格倾向性、人格心理特征
    - 心理学的体系：教育心理学的发展阶段：1903年；桑代克；《教育心理学》
    - 心理学的研究任务：描述、解释、预测、调节与控制
    - 心理学知识对于教育工作的意义：理论意义、实践意义
  - 心理的生理基础
    - 神经系统的结构与机能
      - 无条件反射、条件反射
      - 第一信号系统：具体事物（易错）
      - 第二信号系统：语词（易错）
    - 大脑的结构与机能
      - 四叶：“额顶枕颞；动感视听”
      - 两半球：“左抽烟，右星空”
  - 心理学的产生、独立与发展
    - 心理学产生的历史背景：冯特，创建了第一个心理学实验室
    - 西方主要的心理学流派（重点）
      - 构造主义：冯特、铁钦纳；直接经验
      - 机能主义：詹姆士、杜威和安吉尔；“意识流”
      - 行为主义：华生；行为
      - 格式塔：韦特海默、苛勒和考夫卡；整体
      - 精神分析：弗洛伊德；异常行为和无意识
      - 人本主义：罗杰斯、马斯洛；自我实现
      - 现代认知：奈塞尔；信息加工系统
  - 心理学研究的一般过程与方法
    - 心理学研究的一般过程：研究课题的选择、文献资料的查阅、研究假设、研究的设计、数据的收集、结果的处理与分析、结果的解释和表达
    - 心理学研究的常用方法：观察法、实验法、访谈法、问卷法、测验法

浙江考向

本章属于普通心理学的基础章节，也是绍兴、金华、宁波、丽水等地区的笔试考查的章节，内容琐碎、识记性知识多，在考试中常以选择题、填空题、判断题等形式考查。本章的考向分析如下：

考点名称	常考题型	能力层级	考查热度
心理现象及其结构	单选	识记	★★
教育心理学的发展阶段	填空、判断	识记	★★
西方主要的心理学流派	单选	识记、理解	★★

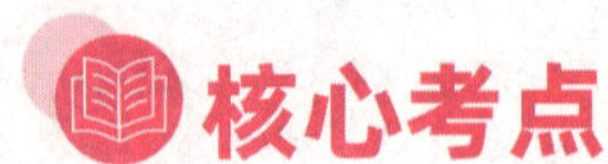

第一节　心理学的研究对象与任务

一、心理学是什么

心理学是研究心理现象及其发生发展规律的科学。心理学既研究动物的心理，也研究人的心理，而以人的心理现象为主要研究对象。除此之外，心理学还研究个体行为、社会心理、个体意识与个体无意识。

心理学兼有自然科学和社会科学的性质，是一门中间（边缘）科学。

二、心理现象及其结构 【单选】 ★★

心理是动物和人共有的生活、生存的精神现象。动物的心理比较简单、低级，受本能（维持、延续生命和防御）需要所支配；而人在这些心理基础上，又产生了精神需要、社会意识、情感、意志等高级的心理现象，并且还产生了语言。所以人和动物的心理活动有着本质的区别，即人有意识，有自觉能动性。

心理现象又称心理活动。心理现象非常复杂，但从形式上可以归纳为心理过程和人格心理两个方面。

- 心理现象
  - 心理过程（注意伴随各过程）
    - 认知过程——感觉　知觉　记忆　思维　想象
    - 情绪情感过程——情绪　情感
    - 意志过程——意志行动的心理过程
  - 人格心理
    - 人格倾向性——需要　动机　信念　理想　价值观　世界观
    - 人格心理特征——能力　性格　气质

图2-1　心理现象结构图

考点1　心理过程

心理过程是心理活动的一种动态过程，是人脑对客观现实的反映过程。它包括认知过程、情绪情感过程和意志过程三个方面。人的各种心理活动中，都伴随着注意这种心理状态。

考点2　人格心理

人格心理是指表现在一个人身上比较稳定的心理特性的综合，是一个人总的精神面貌，反映了人与人之间稳定的差异特征。由于每个人的遗传素质、所处社会环境不同，形成了人的人格心理的差异。人格心理的差异主要表现在人格倾向性和人格心理特征两个方面。

（1）**人格倾向性**是人从事活动的基本动力，包括需要、动机、兴趣、爱好、信念、理想、世界观等。人格倾向性是一个人对现实的态度和积极性行为的动力系统。它决定着人对现实的态度，决定着人的认识和活动对象的趋向和选择。它是最积极、最活跃的人格因素。就人的整个心理现象而言，人格倾向性是人的一切心理活动和行为的调节系统，也是人格积极性的动力源泉。

（2）**人格心理特征**包括个体的气质、性格、能力等。人格心理特征是人格结构中最稳定的、经常表现出来的特征因素，是具有决定意义的成分，它表明一个人比较典型的心理活动和行为特征。

知识再拔高

“人格”与“个性”

人格有时和个性同义。《中国大百科全书·心理学》卷和《中国大百科全书·教育》卷都指出，人格也称个性；人格有时仅指性格和气质，不包括能力；有时人格的外延要比个性更广，不仅包括心理方面的特质，而且还包括身体方面的特质。而个性一般指一个人的整个心理面貌，只包括心理方面的特质。本书使用的人格和个性同义。

考点3　心理过程和人格心理的关系

心理过程和人格心理是心理学研究的两大方面。这两方面是相互联系、相互渗透、相互制约的，是一个统一的、具体的人的心理现象的两个方面。

(1)人格心理是在心理过程中形成的，如果没有对主观和客观世界的认识，没有情绪情感的体验，没有积极地与困难做斗争的意志活动，心理的人格差异就无从形成和表现。

(2)已经形成的人格倾向性和人格心理特征又制约着心理过程的进行。

三、心理学的体系

心理学是一个非常庞大的科学体系，为了简明，我们可把它粗分为基础性心理学和应用性心理学两大类。

考点1　基础性心理学

基础性心理学研究的是心理科学中与各分支心理学有关的基础理论和基本的方法学问题以及心理发生和发展的基本问题。它主要包括普通心理学、发展心理学、社会心理学、生理心理学、比较心理学和实验心理学等。下面重点介绍两门分支学科。

1. 普通心理学

普通心理学是心理学的基础学科或总学科。它的主要任务是依据并归纳心理学在各个方面的研究成果，阐明心理现象中各种最基本的事实与最一般的问题，探索心理活动的普遍规律。尽管普通心理学所揭示的知识也都具有应用意义，但它更侧重于心理活动的基本事实与理论的探索，所以它是一门理论学科。

2. 发展心理学

发展心理学是心理学的一个分支，主要研究个体生命全程中身心变化与其年龄之间的关系，探究各个年龄阶段的心理特征，解释个体心理从一个年龄阶段发展到另一个年龄阶段的规律，具体包括婴幼儿心理学、儿童心理学、少年心理学、青年心理学、中年心理学和老年心理学。下面介绍一下发展心理学的发展历程：

(1)科学儿童心理学的诞生

德国生理学家和实验心理学家**普莱尔**是儿童心理学真正的创始人，他于1882年出版了《儿童心理》一书，该书被公认为第一部科学的、系统的儿童心理学著作。

(2)从儿童发展到个体毕生全程发展的研究

①**霍尔**将儿童心理学研究的年龄范围扩大到青春期。

②精神分析学派率先对个体一生全程的发展做了研究。

③发展心理学的问世及其研究。美国心理学家**何林渥斯**最先提出要追求人的心理发展全貌，而不是满足于孤立地研究儿童心理，并于1930年出版了**《发展心理学概论》**一书，这是世界上第一部发展心理学著作。

发展心理学的具体内容参见第三部分。

考点2 应用性心理学

应用性心理学研究的是如何把基础性心理学所揭示的一些基本规律应用于人类实践的各个方面，并进一步探索在各实践领域中心理活动的具体规律问题，因而应用性心理学分支尤多，主要包括教育心理学、管理心理学、运动心理学、文艺心理学、司法心理学、政治心理学、军事心理学等。下面重点介绍一下教育心理学。

教育心理学是一门研究教育教学情境中学与教的基本心理规律的科学。教育心理学的知识正是围绕学习与教学相互作用的过程而组织的，包括学习心理、教学心理、学生心理和教师心理四大部分内容。

1. 教育心理学的学科性质

(1)从学科范畴来看，教育心理学既是心理学的一个分支学科，又是教育学与心理学结合而产生的交叉学科；

(2)从学科作用来看，教育心理学既是一门理论性学科(具有基础性)，又是一门应用性较强的学科(具有实践指导性)，并以应用为主。

2. 教育心理学的研究对象

教育心理学的研究对象是学校教育、教学情境中人(主体)的心理。

3. 教育心理学的研究内容 【判断】 ★

教育心理学的具体研究范畴是围绕学与教相互作用的过程展开的。学与教的相互作用过程是一个系统过程，该系统包含学生、教师、教学内容、教学媒体和教学环境五种要素，由学习过程、教学过程和评价/反思过程这三种活动过程交织在一起组成(三过程、五要素)。这里主要介绍以下三方面：

表2-1 教育心理学的部分研究内容

项目	要点
学生	(1)群体差异，包括年龄、性别和社会文化差异等； (2)个体差异，包括先前知识基础、学习方式、智力水平、兴趣和需要等差异
教学环境	(1)物质环境：课堂自然条件(如温度和照明等)、教学设施(如桌椅、黑板和投影机等)以及空间布置(如座位的排列等)等； (2)社会环境：课堂纪律、课堂氛围、师生关系、同学关系、校风以及社会文化背景等
学习过程	学习过程是教育心理学研究的核心内容，学习心理是教育心理学的核心

4. 教育心理学的发展阶段 【填空、判断】 ★★

教育心理学发展的四个阶段具体内容如下：

表2-2 教育心理学的发展阶段

发展阶段	主要人物及成就
初创时期 (20世纪20年代以前)	(1)瑞士教育家裴斯泰洛齐第一次提出“教育教学的心理学化”的思想； (2)德国教育家与心理学家赫尔巴特首次提出把教学理论的研究建立在心理学这个科学基础之上；

续表

发展阶段	主要人物及成就
初创时期 (20世纪20年代以前)	(3)1868年,俄国教育家乌申斯基出版了《人是教育的对象》一书,对当时的心理学发展成果进行了总结,他因此被誉为"俄罗斯教育心理学的奠基人"; (4)1877年,俄国教育学和心理学家**卡普捷列夫**发表了**《教育心理学》**一书,这是最早正式以"教育心理学"命名的著作; (5)1903年,心理学家桑代克出版了《教育心理学》,这是西方第一本以"教育心理学"命名的著作。1913~1914年,该书又扩充为三卷本的《教育心理大纲》,奠定了教育心理学发展的基础,西方教育心理学的名称和体系由此确立,桑代克也因此被称为"教育心理学之父"
发展时期 (20世纪20年代至50年代末)	(1)20世纪20年代至30年代,西方教育心理学吸取了儿童心理学和心理测验方面的成果,并将学科心理学纳入自己的内容中; (2)20世纪40年代,弗洛伊德的理论广为流传; (3)20世纪50年代,程序教学和教学机器兴起
成熟时期 (20世纪60年代至70年代末)	(1)布鲁纳发起的课程改革运动促使美国教育心理学转向对教育过程、学生心理、教材、教法和教学手段改进的探讨; (2)罗杰斯提出"以学生为中心"的主张
完善时期 (20世纪80年代以后)	1994年,美国心理学家布鲁纳总结了教育心理学20世纪80年代以来的成果:(1)主动性研究;(2)反思性研究;(3)合作性研究;(4)社会文化研究

教育心理学的具体内容参见第四部分。

四、心理学的研究任务

(1)描述心理现象和行为;(2)解释心理现象和行为;(3)预测心理现象和行为;(4)调节与控制心理活动与行为。

五、心理学知识对于教育工作的意义

考点1 理论意义

(1)心理学的研究成果为马克思主义认识论和辩证法提供了科学依据;

(2)心理学的研究对邻近的社会科学,如文学、艺术、法学、政治学、经济学等,也有一定的理论意义。

考点2 实践意义

(1)有助于教师理解和解释学生的心理现象和行为,更好地完成教育工作;

(2)有助于教师运用心理学原理,指导和开展当代教育改革;

(3)有助于教师判断学生的心理健康状况,有效地开展学生心理异常的调适工作;

(4)有助于教师依据心理学知识进行自我教育。

★★ 考点大默写 ★★

1. 心理学是研究____________及其发生发展规律的科学。
2. 心理学通常把心理现象划分为心理过程和____________,心理过程又包括情绪情感过程、____________和意志过程三个方面。

3. 学与教相互作用的过程是由__________、__________和评价/反思过程这三种活动过程交织在一起组成的。

4. 俄国教育家__________被誉为“俄罗斯教育心理学的奠基人”。

5. “教育心理学之父”是__________。

【参考答案】

1. 心理现象　2. 人格心理　认知过程　3. 学习过程　教学过程　4. 乌申斯基　5. 桑代克

第二节　心理的生理基础

一、神经系统的结构与机能

神经系统是人的心理活动的主要物质基础，人的一切心理活动都要通过神经系统的活动来实现。

考点 1　神经系统的结构

（1）神经元（又称神经细胞）是神经系统结构和机能的基本单位，由细胞体（或称胞体）、树突和轴突组成，它的基本作用是接收和传递信息。

（2）神经系统包括中枢神经系统和周围神经系统。①中枢神经系统包括脑和脊髓，是整个神经系统的主干。②周围神经系统包括 12 对脑神经、31 对脊神经和自主神经系统。

考点 2　高级神经活动　【单选】　★

1. 反射和反射弧

反射是指有机体在中枢神经系统参与下，对刺激所作的一定的有规律的反应，如眼睛遇到强光后会眨眼，手遇到烫的物体会马上缩回等。脑的反射活动是人的心理活动的基础，实现反射活动的神经结构叫作反射弧。

反射弧是通过五个环节而实现的，即感受器→传入神经（感觉神经）→神经中枢→传出神经（运动神经）→效应器。

2. 无条件反射和条件反射

无条件反射是先天具有的、不学而能的反射。例如，食物放入口中会导致唾液分泌，婴儿遇冷后会哭啼等。引起无条件反射的刺激称为无条件刺激物，当无条件刺激物与相应的感受器接触，就会引起无条件反射。在人类和高等动物身上的无条件反射往往受到大脑皮层的调节，表现出随意性。无条件反射是动物适应外界环境、维持生存和种族繁衍的重要形式。

条件反射是后天经过学习获得的反射。条件反射的神经机制是在大脑皮层上形成暂时神经联系，这种神经联系不是先天固有的，而是后天形成的。例如，人看到食物或闻到食物的香味就会分泌唾液，学生听到上课铃声就会走进教室等。条件反射增强了有机体适应复杂多变环境的能力，对个体的生存与发展有重要的意义。

3. 两种信号系统

用具体事物作为条件刺激而建立的条件反射系统叫第一信号系统；用语词作为条件刺激而建立的条件反射系统叫第二信号系统。例如：梅子放在嘴里会分泌唾液，这主要是无条件反射；吃过梅子的人看到梅子分泌唾液是第一信号系统的活动；掌握语言的人，不仅看到梅子会出现“望梅生津”的现象，在讲到“梅子”时，也会“谈梅生津”，“谈梅生津”主要是第二信号系统的活动。

无条件反射

第一信号系统

第二信号系统

4. 高级神经活动的基本过程和规律

(1)高级神经活动有两种基本过程：一种是兴奋过程，另一种是抑制过程。所谓兴奋过程，是跟有机体的某些活动的发动或加强相联系的神经过程；所谓抑制过程，是跟有机体某些活动的停止或减弱相联系的神经过程。

(2)根据条件反射的实验结果，巴甫洛夫提出高级神经活动的两条基本规律：兴奋和抑制的扩散与集中，兴奋和抑制的相互诱导。

①兴奋和抑制的扩散与集中。扩散是兴奋或抑制从原发点向四周扩散开来，集中是兴奋或抑制从四周向原发点集中(集合)。这种集中现象是在扩散基础上产生的。兴奋和抑制过程都是神经组织积极的活动状态，抑制并不意味着处于静止状态。

②兴奋和抑制的相互诱导。由兴奋过程引起或加强邻近区域的抑制过程称为**负诱导**；由抑制过程引起或加强邻近区域的兴奋过程称为**正诱导**。**同时性诱导**是指兴奋过程和抑制过程同时发生。**相继性诱导**是指兴奋和抑制的发生有先后顺序。可以通过下面一些例子来理解：

同时性正诱导——闭上眼睛听音乐的效果更好。

同时性负诱导——我们专心致志地学习，大脑皮层某些神经元的兴奋加强了相邻脑区的抑制，产生了良好的学习效果。

相继性正诱导——由睡眠到醒来。

相继性负诱导——晚上通宵学习或玩游戏导致第二天无精打采、昏昏欲睡。

二、大脑的结构与机能

大脑是各种心理活动的中枢。大脑分左右两半球，体积占中枢神经系统总体积的一半以上，重量约为脑总重量的60%。大脑半球的表面有三条大的沟裂：中央沟、外侧裂和顶枕裂。这三条沟裂将半球分成额叶、顶叶、枕叶和颞叶几个区域，不同的区域具有不同的功能：

额叶——在组织有目的、有方向的活动中，有使活动服从于坚定意图和动机的作用。

顶叶——主要调节机体的触压觉、温度觉、痛觉和内脏感觉等。

枕叶——视觉中枢。

颞叶——对听觉刺激进行加工。

从解剖上看，大脑两半球似乎是完全一样的，但研究发现大脑两半球在结构和功能上有明显的差异。

左半球——抽象逻辑思维和言语中枢的优势半球，它主要负责言语、阅读、书写、运算和推理等。

右半球——形象思维和高度空间知觉的优势半球，它主要处理的信息是知觉物体的空间关系、情绪情感、欣赏音乐和艺术等。

两半球各自具有优势，但并非割裂，而是协同活动。

记忆有妙招

为方便考生记忆，编者将大脑的功能分区和结构总结成以下口诀：

(1)大脑的功能分区：**额顶枕颞；动感视听**。

(2)左右脑的功能：**左抽烟，右星空**。**抽**：抽象逻辑思维。**烟**：言语。**星**：形象思维。**空**：空间知觉。

知识再拔高

人的心理是人脑对客观现实的主观能动的反映

1. 客观现实决定人的心理

人的心理活动，就其产生方式来说，是客观事物引起人脑反射的活动；就其内容来说，是作用于人脑的客观现实的反映。物质是第一性的，心理是第二性的，人的心理是对客观现实的反映。必须强调的是，人的社会生活实践对人的心理起着决定性的作用。因为社会生活条件才是人的心理源泉，是心理内容的决定性组成部分。

2. 心理是人脑对客观现实的主观映像

人的心理是客观的又是主观的，它是由具体的个体在头脑中进行的。由于人的知识经验、需要、愿望以及个性特征的不同，因而对客观现实的反映也不同。所以，人的心理是客观现实的主观映像。

3. 心理是人脑对客观现实的能动的反映

人的心理不是消极被动地、录像式地对客观现实进行反映，而是能动地去反映客观世界。人们不仅反映客观事物具体的表面现象，而且还会通过脑的分析综合，把握客观事物的本质和规律，预测客观事物发展变化的过程，从而有效地认识和改造客观世界。这些都是在实践过程中通过主客观的相互作用而实现的。

★★ 考点大默写 ★★

1. “谈虎色变”属于____________信号系统。
2. 在大脑半球的几个区域中，____________主要调节机体的触压觉、温度觉、痛觉和内脏感觉等。
3. 人的心理是人脑对____________的主动能动的反映。
4. 第一信号系统是用____________作为条件刺激而建立的条件反射系统。
5. 由兴奋过程引起或加强邻近区域的抑制过程称为____________；由抑制过程引起或加强邻近区域的兴奋过程称为____________。
6. 人先天具有的、不学而能的反射是____________反射。

【参考答案】

1. 第二　2. 顶叶　3. 客观现实　4. 具体事物　5. 负诱导　正诱导　6. 无条件

第三节 心理学的产生、独立与发展

一、心理学产生的历史背景

心理学是一门古老而又年轻的科学。在欧洲，心理学的历史可以追溯到古希腊柏拉图、亚里士多德的时代。**亚里士多德**的《论灵魂》是历史上第一部论述各种心理现象的著作。

现代心理学的诞生和发展有两个重要的历史渊源。一是受到近代哲学思潮的影响，特别是唯理论和经验论的影响。近代哲学为西方现代心理学的诞生提供了理论基础。二是受到实验生理学的影响。现代心理学的实验方法直接来源于实验生理学。

1879年，德国著名心理学家**冯特**在德国莱比锡大学创建了第一个心理学实验室，使心理学从哲学中脱离出来，成为一门独立的学科。这一事件标志着科学心理学的诞生，冯特因此被称为**“心理学之父”**。他的代表作有《生理心理学原理》《民族心理学》《心理学大纲》等。

二、西方主要的心理学流派 【单选】 ★★

表2-3 西方主要的心理学流派

心理学流派	代表人物	主要观点
构造主义心理学	冯特、铁钦纳	(1)主张心理学研究人们的直接经验即意识，并把人的经验分为感觉、意象和激情状态三种元素； (2)主张采用实验内省法
机能主义心理学	詹姆士、杜威和安吉尔	(1)主张研究意识，但是他们不把意识看成是个别心理元素的集合，而是看成一种持续不断、川流不息的过程，提出了“意识流”； (2)强调对意识作用与功能的研究，不赞成构造主义对心理结构进行分析
行为主义心理学（西方心理学的**“第一势力”**）	华生	(1)诞生标志是1913年华生发表了《在行为主义者看来的心理学》； (2)反对意识，主张研究行为； (3)反对内省，采用实验方法
格式塔心理学（完形心理学）	韦特海默、苛勒和考夫卡	反对把意识分析为元素，而强调心理作为一个整体、一个组织的意义，认为： (1)整体不能还原为各个部分、各种元素的总和； (2)部分相加不等于整体； (3)整体先于部分而存在，并且制约着部分的性质和意义； (4)整体大于部分之和
精神分析心理学（西方心理学的**“第二势力”**）	弗洛伊德	(1)研究异常行为和无意识； (2)行为根源于欲望
人本主义心理学（西方心理学的**“第三势力”**）	罗杰斯、马斯洛	着重于人格方面的研究，认为： (1)人的本质是善良的； (2)人有自由意志，有自我实现的需要
现代认知心理学（信息加工心理学）	奈塞尔	(1)诞生标志是奈塞尔1967年出版的《认知心理学》； (2)把心理活动看作信息加工系统，由感官搜集信息，经过分析、存储、转换，然后加以利用

记忆有妙招

为方便考生记忆，编者将西方主要的心理学流派总结成以下口诀：

铁粉内省造元素，危机适应意识流，华生行为双第一，完形整体为科考，弗洛伊德无意识，罗马人格居第三，信息加工奈塞尔。

真题面对面

[2022金华/诸暨，单选]（　　）强调心理学研究“整体”而非“元素”，并提出“整体大于部分之和”。

A. 认知心理学　　B. 格式塔心理学

C. 规律分析心理学　　D. 机能主义心理学

答案：B

考点大默写

1. 科学心理学诞生的标志是：__________年德国的心理学家__________在莱比锡大学创建了世界上第一个心理学实验室。
2. 主张研究意识，提出了“意识流”，并强调对意识作用与功能进行研究的心理学流派是__________心理学。
3. 西方心理学的“第一势力”是__________心理学，其主张研究__________。
4. 人本主义心理学的主要代表人物有__________、__________。
5. 构造主义心理学主张心理学研究人们的__________，主张采用实验内省法。
6. 亚里士多德的__________是历史上第一部论述各种心理现象的著作。

【参考答案】

1. 1879　冯特　2. 机能主义　3. 行为主义　行为　4. 罗杰斯　马斯洛　5. 直接经验（意识）
6.《论灵魂》

第四节　心理学研究的一般过程与方法

一、心理学研究的一般过程

考点1　研究课题的选择

1. 课题选择的意义

课题的选择是心理学研究的起点，也是心理学研究中最重要、最困难的一步。在心理学研究中，课题的选择对于研究过程是至关重要的。具体地说，选题准确与否，决定了研究方向是否恰当，决定了研究能取得什么样的成果以及成果的科学价值、社会价值和经济价值，决定了研究工作能否得到资助，决定了研究过程是否顺利，甚至在某种程度上也决定了研究所采用的方法。

2. 研究课题的类型

研究课题按照不同的标准可以分为不同的类型。

(1)按照研究的目的来分,研究课题可以分为理论性课题和应用性课题。

(2)按照研究的深度分,研究课题可分为描述性课题、因果性课题和预测性课题。

3. 课题选择的原则

(1)需要性原则:指明了研究的方向;

(2)创造性原则:反映了研究的价值;

(3)科学性原则:体现了研究的自身要求;

(4)可行性原则:说明了研究的现实条件。

以上四条原则既相互区别又相互联系。只有全面地运用这四条原则,才能选择好研究课题。

4. 课题选择的方法

(1)根据社会需要选择课题;

(2)根据儿童心理发展的理论来选择课题;

(3)通过查阅文献选择课题;

(4)在研究过程中选择课题;

(5)根据科技发展和学科发展选择课题。

这五个方面的选题是相互交叉的,研究者可以根据某种或某几种方法进行选题。

考点2 文献资料的查阅

查阅文献包括三个阶段:一是查,二是阅,三是综述。

1. 搜集文献

查阅文献的第一步是查,即如何检索、搜集文献。搜集文献有多种渠道。通过图书馆搜集文献是最主要的渠道;其次,可以通过专门的研究机构(如中科院心理所)和大学的系、所的资料室查阅文献;再次,通过网络搜寻文献;此外,还可以通过个人交往搜集资料。

搜集文献的方法主要有两种:一是检索工具查找法,二是参考文献查找法。检索工具查找法即利用已有的检索工具进行查找。参考文献查找法又称追溯查找法,即根据作者文章和书后所列的参考文献目录去追踪查找有关文献。

2. 阅读文献

搜集文献是为了摘取与研究课题有关的资料,因此要学会快速有效地阅读。阅读文献的方法通常有三种:浏览、粗读和精读。

3. 文献综述

对所查阅的文献进行全面、系统的综述,可以帮助我们更好地论证选题,做好研究设计等工作。文献综述的格式和内容通常包括六个部分:序言、历史发展、现状分析、改进建议、趋势预测和参考文献。

考点3 研究假设

在心理学研究过程中,我们通常要针对研究的课题或在文献中发现的问题,根据有关理论或经验、事实,对所要研究的事物的本质和规律提出某些初步的设想,这种初步的设想就是研究假设。

研究假设有两个特点:(1)有一定的科学依据,即应该是根据一定的理论、研究者已有的经验和一定的事实而提出的;(2)具有一定的推测性质,即只是对所研究问题答案的推测,还有待于研究结果的检验。

考点4　研究的设计

研究设计是确定具体的研究方案,它涉及如何根据研究目标与假设选择研究对象、确定研究变量与指标、选择研究工具与材料、制定研究程序等一系列问题。考虑如何处理好这些问题,为检验研究假设、达到研究目的所采取的合理、有效、经济的路线和方式,就是研究设计的工作和目的。

考点5　数据的收集

在确定研究的目的、假设、研究对象、研究方法等之后,就要开始收集数据,收集数据的过程就是应用研究方法的过程。研究方法包括观察法、访谈法、问卷法、测验法、实验法等。

考点6　结果的处理与分析

结果的处理是指对收集到的数据进行定量分析或定性分析。定量分析是对数据进行统计学处理,即根据需要计算其平均数、标准差、相关系数等进行差异的显著性检验,进行因素分析、回归分析、聚类分析等。

定性分析是对研究结果的质的分析,是运用分析、综合、比较、归纳和演绎等逻辑分析方法,对研究所获取的资料进行思维加工,从而揭示心理现象和行为的本质,为研究结果的解释和理论建构提供依据。

考点7　结果的解释和表达

结果的解释是指对已分析的数据及其关系进行说明,揭示其意义。结果的解释是一种创造性的活动,它要求研究者具有丰厚的专业知识和高度的洞察力、严密的逻辑思维能力。结果的解释不仅要将数据的意义用逻辑分析的原则寻找出来,还要将其意义表达出来,根据研究的结果得出概括性的结论。

二、心理学研究的常用方法

考点1　观察法

观察法是研究者通过感官或借助于一定的仪器设备,有目的、有计划地考察和描述人的心理活动和行为表现,以收集研究资料的一种方法。观察法有广义和狭义之分,广义的观察法包括自然观察法和实验观察法,狭义的观察法是指自然观察法。这里主要是从狭义的角度来阐述。观察法是心理学研究中最基本、最普遍的一种方法。

观察法能获得大量生动直观的资料,比较真实可靠,研究结果也可直接应用于实际,外部效度较高;但观察法因缺乏控制,易受无关因素的干扰,观察的结果难以深入量化分析,需与其他方法结合使用来增强其科学性。

考点2　实验法

实验法是创设一定的情境,对某些变量进行操纵和控制,以揭示教育、心理现象的原因和发展规律的研究方法。其目的是研究并揭示变量间的因果关系。

实验法的优势是能对变量进行操纵和控制,从而能从复杂因素的相互联系、相互作用中将自变量对因变量的影响分离出来,以确认有关变量之间的因果关系;同时,对变量的操纵和控制也是实验法的缺陷,因为实验中对变量的操纵难以排除人为化的影响,实验情境中许多特定因素的作用也使实验结果的推广受到限制。

考点 3　访谈法

访谈法是研究者通过与研究对象进行口头交谈的方式来收集研究对象有关心理特征和行为数据资料的一种方法。访谈法的最大特点在于整个访谈过程是访谈者与被访谈者相互影响、相互作用的过程。

访谈法的主要优点是有利于对所要研究的问题进行广泛而深入的研究，同时能保证所收集到的资料具有较高的可靠性。但访谈法也有缺点，一是访谈结果的准确性受研究者素质的影响；二是被访谈对象对有些问题比较敏感，不宜进行访谈；三是访谈结果难以量化。

考点 4　问卷法

问卷法是研究者用统一的、严格设计的问卷来收集研究对象有关的心理特征和行为数据资料的一种方法。问卷法的最大特点是它的标准化程度一般较高，是严格按照统一设计和固定结构的问卷进行的研究；此外，它能在较短的时间内收集到大量的资料。与访谈法相比，它在这方面具有较大的优势。

问卷法的优点是，问卷内容客观统一，处理分析比较方便；样本量大，节省人力、时间和经费；匿名性强，主试与被试间的相互作用小。但是问卷法也有一些缺点，由于问卷的问题和回答方式比较固定，因而灵活性不强；问卷法通常只能研究一些比较简单、表面的问题，难以对复杂的问题进行深入的研究；同时，问卷法得到的结果的真实性受问卷的效度影响较大。

考点 5　测验法

测验法是运用一套标准化题目，按照规定的程序，通过心理测量的手段来收集数据资料的方法。与问卷法比较，测验法也是通过事先设计好的问题来研究被试，所不同的是，测验法所运用的工具是标准化程度很高的量表，它不再局限于文字形式，可以采用非文字形式(操作形式)来进行测量。国内常用的心理测验有能力测验、人格测验、成就测验、人际关系测验、心理健康测验等。测验法的优缺点与问卷法类似。

心理学的研究方法有很多，除了上面介绍的以外，还有个案分析法、作品分析法、现场研究法等。另外，在实际研究过程中，这些方法可以结合使用，取长补短，以获得更详细、更有效的数据。

知识再拔高

学校教育心理学常用的研究方法

(1)观察法。(2)调查法。(3)**教育经验总结法**。教育经验总结法是教育心理学一个重要的研究方法，它是依据教育实践所提供的事实，按照科学研究的程序，分析和概括教育现象，揭示其内在联系和规律，使之上升为教育理论的一种教育科研方法。(4)自然实验法。(5)实验室实验法。(6)临床个案法。临床个案法是对学与教的个案做详尽的观察、评量与操纵的研究法。

考点大默写

1. 观察法能获得大量生动直观的资料，比较真实可靠。广义的观察法包括自然观察法和__________观察法。
2. 实验法的目的是研究并揭示变量间的__________关系，其优势是能对__________进行操纵和控制。
3. __________是依据教育实践所提供的事实，揭示其内在联系和规律，使之上升为教育理论的一种教育科研方法。

4. 在心理学研究的一般过程中，结果的处理是指对收集到的数据进行定量分析或__________分析。

5. __________是心理学研究中最基本、最普遍的一种方法。

6. 心理学研究的常用方法有问卷法、__________、观察法、__________、实验法等。

【参考答案】

1. 实验 2. 因果 变量 3. 教育经验总结法 4. 定性 5. 观察法 6. 访谈法 测验法

我于______年____月____日完成了对本章的学习。

复盘一下，我对自己较肯定的地方是________________

（足够努力/心态积极/方法得当……）

我觉得自己需要改进的地方是________________

（懒惰懈怠/心情浮躁/方法不当……）

休息片刻，开启下一站征程！

第二章　认知过程

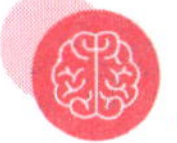

思维导图

- 认知过程
  - 感觉和知觉
    - 感觉
      - 概念：客观事物的个别属性的反映
      - 规律：感觉适应、感觉对比、感觉后效、感觉的补偿、联觉（重点）
    - 知觉
      - 似动现象：动景运动、诱导运动、自主运动、运动后效
      - 社会知觉偏差：社会刻板效应、晕轮效应、首因效应、近因效应、投射效应（易错）
      - 知觉的基本特征：知觉的选择性、理解性、整体性、恒常性
    - 感知规律与直观教学
      - 感知规律：强度律、差异律、活动律、组合律
      - 直观教学：实物直观、模像直观、言语直观
  - 注意
    - 注意概述
      - 概念：心理活动或意识对一定对象的指向和集中
      - 功能：选择、保持、调节和监督
      - 分类：无意注意、有意注意、有意后注意（重点）
    - 注意的品质
      - 注意的稳定性、广度、分配、转移
    - 注意的理论
      - 过滤器理论、衰减理论、后期选择模型、注意资源有限理论、双加工理论
    - 运用注意的规律提高学生课堂的注意力
      - 运用注意规律组织教学
      - 在教学过程中培养学生良好的注意品质
  - 记忆
    - 记忆概述
      - 概念：过去经验的保持和再现
      - 分类：形象记忆、情景记忆、语义记忆、情绪记忆、动作记忆；陈述性记忆、程序性记忆；无意记忆、有意记忆；机械记忆、意义记忆；外显记忆、内隐记忆（易混）
    - 记忆过程
      - 识记的分类：无意识记和有意识记；机械识记和意义识记
      - 保持与遗忘：艾宾浩斯遗忘规律（先快后慢、先多后少，呈负加速）
        遗忘的原因（消退说、干扰说、压抑说、提取失败说、同化说）
    - 记忆系统
      - 瞬时记忆：时间极短；图像记忆
      - 短时记忆：1分钟之内；7±2；听觉编码
      - 长时记忆：长久保持；语义编码
    - 记忆的品质及其培养
      - 敏捷性：速度和效率；识记的目的、集中注意
      - 持久性：保持时间；纳入知识体系、复习
      - 准确性：精确性；认真识记、比较等
      - 准备性：提取和应用；知识系统化
    - 运用记忆和遗忘规律提高记忆效果的方法
      - 精细加工、组块化学习策略、复习等
    - 根据记忆和遗忘的规律，防止遗忘
      - “十次方知味”

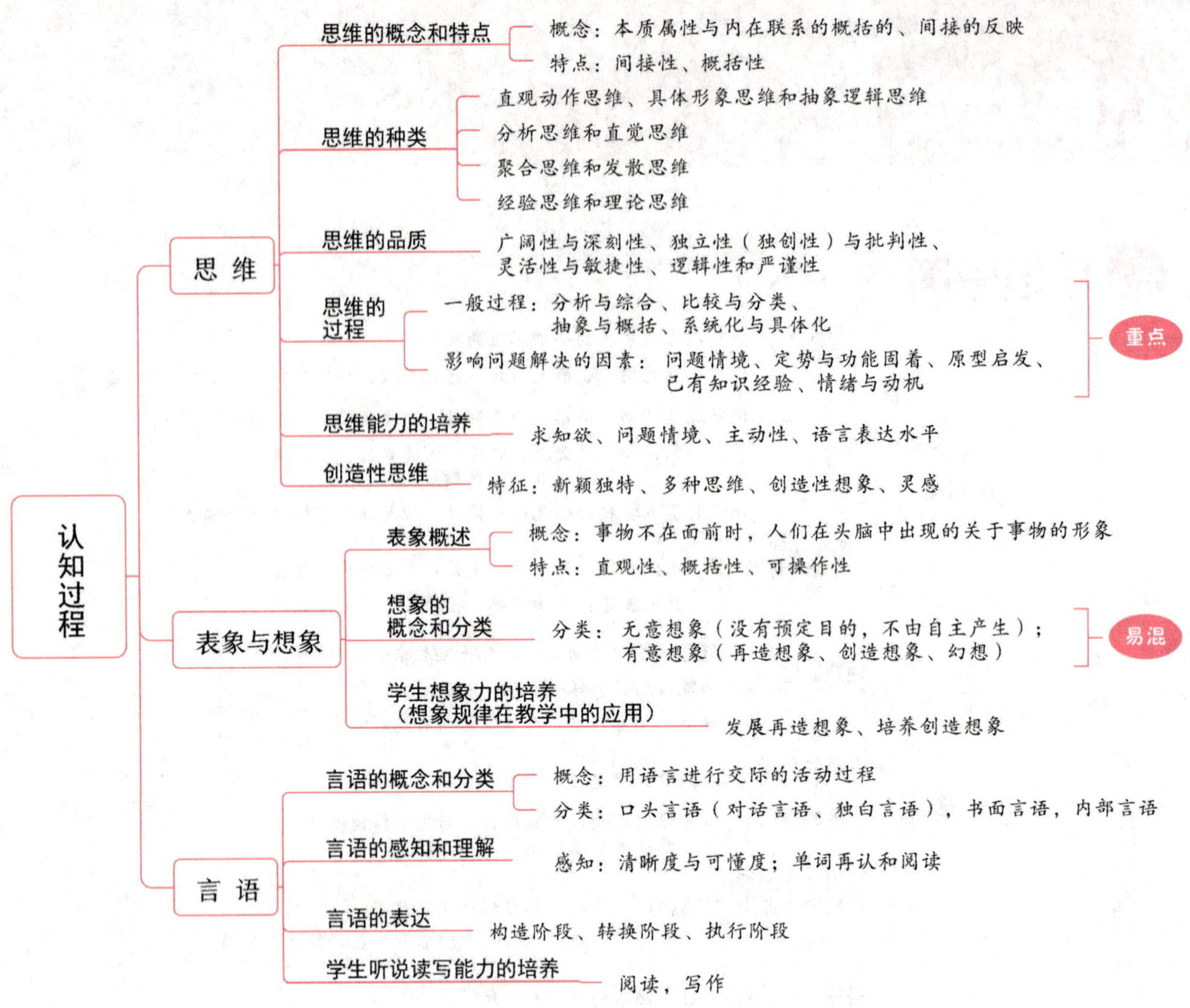

浙江考向

本章属于普通心理学的重点章节，也是绍兴、金华、台州、宁波、丽水、温州、衢州、嘉兴等地区的笔试重点考查的章节，内容广泛、识记性知识多，在考试中常以选择题、填空题、判断题、简答题等形式考查。本章的考向分析如下：

考点名称	常考题型	能力层级	考查热度
感觉的规律	单选、填空	识记、理解	★★★
社会知觉	单选	识记	★★
知觉的基本特征	单选、判断	识记、理解	★★
注意的分类	单选、判断	识记、理解	★★
注意的品质	单选、判断	识记、理解	★★
记忆的分类	单选	识记、理解	★★★
保持与遗忘	单选、判断	识记、理解	★★

续表

考点名称	常考题型	能力层级	考查热度
短时记忆	单选、填空、判断	识记、理解	★★
思维的种类	单选、填空、判断	识记、理解	★★
思维的过程	单选、填空、判断、简答	识记、理解、掌握	★★
想象的分类	单选	识记、理解	★★

第一节　感觉和知觉

一、感觉

考点1　感觉的概念　【判断】★

感觉是人脑对直接作用于感觉器官的客观事物的**个别属性**的反映。感觉是一种最简单的心理现象，是认识的起点。可以说感觉是一切知识和经验的基础，是人正常心理活动的必要条件。

真题面对面

[2022金华/诸暨，判断]感觉是人脑对直接作用于感觉器官的客观事物的整体属性的反映。(　　)

答案：×

考点2　感觉的种类

比较常见的感觉分类，是从感觉器官的角度来划分，即外部感觉和内部感觉。

1. 外部感觉

外部感觉是指感受外部刺激，反映外部事物的个别属性的感觉，主要分为视觉、听觉、嗅觉、味觉和肤觉(包括触压觉、温度觉和痛觉)五大类。

2. 内部感觉

内部感觉是指感受内部刺激，反映机体内部变化的感觉，主要分为机体觉、平衡觉和运动觉。

考点3　感受性与感觉阈限　【单选】★

1. 感受性与感觉阈限的概念与分类

感觉器官对适宜刺激的感觉能力叫**感受性**。**感觉阈限**是指刚刚能引起感觉或差别感觉的刺激量。

感受性的高低是用感觉阈限的大小来度量的。感受性与感觉阈限在数值上成**反比关系**，感受性高则感觉阈限低；感受性低则感觉阈限高。

感觉阈限与感受性易混淆，考生做题时要注意区分：感觉阈限是一种数值或范围，感受性是一种能力；两者在数值上成反比关系。

每种感觉都有两种感受性和感觉阈限：绝对感受性与绝对感觉阈限；差别感受性与差别阈限。

(1)绝对感受性与绝对感觉阈限

刚刚能引起感觉的最小刺激强度叫**绝对感觉阈限**；而人的感官觉察这一最小刺激强度的能力叫**绝对感受性**。

(2)差别感受性与差别阈限

对两个同类的刺激物，只有达到一定的差异强度才能引起人们的差异感觉。刚刚能引起差别感觉的刺激物间的最小差异量叫**差别阈限**，又称**最小可觉差**；对这一最小差异量的感受能力叫**差别感受性**。

2. 感受性的发展

人的感受性不是固定不变的。感受性的发展依赖于人们的生活条件与实践活动。由于社会实践活动的要求和熏陶，人们的某种感觉的感受性会变得特别灵敏，如茶博士的品茶功夫、熟练炼钢工的火眼金睛等。此外，有计划的训练可以提高感受性。

考点 4　感觉的规律 【单选、填空】 ★★★

1. 同一感觉的相互作用

(1)感觉适应

由于刺激对感受器的持续作用而使感受性发生变化的现象叫**感觉适应**。感觉适应可以引起感受性的提高，也可以引起感受性的降低。适应现象表现在所有感觉中，但是，在各种感觉中的表现和速度是不同的。这里主要介绍三种。

①视觉的适应可分为暗适应和明适应。**暗适应**是指照明停止或由亮处转入暗处时视觉感受性提高的过程(感觉阈限下降，感受性上升)。**明适应**是指照明开始或由暗处转入亮处时视觉感受性下降的过程(感觉阈限上升，感受性下降)。

②"入芝兰之室，久而不闻其香；入鲍鱼之肆，久而不闻其臭"是嗅觉的适应。

③痛觉的适应很难发生，因此，痛觉才成为伤害性刺激的信号而具有生物学意义。此外，过于强烈的刺激很难产生感觉适应。

(2)感觉对比 必背

感觉对比是同一感受器接受不同的刺激，而使感受性发生变化的现象。感觉对比分为两种：

①同时对比。几个刺激物同时作用于同一感受器会产生同时对比现象。例如：把一个灰色的小方块放在白色的背景上，小方块看起来就显得暗些；把相同的小方块放在黑色的背景上，小方块就显得亮些。

②继时对比。刺激物先后作用于同一感受器会产生继时对比现象。例如：吃过糖之后吃橘子，会觉得橘子特别酸；手放进热水之后，再放到温水中，会觉得温水很凉。

真题面对面

[2022 台州，单选]夏日炎炎时，学生在操场跑完步回来会觉得教室里格外凉快，这种感觉现象属于(　　)

A. 感觉适应　　B. 感觉后效　　C. 感觉对比　　D. 感觉错位

答案：C

(3)感觉后效

在刺激作用停止后,感觉暂时保留的现象称为**感觉后效**,即**感觉后像**。在各种感觉中,视觉的后效很显著,又称视觉后像。

视觉后像有两种:正后像和负后像。**正后像**是指后像与刺激在品质上相同,例如:注视发光的灯泡几秒钟,再闭上眼睛,就会感到眼前有一个同灯泡差不多的光源出现在黑暗的背景里,这时出现的就是正后像。正后像出现以后,如果我们把视线转向白色的背景,就会感到在明亮的背景上有黑色的斑点,因为此时出现的后像和刺激在品质上是相反的,所以是**负后像**。彩色视觉也有后像,但一般都是负后像。

2. 不同感觉的相互作用

(1)不同感觉的相互影响

任何一种感受器的感受性,都会因同时或继时发生作用的其他感受器的影响而有所变化。对某一感受器的微弱刺激能提高其他感受器的感受性,而强烈刺激则降低其他感受器的感受性。例如:在噪声影响下,黄昏视觉的感受性会降低到受刺激前的20%;而轻微的肌肉动作或用凉水擦脸可以使黄昏视觉的感受性提高。

(2)不同感觉的相互补偿

感觉的补偿是指某种感觉系统的机能丧失后,由其他感觉系统的机能来弥补。例如:盲人失去视觉,通过实践活动使听觉更加敏锐;聋哑人能"以目代耳"等。

(3)联觉

一种感觉兼有另一种感觉的心理现象叫联觉。在日常生活中各种感觉现象经常联系在一起,由此产生了联觉,如红色给人以热烈、紫色给人以高贵、蓝色给人以安静、黑色给人以沉重的感觉等。不同的声音也会产生不同的联觉,如欢快的歌曲、沉重的乐曲等。

二、知觉

考点1 知觉概述

1. 知觉的概念

知觉是在感觉的基础上产生的,它是人脑对直接作用于感觉器官的客观事物的**整体属性**的反映。例如:某物体用眼看,它有一定大小,呈椭圆状,绿中透红;用手摸,表皮光滑,有一定硬度;用鼻子嗅,有清香的水果气味;用舌头尝,有酸甜味。人脑把这些属性综合起来,便形成对该物体的整体印象,并知道它是"苹果"。这就是对苹果的知觉过程。

2. 知觉与感觉的关系

表2-4 知觉与感觉的关系

关系	感觉	知觉
区别	反映事物的个别属性	反映事物的整体属性
	仅依赖于个别感觉器官的活动	依赖于多种感觉器官的联合活动
	受感觉系统的生理因素影响	受感觉系统的生理因素、人的过去经验、心理特点的制约
联系	(1)二者都是刺激物直接作用于感觉器官而产生的,都是我们对现实的感性反映形式;(2)都是人类认识世界的初级形式,反映的都是事物的外部特征和外部联系	

考点2　知觉的种类

1. 视知觉、听知觉、嗅知觉与触知觉

根据知觉过程中起主导作用的分析器可将知觉分为：视知觉、听知觉、嗅知觉、触知觉等。

2. 物体知觉和社会知觉

根据人脑反映的对象的不同，可以把知觉分为物体知觉和社会知觉。其中，物体知觉分为空间知觉、时间知觉和运动知觉等。

(1)物体知觉

①空间知觉

空间知觉是指物体的空间特性在人脑中的反映，包括形状知觉、大小知觉、深度知觉、方位知觉等。

②时间知觉

时间知觉是对客观事物时间关系(即事物运动的速度、延续性和顺序性)的反映。在时间知觉中，听、视、触等感官都参加，并起不同的作用。

③运动知觉　【单选】 ★

运动知觉是对物体在空间位置移动的知觉，直接依赖于对象运动的速度。物体运动的速度太慢，或单位时间内物体位移的距离太小，都不能使人产生运动知觉。运动知觉对人和动物的适应性行为有重要意义。

运动知觉分为真正运动的知觉和似动知觉。物体按特定速度或加速度，从一处向另一处做连续位移，由此引发的知觉就是真正运动的知觉。在一定的时间和空间条件下，人们在静止的物体间看到了运动，或者在没有连续位移的地方看到了连续的运动，这种现象称为**似动现象**。似动现象的主要形式见下表：

表2-5　似动现象的形式

分类	定义	举例
动景运动	当两个刺激(如光点、直线、图形等)按一定空间间隔和时距相继呈现时，我们就会看到从一个刺激物向另一个刺激物的连续运动	我们看到的电影、电视、霓虹灯活动广告都是按照动景运动发生的原理制成的
诱导运动	由于一个物体的运动使其相邻的静止的物体产生运动的现象	夜空中的月亮是相对静止的，而浮云是运动的。可是，由于浮云的运动，人们看到月亮在动，而云是静止的
自主运动	人在注视暗环境中一个微弱的、静止的光点，片刻后感觉到光点在来回移动的现象	在暗室里，如果你点燃一支熏香或烟头，并注视着这个光点，你会看到这个光点似乎在运动
运动后效	在注视向一个方向运动的物体之后，如果将注视点转向静止的物体，那么会看到静止的物体似乎向相反的方向运动	如果你注视瀑布的某一处，然后看周围静止的田野，会觉得田野上的一切在向上飞升；你站在大桥上看桥下急速的流水，一会儿你会感觉到桥在运动

(2)社会知觉　【单选】 ★★

①社会知觉的概念

社会知觉是个体在生活实践中，对别人、对群体以及对自己的知觉，也叫社会认知。它包括对别人的知觉、自我知觉和人际知觉三部分。

②常见的社会知觉偏差 

表2-6　常见的社会知觉偏差

类别	定义	举例	
社会刻板效应	指对一群人的特征或动机加以概括，把概括得出的群体的特征归属于团体中的每一个人，认为他们每个人都具有这种特征，而无视团体成员中的个体差异	山东人性格豪爽，江南人性格细腻；胖人心胸开阔，瘦人多愁善感	社会刻板效应和晕轮效应
晕轮效应（光环效应）	当我们认为某人具有某种特征时，就会对他的其他特征做相似判断或者说人们对他人的认知判断首先是根据个人的好恶得出的，然后再从这个判断推论出认知对象的其他品质	学生认为外表有魅力的老师教学能力强	
首因效应（最初效应）	指在总体印象形成上最初获得的信息比后来获得的信息影响更大的现象	人们交往时很注重第一印象	
近因效应（最近效应）	指在总体印象形成上，新近获得的信息比原来获得的信息影响更大的现象	多年不见的朋友，在自己脑海中的最深印象就是临别时的情景	
投射效应	指由于个体具有某种特性，因而推断他人也有与自己相同特性的心理现象	“以小人之心，度君子之腹”	

社会刻板效应与晕轮效应易混淆，考生做题时要注意区分：

社会刻板效应是把群体特征推及个体，认为每个个体都具有这种特征。

晕轮效应即“一好百好”“一坏百坏”“爱屋及乌”，从个体的某种特征推及他的其他特征，并往往带有夸大的成分。

真题面对面

[2022金华/诸暨，单选]教师由于对一个学生印象欠佳，而忽视其优点，这属于社会知觉偏差中的（　　）

A. 首因效应　　B. 晕轮效应　　C. 近因效应　　D. 投射效应

答案：B

3. 精细知觉、模糊知觉、错觉和幻觉

根据知觉对象是否符合客观实际和反映现实的精确程度，可以把知觉分为精细知觉、模糊知觉、错觉和幻觉。这里主要讲一下错觉。

错觉是指在特定条件下对事物必然会产生的某种固有倾向的歪曲知觉，是对客观事物不正确的知觉，是知觉的一种特殊情况。错觉的种类有大小错觉、形状和方向错觉、时间错觉、倾斜错觉等。

产生错觉的原因是多种多样的，既有客观的原因，也有主观的原因；既有生理的原因，也有心理的原因。研究错觉的成因有助于揭示人们正常知觉客观世界的规律。

考点3　知觉的基本特征【单选、判断】★★

1. 知觉的选择性

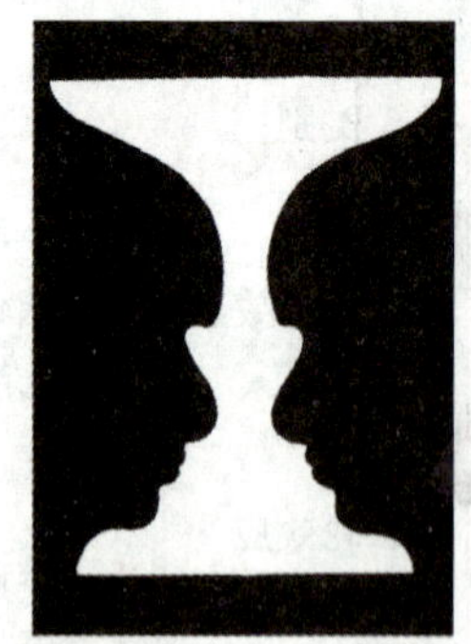
图2-2 花瓶与人脸侧影

知觉的选择性是指当面对众多的客体时，知觉系统会自动地将刺激分为对象和背景，并把知觉对象优先地从背景中区分出来。被清晰反映的刺激物叫知觉的对象，被模糊反映的刺激物叫知觉的背景。例如：学生听教师讲课，教师的语言就成为学生知觉的对象，听得很清楚；而其余事物，如室外的声音、室内同学的私语，就成为背景，听不清楚。知觉的对象与背景是相对的，可以互相转换。在一种情况下，某一事物是对象，其余事物是背景；在另一种情况下，原背景中的事物转换成对象，而原来是对象的事物则转换成背景。对象和背景的转换是有条件的。

知觉的选择性受主客观两方面因素的影响：

（1）客观方面：①刺激物的绝对强度。阈限范围内越强烈的刺激，越容易被选择知觉。②对象和背景的差别性，也即差异律。差别越大，越容易优先选择。例如：教师批改作业，用红笔最明显；出板报时，重点部分用彩色粉笔书写，最易被优先选择。相反，军事上的伪装、昆虫的保护色，使对象和背景的差别变小，则不易被人发现。③对象的活动性，也即活动律。夜空中的流星、霓虹灯广告、音响、幻灯等都容易被人们知觉。④刺激物的新颖性、奇特性。新颖、奇特的事物容易引起学生优先知觉。此外，还有组合律，即知觉对图形的组织原则。

（2）主观方面：①知觉有无目的和任务；②个体已有知识经验的丰富程度；③个人的需要、动机、兴趣、爱好、定势与情绪状态等。

2. 知觉的理解性

知觉的理解性是指人以知识经验为基础对感知的事物加工处理，并用语词加以概括赋予说明的加工过程。例如，一张新产品设计图纸，专业人员既能知觉到图纸的每一个细节，又能理解整张图纸的内容和意义；而没有这方面专业知识的人，只能说出图纸的构成部分，不能理解图纸的内容和意义。当知觉事物时，对事物的理解是通过知觉过程中的思维活动达到的，而思维与语言有密切关系，因此语言的指导能使人对知觉对象的理解更迅速、更完整。在图2-3中，我们看到的是一些黑色斑点，一下子分辨不出是什么，当有人说出这是一条“狗”时，马上这些斑点便显示成一条“狗”的轮廓。人在知觉的过程中，不是被动地把知觉对象的特点登记下来，而是以过去的知识经验为依据，力求对知觉对象做出某种解释，使它具有一定的意义。因此，知觉的理解性与人已有的知识经验有密切关系。知识经验越丰富，理解就越深刻，知觉也就越完整、精确。

图2-3　隐匿图形

3. 知觉的整体性

知觉的整体性是指人根据自己的知识经验把直接作用于感官的客观事物的多种属性整合为统一整体的过程。知觉是在知识经验的基础上对感觉信息的整合过程，知觉的整体性就是人把事物各部分属性综合起来，从而能够整体地把握该事物。知觉的整体性既有助于人的知觉能力与速度的提高，也可能妨碍和干扰部分与细节特征相关的反映。

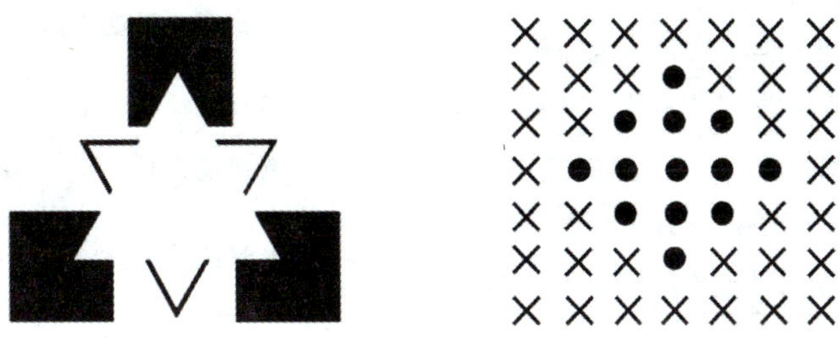

图2-4 主观轮廓

4. 知觉的恒常性

知觉的恒常性是指客观事物本身不变，但知觉条件在一定范围内发生变化时，人的知觉映像仍相对不变。例如：无论是清晨、中午、傍晚，都会把中国国旗看作鲜红色的；在强烈阳光下或黄昏时刻知觉白粉笔时，尽管在这两种情况下白粉笔所反射的光量不同，但人仍把粉笔知觉为白色的；平视桌面上的一本书与斜视桌面上同一位置的同一本书，在视网膜上成像的形状虽有不同，但人对书的形状知觉却仍然保持不变。知觉恒常性包括颜色恒常性、亮度恒常性、形状恒常性、大小恒常性和声音恒常性。知觉恒常性使人能在不同的情况下按照事物的本来面貌反映它们。

知觉恒常性受各种因素的影响，其中视觉线索有重要的作用(如图2-5所示)。所谓视觉线索是指环境中的各种参照物给人们提供的物体距离、方位和照明条件的信息。人们在实际生活中，建立了大小与距离、形状与观察角度、明度与物体表面反射系数的联系。当客观条件改变时，人们利用生活中已经建立的这种联系，能够保持对客观世界较稳定的知觉。

图2-5 视觉线索的作用

真题面对面

[2019统考，单选]下面哪一个选项不属于知觉的特性(　　)

A. 恒常性　　B. 整体性　　C. 间接性　　D. 理解性

答案：C

三、感知规律与直观教学 【填空、论述】★

考点1 感知规律的内容

表2-7 感知规律及应用

感知规律	内涵	应用
强度律	作为知识的物质载体的直观对象(实物、模像或言语)必须达到一定强度,才能被学习者清晰地感知	突出那些强度低但较重要的要素,使其充分展示
差异律	对象和背景的差异越大,对象从背景中区分开来越容易	用红笔批改学生的作业;讲到重要的地方提高声音
活动律	活动的对象较之静止的对象容易被感知	利用现代科学技术,使知识以活动的形象呈现
组合律	空间上接近、时间上连续、形状上相同、颜色上一致的事物,易于构成一个整体被人们所清晰地感知	教材编排应分段分节;教师讲课应有间隔和停顿

考点2 直观教学的基本形式

1. 实物直观

实物直观是在感知实际事物的基础上提供感性材料的直观方式。观察标本、演示实验、实地观测、现场参观等均属于实物直观。

(1)优点:由于通过实物直观获得的感性知识富于真实性,可以使教材内容同实际事物间发生最为直接、真切的联系,因而有利于提高学生对教材内容的正确理解,也有助于激发学生的学习兴趣。

(2)局限性:①它往往不易突出事物的本质因素;②由于受时间、空间的限制,它无法提供某些重要的感性材料,如动植物的生长过程、化学的反应过程、原子的结构等都难以通过实物直接观察。所以,实物直观不是教学中唯一的直观方式,还必须采用其他直观手段来弥补实物直观的不足。

2. 模像直观

模像直观是指观察与教材相关的模型与图像(如图片、表格、幻灯片、电影、录像、电视等),以形成感知表象。

模型、图像都是对客观事物的简化、抽象或夸张。它通过这些人为的手段消除或减弱实物直观的缺点。在图像直观中,可以通过着色、放大、变静为动等手段突出所需要概括的本质因素。例如,用动画形式表现植物生长、原子与电子结构等。利用模像直观可以有目的地提供大量实物直观所无法提供的典型感性材料,从而为理解创造有利条件。

3. 言语直观

言语直观指在生动形象的言语作用下唤起学生头脑中的表象,以提供感性材料的直观方式。言语直观不受时间、空间和设备的限制,感性材料的来源更丰富,是教学中普遍、经常大量采用的一种直观方式。此外,由于表象具有概括性,这就有利于向抽象概括过渡。它对培养学生的想象力也有独特的作用。一般情况下,由言语唤起的表象不如通过观察实物和模型所获得的映像完整、稳定、鲜明和准确。故应将三者结合使用。

考点3 运用感知觉的规律,提高直观教学的效果

1. 根据学习任务的性质,灵活运用各种直观方式

言语与实物、模像直观的结合有三种方式:①言语在前,形象在后,主要起动员与提示的作用;②言语与形象交叉或同时进行,言语主要起引导观察、补充说明重点与难点的作用;③言语在形象的后面,主要起总结概括或强化的作用。

实物直观虽然真切，但是难以突出本质要素和关键特征；模像直观虽然与实际事物之间有一定的距离，却有利于突出本质要素和关键特征。因此，一般而言，模像直观的教学效果优于实物直观。但是，这一结论只限于知识的初级学习阶段。当学习有了一定的基础后，由简化的情境进入实际的复杂情境，这时，更多地运用实物直观是必要的。

2. 运用知觉的组织原则，突出直观对象的特点

（1）在制作与使用直观教具时，图像刺激大小、音调高低、光线强弱都应适当。

（2）教学中要求教师讲述的音量不要太低，否则学生会听不懂；音量也不宜太高，太高、太强烈的刺激会引起疲劳，降低教学效果。

（3）教师的板书字迹、直观教具和图表大小要适当，不要太小，线条不要太轻、太细，应保持一定的刺激强度，以便学生都能看清楚。

（4）在绘图制表、制作教具或准备实验时，应力求对象与背景在色调、线条粗细、形状大小、材料性质及内容等方面有明显的差别，使知觉对象重点突出、形象鲜明。

（5）演示直观教具时应注意背景与方位的选择，使其直观形象鲜明，让所有的学生都能看清楚。

（6）教师的教材及讲义、板书都应该重点突出，一目了然。

（7）尽量多采用活动性的教具，使用现代化的视听工具，使静态教具变成动态的。

（8）运用直观教具的目的明确，呈现时机适当，间隔距离得当，保持直观映像的整体性。

（9）应从不同角度、不同方面变换直观方式，分解概念，区分本质和非本质特性，让学生交替使用多种感官，从多角度感知对象，也是一种有效的方法。

3. 教会学生观察方法，养成良好的观察习惯

观察是指有目的、有计划、有组织的，比较持久的知觉过程。**观察力**即指观察的能力。

观察是知觉的特殊形式，比一般的知觉有更深的理解性，是一切知识的门户。在人类认识和改造世界的一切领域中，观察起着重要的作用。掌握观察的方法，可以提高观察的效果。在这方面应注意做好：（1）在观察前做好必要的知识准备；（2）观察要有计划、有步骤地进行；（3）观察时还要善辩多思；（4）要做好观察的总结。

观察力强的人，能够迅速、精确而且独立地进行观察。因此，在教学工作中，必须认真组织和培养学生的观察力：（1）明确观察的目标任务；（2）培养学生观察的技能和方法；（3）要培养学生做观察记录和写报告的能力。

4. 让学生充分参与直观过程

由于科学知识归根到底要通过学生头脑的加工改造才能被掌握，因此在直观过程中，应激发学生主动积极、切实参与的热情。在可能的情况下，应让学生自己动手进行操作，如让学生参与制作标本，自己制作图表，自己在多媒体环境中进行学习等，从而改变“教师演，学生看”的消极被动的直观方式。

★★ 考点大默写 ★★

1. 研究表明，感受性与感觉阈限在数值上呈__________关系。
2. 感觉对比是同一感受器接受不同刺激而使感受性发生变化的现象，分为__________和__________两种。

3. 夏日炎炎，身处绿色装饰的室内，会感到清凉。这是感觉的________现象。

4. “一好百好”“一坏百坏”，这种社会认知效应称为________。

5. 学生认为某老师的第一堂课讲得非常好，于是以后上该老师的课时，他们都认为这个老师的课讲得非常好。这种现象被称为________效应。

6. 知觉的基本特征有________、理解性、________、选择性。

7. 教师做PPT时一般是白底黑字，但会把形近字的相同部分与相异部分分别用黑字和红字标记出来，这体现的知觉特征是知觉的________。

【参考答案】

1. 反比　2. 同时对比　继时对比　3. 联觉　4. 晕轮效应（光环效应）　5. 首因（最初）　6. 整体性　恒常性　7. 选择性

第二节　注　意

一、注意概述

考点 1　注意的概念和特点

1. 注意的概念

注意是心理活动或意识对一定对象的指向和集中，是心理过程的动力特征之一。注意本身并不是一个独立的心理过程，但它与认知过程、情绪情感过程、意志过程难以分开，是一切心理活动的共同特征。

2. 注意的特点

（1）指向性。注意的指向性是指心理活动有选择地反映一定的对象，而离开其余的对象。注意的指向性表现出人的心理活动具有选择性。例如，学生在听课时，心理活动不是指向教室里的一切事物，而是把教师的讲述从许多事物中挑选出来，并且较长久地把心理活动保持在教师的讲述上。

（2）集中性。注意的集中性是指心理活动停留在被选择的对象上的强度或紧张度，它使心理活动离开一切无关的事物，并且抑制多余的活动，以保证注意的对象能得到比较鲜明和清晰的反映。人在注意力高度集中时，除了对目标物之外，对自己周围的其他事物就会“视而不见、听而不闻”了。

注意的指向性与集中性易混淆，考生做题时要注意区分：指向性是在接收信息时，只选择一定的对象加以反映；集中性是心理活动只关注所指向的事物，抑制了与当前注意对象无关的活动。

考点 2　注意的功能

（1）选择功能，即选择有意义的、符合需要的和与当前活动相一致的刺激，避开与之无关的、干扰当前活动的各种刺激并抑制对它们的反应。

（2）保持功能，即使注意对象的映像或内容维持在意识中并得到清晰、准确的反映。

（3）调节和监督功能，即控制心理活动向着一定的方向或目标进行。

考点 3　注意的分类　【单选、判断】★★

根据有无目的和是否需要意志努力，注意可以分为无意注意、有意注意和有意后注意三种。

1. 无意注意 必背

(1)无意注意的概念

无意注意也称**不随意注意**,是没有预定目的、无需意志努力、不由自主地对一定事物所发生的注意。无意注意更多地被认为是由外部刺激物引起的一种消极被动的注意,是注意的初级形式。人和动物都存在无意注意。虽然无意注意缺乏目的性,但因为不需要意志努力,所以个体在注意过程中不易产生疲劳。

(2)引起无意注意的条件

①客观条件,即刺激物本身的特点。包括:第一,刺激物的强度,如一道强烈的光线。第二,刺激物之间显著的对比关系,如万绿丛中一点红。第三,刺激物的活动和变化,如活动变化的霓虹灯、演讲者抑扬顿挫的声调。第四,刺激物的新异性,如画廊中新张贴的广告等。

②主观条件,即人本身的状态。包括:第一,当时的需要,如食物易引起饥饿者的注意。第二,当时的特殊情绪状态。第三,当时的直接兴趣。第四,个体的知识经验等。

无意注意常结合实例进行考查,下面是总结的常见实例:

(1)一名教师走到安静的教室门口时故意咳嗽两声引起的学生注意。

(2)上课过程中,外界的刺激,如突然有人推门进来、教室外的小鸟、电闪雷鸣等引起的学生的注意。

(3)针对课堂上开小差的同学,教师故意把讲课音量突然提高或者突然中断讲课,引起分心学生的注意。

(4)教师讲课语言生动、形象、富有吸引力,声音抑扬顿挫,使学生产生兴趣,引起学生的注意。

2. 有意注意

(1)有意注意的概念

有意注意也称**随意注意**,是有预定目的、必要时需要意志努力、主动地对一定事物所发生的注意。有意注意是一种积极主动、服从于当前活动任务需要的注意,属于注意的高级形式。它受人的意识的调节和控制,是人类所特有的一种注意。有意注意虽然目的性明确,但在实现过程中需要有持久的意志努力,这容易使个体产生疲劳。

(2)维持有意注意的条件

①加深对目的任务的理解;②合理组织活动;③对兴趣的依从性;④排除内外因素的干扰。

3. 有意后注意

有意后注意也叫**随意后注意**,是指有预定目的,但不需要意志努力的注意。有意后注意是一种更高级的注意,在活动进行中不容易感到疲倦,这对完成长期性和连续性的工作有重要意义。

有意后注意形成的条件有两个:①对活动浓厚的兴趣。②活动的自动化。

真题面对面

[2019宁波,判断]有意后注意实际上是注意的转移。(　　)

答案:×

二、注意的品质 【单选、判断】★★

考点1 注意的稳定性

注意稳定性与注意的分配

1. 注意稳定性的概念

注意的稳定性，是指注意保持在某一对象或某一活动上的时间长短特性，持续时间愈长，注意就愈稳定。

在注意的稳定性中可以区分出狭义的注意稳定性和广义的注意稳定性。**狭义的注意稳定性**是指注意保持在同一对象上的时间。**广义的注意稳定性**是指注意保持在同一活动上的时间。广义的注意稳定性并不意味着注意总是指向同一对象，而是指注意的对象和行动会有所变化，但注意的总方向和总任务不变。例如，上课时学生既要听教师讲课，又要记笔记，还要看实验演示或幻灯片等。但所有这些都服从于听课这一总任务，因此，他们的注意是稳定的。

2. 影响注意稳定性的因素

(1)注意对象的特点。维持时间的长短取决于事物的复杂和变化程度，简单而无变化的对象，注意集中的时间就很短。一般而言，任何人的注意都不能以同样的强度维持20分钟以上。

(2)有无坚定的目的。当人们为达到一定目的而把注意集中于某一对象时，可以保持相当的稳定性。在实际工作和学习中，如果允许在10～20分钟的集中注意之后，松弛几秒钟，那么注意的稳定性就可保持数小时之久。

(3)个人的主观状态。一个意志坚强、善于控制自己又能同各种干扰做斗争的人，注意就比较稳定；一个身体健康、精力充沛、心情愉快的人，注意就较能持久。

3. 注意的起伏和注意的分散

(1)注意的起伏

人在感知同一事物时，注意很难长时间地保持固定不变。例如，在听觉方面，将一只表放在离被试耳朵的一定距离处，使他刚能隐约地听到“嘀嗒”声，被试有时听到表的声音，有时又听不到；或者感到表的声音一时强，一时弱。短时间内注意周期性地不随意跳跃现象称为**注意的起伏**(或**注意的动摇**)，它是由人的感受性不能长时间地保持固定的状态，而是间歇性地加强和减弱造成的。注意的起伏周期一般为两、三秒至十二秒。这种现象在复杂的认知活动中是经常发生的，但只要我们的注意没有离开当前的对象，注意的起伏就不会产生消极的作用。

(2)注意的分散

注意不稳定表现为**注意的分散**，也叫**分心**。注意的分散是指注意离开了当前应当完成的任务而被无关的事物所吸引。它使我们不能清晰地认识事物，所以我们必须和它做斗争。

考点2 注意的广度

1. 注意广度的概念

注意的广度也称注意的范围，是指在同一时间内，人们能够清楚地知觉出的对象的数目。“一目十行”指的就是注意的范围。已有研究表明，在0.1秒的时间内，成年人一般能注意8～9个黑色圆点或4～6个彼此不相关联的外文字母。注意的紧张度与注意的范围有着密切的联系：注意的紧张度越高，注意的范围越小；注意的范围越大，要保持高紧张度的注意就越困难。

2. 影响注意广度的因素

(1)知觉对象的特点。知觉对象愈相似，排列愈集中或有规则，注意范围也就愈大；反之，注意范围则愈小。

(2)当时的知觉任务。例如,阅读同一篇文章,担任编辑任务的人与从事校对工作的人,注意范围就不一样,前者较大,后者较小。

(3)已有的知识经验和水平。经验越多,知识越广,就越善于组织所感知的对象,将其联系成一个整体来感知。要想扩大注意的范围,其根本途径是增加知识和丰富经验。

考点3 注意的分配

1. 注意分配的概念

注意的分配是指人在进行两种或多种活动时能把注意指向不同对象的现象。例如:学生在课堂上一边听课,一边记笔记。

2. 影响注意分配的条件

(1)在同时进行的两种活动中,必须有一种活动是已经熟练的。(2)同时进行的几种活动都已熟练。注意可以在几种活动上迅速更迭,即所谓的轮流注意。(3)几种不同的活动已成为一套统一的组织。

注意分配的能力因人而异。有人能够毫不紊乱地同时进行几种活动,有人则感到很困难。其关键在于是否通过反复练习形成大脑皮层上各种各样牢固的暂时性神经联系。

考点4 注意的转移

1. 注意转移的概念

注意的转移是根据新的任务,主动地把注意从一个对象转移到另一个对象或由一种活动转移到另一种活动的现象。

2. 影响注意转移的因素

注意的转移是主动进行的,转移的快慢和难易程度取决于以下几个因素:(1)原有注意的紧张度;(2)新的注意对象的特点;(3)大脑皮层神经兴奋过程和抑制过程相互转换的灵活性;(4)各项活动的目的性或第二信号系统的调节作用。

注意转移的速度和质量取决于前后两种活动的性质和个体对这两种活动的态度,同时也受个性特点的影响。

注意的起伏、注意的分散与注意的转移易混淆,考生做题时要注意区分:

(1)注意的起伏中注意没有离开当前事物;

(2)注意的分散中注意离开了当前事物,被无关事物吸引;

(3)注意的转移中,根据新的任务要求,注意离开当前任务,转移到另一个任务。注意的转移不同于注意的分散,注意的转移是主动、积极的。

三、注意的理论 【单选】 ★

考点1 布罗德本特的过滤器理论

英国心理学家布罗德本特在《知觉与交流》一书中最早提出注意的过滤器理论。该理论假设,信息加工受到通道容量的限制,信息在感觉登记之后就受到过滤。来自外界输入的大量信息可以通过许多平行感觉通道进行登记，然后到达过滤器，该过滤器只允许感觉信息的一个通道经过并到达知觉加工，在整个加工阶段赋予感觉信息以意义。除了目标刺激之外，具有区别性感觉特点的刺激（如音高和音量上的差异）可能会通过注意系统，到达更高层次的加工（如知觉），而其他刺激不能通过注意过滤器到达知觉层次，过滤器是按照“全或无”的原则进行的。该理论强调信息在感觉阶段就被过滤，因而被称为“早期选择模型”。

考点 2　特瑞斯曼的衰减理论

布罗德本特的过滤器理论不能解释通过非追随耳的特别有意义的信息（*如被试的名字*）的加工和注意分配等现象。特瑞斯曼通过研究提出衰减理论。该理论认为，有机体总的加工能力是有限的，在信息加工系统中存在一个衰减器。来自外界输入的大量信息通过许多平行感觉通道进行登记，然后到达衰减器，衰减器不是按照“全或无”的原则工作，而是按照衰减原则进行工作，即该机制不是阻断而只是衰减目标之外的刺激，许多通道的信息都可以得到不同程度的加工。对于特别强的刺激，衰减效果不足以阻止刺激通过衰减机制。

考点 3　德尤奇夫妇的后期选择模型

注意的后期选择模型最先由德尤奇夫妇提出来，后来由诺曼加以修订。该模型认为，所有的选择注意都发生在信息加工的后期，过滤器位于知觉分析之后，注意的选择随知觉的强度和意义而转移。该理论假设信息到达了长时记忆，并激活了其中的项目，然后竞相争取工作记忆。这种后期过滤使得人们能够识别进入非注意耳的信息（*如听到自己的名字*）。如果信息没有在知觉分析上受到重视，就会在过滤机制中被抛弃；如果受到重视（即受到注意），信息就会进入短时记忆。这个模型能很好地解释注意分配现象，因为输入的所有信息都得到加工；也能很好地解释特别有意义的信息（*如听到自己的名字*），因为储存在长时记忆中的这些项目的激活阈值是很低的。但是这个模型假设所有的信息都受到知觉加工，这是不经济的。

德尤奇夫妇的后期选择模型与布罗德本特的早期选择模型都认为存在一个只允许单一信息源通过的注意过滤器，两种模型的区别在于过滤器所处的位置不同。

考点 4　注意资源有限理论

注意资源有限理论最初由克莱曼提出，他认为操作的有限性仅仅是由注意资源的有限决定的。资源有限理论假设，完成每项任务都需要注意资源，操作几项任务可以共用注意资源，但是人的注意资源是有限的。如果一个人同时操作两项任务所需要的注意资源之和不超过人的注意资源的总量，那么同时操作这两项任务是可能的；如果同时操作两项任务所需要的注意资源超过人的注意资源的总量，那么，操作一项任务必然会影响另一项任务的操作，这时就会出现两项任务对注意资源的竞争。不过，当竞争性任务出现在不同的通道时，人们往往更能分配注意资源。

注意资源有限理论有助于解释人们为什么能一次执行一个以上需要注意的任务和复杂的注意分配问题。然而，这一理论因比较模糊而受到许多批评。因为它不能确定人的资源总量是多少，一项任务包含多少资源，人是如何分配注意资源的。尽管如此，它还是弥补了过滤理论的不足。

考点 5　双加工理论

注意的认知资源理论主张不同的认知任务占用的资源的量是不同的。在注意的认知资源理论的基础上，谢夫林和施奈德提出了注意的双加工理论。该理论认为，人类的认知加工分为两类：自动化加工和受意识控制的加工。其中自动化加工不受认知资源的限制，不需要注意，是自动进行的。这些加工过程由适当的刺激引发，发生得比较快，也不影响其他的加工过程。在习得或形成之后，其加工过程比较难改变。而受意识控制的加工受认知资源的限制，需要注意的参与，可以随环境的变化而不断进行调整。

注意的双加工理论可以解释很多注意现象。日常生活中，我们通常能够同时做好几件事，如教师可以一边讲课，一边观察学生听课的情况；一个人可以一边打毛衣，一边听收音机，同时还可以兼顾煮饭锅的动静。在以上同时进行的活动中，一般来讲通常有一项或多项已变成自动化的过程，不需要个体再消耗认知资源，所以个体可以将资源较多地用在其他的认知过程中。

真题面对面

[2022宁波，单选]小学生在数字计算上花费大量的时间，初中生更多地在掌握各种简单的数学公式，而高中生则能够更快地进行复杂公式的计算。这是由于认知加工的(　　)

A. 自动化　　B. 近因效应　　C. 过度学习　　D. 注意偏向

答案：A

四、运用注意的规律提高学生课堂的注意力

考点1　运用注意规律组织教学 【简答】 ★

1. 根据注意的外部表现了解学生的听课状态

课堂上，学生表现出积极的神情和适应性的动作说明他在全身心地关注教学，教师可以利用这种积极的学习状态深化知识教学，启发思考，培养创造性。相反，学生若是做小动作，或漫不经心，或心浮气躁，就说明注意力有所分散，教师应该及时提醒，同时也要灵活地组织教学，帮助学生把注意力集中到课堂教学中来。

2. 运用无意注意的规律组织教学

(1)创造良好的教学环境

为了使学生在学习过程中不受外部无关刺激的干扰，应该创造一个安静、整洁的教学环境。①教师应该注意教室外环境对课堂的干扰。例如：冬天风雪大的时候应关紧门窗；夏天日晒的时候要拉上窗帘；如果有噪声、视觉干扰或不良气体侵入，应该尽快排除。②还应注意教室内的环境，如地面是否干净；桌椅排列是否整齐；教室的布置和装饰是否简洁朴素等。过于华丽、繁杂的室内布置，有时会成为课堂教学的“污染源”，使学生注意力分散。

(2)注重讲演、板书技巧和教具的使用

客观刺激物的强度、对比、新颖性和活动性是引起无意注意的重要因素，教师要发挥无意注意的积极作用，就应努力在讲演、板书和教具使用中施加这些影响。

①在讲课过程中，教师应该音量适中，语音、语调做到抑扬顿挫，遇到重点、难点时还要加强语气，伴以适当的手势和表情。声音太大、语调平淡，容易使学生产生疲劳；声音过小，学生听不到或听不清，就很容易分心。

②板书是课堂教学的重要辅助手段。板书应该做到运用有度、重点突出、清晰醒目，必要时还要用彩色粉笔和图片、表格加以强调。

③许多学科的教学还需要借助教具作为辅助手段，尤其是在低幼儿童的教学中，合理使用教具可以激发学生的直接兴趣，吸引学生的无意注意。教具应该新颖直观，能够很好地说明问题。教师使用教具时还要给予言语讲解，引导学生正确观察，避免学生只关注表面现象，忽略实际问题。

(3)注重教学内容的组织和教学形式的多样化

①个体的知识经验是影响无意注意产生的因素，学生更愿意关注与自己知识经验有联系的事物。这就需要教师找出教学内容与学生知识结构的结合点，提供具体的实例，引起学生的直接兴趣，维持学生的注意。

②教师应该运用多种教学方法和灵活、多样的教学手段，调动学生饱满的情绪状态和学习积极性，如教师在讲解和板书之外，还应穿插使用教具演示、个别提问、角色扮演、集体讨论以及动手操作等教学形式。

3. 运用有意注意的规律组织教学

学习过程中会遇到很多困难和干扰，如果学生只凭借无意注意是难以完成学习任务的，必须培养学生的有意注意。

(1)明确学习的目的和任务

要经常地进行学习目的教育，明确为什么学习、每一部分学习内容的具体要求是什么，目的越明确，注意就越容易集中。

(2)培养间接兴趣

除了确立学习目标，还应对学生阐明本学科知识学习的意义和重要性，在知识教学中渗透思想教育。特别是在一些内容相对枯燥、难度较大的科目学习中，使学生了解知识掌握后的功用和社会价值，引起他们对学习结果的间接兴趣，可以使他们进入有意注意的学习活动。

(3)合理组织课堂教学，防止学生分心

要合理地组织教学活动，采取具体措施促使学生保持有意注意，如向学生提出问题，在学生的注意刚开始分散时给予提示和批评，使智力活动与实际操作相结合等。课堂教学组织越合理，越符合学生的心理特点和内在需要，学生越不容易分心。但有时为了避免学生分心，还要采取一些控制措施：①预先控制；②信号控制；③提问控制；④表扬控制。

(4)运用多种教学手段

教师可以运用多种教学手段，采取生动活泼的形式，来调整学生的注意状态。色彩丰富的形象、活动画面的刺激以及操作活动，有利于降低和消除学生的疲劳感，维持较长时间的有意注意。

4. 运用两种注意相互转换的规律组织教学

在教学过程中如果过分地要求学生使用有意注意，则容易引起疲劳；而如果只让学生凭借无意注意来学习，则不利于他们克服学习过程中的困难。所以，无论是在整个教学活动过程中，还是在一堂课上，教师都应充分利用两种注意转换的规律来组织教学。例如，在讲授新的教学内容时，要求学生对教学内容产生无意注意，但当讲到重点、难点时，则必须设法让学生保持有意注意，以充分理解和思考问题。此外，教师还应有意识地培养学生的有意后注意，如培养学生边听课边记笔记的习惯等，这对提高学习效率有很大帮助。

考点2 在教学过程中培养学生良好的注意品质

(1)要增强注意的稳定性，就要防止注意的分散。①要保证整洁、安静的教学环境，防止外部无关刺激的干扰。②要注重学生良好学习习惯的形成和意志力的锻炼，克服内部干扰。此外，加强学习目的性教育，端正学习态度，组织内容丰富、形式多样的教学活动，也是提高注意稳定性的重要手段。

(2)要扩大注意的广度，需要学生积累本学科相应的知识经验和一定的素养。教师应该指导学生迅速增加知识储备，勤学多练。此外，使学生了解当前活动的性质和要求，适当安排教学任务，也可以扩大注意范围。注意的广度还受注意对象特点的影响，如果需要学生注意较大范围内的教学对象，就应该使它们在排列组合上集中有序，或能成为相互联系的整体。

(3)注意的分配在教学中有实践意义。为了提高课堂效率，教师需要学生边听课边记笔记，有时需要学生一边动手操作，一边观察教师的演示。根据注意的分配的条件，需要增强学生的听讲、书写、表达等基本学习能力的训练，当它们达到高度熟练的程度时，就可以在课堂上做到“一心二用”。另外，对于一些特殊技能的分配，需要特别的训练，增强技能间的协调性。

(4)注意的转移同人的先天的神经活动类型有关，但也可以通过对外在因素的控制和后天训练加以改善和提高。教学活动中经常需要学生进行注意的转移，在两种活动之间一定的信号或言语提示是必要的，在低年级课堂中甚至要给予命令式的要求。另外，活动安排也要力求合理，把能够引起学生浓厚兴趣、易使其过于兴奋的活动安排在前就可能妨碍学生对后继活动的投入。所以，先上体育课，再上文化课是不合适的。当然，提高注意的转移能力，根本上是提高学生对自我行为的监控能力，使他们能够积极主动地服从教学安排，及时转换注意的对象。

考点大默写

1. 注意是心理活动或意识对一定对象的__________和__________。
2. 学生在教室内认真地听讲，突然从教室外走进来一个人，大家都不约而同地把视线指向他。这种注意属于__________注意。
3. __________是有预定目的、必要时需要意志努力、主动地对一定事物所发生的注意。
4. 一边听音乐，一边学习，这体现的注意品质是注意的__________。
5. 听完一节精彩的语文课，自觉投入到下一节数学课的学习，这体现的注意品质是注意的__________。
6. __________注意在活动进行中不容易感到疲倦，对完成长期性和连续性的工作有重要意义。
7. 晶晶把手表放在耳朵刚刚能听到的地方认真听，发现手表指针的声音听起来一会儿强一会儿弱，这体现的注意品质是注意的__________。

【参考答案】

1. 指向　集中　2. 无意(不随意)　3. 有意注意(随意注意)　4. 分配　5. 转移　6. 有意后(随意后)
7. 起伏(动摇)

第三节　记　忆

一、记忆概述

考点 1　记忆的概念

记忆是人脑对过去经验的保持和再现。它是比感知觉更为复杂的心理现象。人脑感知过的事物、思考过的问题和理论、体验过的情感和情绪、练习过的动作等，都可以成为记忆的内容。记忆是人的心理过程在时间上的持续。因为记忆的存在，人的心理活动的过去和现在才得以联结，人的心理活动才可能成为一个延续的、发展的、统一的整体。

考点2 记忆的分类 【单选】★★★

表2-8 记忆的分类

分类依据	类别	定义
根据记忆的内容和经验的对象	形象记忆	以我们感知过的事物形象为内容的记忆
	情景记忆	以亲身经历的、发生在一定时间和地点的事件(情景)为内容的记忆
	语义记忆(语词逻辑记忆)	以语词所概括的事物的关系以及事物本身的意义和性质为内容的记忆
	情绪记忆	以曾经体验过的情绪或情感为内容的记忆
	动作记忆	以做过的运动或动作为内容的记忆
根据信息加工与存储的内容不同	陈述性记忆	对有关事实和事件的记忆,如知识和常识
	程序性记忆	对如何做事情的记忆,包括对知觉技能、认知技能和运动技能的记忆
根据其有意性	无意记忆	没有预定目的任务,在不知不觉中进行,无需付出艰苦的意志努力的记忆
	有意记忆	有预定目的任务、有意识地进行的记忆,记忆的过程需要付出艰苦的意志努力
根据其理解性	机械记忆	对记忆对象并不理解、不甚理解或无法理解的记忆
	意义记忆	根据对所要记忆材料的理解,结合自身的知识经验而进行的记忆
记忆时意识参与的程度	外显记忆	个体有意识地或主动地收集某些经验用以完成当前任务时表现出来的记忆
	内隐记忆	在不需要意识参与或有意回忆的情况下,个体的已有经验自动对当前任务产生影响而表现出来的记忆

注:根据信息从输入到提取所经过的时间、信息编码方式和记忆阶段的不同,可将记忆分为瞬时记忆、短时记忆和长时记忆。

真题面对面

1.[2022台州,单选]学生对古诗词的记忆属于(　　)

A. 情景记忆　　B. 形象记忆　　C. 程序性记忆　　D. 陈述性记忆

2.[2022金华/诸暨,单选](　　)是指对如何做事情的记忆,包括对知觉技能、认知技能、运动技能的记忆。

A. 陈述性记忆　　B. 情绪性记忆　　C. 程序性记忆　　D. 语义记忆

3.[2019丽水,单选]学生有预定的目的、任务,有意识地进行并需付出艰苦的意志努力的记忆属于(　　)

A. 无意记忆　　B. 有意记忆　　C. 情景记忆　　D. 意义记忆

答案:1. D　2. C　3. B

二、记忆过程

记忆过程包括识记、保持、再现(包括再认或回忆)三个环节。从信息加工的角度来看,记忆过程是对输入信息的编码、储存和提取的过程。信息的输入编码是识记过程,信息的储存相当于保持过程,信息的提取是再认或回忆过程。

考点1 识记

识记是记忆过程的第一个基本环节，是个体获得知识经验的过程。它具有选择性的特点。

1. 识记的分类 【单选、论述】 ★

(1)无意识记和有意识记

根据识记有无目的性，可将识记分为无意识记和有意识记。

无意识记是事先没有预定目的，也不需要运用任何有助于识记的方法和意志的努力，自然而然发生的识记。人们通过无意识记可以获得大量信息，但因其缺乏目的性，识记内容往往带有偶然性和片断性，缺乏系统性。

有意识记是有明确的识记目的，并运用一定方法的识记，在识记过程中还需要一定的意志努力。有意识记的态度积极主动，识记的对象明确，内容系统，识记的效果牢固持久。有意识记需要有高度的注意力、意志力和积极的思维活动的配合，因而，在其他条件相同的情况下，有意识记的效果优于无意识记。它是人们获取并积累系统知识、掌握科学技术的主要途径。学生的学习活动主要依靠有意识记。

(2)机械识记和意义识记

根据识记材料的性质和识记方法的不同，可将识记分为机械识记和意义识记。

①机械识记和意义识记的概念

机械识记是根据材料的外在联系，采取多次重复的方式所进行的识记，即平时所说的死记硬背。

意义识记是在理解的基础上，依据材料的内在联系，并运用已有的知识经验而进行的识记，有人也称之为理解记忆或逻辑记忆。如果材料本身没有什么内在联系，被人为地赋予某种意义，与已有的知识经验联系起来，这种识记也属于意义识记。例如，记忆"$\pi=3.14159\cdots\cdots$"可以把枯燥的数字谐音为"山巅一寺一壶酒……"。

②意义识记的优越性

大量实验研究和日常生活实践证明，意义识记的效果不论是在全面性、准确性、巩固性或速度方面都优于机械识记，其主要原因是意义识记依靠了人在过去经验中已形成的暂时的联系系统。

③机械识记的必要性

机械识记时可能有两种情况：一种情况是识记者面对的就是本身没有意义或者没有内在联系的材料。比如对无意义音节、地名、人名、历史年代等的识记。这种识记具有被动性，但对学生而言也是必要的，因为它能够防止对记忆材料的歪曲。另一种情况是面对的材料虽然有可能有意义，而识记者对其缺乏应有的理解，只能先机械识记，随着知识经验的积累再逐步加以理解。有些内容，限于学生的知识经验，不可能真正理解其意义，但这些知识对以后的学习是重要的，也应该进行机械识记，如幼儿学习古诗，一、二年级的学生背诵乘法口诀。

④机械识记与意义识记的配合与运用

机械识记和意义识记是人们识记的两种基本方法。在实践中，如果把机械识记和意义识记这两种方法合理地配合与运用，可以更好地取长补短，增进识记的效果。

2. 影响识记效果的因素

(1)识记的目的与任务。有无明确的识记目的和任务直接影响识记的效果。

(2)识记的态度和情绪状态。一般来说，在积极的态度和情绪状态下，人的识记效果好；在消极的态度和情绪状态下，识记效率低。

(3)活动任务的性质。具体表现在：

①当识记的材料成为人活动的直接对象时，识记的效果就好。

②记忆任务的远近对记忆内容保持的长久与否也有关系。实验表明，有较长期的识记任务或要求，保持的时间就较长些；相反，只有短期的识记任务或要求，保持的时间就较短些。

③不同的识记任务和要求会影响人的识记方法、进程和效果。例如，任务要求是回忆识记材料的精确性，学习者就会反复默读复习单个词语和句子；如果任务要求是回忆识记材料的内容，那么学习者就会努力地建立句子之间的意义联系，理解材料的逻辑关系。

(4)材料的数量和性质。具体表现在：

①一般来说，材料数量与识记效率呈负相关。

②识记也受材料性质的制约。一般来说，连贯的、有意义、有规律的材料更容易被记住。识记直观形象的材料比识记抽象的材料效果要好些。通常是难度大的材料难于识记，但材料过于简单，引不起学习者的兴趣时，也无良好的识记效果。因此，材料的难度适中，即经过一定努力，就可以克服困难，获得成功的识记材料，识记效果最好。

(5)识记的方法。采用不同的方法和途径识记材料，效果也是不同的。

①根据对识记材料的组织方式不同，可把识记分为整体识记和部分识记。在实践中，整体识记和部分识记交替进行，通常效果比较理想。

②根据识记时的时间安排，可把识记分为集中识记和分散识记。实验证明，在材料的难度、数量、结构形式相近的情况下，分散识记的效果优于集中识记。

考点2 保持与遗忘 【单选、判断】 ★★

1. 保持的概念

保持是指已获得的知识经验在人脑中的巩固过程，是记忆过程的第二个环节。识记的材料在保持过程中总会发生不同程度的变化和遗忘。保持的量随着时间的延长而趋于减少。

2. 遗忘及其规律

(1)遗忘的概念

遗忘是与保持相反的心理过程，是指对识记过的材料不能回忆或再认，或者表现为错误的回忆或再认。按照信息加工的观点，遗忘并不是所记忆的信息完全丧失，而是所保持的信息不能在使用时顺利地提取出来。

(2)遗忘的类型

①根据遗忘的时间，可分为暂时性遗忘(假性遗忘)与永久性遗忘(真性遗忘)。**暂时性遗忘**指已经转入长时记忆的内容暂时不能被提取，但在适宜的条件下还可能恢复。**永久性遗忘**是发生在瞬时记忆与短时记忆阶段的记忆材料未经复习而消失产生的遗忘。这是一种因衰退而引起的“存储性障碍”。

②根据遗忘的形式，可分为主动性遗忘与被动性遗忘。**主动性遗忘**指人们为了减轻心理不安，有意识地逼迫自己不去回忆那些引起特别痛苦体验与感受的事件，或者以某种方式有意地歪曲它们，使其不再出现，也称有意遗忘。弗洛伊德提出的“压抑性遗忘”及巴特莱特提出的“创见性遗忘”均属于主动性遗忘。**被动性遗忘**是指人们因为消退、干扰、腐蚀衰减等引起的遗忘。

③根据遗忘的内容，可分为部分遗忘与整体遗忘。

(3)艾宾浩斯遗忘规律 必背

艾宾浩斯

最早对遗忘进行实验研究的是德国心理学家**艾宾浩斯**，他于1879年至1884年对遗忘进行研究，以无意义音节为材料，依据保持效果，提出了著名的“**遗忘曲线**”。

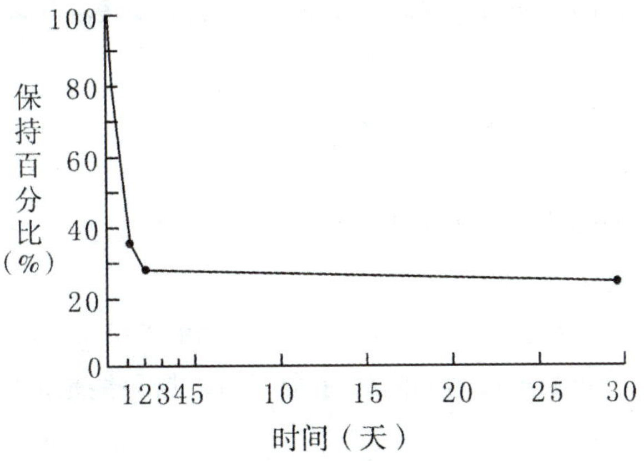

图2-6　艾宾浩斯遗忘曲线

这条曲线表明，遗忘在学习之后立即开始，而且在最初的时间里遗忘速度很快，随着时间的推移，遗忘的速度逐渐缓慢下来，过了相当长的时间后，几乎不再发生遗忘。由此可以看出，遗忘是有规律的，即遗忘的进程是不均衡的，其趋势是先快后慢、先多后少，呈负加速，且到一定的程度几乎就不再遗忘。

真题面对面

[2020绍兴，单选]艾宾浩斯遗忘曲线表明，遗忘的进程是不均衡的，其趋势是(　　)

A. 先快后慢　　B. 匀速加快　　C. 先慢后快　　D. 匀速减慢

答案：A

3. 影响遗忘进程的因素

(1)学习材料的性质。学习材料的性质指材料的种类、长度、难度以及意义性。有意义的材料比无意义的材料遗忘得慢；形象、直观的材料比抽象的材料遗忘得慢；比较长的、难度较大的材料的遗忘进程更符合艾宾浩斯遗忘曲线，长度、难度适中的材料保持效果最好；能引起主体兴趣，符合主体需要、动机，激起主体强烈情绪，在主体的工作、学习、生活上具有重要意义的材料，一般不易遗忘。

(2)系列位置效应。所谓系列位置，是指在系列学习中，学习材料处于系列记忆的不同位置。位置不同，回忆效果也不同。**系列位置效应**就是指接近开头和末尾的记忆材料的记忆效果好于中间部分的记忆效果的趋势。开头部分和结尾部分的记忆效果较好，分别称为首因效应和近因效应，而效果较差的中间部分被称为渐近部分。例如，学习一篇课文，一般总是开头和结尾部分容易记住，而中间部分则容易忘记。其原因是：课文的开始部分只受倒摄抑制的影响，不受前摄抑制的影响；结尾部分只受前摄抑制的影响，不受倒摄抑制的影响；中间部分则受两种抑制的影响，因而最容易遗忘。

(3)识记材料的数量和学习程度。一般来说，材料过多、学习程度太小或太大，都不利于对知识的记忆。实验证明，过度学习达到50%，即学习的熟练程度达到150%时，学习的效果最好；超过150%时，效果并不递增，很可能引起厌倦、疲劳而成为无效劳动。过度学习是指学习达到恰能背诵之后再继续学习。例如，读一篇外语课文，学习30分钟就刚好能背诵并正确回忆，为了巩固记忆，又增加了15分钟的学习时间，这就是过度学习，其过度量为50%。

(4)记忆任务的长久性与重要性。一般来说,长久的识记任务有利于材料在头脑中保持时间的延长,不重要和未经复习的内容则容易遗忘。

(5)识记的方法。研究表明,以理解为基础的意义识记比机械识记的效果好得多。

(6)时间因素。根据遗忘规律,记忆的最初阶段遗忘速度快,随后逐渐变慢。学习内容的保存量随时间减少。

(7)情绪和动机。学习者的情绪和动机等也影响遗忘进程。

4. 遗忘的原因

心理学家对遗忘的原因有不同的看法,归纳起来有下述五种:

(1)消退说

消退说认为,遗忘是记忆痕迹得不到强化而逐渐衰弱,以致最后消退的结果。它适用于解释感觉记忆和短时记忆,但很难用实验证实,因为识记后一段时间内保持量的下降,既可能是记忆痕迹消退的结果,也可能是因为受到其他材料的干扰。

(2)干扰说

干扰说认为,遗忘是因为在学习和回忆之间受到其他刺激的干扰。一旦干扰被排除,记忆就能恢复,而记忆痕迹并未消退。干扰说可用前摄抑制和倒摄抑制来说明。**前摄抑制**是先学习的材料对识记和回忆后学习材料的干扰作用;后学习的材料对保持和回忆先学习材料的干扰作用,称为**倒摄抑制**。

(3)压抑说(动机说)

压抑(动机说)和提取失败说

压抑说认为,遗忘是由情绪或动机的压抑作用引起的,如果压抑被解除,记忆就能恢复。该理论是弗洛伊德在给病人催眠时发现的。他认为个体之所以无法回忆,是因为该记忆使病人感到痛苦而被人为地压抑到潜意识中。由于情绪紧张而引起的遗忘(考试时常常发生)就属于这种类型。

(4)提取失败说

我们都有这样的经验:不能回忆起某件事,但又知道这件事是知道的。这种明明知道某件事,但就是不能回忆出来的现象称为"**舌尖现象**"或"**话到嘴边现象**"。从信息加工的观点看,遗忘是一时难以提取出需要的信息,遗忘之所以发生是因为编码不准确,失去了检索线索或线索错误。一旦有了正确的线索,经过搜寻,所需要的信息就能提取出来。这就是遗忘的提取失败理论。

(5)同化说(认知结构说)

奥苏伯尔认为,遗忘是知识的组织和认知结构简化的过程。人们学到了更高级的概念与规律之后,就可以以此来代替低级的观念,使低级观念简化,从而减轻记忆负担。这是一种积极的遗忘。当然,在有意义学习中,或者由于原有知识结构不巩固,或者由于新旧知识辨析不清楚,也有可能以原有的观念来代替表面相同而实质不同的新观念,从而出现记忆错误。这是一种消极的遗忘,教学中必须努力避免。

考点3 再现(再认或回忆)

1. 再认

(1)再认的概念

再认是指人们对感知过、思考过或体验过的事物,当它再度呈现时,仍能认识的心理过程。例如:好友重逢,一眼就认出了对方;旧地重游,处处有熟悉之感,就是再认的现象。再认是记忆的初级表现形式,是比回忆较为容易和简单的一种恢复经验的形式。

(2)再认的条件

①对原有事物或材料识记的巩固程度;②当前呈现的事物或材料同过去识记过的事物或材料相类似的程度。

2. 回忆

(1)回忆的概念

回忆是过去经历过的事物不在面前,人们在头脑中把它重新呈现出来的过程。回忆是记忆的最高表现,是比再认更为复杂的一种恢复经验的形式。再认与回忆二者之间没有本质的区别,只有保持程度上的不同。

(2)回忆的种类

表2-9　回忆的种类

分类依据	类别	概念	典例
根据是否有预定的目的、任务和意志努力的程度	无意回忆	没有预定目的,也不需要任何意志努力的回忆	触景生情或偶然想起了一件往事;自由联想
	有意回忆	有回忆任务、并做一定的意志努力、自觉追忆以往经验的回忆	课堂上学生回答老师的提问等
根据回忆时的条件和方式的不同	直接回忆	由当前事物直接唤起旧经验的重现	学生对十分熟悉的英语单词可直接回忆起来
	间接回忆	通过一系列中间环节或中介性的联想才能达到要回忆的旧经验	根据一些提示和推断回想起钥匙所遗落的地方

(3)追忆

在有意回忆特别是间接回忆遇到困难时,就必须做出一定的努力,克服一定的困难,才有可能回忆起旧经验。这种需要一定努力,克服一定困难的有意回忆称为**追忆**。

三、记忆系统

按照现代信息加工的观点,记忆是一个结构性的信息加工系统。记忆结构由三个不同的子系统构成:瞬时记忆、短时记忆和长时记忆。信息首先进入瞬时记忆,那些能引起个体注意的感觉信息才会进入短时记忆,在短时记忆中存储的信息经过加工再存储到长时记忆中,而这些保存在长时记忆中的信息在需要时又会被提取到短时记忆中。

考点1　瞬时记忆(又称感觉记忆或感觉登记)

1. 瞬时记忆的概念

当客观刺激停止作用后,感觉信息会在一个极短的时间内保存下来,这种记忆叫**瞬时记忆**,是记忆系统的开始阶段。

2. 瞬时记忆的特点

(1)时间极短。感觉记忆的信息贮存时间极短,大约为0.25~2秒。(2)容量较大。(3)形象鲜明。(4)信息原始,记忆痕迹容易衰退。

3. 瞬时记忆的编码

瞬时记忆的编码方式有图像记忆和声像记忆两种。图像记忆是瞬时记忆的主要编码形式。有研究发现,听觉通道也存在瞬时记忆。瞬时记忆是记忆系统在对外界信息进行进一步加工前的暂时登记。

4. 瞬时记忆的存储

瞬时记忆的记忆容量由感受器的解剖生理特点决定，几乎进入感官的所有信息都会被登记，然而，瞬时记忆中只有能够引起个体注意并被及时识别的信息，才有机会转入短时记忆。那些没有转入短时记忆的信息，很快就会消失。虽然信息在瞬时记忆阶段停留的时间短暂，但足以使人的认知系统对其进行操作和加工。

考点2　短时记忆(又称工作记忆)【单选、填空、判断】★★

1. 短时记忆的概念

短时记忆是指人脑中的信息在1分钟之内加工与编码的记忆，是信息从感觉记忆到长时记忆的过渡阶段。处在工作状态中的短时记忆，或者在完成当前任务时起作用的短时记忆，就是**工作记忆**。

2. 短时记忆的特点

(1)时间很短。不超过1分钟。

(2)容量有限。短时记忆的容量一般是7±2，即5~9个项目，平均值为7。但短时记忆容量的值常常会因实验材料的不同而出现较大波动。为解释这一现象，米勒提出了**组块**的概念。所谓组块是指将若干小单位联合成大单位的信息加工，也指这样组成的单位。他认为，短时记忆的容量是以组块来计算的。组块可以把时空上接近的单个项目组合成一个较大的块，也可以利用已有的知识经验把彼此无关的单个项目组成有意义的块，这样就能大大提高短时记忆的容量。

(3)意识清晰。

(4)操作性强。

(5)易受干扰。

3. 短时记忆的编码

短时记忆的编码方式有听觉编码和视觉编码两种，主要是**听觉编码**。

4. 短时记忆的存储

复述是短时记忆中的信息存储的有效方法。复述分为两种：一种是**机械复述**，即将短时记忆中的信息不断地简单重复；另一种是**精细复述**，即将短时记忆中的信息进行分析，使之与已有的经验建立起联系。实验表明，精细复述是短时记忆保持的重要条件。

真题面对面

[2021金华，单选]小昌听别人说了电话号码后，拨打这个电话号码，之后就忘记了该号码，这体现的记忆是(　　)

A. 感觉记忆　　B. 短时记忆　　C. 长时记忆　　D. 内隐记忆

答案：B

考点3　长时记忆(又称永久性记忆)【单选】★

1. 长时记忆的概念

长时记忆是信息经过充分加工，在头脑中长久保持的记忆。长时记忆就像一个巨大的图书馆，它保存着我们将来可以运用的各种事实、表象和知识。

图尔文将长时记忆分为两类：情景记忆和语义记忆。**情景记忆**是指人们根据时空关系对某个事件的记忆;语义记忆是指人们对一般知识和规律的记忆,与特殊的时间和地点无关。

2. 长时记忆的特点

(1)容量无限。(2)信息保持时间长久。在理论上认为长时记忆是永久存在的。一般认为长时记忆中出现的遗忘现象,主要是由于信息受到干扰而使提取信息的过程发生了困难。

3. 长时记忆的编码

长时记忆中的信息以**意义编码**为主。意义编码有两种形式:表象编码和语义编码,它们又被称为信息的双重编码。语义编码是长时记忆最主要的编码方式。

4. 长时记忆的存储

长时记忆中贮存的信息原则上是分类处理的。认知心理学认为,人类的长时记忆中贮存着两种不同的记忆:程序性记忆和陈述性记忆。

四、记忆的品质及其培养

表2-10 记忆的品质及其培养

品质	特征	举例	培养措施
敏捷性	速度和效率	过目成诵	(1)要明确识记的目的; (2)要集中注意
持久性	保持时间	长时记忆	(1)要善于把识记的材料纳入已有的知识体系中; (2)进行及时和经常性的复习
准确性	精确性	回忆正确	(1)必须进行认真识记,在大脑皮层上建立精确的暂时神经联系; (2)在复习时要把相似的材料经常加以比较,防止混淆; (3)要把正确识记的事物同仿佛记住的东西区别开,把所见所闻的真实材料与主观的增补臆测区别开来
准备性	提取和应用	出口成章	要使掌握的知识系统化

记忆有妙招

为方便考生记忆,编者将记忆的品质总结成以下口诀:
准备劫持。准:准确性。**备:**准备性。**劫:**敏捷性。**持:**持久性。

五、运用记忆和遗忘规律提高记忆效果的方法

(1)理解学习材料的意义。在学习中要以意义记忆为主,机械记忆为辅,发挥两种记忆各自的长处,从而提高整个记忆的效果。

(2)对材料进行精细加工,促进对知识的理解。

(3)运用组块化学习策略,合理组织学习材料。

(4)运用多重信息编码方式,提高信息加工处理的质量。

(5)有效运用记忆术。记忆术是运用联想的方法对无意义的材料人为地赋予某些意义,以促进知识保持的策略。具体参见教育心理学部分第二章第五节中“记忆术”的内容。

(6)适当过度学习。

(7)重视复习方法,防止知识遗忘。

六、根据记忆和遗忘的规律，防止遗忘

学过的知识，如果不经过复习，是不可能长久、完全保持在记忆中的。克服遗忘最好的方法是加强复习。因此，为了防止遗忘，我们组织有效的复习是很有必要的。有效组织复习的方法有：

1. 复习时机要得当

（1）及时复习

所谓**及时复习**就是在初期大量遗忘开始之前就进行复习。遗忘发展的规律表明，识记后遗忘很快就会发生。因此，对于新学习的材料，为了防止遗忘，必须"趁热打铁"及时进行复习。

（2）合理安排复习时间

要制订复习计划，合理安排复习内容和时间，提高复习效率。每天复习的内容要适当，不要过于紧张和疲劳，以免产生干扰。有效的复习时间最好做如下安排：第一次复习，学习结束后的5～10分钟；第二次复习，学习当天的晚些时候或学习结束后的第二天；第三次复习，一星期后；第四次复习，一个月后；第五次复习，半年后。

（3）间隔复习

由于遗忘存在着"先快后慢"的趋势，因此，在教学上还必须遵守"间隔复习"的原则。一般来说，刚学过的新知识应该多复习，每次复习所用的时间应长些，而间隔的时间要短些。随着记忆巩固程度的提高，每次复习的时间可以短些，而间隔的时间可以长些。

（4）循环复习

教学上应该遵守"循环复习"的原则，对于所学的重要的、基本的材料应经常进行复习，做到"温故而知新"。

2. 复习方法要合理

（1）分散复习与集中复习相结合

根据复习在时间分配上的不同，复习方式有两种：①集中复习，把复习的材料集中在一段时间内进行复习；②分散复习，即把复习的材料分配到几段相隔的时间内进行复习。复习难度小的材料可适当集中复习，难度大的材料可采取分散复习的方式，做到分散复习与集中复习相结合。

相对于大多数学习而言，分散复习的效果优于集中复习，因为分散复习可降低疲劳感，减少前摄抑制和倒摄抑制的影响。因此，教师在教学中应鼓励学生进行分散复习，而不要等到考前集中算"总账"。

（2）复习方法多样化

单调的复习方法容易使人产生疲劳和厌倦情绪，会降低复习效果。因此，教师在组织学生复习时，方法要灵活多样。*例如，在数学课中，对所学的计算方法、公式、定理等内容的复习，就可采用解题、作业讲评、相互订正、自编应用题等方式进行复习。*

（3）运用多种感官参与复习

多种感官参与复习可以更好地提高记忆效果。因此，在复习时应尽量运用多种感官，要眼看、耳听、口读、手写相互配合，在头脑中构成它们之间的神经联系，形成记忆痕迹，以后遇到其中的一种刺激信息，就可以激活多种相关的记忆痕迹，提高记忆效果。有心理学家证明，人的学习83%通过视觉，11%通过听觉，3.5%通过嗅觉，1.5%通过触觉，1%通过味觉。

（4）尝试回忆与反复阅读相结合

反复阅读与尝试回忆相结合的方法，能使学习者及时了解到识记的成绩，从而提高学习的兴趣，激起进

一步学习的动机。同时，在每次回忆后，学习者可以及时检查记忆效果，在重新阅读时就会有针对性地集中精力攻克难点，纠正错误，不至于平均用力。

3. 复习次数要适宜

(1)复习内容的数量要适当，就是说一次复习内容的数量不宜过多，因为，学习内容的数量与复习的次数及所用的时间是成正比增长的；(2)提倡适当的过度学习，从而提高记忆效果。

4. 重视对记忆品质的培养

具体参见本节中"记忆的品质及其培养"的内容。

5. 注意用脑卫生

脑的健康状况是影响记忆好坏的重要生理条件，它与学习和记忆有密切的关系。因此，在学习过程中，要特别重视脑的营养与适当的休息。严重营养不良，缺乏蛋白质，以及吸毒、酒精中毒、脑外伤等都会给记忆带来不良影响，使记忆力下降。

记忆有妙招

为方便考生记忆，编者将有效组织复习的方法总结成以下口诀：

十次方知味。**十**：时机。**次**：次数。**方**：方法。**知**：记忆品质。**味**：用脑卫生。

★★ 考点大默写 ★★

1. 从记忆的内容和经验的对象来看，对哥伦布发现美洲这个事实的记忆属于__________记忆。
2. 根据信息加工与存储的内容不同，可以将记忆分为__________记忆和程序性记忆。
3. 具有明确的识记目的，运用一些有助于识记的方法，并需要做出意志努力的识记是__________。
4. 艾宾浩斯遗忘曲线表明，遗忘的进程是__________的，呈现出__________、__________的负加速趋势。
5. 过度学习指在学习达到刚好能背诵以后的附加学习。研究表明，学习的熟练程度达到__________时记忆效果最好。
6. 短时记忆的编码方式有__________和__________两种。
7. 在某次大型考试的考场上，小华因为过度紧张，导致头脑一片空白，什么也想不起来，而出了考场后就什么都想起来了，这可用遗忘学说中的__________来解释。
8. 学生背诵一篇较长的课文，首尾部分记忆效果较好，中间部分遗忘较多。这种心理效应被称为__________效应。
9. __________是以亲身经历的、发生在一定时间和地点的事件(情景)为内容的记忆。
10. __________是先学习的材料对识记和回忆后学习材料的干扰作用；后学习的材料对保持和回忆先学习的材料的干扰作用，称为__________。

【参考答案】

1. 语义(语词逻辑)　2. 陈述性　3. 有意识记　4. 不均衡　先快后慢　先多后少　5. 150%　6. 听觉编码　视觉编码　7. 压抑说(动机说)　8. 系列位置　9. 情景记忆　10. 前摄抑制　倒摄抑制

第四节 思 维

一、思维的概念和特点

考点1 思维的概念

思维是人脑对客观事物的本质属性与内在联系的概括的、间接的反映。它是借助语言实现的、能揭示事物本质特征及内部规律的理性认识过程。

考点2 思维的特点 【单选】 ★

思维的特点

1. 间接性

所谓间接性，是指思维能对感官所不能直接把握的或不在眼前的事物，借助于某些媒介物与头脑加工来进行反映。由于人类感觉器官结构和机能的限制、时间和空间的限制以及事物本身蕴含或内隐的特点，人们对世界上许许多多的事物，如果单凭感官或仅仅停留在感知觉上，是认识不到或无法认识的，那么就要借助于某些媒介物与头脑的加工来进行反映。例如：内科医生不能直接看到病人内脏的病变，却能以听诊、化验、切脉、测体温、量血压、B超、CT检验等手段为中介，经过思维加工间接判断出病人的病情；地震工作者可以根据动物的反常现象或其他仪表的数据来分析与预报震情；教师根据学生的行为表现可以推断学生的内心世界；等等。

2. 概括性

所谓**概括性**，包含两层意思：(1)把同一类事物的共同特征和本质特征抽取出来加以概括(总结概括)。例如：人们把形状、大小各不相同而能结出枣的树木称为“枣树”；把枣树、苹果树、梨树等依据其根、茎、叶、果等共性称为“果树”等。(2)将多次感知到的事物之间的联系和关系加以概括，得出有关事物之间的内在联系的结论(得出关系)。例如，每次看到“月晕”就要“刮风”，“础石潮湿”就要“下雨”，就能得出“月晕而风”“础润而雨”的结论。

思维的间接性与概括性易混淆，考生做题时要注意区分：

(1)在做题的时候，把握题干中的关键词。间接性的关键词是：“根据”“推断”；概括性的关键词是：“对……的认识”“得出……结论”。

(2)遇到谚语时不能一概而论，要具体分析题目强调哪方面的意思。题目强调“间接地推测事物”，选间接性；题目强调人们通过自身多年劳动经验，总结归纳出一套生活的规律，选概括性。

二、思维的种类 【单选、填空、判断】 ★★

考点1 直观动作思维、具体形象思维和抽象逻辑思维

根据思维的内容凭借物、任务的性质、发展水平以及解决问题的方式，可将思维分为直观动作思维、具体形象思维和抽象逻辑思维。

直观动作思维是以实际动作为支柱的思维过程。例如，3岁前的幼儿的思维就属于直观动作思维，他们的思维活动离不开触摸、摆弄物体的活动。当婴儿在观看、触摸、移动物体时，他就在进行思维活动。当这些感知与动作停止后，儿童的思维也就停止了。

具体形象思维是以直观形象和表象为支柱的思维过程。表象是思维的材料，思维过程往往表现为对表象的概括、加工和操作。具体形象思维具有形象性、整体性、可操作性等特点。例如，雕塑家创作雕塑作品时总是会在头脑中先思考所要创作的作品形象是怎样的，然后根据头脑中的这一形象再完成作品。

成人的直观动作思维是以丰富的知识经验为中介，并在整个直观动作思维过程中由词进行调节和控制；而幼儿由于没有完全掌握语言，只能在动作中思考。

抽象逻辑思维是以词为中介来反映现实的思维过程，也叫词的思维或逻辑思维。抽象逻辑思维是人类思维的典型形式，是人类思维区别于动物思维的最本质特征。例如，学生证明某一命题、定理时，要运用数字符号和概念来进行推导和求证。

从个体思维发展的经历看，儿童总是先发展直观动作思维和具体形象思维，在此基础上才能逐步发展抽象逻辑思维。人到了成年以后，哪种思维形式占优势，并不表明个人思维水平的高低。

直观动作思维

具体形象思维

抽象逻辑思维

考点2　分析思维和直觉思维

根据结论是否有明确的思考步骤和思维过程中意识的清晰程度和逻辑性，可将思维分为分析思维和直觉思维。

分析思维是遵循严密的逻辑程序和规律，逐步推导，然后得出合乎逻辑的正确答案或做出合理结论的思维。分析思维是以概念、判断、推理的形式来反映客观世界的思维。例如，学生在解数学题时，通过多步的推理和论证得出答案的过程。分析思维具有程序性的特点。

直觉思维是未经逐步分析就迅速对问题的答案做出合理的猜测、设想或突然领悟的思维。直觉思维具有敏捷性、直接性、简缩性、突然性（突发性）、猜测性的特点。足球运动员在一瞬间把握球场上对方球员的布局漏洞，不失时机地把球踢进球门，就是直觉思维的表现。灵感现象就是直觉思维的结果。

考点3　聚合思维和发散思维

根据思维的指向性，可将思维分为聚合思维和发散思维。

聚合思维，也叫求同思维、集中思维、辐合思维、会聚思维，是指人们解决问题时，思路集中到一个方向，从而形成唯一的、确定的答案。聚合思维的过程是人们根据已知的信息和利用熟悉的规则，产生逻辑的结论从而解决问题的过程。这是一种有方向、有条理、有范围的思维方式。

发散思维，也叫求异思维、分散思维、辐射思维，是指人们解决问题时，思路朝各种可能的方向扩散，从而求得多种答案。发散思维的过程是从给予的信息中产生多种信息的过程。

考点4　经验思维和理论思维

根据思维过程中是以日常经验还是以理论为指导来划分，可将思维分为经验思维和理论思维。

经验思维是以日常经验为依据，判断生产、生活中的问题的思维。例如，学前儿童根据自己的经验，认为"鸟是会飞的动物"，这就属于经验思维。由于知识经验的不足，这种思维容易产生片面性，甚至得出曲解或错误的结论。

理论思维是以科学的原理、定理、定律等理论为依据，对问题进行分析、判断的思维。例如，人们说"心理是客观现实在人脑中的主观映像"，就是理论思维的结果。这种思维往往能抓住事物的本质，使问题得到正确的解决。教师利用理论思维传授科学理论，学生运用理论思维学习理性知识。

真题面对面

1. [2022台州，单选]根据"三角形具有稳定性"这一知识点推测出照相机的三脚架具有稳定照相机的功能。根据思维分类的依据，这种思维属于(　　)

A. 经验思维　　B. 理论思维　　C. 直觉思维　　D. 求同思维

2. [2021绍兴，单选]上物理实验课时，小明同学喜欢一边操作一边思考。这种思维活动属于(　　)

A. 直觉思维　　B. 动作思维　　C. 形象思维　　D. 逻辑思维

答案：1. B　2. B

三、思维的品质 【单选】 ★

1. 思维的广阔性与深刻性

思维的广阔性是指思路开阔，能从各个角度、多个方面揭露事物的联系，全面地思考问题。具有思维广阔性品质的学生，在学习中能进行周密的思考，善于进行分析与综合，既考虑整体，又考虑部分。因此，思维的广阔性是学习系统的科学知识、解决复杂问题必备的思维品质。举例：既见树木，又见森林。

思维的深刻性是指能深入地思考问题，善于透过事物的表面现象，抓住事物的实质，揭露事物之间的内在联系。举例：打破砂锅问到底。

2. 思维的独立性(独创性)与批判性

思维的独立性(独创性)是指既能不受他人暗示，不人云亦云，不盲从别人的见解，不依赖现成的方法和结论，又能不武断、不一意孤行、不固执己见、不唯我是从，充分地发挥个人的主观能动性，独立地发现、思考、处理和解决问题。思维的独创性人人都有，只是在表现程度和早晚上存在差异。

思维的批判性是指既善于批判地评价他人的思想和成果，汲取别人的长处、优点和思想的精华，摒弃别人的短处、缺点和思想的糟粕，也善于严格而精细地思考问题，冷静而客观地评价和自觉地控制自己的思维活动，不易受自己的情绪和偏爱的影响。举例：吾爱吾师，吾更爱真理。

3. 思维的灵活性与敏捷性

思维的灵活性是指能灵活地思考问题。它表现为能从不同角度、运用不同方法思考问题;在条件发生变化时,能随机应变,及时地改变原有计划、方案,寻找新的解决问题的途径。具有思维灵活性的学生,能灵活自如地运用各种规则、原理和规律,将书本中的知识与自己的见解进行比较和融合,而不把书本当教条;同时还能举一反三,由此及彼,善于迁移。举例:随机应变、足智多谋。

思维的敏捷性是指思维活动迅速正确,能当机立断。思维的敏捷性与轻率迥然不同,它不仅要求思维速度快,而且要求思维的正确性高。思维敏捷性强的学生能迅速准确地认识事物的本质和规律。举例:眉头一皱,计上心来。

4. 思维的逻辑性和严谨性

思维的逻辑性是指考虑和解决问题时思路鲜明,条理清楚,严格遵循逻辑规律。

思维的严谨性是指提问明确,推理严密,主次分明,论证充分,有的放矢,有说服力,结论证据确凿。

思维的逻辑性和严谨性是思维品质的**中心环节**,是所有思维品质的集中体现。

记忆有妙招

为方便考生记忆,编者将思维的品质总结成以下口诀:

横向广,纵向深;于人独,对己批;灵则变,敏则快;逻辑严谨是中心。

四、思维的过程 【单选、填空、判断、简答】 ★★

考点 1 思维的一般过程

思维的一般过程

思维的一般过程包括分析与综合、比较与分类、抽象与概括、系统化与具体化。其中,分析与综合是思维的**基本过程**,其他过程都是由此派生出来的。

1. 分析与综合

分析是指在头脑中把事物或对象分解成各个部分或各个属性。例如,把一棵树分解为根、茎、叶、花等。

综合是在头脑中把事物或对象的个别部分或属性联合为一体。例如,把一个人过去与现在的经历联系起来编成一个短剧,儿童把几个积木块搭成一个小房子的思维过程都是综合。

2. 比较与分类

比较是指在人脑中把各种事物或现象加以对比,来确定它们之间的异同点和关系的思维过程。没有比较就没有鉴别,只有通过比较,人们才能区分事物间的异同点,鉴别事物的优劣,才能识别事物,把它归到一定的类别中去。

分类是指在人脑中按照事物的异同,把它们区分为不同种类的思维过程。比较是分类的基础。根据事物的共同点可以把事物归并为较大的类;根据事物的差异可以把事物划分为较小的类。

3. 抽象与概括

抽象是在人脑中提炼各种事物与现象的共同的、本质的特征,舍弃其个别的、非本质的特征的过程。例如:总结鸽子、老鹰、鸡、鸭等共同的、本质的特征,即"有羽毛""是动物";舍弃"会不会飞""颜色""大小"等非本质特征,这就是抽象的过程。

概括是人脑把事物间共同的、本质的特征抽象出来加以综合的过程。例如,人们把那些"有羽毛的动物"统称为鸟类,这是概括的过程。

4. 系统化与具体化

系统化是在人脑中根据客观事物的本质特征，按不同顺序与层次组成一定系统的思维过程。例如，生物学家按界、门、纲、目、科、属、种的顺序，把世界上千千万万种生物分类，同时揭示出各类生物之间的关系，这就是在人脑中对生物种类系统化的过程。

具体化是指人脑把经过抽象概括后的一般特征和规律推广到同类的具体事物中去的过程，如用某数学公式解一道具体应用题的过程。

真题面对面

[2022嘉兴，填空]思维的过程包括分析与综合、比较与分类、抽象与概括、具体化与系统化等。其中，__________是思维的基本过程，也是思维过程的基本环节，其他过程都是由此派生出来的。

答案：分析与综合

考点2 问题解决的思维过程

1. 问题解决的概念

问题解决是指为了从问题的初始状态到达目标状态，而采取一系列具有目标指向性的认知操作的过程。问题解决既是能力又是学习，在教学中得到训练和发展。创造性是解决问题的最高表现形式。加涅在对学习进行分类时，将问题解决视作高级规则的学习，强调问题解决是规则的组合，其结果是生成了新的规则，即高级规则。

2. 问题解决的过程

(1)**发现问题**。从完整的问题解决过程来看，发现问题是其首要环节。能否发现问题，与个体的活动积极性、已有知识经验等有关。

(2)**理解问题**。理解问题即明确问题，就是把握问题的性质和关键信息，摒弃无关因素，并在头脑中形成有关问题的初步印象，即形成问题的表征。

(3)**提出假设**。提出假设就是提出解决问题的可能途径与方案，选择恰当的解决问题的操作步骤。能否有效提出假设，受到个体思维的灵活性与已有知识经验的影响。提出假设是问题解决的关键阶段。

(4)**检验假设**。检验假设就是通过一定的方法来确定假设是否合乎实际、是否符合科学原理。检验假设的方法有两种：直接检验和间接检验。

3. 影响问题解决的因素 必背

(1)问题情境

问题情境是指问题呈现的知觉方式。问题呈现的知觉方式与人们已有的知识经验越接近，问题就越容易解决；反之，如果与人们已有的知识经验相差甚远，问题解决起来就很困难。

(2)定势与功能固着

定势(即心向)是指重复先前的操作所引起的一种心理准备状态。在定势的影响下，人们会以某种习惯的方式对刺激情境做出反应。定势对解决问题有积极作用，也有消极作用。陆钦斯的"量杯实验"充分表明了心理定势对问题解决的影响。人们把某种功能赋予某物体的倾向称为功能固着。在功能固着的影响下，人们不易摆脱事物用途的固有观念，从而直接影响问题解决的灵活性。

定势与功能固着

知识再拔高

酝酿效应

当一个人长期致力于某一问题的解决而又百思不得其解的时候，如果他暂时停下对这个问题的思考而去做别的事情，几小时、几天或几周之后，他可能会忽然想到解决的办法，这就是**酝酿效应**。酝酿效应实际上是产生了顿悟，使人们打破了以往不恰当的思路，从一个新的角度思考问题，从而使问题得以解决。

(3)原型启发

对问题解决起启发作用的事物叫**原型**。**原型启发**是指从其他事物上发现解决问题的途径和方法。原型启发在创造性解决问题时的作用十分明显。

原型启发

(4)已有知识经验

经验水平或实践知识影响问题解决。善于解决问题的专家与新手的区别，就在于前者具备有关问题的大量知识并善于实际应用这些知识来解决问题。有经验的专家在本专业领域内是解决问题的高手，但在其他领域并不一定特别聪明，有时还显得笨拙。这说明实践知识对于高效地解决问题是有一定条件的。

(5)情绪与动机

情绪对问题解决有一定影响，肯定、积极的情绪状态有利于问题的解决，而否定、消极的情绪状态则会阻碍问题的解决。人们对活动的态度、责任感等都可以成为发现问题的动机，影响问题解决的效果。动机的强度不同，影响的大小也不一样。动机与问题解决的关系遵循“耶克斯—多德森定律”。

此外，个体的认知结构、个性特征以及问题的特点等也会影响问题解决。

真题面对面

1. [2022宁波，单选]某位同学发现，当自己做困难的数学题时，常常很长一段时间苦思冥想都无法解决，而当把问题放在一边去做其他事，答案却会突然出现。这属于问题解决中的(　　)

A. 暗示效应　　B. 酝酿效应　　C. 定势效应　　D. 自动化效应

2. [2021宁波，单选]小刚发现桌子的螺丝松了，想找螺丝刀重新拧紧，但却找不到，其父知道以后，用小刀把螺丝拧紧，这说明小刚在解决问题的时候，不能摆脱(　　)的影响。

A. 问题的特点　　B. 思维定势　　C. 酝酿效应　　D. 功能固着

答案：1. B　2. D

五、思维能力的培养

1. 激发求知欲，增强思维的自觉性

求知欲与好奇心密切相关。因此，教学首先要点燃学生心中对知识的好奇心之火。当学生有了好奇

心，他们就想要认识它、了解它。若激发了学生的好奇心、求知欲，学生学习自觉性就会大大增强，就会自愿地开动脑筋，积极思考，使其思维得到很好的发展。

2. 创建问题情境，培养学生提出问题的能力

思维是从问题开始的，教师必须善于创造问题情境，激发学生提出各种问题，进行独立思考。

3. 发挥学生学习的主动性，培养独立思考的习惯

发挥学习的主动性和培养独立思考的习惯，对于发展思维能力极为重要。

4. 提高学生的语言表达水平

思维和语言有密切关系。一个语言表达水平很低的人绝不可能具有高度发展的思维能力。语言混乱的人，思维大多也是混乱的。所以提高语言表达水平，可以促进思维的发展。教师在教学过程中必须把生动直观、抽象思维和实践合理地结合，使学生的感觉、知觉转化为概念，用概念构成思想并以语言的形式加以表达；并使他们学会把思想用于实际，使抽象的知识上升为具体的知识。学生在这个过程中既掌握了知识，又发展了能力。

六、创造性思维

创造性思维是指用独特、新颖的方法解决问题的思维过程。它是人类思维的高级形态，是智力的高级表现。

考点 1　创造性思维的特征　【判断】★

1. 新颖独特性

创造性思维不同于一般的思维活动，它要求打破惯常的解决问题的方法，将已有的知识经验进行改组或重建，创造出个体前所未知的或社会前所未有的思维成果。因此，新颖独特性是创造性思维最本质的特征。

2. 创造性思维是多种思维的结晶(创造性思维的结构)

创造性思维既是发散思维和聚合思维的统一，也是形象思维和抽象思维的统一，但更多地表现在发散思维上。创造性思维以发散思维为核心。发散思维具有流畅性、灵活性(变通性)和独创性(独特性)等特点。当然，创造性思维者还要对新颖独特的观念具有高度的敏感性，具有及时把握它们的能力。因此，目前也有人以发散思维的特点来代表创造性思维的特点。

3. 创造性想象的积极参与

创造性想象的积极参与是创造性思维的重要环节。因为创造性想象提供的是事物的新形象，并使创造性思维成果具体化。所以文艺作品中新形象的创造，科学研究中新假设的提出，新机器的发明等都离不开创造性想象。

4. 灵感状态

灵感状态是创造性思维活动的又一典型特征。所谓**灵感**，是指人在创造性思维过程中，某种新形象、新概念和新思想突然产生的心理状态。它是人在以全部精力集中去解决思考中的问题时，由于偶然因素的触发而突然出现的顿悟现象。任何创造性思维，都离不开灵感。

真题面对面

[2020 宁波，判断]培养创造性思维并不是提倡发散思维，反对集中思维。(　　)

答案：√

考点2 创造性思维能力的培养

1. 运用启发式教学，保护学生的好奇心，激发学生的求知欲，培养创造性动机，调动学生学习的积极性和主动性

好奇心是人对新异事物产生好奇并进行探究的一种心理倾向。求知欲又称认识兴趣，它是好奇心的升华，是人渴望获得知识的一种心理状态。好奇心和求知欲是学生主动观察事物、进行创造性思维的内部动因。

2. 培养学生的发散思维，并将发散思维和集中思维相结合

创造性活动的全过程要经过从发散思维到集中思维，从集中思维到发散思维再到集中思维，多次循环才能完成。

3. 发展学生的创造性想象能力

思维的基础是表象和想象。想象与创造性思维有着密切的联系，它是人类创造性活动所不可缺少的心理因素。具有丰富的创造性想象是产生创造性成果的必要条件。因此，教师要注意发展学生的想象力。

4. 组织创造性活动，正确评价学生的创造性

创造性思维的培养依托于创造性活动的开展。教师应多组织合作教学、情景教学等有利于创造性思维发展的教学形式。

5. 开设具体的创造性课程，教授学生创造性思维策略和创造技法

(1)常见的创造性课程

①创造发明课；②直觉思维训练课；③发散思维训练课；④推测与假设训练课；⑤自我设计训练课；⑥假设课；⑦侧向思维训练课。

知识再拔高

发散思维的训练方法

(1)**用途扩散**，即让学生以某件物品的用途为扩散点，尽可能多地设想它的用途。比如，尽可能多地说出别针的用途。

(2)**结构扩散**，即以某种事物的结构为扩散点，设想出利用该结构的各种可能性。比如，尽可能多地画出包含A结构的东西，并写出或说出它们的名字。

(3)**方法扩散**，即以解决某一问题或制造某种事物的方法为扩散点，设想出利用该种方法的各种可能性。比如，尽可能多地列举出用“吹”的方法可以完成的事情。

(4)**形态扩散**，即以事物的形态(如颜色、味道、形状等)为扩散点，设想出利用某种形态的各种可能性。比如，利用红色可以做什么，办什么事。

(2)促进创造性思维发展的创造技法

①头脑风暴法。通常以集体讨论的方式进行，鼓励参加者尽可能快地提出各种各样异想天开的设想或观点，相互启迪，激发灵感，从而引发创造性思维的连锁反应，形成解决问题的新思路。具体应用此方法时，应遵循四条基本原则：一是让参与者畅所欲言，对提出的所有方案禁止批评，延迟评价。评价必须在所有的想法提出来之后再进行。二是鼓励标新立异、与众不同的观点，提倡自由奔放的思考，充分发表自己的看法。三是以获得方案的数量而非质量为目的，即鼓励多种想法，多多益善。四是鼓励提出改进意见或补充意见，提倡对他人的设想进行组合和重建以求改善。②系统探求法。③联想类比法。④组合创新法。⑤对

立思考法。⑥转换思考法。⑦检查单法。检查单法又称检查提问法，是指对照检查单的每项内容逐个进行思考，以期获得新设想和新发明的方法，有“创造技法之母”之称。**奥斯本**是首位将检查单法用于创造发明的创造学家。

6. 结合各学科特点进行创造性思维训练

虽然各种直接的、专门的创造性训练是有效、可行的，但不应取代或脱离课堂教学。许多研究证明，结合各个学科特点进行创造性思维训练，既可以发挥教师的创造性，也可以有效地提高学生的创造力。排斥或脱离学科而孤立地训练创造力，这实际上是舍本逐末的做法，也不可能真正提高学生的创造力。

考点3　创造性活动能力的培养

创造性的核心是**创造性思维**，但创造性思维需要在创造性活动中培养，而创造性思维的外显表现是创造性产品和创造性活动。两者的关系不可分割。创造性活动能力的培养需要遵循以下四个原则：

(1)在教学中创设适宜的条件，激发创造需要。同时，改善教学环境，营造鼓励创造、容忍错误的宽松氛围。创造性活动能力受环境因素的影响很大，其在后天教育环境中有更大的可塑性。

(2)积极开展创造性活动。创造性课外活动和比赛都可以在科学、数学、文艺、计算机等领域开展，比较容易实施，每个学校和班级都可以随时进行。

(3)鼓励学生的独创行为。为了培养学生的创造性活动能力，必须允许和鼓励他们按照自己的猜想去探索问题，鼓励他们用超出书本的知识创造性地解决问题。

(4)培养创造性个性。个体创造性活动能力的高低和个性等非智力因素存在巨大的关系。教师应该培养学生独立、勤奋、自信、谦虚进取的精神，这有利于创造性活动能力的发展。

考点大默写

1. 思维的特点包括__________和__________。
2. 某儿童边掰手指边数数，如果动作停止，思维也停止。从思维的内容凭借物等来看，该儿童的思维属于__________思维。
3. 抽象逻辑思维是以__________为中介来反映现实的思维过程。
4. “足智多谋，随机应变”体现出思维品质__________。
5. 问题解决的过程一般可分为发现问题、理解问题、__________和检验假设。
6. 在问题解决过程中，有时会出现“恍然大悟”或“豁然开朗”的情况。这一现象可以用__________效应来解释。
7. __________被认为是创造性思维中的核心成分。
8. 人们把“有羽毛的动物”统称为鸟类，这是思维的__________过程。
9. 通过对狗鼻子构造的分析，发明出比狗鼻子更灵敏的电子嗅觉器。这是__________对问题解决的影响。

【参考答案】

1. 间接性　概括性　2. 直观动作　3. 词　4. 灵活性　5. 提出假设　6. 酝酿　7. 发散思维　8. 概括
9. 原型启发

第五节　表象与想象

一、表象概述

考点1　表象的概念、分类和特点 【单选】 ★

1. 表象的概念

表象是事物不在面前时，人们在头脑中出现的关于事物的形象。

2. 表象的分类

（1）视觉表象、听觉表象和运动表象

从表象产生的主要感觉通道来划分，表象可以分为视觉表象（如想起母亲的笑脸）、听觉表象（如想起吉他的声音）、运动表象（如想起舞蹈动作）等。

（2）记忆表象和想象表象

根据表象创造程度的不同，表象可分为记忆表象和想象表象，通常讲的表象，是记忆表象的简称。**记忆表象**是在记忆中保持的客观事物的形象，如想起朋友的容貌。记忆表象是在感知的基础上形成的，是保持在人脑中的过去感知的形象，具有直观形象性特点。但和知觉相比，形象的鲜明性、完整性和稳定性都有差异。表象的形象具有较模糊、暗淡、片段、不稳定等特点。**想象表象**是在头脑中对记忆形象进行加工改组后形成的新形象，这些形象可能从未经历过，或者世界上还不存在，也即想象。

3. 表象的特点

（1）直观性

表象是以生动具体的形象在头脑中出现的。人头脑中产生某种事物的表象，就好像直接看到或者听到这种事物的某些特征一样。

（2）概括性

表象是人们多次知觉的结果，它不表征事物的个别特征，而是表征事物的大体轮廓和主要特征。因此，表象具有概括性。

（3）可操作性

由于表象是知觉的类似物，因此人们可以在头脑中对表象进行操作，这种操作就像人们通过外部动作控制和操作客观事物一样。**心理旋转实验**证明了表象的可操作性。

真题面对面

[2019统考，单选]表象不包括下面哪一种特征（　　）

A. 概括性　　　　B. 抽象性

C. 可操作性　　　　D. 直观性

答案：B

考点2　表象的作用　【简答】　★

表象既具有形象性又具有概括性，因此，表象对于我们的心理活动具有重要作用。主要表现为对知觉、记忆、思维和问题解决等方面的作用。

（1）表象对知觉的作用。表象在知觉中的作用，表现为选择性的促进和干扰两个方面。表象促进了个体对知觉内容相似的事物的知觉速度，当表象与知觉的内容完全不同时，表象对知觉可能起抑制作用。

（2）表象对思维的作用。表象为思维提供了素材，是思维的基础。表象脱离了具体的当前对象，将关于对象的具体信息保存在头脑中，就像加工厂生产离不开原料一样，丰富的表象为思维提供了加工的“原料”。表象还是认识过程的重要环节，是感性认识过渡到理性认识的桥梁。

（3）表象对记忆的作用。表象有助于提高学习和记忆的效率。心理学家研究发现的图片优势效应、词的具体性效应、短语和句子的具体性效应就证明了表象对记忆的作用。

（4）表象对问题解决的作用。人们在解决问题时经常要用到表象，许多人都有这样的经验。如一些有经验的棋手在考虑怎样下棋子时就使用了视觉表象。表象对推理也有促进作用。人们可以将抽象复杂的语词性的命题在头脑中转化为具体的形象来代指各命题，从而使推理变得形象，更加容易。

二、想象的概念和分类

考点1　想象的概念

想象是人脑对已储存的表象进行加工改造，形成新形象的心理过程。想象具有主动性、丰富性、生动性、现实性、新颖性、深刻性等品质。

考点2　想象的分类　【单选】　★★

根据想象有无目的和计划性，可将想象分为无意想象和有意想象。

1. 无意想象

无意想象又称**不随意想象**，是没有预定目的，不由自主产生的想象。例如，学生常常出现的“白日梦”现象，就是无意想象的表现。梦是无意想象的极端表现。

2. 有意想象

有意想象又称**随意想象**，是指有预定目的、自觉进行的想象，是意识活动的一种形式。这种想象活动具有一定的预见性、方向性，人们在想象过程中一直控制着想象的方向和内容。

根据创造程度的不同，有意想象又可以分为再造想象和创造想象。**幻想**是创造想象的一种特殊形式。

（1）再造想象　必背

再造想象是依据词语或符号的描述、示意在头脑中形成与之相应的新形象的过程。人在阅读文艺作品、历史文献，工人看建筑或机械图纸，学生听教师对课文生动形象的描述时，头脑中出现的有关事物的形象，都属于再造想象。

再造想象的产生条件：①必须具有丰富的表象储备；②为再造想象提供的词语及实物标志要准确、鲜明、生动；③正确理解词语与实物标志的意义。

（2）创造想象

创造想象是按照一定目的、任务，使用自己以往积累的表象，在头脑中独立地创造出新形象的过程。例如，科学家对于科学研究的设计和研究成果的预见；革新家对生产工具和产品的改革与发明等，都是创造想象的过程。创造想象是一切创造性活动的重要组成部分。

创造想象的产生条件:①强烈的创造愿望;②丰富的表象储备;③积累必要的知识经验;④原型启发;⑤积极的思维活动;⑥灵感的作用。灵感是想象者在长期生活实践中勤于积累经验的结果。此外,创造性思维能力、高水平的表象改造能力、丰富的情绪生活、正确的理想和世界观也是创造想象产生的条件。

(3)幻想

幻想是一种与生活愿望相结合并指向于未来的想象。幻想与一般的创造想象相比具有两个特征:①幻想体现了个人的愿望,是向往的形象;②幻想常是创造性活动的准备阶段。

幻想可分为科学幻想、理想、空想三种形式。

①科学幻想是科学预见的一种形式,是创造想象的准备阶段和发展的推动力,是具有进步意义和有实现可能的积极幻想。例如,一个多世纪前人们做出的到天空和海洋遨游等科学幻想在今天已经变成了现实。

②理想是符合事物发展规律、有实现可能的积极幻想。例如,想成为科学家、艺术家,为国家的繁荣富强做贡献,就是许多当代青年的理想。

③空想是与客观现实相违背的消极幻想,根本不可能实现。空想往往使人脱离现实,长期陷入空想的人往往碌碌无为,一事无成。

真题面对面

[2021金华/诸暨,单选]读“疏影横斜水清浅,暗香浮动月黄昏”时,脑海中浮现相关的景象属于(　　)

A. 创造想象　　B. 再造想象

C. 无意想象　　D. 幻想

答案:B

三、学生想象力的培养(想象规律在教学中的应用)

考点1　在教学中发展学生的再造想象

(1)要扩大学生头脑中的表象储备;

(2)教师要帮助学生真正弄懂描述中的关键性词句和实物标志的含义;

(3)教师要唤起学生对教材的想象,以加深对知识的理解和巩固。

考点2　在教学中培养学生的创造想象

(1)要引导学生学会观察,丰富学生的表象储备;

(2)引导学生积极思考,有利于打开想象力的大门;

(3)引导学生努力学习科学文化知识,扩大学生的知识经验以发展学生的空间想象能力;

(4)注意发展学生的语言能力;

(5)结合学科教学,有目的地训练学生的想象力;

(6)引导学生进行积极的幻想。培养学生大胆幻想和善于幻想的能力也具有重要意义。对学生的幻想不应讽刺讥笑,应该珍视、鼓励、引导,帮助他们把幻想转变成理想,把幻想同创造想象结合起来。

★★ 考点大默写 ★★

1. ____________是事物不在面前时，人们在头脑中出现的关于事物的形象。
2. 学生上课走神，常常出现“白日梦”，这种想象属于____________。
3. 萌萌听教师讲《猴子捞月》的故事，头脑中就产生了小猴子调皮淘气的形象，这属于有意想象中的____________想象。
4. 幻想可分为科学幻想、____________和____________三种形式。
5. 作家在小说中塑造了高智商、严谨和善于推理的犯罪心理学专家的形象。这属于____________想象。
6. “心理旋转实验”表明表象具有____________特点。

【参考答案】

1. 表象　2. 无意想象　3. 再造　4. 理想　空想　5. 创造　6. 可操作性

第六节　言　语

一、言语的概念和分类

言语是指人们用语言进行交际的活动过程。

言语通常分为**外部言语**和**内部言语**两类。外部言语包括口头言语和书面言语。其中，口头言语又分为对话言语和独白言语。

表2-11　言语的分类

种类			概念	特点	典例
外部言语	口头言语	对话言语	两个人或几个人直接交际时的言语活动	情境性、反应性和简略性	聊天、座谈
		独白言语	个人独自进行的，与叙述思想、情感相联系的，较长而连贯的言语	展开性、准备性和计划性	报告、演讲
	书面言语		一个人借助文字来表达自己的思想或借助阅读来接受别人言语的影响	随意性、展开性和计划性	写文章
内部言语			一种自问自答或不出声的言语活动	隐蔽性和简略性	默读

二、言语的感知和理解

考点 1　言语的感知

(1)口头言语的感知。口头言语的感知涉及语言的清晰度与可懂度。清晰度与可懂度是指听者了解讲话者说话的百分率，或指听者听对的百分率。

(2)书面言语的感知。人们通过视觉系统接受文字材料提供的信息，对字词做出正确判断与分辨，这就是书面言语的感知。书面言语的感知包括单词再认和阅读。

考点 2　言语的理解　【单选】　★

言语的理解是指人们借助于听觉或视觉的语言材料，在头脑中建构意义的一种主动、积极的过程。言语的理解可分为三级水平：(1)词汇理解或词汇识别是言语理解的第一级水平；(2)句子的理解是言语理解的第二级水平；(3)篇章理解(课文或话语的理解)是言语理解的第三级水平。

知识再拔高

言语发展

言语发展是个体心理发展的一个方面，指个体在与他人（主要是成人）的交往活动中母语及理解能力的获得、发展和完善的过程，即获得听、说、读、写能力的过程。

真题面对面

[2023金华，单选]言语理解的最高水平是（　　）

A. 符号理解　　B. 词汇理解　　C. 句子理解　　D. 篇章理解

答案：D

三、言语的表达

言语的表达是人的有目的的活动。人表达自己的思想是为了影响别人，达到一定的目的。言语的表达具体经历了三个阶段，它包含：

（1）构造阶段：依照目的来确定要表达的思想；

（2）转换阶段：应用句法规则将思想转换成言语的形式；

（3）执行阶段：将言语形式的消息说出或写出来。

在言语表达过程中，确定句法结构是思想转换为话语的一个重要环节。它为其后的转换提供一个语法框架，特别是对词汇选择和词法形式的确定给予引导和限定。短语结构在言语表达中起重要作用，甚至可以将它看作言语表达的单位。

四、学生听说读写能力的培养

学生听说能力主要在小学阶段培养，这里只阐述读写能力的培养。

考点1　学生阅读能力的培养

从现代认知心理学的广义知识观来看，语文阅读能力是由三类知识构成的：（1）有关课文内容的知识；（2）通过对字、词、句的解码，从中获得意义的技能；（3）理解作者的思路、构思与表达技巧方面的技能。

阅读过程是这三类知识相互作用的过程。阅读能力的提高必须从三方面入手：（1）丰富学生的生活内容，如通过参观、访问或直接参与社会实践获得直接经验；通过读书看报获得间接经验。这体现了大语文观。（2）获得语文基本技能。通过每一堂课或一次练习都会掌握一些字、词或句式，日积月累，技能逐渐自动化。（3）获得语文高级技能。这种技能属于认知策略和元认知能力范畴，受儿童认知发展阶段制约。这种高级技能是伴随儿童思维发展逐渐形成的。

考点2　学生写作能力的培养

与阅读理解一样，有效写作也是三类知识相互作用的结果。阅读是用上述三类知识理解与品评他人的文章，学习的重点是吸收和借鉴。写作的重点是输出，用习得的适当的读写基本技能和高级技能正确表达自己的思想。

写作是体现学生文字表达水平和思想水平的一种形式。一篇好的习作，首先要有好的主题，要有充实的内容和丰富的资料，所以阅历是影响写作的首要因素。教师要有计划地指导他们观察和思考，并把材料积累下来以备选用。为了提高学生写作能力，教师要指导学生制订严密计划，逐步培养敏锐观察力，多组织参观、游览等活动，同时布置写日记、周记、观察日记。

学生写作是从说到写，从复述到创作，其技能是逐步提高的。对低年级学生要多练习阅读，对课文要进行详细讲解，也要注意学生模仿性强的特点，利用范文讲解以提高其书写质量。

在学生练习写作时，教师还要在写作后及时批改，给学生反馈是非常必要的，同时还要培养学生自我评价和修改能力，注意将老师讲评作文和自我评价相结合，以提高写作技能。

★★ 考点大默写 ★★

1. ＿＿＿＿＿＿是指人们用语言进行交际的活动过程。
2. 讲演采用的言语形式主要是口头语言中的＿＿＿＿＿＿。
3. 言语的表达具体经历了构造阶段、转换阶段和＿＿＿＿＿＿。
4. 词汇理解或词汇识别是言语理解的第一级水平；＿＿＿＿＿＿的理解是言语理解的第二级水平；＿＿＿＿＿＿是言语理解的第三级水平。

【参考答案】

1. 言语　2. 独白言语　3. 执行阶段　4. 句子　篇章理解

我于＿＿＿＿年＿＿月＿＿日完成了对本章的学习。

复盘一下，我对自己较肯定的地方是＿＿＿＿＿＿＿＿＿＿

（足够努力/心态积极/方法得当……）

我觉得自己需要改进的地方是＿＿＿＿＿＿＿＿＿＿

（懒惰懈怠/心情浮躁/方法不当……）

休息片刻，开启下一站征程！

情绪情感和意志过程

思维导图

- 情绪情感和意志过程
  - 情绪与情感
    - 情绪和情感概述
      - 概念：对客观事物的态度体验及相应的行为反应；体验是情绪和情感的基本特征
      - 分类：情绪（激情、心境、应激）；情感（道德感、美感、理智感）——重点
      - 功能：适应、动机、组织、信号、健康、感染
    - 情绪理论
      - 早期理论：詹姆斯—兰格理论、坎农—巴德学说
      - 认知理论：评定—兴奋说、沙赫特—辛格理论、认知—评价理论
    - 情感的品质
      - 倾向性、深刻性、稳固性、效果性
    - 情绪与身心健康的关系
      - 积极的情绪促进身心健康
    - 自我防御机制
      - 否认、压抑、合理化、移置、投射、升华、幽默、认同、过度代偿、抵消、补偿、退行
  - 意志
    - 意志的概念与特征
      - 概念：人自觉地确定目的，有意识地根据目的、动机调节支配行动，努力克服困难，实现目标的心理过程
      - 特征：人特有的自觉确定目的的行动；对活动有调节支配作用；克服内部和外部的困难；以随意动作为基础
    - 意志行动的过程
      - 准备阶段：双趋冲突、双避冲突、趋避冲突、多重趋避冲突——重点
    - 意志品质及其培养
      - 品质：自觉性；受暗示性（盲从）、独断性；果断性；优柔寡断、草率武断；自制性；任性、怯懦；坚韧性；动摇性、执拗性——难点

浙江考向

本章属于普通心理学的基础章节，也是绍兴、金华、台州、宁波、丽水、温州等地区的笔试频繁考查的章节，结构简单、内容较少，但存在一些比较容易混淆的知识点，在考试中常以选择题、填空题、简答题等形式考查。本章的考向分析如下：

考点名称	常考题型	能力层级	考查热度
情绪与情感的分类	单选、填空、简答	识记、理解	★★
自我防御机制	单选	识记、理解	★★
动机斗争	单选	识记	★★
意志的品质	单选	识记、理解	★★

核心考点

第一节　情绪与情感

一、情绪和情感概述

考点1　情绪和情感的概念及关系

1. 情绪和情感的概念　【单选】★

情绪和情感是人对客观事物的态度体验及相应的行为反应。认知是情绪和情感产生的基础，需要是引发情绪和情感的中介。那些满足人们需要的事物和对象，能引起各种肯定的态度，使人产生满意、愉快的情绪体验。不同的态度体验反映着客观事物与人的需要之间的不同关系，体验是情绪和情感的基本特征。

真题面对面

[2019丽水，单选]（　　）是情绪和情感的基本特征。

A. 形象　　B. 概念　　C. 想象　　D. 体验

答案：D

2. 情绪和情感的关系　【简答】★

表2-12　情绪和情感的关系

关系	情绪	情感
区别	原始的、低级的，与生理需要是否满足相联系	后继的、高级的，与社会需要是否满足相联系
	具有情境性和易变性	具有稳定性和持久性
	带有冲动性，伴随明显的外部表现	比较内隐，较为深沉
联系	(1)情绪是情感的基础，情感离不开情绪。人的情感是在大量情绪体验的基础上形成和发展起来的，也是通过情绪表达出来的。 (2)对人类而言，情绪离不开情感，是情感的具体表现。情绪是情感的外在表现，情感是情绪的本质内容	

真题面对面

[2023绍兴，简答]简述情绪和情感的区别和联系。

答案：详见内文

考点2　认知与情绪情感的关系　【辨析】★

情绪情感与认知都是客观事物在个体头脑中的反映。认知反映的是客观事物本身所具有的各种属性以及变化规律，情绪情感反映的是客观事物与个体需要之间的关系。

两者又是相互制约的，认知是情绪情感的基础，只有认识了客观事物本身所具有的各种属性，才能清楚它是否符合自身的需要，并由此产生相应的情绪情感，比如，毒蘑菇很好看，但当我们知道它有毒，便会对它产生恐惧。反过来，情绪情感也会影响认知，比如，当我们处于积极的情绪状态时，我们更容易看到事物美好积极的一面；而当我们处于消极的情绪状态时，我们更容易以否定、悲观的态度看待事物。还有所谓“爱屋及乌”“情人眼里出西施”等现象也是由此而产生。

认知与情绪相结合构成了个体对客观事物的态度，其中，认知构成了态度中的观念成分，情绪情感构成了态度中的体验成分。而且，情绪情感是态度的核心。

考点3 情绪与情感的分类 【单选、填空、简答】★★

1. 情绪的分类 必背

根据主体与客体之间关系的不同，心理学家把人的基本情绪分为快乐、悲哀、愤怒、恐惧四种类型；依据情绪发生的强度、持续性和紧张度的不同，可以把情绪状态划分为激情、心境和应激。

（1）激情

激情是一种爆发式的、猛烈而时间短暂的情绪状态。例如，狂喜、暴怒、恐惧、绝望、剧烈的悲痛等，都是激情的表现。它往往带有特定的指向性和较明显的外部行为表现，如暴跳如雷、浑身战栗、手舞足蹈等。

激情发生时，意识范围缩小，意识对行为的控制作用明显降低，理解力降低，判断力减弱，易感情用事，不考虑后果。有人用激情爆发来原谅自己的错误，认为“激情时完全失去理智，自己无法控制”，这种说法是不对的，人能够意识到自己的激情状态，也能够有意识地调节和控制它。

（2）心境

心境是一种微弱的、持续时间较长的，带有弥漫性的情绪状态。心境一经产生就不只表现在某一特定对象上，而是在相当长的一段时间内，使人的整个心理活动都染上某种情绪色彩，影响人的整个行为表现，成为情绪生活的背景。“忧者见之则忧，喜者见之则喜”“人逢喜事精神爽”说的就是心境。

（3）应激

应激是出乎意料的紧迫情况所引起的急速而高度紧张的情绪状态。当人们遇到突发事件或意外发生危险时，为了应付瞬息万变的紧急情况，就得果断地采取决定，迅速地做出反应。应激正是在这种情境中产生的内心体验。

人在应激状态下，会引起机体的一系列生物性反应，如肌肉紧张度、血压、心率、呼吸以及腺体活动都会出现明显的变化。这些变化有助于适应急剧变化的环境刺激，维护机体功能的完整性。加拿大学者汉斯·塞里把这种变化称为**适应性综合征**，并指出这种综合征包括动员、阻抗和衰竭三个阶段。**动员阶段**是指有机体在受到外界紧张刺激时，会通过自身的生理机能的变化和调节来进行适应性的防御。**阻抗阶段**是通过心率和呼吸加快、血压升高、血糖增加等变化，充分动员人体的潜能，以对付环境的突变。**衰竭阶段**是指引起紧张的刺激继续存在，阻抗持续下去，此时必需的适应能力已经用尽，机体会被其自身的防御力量所损害，结果导致适应性疾病。可见，“应激是在某些情况下可能导致疾病的机制之一”。

激情

心境

应激

真题面对面

1. [2023金华,单选]适应性综合征包括动员、阻抗和衰竭三个阶段,是人在下列哪种情绪状态下出现的生物性变化(　　)

A. 激动　　B. 心境　　C. 应激　　D. 心流

2. [2021台州,单选]小明在得到老师的表扬后,非常开心,有一种"人逢喜事精神爽"的感觉,这是一种(　　)

A. 情感　　B. 意志　　C. 认知　　D. 情绪

3. [2019统考,简答]简述情绪状态的三种类型。

答案:1. C　2. D　3. 详见内文

2. 情感的分类

情感是同人的社会性需要相联系的态度体验。从情感的社会内容角度来看,人类的情感有道德感、美感和理智感三种形式。

(1)道德感

道德感是根据一定的道德标准评价人的思想、意图和言行时所产生的主观体验。它表现在对待国家、集体、工作、事业、学习以及人与人之间的关系等各个方面,如爱国主义情感、集体主义情感、责任感、事业心、荣誉感、自尊心等。

道德感从表现形式上看,主要包括三种:①**直觉的道德感**,即由于对某种具体的道德情境的直接感知而迅速发生的情感体验。②**想象的道德感**,即通过对某种道德形象的想象而发生的情感体验。③**伦理的道德感**,即以清楚地意识到道德概念、原理和原则为中介的情感体验。它具有清晰的意识性和明确的自觉性,具有较大的概括性和较强的伦理性,具有稳定性和深刻性。比如,爱国主义情感和集体主义情感属于伦理的道德感。道德感属于社会历史范畴,不同民族、不同时代、不同阶级有着不同的道德评价标准。

(2)美感

美感是人们根据一定的审美标准对自然或社会现象及其在艺术上的表现予以评价时所产生的情感体验。美感能使人产生愉悦的体验,增加人的生活情趣,帮助人们以审美标准去赞扬美好的事物与心灵,蔑视、鞭挞丑陋与粗野的行为,从而促进人类文明的发展。同道德感一样,美感也具有社会历史制约性。

(3)理智感

理智感是人认识事物和探求真理的需要是否得到满足而产生的主观体验。例如,人们在探求未知的事物时所表现的求知欲、兴趣和好奇心,发现问题的惊奇感、问题解决的喜悦感、为真理献身的自豪感、问题不解的苦闷感等。理智感对人们学习知识、认识事物、发现规律和探求真理的活动都有积极的推动作用。

考点4　情绪与情感的功能

1. 适应功能

情绪和情感是有机体适应生存和发展的一种重要方式。例如,动物遇到危险时,产生畏惧害怕的呼叫,就是动物求生的一种手段。

2. 动机功能

情绪和情感是动机的源泉之一,是动机系统的一个基本成分。它能够激励人的活动,提高人的活动效率。研究表明,适度的紧张和焦虑能促使人积极地思考和解决问题。同时,情绪对于生理内驱力也具有放大信号的作用，成为驱使人们行为的强大动力。

3. 组织功能

情绪和情感这种特殊的心理活动，对其他心理过程而言是一种监测系统，是心理活动的组织者。积极的情绪和情感具有调节和组织作用，消极的情绪和情感则有干扰、破坏作用。情绪和情感的组织作用表现在促成知觉选择，监视信息的移动，影响工作记忆，影响思维活动和人的行为表现。

4. 信号功能

情绪和情感具有传递信息、沟通思想的功能。情绪的信号功能体现在个体将自己的愿望、要求、观点、态度通过一定的情感表达方式传递给别人并加以影响。这种功能是通过表情实现的。它是非言语沟通的重要组成部分，在人与人之间的信息交流中具有信号意义。

5. 健康功能

人对社会的适应是通过调节情绪来进行的，情绪调控的好坏会直接影响到身心健康。情绪和情感的健康功能表现为：积极的情绪有助于身心健康，消极的情绪会引起人的各种疾病。积极而正常的情绪体验是保持心理平衡与身体健康的条件。*曾有人说过，"一个小丑进城胜过一打医生"，就非常形象地说明了情绪对人的身心健康的影响。*

6. 感染功能

人类的情绪和情感可以互相传递和感受，具有感染性。人们之间的感情沟通正是通过情绪和情感的易感性功能才得以实现的。这种易感性，具体表现为"共鸣"和"移情"作用。**共鸣**是指某人已经发生的情绪与情感引起他人相同或相似的情绪与情感，是指情绪与情感的互通现象，*如所谓"掬一把同情泪"*。**移情**则是个人将自己的内心感受赋予他人或物，*如"爱屋及乌"*。个体对各种信息意义的鉴别与认定，通常通过共鸣和移情来进行。

此外，情绪和情感还具有强化功能、迁移功能、疏导功能和协调功能。

情绪的组织功能和动机功能易混淆，考生做题时要注意区分：二者有共同之处，都能起到激励促进作用，但表现形式上存在差异。组织功能针对现有的情绪状态，是指良好的情绪起推动作用，不良的情绪起阻碍作用。动机功能的激励作用体现在动力方面，可以从无到有地引发人们的行动。

二、情绪理论

考点 1　情绪的早期理论

1. 詹姆斯—兰格的机体知觉理论

詹姆斯—兰格情绪学说是有关情绪的生理机制方面的第一个学说。美国心理学家詹姆斯和丹麦生理学家兰格都强调情绪的产生是植物性神经系统活动的产物，也就是说，情绪刺激引起身体的生理反应，而生理反应进一步导致情绪体验的产生。因此，后人也称之为情绪的"外周"理论。

2. 坎农—巴德学说

坎农和巴德认为，情绪的中枢不在外周神经系统，而在中枢神经系统的丘脑。外界刺激引起感觉器官的神经冲动，传至丘脑，再由丘脑同时向大脑和植物性神经系统发出神经冲动，从而在大脑产生情绪的主观体验，而由植物性神经系统产生个体的生理变化。

考点2　情绪的认知理论

1. 阿诺德的评定—兴奋说

美国心理学家阿诺德的评定—兴奋说有三个主要观点：

(1)刺激情境并不直接决定情绪的性质，从刺激出现到情绪的产生，要经过对刺激的估量和评价，情绪产生的过程是：刺激情境—评估—情绪。

(2)情绪的产生是大脑皮层和皮下组织协同活动的结果，大脑皮层的兴奋是情绪行为的最重要的条件。

(3)情绪产生的理论模式是，感受器接受情绪刺激产生神经冲动，通过内导神经经丘脑传到大脑皮层，刺激情境在此得到评估，形成一种特殊的态度。

2. 沙赫特—辛格的理论

情绪状态是认知过程、生理状态、环境因素在大脑皮层中整合的结果。情绪的产生有三个不可缺少的因素：(1)个体必须体验到高度的生理唤醒；(2)个体必须对生理状态的变化进行认知性的唤醒；(3)相应的环境因素，即对环境刺激的认识。

3. 拉扎勒斯的认知—评价理论

拉扎勒斯认为情绪是人与环境相互作用的产物。在情绪活动中，人不仅反映环境中的刺激事件对自己的影响，同时要调节自己对于刺激的反应。也就是说，情绪是个体对环境知觉到有害或有益的反应。因此，人们需要不断地评价刺激事件与自身的关系，具体有三个层次的评价：初评价、次评价、再评价。**初评价**是指人确认刺激事件与自己是否有利害关系，以及这种关系的程度；**次评价**是指人对自己反应行为的调节与控制，它主要涉及人们能否控制刺激事件，以及控制的程度，也就是一种控制的判断；**再评价**是指人对自己的情绪和行为反应的有效性和适宜性的评价，实际上是一种反馈行为。拉扎勒斯还强调评价通常是在无意识状态下发生的。

三、情感的品质

人的情感活动是否健康，要根据是否具有良好的情感品质来评定。情感的个体差别，也要根据情感品质来说明。情感品质主要有以下几方面：

(1)**倾向性**。情感的倾向性是指一个人的情感经常由什么性质的事物所引起，经常指向于什么事物。人的各种情感，由于指向性不同会发生不同的作用。

(2)**深刻性**。情感的深刻性是指一个人的情感与其生活联系的普遍性和深入程度。一个人的情感如果在他的生活的各个方面都表现出来，而且在具有重要意义的生活事件中表现得更为强烈，这样的情感才是深厚的情感。情感的深刻性与情感的强烈性并没有必然的联系，强烈的情感不一定是深刻的情感。

(3)**稳固性**。情感的稳固性是指情感的稳定与持久的程度。情感缺乏稳固性，表现为两种情况。第一是情感变化无常，一种情感很快为另一种情感甚至为性质相反的情感所代替，通常所说的“见异思迁”“喜新厌旧”就属于情感的不稳固性。第二是情感迅速减弱，对任何事物，最初发生强烈的情感，但很快就会冷淡下来。

(4)**效果性**。情感的效果性是指一个人的情感对他的行为的效能。也就是说一个人的情感对他的行为是否有推动作用。

四、情绪与身心健康的关系

积极的情绪状态可以使学生的大脑处于最佳活动状态，保证体内各器官系统的活动协调一致，使得学生食欲旺盛，睡眠安稳，精力充沛，充分发挥有机体的潜能，从而提高其脑力劳动的效率；积极的情绪能使整个机体的免疫系统和体内化学物质处于平衡状态，从而增强对疾病的抵抗力；积极的情绪状态还能帮助学生建立良好的人际关系。

相反，消极情绪则对人的身心健康产生不良的影响。当有机体处于消极情绪状态时，会缩小意识范围，不能正确评价自己行动的意义及后果，自制力降低；消极的情绪状态能使人失去心理上的平衡，致使身体虚弱，感情脆弱，对身体有不良影响；如果人经常处于极度消极的情绪状态中，可能会导致身心疾病，经常性的情绪障碍还会使人出现焦虑、抑郁、躁狂等心理疾患。

五、自我防御机制 【单选】 ★★

自我防御机制为**弗洛伊德**创立的精神分析学派中的专业用语，它是指个人在精神受干扰时用以避开干扰、保持心理平衡的心理机制。自我防御机制常在无意识状态下使用，常见的自我防御机制有：

1. 否认

否认是指对某种痛苦的现实无意识地加以否定，因为不承认似乎就不会痛苦。这一过程可使一个人逐渐地接受现实而不致猛然承受不了坏消息或痛苦，是一种保护性质的、正常的防御。只有在干扰了正常行为时才能算是病态的。例如，“掩耳盗铃”“眼不见为净”。

2. 压抑

压抑是指把意识所不能接受的观念、情感或冲动抑制到无意识中去。例如，对痛苦体验或创伤性事件的选择性遗忘。

3. 合理化

合理化又称文饰作用，指通过无意识地用一种似乎有理的解释或实际上站不住脚的理由来为其难以接受的情感、行为或动机辩护以使其可以接受。例如，对儿童的躯体虐待可说成是“玉不琢不成器，树不伐不成材”“打是亲，骂是爱”。

合理化有两种表现：(1)**酸葡萄心理**，即把得不到的东西说成是不好的；(2)**甜柠檬心理**，即当得不到葡萄而只有柠檬时，就说柠檬是甜的。两者均是在掩盖其错误或失败，以保持内心的安宁。

4. 移置

移置是无意识地将指向某一对象的情绪、意图或幻想转移到另一个对象或替代的象征物上，以减轻精神负担取得心理安宁。例如，一个孩子被妈妈打后，满腔愤怒，难以回敬，转而踢倒身边的板凳，把对妈妈的怒气转移到身边的物体上。这时虽然客体变了，但其冲动的性质及其目的仍然未改变。

5. 投射

投射是指自我将不能接受的冲动、欲望或观念归因(投射)于客观或别人。这对于婴儿是相对正常的，对于成年人则可能由于极度地歪曲现实而成为偏执妄想。例如，“以小人之心，度君子之腹”。

6. 升华

升华是一种最积极的富有建设性的防御机制。因为它可以把社会不能接受的性欲或攻击性冲动伴有的力比多能量转向更高级的、社会能接受的目标或渠道，进行各种创造性的活动。文学家的一些著名创作，如歌德的《少年维特之烦恼》等，均可见到升华机制的作用。这是把本能主要是性能量转移到一个有社会价值的对象或目标上去。

7. 幽默

幽默是指对于困境以幽默的方式处理。它没有个人的不适及没有不快地影响别人情感的公开显露。它与诙谐、说笑话还不完全一样。幽默仍然允许一个人承担及集中注意于困窘的境遇上，而诙谐、打趣的话却引起分心或使其从情感的问题上移开。例如，被嘲笑个子矮，一句“浓缩就是精华”就化解了尴尬。

8. 认同

认同是指无意识中取他人(一般是自己敬爱和尊崇的人)之长归为己有,作为自己行为的一部分去表达,借以排解焦虑与适应的一种防御手段。

9. 过度代偿

过度代偿又称过度补偿,是指一个真正的或幻想的躯体或心理缺陷可通过代偿而得到超乎寻常的纠正。这是一个意识的或无意识的过程。例如,有些残疾人可通过惊人的努力而变成世界著名的运动员;有些口吃者可以成功地变成一位说话流利的演说家。

10. 抵消

抵消是将一个不能接受的行为象征性地而且反复地用相反的行为加以显示,以图解除焦虑。例如,说了不吉利的话就吐口水或用说句吉利话来抵消晦气或不吉祥的感觉;除夕打碎了碗,习俗上说句"岁岁平安"。

11. 补偿

补偿是指通过新的满足来弥补原有欲望达不到的痛苦。例如,学习成绩平平,但体育成绩突出,或因有其他特长,而使自己能够得到满足。

12. 退行

退回到前面的发展阶段是退行,是指一个人遇到困难的时候放弃已学到的比较成熟的应对技巧和方式,而使用原先比较幼稚的方式去应付困难和满足自己的欲望。例如,老人做出幼稚的表现,童心未泯,像个"老小孩"或"老顽童",很可能是内心孤独,渴望得到子女的关爱。

在一般情况下,自我防御机制如果使用得当,可以免除内心的痛苦以适应现实。但在特殊情况下使用不当时,虽然感觉不到冲突和挫折引起的内心焦虑,但这些冲突和挫折却能以症状的形式表现出来,从而形成各种障碍。

真题面对面

1. [2022 金华/诸暨,单选]学生小钱对自己在学校遭遇霸凌的事件进行选择性遗忘,属于自我防御机制中的(　　)

A. 认同　　B. 否认　　C. 补偿　　D. 压抑

2. [2022 宁波,单选]贝贝在学校受到了惊吓而出现了吮吸手指、黏着老师等婴儿时期的行为,这种自我防御机制属于(　　)

A. 压抑　　B. 否认　　C. 退行　　D. 移置

答案:1. D　2. C

考点大默写

1. 当同学们获悉本班取得学校合唱比赛第一名时欣喜若狂,这种情绪状态是__________。
2. 小莉前几天与同桌吵架了,这几天都闷闷不乐,上课也老走神。她的情绪体验属于__________。
3. 某学生思考了 20 分钟,终于把一道棘手的数学题给解出来了,感到非常开心。这种情感属于__________。
4. 有些残疾人通过惊人的努力而变成世界著名的运动员。这属于防御机制中的__________。

5. “眼不见为净”属于____________的心理防御机制。

6. 道德感是根据一定的____________评价人的思想、意图和言行时所产生的主观体验；____________是人们根据一定的审美标准对自然或社会现象及其在艺术上的表现予以评价时所产生的情感体验。

7. 情绪和情感是人对客观事物的____________及相应的____________。____________是情绪和情感产生的基础，____________是引发情绪和情感的中介。

8. 一个被父母严厉责备的孩子，当着父母的面可能会“忍气吞声”，但离开父母可能就“摔桌子打板凳”，或者拿小猫、小狗出气，这属于自我防御机制中的____________。

【参考答案】

1. 激情　2. 心境　3. 理智感　4. 过度代偿(过度补偿)　5. 否认　6. 道德标准　美感　7. 态度体验　行为反应　认知　需要　8. 移置

第二节　意　志

一、意志的概念与特征

考点 1　意志的概念

意志是指人自觉地确定目的，有意识地根据目的、动机调节支配行动，努力克服困难，实现目标的心理过程。由意志支配的行动称为意志行动。意志是人的心理的主观能动性、积极性的集中体现。

考点 2　意志行动的特征

1. 意志行动是人特有的自觉确定目的的行动

人的行动是以意识为中介，以自觉目的为特征的意志行动，这是人区别于动物的根本标志。

2. 意志对活动有调节支配作用，使人的行动能按设定好的目的去改造世界

意志对行动的支配和调节作用表现为发动和制止两个方面。前者是激励和推动人们去从事达到预定目标所需要的行动，后者是抑制和阻止不符合预定目标的行动。这两方面是对立统一的。

3. 克服内部和外部的困难是意志行动最重要的特征

意志行动是有自觉目的的行动，目的确立与实现的过程通常会碰到种种困难，战胜和克服困难的过程就是意志目标实现的过程。

4. 意志行动以随意动作为基础

随意动作是由意志指引的，在生活实践中学会了的动作，是意志行动的必要组成部分。例如，赛跑跨越障碍、加速冲刺动作、骑车加快蹬车速度等都属于随意动作。

二、意志行动的过程

考点 1　准备阶段(采取决定阶段/确定决定阶段)

准备阶段包括动机斗争、确定目标、选择行动方法和制订行动计划等环节。

1. 动机斗争　【单选】　★★

动机斗争

人的行动是由一定的动机引起的，并指向一定的对象。人的行为动机往往以愿望的形式表现出来，由于人的需要多种多样并且是不断发展的，所以在同一时间内往往存在多种动机。几种动机相互矛盾，就形成了动机斗争。从形式上看，可将动机斗争分为四类：

表2-13 动机斗争的分类

分类	定义	典例
双趋冲突	从自己同时都很喜爱的两个事物中仅择其一的心理状态	鱼与熊掌不可兼得
双避冲突	从希望回避的两种事物中必取其一的心理状态	进退维谷
趋避冲突	对同一目的兼具好恶的矛盾心理	既想当班干部又怕耽误时间影响学习
多重趋避冲突	对含有吸引与排斥两种力量的多种目标予以选择时所发生的冲突	在待遇好但不稳定和待遇一般但稳定的两份工作中做选择

双趋冲突

双避冲突

趋避冲突

多重趋避冲突

小香课堂

动机冲突是考试中的重点,常结合实例进行考查。通常可以根据题意,运用关键词组进行区分:

(1)双趋冲突:表述中含有"既想……又想……,但不可兼得"的含义。

(2)双避冲突:表述中含有"既怕……又怕……"的含义。

(3)趋避冲突:表述中含有"既想……又怕……"的含义。

(4)多重趋避冲突:表述中的冲突因素为两个以上。

2. 确定目标

目标的确定与动机的取舍是相随而行的。目标越明确,人的行动越自觉;目标越远大,它对行动的动力作用越大;目标越深刻,被此目标所唤起的意志力也越大。

3. 选择行动方法和制订行动计划

目标确定之后,必须考虑如何实现目标。为了实现目标,必须选择适宜的行动方法和行动计划。

考点2 执行决定阶段

行动计划制订后,执行计划、采取有效的行动是达到目标的关键步骤。执行决定阶段是意志行动的中心环节,是意志努力的集中表现。在执行决定的过程中,必然会碰到许多困难。因此,执行决定,克服困难与障碍,需要更多的意志努力。

三、意志品质及其培养

考点1 意志的品质 【单选】 ★★

1. 意志的自觉性

意志的自觉性是指一个人清晰地意识到自己行动的目的和意义,并且能够主动地支配自己的行动,使之符合既定目的的意志品质。

与自觉性相反的意志品质是**受暗示性(盲从)**和**独断性**。盲从的人不了解自己行动的意义,极易在别人的怂恿下从事不符合个人意愿或社会需要的行动。独断的人对自己的决定自信不疑,一概拒绝他人的意见或建议。

2. 意志的果断性

意志的果断性是一种善于辨明是非、抓住时机、迅速而合理地采取决定并执行决定的意志品质。具有果断性品质的人善于审时度势、对问题情境做出正确的分析和判断、洞察问题的是非真伪。

与果断性相反的意志品质是**优柔寡断**和**草率武断**。优柔寡断的人表现为犹豫不决,疑虑重重,其结果常常是错失良机。草率武断的人懒于思考,滥下结论,行动鲁莽,轻举妄动。

3. 意志的自制性

意志的自制性是一个人善于控制和支配自己的情绪,约束自己言行的品质。具有良好自制性的人,一方面善于控制自己去执行所采取的决定,具有较强的组织性和纪律性;另一方面又善于控制自己的情绪,表现出较强的忍耐性。

与自制性相反的意志品质是**任性**和**怯懦**。前者不能约束自己的行动;后者在行动中畏缩不前、惊慌失措,这都是意志薄弱的表现。

4. 意志的坚韧性

意志的坚韧性是一个人在行动中坚持决定,百折不挠地克服重重困难去达到行动目的的品质。坚持是对行动目的的坚持。

与坚韧性相反的意志品质是**动摇性**和**执拗性**。具有动摇性的人或缺乏坚定的行动目的,对既定的目的持怀疑态度,或对实现目的缺乏信心和决心。具有执拗性的人不能根据形势的变化而灵活调整自己的思想行为。他们常常在明知自己的主张和观点错误时,仍然固执己见,违背客观规律而一意孤行。

记忆有妙招

为方便考生记忆,编者将意志的品质总结成以下口诀:

强调主动选自觉,约束自己是自制,犹豫不决缺果断,坚持不懈是坚韧。

考点 2　中学生意志力的培养(良好意志品质的培养)

人们的意志品质不是天生的,而是在后天生活实践中逐步形成的。

1. 加强生活目的性教育,树立科学的世界观

用科学的世界观武装青少年,是培养他们形成良好意志品质的基本条件。

2. 组织实践活动,让学生取得意志锻炼的直接经验

在组织学生活动时,教师应注意:(1)行为练习要有目的性、计划性,从简单到复杂,使学生获得锻炼的信心和成功感;(2)有意创设困难情境与艰巨条件,以激发学生克服困难的主动性和自制力;(3)提供行为练习的示范与榜样,供学生学习效仿;(4)对行为练习的结果要及时予以评价和强化,以增强行为练习的自觉性与积极性。

3. 根据学生意志品质的差异,采取不同的锻炼措施

对于容易盲从的学生,教师应多启发他们的自觉性,培养其对社会、集体和劳动的责任感和义务感;对于怯懦的学生,应多鼓励他们去克服困难,以增强其信心和勇气;对于任性和固执的学生,则应该从目的性和原则性方面着手,使他们理解固执与顽强的区别。

4. 发挥教师、班集体和榜样的模范作用,给予必要的纪律约束

俗话说,"身教重于言传",教师的行为榜样对学生意志品质的培养有特殊的效果。

学生对集体的义务感和荣誉感有助于自制、刚毅、勇敢等意志品质的形成。在具有良好班风的集体里,执行着严格的纪律。学会严守纪律,坚决不做违反纪律的事,这本身就是最好的意志锻炼。因此,教师应当努力使自己的班级形成良好的班风,充分发挥集体的作用,帮助学生养成良好的意志品质。

5. 加强自我锻炼,从点滴小事做起

在学习自觉性、坚持性方面的自我锻炼可以采用下列方法:(1)经常用榜样、名言、格言对照自己、检查自己、督促自己;(2)经常与周围学习好的同学做比较,找出自己的差距,奋力追赶,直到赶上或超过为止;(3)坚持制订学习计划,包括学期、月、周的计划及每天的安排等,严格执行计划,无论遇到什么情况都坚持去完成;(4)每天坚持写日记,检查自己当天的活动,发现缺点立即改正。

考点大默写

1. 意志行动可分为准备阶段和__________阶段。
2. "鱼与熊掌不可兼得"属于动机冲突中的__________。
3. 良好的意志品质主要表现为意志的自觉性、__________、坚韧性和自制性。
4. 某学生容易受情感左右,缺乏理智,常在需要克制的时候任意为之,意气行事,这表明该学生的意志缺乏__________。
5. 某学生既想参加朗诵比赛,又怕表现不好被人讥笑,该学生的动机斗争类型是__________。
6. 意志的__________是指一个人清晰地意识到自己行动的目的和意义,并且能够主动地支配自己的行动,使之符合既定目的的意志品质。与其相反的意志品质是__________和__________。

【参考答案】

1. 执行决定 2. 双趋冲突 3. 果断性 4. 自制性 5. 趋避冲突 6. 自觉性 受暗示性(盲从) 独断性

即时反思与复盘总结

我于________年____月____日完成了对本章的学习。

复盘一下,我对自己较肯定的地方是________________

(足够努力/心态积极/方法得当……)

我觉得自己需要改进的地方是________________

(懒惰懈怠/心情浮躁/方法不当……)

休息片刻,开启下一站征程!

第四章 人格心理

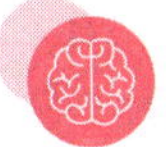

思维导图

- 人格心理
  - 人格概述
    - 人格的概念与特征
      - 概念：一个人思想、情感及行为的特有模式
      - 特征：独特性、稳定性、整合性、功能性、社会性
    - 人格的结构
      - 动力系统、特征系统、调控系统
    - 影响人格形成与发展的因素
      - 生物遗传因素；社会因素（家庭教养方式、学校教育、同伴群体）；个人主观因素
    - 学生优良人格的培养
      - 遵循人格发展规律，家庭、学校、社会的配合，人格教育等
  - 需要与动机
    - 需要概述
      - 概念：感到某种缺乏或不平衡状态而力求获得满足的心理倾向
      - 需要层次理论：生理需要、安全需要、归属与爱的需要、尊重需要、求知需要、审美需要、自我实现的需要（重点）
    - 动机概述
      - 概念：激发和维持有机体的行动，并使该行动朝向一定目标的心理倾向或内部驱力
      - 种类：生理性动机、社会性动机
      - 功能：激活、指向、维持和调节
  - 气质与性格
    - 气质
      - 概念：表现在心理活动的强度、速度、灵活性与指向性等方面的一种稳定的心理特征
      - 体液说：胆汁质（张飞、李逵）；多血质（孙悟空、王熙凤）；黏液质（沙僧、林冲）；抑郁质（林黛玉）（难点）
    - 性格
      - 结构特征：态度特征、意志特征、情绪特征、理智特征
      - 类型：理智型、情绪型和意志型；外向型和内向型；独立型和顺从型
      - 影响因素：家庭、学校教育、同伴群体、社会实践、自我教育、社会文化因素
  - 智力与创造性
    - 智力
      - 结构：包括注意力、观察力、记忆力、想象力和思维力等成分，并以思维力为核心
      - 智力测验：比纳—西蒙智力量表、斯坦福—比纳量表、韦克斯勒智力量表
      - 智力测验的标准：信度、效度、标准化（难度、区分度）（易混）
      - 智力结构理论：斯皮尔曼的二因素论（一般因素和特殊因素）；卡特尔的智力形态论（流体智力和晶体智力）；加德纳的多元智力理论（九种相对独立的智力）；斯滕伯格的三元智力理论（成分、情境和经验）（易混）
    - 创造性及其培养
      - 特征：流畅性、灵活性、独创性
      - 培养：创造性认知能力、创造性人格等

浙江考向

本章属于普通心理学的重点章节，也是绍兴、金华、嘉兴、台州、宁波、温州、丽水等地区的笔试重点考查的章节，内容广泛、识记性和理解性知识多，在考试中常以选择题、填空题、判断题、辨析题、简答题等形式考查。本章的考向分析如下：

考点名称	常考题型	能力层级	考查热度
人格的概念与特征	判断、辨析	识记、理解	★★
马斯洛的需要层次理论	单选、填空、判断	识记、理解	★★
气质的体液说	单选、填空、判断	识记、理解	★★★
性格的结构特征	单选	识记、理解	★★
智力测验的标准	单选、判断、辨析	识记、理解	★★
多元智力理论的主要内容	单选、简答	识记	★★

核心考点

第一节 人格概述

一、人格的概念与特征 【判断、辨析】 ★★

人格是构成一个人思想、情感及行为的特有模式，这个独特模式包含了一个人区别于他人的稳定而统一的心理品质，即人格是决定个体的外显行为和内隐行为，并使其与他人行为有稳定区别的综合心理特征。

人格的特征主要表现为以下几个方面：

1. 独特性

"人心不同，各如其面。"这句俗语为人格的独特性做了最好的诠释。一个人的人格是在遗传、成熟、环境、教育等先后天因素的交互作用下形成的。不同的遗传、生存及教育环境，形成了各自独特的心理特点。

2. 稳定性

俗话说，"江山易改，禀性难移"。这里的"禀性"就是针对人格而言的。一个人的某种人格特征一旦形成，就相对稳定下来了，要想改变它是比较困难的事情。这种稳定性还表现在人格特征在不同时空下表现出一致性的特征。

真题面对面

[2019统考，辨析]人格随着环境和教育的变化而变化，因此不稳定性是人格的典型特征。

答案：(1)这种说法是不正确的。(2)人格是构成一个人思想、情感及行为的特有模式，这个独特模式包含了一个人区别于他人的稳定而统一的心理品质。人格具有稳定性。

3. 整合性

人格是由多种成分构成的有机整体，具有内在的一致性，受自我意识的调控。人格的各种结构的组合千变万化，表现千姿百态，因而使个体的行为呈现出多元化、多层面的特征。每个人的人格世界并不是各种特征的简单堆积，而是依照一定的内容、秩序、规则有机结合起来的系统。当人格结构的各方面彼此和谐一致时，就会呈现出健康的人格特征；否则，就会产生心理冲突，出现适应困难，甚至出现“分裂人格”。

4. 功能性

人格是一个人生活成败、喜怒哀乐的根源。人格决定一个人的生活方式，有时甚至会决定一个人的命运。人们经常使用人格特征来解释某人的言行及事件的原因。例如，当面对挫折与失败时，坚强者能发愤图强，勇往直前；懦弱者会灰心丧气，甚至一蹶不振，这就是人格功能性的表现。

真题面对面

[2021温州，判断]同样是面对考试失败，有的人一蹶不振，有的人发愤图强，有的人无所谓，这体现了人格的整合性。(　　)

答案：×

5. 社会性

人格的社会性是指社会化把人这样的动物变成社会的成员。人格是社会的人所特有的。人格是在个体的遗传和生物基础上形成的，受个体生物特性的制约。构成人的本质的东西，是那种为人所特有的，失去了它，人就不能称其为人的因素，这种因素就是人的社会性。其实，即使是人的生物性需要和本能，也是受人的社会性制约的。例如，人满足食物需要的内容和方式是受具体的社会历史条件制约的。

二、人格的结构 【单选】 ★

人格的因素结构是十分复杂的，是一个具有多层次、多侧面的心理动力系统。一般来说，人格可以区分为人格的动力系统、人格的特征系统、人格的调控系统三个部分，见图2-7：

人格的结构
- 人格的动力系统——需要、动机、兴趣、理想、信念、价值观
- 人格的特征系统——能力、气质、性格
- 人格的调控系统——自我认知、自我体验、自我控制

图2-7　人格结构图

人格的动力系统反映了个体心理活动的动力和选择，在很大程度上决定着一个人对客观事物采取的态度和行为的方向、内容；

人格的特征系统是一个人身上经常表现出来的本质的、稳定的心理特征，它影响个人活动的效能和风格，这是人格的核心成分；

人格的调控系统是指一个人在与周围世界打交道过程中所表现出的对自己有意识的认识、体验和控制。

人格的动力系统决定着人的行为积极性，人格的特征系统决定着人的行为方式，人格的调控系统决定着人的行为过程。人格结构的这三个部分既是相对独立的，又是相互渗透、相互制约的。每个人都有自己的人格系统，但由于各人的这些系统在强度和质的特点方面存在稳定的差异，就构成了人与人之间千差万别的人格特点。

知识再拔高

弗洛伊德的人格“三我”结构

弗洛伊德认为，人格由本我、自我和超我三部分构成。

(1)本我。本我位于人格结构的最底层,是最原始的、与生俱来的潜意识的结构部分。它是由先天的本能、欲望组成的能量系统,包括各种生理需要。本我是无意识、非理性、非社会化和混乱无序的。它遵循快乐原则。

(2)自我。自我是从本我中逐渐分化出来的,位于人格结构的中间层。其作用主要是调节本我与超我之间的矛盾,它一方面调节着本我,一方面又受制于超我。自我是人与外部世界的媒介,它适应环境中的一些条件和限制,代表人的学习、训练和经验,遵循现实原则。

(3)超我。超我位于人格结构的最高层,是道德化了的自我,由社会规范、伦理道德、价值观念内化而来,其形成是社会化的结果。超我遵循道德原则,它具有三个作用:①抑制本我的冲动;②对自我进行监控;③追求完善的境界。

本我是生物本能我,自我是心理社会我,超我是道德理想我。当三者处于协调状态时,人格就表现出一种健康状况;当三者互不相让,产生敌对关系时,就会产生心理疾病。

真题面对面

[2022金华/诸暨,单选]( )位于人格结构的最高层,是道德化了的自我,由社会规范、伦理道德、价值观念内化而来,其形成是社会化的结果。

A. 超我 B. 自我 C. 本我 D. 忘我

答案:A

三、影响人格形成与发展的因素

人格是在遗传与环境交互作用下逐渐形成与发展的。遗传决定了人格发展的可能性,环境决定了人格发展的现实性。

1. 生物遗传因素

总结以往研究,遗传对人格的作用主要体现在以下几个方面:

(1)遗传是人格不可缺少的影响因素。(2)遗传因素对人格的作用程度因人格特征的不同而异。通常在智力、气质这些与生物因素相关较大的特征上,遗传因素较为重要;而在价值观、信念、性格等与社会因素关系紧密的特征上,后天环境因素更重要。(3)人格发展过程是遗传与环境交互作用的结果,遗传因素影响人格的发展方向及改变。

2. 社会因素

人格的发展是个体社会化的结果。不管什么社会,影响个体人格发展的社会因素基本上都是家庭、学校、同伴以及电视、电影、文艺作品等社会宣传媒体。

(1)家庭教养方式 【单选】 ★

美国心理学家戴安娜·鲍姆林德把父母教养方式归纳为两个维度:其一是父母对待儿童的情感态度,即接受—拒绝维度;其二是父母对儿童的要求和控制程度,即控制—容许维度。根据这两个维度的不同组合,可以形成四种教养方式:权威型(接受+控制)、专断型(拒绝+控制)、放纵型(接受+容许)和忽视型(拒绝+容许)。

表2-14　家庭教养方式

教养方式	父母的表现	儿童的特点
权威型	认为自己在孩子心目中应该有权威，但这种权威来自父母对孩子的理解与尊重，来自他们与孩子的经常交流及对子女的帮助；父母以积极肯定的态度对待儿童，尊重并鼓励儿童表达自己的意见和观点；对儿童不同的行为表现奖惩分明	独立性较强，善于自我控制并解决问题，自尊感和自信心较强，喜欢与人交往，对人友好
专断型	要求孩子绝对地服从自己，希望子女按照他们为其设计的发展蓝图去成长，希望对孩子的所有行为都加以保护监督；他们常以冷漠、忽视的态度对待儿童，很少考虑儿童自身的要求与意愿；对儿童违反规则的行为表示愤怒，甚至采用严厉的惩罚措施	常常表现出焦虑、退缩和不快乐；他们在与同伴交往中遇到挫折时，易产生敌对反应；自我调节能力和适应性较差
放纵型	对儿童抱以积极肯定的情感，但缺乏控制；父母很少向孩子提出要求；对儿童违反规则的行为采取忽视或接受的态度，很少发怒或训斥儿童	大多很不成熟，他们随意发挥自己，往往具有较强的冲动性和攻击性，而且缺乏责任感，合作性差，很少为别人考虑，自信心不足
忽视型	对孩子既缺乏爱的情感和积极反应，又缺少行为方面的要求和控制，因此亲子间的互动很少；他们对儿童缺乏最基本的关注，对儿童的行为缺乏反馈，且容易流露厌烦、不愿搭理的态度	具有较强攻击性，很少替别人考虑，对人缺乏热情与关心，这类孩子在青少年时期更有可能出现不良行为问题

（2）学校教育

学校教育按一定社会的教育目标，有计划、有步骤地对学生施加影响，因而直接制约着学生人格发展的方向和基本质量。学校教育在学生社会化中的作用主要是通过教师与学生的相互影响来实现的。教师对学生人格的发展具有指导定向的作用。教师的品德修养、知识经验、教育和教学技巧、对学生的态度等，对学生社会化与人格的发展都有举足轻重的意义。

勒温等人研究了不同管理风格的教师对学生人格的影响。结果表明，在专制型、放任型和民主型的管理风格下，学生表现出不同的人格特点。在专制型管理风格下，学生作业效率高，依赖性强，缺乏自主行动，常有不满情绪；放任型管理风格中的学生作业效率低，任性，经常遭遇失败和挫折；民主型管理风格中的学生完成作业的目标是一贯的，行动积极主动，很少表现出不满情绪。

（3）同伴群体

与同父母的关系相比，中学生与同龄伙伴的交往更加自由和平等。与同伴群体的交往使儿童能够进行人际关系和交流的探索，并发展人际敏感性，奠定儿童今后社会交往的基础，促进儿童的社会化和人格的发展。一方面，同伴群体是儿童学习社会行为的强化物。另一方面，同伴群体又为儿童的社会化和人格发展提供社会模式或榜样。

随着年龄的增长，同伴的影响越来越强，在某种程度上甚至超过父母的影响。但应该注意的是，不良同伴群体对中学生人格发展的影响极坏。教师要让学生远离这种不良同伴群体，防止它对学生成长带来危害，同时，对于已存在的不良群体，应采取某种教育手段，对其成员进行分化和引导。

3. 个人主观因素

社会上各种影响因素，首先要被个人接受和理解，才能转化为个体的需要、动机和兴趣，才能推动他去思考与行动。另外，个体已有的心理发展水平对人格特征形成的作用会随着年龄的增长而日益增强。

四、学生优良人格的培养

（1）教育遵循人格发展规律，重视学生人格的整体发展。人格整体的各个特质成分的发展都有一定的顺序性，学校人格教育应该就学生所处年龄阶段的现有水平和发展任务，确立适当的教育目标和合适的教育方法。

（2）实现学校和学生之间的最佳组合。许多教育方法对某些学生是有效的，而对另一些学生则不然。有效教学的途径就是实现学习者和教育实践之间的最佳匹配。好的教育不是用同一种方法教育不同的学生，而是用不同的方法教育同一类学生。

（3）教师要学心理学知识。人格教育的心理学意义是要培养一个能适应环境的心理健康的人。人格适应是人格培养至关重要的问题。因此，心理学的知识对教师、校长而言都是必须具备的。

（4）注意家庭、学校和社会的密切配合。实行人格教育，必须把学校教育、家庭教育和社会教育统一起来。人格教育要密切关注婚姻家庭问题，必须与家庭合作，相互支持与配合，才能培养出真正具有善良人格的公民。

（5）开设人格辅导课程。这是一项针对学校教育而发展出来的方法，可以在各级各类学校广泛开展，循序渐进地依据各个不同年龄段孩子容易出现的问题和他们的心理特点来设置人格辅导的课程内容，真正让最大数量的学生最大限度地受益。

（6）心理咨询和治疗。如果说人格辅导课程是面向全体学生的专门的人格健康教育，心理咨询和治疗就是一项专门为自己认为自己有某种烦恼或人格缺陷的人进行专业化的康复的过程。它能起到发现问题、有针对性地个别解决的目的。

（7）在学科教学中渗透人格教育。这个途径需要每一个教育者在自己的教学中具有一定的教学机制，将人格健康的知识、观念、相应的标准等渗透到学科教学中的相应内容中去。发挥每一名教师、每一门课程的力量，随时地进行人格教育。让每一个受教育者能够从各级各类学校、各门学科中受到良好的人格教育方面的影响。

★★ 考点大默写 ★★

1. 俗话说“江山易改，禀性难移”。这说明人格具有__________。
2. __________是构成一个人思想、情感及行为的特有模式，这个独特模式包含了一个人区别于他人的稳定而统一的心理品质。
3. 在弗洛伊德的人格结构理论中，__________属于心理社会我，遵循现实原则。
4. 人格决定一个人的生活方式，有时甚至会决定一个人的命运。这体现的人格特征是__________。

【参考答案】

1. 稳定性　2. 人格　3. 自我　4. 功能性

第二节　需要与动机

一、需要概述

考点 1　需要的概念

需要是有机体感到某种缺乏或不平衡状态而力求获得满足的心理倾向，是有机体自身和外部生活条件的要求在头脑中的反映。需要是活动的源动力，是个体活动积极性的源泉。需要具有对象性、动力性和社会性等特点。

考点 2　需要的种类

表2-15　需要的种类

分类依据	类别	定义	举例
需要的起源	生理性需要（原发性需要）	与保持个体的生命安全和种族延续相联系的一些需要	对饮食、睡眠、休息、性、运动、排泄的需要
	社会性需要	在生理性需要基础上，在社会实践和教育的影响下发展起来的需要	对劳动、交往、成就、友谊、尊严、求知、审美、道德等的需要
需要的对象	物质需要	对生存和发展所必需的物质生活的需要	对与衣、食、住、行有关物品的需要，以及对劳动工具、生产资料、文化用品、科研用品等的需要
	精神需要	对社会精神生活及其产品的需求	对知识、文化艺术的需要

考点 3　马斯洛的需要层次理论　【单选、填空、判断】★★

马斯洛

马斯洛是当代美国人本主义心理学家。他的需要层次理论是最富有影响力的需要理论。早期，他根据需要出现的先后及强弱顺序，把需要分成了五个层次，即生理需要、安全需要、归属与爱的需要、尊重需要和自我实现的需要。后来他又补充了求知需要和审美需要，即需要由五个层次扩充为七个层次。

1. 生理需要

生理需要是人对食物、水分、空气、睡眠、性等的需要。它是人的所有需要中最基本、最原始，也是最强有力的需要，是其他一切需要产生的基础。当一个人为生理需要所控制时，其他一切需要均退居次要地位。

2. 安全需要

安全需要是指希求受到保护与免遭威胁从而获得安全感的需要。人在生理需要相对满足的情况下，就会出现安全需要。婴幼儿由于无力应付环境中不安全因素的威胁，他们的安全需要就显得尤为强烈。在成人中，人们希望得到较安全的职位，愿意参加各种保险，都体现了他们的安全需要。

3. 归属与爱的需要

归属与爱的需要，也称社交需要，是指每个人都有被他人或群体接纳、爱护、关注、鼓励及支持的需要。它是生理和安全需要得到满足之后的更高一级的需要，包括被人爱与爱他人、交友融洽、保持友谊、和谐人际关系、被团体接纳、成为团体一员、有归属感等。

4. 尊重需要

尊重需要是在生理、安全、归属与爱的需要得到基本满足后产生的对自己社会价值追求的需要，包括自尊和受到别人尊重（他尊）两个方面。具体表现为认可自己的实力与成就、自信、独立、渴望受到赏识与评价、重视威望和名誉等。这种需要得到满足，就会感受到自信、价值和有能力，否则就会产生自卑或保护性反抗。

5. 求知需要

求知需要，又称为认知与理解的需要，是指个人对自身和周围世界的探索、理解及解决疑难问题的需要。马斯洛将其看成克服障碍的工具，当求知需要受挫时，其他需要的满足也会受到威胁。如何找到食物，如何摆脱危险，怎样得到别人的好感等，都离不开求知。

6. 审美需要

审美需要是指对对称、秩序、完整结构以及行为完美的需要。审美需要与其他需要相互关联，不可截然分开，如对秩序的需要既是审美的需要，也是安全的需要、求知的需要(如数学、数量方面)。

7. 自我实现的需要

自我实现的需要是最高层次的需要，是在上述几种需要得到满足后产生的。所谓"自我实现"，即追求自我理想的实现，是充分发挥个人潜能、才能的心理需要，也是一种创造和自我价值得到体现的需要。

马斯洛对以上七种需要进行了进一步的区分：位于需要层次底部的四种需要被称为**缺失需要**，它们是个体生存所必需的，必须得到一定程度的满足。但是，这些需要一旦满足，由此产生的动机就会趋于消失。后三种需要是**成长需要**，它们虽不是我们生存所必需的，但对于我们适应社会来说却有重要的积极意义。也就是说，缺失需要使我们得以生存，成长需要使我们能够更好地生活。较低级的需要至少必须部分满足之后才会出现对较高级需要的追求。与缺失需要相反，成长需要是永远得不到完全满足的需要，因为无论是求知，还是审美，都是永无止境的。

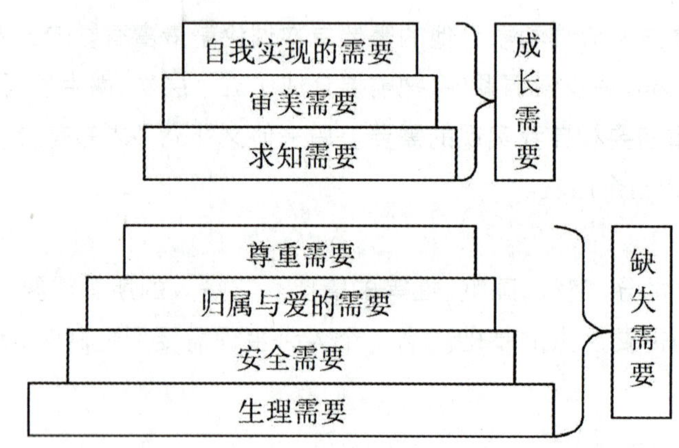

图2-8　马斯洛需要层次理论

真题面对面

1. [2020丽水，填空]把需要分成了五个层次，即生理需要、安全需要、归属与爱的需要、尊重需要和自我实现的需要的理论是____________。

2. [2021温州，判断]按照马斯洛的需要层次理论，尊重需要是最高层次的需要。(　　)

答案：1. 马斯洛的需要层次理论　2. ×

二、动机概述

考点1　动机的概念

动机是激发和维持有机体的行动，并使该行动朝向一定目标的心理倾向或内部驱力。它在需要的基础上产生，可以激起或抑制人行动的愿望和意图，是推动人行为的内在原因。

考点2　动机的种类　【判断】　★

人的动机复杂多样，可以从不同的角度、标准进行分类。在此仅从动机起源的角度对生理性动机和社会性动机加以阐述。

1. 生理性动机

生理性动机是与人的生理需要有关的初级的、原发性动机，也称内驱力。其中，饥饿动机、干渴动机是研究得最多的两种生理性动机。

2. 社会性动机

社会性动机是与人的心理、社会需要有关的后天习得的动机，包括两个层次：(1)比较原始的三种驱动力，即好奇心、探索与操作。(2)人类特有的成就动机、学习动机、权力动机和社会交往动机等。其中，**成就动机**是人们希望从事对他有重要意义的、有一定困难的、具有挑战性的活动，在活动中能取得完满的优异结果和成绩，并能超过他人。例如，一个学生希望自己在考试中获得好成绩，能名列前茅。**权力动机**是指人们具有的某种支配和影响他人以及周围环境的内在驱力。**交往动机**是在交往需要的基础上产生的社会性动机。交往需要表现为每个人都有团体归属感，每个人都希望得到别人的关心、支持、友谊、合作与奖赏。这种需要促使人们结交朋友，寻找支持，参加群体活动，因而形成交往动机。

真题面对面

[2021 温州，判断]杨杨希望考试考得好，分数超过他人，这体现了其交往动机。(　　)

答案：×

考点 3　动机的功能　【单选】★

1. 激活功能

动机是个体能动性的一个主要方面，它具有发动行为的作用，能推动个体产生某种活动，使个体由静止状态转向活动状态。

2. 指向功能

动机不仅能激发行为，而且能将行为指向一定的对象或目标。例如，在学习动机的支配下，人们可能会去图书馆或教室。

3. 维持和调节功能(强化功能)

动机具有维持功能，它表现为行为的坚持性。动机激发个体的某种活动后，这种活动能否坚持下去，同样要受动机的调节和支配。

知识再拔高

动机的功能的其他说法

(1)引发功能。人们的各种各样的活动总是由一定的动机所引起的，没有动机也就没有活动。

(2)指引功能。动机使活动具有一定的方向，它像指南针一样指引着活动的方向，使活动朝着预定的目标前进。

(3)激励功能。动机对活动具有维持和加强的作用，强化活动以达到目的。

真题面对面

[2021 金华/诸暨，单选]动机对活动具有维持和加强的作用，强化活动以达到目的，这体现了动机的(　　)

A. 互补功能　　　　B. 激励功能

C. 引发功能　　　　D. 指引功能

答案：B

★★ 考点大默写 ★★

1. 马斯洛认为，人类的需要层次由低级向高级发展，可分为生理需要、安全需要、归属与爱的需要、________、________、审美需要和自我实现的需要。
2. 学生渴望充分发挥自己的潜能，希望自己成为自己所期望的人物，完成与自己能力相称的一切活动。根据马斯洛的需要层次理论，这属于________的需要。
3. ________是激发和维持有机体的行动，并使该行动朝向一定目标的心理倾向或内部驱力。
4. 为了消除饥饿而引起觅食活动，为了获得优秀成绩而勤奋学习等体现了动机的________功能。

【参考答案】

1. 尊重需要　求知需要　2. 自我实现　3. 动机　4. 激活（引发）

第三节　气质与性格

一、气质

考点 1　气质的概念　【单选】 ★

气质是依赖人的生理素质或身体特点的人格特征。气质是表现在心理活动的强度、速度、灵活性与指向性等方面的一种稳定的心理特征，即我们平时说的脾气、禀性。如“娇”黛玉、“莽”李逵、“灵”燕青、“稳”林冲，这些心理差异就是气质差异。现代心理学一般认为，气质是不以活动目的和内容为转移的典型的、稳定的心理活动的动力特点。气质的特点表现在稳定性、可塑性和动力性等方面。

真题面对面

[2022 绍兴，单选]“莽”李逵、“灵”燕青、“稳”林冲、“娇”黛玉，这些描述的是下列哪种个性差异（　　）

A. 能力　　B. 性格　　C. 气质　　D. 兴趣

答案：C

考点 2　气质理论

1. 气质的体液说　【单选、填空、判断】 ★★★

古希腊著名医生**希波克拉底**提出，人体内有四种性质不同的体液：血液、黄胆汁、黑胆汁和黏液。他认为，正是这四种体液“形成了人的性质”。罗马医生**盖伦**从希波克拉底的体液说出发，加进了人的道德品行，组成了13种气质类型。后来简化为4种气质类型，即流行至今的**多血质、胆汁质、黏液质**和**抑郁质**。每一种气质类型的特点都是某种体液占优势的结果，并有特定的心理表现。

（1）**胆汁质**：胆汁质的人以精力旺盛、表里如一、刚强、粗枝大叶、易感情用事为特征。整个心理活动笼罩着迅速而突发的色彩。

（2）**多血质**：多血质的人以反应迅速、有朝气、活泼好动、动作敏捷、情绪不稳定为特征。

（3）**黏液质**：黏液质的人稳重，但灵活性不足；踏实，但有些死板；沉着冷静，但缺乏生气。

（4）**抑郁质**：抑郁质的人以敏锐、稳重、体验深刻、外表温柔、怯懦、孤独、行动缓慢为特征。

知识再拔高

四种气质类型的特性

气质类型是指在一类人身上共有或相似的心理活动特征的有规律的结合。

(1)胆汁质:胆汁质的人感受性低而耐受性高,不随意反应性强,反应的不随意性占优势,外向性明显,情绪兴奋性高,抑制能力差,反应速度快而不灵活。

(2)多血质:多血质的人感受性低而耐受性高,不随意反应性强,具有外向性和可塑性,情绪兴奋性高而且外部表现明显,反应速度快而灵活。

(3)黏液质:黏液质的人感受性低而耐受性高,不随意的反应性和情绪兴奋性均低,明显内向,外部表现少,反应速度慢而具有稳定性。

(4)抑郁质:抑郁质的人感受性高而耐受性低,不随意的反应性低,严重内向,情绪兴奋性高并且体验深,反应速度慢,具有刻板性和不灵活性。

真题面对面

1. [2019丽水,单选]“感受性高而耐受性低,不随意反应性低,严重内向,情绪兴奋性高,反应速度慢,具有刻板性和不灵活性。”以上描述符合(　　)的气质特征。

A. 胆汁质　　B. 多血质　　C. 黏液质　　D. 抑郁质

2. [2023嘉兴,填空]脾气暴躁、粗枝大叶的人所对应的气质类型是__________。

3. [2022宁波,判断]李明精力旺盛,情绪易激动,动作和言语速度快,有时做事鲁莽冒失。他属于多血质气质类型。(　　)

答案:1. D　2. 胆汁质　3. ×

2. 气质的神经活动类型说

巴甫洛夫在研究高等动物的条件反射时发现,动物高级神经系统活动的兴奋和抑制有强度、平衡性、灵活性三种特性。根据这三种特性的结合,巴甫洛夫将动物的高级神经活动分为四种类型:强、不平衡(不可遏制型);强、平衡、灵活(活泼型);强、平衡、不灵活(安静型);弱(弱型)。

表2-16　高级神经活动类型与气质类型对照表

高级神经活动类型	高级神经活动过程	气质类型
不可遏制型(兴奋型)	强、不平衡	胆汁质
活泼型(灵活型)	强、平衡、灵活	多血质
安静型(不灵活型)	强、平衡、不灵活	黏液质
弱型(抑制型)	弱	抑郁质

巴甫洛夫用高级神经活动类型学说解释气质的生理基础，但是从现代生理学的发展来看，这四种气质类型的生理依据是不科学的。

考点3　根据学生的气质特征因材施教 【单选、简答】 ★

在教育教学中，根据学生的不同气质类型，可以从以下几方面做好教育工作：

1. 对待学生应克服气质偏见

气质仅使人的行为带有某种动力特征，无所谓好坏；同时，每一种气质类型都有其积极的方面，也都有其消极的方面，无法比较好坏。

2. 针对学生的气质差异因材施教

针对学生的气质差异，在教育过程中采取的方法应尽可能地因人而异，做到“一把钥匙开一把锁”。

(1)对胆汁质的学生，教师应采取直截了当的方式，但这些学生不宜轻易激怒，对其严厉批评时要有说服力，培养其自制力与坚持到底的精神和豪放、勇于进取的人格品质。

(2)对多血质的学生，可以采取多种教育方式，但要定期提醒，对其缺点严厉批评。教师应鼓励他们勇于克服困难，培养扎实专一的精神，防止其见异思迁；创造条件，多给他们活动的机会，培养他们朝气蓬勃、足智多谋的优点。

(3)对黏液质的学生，教师要采取耐心教育的方式，让他们有考虑和做出反应的足够时间，培养其生气勃勃的精神、热情开朗的个性和以诚待人、工作踏实、顽强的优点。

(4)对抑郁质的学生，则应采取委婉暗示的方式，对其多关心、爱护，不宜在公开场合下指责，不宜过于严厉的批评，培养他们亲切、友好、善于交往、富有自信的精神，培养其敏感、机智、认真、细致、高自尊的优点。

3. 帮助学生进行气质的自我分析、自我教育，培养良好的气质品质

随着学生年龄的增长，他们对自身气质特征的认识能力和控制能力将大大提高。因此，教师应帮助学生对自己的气质特点进行分析，让他们主动用自己坚强的意志力去克服气质的消极面，或以气质的积极面去掩盖其消极面。

4. 特别重视胆汁质和抑郁质学生

胆汁质和抑郁质的学生由于兴奋性太强或太弱而容易影响其心理健康。因此，在教育中，对这两种极端类型的学生应该给予特别的照顾，采取一些特殊的措施，尽量避免强烈的刺激和大起大落的情绪变化。

5. 组建学生干部队伍时，应考虑学生的气质类型

在任命班干部时应考虑学生的气质类型，使班干部的气质类型与每种职务的工作要求相符合，充分发挥学生干部的潜力和优势。

二、性格

考点1　性格概述

1. 性格的概念

性格是指人的较稳定的态度与习惯化了的行为方式相结合而形成的人格特征。它是一个人的心理面貌与本质属性的独特结合，是人与人相互区别的主要方面。性格是人格特征中最具核心意义的心理特征。

2. 性格的结构特征 【单选】 ★★

(1)性格的态度特征。它是指个体对自己、他人、集体、社会以及对工作、劳动、学习的态度特征，如谦虚或自负、利他或利己、粗心或细心、创造或墨守成规等。性格的态度特征在性格结构中具有核心意义。

(2)性格的意志特征。它是指个体自觉地确定目标，调节支配行为，从而达到目标的性格特征，如顽强拼搏、当机立断。

(3)性格的情绪特征。它是指个体稳定而独特的情绪活动方式，如情绪活动的强度、稳定性、持久性和主导心境等方面的特征。

(4)性格的理智特征。它是指个体在感知、记忆、想象、思维等认知过程中表现出来的认知特点和风格。如认知活动中的独立性和依赖性，独立性者能根据自己的任务和兴趣主动地进行观察，善于独立思考；依赖性者则容易受到无关因素的干扰，愿意借用现成的答案。

真题面对面

[2022台州，单选]独立性强的学生善于思考，依赖性强的学生容易受无关因素干扰，这反映的是性格的(　　)特征。

A. 态度　　B. 意志　　C. 情绪　　D. 理智

答案：D

3. 性格的类型

(1)理智型、情绪型和意志型

根据理智、情绪、意志三者在心理机能方面哪一个占优势，性格可分为理智型、情绪型和意志型。

理智型的人通常用理智衡量一切，并支配自己的行动。他们观察事物认真仔细，思维活动占优势，很少受情绪波动影响。

情绪型的人内心体验深刻，外部表露明显，情绪不稳定。言行举止受情绪的影响，缺乏理智感，处理问题常感情用事。

意志型的人行动目标明确，积极主动，勇敢、坚定、果断，自制力强，不容易受外界因素干扰，但有的人会表现出固执、任性或轻率、鲁莽。

除了上述三种典型的类型外，还有中间类型，如理智—意志型、情绪—意志型等。

(2)外向型和内向型

按照心理活动的指向，性格可分为外向型和内向型。

外向型的人心理活动指向于外部世界，表现为活泼开朗，热情大方，不拘小节，情绪外露，善于交际，反应迅速，容易适应环境的变化。

内向型的人心理活动指向于内部世界，感情比较深沉，办事小心，谨慎多思，不善于交往，适应环境的能力较差，很注重别人对自己的评价。

内外向的概念是由**荣格**提出来的，他认为，多数人并非典型的内向型或外向型性格，而是介于两者之间的中间型。

(3)独立型和顺从型

按照个体活动的独立性程度，性格可分为独立型和顺从型。

独立型的人具有坚定的个人信念，善于独立思考，能够独立地发现、分析和解决问题；自信心强，不易受他人的暗示和其他因素的干扰；在遇到紧急情况和困难时，显得沉着冷静。

顺从型的人做事缺乏主见，容易受他人意见的干扰，常常不加分析地接受别人的观点或屈从于他人的权势；在突发事件面前，常表现为束手无策或惊慌失措。

4. 性格差异与因材施教

(1)根据学生的性格类型进行因材施教。要通过观察、调查、测量等方法综合判断学生的性格类型,根据学生的性格类型的特征寻找相应的教育对策。例如,对于外向型的学生,教师要支持他们广泛地参与社会活动,使他们的性格优势在活动中得到充分的体现;对于内向型的学生,教师在平时的生活、学习中要积极鼓励他们参与集体活动,交给他们那些需要慎思、稳重的任务,使他们看到自己在集体活动中起的作用,正确认识到自己的价值。

(2)发挥集体的作用。由于学生的大部分时间都是在学校,因此,学校中的校风、班风、学风、纪律、舆论等对学生的性格形成起着直接的促进作用。特别是班集体,更是直接影响学生性格的形成,良好的班集体有助于学生不良性格的改造和优良性格的强化。

(3)引导学生进行自我教育。要实现学生性格的自我教育,教师首先就要帮助学生学会自我分析和自我评价;其次,教师要帮助学生学会自我教育;最后,教师要帮助学生学会自我调节的方法,及时消除学生的不良情绪,使学生保持积极的、良好的性格品质。

考点2 性格与气质的关系 【辨析】 ★

1. 联系

(1)性格与气质都属于稳定的人格特征。

(2)性格与气质相互渗透,彼此制约,二者相互影响。这表现在:①气质影响到一个人对事物的态度和行为方式,因而使性格带上某种气质的色彩和具有某种特殊的形式;②气质影响性格的形成和发展,以及形成的速度;③性格可以掩蔽和改造气质,指导气质的发展,使它服从于生活实践的要求。

2. 区别

(1)气质受生理影响大,性格受社会影响大。

(2)气质的稳定性强,性格的可塑性强。

(3)气质特征表现较早,性格特征表现较晚。

(4)气质无所谓好坏,性格有优劣之分。气质是人的天性,无好坏之分。性格是在后天社会环境中逐渐形成的,有好坏、优劣之分,能最直接地反映出一个人的道德风貌。气质特征是职业选择的依据之一。

考点3 影响性格形成与发展的因素

1. 家庭

在家庭环境中,亲子关系、家庭气氛、父母的教养方式、家庭结构以及孩子的出生顺序等都对儿童的性格发展有着重要的影响。奥地利精神病学家、心理学家阿德勒第一个强调孩子的出生顺序在性格形成中起作用。

2. 学校教育

学校通过各种有组织的活动使儿童和教师、同学发生相互作用,从而促进儿童的性格发展。其中,教师的不同管教方式对儿童的性格发展具有显著的影响。教师对学生的态度、师生关系会直接影响学生的性格。

教师在学生中是很具有权威性的,教师是学生学习、效仿的榜样,其言传身教对学生性格特征的发展是潜移默化的,其作用是不可估量的。

3. 同伴群体

具体内容参见“影响人格形成与发展的因素”中的“同伴群体”。

4. 社会实践

学生接触社会的各种工作岗位后，各职业的要求对性格发展也有重要作用。他们必须进行与其职业相应的活动，扮演相应的社会角色，体验自身性格特征与职业的相宜性，从而影响性格的自我教育。

5. 自我教育

良好性格的形成，是将接受与领会的外部要求逐渐转变为对自己内部要求的过程。理解与接受了外部的社会要求，并不是立刻就能调节自身的行为。如果外部的要求与个人的世界观、需要与动机相冲突，不符合原来形成的比较稳定的态度，那么个人就难以理解外部社会的要求，自然也就不能形成这方面的性格。

6. 社会文化因素

文化背景、社会制度、社会传媒和经济地位等都对儿童的性格产生深刻的影响。

★★ 考点大默写 ★★

1. 活泼好动、情绪不稳定，属于________气质类型。
2. 小雨是个敏感、细心的女孩，同时她又多疑、孤僻、多愁善感、不善于和同学交往，同学们都叫她“林妹妹”。小雨的气质类型属于________。
3. 对于气质类型为________的学生，应当着重培养其敏感、机智、认真、细致等个性品质，避免在公开场合指责他们。
4. ________是人格特征中最具核心意义的心理特征。
5. 谦虚属于性格的________特征。
6. 人们在感知、记忆、想象和思维等认识过程中表现出来的个性差异是性格的________特征。
7. 气质受生理影响大，性格受社会影响大。________无好坏之分。

【参考答案】

1. 多血质　2. 抑郁质　3. 抑郁质　4. 性格　5. 态度　6. 理智　7. 气质

第四节　智力与创造性

一、智力

考点 1　智力的概念与结构 【判断】 ★

智力，也称为智能，是使人能顺利完成某种活动所必需的各种认知能力的有机结合，主要包括注意力、观察力、记忆力、想象力和思维力等成分，并以**思维力**为核心。

考点 2　影响智力形成与发展的因素

（1）遗传与营养。遗传素质是智力发展的基础和自然条件。有研究发现：遗传关系越密切，个体之间的智力越相似。但是遗传只为智力发展提供了可能性，要使智力发展的可能性变成现实性，还需要社会、家庭与学校教育许多方面的共同作用。胎儿及婴幼儿的营养状况也会影响智力的发展。

（2）早期经验。人的智力发展的速度是不均衡的。研究表明，早期阶段获得的经验越多，智力发展就越迅速，不少人把学龄前称为智力发展的一个关键期。美国学者布卢姆提出了一个重要假设，把5岁前视为智力发展最迅速的时期，如果17岁的智力水平为100%，那么从出生到4岁就获得50%的智力，其余30%是4～7岁获得的，另外20%是8～17岁获得的。

(3)教育与教学。智力不是天生的，教育和教学对智力的发展起着主导作用。教育和教学不仅使儿童获得前人的知识经验，而且促进儿童心理能力的发展。

(4)社会实践。人的智力是人在认识和改造客观世界的实践中逐渐发展起来的。社会实践不仅是学习知识的重要途径，也是智力发展的重要基础。*爱迪生的启蒙教师是自己的母亲，但实验是他创造发明的基础，是他才智形成的重要条件。*

(5)主观努力。环境和教育的决定作用，只能机械、被动地影响智力的发展。如果没有主观努力和个人的勤奋，要想获得事业的成功和智力的发展是根本不可能的。因此，人的智力的发展和其他心理品质的发展是分不开的。

考点3　智力测验

智力测验是评定一个人智力水平高低的方式。智力测验可以使教师客观而准确地了解学生的智力特点，为教师因材施教提供依据。现代智力心理学运用智力测验的方法把儿童的智力分成超常(IQ≥130)、中常(70<IQ<130)和低常(IQ≤70)。

1. 主要的智力测验

表2-17　智力测验

量表名称	编制者	相关概念	智商计算公式	地位及发展
比纳—西蒙智力量表	比纳、西蒙(法国)	智龄是以被试者能通过哪一年龄组的测验项目来计算的	用智力年龄来表示智力水平	最早的智力测验
斯坦福—比纳量表	推孟(美国)	用智龄和实际年龄的比率代表的智商，称作比率智商	智商(IQ)=智龄(MA)÷实龄(CA)×100	(1)最著名的智力测验； (2)1960年修订时，改用离差智商来衡量智力水平
韦克斯勒智力量表	韦克斯勒(美国)	离差智商：代表一个人的智力水平偏离本年龄组平均水平的方向和程度	$IQ=100+15Z$ $Z=(X-\overline{X})/SD$ Z代表个体的标准分，X表示个体测验得分(原始分数)，$\overline{X}$代表相应年龄群体的平均分，SD是群体得分的标准差	首次采用了离差智商的概念

2. 智力测验的标准　【单选、判断、辨析】★★

智力测验是标准化的测验，智力测验量表是标准化的测验工具。评定测验质量优劣的主要技术指标如下：

(1)信度。信度是指一个测验量表的可靠程度(或可信程度)。它以反复测验时能否提供相同的结果来说明。如果一个人初测时分数很高，而在复测时分数很低，这说明测验的信度差。信度用信度系数表示，智力测验的信度一般为0.90。影响信度的因素主要有被试的样本、测验的长度、测验的难度等。

信度与效度

(2)效度。效度是指一个测验工具希望测到某种行为特征的有效性与准确程度。表示效度的一种方法，是将测量的结果与随后的行为进行对照。如果一种测验能够预测后来的行为，这种测验的效度就高。

关于智力测验的几个技术指标，考生需要抓住各自的关键词进行学习：

信度：一致性；效度：有效性、准确性；难度：难易程度；区分度：鉴别力。

（3）标准化。**标准化**是心理测验最基本的要求。标准化的要求表现在多个方面，但主要有四方面的含义：①按照测验的性质选择具有代表性的测验题目。选择题目时需要考虑项目的难度和区分度。**难度**指题目的难易程度，**区分度**是指该项题目对不同水平的答题者反应的区分程度和鉴别能力。难度适中，区分度较高的题目较好。②选择具有代表性的被试，确定标准化样本。③施测程序标准化。④统计结果，建立常模。

知识再拔高

信度与效度的关系

信度是效度的必要条件，但不是充分条件。一个测量工具要有效度必须有信度，没有信度就没有效度；但是有了信度不一定有效度。信度低，效度不可能高。信度高，效度未必高。例如，即使我们能准确地测量出某人的经济收入，也未必能够说明他的消费水平。效度低，信度很可能高。例如，即使一项研究未能说明社会流动的原因，但它也可能很精确、很可靠地调查了各个时期各种类型的人口流动数量。效度高，信度也必然高。

真题面对面

1.［2022金华/诸暨，判断］标准化是心理测验的基本要求。（　　）

2.［2019统考，辨析］教育测验中有信度就一定有效度。

答案：1. √　2.（1）这种说法是不正确的。（2）信度是效度的必要条件，但不是充分条件。信度低，效度不可能高。信度高，效度未必高。效度低，信度很可能高。效度高，信度也必然高。

考点4　智力结构理论

1. 斯皮尔曼的二因素论

英国心理学家**斯皮尔曼**首先提出了智力的二因素论。他认为，智力包括两种因素：一般因素（即G因素）和特殊因素（即S因素）。

G因素是个体的基本能力，是一切智力活动中共同的基础。G因素是智力结构的基础和关键，是决定一个人智力高低的主要因素。

S因素是个体完成某种特殊活动必备的能力。

人在从事任何一项智力活动时都需要有G因素和S因素的共同参与。一般智力测验所测量的只是普通能力（G因素）。

2. 卡特尔的智力形态论　【单选】★

美国心理学家**卡特尔**根据因素分析结果，按心智能力功能上的差异，将人的智力分为**流体智力**和**晶体智力**两种不同的形态。

卡特尔

表2-18　流体智力与晶体智力

对比角度	流体智力	晶体智力
影响因素	以生理为基础，受先天遗传因素的影响较大	以学得的经验为基础，受后天经验的影响较大
主要表现	（1）主要表现为对新奇事物的快速辨认、记忆、理解等； （2）需要较少的专业知识，包括理解复杂关系和解决问题的能力，如在处理数字系列、空间视觉感和图形矩阵项目时所需的能力	主要表现为运用已有知识和技能去吸收新知识和解决新问题的能力，如词汇理解和计算方面的能力

续表

对比角度	流体智力	晶体智力
与年龄的关系	一般人在20岁以后，流体智力的发展达到顶峰，30岁以后随着年龄的增长而降低	随着年龄的增长而升高
与教育文化的关系	受教育文化的影响较少，可用于文化公平测验	与教育、文化有关

流体智力和晶体智力的特点易混淆，考生做题时要注意区分：

流体智力——“河流”，随着下雨，河流的水量会逐渐增多，到达洪峰后，水量会逐渐消退，即流体智力在20岁后达到顶峰，30岁以后会逐渐降低。

晶体智力——“结晶”，随着时间的推移，越来越大，即晶体智力会随着年龄的增长而升高。

真题面对面

1.［2021金华，单选］高中生王福擅长音乐、足球、阅读、解决问题，下面能体现王福流体智力方面的是（　　）

A. 音乐　　B. 足球　　C. 阅读　　D. 解决问题

2.［2023宁波，判断］根据卡特尔的智力理论，学生在学校中学习掌握到的词汇理解、运算等方面的能力属于晶体智力。（　　）

答案：1. D　2. √

3. 加德纳的多元智力理论

（1）多元智力理论的主要内容　　【单选、简答】★★

加德纳

多元智力理论是美国心理学家加德纳提出来的。这一新兴的智力理论，在理论取向上，既不采取因素分析法以决定智力的构成因素，也不采用智力测验来鉴别智力的高低。按他的解释，智力是在某种文化环境的价值标准之下，个体用以解决问题与生产创造所需的能力。加德纳认为，人的智力结构中存在着七种相对独立的智力（后发展为九种），这几种智力在每个人身上的组合方式是多种多样的，每个人在不同领域的智力发展水平是不同步的。有人可能在某一两个方面是天才，而在其余方面却是蠢材；有人可能每种智力都很一般，但如果他所拥有的各种智力被巧妙地结合在一起，则可能在解决某些问题时会显得很出色。加德纳提出的九种智力见下表：

表2-19　加德纳的多元智力理论

智力维度	界定	典型人群
言语智力	说话、阅读、书写的能力。能说会道、妙笔生花是言语智力高的表现	作家、演说家
逻辑—数学智力	数学运算与逻辑思考的能力以及科学分析的能力	数学家
视觉—空间智力	认识环境、辨别方向的能力	画家、雕塑家、建筑师

续表

智力维度	界定	典型人群
音乐智力	对声音的辨识与韵律表达的能力，多系天赋	作曲家、乐师、乐评人、歌手及善于感知的观众
运动智力	支配肢体以完成精密作业的能力	出色的舞蹈家、运动员、外科医生
人际智力（社交智力）	与人交往并和睦相处的能力。人际智力高者善于处理人际关系，善于与人交往	推销员、教师、心理咨询医生、政治家
自知智力（内省智力）	认识自己并选择自己生活方向的能力	神学家、哲学家和心理学家
认识自然智力（自然观察智能）	认识自然，并对我们周围环境中的各种事物进行分类的能力	考古学家、收藏家、农夫及宝石鉴赏家
存在智力	陈述、思考有关生与死、身体与心理等问题的倾向性	可能存在于哲学家和宗教人士身上

记忆有妙招

为方便考生记忆，编者将加德纳提出的九种智力总结成以下口诀：

语数音体多社交，认识自然看空间，常常内省思存在。语：言语智力。**数：**逻辑—数学智力。**音：**音乐智力。**体：**运动智力。**社交：**社交智力。**认识自然：**认识自然智力。**空间：**视觉—空间智力。**内省：**内省智力。**存在：**存在智力。

（2）多元智力理论与新课程改革

加德纳的多元智力理论对传统的智力观念提出了新的诠释，为我国新课程改革“建立促进学生全面发展的评价体系”提供了有力的理论依据与支持。多元智力理论对我国当前教学改革的启示如下：

①积极乐观的学生观。加德纳认为，每个学生的智力都有自己独特的表现形式，有自己的智力强项和学习风格。因此，我们应对所有的学生都抱有热切的成长希望，充分尊重每一个学生的智力特点，使教学真正成为愉快教学、成功教学，而不是把学生区分为三六九等。

②科学的智力观。长期以来，学校教育偏重于培养学生的言语智力和逻辑—数学智力，而忽视了对学生其他智力的开发和培养。根据多元智力理论，我们必须认识到学生智力的多样性、广泛性和差异性，把培养学生的多种能力放在同等重要的地位。

③因材施教的教学观。由于每个学生的智力都是多元的，其作用方式也是有差异的。因此，教师应该根据学生的智力特点来进行教学，要善于针对不同智力特点的学生，尤其是要根据学生智力结构中的优势智力，采用多元化的教学模式和教学方式，使不同的学生都能得到最好的发展。

④多样化的人才观和成才观。传统的观点认为，只有读了大学的人才是人才，也只有通过上大学这条路才有可能成才。而根据多元智力理论，每个学生都有自己的优势智力，只要这一优势智力得到了合理的发展，都有可能成为优秀人才，成才的道路也应该是多样化的。

4. 斯滕伯格的三元智力理论

美国耶鲁大学的心理学家**斯滕伯格**提出了智力的三元理论。该理论包括智力成分亚理论、智力情境亚理论和智力经验亚理论。

智力成分亚理论认为，智力包括三种成分及相应的三种过程，即元成分、操作成分和知识获得成分。**元成分**是用于计划、控制和决策的高级执行过程，如确定问题的性质，选择解题步骤等；**操作成分**表现在任务的执行过程中，是指接收刺激，将信息保持在短时记忆中，并进行比较，它负责执行元成分的决策；**知识获得成分**是指获取和保存新信息的过程，负责接收新刺激，做出判断与反应，以及对新信息的编码与存储。在智力成分中，元成分起着核心作用，它决定人们解决问题时所使用的策略。

智力情境亚理论认为，智力是指获得与情境拟合的心理活动。在日常生活中，智力表现为有目的地适应环境、塑造环境和选择新环境的能力，这些能力统称为**情境智力**。

智力经验亚理论认为，智力包括两种能力：一种是处理新任务和新环境时所要求的能力；另一种是信息加工过程自动化的能力。

二、创造性及其培养

考点1 创造性的概念

在心理学上，创造性是一个复杂而颇有争议的概念。一般把**创造性**看成是根据一定目的，运用已知信息，产生出某种新颖、独特、有社会价值的产品的能力或特性，也称为创造力。

创造性并不是少数人独有的，而是人类普遍存在的一种潜能，是每个人都有的一种心理品质。创造性和创造性思维的区别在于创造性具有更广泛的含义，其结果是新的产品，而创造性思维只是一种思维形式，其结果是在人的头脑中形成新产品的形象。

知识再拔高

创造性与智力的关系

创造性的研究表明，创造性与智力并非简单的线性关系，二者既有独立性，又在某种条件下具有相关性，在整体上呈正相关趋势。高智力是高创造性的必要条件，但不是充分条件。其关系表现为：(1)低智力不可能具有高创造性；(2)高智力可能有高创造性，也可能有低创造性；(3)低创造性者的智力水平可能高，也可能低；(4)高创造性者必须有高于一般水平的智力。

考点2 创造性的特征 【单选】 ★

尽管不同的研究及其相关测验强调创造性的不同特征，但目前比较公认的是以发散思维的基本特征来代表创造性的特征。

(1)流畅性。**流畅性**是指在限定时间内产生观念数量的多少。在短时间内产生的观念越多，流畅性越大。该特征能反映个体的心智灵活、思路通达的程度。

创造性的特征

(2)灵活性。**灵活性**是指摒弃以往的习惯思维方法而开创不同方向的能力，也叫思维的**变通性**。例如，让被试“举出报纸的用途”，如果回答“阅读”“学习”“获取信息”，就只是把报纸的用途局限在“阅读材料”上，而如果回答“包东西”“折玩具”等，则范围更加广泛，变通性也就比较大。

(3)独创性(独特性)。**独创性**是指产生不寻常的反应和不落常规的能力，以及重新定义或按新的方式对所见所闻加以组织的能力。例如，在“曹冲称象”故事中，曹冲把“石头”作为称象的工具就显得十分独特。

对创造性的特征(发散思维的基本特征)进行判断时，应抓住各个特征的关键词：流畅性强调单位时间内数量多(种类单一)，即时间短、速度快；灵活性强调范围广(种类多)，即打破旧的思维观念，从新角度考虑问题；独创性强调观念新(与众不同)，即超乎寻常，新奇独特。

真题面对面

[2021台州,单选]老师让三个学生说未来的笔,小明说出来10种但基本雷同,小红说出来5种但各有特色,小卓只说了一种但能写出五颜六色,老师夸奖了小卓,原因是小卓的(　　)比较强。

A. 流畅性　　B. 变通性　　C. 独创性　　D. 逻辑性

答案:C

考点3　创造性的结构　【简答】★

创造性是由多种心理品质有机结合构成的心理结构系统,主要包括创造性认知品质、创造性人格品质和创造性适应品质。

1. 创造性认知品质

创造性认知品质是指创造性心理结构中与认知加工有关的部分,它是创造性心理活动的核心,为众多研究者所强调。创造性认知品质主要包括:创造性想象、创造性思维、创造性认知策略三个方面。其中,创造性思维是创造性认知品质的核心。

2. 创造性人格品质

创造性人格品质是指有创造性的人所具有的个性品质,它对创造性的发挥起着极重要的推动作用。创造性人格品质包括创造性动力特征、创造性情意特征、创造性人格特质等。

3. 创造性适应品质

创造性适应品质是指个体在其创造性认知品质和创造性人格品质的基础上,在自己特定年龄阶段所规定的社会生活背景中,通过与社会生活环境的交互作用,表现出来的对外在社会环境进行创造性的操作应对,对内在创造过程进行调适的创造性行为倾向,具体表现为创造的行为习惯、创造策略和创造技法的掌握运用等。

总之,创造性的结构的三要素既相互独立又相互联系。它们分属于不同的心理范畴,但又处于同一心理结构之中,为创造这一共同的心理机能服务。然而,它们各自在创造中的地位和作用是独特的、不可代替的,任何只强调其中一种因素而忽视其他因素的做法,都将严重阻碍个体创造性的发展和发挥。

考点4　创造性测验

创造性测验发展较晚。从20世纪50年代末期开始编制,主要包括南加利福尼亚大学发散思维测验、托兰斯创造性思维测验和芝加哥大学创造力测验等。其中,托兰斯创造性思维测验主要包括言语的创造性思维测验、图画的创造性思维测验以及声音和词的创造性思维测验三套;芝加哥大学创造力测验共有五项内容:语词联想、用途测验、隐蔽图形、完成寓言、组成问题。目前,创造性测验还主要在实验的形式阶段,主要用于科学研究。

考点5　创造性的培养

创造性是由人的认知能力、人格倾向和社会环境相互作用产生的行为结果,因此可以从以下四个方面探索创造性的培养途径。

1. 培养创造性认知能力

(1)培养创造性的知识基础。知识是提高创造性的基础。(2)创造性思维的培养。具体内容参见本部分第二章第四节中的"创造性思维能力的培养"。

2. 注重创造性人格的塑造

由于创造性与人格之间具有互为因果的关系，因此，从人格入手来培养创造性，也是促进创造性产生的一条有效途径。研究者提出的各种建议，可概括如下：

(1)保护好奇心。应接纳学生提出的任何奇特的问题，并赞许其好奇心，不应忽视或讥讽。

(2)解除个体对答错问题的恐惧心理。对学生所提问题，无论是否合理，均以肯定态度接纳。对出现的错误不应全盘否定，更不应指责，而应鼓励学生正视并反思错误，引导学生尝试新的探索，而不循规蹈矩。

(3)鼓励独立性和创新精神。应重视学生与众不同的见解、观点，并尽量采取多种形式支持学生以不同的方式来理解事物。对平常问题的处理能提出超常见解者，教师应给予鼓励。

(4)重视非逻辑思维能力。教师应鼓励学生大胆猜测，进行丰富的想象，不必拘泥于常规的答案。给学生机会进行猜测，并尽量让他们有猜测的成功体验。在丰富学生的想象力方面，可以应用多种教学手段和形式，使学生头脑中的表象更为鲜明、完整。

(5)给学生提供具有创造性的榜样。通过给学生介绍或引导阅读文学家、艺术家或科学家传记，或带领其参观各类创造性展览、与有创造性的人直接交流等，使学生领略到创造者对人类的贡献，受到创造者优良品质的潜移默化的影响，从而启发他们见贤思齐的心理需求。

3. 创设有利的社会环境

(1)创设宽松的心理环境

教师应给学生创造一个能支持或容忍标新立异者或偏离常规思维者的环境，让学生感受到"心理安全"和"心理自由"，即给学生创造较为宽松的学习的心理环境。只有这样，才能够真正激发学生学习的积极性和主动性，促进学生的认知功能和情感功能的充分发挥，以提高学生的创造性。

(2)给学生留有充分选择的余地

在可能的条件下，应给学生一定的权利和机会，让有创造性的学生有时间、有机会干自己想干的事，为创造性行为的产生提供机会。*例如，可以提供条件使学生有机会选择不同的课程来学习，给学生呈现应用创造性思维才能解决的问题等。*

(3)改革考试制度与考试内容

应使考试真正成为选拔有能力、有创造性人才的有效工具，在考试的形式、内容等方面都应考虑如何测评创造性的问题。*例如，在学业测试中，可以增添少部分无固定答案的问题，让学生有机会发挥其创造性。*评估学生的考试成绩时，也应考虑其创造性的高低。

4. 培养创造型的教师队伍

要培养学生的创造性，必须对教师进行有关创造性的相应培训和专门指导。

(1)要转变教师的教育教学观念，使教师形成理解并鼓励学生创造、把培养创造性作为一种教学目标的现代教育理念；

(2)要教给教师必要的创造技法和思维策略，提高他们自身的创造意识和创造能力；

(3)要为教师提供比较明晰的、具有实际应用价值的关于创造性的操作定义、相应的评价标准和程序、有效的教学策略和技能。

★★ 考点大默写 ★★

1. 智力主要包括注意力、观察力、记忆力、想象力和思维力等成分，以__________为核心。

2. 反映测验结果可靠程度的指标是__________。

3. 如果高水平的学生在测验项目上能得高分，而低水平的学生只能得低分，那么就说明该测验的__________高。

4. 根据卡特尔的智力形态论，__________智力随着年龄的增长而升高。

5. 根据加德纳的多元智力理论，某同学的跑步成绩好可能是因为他的__________智力好。

6. 小强不善于结交朋友，语文、数学成绩一般，但擅长绘画。根据加德纳的多元智力理论，小强具备较高的__________智力。

7. 教师要求学生列举砖的用途，某学生在限定时间内列举出很多例证，但都在建筑材料范围之内，这表明该学生创造性的__________特征比较好。

8. 创造性是由多种心理品质有机结合构成的心理结构系统，主要包括创造性认知品质、创造性__________品质和创造性__________品质。

【参考答案】

1. 思维力　2. 信度　3. 区分度　4. 晶体　5. 运动　6. 视觉—空间　7. 流畅性　8. 人格　适应

考点　认知风格

认知风格，也称**认知方式**，是指人们在认知活动中所偏爱的信息加工方式。它是一种比较稳定的心理特征，存在很大的个体差异。认知方式没有优劣、好坏之分，只是表现为学生对信息加工方式的某种偏爱，主要影响学生的学习方式。

(1)场依存型与场独立型

美国心理学家**赫尔曼·威特金**将认知方式分为两种：场依存型与场独立型。

场依存型的学生对客观事物的判断常以外部线索为依据，其态度和自我认知易受周围环境或背景(尤其是权威人士)的影响，往往不易独立地对事物做出判断，而是人云亦云，从他人处获得标准；行为常以社会为定向，社会敏感性强，爱好社交活动。

场独立型的学生对客观事物的判断常以自己的内部线索(经验、价值观)为依据，不易受到周围环境因素的影响和干扰，倾向于对事物的独立判断；行为常是非社会定向的，社会敏感性差，不善于社交，关心抽象的概念和理论，喜欢独处。

场依存型者与场独立型者在学习上的不同特点如表2-20所示。

表2-20　场依存型者与场独立型者的学习特点

比较范畴	场依存型者	场独立型者
学习兴趣偏好	人文、社会科学	理科、自然科学
学习成绩倾向	理科、自然科学成绩差，人文、社会科学成绩好	理科、自然科学成绩好，人文、社会科学成绩差
学习策略特点	易受暗示，学习欠主动，由外在动机支配	独立自觉学习，由内在动机支配
教学方式偏爱	结构严密的教学	结构不严密的教学

(2)冲动型与沉思型

冲动型的学生的知觉与思维方式以冲动为特征，在解决认知任务时，总是急于给出问题的答案，而不习惯对解决问题的各种可能性进行全面思考，有时问题还未弄清楚就开始解答。这种类型的学生倾向于根据几个线索做出很大的直觉跃进，往往以很快的速度形成自己的看法，在回答问题时很快就做出反应，因此解决问题的速度虽然很快，但错误率高，在运用低层次事实性信息的问题解决中占优势。

沉思型的学生的知觉与思维方式以反思为特征，在解决认知任务时，总是谨慎、全面地检查各种假设，在确认没有问题的情况下才会给出答案。这种类型的学生在做出回答之前倾向于进行深思熟虑的、计算的、分析性的和逻辑的思考，往往先评估各种可替代的答案，然后给予较有把握的答案，解决问题的速度虽然慢，但错误率很低，在解决高层次问题时占优势。

区分冲动型与沉思型的标准是反应时间和精确性。

(3)辐合型与发散型

辐合型认知方式是指在解决问题过程中常表现出辐合思维的特征，表现为搜集或综合信息与知识，运用逻辑规律缩小解答范围，直至找到最合适的唯一正确的解答。

发散型认知方式则是指在解决问题过程中常表现出发散思维的特征，表现为个人的思维沿着许多不同的方向发展，使观念发散到各个有关的方面，最终产生多种可能的答案而不是唯一正确的答案，因而容易产生有创见的新颖观念。

真题面对面

1. [2021金华/诸暨，单选]下列关于认知风格表述正确的是(　　)

A. 场依存型的人比场独立型的人更多地利用来自自身内部的线索

B. 认知风格主要影响学生的学习方式

C. 区分冲动型和沉思型的标准是反应时间

D. 发散型认知风格优于辐合型认知风格

2. [2021宁波，判断]冲动型认知风格的学生的思维方式以冲动为特征，在回答问题时倾向于根据线索形成看法并快速做出反应，但错误较多。因此冲动型认知风格劣于沉思型认知风格。(　　)

答案：1. B　2. ×

即时反思与复盘总结

我于________年____月____日完成了对本章的学习。

复盘一下，我对自己较肯定的地方是________________

(足够努力/心态积极/方法得当……)

我觉得自己需要改进的地方是________________

(懒惰懈怠/心情浮躁/方法不当……)

休息片刻，开启下一站征程！

第三部分

发展心理学

内容导学

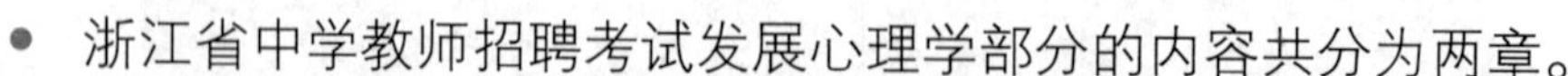

- 浙江省中学教师招聘考试发展心理学部分的内容共分为两章。
- 第一章是对儿童心理发展的阐述，考查题型主、客观均会涉及。
- 第二章主要介绍中学生心理发展的特点及相应的教育，考查题型主、客观均会涉及。
- 考生要重点掌握第一章的内容，并结合历年真题和每章的栏目有重点地复习。对于以客观题为主要考查形式的知识点，应注重识记与理解；对于以主观题为主要考查形式的知识点，不仅要做到识记和理解，更要能灵活运用。

第一章 儿童心理发展

思维导图

- 儿童心理发展
  - 人生全程发展概述
    - 人生全程发展观：多维度、多侧面、多层次
    - 个体的心理发展
      - 基本特征：连续性与阶段性、普遍性与多样性、稳定性与变化性、主动性与被动性、方向性与不可逆性、不平衡性
      - 影响因素：遗传、环境、教育、主观能动性
      - 【易错】
    - 根据心理发展的特征进行教育：学习准备状态、关键期等
  - 儿童认知发展与教育
    - 皮亚杰的认知发展阶段理论
      - 发展观：图式、同化、顺应与平衡
      - 四阶段：感知运动阶段、前运算阶段、具体运算阶段、形式运算阶段【重点】
    - 维果斯基的最近发展区理论
      - 最近发展区的概念
      - “教学应走在发展前面”【难点】
      - 教学支架的应用
    - 根据认知发展理论促进儿童的认知发展：主体性、自我调节能力等
  - 儿童个性、社会性发展与教育
    - 艾里克森的人格发展阶段理论
      - 基本的信任感对基本的不信任感（0～1.5岁）
      - 自主感对羞耻感（2～3岁）
      - 主动感对内疚感（4～5岁）
      - 勤奋感对自卑感（6～11岁）
      - 自我同一性对角色混乱（12～18岁）
    - 皮亚杰的道德发展阶段理论：自我中心阶段、权威阶段、可逆性阶段、公正阶段
    - 科尔伯格的道德发展阶段理论【易混】
      - 前习俗水平：服从与惩罚、相对功利
      - 习俗水平：好孩子、维护权威或秩序
      - 后习俗水平：社会契约、普遍原则
    - 儿童个性、社会性发展理论的教育价值
      - 艾里克森：社会文化因素；不同阶段有不同任务
      - 皮亚杰和科尔伯格：改进学校道德教育等
    - 学生品德不良概述：原因：客观、主观

本章属于发展心理学的重点章节，也是金华、宁波、温州、丽水、嘉兴等地区的笔试重点考查的章节，内容广泛、识记性知识多，在考试中常以选择题、判断题、辨析题、简答题、论述题等形式考查。本章的考向分析如下：

考点名称	常考题型	能力层级	考查热度
皮亚杰的认知发展四阶段	单选、论述	识记	★★
维果斯基的最近发展区理论	单选、判断、辨析、简答	识记、理解	★★★
艾里克森的人格发展阶段理论	单选	识记	★★
科尔伯格的道德发展阶段理论	单选、判断	识记	★★★

核心考点

第一节 人生全程发展概述

一、人生全程发展观

人生全程发展是指个体从生命开始（受精卵形成胚胎）经过新生儿、婴儿、幼儿、童年、少年、青年、中年以及老年各个时期直至生命完结的发展全程。

人生全程发展的主要观点包括：

（1）个体心理发展是整个生命历程中持续不断的变化过程，这个过程由若干发展阶段构成；

（2）发展是多维度、多侧面、多层次的；

（3）个体发展由多种因素决定，且存在极大的可塑性。

二、个体的心理发展

考点1 个体心理发展的概念

发展是指个体随年龄的增长，在相应环境的作用下，整个反应活动不断地得到改造，日趋完善、复杂化的过程，是一种体现在个体内部的连续而又稳定的变化。

心理发展是指个体从出生、成熟、衰老直至死亡的整个生命进程中所发生的一系列心理变化。

考点2 个体心理发展年龄阶段的划分及年龄特征

个体身心特征的发展既是一个连续的过程，也可以分为不同的阶段。我国心理学家将个体的心理发展划分为八个阶段：乳儿期（0～1岁）、婴儿期（1～3岁）、幼儿期或学龄前期（3～6、7岁）、童年期或学龄初期（6、7～11、12岁）、少年期或学龄中期（11、12～14、15岁）、青年期（14、15～25岁）、成年期（25～65岁）、老年期（65岁以后）。各时期身心发展的主要特点如表3-1所示。

表3-1 人生各个时期的主要发展任务与发展特点

发展时期	年龄阶段	主要发展任务与发展特点
婴儿期	1～3岁	（1）生理发展：身体成长和动作发展； （2）认知发展：初步的认知能力、语言发展； （3）社会性依附：亲子关系

续表

发展时期	年龄阶段	主要发展任务与发展特点
幼儿期	3~6、7岁	(1)生理发展:力量增加、粗大和精细动作发展; (2)认知发展:创造力、想象力; (3)社会性发展:自我意识
童年期	6、7~11、12岁	(1)生理发展:力量和运动技能发展; (2)认知发展:有逻辑的具体思维、书面语言、记忆; (3)社会性发展:同伴关系、自我概念与自尊
青少年期	11、12~25岁	(1)生理发展:身体的迅速改变、生理成熟; (2)认知发展:抽象思维; (3)社会性发展:人格独立、两性关系建立
成年期	25~65岁	(1)职业与家庭; (2)认知发展:认知能力处于巅峰之后逐渐下降; (3)社会性发展:父母角色、社会职业角色
老年期	65岁以后	(1)生理发展:生理机能衰退; (2)认知发展:智力与记忆能力有些衰退、反应变得缓慢; (3)需调适多方面损失; (4)找出生命的意义、面对越来越接近的死亡

考点3 个体心理发展的基本特征 【单选】 ★

1. 心理发展的连续性与阶段性

心理发展的连续性观点强调发展只有量的积累,即一小步、一小步渐进的过程,不存在什么阶段。心理发展的阶段性观点则更倾向于发展是有阶段的,是跳跃式的,以产生新的行为模式的形式展开的,在发展的特定时期,思想、情绪、行为均发生了质的变化,儿童与成人具有极大的不同。

目前较为综合的看法是:心理发展是连续性与阶段性的统一。也就是说,发展既是连续的,又是阶段的;前一阶段是后一阶段出现的基础,后一阶段又是前一阶段的延伸;旧质中孕育着新质,新质中又包含着旧质,但每个阶段占优势的特质是主导该阶段的本质特征。

2. 心理发展的普遍性与多样性

心理发展的普遍模式为我们构建了儿童心理成长的基本框架。但就每个个体而言,尽管心理发展遵循着相同的模式,但必须注意到发展的个体差异:发展的优势、发展的速度、最终达到的水平各不相同。*如在儿童的智力发展领域,个体差异以不同方式体现:有的儿童早慧,有的儿童天生有智力缺陷,有的则大器晚成;有的儿童在言语方面有优势,有的儿童则擅长操作、推理。*因此,人类心理的发展既有普遍性,又有多样性。

3. 心理发展的稳定性与变化性

目前,关于心理发展的特征是不是相对稳定的问题,研究结果并不一致。

研究者中有的强调有机体的变化性和适应性,有的强调稳定性和一致性,这取决于研究的具体内容和研究对象的年龄阶段。一些行为特征可能比另一些行为特征更为稳定,而有些行为特征可能更具有可塑性。*例如,在儿童早期、中期好攻击的人,到青少年和成年时往往仍然是个爱挑衅的人;但利他行为在各个时期的表现就可能不一样。*

4. 心理发展的主动性与被动性

在发展心理学理论中,无论是环境论、遗传论或成熟论,都未把儿童当作一个能动的主体。儿童或者是受外部环境所驱使,或者是被内部生物学因素所规定,唯独忽视了儿童自我的力量。而人本主义心理学家则强调将人看成是一个主动的个体，要求尊重人的主体性，认为人是一个有独特气质、性格、兴趣、爱好，有探究性的独立的个体，重视开发个体的“优势领域”，充分发挥个体自身的积极性和主动性，发挥人的潜能，促进人格的完善和自我价值的实现。

5. 心理发展的方向性与不可逆性

一般情况下，心理发展具有一定的方向性和不可逆性，其先后顺序既不能逾越，也不能逆向发展。这种方向性和不可逆性在某种程度上体现出基因在环境的影响下不断把遗传程序编码显现出来的过程。

6. 心理发展的不平衡性

个体从出生到成熟并不总是按相同的速度直线发展，而是体现了多元化的特点，因此心理发展具有不平衡性。其具体表现为：不同系统在发展速度、起始时间、达到成熟水平方面不同；同一机能系统特性在发展的不同年龄阶段有不同的发展速率。从总的发展趋势来看，3岁前的幼儿期出现了第一个加速发展的时期，然后是儿童期的平稳发展，到青春发育期又出现第二个加速期，然后又是平稳发展，到老年期开始下降。

考点4　影响个体心理发展的因素

(1)遗传。遗传素质在个体心理发展中的作用是不可忽视的，它是个体心理发展的生物前提和物质基础，没有这一前提条件就谈不上心理的发生与发展。

(2)环境。环境对个体的心理发展有着十分巨大的影响。人所处的环境和一般动物有着本质区别，离开了社会环境与社会实践，人的心理就不可能向着人的方向发展。

(3)教育。教育制约着学生心理发展的过程、方向、趋势、速度和程度。因此，教育在儿童心理发展上比一般的环境影响起着更为重要的作用。但是，这种作用只有当教育工作符合儿童心理发展的规律时才能发生。

(4)主观能动性。个体的主观能动性是个体心理发展的内在动力。

三、根据心理发展的特征进行教育

考点1　教育必须以一定的心理发展特点为依据

1. 结合学生的心理发展特点，注意学生心理发展的个体差异

教育要结合学生的心理发展特点，不能脱离学生的发展实际。另外，虽然学生在心理发展上有共同的特点，但学生与学生之间也存在着诸如认知、个性等方面的差异。因此，教师在教育中除了以心理发展的共性为依据外，还要考虑学生的个体差异，因材施教。

2. 注意学生的学习准备状态

学习准备，又称学习的“准备状态”或“准备性”，指的是学习者在从事新的学习时，他们原有的知识水平和原有的心理发展水平对新的学习的适合性。这里的适合性有两层含义：一是学生的准备应保证他们在新的学习中可能成功，二是学生的准备应保证他们的学习在时间和精力的消耗上经济而合理。

学习准备不仅会影响新学习的成功，而且也会影响学习的效率。同时，学习也会促进学生的心理发展，新的发展又为进一步的学习做好准备。为此，要遵循学习的准备性原则(又称为“量力性原则”或“可接受性原则”)，指要根据学生原有的准备状态进行新的教学。

3. 注意关键期对儿童心理发展的作用，抓住关键期 【单选】 ★

奥地利生态学家劳伦兹在发现幼禽的印刻现象时提出“关键期”的概念。关键期的内涵具体参见教育学部分第二章第三节中“人的身心发展规律”。

一般来讲，儿童心理发展存在几个特定的发展区，主要有：(1)2岁是口头言语发展的关键期；(2)4岁是形状知觉形成的关键期；(3)4～5岁是学习书面语言的关键期；(4)5～6岁是掌握数概念的关键期；(5)从以具体形象思维为主逐渐向以抽象逻辑思维为主过渡的关键年龄出现在小学四年级(约10～11岁)；(6)初中二年级是品德发展的关键期。

对于关键期的争论：有研究者认为，如果缺失关键期内的有效刺激，会导致认知、语言、社会交往等方面的能力低下，且难以通过教育与训练得到改进。也有研究者提倡用敏感期这样的概念更为合适，即对于大部分心理功能而言，错过敏感期，经过补偿性学习仍有可能得到发展，只是难度要大些。

对于关键期的考查除了概念外，还会考查几个特定的关键期，具体总结如下：

(1)2岁是口头言语发展的关键期；

(2)4岁是形状知觉形成的关键期；

(3)4～5岁是学习书面语言的关键期；

(4)5～6岁是掌握数概念的关键期；

(5)从以具体形象思维为主逐渐向以抽象逻辑思维为主过渡的关键年龄出现在小学四年级(约10～11岁)；

(6)初中二年级是品德发展的关键期。

考点2 教育对心理发展起主导作用

有研究者指出，教育对发展具有主导作用，具体表现在：(1)学生心理的发展依赖于教育提出的要求和方向；(2)教育能够促进学生的心理发展；(3)教育可以加速或延缓学生心理发展的进程；(4)教育能够使心理发展的可能性转化为现实性。

知识再拔高

知识的领会是教育和发展之间的中间环节

从教育措施到儿童青少年的心理得到明显而稳定的发展，并不是立刻实现的。也就是说，教育并不能立刻直接地引起儿童青少年心理的发展，但是，它之所以能引起他们心理的发展，乃是以他们对知识的领会或掌握作为中间环节的，要经过一定的量变和质变的过程。不管是儿童青少年的智力发展，还是包括品德在内的社会性或人格的变化，都要以领会知识和掌握技能为基础。中小学教育十分强调“双基”，即基本知识和基本技能。

★★ 考点大默写 ★★

1. ____________是指个体从出生、成熟、衰老直至死亡的整个生命进程中所发生的一系列心理变化。
2. 一般情况下，心理发展具有一定的方向性和____________，其先后顺序不能逾越。
3. 不同系统在发展速度、起始时间、达到成熟水平方面不同，这体现出心理发展的____________。
4. 初中____________年级是品德发展的关键期。

【参考答案】

1. 心理发展 2. 不可逆性 3. 不平衡性 4. 二

第二节　儿童认知发展与教育

一、皮亚杰的认知发展阶段理论

考点1　建构主义的发展观

1. 心理发展的实质

皮亚杰

皮亚杰的理论核心是“发生认识论”。皮亚杰认为，人的知识来源于动作，动作是感知的源泉和思维的基础。儿童心理发展的实质和原因就是主体通过动作完成对客体的适应。适应的本质在于取得机体与环境的平衡。适应分为两种不同的类型：同化和顺应。儿童对环境做出的适应性变化并不是消极被动的过程，而是一种内部结构的积极建构过程，即儿童的认知是在已有图式的基础上，通过同化、顺应和平衡，不断从低级向高级发展。

2. 图式、同化、顺应与平衡　【单选】　★

(1)图式

图式是指人在认识周围世界的过程中，形成自己独特的认知结构。从发展的角度来看，儿童最初的图式是遗传所带来的一些本能反射行为，如吮吸反射、定向反射等。

(2)同化

同化是指在有机体面对一个新的刺激情境时，把刺激整合到已有的图式或认知结构中。通过这一过程，主体才能对新刺激做出反应，动作也得以加强和丰富。

(3)顺应

顺应是指当有机体不能利用原有图式接受和解释新刺激时，其认知结构发生改变来适应新刺激的影响。

(4)平衡

平衡是指同化和顺应之间的“均衡”。皮亚杰认为，同化和顺应过程对于认知能力的发展变化是非常重要的。

① 小孩天生有吸吮的图式。

② 原有的图式“吸吮”接纳新的刺激“奶瓶”，认知结构没有发生根本变化，这是同化。

③ 小孩改变原有的图式“吸吮”，学会用“咀嚼”的动作来接纳新的刺激，比如米饭、菜等，认知结构发生了根本变化，这是顺应。

④ 我们时而需要同化，时而需要顺应，以达到身体与环境的平衡，这就是平衡。

当已有图式不能解决个体正面临的问题情境时，就产生了皮亚杰所说的不平衡状态，皮亚杰认为心理发展就是个体通过同化和顺应而达到平衡的过程。当个体既有图式能轻易同化环境中的新知识经验时，个体在心理上感到平衡。当个体既有图式不能轻易同化环境中的新知识经验时，个体在心理上感到失衡。

真题面对面

[2023金华，单选]根据皮亚杰的认知发展理论，儿童出现的不平衡状态是指下列哪种情况(　　)

A. 儿童用已有的图式无法解决相关问题　B. 儿童用已有的图式解决不了新的问题情境

C. 儿童对环境的积极建构　D. 儿童对动作的不适应

答案：B

考点 2　皮亚杰的认知发展四阶段 【单选、论述】 ★★

认知发展指的是人类的感知觉、注意、记忆、思维、想象等认知能力随年龄增长所发生的有序而相对持久的变化。皮亚杰认为认知发展是一个建构的过程，是个体在与环境的相互作用中实现的。他提出了认知发展阶段理论，将个体的认知发展分为四个阶段：

1. 感知运动阶段（0～2岁）

感知运动阶段的婴儿主要有以下几个方面的特征：

（1）感觉和动作的分化。儿童只能依靠自己的肌肉动作和感觉应付环境中的刺激。

（2）“客体永久性”（即知道某人或某物虽然现在看不见，但仍然是存在的）的形成。在感知运动阶段的后期，完整清晰的客体永久性已经形成。此时，尽管儿童并没有看见这些物体放在某个特定的地方，但也能积极地寻找他们认为被藏起来的东西。

（3）问题解决能力开始得到发展。起初，个体的行为更多是以尝试—错误为基础的，后期则能够计划解决问题的方法。例如，想要东西的婴儿可能会伸手够几次但最终放弃。几个月之后，他们可能会用其他物体来帮助自己得到原来的物体。到2岁时，他们可能会非常善于利用工具来帮助自己获得所向往的东西。

（4）延迟模仿的产生。皮亚杰研究发现，12～18个月的婴儿能够比较精确地进行模仿，到18个月左右就出现了**延迟模仿**，即榜样已经离开了现场，婴儿也能够表现出榜样的行为。

2. 前运算阶段（2～7岁）

这一阶段，儿童的思维特征主要表现在以下几个方面：

（1）早期的信号功能。儿童能将各种感知信息以心理符号的形式储存下来，积累了表象素材，促进了表象性思维的发展。随着年龄增长，儿童越来越多地使用符号来表示外部世界，如用“牛”“羊”来代表真正的牛和羊等。

（2）**自我中心性**（中心化）。所谓**自我中心**就是指儿童往往只注意主观的观点，不能向客观事物“离中”，只能考虑自己的观点，无法接受别人的观点，也不能将自己的观点与别人的观点协调。儿童还不能设想他人所处的情境，常以自己的经验为中心，从自己的角度出发来观察和理解世界。

（3）**不可逆运算**。前运算阶段的儿童还没有“守恒”能力或没有形成“守恒”的概念，思维缺乏观念的传递性。儿童观察事物时往往只能注意表面的、显著的特征，倾向于注意事物的静止状态。思维活动表现的关系单一，不能进行可逆运算。例如，问一名4岁儿童：“你有兄弟吗？”他回答：“有。”“兄弟叫什么名字？”他回答：“吉姆。”但反过来问：“吉姆有兄弟吗？”他回答：“没有。”

（4）不能够推断事实。前运算阶段的儿童往往是根据知觉到的表面现象做出反应，不能够推断事实。例如，给3岁幼儿一辆红色的玩具小汽车，当着他的面盖上一块罩子，小汽车看起来是黑色的，问他小汽车是什么颜色的，他会说是黑色的。

（5）**泛灵论**。前运算阶段儿童的思维具有泛灵论的特点，即将人类的特征赋予无生命的物体。前运算阶段的儿童会认为任何物体都是有生命的。例如，前运算阶段儿童画的画，太阳或月亮上各画了一张笑脸。又如，如果让前运算阶段的儿童把洋娃娃扔到地上，他会说不能扔到地上，会摔疼洋娃娃的。

（6）不合逻辑的推理。前运算阶段儿童思维的另一个局限是不合逻辑的推理，这种推理既不是演绎推理也不是归纳推理。根据皮亚杰的观点，前运算阶段儿童的思维是在这两者之间，即从特殊到特殊而不涉及一般。例如，皮亚杰两岁女儿的一个小朋友是驼背，她说这个小朋友很可怜，他病了。几天后她听说这个小朋友得了流感，睡在床上。后来又听说这个小朋友的流感好了。于是，她说：“现在他的驼背没有了。”这种推理不是从个别到一般或从一般到个别，而是从个别到个别的推理，从一种病到另一种病的推理，视二者同一，以为一种病好了，另一种病也好了。这种思维被皮亚杰称为传导思维（又称传导推理）。

(7)不能理顺整体和部分的关系。通过要求儿童考察整体和部分的关系的研究发现，儿童能把握整体，也能分辨两个不同的类别。但是，当要求他们同时考虑整体和整体的两个组成部分的关系时，儿童多半给出错误的答案。这说明他们的思维受眼前的显著知觉特征的局限，而意识不到整体和部分的关系。皮亚杰称之为缺乏层级类概念(类包含关系)。

(8)认知活动具有具体性，还不能进行抽象的思维运算。

3. 具体运算阶段(7～11岁)

具体运算是一种与真实、具体的物体相关的可逆的心理活动。与前运算阶段相比，具体运算阶段的儿童能够运用逻辑思维解决具体问题，但必须依赖于实物和直观形象的支持才能进行逻辑推理和运用逻辑思维解决问题，不能够进行纯符号运算。这一阶段儿童的思维具有以下特征：

(1)去自我中心性(去中心化)。具体运算阶段的儿童不能想象独立于他们直接经验之外的事物，但能够考虑多个感知特征，即去自我中心，得出具体问题的解决方法。在皮亚杰和英海尔德的"三山实验"任务中，7～9岁的儿童就能够注意到一种情境的多个方面，从他人的角度理解问题。在这一时期，儿童区别现实与想象的能力得到提高。

(2)可逆性。皮亚杰提出，在儿童思维发展的所有特征中最重要的是可逆性。一个处于具体运算阶段的儿童能理解先前曾是一团泥土的飞机模型能够再变成一团泥土；他同样明白8个珠子加6个珠子等于14个珠子，而从14个珠子中拿走6个珠子还剩8个珠子。

(3)守恒(即儿童认识到客体在外形上发生了变化，但特有的属性不变)。在发展中处于具体运算阶段的儿童能够去中心化并能逆向运算，因此守恒能力迅速发展。6岁左右的儿童可以解决数字守恒问题，7或8岁的儿童则能解决面积或容积守恒问题，9～10岁的儿童能够解决重量守恒问题，到11或12岁时儿童能解决体积守恒问题等。另外，儿童开始进行一些运用符号的逻辑思考活动，可以形成一系列的行动心理表象。比如，8岁左右的儿童去过几次小朋友的家，就能够画出具体的路线图来，而5、6岁的儿童则无法做到。

(4)分类。具体运算阶段的儿童能够进行分类。5岁时儿童已经能够进行一些简单分类，如呈现一组白色或黑色的圆圈、方块和三角形，儿童可能会将它们分成两组：白色和黑色。但在具体运算阶段之前，大多数儿童不具有类包含的概念，不能够理解某一特定的人或物可以从属于不同的类别，形成分类系统。

(5)序列化。序列化是指能够根据大小、体积、重量或其他的一些特性对一系列要素进行心理上的排序。排序的能力在4岁或更小的儿童中就已经出现，但他们的排序比较粗糙，并且要经过尝试错误。具体运算阶段的儿童能够顺利完成排列大小的任务。例如，给他们长短不等的小木棒，他们能够按照从长到短或从短到长的顺序进行排序。

真题面对面

[2023宁波，单选]西西在去年暑假回老家的路上，还不能记住回家的路线图。今年过年回家，能清楚地记得从车站到老家的路线，并能够在纸上画出具体的路线图。根据皮亚杰的认知发展阶段理论，西西的认知发展到了(　　)阶段。

A. 感知运动　　B. 前运算　　C. 具体运算　　D. 形式运算

答案：C

4. 形式运算阶段(11岁～成人) 必背

形式运算阶段，是儿童思维发展趋于成熟的阶段。本阶段儿童思维的特征如下：

(1)命题之间的关系。本阶段儿童的思维是以命题形式进行的。他们不仅能考虑命题与经验之间的真实性关系，而且能看到命题与现实之间的关系，并能推论两个或多个命题之间的逻辑关系。

(2)**假设—演绎推理**。本阶段的儿童不仅能够运用经验—归纳的方式进行逻辑推理，而且能够运用假设—演绎推理的方式来解决问题。

(3)**类比推理**。形式运算阶段的儿童能够很好地进行类比推理，能够理解类比关系。例如，“皮毛之于狗就像羽毛之于鸟一样”，这个类比的核心是“狗—皮毛”与“鸟—羽毛”之间的关系。只有通过反省性思维，而不是观察，才可能理解这种关系。

(4)**抽象逻辑思维**。本阶段的儿童能理解符号的意义、隐喻和直喻，能对事物做一定的概括，其思维发展水平已接近成人的水平。

(5)**可逆与补偿**。本阶段的儿童不仅具备了逆向性的可逆思维，而且具备了补偿性的可逆思维。例如，对于“在天平的一边加一点东西，天平就失去平衡，怎样使天平重新平衡”的问题，他们不仅能考虑把所加的重量拿走(逆向性)，而且能考虑移动天平的加重的盘子使它靠近支点，即使力臂缩短(补偿性)。

(6)**反思能力**。形式运算阶段的儿童具备了反思能力，即系统地检验假设的能力，能够系统地概括出解决某一问题的所有可能方法或能进行组合推理。

(7)**思维的灵活性**。本阶段的儿童不再刻板地恪守规则，反而常常由于规则与事实的不符而违反规则。对这一年龄阶段的儿童，教师和家长不宜采用过多的命令和强制性的教育，而应鼓励和指导他们自己做决定，同时对他们考虑不全面的地方提出建议和改进的办法。

(8)形式运算思维的逐渐发展。形式运算思维是逐渐出现的，而不是一次全部出现的。

真题面对面

[2022金华，单选]若一名15岁的中学生发育正常，则他应当处于皮亚杰认知发展阶段理论中的(　　)

A. 具体运算阶段　B. 前运算阶段　C. 感知运动阶段　D. 形式运算阶段

答案：D

二、维果斯基的最近发展区理论 【单选、判断、辨析、简答】★★★

考点1　心理发展的实质与“内化说”

维果斯基在心理发展上强调社会文化历史的作用，特别是强调活动和社会交往在人的高级心理机能发展中的突出作用。他提出心理发展的实质是在环境和教育的影响下，个体在低级心理机能的基础上逐渐向高级心理机能转化的过程。他认为，发展大部分得益于由外向内，即个体通过内化，从情境中汲取知识，获得发展。儿童的许多学习发生在与环境的相互作用中，这个环境决定了大部分儿童内化的内容。在儿童生活环境中的父母和其他人，可以通过他们与儿童的相互作用来扩大儿童的知识视野，促进儿童的学习。内化说是维果斯基心理发展观的核心思想。

维果斯基

考点2　最近发展区的概念　必背

维果斯基认为，儿童有两种发展水平：一是儿童的现有水平，即由一定的已经完成的发展系统所形成的儿童心理机能的发展水平；二是可能(即将)达到的发展水平。这两种水平之间的差异，就是**最近发展区**。也就是说，最近发展区是儿童在有指导的情况下，借助成人帮助所能达到的解决问题的水平与独自解决问题所达到的水平之间的差异，实际上是两个邻近发展阶段间的过渡状态。

考点 3 “教学应走在发展前面”包含的两层含义

在维果斯基看来，教学的可能性由学生的最近发展区决定，“教学应该走在发展的前面”。这里有两层含义：(1)教学在发展中起主导作用，它决定着儿童的发展，决定着发展的内容、水平、速度及智力活动的特点；(2)教学创造着最近发展区。教学应适应学生的现有水平，但更重要的是要发挥教学对发展的主导作用。

它的提出说明了儿童发展的可能性，其意义在于：指导教育者不应只看到儿童今天已达到的发展水平，还应看到仍处于形成的状态，正在发展的过程。所以，维果斯基强调教学不能只适应发展的现有水平，还应适应最近发展区，从而走在发展的前面，最终跨越“最近发展区”而达到新的发展水平。因此，教学的最佳效果产生于“最近发展区”。

考点 4 适时辅导学生是教学的必由之路——教学支架的应用

为了促进教学发展，维果斯基认为教师可采用教学支架，进行**支架式教学**，即在学生试图解决超出当前知识水平的问题时给予支持和指导，帮助其顺利通过最近发展区，使之最终能够独立完成任务。支架式教学可采用的方式有：(1)把学生要学习的内容分割成许多便于掌握的片段；(2)向学生示范要掌握的技能；(3)提供有提示的练习等。需要注意的是，教师提供的支持和帮助要合适。帮助过多，学生独立解决问题的能力就不能得到充分发展；帮助不够，学生亦可能因失败而泄气，久而久之，可能会形成习得性无助感。

真题面对面

1. [2022宁波，判断]教学必须与学生的发展同步。(　　)

2. [2023金华，辨析]最近发展区是指学生现有的发展水平。

答案：1. × 2. (1)这种说法是不正确的。(2)维果斯基认为，儿童有两种发展水平：一是儿童的现有水平，即由一定的已经完成的发展系统所形成的儿童心理机能的发展水平；二是可能(即将)达到的发展水平。这两种水平之间的差异，就是最近发展区。也就是说，最近发展区是儿童在有指导的情况下，借助成人帮助所能达到的解决问题的水平与独自解决问题所达到的水平之间的差异，实际上是两个邻近发展阶段间的过渡状态。故题干说法不正确。

三、根据认知发展理论促进儿童的认知发展

1. 教学应充分发挥学生的主体性

皮亚杰强调，在教学活动中，教师只是儿童学习的促进者，教师的作用是间接的。他要求教师要尊重儿童学习的愿望，不应该企图将知识硬塞给儿童，而是介绍问题和对策，让儿童自己主动地、自发地学习。维果斯基的高级心理机能指出，高级心理机能为人所有，虽然它们是从低级的机能发展而来的，但它们与低级的机能在很多方面都不同。高级心理机能处于人的控制之下，源于社会，来自学习者的行动。维果斯基的最近发展区理论同样注重儿童的主体作用及儿童在认知发展过程中的决定性作用。

当前，我们要进行素质教育，就是要通过教育教学的优化、科学化来对学生施加影响，全面开发每个学生的潜能，因此必须强调重视学生的主体性、发展性。

2. 教学策略要和学生的能力相匹配

皮亚杰认为，教育不应让学生因为学的东西太难以致不能理解而厌倦学习。他认为，不平衡水平必须是适当的才能促进发展，当设置的不平衡状态超出了学生的能力接受水平时，非但不能促进学生认知的发展，相反还会阻碍学生思维水平的发展。根据维果斯基的“最近发展区”理论，教学在适应学生原有认知发展水平的同时，还应促进学生认知发展水平获得进一步的提高。在日常教学活动中，教师及其他更有能力

的同伴应多给予儿童帮助和指导，促使他们超越当前的认知发展水平，实现其潜在的发展水平。

因此，教师应当了解学生的认知发展水平，设计的学习体验等活动应当与学生的发展水平相适应。

3. 教学要提供学生互动的课堂情境

皮亚杰认为，知识是学生主体在与客体环境的相互作用过程中自己构建获得的。因此他主张在日常教学中，教师应为学生创造有利于他们积极学习的问题情境，让他们进行自主探究学习，不要对他们的学习活动过多限制，这样不利于其主体作用的发挥，在一定程度上还会抑制其创造才能的发挥。维果斯基视发展为各种文化工具的内化，且社会或文化的性质决定所要形成的文化工具的类型。这一观点已延伸至课堂，人们已将课堂视为一种社会群体与文化，将学习视为对文化的内化，而课堂的组建方式会影响学生的互动类型及他们内化的心理工具的类型。

因此，教师需要创设情境让学生有机会与成年人和同伴一起学习，诸如合作学习等小组学习情境。

4. 教学要重视学生自我调节能力的培养

皮亚杰强调平衡是儿童认识发生和发展的内在机制和动力，证明了认知是主体在不断寻求平衡模式的过程中不断发展能动性的结果。他发现了自我调节在平衡中的作用，指出儿童的认识活动始终离不开主体能动的调节作用。主体在自我调节的平衡化过程中实现认识结构的连续更新和螺旋上升。皮亚杰的平衡化目标在教学中的精神实质就是促进儿童逐步建构起具有创新功能的自我调节系统，促进其主动有效地学习。维果斯基认为高级心理功能由学习者进行调节和控制。他把文化调节(如工具、符号和社会接触等)作为高级心理机能的中介机制，研究符号调节活动是如何转化为认知活动的。

因而，在现代教育教学中，必须重视培养学生的自我调控能力，不断完善学生认知结构的自我调节系统；必须重视教学方法、教学模式的变化，创设各种问题空间，让学生自己发现问题、解决问题，通过解决问题来加强对自身认知结构的监控和调节，提高学生自我调控能力，从而不断地更新和建构自己的知识结构。教育更重要的是教给学生学习的策略，并培养学生对自己知识获取过程的监控、调节能力，即“授之以渔”而不是“授之以鱼”。

综上所述，皮亚杰和维果斯基的理论在教学实践中有重要的应用价值，具体到日常教学实践中，我们应根据实际情况灵活运用理论，以促进教育教学理论与实践的不断发展完善。

★★ 考点大默写 ★★

1. 皮亚杰认为心理发展的实质是主体通过动作完成对客体的__________。
2. __________是指当有机体不能利用原有图式接受和解释新刺激时，其认知结构发生改变来适应新刺激的影响。
3. 皮亚杰的认知发展阶段理论认为，__________阶段的学生还不能设想他人所处的情境，常从自己的角度出发来观察和理解世界。
4. 晓东能理解符号的意义、隐喻和直喻，并能对事物做一定的概括。根据皮亚杰的认知发展阶段理论，晓东最可能处于__________阶段。
5. 张老师在设置教学目标时，会考虑学生的现有知识水平，也考虑他们在老师的指导下可以达到的水平。维果斯基将这两种水平之间的差距称为__________。
6. 维果斯基认为，教学应该走在发展的前面，教学在发展中起__________作用。
7. 皮亚杰认为，__________是指儿童认识到客体在外形上发生了变化，但特有的属性不变。
8. __________教学是指在学生试图解决超出当前知识水平的问题时给予支持和指导。
9. 一个女孩正在清扫房间，她决定把自己书架上一大堆的动物玩具从最高到最矮重新摆放。先放大的，然后是中等的，最后是小的。这个女孩的认知发展水平最低处于__________阶段。

【参考答案】

1. 适应　2. 顺应　3. 前运算　4. 形式运算　5. 最近发展区　6. 主导　7. 守恒　8. 支架式　9. 具体运算

第三节　儿童个性、社会性发展与教育

儿童的心理发展，不仅指认知的发展，还包括个性和社会性的发展。其中，个性发展（人格发展）是指个体获得一系列特质而使自己不同于其他人的发展过程。社会性发展是个体习得如何与他人交往和理解他人，从而成为社会人的发展过程。关于儿童的个性和社会性是如何发展的，不同心理学理论有不同的观点，本节主要就人格发展和道德发展介绍几个有代表性的理论，即艾里克森的人格发展阶段理论、皮亚杰和科尔伯格的道德发展阶段理论。

一、艾里克森的人格发展阶段理论 【单选】 ★★

美国精神分析学家**艾里克森**认为，人格发展是一个逐渐形成的过程，必须经历八个顺序不变的阶段，其中前五个阶段属于儿童成长和接受教育的时期。每一个阶段都有一个由生物学的成熟与社会文化环境、社会期望之间的冲突和矛盾所决定的发展危机。成功而合理地解决每个阶段的危机或冲突将使个体形成积极的人格特征和健全的人格。

1. 基本的信任感对基本的不信任感（0～1.5岁）

本阶段的发展任务是发展对周围世界，尤其是对社会环境的基本态度，培养信任感。如果父母或照料者给予婴儿适当的、稳定的与不间断的关切、照顾、哺育和抚摸，婴儿就会对父母产生一种信任感，认为这个世界是安全而可信赖的地方。

2. 自主感对羞耻感（2～3岁）

本阶段的发展任务是培养自主性。儿童初步尝试独立处理事情，如果父母允许幼儿去做他们力所能及的事，鼓励幼儿独立探索的欲望，幼儿就会逐渐认识到自己的能力，养成主动、自主的性格；反之，如果父母过分溺爱和保护或过分批评指责，就可能使儿童怀疑自己对自我和环境的控制能力，产生羞耻感。

3. 主动感对内疚感（4～5岁）

本阶段的发展任务是培养主动性。由于身体活动能力和语言的发展，儿童有可能把活动范围扩展到家庭之外。儿童喜欢尝试探索环境，承担并学习掌握新的任务。此时，如果父母或教师对儿童的建议给予适当的鼓励或妥善的处理，则儿童不仅发展了主动性，还能培养明辨是非的道德感；反之，如果父母对儿童的问题感到不耐烦或嘲笑儿童的活动，儿童就会产生内疚感。

4. 勤奋感对自卑感（6～11岁）

本阶段的发展任务是培养勤奋感。在这个时期，多数儿童已进入学校，第一次接受社会赋予他们并期望他们完成的任务。他们追求任务完成时获得的成就感及由此带来的长辈的认可和赞许。如果儿童在学习、游戏等活动中不断取得成就并受到成人的奖励，儿童将以成功、嘉奖为荣，形成乐观、进取和勤奋的人格；反之，如果由于学习方法不当或努力不够而多次遭受挫折或其成就受到漠视，儿童就容易形成自卑感。本阶段影响儿童活动的主要因素已由父母转向同伴、学校等，教师在培养儿童的勤奋感方面具有特殊作用。敏感、耐心、富于指导经验的教师有可能使具有自卑感的学生重新获得勤奋感。

5. 自我同一性对角色混乱（12～18岁） 必背

本阶段的发展任务是培养自我同一性。自我同一性是指个体组织自己的动机、能力、信仰及活动经验而形成的有关自我的一致性形象。自我同一性的形成要求谨慎的选择和决策，尤其体现在职业定向、性别角色分化等方面。如果青少年不能整合这些方面和各种选择，或者根本无法在其中进行选择，就会导致角色混乱。

其他三个阶段分别为：亲密感对孤独感（成年早期）、繁殖感对停滞感（成年中期）、自我整合对绝望感（成年晚期）。

知识再拔高

马西亚提出的四种同一性状态

马西亚等人研究发现，青少年个体面临角色同一性对角色混乱之间的冲突和选择时，会产生四种可能的情况。

（1）获得角色同一性（同一性获得），这意味着个体在充分考虑了各种可能的机会和自己的情况后，做出了自己的选择并为自己的目标而努力，但只有少数的中学生属于这种情况。

（2）同一性拒斥，即个体并非充分考虑自己的各种体验和各种可能的选择，而是把选择的权利交给了父母或其他权威人士，完全接受他人对自己提出的要求和为自己树立的目标及生活方式。

（3）同一性迷乱，有些个体未能成功地选择或没有严肃地考虑这些选择，对自己的社会角色和人生目标未能形成定论，产生迷乱。

（4）同一性延迟，即由于内心斗争而导致未能在本时期获得同一性，这就是艾里克森所说的同一性危机。而这种同一性危机在儿童中是较常见的，只要教师能积极帮助学生处理这种危机，学生大多会较顺利地获得同一性。

真题面对面

［2022金华，单选］初三学生小王在升学择校时，将选择权交给父母，并说“你们决定吧，我听你们的”，由此可知，小王的发展状态为同一性（　　）

A. 获得　　B. 拒斥　　C. 迷乱　　D. 延迟

答案：B

二、皮亚杰的道德发展阶段理论

瑞士著名心理学家皮亚杰早在20世纪30年代就采用**“对偶故事法”**对儿童道德判断的发展进行了系统的研究，即先给儿童讲包含道德价值内容的对偶故事，然后在观察和实验过程中向儿童提出一些事先设计好的问题，分析儿童的回答，尤其是错误的回答，从中找出规律性的东西。

皮亚杰通过大量研究，发现并总结出了儿童道德认知发展的总规律，即儿童道德的发展经历从他律到自律的转化发展过程。他律是指早期儿童的道德判断只注意行为的客观效果，不关心主观动机，是受自身以外的价值标准所支配的道德判断，具有客体性；自律则是指儿童自己的主观价值、主观标准所支配的道德判断，具有主体性。他律水平和自律水平是儿童道德判断的两级水平。儿童只有达到自律的水平，才可能具有真正的道德品质。在此基础上皮亚杰还提出了儿童道德发展的年龄阶段。

皮亚杰把儿童的道德发展划分为四个阶段：

1. 自我中心阶段（2～5岁）

自我中心阶段是从儿童能够接受外界的准则开始的。例如，儿童在打弹珠游戏中总是自己玩自己的，按照自己的想象去执行规则。这是因为儿童还不能把自己同外在环境区别开来，而把外在环境看作是他自身的延伸。规则对于他来说，还不具有约束力。

2. 权威阶段(他律道德阶段或道德实在论阶段)(6~8岁)

该时期的儿童服从外部规则,接受权威指定的规范,把人们规定的准则看作是固定的、不可变更的,而且只根据行为后果来判断对错。看待行为有绝对化的倾向;赞成严厉的惩罚,并认为受惩罚的行为本身就说明是坏的,还把道德法则与自然规律相混淆,认为不端的行为会受到自然力量的惩罚。

3. 可逆性阶段(自律或合作道德阶段)(8~10岁)

这一阶段的儿童已不把准则看成是不可改变的,而把它看作是同伴间共同约定的。该阶段的儿童一般都形成了这样的概念:如果所有的人都同意的话,规则是可以改变的。儿童已经意识到一种同伴间的社会关系,应相互尊重。准则对他们来说已具有一种保证他们相互行动、互惠的可逆特征。同伴间的可逆关系的出现,标志着道德开始由他律进入自律阶段。开始以动机作为道德判断的依据,认为公平的行为都是好的。关于惩罚,认为只有有回报的惩罚才是合理的。儿童能把自己置于别人的位置,判断不再绝对化,看到可能存在的几种观点。

4. 公正阶段(10~12岁)

这一阶段的公正观念是从可逆的道德认知中脱胎而来的。他们开始倾向于主持公正、公平等。公正的奖惩不能是千篇一律的,应根据个人的具体情况进行。也就是说,儿童不再刻板地按固定的规则去判断,在依据规则判断时应该考虑到同伴的一些具体情况,从关心和同情的角度出发去判断。

三、科尔伯格的道德发展阶段理论 【单选、判断】 ★★★

科尔伯格

科尔伯格系统扩展了皮亚杰的理论和方法,提出了人类道德发展的顺序原则,并提出了他的道德发展阶段理论。他认为道德发展与认识发展关系密切。道德发展是认识发展的一部分,而道德判断能力与逻辑判断能力的发展有关,后者为前者的必要条件。而且,他认为社会环境对道德发展有巨大的刺激作用。他采用"**道德两难故事法**"进行研究,最典型的就是用"**海因茨偷药**"的故事,让儿童对道德两难问题做出判断。研究发现,不同国家和地区,虽然种族、文化各有不同,社会道德标准各异,但道德判断能力的发展却相当一致。因此,他以道德判断的发展代表道德认知的发展,进而代表道德发展的水平。

科尔伯格将道德判断分为三个水平,每一水平包含两个阶段,六个阶段依照由低到高的层次发展。

1. 前习俗水平

前习俗水平大约出现在幼儿园及小学中低年级。该时期的特征是:个体着眼于人物行为的具体结果及其与自身的利害关系,认为道德的价值不决定于人和准则,而是决定于外在的要求。前习俗水平包括两个阶段:

(1)**服从与惩罚的道德定向阶段**。这一阶段儿童的道德价值来自对外力的屈从或对惩罚的逃避。他们衡量是非的标准是由成年人来决定的,对成人或准则采取服从的态度,缺乏是非善恶的观念。*他们会认为,海因茨不能去偷药,因为如果被人抓住的话会坐牢的。*

(2)**相对功利的道德定向阶段**(相对功利取向阶段、行为的功用和相互满足需要定向倾向、朴素的利己主义的定向或操作与关系)。这一阶段儿童的道德价值来自对自己要求的满足,偶尔也来自对他人需要的满足。在进行道德评价时,儿童开始从不同角度将行为与需要联系起来,但具有较强的自我中心性,认为符合自己需要的行为就是正确的。*他们会认为,海因茨应该去偷药,谁让那个药剂师那么坏,便宜一点就不行吗。*

2. 习俗水平 必背

这是在小学中年级出现的,一直到青年、成年。这一阶段的特征是:个体着眼于社会的希望和要求,能够从社会成员的角度去思考道德问题，开始意识到人的行为必须符合群体或社会的准则；能够了解、认识社会行为规范，并遵守、执行这些规范。习俗水平包括两个阶段：

(1)**好孩子的道德定向阶段**(寻求认可取向阶段、社会习俗的定向、人际关系与补同的定向)。这一阶段儿童的价值是以人际关系的和谐为导向，顺从传统的要求，符合大众意见以谋求大家的称赞。在进行道德评价时，他们总是考虑到社会对一个"好孩子"的期望和要求，并总是按照这种要求去展开思维。他们会认为，海因茨应该去偷药，因为一个好丈夫就应该照顾好自己的妻子。如果他不这样做，结果妻子死了，别人都会骂他见死不救，没有良心。

(2)**维护权威或秩序的道德定向阶段**(遵守法规取向阶段、秩序和法规定向、权威和社会权利控制的定向)。这一阶段儿童的道德价值以服从权威为导向，包括服从社会规范，遵守公共秩序，尊重法律的权威，以法制观念判断是非、知法守法。儿童会认为，海因茨不应该去偷药，因为如果人人都违法去偷东西的话，社会就会变得很混乱。

3. 后习俗水平

该时期的特点是：个体不只是自觉遵守某些行为规则，还认识到法律的人为性，并在考虑全人类的正义和个人尊严的基础上形成某些超越法律的普遍原则。后习俗水平包括两个阶段：

(1)**社会契约的道德定向阶段**(社会法制取向阶段、社会契约取向阶段)。这一阶段儿童仍以法制观念为导向，有强烈的责任心和义务感，但不再把社会规则和法律看成是死板的、一成不变的条文，而是认识到它们的人为性和灵活性，他们尊重法制但不拘于法律条文，认为法律是人制定的，不合时宜的条文可以修改。也就是说，他们认识到法律或习俗的道德规范仅仅是一种社会的契约，它由大家商定，可以改变，而不是固定僵死的。他们会认为，海因茨应该去偷药，因为一个人生命的价值远远大于药剂师对个人财产的所有权。

(2)**普遍原则的道德定向阶段**(原则或良心定向阶段、良心或普遍原则定向、普遍伦理取向阶段)。这一阶段儿童以价值观念为导向，有自己的人生哲学，对是非善恶的判断有独立的价值标准，思想超越了现实道德规范的约束，行为完全自律。由于认识到了社会秩序的重要性与维持这种共同秩序所带来的弊病，看到了社会准则与法律的界限性，所以他们在进行道德评价时，能超越以前的社会契约所规定的责任，而且以正义、公平、平等、尊严等这些最高的原则为标准进行思考，以普遍的标准来判断人们的行为。他们认为，海因茨应该去偷药，因为和种种可考虑的事情相比，没有什么比人类的生命更有价值。

知识再拔高

弗洛伊德对道德情感的研究

弗洛伊德认为，儿童道德发展的过程是一个逐步内化的过程。父母很早就向儿童提出了社会化的要求。儿童将父母的批评和社会的批评内化成超我(俗称"良心")。良心或超我代表了内化的父母，它是相当严厉的，是惩罚性的。良心的发展可以帮助儿童在父母不在眼前时也能按道德规范来行动，抵制外界的诱惑。如果个体的行为违反了超我的意向，个体就会感到自责和内疚。因此，在弗洛伊德看来，自居作用、自我惩罚、内疚是儿童道德发展的强大推动力。自居作用使儿童以这些大人为榜样，建立了自己所仰望的一种理想的自我。内疚是严厉的超我和附属的自我之间的紧张，它作为一种惩罚的需要而表现出来。

在弗洛伊德看来，道德情感的形成导致了儿童内在的双重性，一方是超我的力量，另一方是本能需要。遵从超我的力量，儿童就要把遵守社会规范当作一种义务。恰当的超我将使儿童形成合理内化的道德情感，这是一种稳定的、不可改变的道德情感。

真题面对面

1. [2022温州，单选]弗洛伊德认为，遵从(　　)的力量，个体就要把遵守社会规范当作一种义务。

A. 本我　　B. 超我　　C. 自我　　D. 内我

2. [2021金华，单选]班级里有人做了错事，小明认为他违反了规章制度，这是不对的行为。这说明小明处于下列哪一个阶段(　　)

A. 前习俗水平　　B. 习俗水平　　C. 后习俗水平　　D. 非习俗水平

3. [2022宁波，判断]小牛判断事情总是从个人利益出发，认为对自己好的就是好的，对自己不好的就是不好的。小牛的道德发展水平处于前习俗水平。(　　)

答案：1. B　2. B　3. √

四、儿童个性、社会性发展理论的教育价值

考点1　艾里克森人格发展理论的教育价值

艾里克森不仅指出了每个发展阶段的任务、个体将面临的危机，还提出了解决矛盾、完成任务的具体教育方法。其教育措施既强调父母的作用，又十分重视同伴、教师和社会的作用。其理论对教育教学有着重要的启发意义。

(1)艾里克森探讨了社会文化因素对人格发展的影响，重视教育对发展的作用。艾里克森认为适当的教育可以促进个体的发展，而不适当的教育则将阻碍个体的发展，因此，儿童时期的教育环境对以后的发展有重要作用。例如，在七岁以后，儿童开始意识到自己的社会义务，如果得到理想的教育，他就勤奋努力，将来可以成为一个能干、有成就的人；否则，他将自卑自贬。这对现代的教育观念有积极的指导意义。

(2)艾里克森提出了人格的发展在不同阶段有不同任务，掌握不同时期的发展特点，就可避免出现心理危机，使发展达到理想的境界。这有助于教育者了解学生，采取相应的教育指导，帮助学生顺利发展。根据艾里克森的观点，针对不同阶段的儿童可采取相应的教育措施，具体如下：

①主动感对内疚感(学前儿童)：教师应允许儿童在学校的功课上尽量自己做决定，以培养儿童对自己的肯定心态。教师在举行班级活动的时候应尽可能考虑学生的建议，鼓励学生发展各方面的能力，给学生创造体验成功的机会，并以此让儿童获得尝试新事物的信心。

②勤奋感对自卑感(小学生)：教师应注意和表扬学生的成功以培养学生的成就感。例如，安排一系列的学习单元，每当学生完成一个单元就加以表扬或给予鼓励，增强其自信。鼓励学生对比自己前后的成绩，让学生看到自己取得进步的过程，帮助他们获得成功的体验。

③自我同一感对同一感混乱(中学生)：教师可采用角色扮演的方法(如扮演著名的科学家、数学家或者作家)，与学生一起讨论这些人是如何获得成功的，每一个饰演的人物角色是如何寻找和改变自己的同一性的，以使学生获得对同一性的正确认识，消除学生的疑虑。

考点2　皮亚杰和科尔伯格道德发展理论的教育价值

皮亚杰和科尔伯格的道德发展理论肯定了认知的发展和教育在儿童道德发展中的作用，对学校的教育工作具有深刻的启发意义。但因其作为西方的道德教育理论，不一定能完全适合我国的国情，因此不能照搬来指导我国的学校教育实践。不过，他们的理论对于我国学校的教育尤其德育，仍然具有多方面的启发和借鉴作用。

(1)学校道德教育应符合儿童的道德发展水平。儿童的道德发展阶段是一个渐进有序的过程，因此，对各个阶段的儿童进行道德教育的内容也不同。它不能超越儿童道德发展的一般进程，应当符合儿童道德发展的实际水平，否则，儿童不能将其内化为自身的道德观念，从而导致教育的失败。

(2)学校应在实践活动中进行德育，充分发挥学生的主体作用。学生作为独立的个体，有着巨大的发展潜力，而且存在个别差异。因此，学校道德教育应首先注重人的主体性，从学生的兴趣和内在需要出发，在活动中为学生提供发展个性的机会，使他们在实践中承担和扮演各种角色，从中因势利导，在实践中不断强化道德认识、培养道德情感、促进道德的发展，从而提高学生的道德综合素质。

(3)改进学校道德教育的方法。我国传统的道德教育的最大特点是以教育者为中心的灌输和说教。教师将德育的内容通过讲授的方式传授给学生，使学生接受社会所认可的道德观念并最终形成固定的行为习惯。这种单一、僵化的灌输方式忽略了学生是一个自主能动地进行认识和实践的主体，很容易引起学生的厌恶和反感。所以，教师在课堂上应鼓励学生提问，促进学生间的相互作用；鼓励学生，甚至是学龄前儿童，去参与道德问题的讨论，使他们产生认知冲突，以此促进其道德思维的发展。

(4)教师应该知道对任何一种道德发展理论均不能全盘接受。所有的理论都只适合一部分人，而不是所有人。针对各种理论的不足，教师应注意性别和文化对学生道德推理能力的影响，也应注重培养学生的道德情感。

五、学生品德不良概述

考点 1　学生品德不良的概念

学生的**不良品德**是指经常违反道德准则或犯有比较严重的道德过错。不良品德是一种严重的、稳定的问题行为，具有经常性、有意性、倾向性等特点。

考点 2　品德不良的原因

造成品德不良主要有主、客观两方面原因。

1. 学生品德不良的客观原因

(1)家庭方面

不良的家庭环境和家庭教育对学生品德不良的影响主要表现在以下几个方面：①父母的溺爱、迁就；②父母对子女要求过高，管教过严，又缺乏正确的教育方法和措施；③家长在教育方式、方法上的不一致，或单凭个人情绪来处理和教育子女的行为问题；④家长缺乏表率作用，无视或忽视自己的一言一行所产生的不良后果；⑤家庭成员本身的恶习或家庭结构的剧变，如父母离异、有偷拿或赌博等行为，会使儿童受到腐蚀，或使儿童心灵受到创伤而引起性格变异，导致品德不良。

(2)社会方面

广义的社会环境，指整个社会关系和社会风尚。狭义的社会环境，则指学校和家庭以外的学生的朋友、邻居、社区，以及影响个体发展的各种社会活动等。从总体看，社会主义的社会环境是有利于学生品德健康成长的。但是，也不能低估那些形形色色的腐朽思想和不正之风对学生可能产生的侵蚀和影响。处于成长发展中的青少年、儿童缺乏较为全面、深刻的分析能力，一些社会允许但不适宜于儿童接触的文艺作品也可能对学生品德的发展产生副作用。对此教育者应该注意防范和引导。

(3)学校方面

学校教育工作者在教育观点上的偏颇或方法上的不当，也会在一定程度上间接地造成或助长学生的不良品德。

2. 学生品德不良的主观原因

(1)缺乏正确的道德观念和道德信念;(2)道德意志薄弱;(3)受不良行为习惯的支持;(4)性格上的某些缺陷;(5)某些需要没有得到满足。

★★ 考点大默写 ★★

1. 根据艾里克森的人格发展阶段理论,初中阶段学生的主要发展任务是培养__________。
2. 某学生对自己的社会角色和人生目标未能形成定论,时常产生迷茫感。根据马西亚的观点,其最有可能属于同一性__________的情况。
3. 皮亚杰采用__________法对儿童道德判断的发展进行了研究。
4. 科尔伯格将道德判断分为三个水平,即前习俗水平、__________水平和后习俗水平。
5. 小明对"为什么偷东西是不对的"这一问题的回答是"抓住会挨打",根据科尔伯格的道德发展阶段理论可以判断其道德认知发展处于__________水平。
6. 出租车司机为送急症病人连续闯红灯,小周认为该司机违反了交通法规,理应受到处罚。按科尔伯格的道德发展阶段理论,小周的道德发展水平最可能处于__________水平。

【参考答案】

1. 自我同一性　2. 迷乱　3. 对偶故事　4. 习俗　5. 前习俗　6. 习俗

我于________年____月____日完成了对本章的学习。

复盘一下,我对自己较肯定的地方是____________________

(足够努力/心态积极/方法得当……)

我觉得自己需要改进的地方是____________________

(懒惰懈怠/心情浮躁/方法不当……)

休息片刻,开启下一站征程!

第二章 中学生心理发展

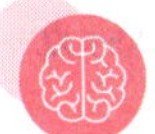

思维导图

- 中学生心理发展
  - 中学生身心发展与教育
    - 中学生身体发展的特点：身高、体重增长加快；肌肉发育显著、体力增强；心脏、肺功能增强；脑和神经系统发育基本成熟；第二性征的出现和性的成熟；身体素质迅速提高
    - 中学生性心理发展的特点：性意识、性情感
    - 中学生青春期教育：性教育
    - 中学生离家出走和早恋现象的应对和解决：离家出走、早恋
  - 中学生认知发展与教育
    - 中学生认知发展的特点：记忆：有意识记迅速发展，意义识记能力不断提高，词的抽象记忆能力进一步发展（重点）
    - 根据中学生认知发展的特点，提高中学生的认知能力：观察力、注意力、记忆力、智力、思维力、创造力
  - 中学生情绪情感发展与教育
    - 情绪发展的特点
      - 情绪体验迅速
      - 不稳定性和两极性
      - 外露性和内隐性并存
      - 体验的时间延长，出现心境化的特点
    - 情感发展的特点
      - 自尊心强烈而敏感
      - 情感的社会性加强
      - 理智感、美感和道德感丰富和深化
    - 中学生常见的情绪问题：焦虑、抑郁、恐惧、易怒、冷漠
    - 中学生消极情绪的调节：放松训练法、系统脱敏法、合理情绪疗法
    - 中学生积极情感的培养：尊重学生和热爱学生；体验道德感、理智感、美感
  - 中学生人格发展与教育
    - 中学生人格发展的特征：人格倾向逐步向高层次方向发展；性格特征渐趋稳定；自我意识的高涨
    - 影响中学生人格形成与发展的因素：生物遗传因素、社会因素、个人主观因素
    - 中学生自我意识的发展与培养：概述：内容（生理自我、社会自我、心理自我）；形式（自我认识、自我体验、自我控制）（易混）
    - 中学生的人格塑造：针对人格特征因材施教；塑造人格；自我教育、扬长避短
  - 中学生人际关系发展与教育
    - 中学生人际关系发展的特点：亲子关系、师生关系、同伴关系
    - 促进中学生人际交往能力的发展：良好个性品质的修养；人际交往技能；交往锻炼的机会

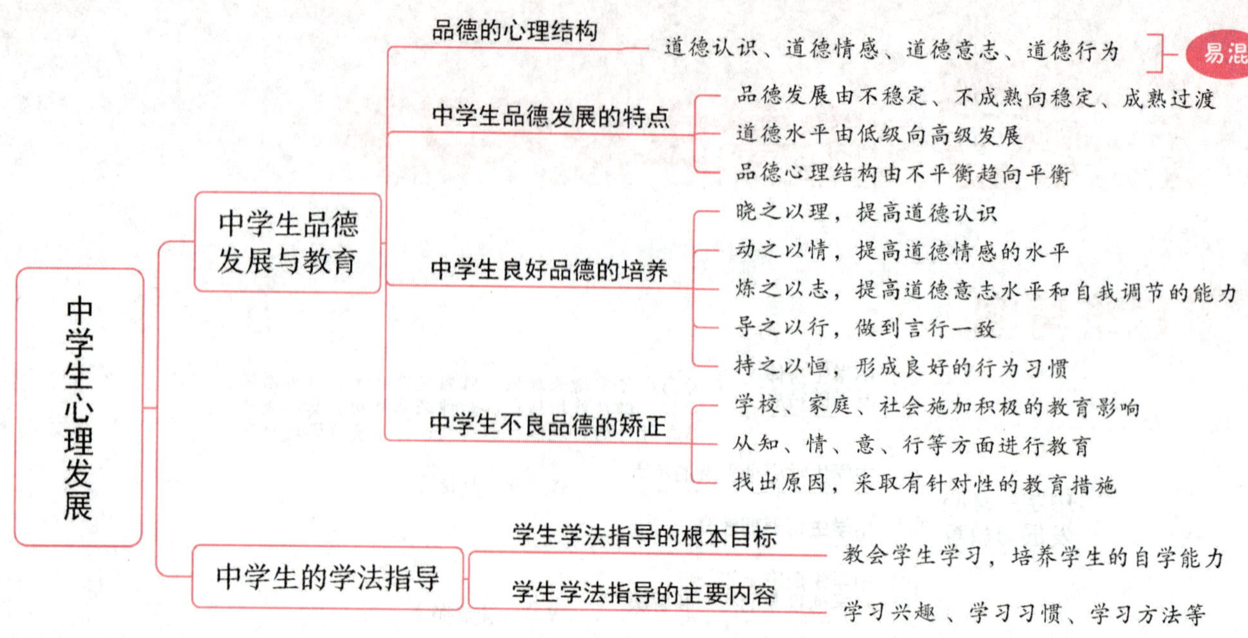

浙江考向

本章属于发展心理学的重点章节，也是绍兴、金华、台州、宁波、丽水、温州、衢州等地区的笔试重点考查的章节，内容广泛、识记性知识多，在考试中常以选择题、判断题、简答题、论述题等形式考查。本章的考向分析如下：

考点名称	常考题型	能力层级	考查热度
中学生的记忆发展	单选、简答	识记	★★
中学生自我意识的发展与培养	单选、判断、简答	识记	★★
中学生同伴关系发展的特点	论述	识记、运用	★★
品德的心理结构	单选、判断	识记、理解	★★

核心考点

第一节　中学生身心发展与教育

中学生心理发展的特点具体参见本章第二节、第三节、第四节、第五节、第六节内容。本节只介绍中学生身体发展的特点及中学生性心理发展的特点与教育。

一、中学生身体发展的特点

中学生身体发展的特点主要表现在：(1)身高、体重增长加快；(2)肌肉发育显著、体力增强；(3)心脏、肺功能增强；(4)脑和神经系统发育基本成熟；(5)第二性征的出现和性的成熟；(6)身体素质迅速提高。其中，性成熟是青少年生理成熟的标志。第二性征的出现是生殖系统趋于成熟的外在表现。中学生身体发展是性心理发展的前提和基础。

二、中学生性心理发展的特点

考点 1　性意识出现

性意识是指人对性的认识和态度，是人类关于性问题的思维活动，它左右着人的性行为。中学生性意识的特点为：(1)渴望了解性知识；(2)对异性充满好奇与爱慕；(3)在异性面前容易紧张和兴奋；(4)性冲动和性欲望的出现。

考点 2　性情感的发展变化

在与异性朋友的接触和交往中，双方都会感到有一种相互吸引的力量。性情感是指在两性活动中有关爱慕、吸引或憎恨等感情的发展变化。中学生到了青春期以后，就自然地对异性产生兴趣，而异性对自己也有一种吸引力。中学生性情感的发展要经历以下几个阶段：(1)疏远异性阶段；(2)接近异性阶段；(3)异性眷恋阶段；(4)择偶尝试阶段。

处于青春期的中学生的性情感有一个由幼稚向成熟、由波动向稳定发展的过程。在这一过程中，正确的引导和教育是青少年性情感走向成熟的关键。

三、中学生青春期教育

由于缺乏正规的性教育，一些处于青春期的中学生对自己的生理变化缺乏足够的知识和正确的应对方式，容易产生无知、好奇、恐惧等心理，容易出现心理问题或行为偏差。为此，采取妥善方式，光明正大地向青少年开展性生理知识教育，对于中学生健康度过青春期具有非常重要的意义。

青春期性生理知识主要包括青春期身体发育的特点、男女生殖器官的结构与功能、男女生发展的差异性、个体发展的差异性和不平衡性、青春期性卫生知识和疾病防治、对性传播疾病艾滋病的认识与防范等。加强对中学生进行性生理知识教育的目标是帮助中学生学会处理因生理快速变化而带来的心理适应问题，并学会相应的策略与技巧；帮助学生培养健康的性心理与性价值观，妥善处理好两性关系，平稳度过性困惑期。

四、中学生离家出走和早恋现象的应对和解决

考点 1　中学生离家出走

1. 中学生离家出走的原因分析

青春期是一个极为特殊的阶段，生理发育加速，而心理的发展却相对缓慢，由于身心发展的不和谐和不平衡，使得青少年的自我调节能力脆弱，引起心理发展上的种种矛盾，并容易出现心理及行为偏差。这个时期的青少年在生理上进入青春期发育的同时，在心理上开始进入“心理断乳期”。伴随生理上的成熟，青少年心理上也逐渐成熟，表现之一是独立性增强，感觉自己“已经长大”，不愿意再依靠成人的帮助，希望自己能够独立思考和处理问题。但是青少年的心理还没有达到完全成熟，考虑问题也不够全面，处理事情时比较冲动，在许多方面仍然依赖成人的帮助。

孩子离家出走，可能与下列因素有关：

(1)独立意识增强。青春期的孩子独立意识明显增强，他们希望与成人形成新型的关系，不再满足于服从，渴望与成人平等相处，一旦成人不能满足这种心理需求，他们就可能离家出走。

(2)心理压力过大。出走的中学生大多因父母期望值过高、师生关系紧张、与同学相处不融洽，学习压

力太大、学习负担过重，从而产生厌学情绪，对学习形成逆反心理，有些学生便以逃学或出走的形式来缓解心理压力。

(3)人格异常。人格异常的学生会对周围的人抱有敌意和戒备心理，与学校或家庭的成员闹矛盾而突然出走。

(4)不良信息影响。学生通过各种信息渠道接受了大量不良信息后，一部分人会对读书不感兴趣，而热衷于"早恋"或迷恋于"网吧"。此外，拜金倾向严重的学生，在学习中经常表现出漫不经心，逃学去挣钱，或学某些"歌星""影星"，离家外出闯天下。

(5)从众心理。当媒体披露因片面追求升学率造成一些学生压力太大而离家出走的消息后，有的学生就加以仿效，以为是解脱的好方法。从众心理本是一种正常的现象，但若盲目从众，将会百害而无一利。

2. 中学生离家出走的应对与解决

家长针对孩子这种行为问题产生的原因，应积极寻找办法阻断不良因素对孩子影响的途径，并以极大的耐心、爱心和对孩子的信心来影响孩子，引导孩子；要与他们建立朋友式的友谊关系，尊重他们应有的自主权与隐私权；遇事多与他们商量，倾听他们的意见，并通过积极的引导，转化他们的不成熟和片面的认识，使孩子摒弃恶习，走向正常发展的道路。同时，学校应加强自身的教育能力，重视心理健康教育课程的开设，提高学生自信心，培养学生高雅的生活情趣，开展丰富多彩的活动让中学生以良好的心态度过学生生活。

考点2　中学生早恋现象

1. 早恋的概念

所谓早恋，是指18岁以下的未成年男女过早建立恋爱关系的行为。判断是否早恋的依据有两个：一是生活自立的程度；二是恋爱的年龄和法定最低婚龄相差的程度。

2. 早恋的特征

中学生的早恋具有朦胧性、矛盾性、变异性和差异性等特征。

3. 早恋的类型

中学生早恋的类型可以归纳为8种：(1)爱慕型；(2)好奇型；(3)模仿型；(4)从众型；(5)补偿型；(6)逆反型；(7)病理型；(8)愉悦型。

4. 早恋的成因

中学生早恋的原因可以从其自身的生理因素、心理因素和社会因素三个方面来分析。

(1)生理因素。一般认为，中学生早恋的根源在于生理的早熟。中学生性生理的较早成熟，必然导致心理与行为上出现一些新变化，如产生性意识、对异性产生神秘感和好奇心、渴望与异性交往、产生性的冲动和欲望、"成人感"增强等。

(2)心理因素。中学生的生理成熟并不等于心理成熟，他们还不完全懂得什么是爱情，还没有认识到恋爱所必须承担的责任和义务，他们的恋爱很多时候和好奇心、虚荣心、易受暗示性等心理因素相联系。

(3)社会因素。中学生的早恋问题，牵涉到社会的方方面面。生态环境的恶化、成人潜移默化的影响、学习压力和课余生活的单调等，都对他们构成较大的冲击。

5. 早恋的危害

(1)分散注意力，影响学习；(2)易受伤害，产生心理问题；(3)容易出现性过失；(4)增加犯罪发生率。

6. 中学生早恋的应对与解决

中学生的早恋现象是客观存在的，早恋的危害也是有目共睹的。家长和老师应正视中学生早恋现象存在的事实，了解中学生身心发展的规律和特点，采取适当的措施，因势利导、施以人性化管理，使他们平稳、安全地度过人生的青春期。

（1）正视早恋

对于青春期的情感，家长和教师必须要有清楚的认识。从两性的疏远期进入两性的好感期，随着向往异性心理的不断发展，开始进入爱慕期，这是青春期性心理发展的客观规律。

青春期的情感是稚嫩的，也是美丽的。教师和家长只有正视早恋这份情感中也存在着美好的一面，并充分了解早恋产生的客观规律，才能做到因势利导，对中学生采取正确的教育措施。

（2）动之以情，晓之以理

面对中学生的早恋现象，简单的公开批评和严厉的禁止都非良策，默许更是种失职，教师和家长要从“动之以情”和“晓之以理”两个层面上下功夫。

要做到“动之以情”，教师和家长在对待早恋问题上的真诚、尊重和关心是至关重要的。教师和家长要对早恋的情感表示真诚的理解和尊重，在实现情感沟通的基础上不断施以关心和诱导，将他们的恋情转变为异性之间的友情。感人心者莫先乎情，对早恋的学生动之以情，再晓之以理，则可事半功倍。

所谓“晓之以理”，就是教师和家长要让早恋者了解青春期性心理的知识，尤其是朦胧情感产生的原因，要让他们明白早恋可能带来的各种危害。要加强审美教育，让他们明白青春期的情感是人生最纯洁的一种情感，要学会珍惜。同时，要耐心地启发他们珍惜青春大好时光，发愤图强，积极进取，努力实现成功又幸福的人生。

（3）丰富课余生活

中学生精力充沛，生命力旺盛，他们不仅有本能的生理需要，也有丰富的精神需要。他们好动、好胜，对文体活动、科技活动或其他的各种竞赛活动都有着积极的热情和广泛的兴趣。通过开展各种活动，引导中学生去追求知识、发展能力、提升情操，同时使他们有机会并有意义地释放自己的青春能量。

（4）鼓励异性正常交往

无论家庭还是社会，都是由两性构成的，所以对中学生应施以人性化的尊重教育，鼓励他们实现异性之间的正常交往。学校应多开展异性集体活动，提供合适的异性活动场所，让中学生在活动中相互了解，增进友谊，减少对异性的神秘感和好奇心。集体活动中，还可以巧妙地利用舆论和同伴间的相互牵制，避免少数人的过分亲近，从而使青春期少男少女之间的交往能够健康发展。

知识再拔高

青少年异性交往的原则

教师在指导青少年进行正常异性交往时，要告诫和建议他们把握好“自然”和“适度”两个原则。所谓自然原则，就是在与异性交往过程中，言语、表情、行为举止、情感流露及所思所想要做到自然、顺畅，既不过分夸张，也不闪烁其词；既不盲目冲动，也不矫揉造作。适度原则是指与异性交往的程度和方式要恰到好处，应为大多数人所接受。

★★ 考点大默写 ★★

1. 中学生性情感的发展要经历疏远异性阶段、接近异性阶段、____________阶段和择偶尝试阶段。
2. 中学生的早恋具有朦胧性、____________、____________和差异性等特征。
3. 青少年进行正常异性交往时,要把握好自然和____________两个原则。

【参考答案】

1. 异性眷恋 2. 矛盾性 变异性 3. 适度

第二节 中学生认知发展与教育

一、中学生认知发展的特点

考点1 感知觉发展

感知觉的发展在人的一生中占有重要地位,它是人类感受外部世界的开端。特别是在中学阶段,感知觉的发展呈现其独特的特点,下面将分别从感觉、知觉和观察力三个方面来介绍中学生感知觉的发展。

1. 感觉的发展

中学生的视觉、听觉和运动觉发展很快。视觉感受性不断提高,区别颜色的精确性明显提高,视觉敏感度发展到一生中的最高水平,即达到或超过成人水平;听觉感受性不断提高,区别高音的能力明显提高;运动觉和平衡觉不断提高。

2. 知觉的发展

中学时期是知觉发展的一个重要时期。(1)知觉的有意性和目的性进一步提高,能够比较稳定地、长时间地进行知觉。(2)知觉的精确性和概括性不断提高,空间知觉上有更大的抽象性,时间知觉上能更精确地理解较短的单位,而对较大的单位开始理解,但精确性不高。(3)少年期学生开始出现逻辑知觉,这种知觉是和逻辑思维密切联系的,即在知觉过程中,能够把一般原理、规则和个别事物或问题联系起来。(4)观察力发展上,观察的目的性、持久性、精确性和概括性有显著的发展,初中阶段是观察力发展的一个转折点。

除此之外,知觉的发展还集中体现在青少年知觉的整体性、理解性、选择性和恒常性的发展上。

(1)知觉的整体性方面,中学生已经具备了知觉整体性的特点。在教学活动和日常生活中,中学生能对存在一定欠缺的事物进行修补。但是由于知识和生活经验所限,中学生常常忽视弱刺激部分而过分注重强刺激,从而做出不完全甚至是错误的反应。

(2)知觉的理解性方面,初中学生已经能够根据经验,对事物加以组合、补充、删减或替代,从而形成比较完整的理解。但初中生运用这几种加工方式的时候还不成熟,很大程度上还依靠自己的主观想象,表现出更多的随意性,这样有时对知识的理解就显得牵强附会,如果没有正确的指导和更合理的解释,他们还会把这种理解顽固地坚持下去。

(3)知觉的选择性方面,一切影响青少年注意发展的因素都影响着他们对知觉对象的选择,如知觉事物的直观性、新异性,学生自身的兴趣、需要、动机等。

(4)知觉的恒常性方面,中学生已经发展并完善了这方面的特点,不论物体向何种方向运动以及在何种位置,他们都能知道物体的本来形状。

3. 观察力的发展

(1)具有明确的目的性。中学生观察力的发展经历了由被动地接受家长或教师的任务进行观察,逐渐发展为自觉自动地制订观察计划,进行有意识的观察。

(2)持久性明显发展。

(3)精确性提高。

(4)概括性增强。随着思维水平的提高,中学生观察力的概括性逐渐增强,他们能够在观察中发现事物的异同,找出事物的规律及其与其他事物的内在联系。

考点 2　注意发展

1. 中学生的有意注意占优势地位

随着年龄的增长,中学生的大脑不断发育成熟,神经系统活动的兴奋与抑制能更好地协调起来,有意注意逐步发展起来并占优势地位。注意的随意性增强,并具有自我组织、自我调节、自我控制的性质。

2. 注意品质得到不断的改善

随着年龄的增长和教育的影响,中学生的注意品质得到不断的改善,具体表现在:

(1)注意的目的性增强。与小学生相比,中学生越来越能将自己的注意集中于所从事的活动上,使注意与所从事的活动保持一致。

(2)注意的稳定性逐渐提高。随着神经系统的发育完善,大脑抑制功能的不断增强,中学生的注意稳定性也在不断提高,到高中阶段其发展的速度会相对下降。

(3)注意的广度接近成人。随着学习的不断深入、生活经验的丰富和见识的增长,中学生注意的广度也有了明显的增长,13岁时的注意广度已接近成人。

(4)注意的转移能力增强。注意的转移能力是随个体大脑神经系统内抑制能力、第二信号系统的发展而得到迅速发展的。小学二年级到初中二年级是迅速增长期,初中二年级到高中二年级是发展的停滞期。

(5)注意的分配能力明显提高。初中生的注意分配能力就已经发展得很好了,他们在课堂上既能注意到老师的讲解,又能记笔记,还能进行思维,把握课程内容的前后联系。

考点 3　记忆发展　【单选、简答】　★★

中学生记忆发展的基本特点是:有意识记迅速发展,意义识记能力不断提高,词的抽象记忆能力进一步发展,记忆水平接近高峰值。

1. 中学生记忆发展的总体趋势是随着年龄的增长记忆力不断提高,到16岁趋于成熟

从16岁到18岁,学生的记忆成绩基本上没什么变化,也就是说高中生处于记忆发展的“黄金”时代。

2. 同一年龄的中学生,受所记材料性质的影响,记忆效果不一样

总的来说,对直观形象的材料记忆要优于抽象材料,对图形记忆要优于词语。即使同样是语言材料,视觉记忆要优于其他感觉(如听觉)收到的信息的记忆。

3. 中学生短时记忆的广度随着年级的升高而不断增大

初中时期学生短时记忆的容量接近成人水平,高中阶段趋于稳定。中学生短时记忆的发展不单体现在组块数量的增加上,更重要的是体现在组块内容的丰富上。

4. 随着年龄的增长，中学生的有意记忆和无意记忆效果都不断提高，但有意记忆逐渐占主导地位

两种记忆效果都随着年龄的增长而提高。8岁儿童仍是无意记忆占优势，而有意记忆的主导地位是从10岁开始的，12岁以后有意记忆的优势更加明显。中学生能逐渐学会根据不同的教材内容，自己提出适当长远的记忆任务，并主动选择良好的记忆方法。

5. 中学生以理解记忆为主要记忆手段

机械记忆在10岁左右得到快速发展后，一直保持较高水平，直到高中阶段，才随着年龄的增长而有所下降。理解记忆能力在整个高中阶段不断发展并占主导地位。

6. 抽象记忆在中学阶段占据主导地位

中学生形象记忆和语词抽象记忆都在发展，但从小学四年级起，由于思维从具体形象思维占优势发展到抽象逻辑思维占优势，所以抽象记忆的发展速度也超过了形象记忆，并最终在中学阶段占据主导地位。

考点4　智力与思维发展　【单选】★

智力发展主要指从出生到成熟阶段，主体在活动中整个反映结构不断改造、日趋完善和复杂化的过程，是积极的心理变化过程。

1. 中学生智力发展的特点

(1)智力水平得到飞跃性提高，智力发展进入关键期。有关研究表明，初中二年级到高中二年级是中学生智力发展的关键期。

(2)智力基本达到成熟。

(3)各方面智力发展不等速，并存在着个体差异。

中学生智力的发展，一方面表现在其观察能力、记忆能力、想象能力等方面的发展变化和完善上，但更主要的是体现在其思维能力的提高上。思维力是智力的核心，思维能力的发展水平直接影响到个体的智力状况，而逻辑则是思维的一面镜子，所以通过对中学生逻辑思维发展特点的考察，就可以了解中学生智力发展的主要特点。

2. 中学生思维发展的特点

(1)中学生逻辑思维的发展

①抽象逻辑思维逐渐占据主导地位，并随着年龄的增长日益成熟

在一定程度上，初中生的抽象逻辑思维还需要**具体形象**的支持。从初中二年级开始，进入中学生思维发展的关键期。学生的抽象逻辑思维开始由经验型水平向理论型水平转化，到高中二年级，这种转化初步完成，他们的抽象逻辑思维趋于成熟。

②形式逻辑思维逐渐发展，在高中阶段处于优势

中学生的思维发展处于皮亚杰所说的形式运算阶段，形式逻辑思维处于优势地位，主要表现在其概念、推理和逻辑法则等的应用能力上。

③辩证逻辑思维迅速发展

形式逻辑思维和辩证逻辑思维是抽象逻辑思维的两个不同的发展阶段，它们的发展和成熟，是中学生思维发展和成熟的重要标志。

中学生的辩证逻辑思维发展的趋势是：初中一年级学生已经开始掌握辩证逻辑思维的各种形式，但水平较低；初中三年级学生的辩证逻辑思维则处于迅速发展阶段，是一个重要的转折时期；高中学生的辩证逻

辑思维已趋于优势的地位，他们已经能多层次地看待问题，理解一切事物都处于互相制约、互相联系或者是对立统一的关系之中。

(2)对问题情境的思维有质的飞跃

在提问方面，与小学生相比，中学生对问题情境的思维具有三方面质的飞跃：①提问趋于探究性；②提问具有开拓性；③提问具有批判性。

在求解方面，中学生对问题情境的思维能够运用假设，他们能撇开具体事物，使用以概念支撑的假设进行思维。这使问题解决过程合乎科学性。同时，中学生对问题进行求解具有预见性，他们会拟订计划、思考步骤，有条理地求解问题。

考点5　想象发展

(1)初中生想象的有意性迅速增长。初中二年级到初中三年级是学生空间想象力发展的加速期或关键期。

(2)初中生想象的现实性在不断发展。想象的内容比较符合现实，富有逻辑性。初中生的幻想具有现实性、兴趣性，有时也带有虚构的特点。而要达到理性的想象一般要到高中阶段。

(3)想象中的创造性成分日益增多。高中学生想象的特点主要表现在他们的创造性成分的增加和理想的形成与发展方面。高中生更重视现实，他们的理想不仅要考虑自己的兴趣，而且还要考虑到有无实现的可能和条件，一旦有可能如愿，他们就会为之而奋斗，争取实现自己的理想。

考点6　创造力发展

与小学生相比，中学生的创造力得到进一步的发展，表现出自身的特点：

(1)中学生创造力发展的总体趋势是随年龄的增长而增强，但不是直线式的，而是呈现波浪式的发展趋势，13岁(初一)和17岁(高二)是两个下降期；

(2)小学生的创造力还带有更多的幻想性的特征，而中学生的创造力则更多地带有现实性特征，他们的创造性思维和创造性想象多是被在现实中遇到的问题激发出来的；

(3)中学生的创造力带有更大的主动性和有意性，他们常常能够主动地提出新问题，并寻求解决的办法；

(4)中学生的创造性思维品质有了很大的提高，创造性思维的发展已经表现为“以发散思维为主，发散思维与聚合思维协调发展”的特征，此外，思维的独立性、批判性、独创性、深刻性等品质都有很大的提高。

二、根据中学生认知发展的特点，提高中学生的认知能力

考点1　中学生观察力的培养

(1)引导学生明确观察的目的与任务，是良好观察的重要条件。

(2)充分的准备、周密的计划、提出观察的具体方法，是引导学生完成观察的重要条件。

(3)在实际观察中应加强对学生的个别指导，有针对性地培养学生良好的观察习惯。

(4)引导学生学会记录、整理观察结果，在分析研究的基础上，写出观察报告、日记或作文。

(5)引导学生开展讨论、交流并汇报观察成果，不断提高学生的观察能力、培养良好的观察品质。

此外，教师还应努力培养学生的观察兴趣与优良的性格特征，如学习的坚韧性、独立性等。培养学生的观察力还应教会他们养成自觉观察的习惯。

为方便考生记忆，编者将学生观察力的培养方法总结成以下口诀：

明确目的与任务，做好准备与计划，个别指导要跟上，引导记录与汇报。

考点2　中学生注意力的培养

稳定的注意力和良好的注意品质是中学生顺利完成学习任务的重要保证，因此，要加强中学生注意力的培养。

1. 加强中学生有意注意能力的培养

中学生在学习过程中所运用的注意主要是有意注意，有意注意对于学习和问题解决是最为重要的，因此要加强对中学生有意注意能力的培养。在课堂教学中，教师在一开始向学生明确教学目的和任务，会增强学生学习的自觉性和目的性，有利于维持有意注意。其次，在教学活动中，教师要尽量避免引起学生分心的外部刺激的干扰。针对外部干扰要培养中学生的自制力和抗干扰能力。

2. 要善于利用有意注意和无意注意交替的规律克服内部干扰

在课堂教学中，学生不可能一直依靠有意注意来维持学习活动，时间一长难免会出现疲劳而分散注意力，因此，教师应充分认识到这一点，要善于利用有意注意和无意注意交替的规律克服内部干扰。内部干扰主要是指疲劳和消极情绪等。教师可以在学生情绪最饱满、精力最集中的时候讲解教学的重难点，之后可以安排一些轻松愉快的活动来调节学生紧张的情绪，学生运用无意注意就可以支持这些活动。所以，教师在教学过程中要运用多种教学方法，安排多种形式的学习活动，使学习节奏一张一弛，学生可以始终保持集中注意。

3. 加强对各种注意品质的训练

良好的注意力不仅仅是注意稳定性好，也包括具有较大的注意广度、较强的注意分配能力和转移能力。这些方面的能力都是可以训练的。前面所讲的如何维持中学生的有意注意其实就是在讲如何加强他们的注意稳定性，下面将只阐述如何对其他三方面进行训练。

(1)心理学研究表明，注意广度受到刺激特点和主体的心理特点的影响，刺激物的组织性和规律性有利于扩大注意广度，而主体的知识水平和兴趣、情绪状态也会影响注意广度。因此，加强对中学生注意广度的训练，就要求中学生在知觉过程中能够对知觉对象进行组织，使之组织化和系统化，同时调整自己的情绪状态，保持浓厚的兴趣和积极的精神状态，从而获得最大的注意广度。

(2)注意分配也是有条件的，对同时要注意的对象的熟悉程度、注意对象之间的关联程度都会影响人的注意分配。所以，加强对中学生的注意分配能力的训练，就是要训练他们相应的技能，使之达到较为熟练的程度，这样可以节省注意资源；同时，加强对注意对象之间的关系的理解，如果对象之间关系不紧密，可以运用形象联想法进行人为的联系，以提高注意分配的效率；当然，合理分配注意资源是非常重要的，通常对于不熟悉的对象分配更多的资源，而对于比较熟悉的对象可以分配较少的资源。

(3)对于注意转移能力的训练，则重点考虑如何明确新任务、新要求，提高中学生对新活动的兴趣。此外，教师的言语指导和学生自己的言语调节也能增强他们的注意转移能力。总之，对中学生注意品质的训练，可以进行专门的注意训练，也可以在活动中进行有意识的渗透。

考点3　中学生记忆力的培养

1. 教给学生基本的记忆策略

记忆策略是指主体控制自己的记忆活动，增强记忆效果的方法。个体在记忆活动中常用的记忆策略主要有注意策略、复述策略、精细阐述策略、组织策略、提取策略等。这里主要介绍注意策略和提取策略。

(1)注意策略。注意是感觉记忆的内容进入短时记忆的前提。加强个体对记忆对象的注意，是提高记忆效果的重要条件。一种重要的注意策略是：针对记忆对象提出相应的问题，这些问题可以激发个体注意并观察对象。

(2)提取策略。提取策略就是根据需要提取信息的方法。一种有效的提取策略是分类提取，就是将要提取的对象归入一定知识类别，再在一定的知识类别中进行搜索。分类提取可以缩小信息搜索的范围，提高搜索的成功率。

2. 重视对中学生记忆活动的指导

(1)唤起记忆的愿望

教师在各科教学中应及时给学生提出识记的目的、任务和具体要求。在此基础上，应该培养学生主动、自觉地提出记忆的任务，特别是长远的记忆目标和意图，而不应临时抱佛脚，应付眼前考试。这有利于调动他们记忆的主动性、积极性。当然还要培养学生学习的兴趣和强烈的求知欲，充分利用他们的无意识记。

(2)增强记忆的信心

教师首先要打破学生在记忆上不符合事实的自卑感，帮助他们在精神上得到解放，让他们相信自己的记忆力。其次，想方设法使每个学生获得识记成功的体验，同时又要非常敏锐地发现每个学生识记的成功之处，并予以肯定，共同分享他们识记成功的喜悦。这样他们就会逐渐地由“害怕”记忆到“喜欢”记忆，由怀疑自己的记忆力到相信自己的记忆力。

(3)培养自我检查的习惯

再认和回忆既是检查记忆的指标，又是加强复习、巩固记忆的一种有效途径。自我测验、自我复述、自我回忆、自问自答、独立作业等都是自我检验的有效方式。自我测验和自我复述的效果较好，应向学生推荐。还要帮助学生了解自己在记忆过程中的优缺点，以便自觉地、有目的地克服缺点和发扬优点。这些自我检查能力和习惯的培养，将有利于提高学生的记忆力。

(4)讲究记忆卫生

记忆卫生是个内涵丰富的概念，主要包括：①保持稳定而愉快的情绪；②做到劳逸结合，参加文体活动；③合理地遵循作息制度，保证适当的睡眠；④利用最佳的记忆时间；⑤科学地使用大脑，以及有适当的营养、清新的空气等。

3. 合理组织学生复习

具体措施参见普通心理学部分第二章第三节中“根据记忆和遗忘的规律，防止遗忘”的内容。

考点4　中学生智力的培养

1. 转变教师的教学方法

教师要变“灌输式”的教为“启发式”的教，把学生的思维引活、引深，引导学生由表及里、由现象到本质地思考所学的知识，而不是做一个“知识容器”。此外，教师应正确处理精讲与多练的关系。课堂教学不能“满堂灌”，而应突出重点、难点，进行简明扼要的讲授，给学生留有练习的时间，使学生既能熟练掌握知识，又能运用所学知识解决实际问题，从而提高自己解决问题的能力。

2. 转变学生的学习方式

在教学过程中，学生是学习的主体，知识要靠他们自己主动去获取。因此，在教学过程中，要把学生的自主学习和教师有的放矢的辅导相结合，改变学生被动接受学习、死记硬背、机械训练的现状；要引导学生主动参与、自主探究、勤于动手，培养学生搜集和处理信息的能力、获取知识的能力、分析和解决问题的能力以及交流与合作的能力。

3. 培养学生的创新精神和实践能力

在教育教学中培养创新能力，应该突破传统学科教育片面强调线性思维的局限，引导学生质疑，培养学生的创造性思维。另外，教师应注重开放性教学，有目的、有计划地组织社会实践活动，着重培养学生的实践能力，改变学生“高分低能”的不良现状。

4. 帮助学生建立完善的知识结构

掌握知识是发展能力的前提，教师必须帮助学生建立完善的知识体系。所谓完善的知识结构，就是既有精深的专业知识，又有广博的基础知识。

考点5 中学生思维力的培养

培养中学生的思维能力应从思维的敏捷性、灵活性、深刻性、批判性、独创性等方面入手：

(1)教师可以在教学活动中举行运算速度比赛，让学生在思维活动中通过快速运算训练达到熟能生巧，或教给学生一些速算的方法，通过不断练习以提高中学生的思维敏捷性。

(2)教师在教学过程中可以引导学生展开广泛的联想，举一反三、触类旁通，从多个角度探讨解决问题的可能答案，以培养中学生思维的灵活性。

(3)教师在教学过程中应该指导学生运用分析、综合、比较、抽象、概括、系统化等思维过程和方法以及概念、判断和推理等思维形式，去分析问题和解决问题，以提高他们思维的逻辑性和深刻性。

(4)教师在教学过程中要鼓励中学生发表自己的见解，敢于怀疑权威，善于逆向思维，以发展他们思维的批判性。

(5)教师要为中学生创设有利于创造的氛围，鼓励学生大胆创新，不畏失败，以培养他们思维的独创性。

总之，教师要为学生创造有利于思维发展的问题情境，鼓励他们质疑问难，发表自己的新观点、新思路，教给他们分析问题与解决问题的思维方法，给他们提供思维训练的实践，不断促进他们思维的发展。

考点6 中学生想象力的培养

具体参见普通心理学部分第二章第五节中“学生想象力的培养”的内容。

考点7 中学生创造力的培养 【论述】 ★

在注重创造性人才培养的当今，加强对中学生创造力的培养尤为重要。培养中学生的创造力可以从以下几方面进行：

(1)创设有利于激发创造的条件和氛围，激发中学生的创造性动机；

(2)在教学中注重中学生发散思维的培养，*如一问多答，一题多解，鼓励学生的求异思维，保留学生的不同观点，等等*；

(3)经常使用一些有利于学生创造的思维训练方法：*如头脑风暴法、缺点列举法、希望列举法、字词联想训练、图形想象训练，等等*；

(4)借助作文、绘画、音乐欣赏等艺术活动，培养中学生的创造性想象能力；

(5)经常举办各种操作性活动的比赛,如航模制作、手工制作等,给中学生提供动手操作的机会,以培养他们的创造性行为和操作能力。

真题面对面

[2021金华,论述]联系实际,论述中学生创造力培养的有效措施。

答案:详见内文

考点大默写

1. 中学生观察力的发展具有明确的__________性,能够进行有意识的观察。
2. 中学生的__________注意占优势地位。
3. 中学生的__________识记迅速发展,词的抽象记忆能力进一步发展。
4. 中学生以__________记忆为主要记忆手段。
5. 在一定程度上,初中生的抽象逻辑思维还需要__________的支持。
6. 培养学生的创造力,要注重培养学生的__________思维,如一题多解。

【参考答案】

1. 目的　2. 有意　3. 有意　4. 理解　5. 具体形象　6. 发散

第三节　中学生情绪情感发展与教育

一、情绪发展的特点【简答】★

1. 情绪体验迅速

中学生情绪活动在反应时间上的特点是情绪体验迅速。他们的情绪反应来得快,平息得也快,维持的时间相对较短。情绪体验迅速意味着中学生的情绪反应很快到达激烈的程度。越是意外的、突然出现的诱发因素,导致的情绪反应也越强烈。

2. 不稳定性和两极性

中学生情绪虽然强烈,但波动性大,两极性明显,很不稳定,情绪很容易从一个极端剧烈地转向另一个极端。特别是初中阶段,他们可能从对事物的强烈认同、肯定,忽然转向拒绝、否定;对他人强烈的爱,因某些看法矛盾或冲突而忽然转化为强烈的恨。这主要与这个时期中学生的认知发展特点有关。中学生观察事物虽然敏锐,但较片面,思维发展是以感性概括水平为主,有待于上升为理性概括水平。他们的辩证思维、批判性思维还不成熟,因此看问题还带有明显的片面性、表面性,无法准确把握事物的本质属性和内在规律性联系。

3. 外露性和内隐性并存

随着自我意识的逐渐成熟,中学生情感、情绪的自我认知、自我观察体验、自我监控的能力逐渐增强,他们逐渐学会控制自己的情感表现和行为反应。他们既表现出强烈的情感、情绪反应,对外界事物的喜怒哀乐形于色,淋漓尽致地抒发他们的内心感受,又能表现出逐渐掩饰、压抑自己的情绪,使这种情绪的表露有时往往带有很大的文饰性，并逐渐学会用理智控制自己的情绪反应。初中生的情绪活动还是以外露为主。纯洁、天真、单一是他们情绪活动的基本面，热情是其突出特点，有经验的教师比较容易从学生的脸部表情、身体动作了解初中生对某一事物的态度。随着高中生社会化的逐渐完成与心理的成熟，同时，由于自我意识的逐渐完善、自我控制和自我调节能力的增强，他们的情绪具有了文饰、内隐、曲折的性质，他们逐渐认识到，情绪的任意发泄和冲动对达到自己的目标不但没有帮助，反而会影响同他人的关系。中学后期的学生开始对冲动的情绪进行克制和忍耐，情绪反应的强烈程度逐渐降低，情绪的波动性逐渐减弱。他们能根据一定的条件或目的表达自己的情绪，形成外部表情与内心体验的不一致性。如取得好的成绩，不像小学生那样兴高采烈，而是内心喜悦；对异性萌发了爱慕之情，却往往留给人的印象是贬低、冷落特定的异性同学，潜藏内心深处给自己带来的烦恼和忧伤，于是往往借助日记，诉诸笔端。

4. 体验的时间延长，出现心境化的特点

中学生对自己情绪的控制能力增强，情绪发生的频率降低，情绪发生后延续的时间增长，情绪具有来得快、去得慢的特点。例如，幼儿发怒不超过5分钟，高中生可能会长达数小时。中学生的情绪在时间上比小学生有更长的延续性。一件事情引起的反应能够较长时间留在心头，这种拉长了的情绪状态则会转为较稳定的心境。在愉快的心境下，心情舒畅，对周围的人和事都会感到满意，干什么事都有劲，甚至对平时不感兴趣的活动也津津乐道。相反，若心境不好，则对什么事都不感兴趣。在一段时间内，他们或欢乐愉快，或安乐宁静，或抑郁低沉，高兴的情绪会延续成良好的心境，苦恼的心境也会延续成闷闷不乐的心境。这种不良心境的延续不仅会影响他们的学习和生活，也会影响他们的身心健康，这就是中学生情绪活动的心境化。

二、情感发展的特点

1. 自尊心强烈而敏感

中学生的自我意识达到了一个新的水平，他们开始冲破外部的行为表现而深入到内心世界，他们在评价别人的个性品质中逐步学会评价自己的个性品质，最终“发现了自己”。由于自我意识的增强，他们的情感的自觉态度也开始出现，他们开始判断自己的情感是否有价值，是否合乎道德。强烈而敏感的自尊心是高中生自我意识发展的突出表现，高中生已进入心理自我时期。这是自我意识急剧发展的时期，这个时期因为自我认同还不稳定，由于自尊心理的发展，凡事都有成功的欲望。然而，现实世界并非任何事物都一帆风顺，常会出现挫折，因此高中生比较普遍地出现孤独感、自卑感和嫉妒心。这些都折射了自尊心发展过程中的偏差。

2. 情感的社会性加强

初中生由于学习内容的增加，参加社会活动广泛，对世界观的问题开始重视，他们的情感与政治、社会生活的关系越来越密切，对于自身的责任感也日益明晰。高中生和初中生相比，知识面拓宽，辩证思维的发展、情绪经验的积累和对这些情绪经验的概括，使社会性情感日益丰富。他们对时事政治与民族前途的情感体验，对人与人之间关系的情感体验，对自己前途与祖国未来关系的情感体验，对升学、就业的情感体验等，在他们的精神生活中占有显著位置。

中学生情感的社会性还表现在他们对友谊的选择变得更有思想基础。中学生的友谊既建立在共同的情绪体验、思想意图和共同兴趣上，也建立在对个性品质的评价上，这种友谊往往能保持相当长的时间。高中生时期两性爱情开始萌芽。

3. 理智感、美感和道德感丰富和深化

初中生在认识过程中理智感明显发展起来，主要体现在学习中。理智感强的初中生，学习兴趣浓厚，认识活动深刻，求知欲越强，追求真理的兴趣越浓。在理智感发展上，高中生学科的兴趣分化更明显。他们能够结合自己的志向，产生与兴趣、志向相联系的情感体验，并把这种情感变成一种学习的动力，更深入、主动地扩大自己的知识面，从中感受到快乐。

美感在初中生的情感发展中是相对迟缓的情感。在文化教育的影响下，初中生一般已经开始注意自己外表的美化，并力求使自己做到外表美和内心美的统一。高中阶段是美感发展的主要时期。由于知识经验的增长、思维水平的提高、道德观念的逐渐成熟，对美的追求更加广泛，美感体验也逐渐深刻。他们能注意把握美的内在质量，注意到心灵美的重要性。高中生追求青春美的意向非常明显，无论男女都注意自己的容貌、身高、体态等。高中生对人体美的理解也比初中生更加深化，他们更注重人的内在美与外在美的和谐和统一。

道德感发展方面，中学生的爱国主义情感、集体主义情感、义务感、责任感、正义感、集体荣誉感等复杂的道德情感都得到很快的发展。当他们在违反自己所接受的行为准则时，就会引起痛苦的过失感。他们关心集体、维护集体的利益，认真完成集体的委托，并以自己最大的努力为集体争得荣誉。

真题面对面

[2022 绍兴，简答]简述中学生情绪情感的发展特点。

答案：详见内文

三、中学生常见的情绪问题

中学生常见的情绪问题有焦虑、抑郁、恐惧、易怒、冷漠等。

考点 1　焦虑

焦虑是指当一个人预测将会有某种不良后果产生，或当模糊的威胁出现时所表现出来的一种不愉快情绪，表现为紧张不安、忧虑、烦恼、害怕等。

对于中学生来说，最明显、最常见的是考试焦虑。考试焦虑是一种复杂的情绪现象，是在一定的应试情境下，受个体认知评价能力、人格倾向与其他身心因素制约，以担忧为基本特征，以防御或逃避为行为方式，通过一定程度的情绪反应所表现出来的心理状态。其表现是：随着考试临近，心情极度紧张；考试时注意力不集中，知觉范围变窄，思维刻板，表现慌乱，无法发挥正常水平。

考点 2　抑郁

抑郁是一种以持久的情感低落为主要表现的心理问题，常伴有焦虑、沮丧、压抑、苦闷、躯体不适感和睡眠障碍。有这类情绪问题的中学生一般能基本适应学校生活，但心理压抑、情绪苦闷，而且持续时间较长，对他们的身心健康危害较大。在学习和生活上表现为兴趣减低、缺乏自信、精力衰退、封闭退缩、不愿交往、无助感强；在躯体上表现为头疼、背痛、肢体酸痛、消化不良、失眠等症状。

中学生的抑郁多半是由学习或生活中各种各样的烦恼造成的。如果一个人在工作、学习和生活中遇到困难和挫折而且暂时不能克服或摆脱，便会出现烦恼。当这些烦恼长期不能摆脱，就会导致抑郁。

考点3 恐惧

恐惧是指对某种特定对象或境遇产生了强烈的、非理性的害怕，而实际上这类引起害怕的对象或境遇，一般并不导致危险或威胁，如怕黑、怕孤独、怕一些小动物，等等。当人处于这种恐惧状态时，不仅会出现明显的紧张、焦虑等情绪反应，有时还常伴有心悸、出汗、头痛、头晕等生理反应。

恐惧心理有各种各样的表现。中学生最为普遍的恐惧心理是对某一特定事物或现象的特殊害怕，称之为特异性恐惧，*如飞行恐惧、注射恐惧等*。还有一些中学生对学校产生恐惧，*如害怕看校门、害怕见到老师和同学、回避学校生活*，又称学校恐惧。另一种中学生较为普遍的恐惧是**社交恐惧**，其主要特点是在人际交往中感到害羞、尴尬、笨拙，怕成为别人的耻笑对象，不敢在公开场合讲话、做作业、吃饭等；看着对方就面红耳赤、表情异样，而且怕被对方觉察，以致不能正常交往，严重者会发展到足不出户。

当然，青少年的恐惧心理作为一般的心理问题，通常并不严重，也不会持续过久。但如果不以为意，不加重视，就有可能累积、演变成恐惧症，所以对此不能掉以轻心。

考点4 易怒

易怒是指容易冲动、急躁，爱发脾气。从心理学上讲，这是因为兴奋过强或紧张过度而出现的心理异常，表现为情绪反应过度，即使是轻微的刺激，也容易引起强烈而短暂的情绪反应。

客观上讲，愤怒对人是没有任何好处的。从生理角度说，愤怒易导致高血压、心脏病、溃疡、失眠等疾病；从心理角度而言，愤怒会破坏人际关系，阻碍情感交流。导致易怒的原因主要有两方面：一是与自身的气质类型有关系，一般来说，胆汁质的人比其他气质类型的人更容易急躁，更爱发脾气；二是与缺乏涵养、自尊心太强、虚荣心过强有密切联系，只知爱惜自己的"脸面"，满足虚荣心，不惜伤害朋友和同学之间的感情。

考点5 冷漠

冷漠是指情感强度较弱，情感表现灰冷、漠然的心态。这是一种情感上的心理问题，表现为对外界刺激缺乏相应的情感反应，对周围事物失去兴趣，对亲友冷淡，内心体验贫乏，严重时对一切都漠不关心。

造成情感冷漠的主要原因是外部因素，如遭受重大打击或挫折。有的中学生在学习和生活中碰了几次钉子，受到些挫折和打击，就变得心灰意冷了，原来的热情消失了，到后来对一切事物都没有兴趣了，对人也采取冷漠的态度，终日伴随自己的只是内心的孤寂和空虚，这样会严重损害自己的身心健康。

四、中学生消极情绪的调节 【单选】 ★

中学生出现的消极情绪对于他们的学习、生活、身心健康都会产生重大影响，需要给予极大的关注和及时的调节。调节方法主要有放松训练法、系统脱敏法、合理情绪疗法、转移注意法、发泄情绪法、控制情绪法等。

考点1 放松训练法

放松训练法是指在暗示的作用下，使人的全身肌肉从头到脚逐步放松的方法。运用放松训练法首先要寻找一个安静的环境。放松前，人要坐或躺得舒服，注意力集中，排除杂念，呼吸平稳，入静；然后先让身体各部位紧张起来再放松，这样更能够体验到放松的感觉。放松可从头部开始从上到下，依次进行，直至全身放松，然后保持几分钟。这时可感觉到平静、安详、精神焕发。此法对因紧张而引起的各种焦虑以及恐惧尤为有效。经常做还可改善人的记忆力，提高学习能力。这个方法通常与系统脱敏法结合起来使用。

考点 2 系统脱敏法

系统脱敏法是指有步骤地、由弱到强地逐步适应某种引起过敏反应的刺激源的方法。运用系统脱敏技术，首先可将引起学生过敏刺激的过程分解成若干阶段，然后由弱到强，呈现过敏刺激，再做放松练习，依次进行直至呈现强的过敏刺激也不感到紧张为止。例如，一个学生过分害怕猫，我们可以让他先看猫的照片，谈论猫；再让他远远观看关在笼中的猫，让他靠近笼中的猫；最后让他摸猫、抱起猫，消除对猫的惧怕反应。系统脱敏法由沃尔帕首创，它包括以下几个步骤：(1)进行全身放松训练；(2)建立焦虑刺激等级表；(3)焦虑刺激与松弛活动相配合。

考点 3 合理情绪疗法

合理情绪疗法

合理情绪疗法是帮助当事人将情绪困扰理性化，从而达到辅导目的的一种认知心理辅导法。它是由美国心理学家艾利斯创立的。他认为消极情绪或不良行为并非由外部诱发事件本身所引起，而是由个体对这些事件的评价和解释造成的。所以，要改变一个人的消极情绪或不良行为，就可以通过改变他的不合理的信念来实现。

艾利斯认为不合理信念的特征包括以下几个方面：

(1)**绝对化要求**。个体以自己的意愿为出发点，认为某一事物必定会发生或不会发生的信念。这种特征通常是与“必须”“应该”“最好”“一定”这类词联系在一起，如“我必须获得成功”“我必须拿奖学金”等等。当某些事情的发生与其对事物的绝对化要求相悖时，他们就会受不了，感到难以接受、难以适应，并陷入情绪困扰。

(2)**过度概括化**。这是一种以偏概全、以一概十的不合理思维方式的表现。一方面，表现为对自身的不合理评价。自己做错了一件事就认为自己一无是处，以某一件或几件事来评价自己的整体价值，其结果往往是导致自罪自责、自卑自弃，从而产生焦虑和抑郁等情绪。另一方面，表现为对他人的不合理评价。别人稍有一点对不住自己，就认为他坏透了，完全否定他人，一味地责备他人，从而产生敌意和愤怒等情绪。

(3)**糟糕至极**。对事物的可能后果产生非常可怕、非常糟糕，甚至是一种灾难性的预期的非理性观念，进而陷入极度的负面情绪体验中。

ABC理论是合理情绪疗法的核心理论：

A：个体遇到的主要事实、行为、事件。

B：个体对A的信念、观点。

C：事件造成的情绪结果。

我们的情绪反应C是由B(我们的信念)直接决定的。可是许多人只注意A与C的关系，而忽略了C是由B造成的。B如果是一个非理性的观念，就会造成负向情绪。若要改善情绪状态，必须驳斥(D)非理性信念B，建立新观念并获得正向的情绪效果(E)。这就是艾利斯理性情绪治疗的ABCDE步骤。

真题面对面

[2021台州，单选]小红觉得学习压力大，要专注于学习，没跟小明玩，小明就认为小红抛弃自己，觉得小红不好。小明这种表现是(　　)

A. 完美主义　　B. 糟糕至极　　C. 绝对化要求　　D. 过度概括化

答案：D

五、中学生积极情感的培养

1. 教师要尊重学生和热爱学生

中学生的自我保护意识很强，自尊心也很强，所以，作为教师要尊重学生，应意识到无论如何也不要讽刺、挖苦学生，不要伤害他们的自尊心，更不能体罚和变相体罚学生。教师应该给学生以生活上的关心和爱护，当学生有困难时应竭尽全力去帮助他们，有思想矛盾时要循循善诱为他们化解矛盾。这样，教师对学生的尊重和热爱必然会得到学生积极的情感反馈，从而建立良好的师生关系，这也能使学生深切地感受到师爱的温暖，产生情感共鸣，并以积极的情感和表现回报教师的爱。

2. 引导中学生积极参加社会活动，在奉献爱的过程中体验道德感

中学生已经具备一定的服务社会的能力，学校可以通过组织中学生参加社会实践活动，服务社会，为他人做好事，奉献自己的爱，从而体验道德感。比如，在节假日组织中学生到汽车站、火车站为旅客服务；去敬老院、孤儿院为老人或孤儿服务；去公园帮助清洁工打扫卫生；等等。通过服务他人、服务社会，感受到存在的价值，体验到奉献的快乐，从而产生积极的道德感。

3. 指导中学生在学习中体验理智感

中学生在学习和问题解决中，如果能够获得成功，则会欢欣鼓舞、充满自豪；如果遇到难题不能解答，则会感到困惑，产生烦恼。在学生出现困惑和烦恼时，教师如果能够给予引导和鼓励，帮助他们找到解决问题的办法，学生就会产生积极的情感——理智感。在学习过程中，积极情感的源泉是获得成功感。因此，教师应不断地给予学生鼓励，给予他们成功的希望，充分肯定他们的每一个微小的进步，使他们不断获得成功体验，从而增强他们学习的自信心，消除心理压力，取得进步，获得理智感。

4. 引导中学生积极参加审美活动以体验美感

审美活动是一种发现美、欣赏美和创造美的活动。自然界的名山大川、苍松翠柏、鲜花绿草，社会生活中良好的道德风尚、高尚的思想情操，以及优秀的音乐、绘画、文学、戏剧等艺术作品，无不给人以美的享受，唤起人们对美好生活的热爱和追求。审美实践活动主要体现在欣赏自然美、社会美和艺术美，进行艺术创造和表现美等方面，如参加书法、摄影、绘画、文学社、艺术团，开展书评、影评、书画展、文艺表演等活动。通过审美实践活动，可以振奋精神、愉悦心情，充分体验美的感受。

★★ 考点大默写 ★★

1. 中学生情绪体验的时间延长，出现____________的特点。
2. 中学生情感的____________性加强，对友谊的选择变得更有思想基础。
3. ____________是一种以持久的情感低落为主要表现的心理问题，常伴有焦虑、沮丧、压抑、苦闷、躯体不适感和睡眠障碍。
4. 一个学生曾因车祸对汽车产生了恐惧心理，不敢坐汽车。我们可以先让他看有关汽车的图片，与他谈论汽车，让他摸汽车，最后让他坐汽车等，逐步消除他对汽车的惧怕反应。这种属于____________法。
5. 小李在一次失败后，便认为自己永远不会成功。根据艾利斯的观点，这体现的不合理信念的特征是____________。

【参考答案】

1. 心境化 2. 社会 3. 抑郁 4. 系统脱敏 5. 过度概括化

考点1 常用的心理辅导方法

进行心理辅导要以建立良好的辅导关系为前提。辅导教师与受辅导学生之间要建立起来一种新型的、建设性的、具有辅导与治疗功能的人际关系，其主要特点是：积极关注、尊重、真诚与同感。同感是指辅导教师设身处地地去体会受辅导学生的内心感受，进入他的内心世界之中。学校中常见的心理辅导方法包括改变学生行为的基本方法、改变学生行为的训练方法和改善学生认知的方法，这里主要阐述改变学生行为的基本方法。

(1)强化法

强化法用来培养新的适应行为。其根据是：一个行为发生后，如果紧跟着一个强化刺激，这个行为就会再一次发生。

(2)代币奖励法

代币是一种象征性强化物，筹码、小红星、盖章的卡片、特制的塑料币等都可作为代币。当学生做出教师期待的良好行为后，就发给他们数量相当的代币作为强化物。学生用代币可以兑换有实际价值的奖励物或活动。

(3)行为塑造法

行为塑造法指通过不断强化逐渐趋近目标的反应，来形成某种较复杂的行为。

(4)示范法

观察、模仿教师呈示的范例(榜样)，是学生社会行为学习的重要方式。模仿学习的机制是替代强化。由于范例的不同，示范法有以下几种情况：辅导教师的示范；他人提供的示范；电视、录像、有关读物提供的示范；角色的示范。

(5)处罚法

处罚的作用是消除不良行为。处罚有两种：一是在不良行为出现后，呈现一个厌恶刺激(如否定评价、给予处分)；二是在不良行为出现后，撤销一个愉快刺激。

(6)自我控制法

自我控制法是让当事人自己运用学习原理，进行自我分析、自我监督、自我强化、自我惩罚，以改善自身行为。

真题面对面

[2020丽水，不定项]心理辅导老师设身处地地去体会受辅导学生的内心感受，进入到他的内心世界。这种辅导方法被称为(　　)

A. 内化　　B. 同感　　C. 系统脱敏法　　D. 自我控制法

答案：B

考点2 常见的心理问题

(1)恐怖症

恐怖症是对特定的无实际危害的事物与场景的非理性的惧怕。恐怖症可分为单纯恐怖症、广场恐怖症和社交恐怖症。

(2)抑郁症

抑郁症是以持久的心境低落为特征的神经症。个体有过度的抑郁反应，通常伴随有严重的焦虑感。

(3)焦虑症

焦虑症是以与客观威胁不相适应的焦虑反应为特征的神经症。正常人在面临各种压力情境，特别是在个人自尊心受到威胁时，也会出现焦虑反应，但他们的焦虑与客观情境的威胁程度是相适应的。

(4)强迫症

强迫症是一种以强迫观念和强迫行为为特征的神经症，是指个体主观上感到有某种不可抗拒的、不能自行克制的观念、意向和行为的存在。

(5)学习困难综合征

学习困难综合征是指某些智力正常或接近正常的儿童，因神经系统的某种或某些功能性失调，使其在听、读、写、算方面能力降低或发展较慢，以致陷入学习困难。

真题面对面

[2021金华/诸暨，单选]魏斌经常想"人为什么是两条腿?"，一天想好多次，明知道没必要却又无法控制，以至于影响学习和生活。他的心理问题属于(　　)

A. 强迫症　　B. 焦虑症　　C. 抑郁症　　D. 恐怖症

答案：A

第四节　中学生人格发展与教育

一、中学生人格发展的特征

1. 人格倾向逐步向高层次方向发展

人格倾向可以分为低层次的需要、动机、兴趣和高层次的理想、信念、价值观等。随着中学生在生理上的逐渐成熟，知识和能力的逐步增长，中学生的人格倾向也逐步发展，表现为由低层次人格倾向向高层次人格倾向发展，每一种人格倾向内部也在逐步向高层次方向发展，具体从以下三个方面来分析。

(1)由低层次需要向高层次需要发展

人类的需要是多种多样的，有生理需要与社会需要，物质需要与精神需要等。根据马斯洛的需要层次理论，中学生的需要结构已逐渐完善，他们并不满足于一些生理需要与物质需要，而是追求社会需要与精神需要，如友谊的需要、独立自主的需要、理解和尊重的需要、求知的需要、审美的需要和发展自我的需要等。高层次的社会需要与精神需要已经逐渐成为中学生的主导需要。

(2)兴趣逐渐深刻与稳定

中学生兴趣发展的特点表现为：①兴趣由肤浅向深刻发展，从有趣、乐趣发展到志趣；②兴趣由不稳定逐步向稳定发展；③兴趣广泛且具有中心兴趣，中心兴趣将逐步发展成为爱好。

(3)理想、信念和价值观逐渐形成与发展

中学生将经历理想、信念和价值观形成的准备、观察与探索、定向与确立这样三个阶段。小学高年级到初中低年级是理想、信念、价值观形成的准备阶段，初二到高二是对理想、信念、价值观的观察与探索阶段，高二到大学阶段是理想、信念、价值观的定向与确立阶段。中学阶段，尤其是高中阶段是理想、信念、价值观形成的关键阶段，要格外关注，学校要结合中学生的升学和就业状况加强对他们的理想、信念和价值观的培养。

2. 性格特征渐趋稳定

性格是指一个人表现出来的对现实的稳固的态度以及与之相适应的习惯化的行为方式。性格从不同角度可以进行不同的分类，详见本部分第四章第三节中"性格的类型"。性格主要是在后天形成的，中学生已经形成许多较稳定的良好的性格特征，如勤奋刻苦、谦虚、热情、大方等，同时，中学生已表现出相当明显的性格类型，就内外倾向来说，中学生性格的内倾型和外倾型已逐步定型。

3. 自我意识的高涨

进入青春期后，由于身体的迅速发育，中学生很快出现了成人的体貌特征。正是因为这种生理上的变化，他们自觉或不自觉地将自己的思想意识指向主观世界，进入自我，导致自我意识的发展。自我意识高涨是中学生自我意识发展的基本特点。自我意识的高涨突出表现在：

(1)中学生的内心世界日趋丰富，他们在日常生活和学校生活中，将很多心思用于内省。

(2)中学生的独立意识明显增强，对许多事情都有自己的观点和看法，不再盲目听从成人的教导。中学生迫切地要求享有独立的权利，甚至将父母曾给予的生活上的关照及情感上的爱抚视为获得独立的障碍，将教师及社会其他成员的指导和教诲也看成对自身发展的束缚。

(3)中学生在个性上出现主观、偏执，他们总认为自己正确，听不进去别人的意见。他们把主观上的偏执看成有主见的表现。

(4)表现出反抗心理，主要表现为对一切外在力量予以排斥的意识和行为倾向。

中学生在以下几个方面很容易出现反抗心理：①独立意识受到阻碍；②自主性被忽视或受到妨碍；③当个性伸展受到阻碍时，也将引起他们的极度反感；④当成人强迫中学生接受某种观点时，中学生拒绝盲目接受，表现出对抗的倾向。

中学生的反抗方式也是多样化的，有时表现得很强烈，有时则以内隐的方式相对抗，常有以下几种具体表现：①态度强硬，举止粗暴；②漠不关心，冷淡相对；③反抗的迁移和概化，是指当某一人物的某一方面言行引起了他们的反感时，就倾向于将这种反感及排斥迁移和概化到这一人物的方方面面，甚至将这个人全部否定。可见，中学生的反抗心理在很大程度上是为了否认自己是儿童，而确认自己是成熟的个体。中学生这种突然高涨的自我意识，使得其人格出现了暂时的不平衡性。

二、影响中学生人格形成与发展的因素

影响人格形成与发展的因素主要有生物遗传因素、社会因素和个人主观因素。具体内容参见普通心理学部分第四章第一节中"影响人格形成与发展的因素"的内容。

三、中学生自我意识的发展与培养 【单选、判断、简答】 ★★

考点1　自我意识概述

自我也称**自我意识**，是指个体对自己以及自己与周围事物的关系的意识。自我意识是人格的重要组成部分，它的发展变化不仅与人格结构的变化有着密切关系，而且与人格发展水平也密切相关。自我意识是一个具有多维度、多层次的复杂心理系统。从内容上看，自我意识可分为生理自我、**社会自我**和心理自我。

从形式上看，自我意识由自我认识、自我体验、自我控制几部分构成。

（1）**自我认识**是自我的认知成分，它是个体对自己身心特征和活动状态等的认知与评价，包括自我感知、自我观察、自我分析、自我概念、自我评价等。

（2）**自我体验**是自我的情感成分，是指个体对自己所持有的一种态度，包括自爱、自信、自尊、自豪感、内疚感与羞愧感等。其中，自尊是自我体验中最重要的成分，它能影响自我认识与自我调节两个方面的发展。**自尊**是指个体在社会比较过程中所获得的有关自我价值的积极的评价与体验。教育心理学家古柏史密斯在其所著《自尊心的养成》一书中，提出培养学生自尊心的三个先决条件。①**重要感**，指个人觉得他的存在是重要的和有意义的；②**成就感**，指个人能在具有挑战性的工作中表现出成就，而且能达到自己的预期目标，这时会产生一种完美感受；③**力量感**，指个人感觉到自己有处理事务和适应困境的能力。**自信**是对自己的能力是否适合所承担的任务而产生的自我体验。**对自己近阶段的表现感到欣慰或不满，便属于自我体验范畴。**

（3）**自我调控（自我控制）**是自我意志的体现，是指个体对自己思想、情感和行为的调节和控制。自我控制能力的发展对儿童的学习成绩、控制攻击、协调人际关系等都具有重要意义，它的作用体现在个体对自身发展的能动性影响。（罗腾伯格通过"延迟满足"研究儿童自我控制行为。）

真题面对面

1.［2022宁波，单选］高自尊的学生往往在学校的某些方面表现得更加成功。下列哪项不属于培养学生自尊心的先决条件之一（　　）

A. 重要感　　B. 成就感　　C. 力量感　　D. 集体荣誉感

2.［2021金华/诸暨，单选］"对自己近阶段的表现感到欣慰或不满"，这属于自我意识中的（　　）

A. 自我体验　　B. 自我观察　　C. 自我评价　　D. 自我控制

答案：1. D　2. A

考点2　中学生自我意识发展的特点

1. 中学生自我认识与评价的发展

正确地认识与评价自我是自我意识发展的重要标志。中学生的自我认识与自我评价能力在逐步发展，他们已经能够较为全面、客观、辩证地看待和分析自己，既能够认识到自己的长处，也能够认识到自己的不足之处。

中学生的自我评价实现了由依附性向独立性，由具体性向抽象性、概括性的转变，并且自我评价的深刻性和稳定性都发生着质的变化。（1）在独立性方面，中学生的自我评价已经基本上能够摆脱对成人的依赖，有自己独立的看法。但是初中生的自我评价还不够成熟，对自我的评价相对于对他人的评价要偏高一些，对自我的评价容易受到同伴评价的影响。到了高中阶段就逐渐克服了同伴的影响，能够较为客观地评价自己，独立倾向明显。（2）在抽象性、概括性方面，中学生已经能够概括地评价自己，能够使用较为抽象的概念概括自己的特点，如"团结、友爱、自信、谦虚"等。（3）在深刻性和稳定性方面，中学生已经能够从内在品质方面评价自我，且不受外部情境的影响，这表明中学生的自我认识和评价已经成熟。

2. 中学生自我体验的发展

相对于自我认识与评价来说，中学生的自我体验发展稍慢一些，但是也得到不断的发展。中学生自我体验的发展具体表现为**成人感**明显增强，自尊心显著增强，内心体验日益丰富和深刻。出现成人感是中学生自我发展中最明显的变化，随着成人感的出现，中学生的自尊心也明显增强，他们特别希望别人尊重自己，希望自己的观点和行为得到别人和社会的认可，希望通过自己的努力获得一定的地位。随着自我认识的深入和成人感的增强，中学生的自我体验也日益丰富和深刻，他们不仅对自己的身材、相貌等方面感到喜悦或烦恼，还对自己的个性特征、道德品质、社会价值、人际关系、学习成绩等方面产生肯定或否定的态度体验。

3. 中学生自我控制的发展

中学生的自我控制能力得到了初步的发展，但是还不成熟、不稳定。中学生在行为的自我控制方面由自发性、冲动性向自觉性、计划性方向发展。初中生的自我控制的目的性、计划性还较差，对行动的结果和影响还缺乏远虑，到高中阶段，他们的行为目的性和计划性明显增强，不仅能够预计行为的后果，还能规划出行动的方案。

考点 3　中学生自我意识的培养

1. 提高中学生自我认识与评价的能力

(1)要引导中学生全面地认识和评价自我。许多中学生在进行自我认识和评价时，仅仅从长相、成绩或者能力等某一方面进行评价，就得出自己了不起或不行的结论，这是片面的。教师要引导中学生对自己进行全面的评价，包括学业成绩、人际交往、活动能力、身体特征、家庭背景、在同伴中的地位等各方面的优势与不足。一般可以从生理自我、心理自我、社会自我三个方面进行认识和评价，这样是比较全面的。

(2)要指导中学生客观地评价自我。小学生一般会高估自己，中学生相对来说对自我的认识和评价会客观一些，但是随着身体的发育与成熟，知识的增多和能力的增强，中学生往往也会出现高估的倾向。因此，要指导中学生客观地认识和评价自己，既要看到自己的优点，不要自卑，也要认识到自己的不足，不能自傲；既要了解自己的长处和强项，也要认清自己的短处与弱项。只有认识到自己的长处和短处，同时认识到每个人都有自己的长处和短处，才能客观地对待自己的长处和短处，从而保持积极向上的学习和生活态度。

(3)要引导中学生正确地认识和评价自己。如何才能客观地认识自己的长处和短处？①可以通过对自己的行为及行为结果进行观察和分析来了解自己的优势与不足，*比如我虽然成绩一般，但是我运动能力很强，或者我虽然数学成绩不怎么样，但是我英语水平很高，等等*；②可以通过自我反省来认识自我，经常不断地反思自己，可以比较客观地认识和评价自己的优点和缺点；③可以通过与他人的交往来认识自我，因为在与他人的交往中，一是可以通过与他人相对照来了解自己的长处和短处，二是可以通过他人对自己的评价来认识和评价自我。

2. 促进积极的自我体验

积极的自我体验是自我意识健康发展的关键。促进中学生积极的自我体验主要是通过增强其自尊感和自我效能来实现的。

(1)充分尊重和关爱学生以增强其自尊感

①教师要充分尊重学生；②要充分信任学生；③教师要善于建立相互尊重的氛围，使学生在一个自由、平等、互敬互爱的环境中学习和生活，从而充分体验到自尊感；④教师要给学生以无条件的积极关注和关爱。

(2)通过对中学生进行积极评价以增强其自我效能

高自我效能是一种积极的自我体验，对于学生的成功具有非常重要的意义，因此要提高学生的自我效能。①教师要善于发现学生的进步，并给予及时的表扬和鼓励；②要增加学生的成功体验；③要给学生树立榜样和示范；④引导学生正确归因。

3. 提高中学生的自我控制和调节的能力

在中学生的自我意识结构中，自我控制相对来说较弱，因此要重视提高中学生的自我控制能力。①要引导学生发扬"吾日三省吾身"的精神，加强自我监控，对自己的身心发展状况进行及时把握，通过分析过去自我、现实自我和理想自我的异同，真正做到实事求是地对待自我；②要帮助学生主动发现和及时纠正自我意识的偏差；③要引导学生经常进行自我信息反馈，在收集前一阶段有关自我调节的信息的基础上，对这些反馈信息进行分析，以便确定学生自我调节的策略或方法是否适当，从而增强其自我调节的能力。

四、中学生的人格塑造

1. 教师要针对中学生的人格特征因材施教

教师要像孔子那样做到"求也退，故进之；由也兼人，故退之"。为此，教师首先要善于观察和了解学生的人格特征，了解学生在需要、兴趣、人生观与价值观、气质、性格、认知风格等人格特征上的不同点，然后实施有针对性的教育措施，把人格塑造和完善作为教育的重要任务和发展的重要目标。

2. 教师要借助各种活动，不失时机地对学生的人格进行塑造

教师可以借助德育课、心理健康教育课，加强对中学生的人格教育，帮助他们树立远大的理想、坚定的信念和高尚的品德，激发他们广泛的社会兴趣和自我实现的愿望；教师可以利用班会、故事会、宣传板报等宣传伟大的人格与光辉的榜样，通过开展专门的人格教育演讲会，给学生传输修养人格的方法和途径；还可以提供人格实践机会，加强人格锻炼；对于有人格问题或缺陷的学生，可以对他们开展心理咨询，进行心理调适和矫治。

3. 教师要引导学生加强自我教育、扬长避短，实现人格的自我完善

教师要根据每个学生的人格特点，和学生一同商量制定适合学生的个性化培养方案，再予以指导与监督，引导学生自我反思、自我监控、自我调节，从而实现扬长避短、自我完善。

★★ 考点大默写 ★★

1. 教育心理学家古柏史密斯认为，重要感、____________和力量感是培养学生自尊心的三个先决条件。
2. ____________的高涨是中学生自我意识发展的基本特点。
3. 从内容上看，自我意识可分为生理自我、____________和____________。
4. ____________是自我的情感成分，是指个体对自己所持有的一种态度，包括自爱、自信、自尊、自豪感、内疚感与羞愧感等。
5. 罗腾伯格通过"____________"研究儿童自我控制行为。
6. 中学生的自我发展出现____________感，其自尊心明显增强，他们特别希望别人尊重自己，希望自己的观点和行为得到别人和社会的认可。

【参考答案】

1. 成就感　2. 自我意识　3. 社会自我　心理自我　4. 自我体验　5. 延迟满足　6. 成人

第五节　中学生人际关系发展与教育

人际关系是人们在人际交往过程中通过相互作用而形成的心理性联结。从人际关系的心理成分来看，它包括认知、情感和行为三种成分；从人际关系所包含的内容来看，它包括家庭中的亲属关系，工作单位中的同事关系、上下级关系，学校中的师生关系等。中学生的人际关系，主要包括亲子关系、师生关系和同伴关系三个方面。

知识再拔高

人际关系需要

美国心理学家舒茨提出了人际需要的理论，最基本的人际关系需要有三类：

(1)**包容需要**。这种需要表现为希望与别人发生相互作用，建立联系并维持和谐关系的愿望。

(2)**控制需要**。这种需要表现为在权力或权威基础上与别人建立和维持良好关系的愿望。

(3)**感情需要**。这种需要表现为在情感上与他人建立和维持良好关系的愿望。

一、中学生人际关系发展的特点

在中学生所处的人际关系中，同伴关系总体上显示出比亲子关系、师生关系更重要的作用和地位。升入初中后，学生有意识或无意识地要求重塑与家长、教师的关系，重视同伴关系的建立，并获得了与同伴亲密交往的能力，体验到亲密感，开始关注异性并与之友好相处。

考点 1　中学生亲子关系发展的特点

父母是影响儿童早期成长的重要人物，在幼儿和小学生的眼中，父母的地位至高无上，他们对父母既尊重又信任。进入初中后，尤其是进入青春期后，中学生的心理发生变化，独立意识和成人感要求加强，与父母的关系发生了微妙的变化，具体表现在以下几个方面：

(1)情感上的脱离。中学生在情感上有了其他的依恋对象，朋友在他们心目中的地位逐渐升高，与父母的情感便不如以前那么亲密了。他们更愿意和自己的朋友分享快乐和烦恼，与父母的交流相对减少。

(2)观点上的脱离。随着独立意识的增强，中学生不愿意接受现成的观念和规范的约束，对于以前一贯信奉的父母的许多观点都要重新审视，而审视的结果常常与父母的意见不一致。在父母的意见与自己的想法相左时，往往就会出现亲子冲突。

(3)行为上的脱离。中学生要求独立的愿望十分强烈，他们希望任何事情都能按照自己的意愿来做，在行为上反对父母对他们的干涉和控制，不再喜欢父母“包办代替”，更不喜欢父母对自己的事情“指手画脚”。

(4)父母的榜样作用削弱。随着生活范围的扩大，知识的增加，会有其他近乎理想水平的成人形象通过各种途径进入中学生的视野，相比之下，父母的形象就黯然失色了。另一方面，随着中学生认知能力的提高，会逐渐发现父母身上存在着过去未曾觉察的某些缺点，这也会削弱父母的榜样作用。

考点 2　中学生师生关系发展的特点

在中学阶段，随着学生思维的独立性和批判性的发展、个人知识和经验的丰富，师生关系出现了一些新的特点。

(1)中学生在师生交往中要求有更多的独立和自尊，同时又期望得到教师的关心和重视。他们既反对刻板呆板和婆婆妈妈式的管教，力图提高自我管理的地位，又反对教师对自己冷漠放任、不管不问。

(2)教师在学生心目中的地位进一步降低。中学生不再像小学生那样把老师看作绝对权威，他们开始对老师进行评定和判断。中学生看待教师的作用更加理智，把教师看作获得知识和技能的辅助力量，教师对他们的奖惩和激励的作用逐渐降低。

(3)中学生对教师在情感上的喜恶开始具有选择性。他们开始对教师进行评定和判断，一些教师成为学生钦佩尊敬的对象，一些教师却成为抨击的对象。中学生对教师的依赖开始普遍降低。

(4)中学生对教师的要求和期望更高，更全面，更深刻。许多研究表明，在中学生的心目中，对教师已形成明确而苛刻的标准，一般包括智慧、人格、品德等方面，他们常用理想的标准来比较和评价现实中所接触到的教师，并产生积极或消极的态度体验。

考点3　中学生同伴关系发展的特点　【论述】★★

同伴关系是指年龄相同或相近的儿童在共同的活动中建立起来的人际交往关系。在和同伴的关系上，中学生和童年期的儿童有明显的不同，主要表现在以下几个方面：

(1)逐渐克服了团伙的交往方式。进入青春期后，中学生突出表现出许多心理上的不安和焦躁。他们需要有一个能倾吐烦恼、交流思想并能保守秘密的地方，而交友的团伙形式是不具备这种功能的。因此，中学生交友的范围随着年龄增长而逐渐缩小。

(2)朋友关系在中学生生活中日益重要。中学生将感情的重心逐渐转向关系密切的朋友，同伴关系在中学生的心目中显得日益重要，超过亲子关系和师生关系。

(3)与异性朋友之间的关系。进入中学以后，男女生之间的关系有了新的特点，双方都开始意识到性别问题，并彼此对对方逐渐产生了兴趣。

知识再拔高

如何促进同伴关系的良好发展

1. 开设相关课程，进行交往技能训练

许多学生同伴关系不良主要是因为交往技能的缺乏，通过引导学生了解、分析人际冲突的内在因素，使学生掌握非报复性冲突化解的原理与方法，培养学生对冲突事件进行自我反省的态度，提高学生以公正、非暴力的方式解决纷争的能力，有助于帮助学生建立良好的同伴关系。

2. 丰富课堂教学交往活动

教师应该注意为学生创造更多的交往机会，如多采用合作学习的方式增强学生的课堂交往，进而促进他们同伴关系的发展。

3. 组织丰富多彩的交往实践活动

教师除了课堂内的支持和引导外，还要从交往角度设计、组织各种课外交往实践活动，如集会演讲、社会调查、假日郊游等，满足学生内在的交往需要，让学生在真实情境中体验、学习各种交往技能，逐步树立起正确的交往观念，提高解决人际冲突的能力，最终在实践中学会交往。

4. 培养学生的亲社会能力

研究表明,亲社会行为和同伴接纳之间存在密切相关,个体做出的亲社会行为越多,他的同伴接纳程度越高,就越能够发展出良好的同伴关系。因此,教师可以通过培养学生的亲社会行为来促进其同伴关系的发展。

真题面对面

[2021 绍兴,论述]论述中学生同伴关系发展的特点,并联系实际谈谈如何促进中学生同伴关系的良好发展。

答案:详见内文

二、促进中学生人际交往能力的发展

中学阶段是培养和锻炼人际交往能力的关键时期,了解和把握中学生人际关系发展的特点,有针对性地进行培养和辅导,对于提高中学生的人际交往能力以及心理健康水平都具有非常重要的意义。中学生能否顺利地交往到亲密的、相互信赖的同伴,一方面取决于他自身的个性品质,另一方面也与他的交往技能有关。所以,培养中学生的人际交往能力要从这两个方面进行。当然,交往的机会也是很重要的。下面从三个方面详细阐述如何促进中学生的人际交往。

1. 加强中学生良好个性品质的修养

中学生的个性品质是在遗传、家庭、学校、社会和个人努力等因素共同作用下形成的。父母采取民主型的教养方式,学校采用有针对性的教育方式,个人积极主动地调节自己的不良个性特征,这些都有利于中学生良好个性品质的形成。在中学生的人际交往中,孤傲、任性、自我中心,或者害羞、自卑、畏惧等个性品质都不利于他们人际交往的发展。为此,教师要为他们创造锻炼和改造的机会,引导他们发现自己的不良个性品质并帮助他们自我调节、自我矫正,如果取得进步就及时地给予反馈和鼓励,让他们体验到成功的喜悦,这样可以慢慢地帮助他们完善自己的个性品质。

2. 教给他们基本的人际交往技能

掌握基本的交往技能有利于交往的顺利进行,因此,教师应不失时机地教给他们基本的交往技能,主要包括:(1)学会倾听的技能;(2)善于赞扬他人优点的技能;(3)语言表达的技能;(4)举止得体的技能;(5)化解矛盾的技能;(6)尊重他人的技能;(7)树立自信心;(8)与异性交往的技能。

3. 要创造条件为学生提供交往锻炼的机会

交往技能需要在实践中锻炼而逐步形成,因此,教师一方面可以通过常规的班、队活动,为学生提供交往的机会;另一方面,也可以利用节假日,专门组织集体活动,让学生在集体活动中展示交往的才能。通过经常性的实践锻炼,中学生的交往技能会得到不断的提高,这会为他们将来更好地适应社会提供有益的帮助。

★★ 考点大默写 ★★

1. 美国心理学家舒茨认为,__________需要表现为在情感上与他人建立和维持良好关系的愿望。

2. ____________是指年龄相同或相近的儿童在共同的活动中建立起来的人际交往关系。

3. 中学生同伴关系的发展逐渐克服了____________的交往方式，朋友关系在生活中日益重要。

4. 研究表明，____________行为和同伴接纳之间存在密切相关。

5. ____________是培养和锻炼人际交往能力的关键时期

【参考答案】

1. 感情　2. 同伴关系　3. 团伙　4. 亲社会　5. 中学阶段

第六节　中学生品德发展与教育

一、品德的心理结构 【单选、判断】 ★★

品德或道德品质，是个体根据一定的社会道德行为规范行动时表现出来的比较稳定的心理特征和倾向。品德的心理结构由道德认识、道德情感、道德意志和道德行为四种心理成分构成，四者紧密联系，相互依存。

1. 道德认识

道德认识有时也称道德认知，是个体对道德规范及其执行意义的认识，其中包括道德观念、道德信念及道德评价。道德认识是个体品德的核心部分。

2. 道德情感

道德情感是在道德认识基础上产生的一种内心体验。

3. 道德意志

道德意志是个体自觉地确定道德目的和动机，并依此积极调节和支配自己的行为，以实现既定目的的心理过程。道德意志对道德认识、道德情感和道德行为起调控作用。

4. 道德行为

道德行为是个体在一定的道德认识和道德意志支配下产生的涉及道德意义的行为。道德行为是实现道德目的的手段，也是品德的外部标志，包括道德行为技能和道德行为习惯两种成分。

在实践活动中，只有这四种心理成分相互协调，平衡发展，才有利于将社会道德规范转化为个体的品德。

真题面对面

[2019丽水，单选]小王每天都下决心要戒掉网络游戏，认真学习，可是每天放学后做的第一件事还是玩网络游戏。对于小王的教育，应当培养其(　　)

A. 道德行为　　B. 道德认识　　C. 道德意志　　D. 道德情感

答案：C

二、中学生品德发展的特点 【简答】 ★

中学生品德发展与其身体、情感、人格、人际交往等方面发展有直接关系，表现出与小学生明显不同的特点。了解中学生品德发展的特点，有助于培养他们良好的品德，矫正其不良的品德。

1. 中学生的品德发展由不稳定、不成熟向稳定、成熟过渡

中学生的品德发展与其生理发展、思维发展和情感发展相联系，伴随着青春期身体的快速发育成长、情绪的波动增大、思维由具体向抽象转换、自我意识的高涨，中学生的品德也处于快速发展期，逐渐由不稳定、不成熟向稳定、成熟过渡。例如，在道德动机方面，表现出一定的积极性、主动性，但又具有情境性和易变性；在道德理想和信念方面，中学阶段是人生观、世界观开始形成的时期，具有很大的不稳定性，道德理想还具有可变性，还没有形成稳定的信念；在道德情感方面，道德情感日益丰富，却易于激动；在道德意志方面，道德意志迅速发展，但是比较薄弱；在道德行为方面，中学生已表现出明显的道德行为，但还没有形成稳定的道德行为习惯。

2. 中学生的道德水平由低级向高级发展

随着受教育程度的提高，中学生的道德水平也在逐步提高。在道德动机方面，以外部动机为主逐步转向以内部动机为主，高层次的理想和信念在中学生的道德动机中所起的作用越来越大，这使得中学生的道德行为更具有自觉性、主动性，更符合伦理的要求。在道德认知方面，中学生已经掌握了许多道德概念，道德理解和判断能力也明显提高，他们不仅能够根据行为的后果，还能够根据行为的动机进行判断。到高中阶段，学生的道德认识与其人生观、价值观相联系，对伦理道德的理解达到较高的层次。在道德意志方面，已由他律向自律转变，一方面能够根据道德准则来规范自己的行为，另一方面，能够进行自我反思、自我调节。在道德行为方面，道德行为的目的性、自觉性明显提高，不仅能够按照伦理道德规范的要求行事，还能够将行为与理想、信念、人生观、价值观联系在一起，道德行为的稳定性也逐步增强，并逐渐形成良好的行为习惯。良好行为习惯的形成是品德形成的标志。

3. 中学生的品德心理结构由不平衡趋向平衡

品德的心理结构由知、情、意、行四个方面构成，这四个方面在中学生的品德发展过程中逐步由不平衡向平衡转变。在初中阶段，知、情、意、行四个方面发展还不平衡，道德认知水平较高，道德情感较为丰富，道德行为的自觉性提高，但是道德意志还比较薄弱，道德行为习惯还不稳定，四者之间还存在许多矛盾，其中最主要的矛盾是知行矛盾。初中生往往眼高手低，说得到做不到，出现言行脱节现象；在情和意之间，初中生往往道德情感丰富，但是经常表现出消极的情感，道德意志对消极情感的调节与控制作用还不够，所以，初中生往往会感情用事；在意志和行为之间，意志对不良行为的调节作用也不够，初中生做错事也是常见的。进入高中阶段以后，随着高中生道德认识的提高和道德意志的增强，高中生的品德心理结构逐渐趋于平衡发展。

总之，在整个中学阶段，学生的品德发展迅速，相当于皮亚杰道德发展阶段理论中由他律向自律转变的时期，或者处于科尔伯格道德发展阶段理论中的第三个阶段逐步向第五个阶段转变的时期。中学阶段处于学生的伦理观念形成的时期，该阶段学生的道德行为更有原则性、自觉性，能按照自己的道德准则去行动，中学生的道德信念与道德理想逐步形成，自我意识增强，道德行为习惯逐步养成，品德结构逐步趋于平衡发展。

三、中学生良好品德的培养

1. 晓之以理，提高道德认识

道德认识的形成主要包括三个阶段：道德观念的形成、道德评价能力的发展和道德信念的确立。

(1)在道德观念形成阶段，学生最初所掌握的道德概念是具体的、和个别事情联系在一起的，而且，有时候并不能区分正确与错误的道德概念。例如，有的初中生把“哥儿们义气”当成友谊，把别人做好事看成“假逞能”。因此，教师要对他们进行教育。教师既可以对他们进行道德灌输、说服教育，也可以进行伦理性的谈话，晓之以理，以提高他们的道德认识。

(2)在道德评价能力发展阶段，教师一方面可以引导他们从行为的后果和动机两方面进行评价，从表面现象和实质内容两方面进行评价；另一方面，教师应当身体力行，做学生道德评价的模范，或者利用教材内容和学生身边发生的典型事例组织分析讨论，有意识地提高学生的道德评价能力。

(3)在道德信念确立阶段，中学生的道德信念刚开始建立，因此，教师一方面要结合学科内容对他们进行人生观、世界观的教育，另一方面选择道德理想的榜样，引导他们向道德榜样学习，树立远大的理想，逐步形成稳定的信念和社会主义价值观。

2. 动之以情，提高道德情感的水平

道德情感的发展一般经历三种水平：直觉的道德情感、想象的道德情感和伦理的道德情感。中学生的道德情感已经由第二种水平向第三种水平过渡。因此，教师的任务是通过教育引导学生顺利地从第二种水平过渡到第三种水平。教师可以运用情境陶冶法，充分利用有道德教育意义的文艺作品，对学生动之以情，使学生体验积极的道德感；教师要重视建立积极向上的、健康的集体舆论，让学生在集体的环境中接受熏陶和教育，逐步发展符合伦理原则的道德感。

3. 炼之以志，提高道德意志水平和自我调节的能力

中学生的道德意志比较薄弱，培养道德意志是促进中学生品德发展的重要环节。道德意志需要通过实践锻炼慢慢增强，因此，教师要经常组织道德实践活动，使学生获得意志锻炼的直接经验；教师也可以让学生讨论英雄人物的道德意志是如何练就的，以帮助他们形成锻炼道德意志的意识，获得锻炼道德意志的替代性经验；教师在学生日常的学习和生活中，要对他们严格要求，要求他们严格地按照作息制度学习和生活，在日常活动中锻炼他们的意志品质；教师还要引导他们自觉地对自己的言行进行反思和调节，培养他们对自己的言行进行自我监控和自我调节的能力。

4. 导之以行，做到言行一致

中学生的道德行为的主动性、自觉性在逐步提高，但是一方面由于他们道德认识的片面性，导致他们有时出现不道德的行为，另一方面由于他们对自己行为能力的估计过高，导致他们有时候说得到做不到，言行脱节。因此，教师要根据具体情况引导他们的行为朝着符合伦理道德的方向发展，做一些有利于他人、有利于社会的事情；同时，要教育他们正确认识自己的行为能力和客观条件，不要无意识地做“口头上的巨人，行动上的矮子”。

5. 持之以恒，形成良好的行为习惯

道德行为习惯是慢慢养成的，荀子所说的“积善成德，而神明自得，圣心备焉”，就道出了良好品德养成的真谛。所以，中国古代思想家们大都倡导修身养性，“不以善小而不为，不以恶小而为之”，只有持之以恒，才能养成良好的品性。

四、中学生不良品德的矫正

中学生不良品德的形成是内外因交互作用的结果，因此，对中学生不良品德的矫正也要从内外两方面入手。从外部因素着手，要求学校、家庭和社会三方面统一对品德不良的学生施加积极的教育影响；从内部因素着手，要从品德形成的心理结构——知、情、意、行等方面进行。

1. 学校、家庭、社会要统一对品德不良的学生施加积极的教育影响

学校、家庭、社会对中学生的品德形成都产生重要影响，其中，有些是积极的影响，有些是消极的影响，有时候三者的影响是一致的，有时候是不一致的。当三者的影响不一致时，积极的影响就可能被消极的影响所抵消，甚至被取代。因此，学校、家庭、社会要统一对品德不良的学生施加积极的教育影响，劲往一处使，尤其是家校合力，才能取得最优的教育效果，这对改善中学生的不良品德是非常重要的。

2. 根据品德形成规律，从知、情、意、行等方面进行教育

中学生品德的形成是知、情、意、行统一发展的过程，四方面缺一不可，因此，对中学生进行德育要从这四个方面入手。矫正不良品德的一般方法和过程：(1)培养深厚的师生情，消除疑惧心理和对立情绪；(2)要保护学生的自尊心，培养他们的集体荣誉感；(3)提高道德认识和道德评价能力；(4)锻炼他们的意志力；(5)巩固新的行为习惯。

3. 找出品德不良形成的原因，采取有针对性的教育措施

各个学生形成不良品德的原因是不同的，有的主要是家庭的不良影响，有的是同伴的不良影响，有的是接受了社会的消极影响，有的则是个体内在因素的影响。对于学生品德不良的矫正，只有在了解主要原因和真实原因的基础上进行有针对性的教育辅导，而不是泛泛地说教，才会起到事半功倍的作用。如果是家庭因素的影响，那么就要做家长的工作，家校合作；如果是不良同伴群体的影响，那么就要求学生与他们脱离；如果是自身的某方面因素的影响，就要进行有针对性的训练。总之，要根据具体情况选择有效的教育方法进行干预，对于有特殊问题或严重问题的学生，要给予专门的咨询与辅导，以促使他们的品德不断向好的方面转化。

★★ 考点大默写 ★★

1. ____________是个体根据一定的社会道德行为规范行动时表现出来的比较稳定的心理特征和倾向。
2. 丽丽上课屡次迟到，学校责令她写保证书，督促其改正不良习惯，学校对丽丽进行道德品质教育的重点在于提高其____________。
3. ____________是个体在一定的道德认识和道德意志支配下产生的涉及道德意义的行为。
4. 在道德意志方面，中学生的道德水平已由____________向____________转变，一方面能够根据道德准则来规范自己的行为，另一方面，能够进行自我反思、自我调节。
5. ____________阶段处于学生的伦理观念形成的时期。
6. 中学生不良品德的形成是____________交互作用的结果，因此，对中学生不良品德的矫正也要从这两方面入手。

【参考答案】

1. 品德(道德品质)　2. 道德认识(道德认知)　3. 道德行为　4. 他律　自律　5. 中学　6. 内外因

第七节　中学生的学法指导

一、学生学法指导的根本目标

中学生学法指导的根本目标是教会学生学习，培养学生的自学能力。教会学生学习的基本要求是：培养学生对学习的持久兴趣和自信心；养成勤奋学习的良好习惯；掌握学习的基本方法与技巧；培养实事求是、勇于探索和创新的科学精神；能对学习过程和结果进行自我评价与反思。

教会学生学习必须体现和落实在培养学生的自学能力上。中学生的自学能力主要包括：会使用三种工具（即会查字典、会利用图书馆、会使用计算机和上网）和具备六种能力（即获取信息的能力、获取新知识的能力、分析解决问题的能力、综合运用知识的能力、语言表达能力、与人合作能力）。学生有了独立学习的自学能力才算是学会了学习。

二、学生学法指导的主要内容

考点 1　培养学习兴趣 【单选】 ★

学习兴趣，指一个人对学习的一种积极的认识倾向，这种倾向是和一定的情感状态紧密联系的。从对学习的促进看，学习兴趣可以成为学习的原因；从学习产生新的兴趣和提高原有兴趣看，学习兴趣是在学习活动中产生的，同时又是学习的结果。所以，学习兴趣既是学习的原因，又是学习的结果。

兴趣可以分为直接兴趣和间接兴趣。**直接兴趣**是对活动本身感兴趣，而**间接兴趣**是对活动的结果感兴趣。直接兴趣会引起中学生的无意注意，而间接兴趣和有意注意有密切的关系，它是培养注意力的一个重要的心理条件。间接兴趣使中学生明确活动的意义和价值，从而去维持注意，收获结果。

考点 2　培养学生良好的学习习惯

1. 学习习惯的概念

学习习惯是学生在学习过程中经过反复练习而形成的一种稳定的自动化的学习行为方式。

2. 学习习惯的形成阶段

学习习惯按其形成的过程划分为三个阶段：第一阶段是**不自觉行为**，该阶段需要依靠外部强制力量的推动与维持；第二阶段是**半自觉行为**，虽然不再需要依靠外部力量的推动与维持，但仍然需要学习者的意志努力，也就是自己强制自己、自己监督自己；第三阶段是**自觉行为**，既不需要外部力量的监督与提醒，也不需要自己意志的努力。

3. 学习习惯培养的基本环节

（1）明确要求，说明养成良好习惯的重要性。给学生指出养成哪些良好的学习习惯，并对要培养的学习习惯做出具体的要求，说明为什么要这么做。

（2）具体示范，循序渐进。学习习惯需要在逐步完成具体的切实可行的计划中得到巩固，教师通过示范让学生明白怎么做，示范的内容一定要具体、细致，从而为学生树立具有良好学习习惯的榜样。班杜拉认为，行为获得的一个重要途径是观察他人的行为及其结果。在观察和模仿过程中学生可以抽象出榜样的行为特征，形成规则，并通过对这些规则的重新组织形成全新的行为。

（3）反复实践，积极强化。学生的学习习惯是一个从外部强化到内化自我调节的过程，在形成早期需要对学习结果进行积极的强化以稳固这种行为并进行适时的、有效的评价，激发学生内在的需要和动机，调动学生的积极性，加快其养成学习习惯的进程。

4. 学习习惯的培养方法

(1)强化训练法。训练是习惯形成过程中的重要环节，它使认识转化为行为，又进一步使行为转化为习惯。强化训练法就是通过学生的操作练习、亲身感受，使学生掌握正确的行为规范，达到学习、巩固习惯的一种方法。在强化过程中要注意：恰当选择强化物，在给予学生强化物之前进行调查，以引起他们的兴趣和期望；及时强化，在行为习惯出现之后立即给予强化；描述强化的具体行为，在给予奖励物品时，一定要对学生被鼓励和强化的行为进行描述，如“你上课积极回答老师的问题，所以老师表扬你”。

(2)检查评价法。学生按照教师的训练要求形成规范行为，使良好的学习习惯稳固下来。但是，学生的学习习惯是否养成，以及程度如何，都需要一定的测评方法来提供反馈信息。学生学习习惯的培养不仅需要终结性评价，更需要过程性评价。在实践中，学校可以根据需要采用相应的过程性评价方法。例如，通过“成长记录袋”“课堂学习行为观察表”等形式，收集学习习惯培养的过程性材料。

考点3　指导学生掌握学习方法

1. 要求学生制订学习计划

(1)计划要切合学生实际；(2)要规定具体的学习任务；(3)要合理安排每周、每天的学习时间。计划制订出来以后，要督促学生切实执行，不能停留于形式。

2. 提高学生的阅读能力

阅读能力对于学习的成效有直接的影响。指导学生阅读可以学“三级跳远”的方法：首先弄懂最要紧的地方，对于次要的地方一时不懂可以跳过去；甚至有些重要的问题暂时也可以放一下，因为越是重要的问题书上越是提得多，前面提的时候可能不清楚，到后面再提时，就可能容易理解了。

3. 要求学生养成记笔记的习惯

俗话说，“好记性不如烂笔头”。学生无论是看书还是听课，养成记笔记的习惯都有百利而无一弊。记笔记不是一种单纯的技巧行为，而是一个积极的思维过程，是帮助记忆和理解的一种有效手段。

考点4　学生学习过程基本环节的指导

1. 预习指导

课前预习是听好课的前提。教师要指导学生认真预习教科书，初步理解教科书的基本内容与思路，确定听课重点，获得听课的主动权。

2. 听课指导

听课是学习过程的中心环节，听课的效果与质量是影响学生学习成效的关键因素。教师应着力指导学生：做好各种听课准备，有针对性、有重点地听课；要保持良好的注意力和思维的积极性；适当地做些笔记。

3. 复习指导

复习是学习过程的重要环节。教师应指导学生：紧扣教材进行及时复习，合理分配复习时间；复习时要抓住重点，复习的方式要多样化。

4. 作业指导

作业的目的是加深对知识的理解与记忆，培养分析和解决问题的能力。教师应指导学生：先复习再做作业，做作业前要仔细审题；作业要独立、规范、准确、快速完成；完成作业之后要认真检查。

5. 总结指导

只有对知识的融会贯通，才能总揽全局，在更深的层次上理解知识，因此学习总结是较高层次的学习方法。教师应指导学生定期、不定期地对所学知识进行梳理、分析综合、归纳概括，使之条理化、系统化。同时，让学生学会自我测评，及时纠错，不断提高自学能力。

★★ 考点大默写 ★★

1. ____________既是学习的原因，又是学习的结果。
2. 兴趣可以分为直接兴趣和间接兴趣，对活动本身感兴趣的是____________兴趣，而____________兴趣是对学习活动的结果感兴趣。
3. 学习习惯按其形成的过程划分为不自觉行为、____________行为和自觉行为三个阶段。
4. 学生学习过程基本环节的指导包括预习指导、听课指导、____________、____________和总结指导。

【参考答案】

1. 学习兴趣 2. 直接 间接 3. 半自觉 4. 复习指导 作业指导

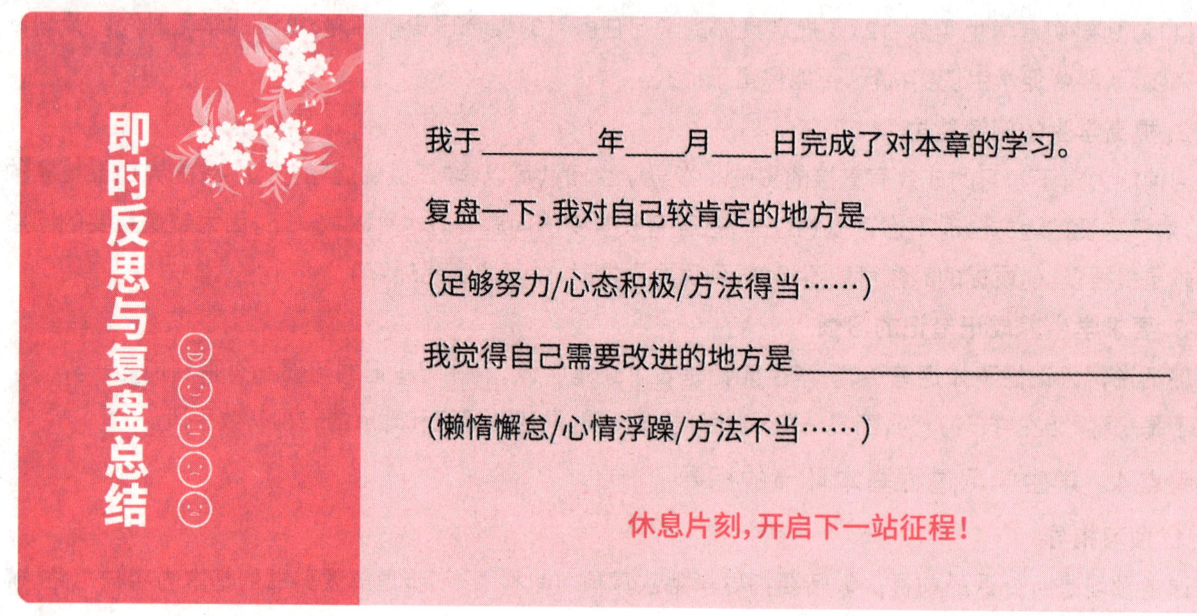

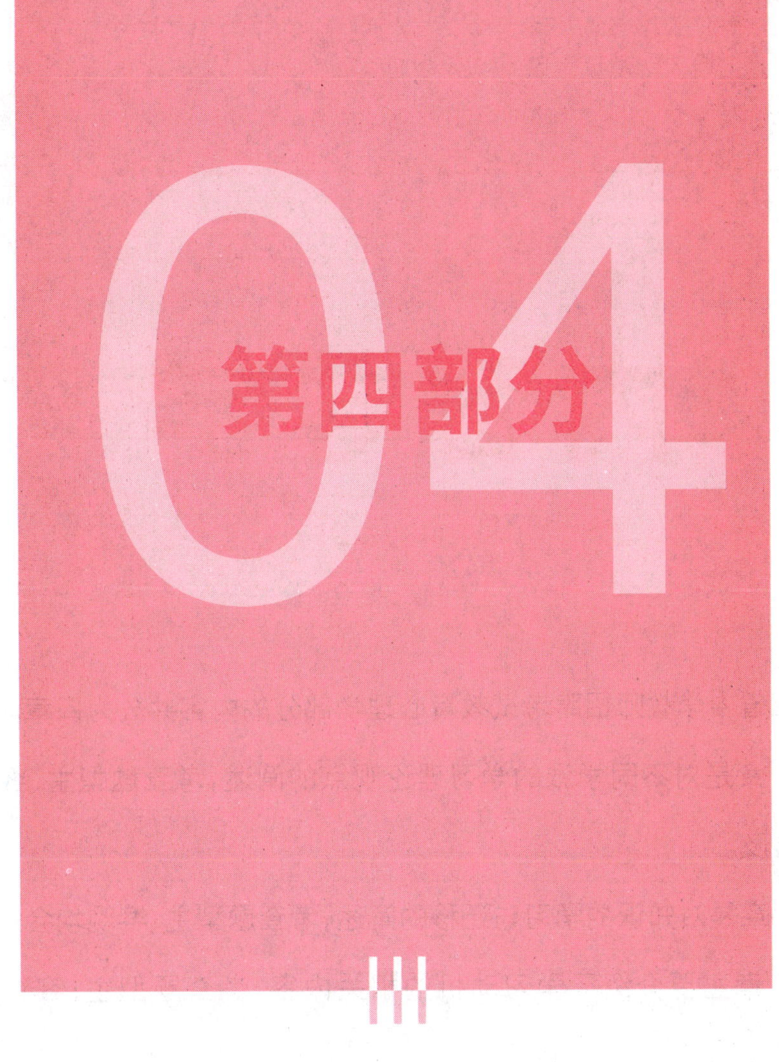

教育心理学

SHAN XIANG

内容导学

- 浙江省中学教师招聘考试教育心理学部分的内容共分为四章。
- 第一章是对不同学派的学习理论观点的阐述，考查题型主、客观均会涉及。
- 第二章是对知识的学习与迁移的阐述，考查题型主、客观均会涉及。
- 第三章主要介绍了学习动机的相关内容，考查题型主、客观均会涉及。
- 第四章是对教师心理的阐述，考查题型主要为客观题。
- 考生要重点掌握第一章至第三章的内容，并结合历年真题和每章的栏目有重点地复习。对于以客观题为主要考查形式的知识点，应注重识记与理解；对于以主观题为主要考查形式的知识点，不仅要做到识记和理解，更要能灵活运用。

第一章 学习理论

思维导图

- 学习理论
  - 学习概述
    - 学习的概念及其理解
      - 概念：在特定情境下由于练习或反复经验而产生的行为或行为潜能的相对持久的变化
    - 学习的种类（易混）
      - 加涅：学习水平的分类；学习结果的分类
      - 奥苏伯尔：接受学习与发现学习；有意义学习与机械学习
      - 布卢姆：认知、情感和动作技能
  - 行为主义学习理论
    - 巴甫洛夫的经典性条件反射学说
      - 经典性条件作用：条件反应
      - 规律：泛化与分化、获得与消退、恢复
    - 华生的行为主义学习理论
      - 实质：形成刺激与反应之间牢固的联结
      - 规律：频因律、近因律
    - 桑代克的联结—试误学习理论
      - 实验："猫的迷笼实验"
      - 实质：形成刺激与反应之间的联结
      - 过程：渐进的、盲目的、尝试错误
      - 原则：准备律、练习律、效果律
    - 斯金纳的操作性条件作用理论
      - 行为：应答性行为和操作性行为
      - 基本规律：强化、消退、惩罚、逃避条件作用与回避条件作用（易错）
      - 应用：程序教学、行为塑造与矫正等
    - 班杜拉的社会学习理论（易混）
      - 实质：观察学习
      - 过程：注意、保持、复现和动机
      - 效应：习得效应、抑制效应与去抑制效应、反应促进效应、刺激指向效应、情绪唤醒效应
      - 强化：直接强化、替代强化、自我强化
      - 应用：榜样和楷模作用、认知行为矫正等
  - 认知主义学习理论
    - 格式塔学派的完形—顿悟学习理论
      - 实质：形成新的完形
      - 过程：顿悟过程
    - 托尔曼的目的—行为学习理论（符号学习理论）
      - 学习的目的性；期望；潜伏学习
    - 布鲁纳的认知—发现学习理论
      - 学习观：主动形成认知结构（实质）；获得、转化和评价
      - 教学观：学科的基本结构；"冻结城墙"
      - 发现学习：给学生提供有关的学习材料，让学生通过探索、操作和思考，自行发现知识、理解概念和原理
    - 奥苏伯尔的有意义接受学习理论（有意义言语学习理论）
      - 实质：非人为的和实质性的联系
      - 先行组织者：引导性学习材料
    - 加涅的信息加工学习理论
      - 学习过程："东街活宝会盖作坊"

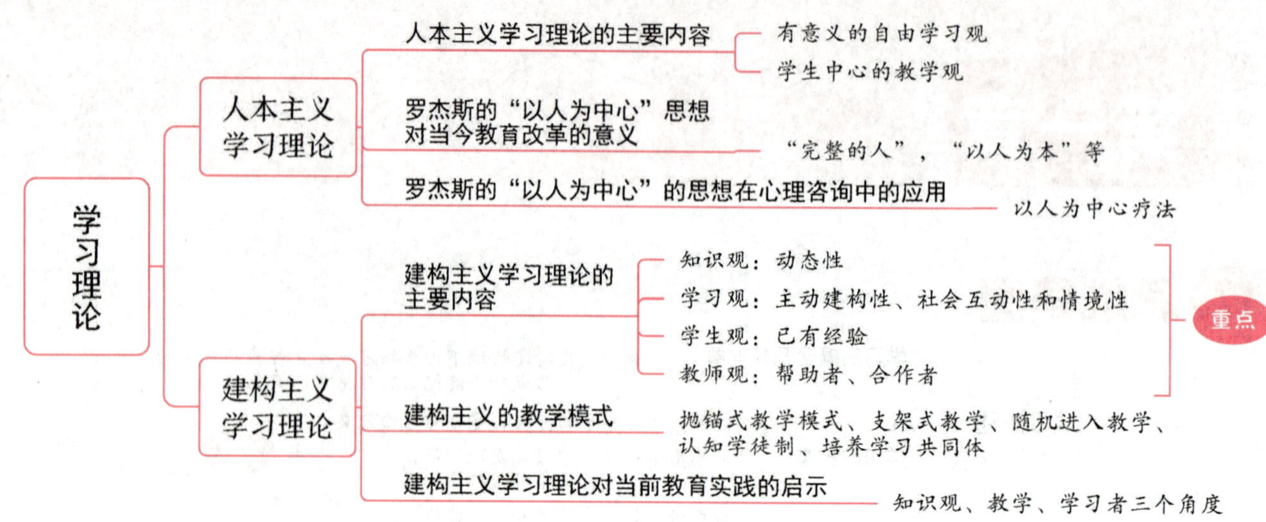

浙江考向

本章属于教育心理学的重点章节，也是宁波、金华、台州、绍兴、温州、丽水等地区的笔试重点考查的章节，内容广泛、识记性知识多，在考试中常以选择题、填空题、判断题、辨析题、简答题、论述题、材料分析题等形式考查。本章的考向分析如下：

考点名称	常考题型	能力层级	考查热度
加涅关于学习的划分	单选、判断	识记、理解	★★
布卢姆关于学习的划分	单选	识记	★★
巴甫洛夫的经典性条件反射学说	判断、简答	识记	★★
桑代克的联结—试误学习理论	单选、简答	识记	★★
斯金纳的操作性条件作用理论	单选、填空、判断、辨析	识记、理解	★★★
班杜拉的社会学习理论	单选、材料分析	识记、运用	★★
布鲁纳的认知—发现学习理论	单选、判断、论述	识记	★★
奥苏伯尔的有意义接受学习理论	单选、判断、辨析、论述	识记、理解	★★
建构主义学习理论的主要内容	单选、判断、简答	识记	★★

核心考点

第一节　学习概述

一、学习的概念及其理解 【单选】 ★

学习是个体在特定情境下由于练习或反复经验而产生的行为或行为潜能的相对持久的变化。

学习的内涵可以从以下几方面去理解：

(1)学习实质上是一种适应活动。

(2)学习是人和动物共有的普遍现象。

(3)学习是由反复经验引起的。

(4)学习是有机体后天习得经验的过程。

(5)学习的过程可以是有意的,也可以是无意的。

(6)学习引起的是相对持久的行为或行为潜能的变化。

但值得注意的是,并非所有的行为变化都是由学习产生的,如生理成熟、疲劳、药物等因素亦可引起行为的变化。

考生在判断一项活动是不是学习时可以从两方面出发:一是根据学习的定义直接选出正确选项;二是利用学习的“五非原则”,即**非本能**、**非成熟**、**非疲劳**、**非药物**、**非病**,排除错误选项。

真题面对面

[2021宁波,单选]下列关于“学习”表述正确的是( )

A. 学习是人类特有的现象,在人的整个生活中都贯穿着学习

B. 学习是有机体后天习得行为经验的过程

C. 鸭子游水,小狗钻火圈都属于学习的范畴

D. 学习表现为个体行为由于经验和遗传而发生的较为稳定的变化

答案:B

二、学习的种类

考点1 加涅关于学习的划分 【单选、判断】 ★★

1. 学习水平的分类

加涅根据学习情境由简单到复杂、学习水平由低到高的顺序,把学习分为八类,建构了一个完整的学习层级结构:

(1)**信号学习**。信号学习是指学习对某种信号做出某种反应,其过程为:刺激—强化—反应,如巴甫洛夫的经典性条件反射。

(2)**刺激—反应学习**。刺激—反应学习是指学会对某一情境中的刺激做出某种反应,以获得某种结果。例如,桑代克和斯金纳的操作性条件反射,与经典性条件反射不同,其过程是:情境—反应—强化。即先有情境,做出反应动作,然后得到强化。

(3)**连锁学习**。连锁学习是指学习联合两个或两个以上的刺激—反应动作,以形成一系列刺激—反应动作联结。

(4)**言语联结学习**。言语联结学习是指形成一系列的言语单位的联结,即言语连锁化。

(5)**辨别学习**。辨别学习是指学会识别多种刺激的异同并对之做出不同的反应。

(6)**概念学习**。概念学习是指对刺激进行分类时,学会对一类刺激做出同样的反应,也就是对事物的抽象特征的反应。

(7)**规则或原理学习**。规则或原理学习是指学习两个或两个以上概念之间的关系。

(8)**解决问题学习**(高级规则的学习)。解决问题学习是指在各种情况下,使用所学原理或规则去解决问题。

加涅的这一分类是由简单到复杂,由低级到高级。前三类学习都是简单反应,许多动物也能完成。事实上,这几类学习大多是从动物实验中概括出的。

1971年,加涅对学习水平的分类做了修正,把前四类学习合并为一类,把概念学习扩展为具体概念学习和定义概念学习两类,即分类成为:(1)连锁学习;(2)辨别学习;(3)具体概念学习;(4)定义概念学习;(5)规则学习;(6)解决问题的学习。

真题面对面

[2021金华/诸暨,单选]小明每次碰充电器的时候,妈妈都会说危险。久而久之,小明听到危险就会想到电,这属于加涅学习水平分类中的(　　)

A. 刺激—反应学习　　B. 信号学习

C. 连锁学习　　D. 概念学习

答案:B

2. 学习结果的分类

按学习结果,心理学家加涅将学习分为五种类型:

(1)**智慧技能**。智慧技能指运用符号或概念与环境交互作用的能力。智慧技能又可分为五个小类:辨别学习、具体概念学习、定义性概念学习、规则学习、高级规则学习。其中,辨别是将刺激物的一个特征和另一个特征或者将一个符号与另一个符号加以区别的一种习得能力,包括视觉、听觉、嗅觉、触觉、味觉等方面的辨别。

学习结果的分类

(2)**认知策略**。认知策略指调控自己的注意、学习、记忆和思维等内部心理过程的技能。

(3)**言语信息**。言语信息指有关事物的名称、时间、地点、定义以及特征等方面的事实性信息。

(4)**动作技能**。动作技能指通过身体动作的质量的不断改善而形成整体动作模式。

(5)**态度**。态度指影响个人对人、事、物采取行动的内部状态。

真题面对面

1. **[2021温州,单选]**陈芳在体育课上学会了广播体操,根据加涅关于学习结果的分类,这属于(　　)的学习。

A. 智慧技能　　B. 认知策略　　C. 态度　　D. 动作技能

2. **[2022宁波,判断]**小王看完《长津湖》后,对抗美援朝的志愿军产生了深深的敬佩之情,立志好好学习,报效祖国。根据加涅的学习结果分类,这属于态度的学习。(　　)

答案:1. D　2. √

考点2　奥苏伯尔关于学习的划分　【判断】★

奥苏伯尔从两个维度对学习做了区分:从学生学习的方式上,将学习分为接受学习与发现学习;从学习内容与学习者认知结构的关系上,又将学习分为有意义学习与机械学习。接受学习和发现学习是学生学习最基本的类型,也是最主要的学习方式。必须注意的是,相较其他学习方法,发现学习是一种不经济的方法,只能偶尔为之,而不能作为课堂教学中的一种占主导地位的方法来使用。

表4-1 奥苏伯尔的学习分类

分类依据	学习类型	含义
学习内容与学习者认知结构的关系	机械学习	学习者并未理解符号所代表的知识，只是依据字面上的联系，记住某些符号的词句或组合，死记硬背
	有意义学习	符号所代表的新知识与学习者认知结构中已有的适当观念建立起非人为的和实质性的联系
学习者学习的方式	接受学习	人类个体经验的获得是来源于学习活动中主体对他人经验的接受，把别人发现的经验经过掌握、占有或吸收，转化为自己的经验
	发现学习	人类个体经验的获得是来源于学习活动中主体对经验的直接发现或创造，并非由他人的传授而得

	接受学习	有指导的发现学习	独立的发现学习
有意义学习	弄清概念之间的关系	听导师精心设计的教学	科学研究
	听讲演或看材料	学校实验室实验	例行的研究或智慧的“生产”
机械学习	记乘法表	运用公式解题	尝试与错误“迷宫”问题解决

图4-1 奥苏伯尔的学习分类

真题面对面

[2022宁波，判断]发现学习是一种不经济的学习方法，不能作为我们教学中的主导方法。( )

答案：√

考点3 布卢姆关于学习的划分 【单选】 ★★

美国教育心理学家布卢姆将教学目标(即预期学生的学习结果)分为**认知**、**情感**和**动作技能**三个领域，每一领域的目标又从低级到高级分成若干层次。其中，认知领域的教学目标分为知识、领会、运用、分析、综合、评价六级；情感领域的教学目标分为接受、反应、形成价值观念、组织价值观念系统、价值体系个性化五级；动作技能目标包括知觉、模仿、操作、准确、连贯、习惯化六个层次。

真题面对面

[2019丽水，单选]在布卢姆的认知学习领域目标分类系统中，处在最低层次的是( )

A. 分析　B. 领会　C. 知识　D. 评价

答案：C

考点4 其他关于学习的分类

(1)从学习主体来说，学习可分为动物学习、人类学习和机器学习。

(2)按学习的意识水平，美国心理学家阿瑟·雷伯将学习分为内隐学习和外显学习。

(3)按学习内容，我国学者一般把学习分为知识的学习、技能的学习和行为规范的学习。

★★ 考点大默写 ★★

1. 学习是个体在特定情境下由于____________或____________而产生的行为或行为潜能的相对持久的变化。
2. 根据加涅的学习水平的分类，____________学习是指学会识别多种刺激的异同并对之做出不同的反应。
3. 加涅按学习的结果，将学习分为言语信息、智慧技能、____________、____________、____________。
4. 奥苏伯尔根据学习方式将学习分为接受学习与____________。
5. 美国教育心理学家布卢姆将教学目标分为认知、____________和动作技能三个领域，其中，认知领域的教学目标分为知识、____________、运用、____________、综合、____________六级。

【参考答案】

1. 练习　反复经验　2. 辨别　3. 认知策略　动作技能　态度　4. 发现学习　5. 情感　领会　分析　评价

第二节　行为主义学习理论

行为主义学习理论的核心观点认为，学习过程是有机体在一定条件下形成刺激与反应的联系，从而获得新经验的过程。由于行为主义强调刺激—反应的联结，因此，也属于联结派学习理论。

一、巴甫洛夫的经典性条件反射学说 【判断、简答】 ★★

考点 1　巴甫洛夫的经典性条件作用

巴甫洛夫

俄国生理学家巴甫洛夫在研究狗的进食行为时发现：狗吃到食物时，会分泌唾液。这是自然的生理反应，不需要学习，这种反应叫**无条件反射**，引起这种反应的刺激是食物，称为无条件刺激。如果在狗每次进食时发出铃声，一段时间后，狗只要听到铃声就会分泌唾液，这时作为中性刺激的铃声由于与无条件刺激联结而成了条件刺激，由此引起的唾液分泌就是**条件反射**。这种单独呈现条件刺激即能引起唾液分泌的反应叫作**条件反应**，后人称为“经典性条件作用”。

考点 2　巴甫洛夫的经典性条件作用理论的主要规律

1. 泛化与分化

机体对与条件刺激相似的刺激做出条件反应，属于**刺激的泛化**。如果只对条件刺激做出条件反应，而对其他相似刺激不做反应，则出现了**刺激的分化**。

刺激泛化和刺激分化是互补的过程。泛化是对事物的相似性的反应，分化则是对事物的差异的反应。泛化能使我们的学习从一种情境迁移到另一种情境；而分化则能使我们对不同的情境做出不同的恰当反应，从而避免盲目行动。

泛化与分化容易混淆，考生做题时要注意题干的关键词。

泛化：对事物相似性的反应（分不清）；分化：对事物差异性的反应（分得清）。

2. 获得与消退

条件作用的获得过程是通过条件刺激反复与无条件刺激相匹配，从而使个体学会对条件刺激做出条件反应的过程。条件反射形成以后，如果得不到强化，条件反应会逐渐减弱，直至消失，称为**消退现象**。

3. 恢复

消退现象发生后，如果个体得到一段时间的休息，条件刺激再度出现，这时条件反射可能又会自动恢复。这种未经强化而条件反射自动重现的现象被称为**恢复**。

真题面对面

1. [2023宁波，判断]在经典性条件作用中，当个体不仅对条件刺激做出条件反应，而且对与条件刺激相似的其他刺激也会做出反应，这种现象叫作分化。（　　）

2. [2022金华，简答]简述经典性条件反射理论的主要内容。

答案：1. × 2. 详见内文

二、华生的行为主义学习理论

（1）学习的实质，即形成刺激与反应之间牢固的联结的过程，从而形成习惯。

（2）习惯形成所遵循的规律。习惯的形成遵循频因律和近因律。①根据频因律，在其他条件相等的情况下，某种行为练习得越多，习惯形成得就越快、越牢固，练习在习惯形成过程中有着很重要的作用。②根据近因律，当反应频繁发生时，最新近的反应比较早的反应更容易得到强化而被保留下来。因此，华生的学习理论也被称为“替代—联结”学说。华生认为环境在学习过程中起着极其重要的作用，他是一个环境决定论者。

三、桑代克的联结—试误学习理论 【单选、简答】 ★★

桑代克于1896年开始从事动物学习的实验研究，其中最具代表性的实验是“猫的迷笼实验”。在此基础上，桑代克提出了世界上第一个学习理论——学习的“联结说”，它也是教育心理学史上第一个较为完整的学习理论。它系统地回答了有关学习的一些最基本的问题，这为教育心理学成为一门独立的学科起到了奠基作用。它对于我们了解学习，特别是动物的学习过程及其外部条件有一定的参考价值。

桑代克

考点1 学习的实质

学习的实质在于形成情境与反应之间的联结，联结公式是S-R。他认为刺激与反应之间的联结是直接的，并不需要中介作用。

考点 2　学习的过程

学习的过程就是形成刺激与反应之间联结的过程，而联结是通过尝试错误的过程建立的。学习的过程是一种渐进的、盲目的、尝试错误的过程。在此过程中随着错误反应的逐渐减少和正确反应的逐渐增加，而最终在刺激与反应之间形成牢固的联结。这种理论又被称为尝试—错误论，简称试误论。

考点 3　学习要遵循三条原则　必背

(1)**准备律**是指联结的加强或削弱取决于学习者的心理准备和心理调节状态。

(2)**练习律**是指刺激与反应之间的联结会由于重复或练习而加强；不重复或不练习，联结的力量就会减弱。练习律又分为应用律和失用律两个次律。

(3)**效果律**是指刺激和反应之间的联结可因导致满意的结果而加强，也可因导致烦恼的结果而减弱。换句话说，就是指决定学习的最重要的因素是机体的行为后果，凡是导致满意后果的行为就会被加强，而带来烦恼的行为则会被削弱或淘汰。

学习的副律有五条：多重反应原则、倾向和态度原则、选择性原则、同化或类化原则和联想交替原则。

真题面对面

1. [2022温州，单选](　　)于19世纪就开始进行大量的动物学习的实验研究，如“迷笼实验”，并由此提出世界上第一个学习理论。

A. 桑代克　　B. 华生　　C. 斯金纳　　D. 勒温

2. [2022台州，简答]请简述桑代克提出的学习定律。

答案：1. A　2. 详见内文

四、斯金纳的操作性条件作用理论　【单选、填空、判断、辨析】　★★★

斯金纳

斯金纳把人和动物的行为分为两类：应答性行为和操作性行为。**应答性行为**是由特定刺激引起的，是不随意的反射性反应；而**操作性行为**则不与任何特定刺激相联系，是有机体自发做出的随意反应。在日常生活中，人的大部分行为都是操作性行为。经典性条件反射理论可以解释应答性行为的产生，而操作性条件作用理论可以解释操作性行为的产生。

真题面对面

[2022台州，单选]根据斯金纳的观点，(　　)是由特定刺激引起的，是不随意的反射性反应。

A. 连贯性行为　　B. 认知性行为

C. 操作性行为　　D. 应答性行为

答案：D

考点 1　巴甫洛夫的经典性条件反射与斯金纳的操作性条件反射的比较

表4-2　两种条件作用的比较

比较范畴	经典性条件作用	操作性条件作用
主要代表人物	巴甫洛夫	斯金纳
行为	无意的、情绪的、生理的	有意的

续表

顺序	行为发生在刺激之后	行为发生在刺激之前
学习的发生	中性刺激与无条件刺激的匹配	行为后果影响随后的行为
例子	学生将课堂(开始是中性的)与教师的热情联结在一起,课堂引发出积极情绪	学生回答问题后受到表扬,学生回答问题的次数增加

知识再拔高

语言的强化说

从巴甫洛夫的经典条件反射学说和两种信号系统学说到斯金纳的操作性条件反射学说,都认为语言的发展是一系列刺激反应的连锁和结合。斯金纳还专门写了《言语行为》一书,提出了两个主要论点:

(1)环境因素,即当场受到的刺激和强化历程,对言语行为的形成和发展具有决定性影响。他主张对言语行为进行"功能分析",即辨别控制言语行为的各种变量,详述这些变量如何相互作用来决定言语反应。也就是说,只要能弄清外界刺激因素就能精确预测一个人会有什么言语行为。

(2)强化是语言学习的必要条件,也是使成人的言语反应继续发生的必要条件。强化刺激的出现频率、出现方式或者停止出现,对于言语行为的形成和巩固非常重要。

真题面对面

1. [2020宁波,单选]一名学生上课举手发言,得到老师的表扬后,该学生举手发言的频率变高了,相应的心理学解释是(　　)

A. 经典性条件反射　　B. 操作性条件反射

C. 社会学习　　D. 顿悟

2. [2022宁波,判断]心理学家班杜拉指出,强化是语言学习的必要条件,也是使成人的言语反应继续发生的必要条件。(　　)

答案:1. B　2. ×

考点2　操作性条件作用的基本规律

强化与惩罚

操作性条件作用的基本规律有:强化、逃避条件作用与回避条件作用、消退、惩罚。

1. 强化　必背

强化是采用适当的强化物而使机体反应频率、强度和速度增加的过程。凡是能增强行为频率的刺激或事件叫作**强化物**。斯金纳认为,强化是塑造行为的有效而重要的条件,塑造行为的过程,就是学习的过程。

强化有正强化和负强化之分。**正强化**是通过呈现想要的愉快刺激来增强反应频率;**负强化**是通过消除或中止厌恶、不愉快刺激来增强反应频率。

斯金纳认为强化的程序不止一种。所谓强化程序,是按合乎要求的反应次数以及各次强化之间的时距的适当组合而做出的各种强化安排。它包括连续强化和间隔强化,间隔强化又分为固定比例强化和变化比例强化、固定时间强化和变化时间强化等。

表4-3 强化的程序

分类		内涵	典例
连续强化		每次行为之后都给予强化	一开灯就亮
间隔强化	固定比例强化	间隔一定的次数给予强化	每隔5次给予1次强化、计件工资、每举三次手给一次发言的机会
	变化比例强化	每两次强化之间间隔的反应次数是变化不定的	老虎机、钓鱼、买彩票
	固定时间强化	间隔一定的时间给予强化	每隔5分钟给予1次强化、计时工资、每周五测验
	变化时间强化	强化之间间隔的时间是变化的	冲浪运动、随时小测验

强化的安排可以有很多种，不同的强化安排可以起到不同的强化效果。一般来说，间隔强化的效果比连续强化的效果好，连续强化在教导新反应时最为有效，间隔强化比连续强化具有更高的反应率和更低的消退率；可变间隔和可变比例强化的效果好于固定间隔和固定比例强化的效果。在选择强化物时，可以遵循**普雷马克原理**，又称为“祖母法则”，即用高频活动作为低频活动的有效强化物，如告诉小学生做完作业以后就可以玩游戏。

真题面对面

1. [2022台州，单选]为了提高学生参加晨跑的积极性，朱老师规定，只要参加了晨跑的学生就可以免扫地，这体现了哪种强化原理(　　)

A. 正强化　　B. 负强化　　C. 正惩罚　　D. 负惩罚

2. [2023宁波，判断]间隔强化比连续强化具有更高的反应率和消退率。(　　)

答案：1. B　2. ×

2. 逃避条件作用与回避条件作用

逃避条件作用是指当厌恶刺激出现时，有机体做出某种反应，从而逃避了厌恶刺激，则该反应在以后的类似情境中发生的概率便增加的一类条件作用。在日常生活中，逃避条件作用不乏其例，如看见路上的垃圾后绕道走开，感觉屋内人声嘈杂时暂时离屋等。

回避条件作用是指当预示厌恶刺激即将出现的刺激信号呈现时，有机体也可以自发地做出某种反应，从而避免了厌恶刺激的出现，则该反应在以后的类似情境中发生的概率便增加的一类条件作用。它是在逃避条件作用的基础上建立的，是个体在经历过厌恶刺激的痛苦之后，学会了对预示厌恶刺激的信号做出反应，从而免受痛苦等。

逃避条件作用

回避条件作用

“逃避条件作用”和“回避条件作用”易理解错误，考生在做题时可根据题干的指向时间进行记忆，“逃避条件作用”→过去时(已经遭受厌恶刺激带来的痛苦)；“回避条件作用”→将来时(未实际遭受厌恶刺激带来的痛苦)。

3. 消退

消退是指条件反射形成以后，如果得不到强化，条件反应会逐渐减弱，直至消失的现象。

4. 惩罚

惩罚是指当有机体做出某种反应以后，呈现一个厌恶刺激，以消除或抑制此反应的过程。惩罚与负强化有所不同，负强化是通过厌恶刺激的排除来增加反应在将来发生的概率，而惩罚则是通过厌恶刺激的呈现来降低反应在将来发生的概率。依据刺激是呈现还是移除，惩罚也可以分为呈现性惩罚和移除性惩罚。

表4-4　强化和惩罚的区别

	强化		惩罚	
分类	正强化	负强化	呈现性惩罚(正惩罚)	移除性惩罚(负惩罚)
特点	呈现愉快刺激	取消厌恶刺激	呈现厌恶刺激	取消愉快刺激
目的	增加反应频率	增加反应频率	降低反应频率	降低反应频率
典例	给予表扬	完成作业，老师不再批评学生	孩子乱跑，打孩子屁股	不写完作业不能出去玩

真题面对面

[2022绍兴，辨析]负强化等同于惩罚。

答案：(1)这种说法是不正确的。(2)惩罚与负强化有所不同，负强化是通过厌恶刺激的排除来增加反应在将来发生的概率，而惩罚则是通过厌恶刺激的呈现来降低反应在将来发生的概率。所以，不能说惩罚就是负强化，题干说法错误。

考点3　强化理论在教学中的应用

1. 强化理论对学习的意义

(1)强化的应用

在学习过程中，强化物有很多种类，如表扬、奖励、自我强化等。表扬或奖励可以根据具体的情况采用不同的形式：关注、特权、拥抱、活动、实物和金钱等。没有一种强化形式适合于所有的人，当采用的表扬或奖励方式对学生无效时，并不是强化无效，而是没有选择正确的强化方式。在对学生的行为进行奖励时，应注意避免外部奖励对内部兴趣的破坏。在很多情况下，维持行为的强化物是活动本身带来的快乐，这时再给予外部的奖励，就会使学生活动的目的逐渐变为获得外部奖励。因此，当学生已经自行从事某种活动时，教师应谨慎考虑奖励是否必要，避免给予不必要的奖励。奖励虽然是塑造行为的有效手段，但是奖励的运用必须得当，否则便会强化不良行为。例如，小孩的许多无理取闹的行为实际上是学习的结果，因为他们通过哭闹能得到诸如玩具、冷饮等强化物。

(2)消退的应用

消退是一种无强化过程，其作用在于降低某种反应在将来发生的概率，以达到消除某种行为的目的。

例如，在强化的应用中所述的例子，为矫正这种行为就不应再给予强化，因为父母的无端让步实际上正起着强化不正确行为的作用。不去强化而去淡化，既可消除不正确行为，又不会带来诸如惩罚等导致的感情受挫的副作用。再比如，如果学生上课扮鬼脸是为了得到老师或同学的关注(强化)，老师与同学可以不予理睬，不给予其希望得到的强化，那么此类行为就会逐渐减少。因此，消退是减少不良行为、消除坏习惯的有效方法。

(3)惩罚的应用

①惩罚并不能使行为发生永久性的改变，它只能暂时抑制行为，而不能根除行为。

②惩罚的运用必须慎重，惩罚一种不良行为应与强化一种良好行为结合起来，方能取得预期的效果，即指出正确的行为方式，在孩子做出正确的行为后给予强化。

③一般来说，要尽可能地少用惩罚，在必要的时候才使用。一个经常惩罚孩子的家长或教师，本身就给孩子树立了一个不好的榜样。惩罚的目的可能没有达到，反而使孩子学会了粗暴的不顾别人自尊的处事方式。

④惩罚的运用应该及时，即在学生做出某种行为之后，立即给予惩罚。惩罚紧紧跟在错误行为之后，与错误的行为之间建立联结。

总之，根据操作性条件作用理论，在教育过程中，教师应多用正强化的手段来塑造学生的良性行为，用不予强化的方法来消除消极行为，同时应慎重地对待惩罚。

2. 程序教学

斯金纳将操作性条件反射原理应用到教学活动上，提出了程序教学论及其教学模式。程序教学的基本原理是采用**连续接近法**，通过对设计好的程序不断强化，使学生形成教育者希望的行为模式。程序教学的基本方法包括：(1)把教材内容细分成很多的小单元；(2)按照这些单元的逻辑顺序排列起来，构成由易到难的很多层次或小步子，让学生循序渐进，依次进行学习；(3)学生回答问题后教师要立即反馈，出示正确答案，学生得到及时强化。

3. 课堂管理

要维持良好的课堂秩序，需要对好的行为予以强化，对不良的行为予以惩罚。根据行为主义的强化与惩罚原理，对于课堂上出现的不同行为采取不同的措施，分别予以强化或惩罚。对于表现良好的行为给予强化，而对于课堂上出现的与课堂氛围不协调的行为，要给予及时处理。行为主义者研究还表明，对于学生的不正确行为，单纯给予惩罚的效果不明显，要让学生知道什么是正确的行为，用正确的行为替代不正确的行为比单纯抑制不正确的行为要好。当我们想要学生从事某一种学生可能感到枯燥的活动时，我们可以运用普雷马克原理，把这种活动与学生喜爱的某活动结合在一起。比如，当学生按要求完成课堂作业后，就与学生一起玩游戏。

强化与惩罚都有多种形式。教师在课堂上要根据具体情况灵活而合理地运用强化和惩罚。但是，不管是运用何种形式，教师都要清晰地意识到以下几点：(1)处理的后果如何(有效性问题)；(2)对学生心理的影响(符合教育性，不伤害学生的人格和自尊心)；(3)学生的具体特点和水平(针对性、适用性问题)；(4)对他人的影响(被模仿或被警告)。教师只有明确地认识到强化或惩罚使用的各种条件、后果和方法，才能取得自己想要的效果。

4. 行为塑造与矫正

行为塑造原理是通过小步强化最终达成目标，即将目标行为分解成一个个小步子，每完成一个小步子就给予强化，直到最终达到目标，这种原理也叫连续接近法。

斯金纳认为“教育就是塑造行为”，任何复杂的行为，包括儿童的行为习惯，都可以借助强化通过塑造来获得(或养成)。比如,可以按照行为塑造的原理训练某学生养成主动阅读的习惯,当这位学生去拿书的时候就给予强化,当他把书翻开时给予强化,当他开始阅读时给予强化,当他把一段文章阅读完给予强化,当他再次阅读时又给予强化,直到养成阅读习惯为止。

同理,可以按照这种原理来矫正儿童的不良行为。行为主义认为惩罚可以抑制不良行为,当儿童出现不良行为时,通过给予惩罚加以矫正。行为主义者认为,在不良行为出现之初进行惩罚的效果要比出现之后进行惩罚的效果好。同时,根据这种惩罚的原理可以干预儿童的行为强迫症。行为主义者还运用系统脱敏技术治疗恐惧症。

五、班杜拉的社会学习理论 【单选、材料分析】 ★★

班杜拉

考点1 基本观点

1. 学习的实质——观察学习

班杜拉以儿童的社会行为习得为研究对象,形成了其关于学习的基本思路,即观察学习是人的学习最重要的形式。班杜拉认为,学习是个体通过对他人的行为及其强化结果的观察,从而获得某些新的行为反应或已有的行为反应得到修正的过程。

2. 观察学习的过程

班杜拉把观察学习的过程分为注意、保持、复现和动机四个子过程。

(1)在注意过程中,观察者注意并知觉榜样情境的各个方面。

(2)在保持过程中,观察者记住从榜样情境中了解的行为,以表象和语言形式将它们在记忆中进行表征、编码以及存储。

(3)在复现过程中,观察者将头脑中有关榜样情境的表象和符号概念转为外显的行为。

(4)在动机过程中,观察者因表现所观察到的行为而受到激励。他还认为习得的行为不一定都表现出来,学习者是否会表现出已习得的行为,受强化的影响。

记忆有妙招

为方便考生记忆,编者将班杜拉的观察学习的过程总结成以下口诀:
珠宝浮动。珠:注意。**宝:**保持。**浮:**复现。**动:**动机。

3. 观察学习的效应

(1)习得效应,指通过观察习得新的技能和行为模式。

(2)抑制效应与去抑制效应。抑制效应指观察者看到他人的不良(或良好)行为受到社会谴责,观察者会暂时抑制受到谴责的不良(或良好)行为。去抑制效应指观察者看到他人的不良行为未受到应有的惩处,其原本受到抑制的不良行为重新发作。

(3)反应促进效应,指通过观察促进新的学习或加强原先习得的行为。

(4)刺激指向效应,指通过观察榜样行为,观察者将自己的注意指向特定的刺激。

(5)情绪唤醒效应,指看到榜样表达的情感,在观察者身上容易唤起类似的情感。

4. 对强化的重新解释 必背

(1)直接强化。直接强化是指观察者因表现出观察行为而受到强化。

(2)替代强化。替代强化是指观察者因看到榜样的行为被强化而受到强化。

(3)自我强化。自我强化是指对自己表现出的符合或超出标准的行为进行自我奖励。

真题面对面

1. [2022宁波,单选]小鸥上课举手回答问题,答错后受到了老师的批评,之后班上的同学就很少举手回答问题。这种现象体现了观察学习的(　　)

A. 习得效应　　B. 抑制效应　　C. 去抑制效应　　D. 反应促进效应

2. [2022温州,单选]小王因为学习成绩好,受到了老师的表扬,小明也暗自下决心努力学习,以获得老师的表扬,这种现象属于(　　)

A. 直接强化　　B. 替代强化　　C. 自我强化　　D. 外部强化

3. [2021金华/诸暨,单选]根据社会学习理论,以下说法错误的是(　　)

A. 学习受认知影响比较大,且在实验室中进行

B. 观察学习的过程包括注意、保持、动作再现、动机

C. 学习者是否表现出已习得的行为受到直接强化、自我强化和替代强化的影响

D. 儿童通过模仿进行学习

答案:1. B　2. B　3. A

考点2　班杜拉的社会学习理论在学习、行为的形成与改变、教学中的应用

在现实生活中,观察学习无处不在。教师和家长应意识到观察学习的重要性,并利用观察学习有效地指导学生的学习。

1. 教师的榜样和楷模作用

在学生眼里,教师是重要他人和权威的化身。作为教师,应该认识到学生每时每刻都在观察和倾听你的一言一行。从你的言行中,学生会汲取大量的信息。学生会观察到你如何思考问题、解决问题。因此,你可以有意识地、明确地说出自己的思维过程,这有利于学生创造性思维和逻辑思维的形成。学生们也会通过观察,习得教师的态度和热情。

2. 同伴的示范作用

在学校生活中,同伴也是学生观察学习的一个来源。学生的可塑性和模仿能力很强,但是又没有足够的能力辨别善恶美丑。因此,这就需要老师在学校中树立典型和榜样,对品学兼优和有亲社会行为的学生进行表彰。

3. 父母的言行一致

父母对孩子的行为和道德的发展起着重要作用,其教育方式会对孩子产生重大影响。例如,很多父母经常用体罚"教育"孩子不要去打架,但是,他们在体罚的时候,无意间传递了一种信息"武力带来权威",结果,无意间使孩子打架变本加厉了。因此,在教育孩子时,一定要注意自己的言行举止。

4. 认知示范

社会学习理论在教育实践中有着广泛的应用,认知示范是最常用的方法之一,包括对榜样行为的演示以及对榜样的想法和行为进行言语描述。通过认知示范,观察者不仅能学会榜样的行为,也能从榜样的想法中获益,学习到解决特定问题的策略。教师使用示范教学时,不仅要准确、清晰地演示示范的行为,更要注意让学生理解如何思考类似的问题。教师应鼓励学生从"我会做"向"我知道为什么要这样做"转变,学会学习。

5. 认知行为矫正

社会学习理论在教育领域中的一个新近应用是认知行为矫正,强调运用自我管理帮助学生自主学习。这对于实现新课改所倡导的突出学生的主体地位、让学生积极参与到学习过程中来等理念都有重要意义。

所谓认知行为矫正就是通过作用于内隐的思维过程来矫正外显的行为。由于它假定强化的基本原则仍发挥作用，也强调使用个体的认知操作来获得行为改变，因此既有行为主义的成分，但又不同于行为主义。具体说来，认知行为矫正包括以下几个过程：(1)确定目标；(2)自我监控和自我评估；(3)自我强化。

★★ 考点大默写 ★★

1. 根据巴甫洛夫的经典性条件作用理论，在识字教学中，要使学生正确区分相似、相近字，在教学时应重视让学生在学习过程中对所学的字进行刺激的__________。
2. 桑代克认为学习的实质在于形成情境与__________之间的联结。
3. 在实际教学中教师不应搞突袭，比如应该学习新知识，却进行考试，这不利于学生学习。这依据的是桑代克学习律中的__________。
4. 斯金纳认为，__________行为不与任何特定刺激相联系，是有机体自发做出的随意反应。
5. 妈妈告诉小明，只要他期末考试进入班级前十名就给他买一台游戏机。妈妈运用的是__________强化。
6. __________又称为“祖母法则”，即用高频活动作为低频活动的有效强化物。
7. 在日常生活中，看见路上的垃圾后会绕道走开，这体现了操作性条件作用规律中的__________作用。
8. 某教师对喜欢打小报告的学生采取故意不理会的方式，这属于操作条件作用规律中的__________。
9. 小江因为房间很乱被妈妈训了一顿，还被禁止玩游戏，小江妈妈的行为属于操作条件作用规律中的__________。
10. 班杜拉把观察学习的过程分为注意、保持、__________和__________四个过程。
11. 亮亮看见同班同学张强上课乱说话被老师批评，他自己就知道上课不能随便乱说话，亮亮此时受到的强化是__________。

【参考答案】

1. 分化　2. 反应　3. 准备律　4. 操作性　5. 正　6. 普雷马克原理　7. 逃避条件　8. 消退　9. 惩罚　10. 复现　动机　11. 替代强化

边缘考点

考点　实用行为分析程序

下面介绍四种实用行为分析程序：以家庭为背景的强化、个人日志卡、整班代币强化和集体绩效系统。一般地，前两者适用于个体学生，后两者适用于整班。

(1)**以家庭为背景的强化**是指把学生在学校的行为报告给家长，家长提供奖励。教师让学生把一张每日或每周报告卡拿回家，根据教师的报告，家长给学生提供特权或奖励。以家庭为背景的强化方法常常被用来改善个别在课堂上捣乱的学生的行为，也可用于整个捣乱的班级。

(2)**个人日志卡**是要求父母参与并且强化所期望的结果的一种行为管理系统。在日志卡上，教师需要对学生每堂课上的行为和作业评级。学生整天拿着这张卡，让上课的老师给他评分，每天回家，要拿这张卡给父母看。当他的得分达到某一标准后，父母就给予奖励；如果学生忘了带回家，父母就会认为他没达到标准。

(3)**整班代币强化**是指学生能把因学习和积极的课堂行为而获得的代币(如小红星、分数等)变换成他们想要的奖品的一种强化系统。

(4)**集体绩效系统**是根据集体成员的行为对整个集体进行奖励的一种强化体系。它比其他行为矫正方法如以家庭为背景的课堂管理策略更容易实施。首先，做全班记录通常要容易得多；其次，大多数情况下整个班级要么得奖，要么不得奖，避免分别处理学生。

真题面对面

[2019宁波，单选]老师说："如果下周所有学生都会背诵这篇课文，我就请大家看电影。"该老师的做法属于实用行为分析程序中的(　　)

A. 个人日志卡　　B. 整班代币强化

C. 集体绩效系统　　D. 以家庭为背景的强化

答案：C

第三节　认知主义学习理论

认知主义学习理论认为，有机体获得经验的过程是通过积极主动的内部信息加工活动形成新的认知结构的过程。

一、格式塔学派的完形—顿悟学习理论　【单选】★

苛勒等人通过著名的**黑猩猩实验**，对学习的实质及原因做出了解释。他们关于学习本质的观点是：

考点1　学习的实质——形成新的完形

从学习的结果来看，学习并不是形成刺激—反应的联结，而是形成了新的格式塔(完形)。

考点2　学习的过程——顿悟过程

从学习的过程来看，学习是通过顿悟过程实现的。学习是个体利用本身的智慧和理解力对情境及情境与自身关系的顿悟，而不是动作的积累或盲目尝试。

(1)学习不是简单地形成由此及彼的神经通路的联结活动，而是在头脑里主动积极地对情境进行组织的过程；

(2)学习过程中知觉的重新组织，不是渐进的尝试错误的过程，而是突然的顿悟。因此，学习不是一种盲目的尝试，而是由于对情境的顿悟而获得的成功。所谓**顿悟**，就是领会到自己的动作和情境，特别是和目的物之间的关系。

真题面对面

[2022金华，单选]"学习是学生利用本身的智慧与理解力对情境及情境与自身关系的顿悟"这一观点出自(　　)

A. 精神分析学派　　B. 机能主义学派

C. 构造主义学派　　D. 格式塔学派

答案：D

考点3　尝试错误理论与顿悟理论在问题解决中的应用

试误说看到了问题解决过程中一系列建立刺激与反应联结的、尝试错误的阶段，重视问题解决的过程和系列操作，但是，它认为问题解决的尝试错误过程是盲目的，忽略了认知因素在问题解决中的重要作用。顿悟说注意到了重组情境的认知成分，这实际上就是后来人们所强调的对问题的理解和表征。但是把这种认知成分看成是先验的，并且还片面强调顿悟，取消了对问题解决过程的研究。

如果剔除试误说中的盲目性和顿悟说中的先验性的一面，根据对立统一的辩证观，试误和顿悟是问题解决中既相互对立又相互联系的两个方面。人面对一个新问题时，总是要用已有的经验（非先验的）在理解问题时转换问题，重组问题的当前结构，以期联想起一种可行的解决方案，如果实在不成功，人就会有计划、有目的地（非盲目地）尝试一种又一种解决方案。有时，表面上的一个顿悟，实际上是经过了好多次的试误之后才出现的。

二、托尔曼的目的—行为学习理论（符号学习理论）

托尔曼是一位受格式塔学派影响的行为主义者，他提出的认知学习理论和内部强化理论对现代认知学习理论的发展有一定的贡献。

考点1　关于学习的主要观点　【单选】★

（1）学习是有目的的，是期望的获得。学习的目的性是人类学习区别于动物学习的主要标志。**期望**是个体依据已有经验建立的一种内部准备状态，是通过学习而形成的关于目标的认识和期待。期望是托尔曼学习理论的核心概念。

（2）学习是对完形的认知，是形成认知地图的过程。**认知地图**即有关整个情境的认识，包括对要达到的目的、要采取的手段或途径的认识。托尔曼主张将行为主义S-R公式改为S-O-R公式，O代表机体的内部变化。

托尔曼的上述观点得到了他和他的同事们所做实验的支持，其中，最有说服力的动物学习实验有位置学习实验和潜伏学习实验等。

真题面对面

[2022台州，单选]符号学习理论认为，学习的（　　）是人类学习区别于动物学习的主要标志。

A. 目的性　　B. 整体性　　C. 顿悟性　　D. 理解性

答案：A

考点2　托尔曼的“潜伏学习”对教学实践的启示

潜伏学习是指动物在没有强化的条件下学习也会发生，只不过结果不太明显，是“潜伏”的。一旦受到强化，具备了操作的动机，这种结果才通过操作而明显表现出来。

托尔曼对“潜伏学习”的发现，对我们的教学实践有一定的启示。潜伏学习的现象告诉我们，不是所有的学习都是在强化中进行的，不仅在动物学习中存在这种现象，在人类学习中，潜伏学习的现象更普遍。这就提示我们，在教学中不仅要注意学生学习的外显行为状态和表面现象，而且要注意了解学生潜伏的学习积极性和认知探究倾向。在教学中，要充分地利用和发挥学生学习的潜在积极性，配合适当的鼓励和强化手段，调动学生最大的学习热情，提高教学效率，增强学习效果。

托尔曼的符号学习理论把认知主义的观点引进行为主义的学习理论，改变了联结派学习理论把学习看成是盲目的、机械的过程的观点。他重视学习的中介过程，强调学习的认知性和目的性，这些思想对现代认知学习理论的产生和发展起到了深远的影响。

三、布鲁纳的认知—发现学习理论 【单选、判断、论述】 ★★

布鲁纳

布鲁纳是美国著名的认知教育心理学家，他主张学习的目的在于以发现学习的方式，使学科的基本结构转变为学生头脑中的认知结构。因此，他的理论常被称为认知—结构教学论或认知—发现学习说。

考点1 学习观

1. 学习的实质在于主动形成认知结构

认知结构是指一种反映事物之间稳定联系或关系的内部认识系统，或者说，是某一学习者的观念的全部内容与组织。

布鲁纳认为，人不是知识的被动接受者。个人的学习都是通过把新得到的信息和原有的认知结构联系起来，去积极地建构新的认知结构。

2. 学习包括获得、转化和评价三个过程

布鲁纳认为学习包括三种几乎同时发生的过程，这三种过程是：新知识的获得、知识的转化和知识的评价。这三个过程实际上就是学习者主动地建构新认知结构的过程。

新知识可能是以前知识的精炼，也可能与原有知识相违背。知识的转化就是超越给定的信息，运用各种方法将它们变成另外的形式，以适应新任务，并获得更多的知识。知识的评价是对知识转化的一种检查，通常包含对知识的合理性进行判断。

考点2 教学观

1. 教学的目的在于理解学科的基本结构

由于布鲁纳强调学习的主动性和认知结构的重要性，所以他主张教学的最终目标是促进学生对学科结构的一般理解。所谓学科的基本结构，是指学科的基本概念、基本原理及基本态度和方法。学生理解了学科的基本结构，就容易掌握整个学科的具体内容，就容易记忆学科知识，就能促进学习迁移，促进儿童智力和创造力的发展，并且可以提高学习兴趣。

2. 掌握学科的基本结构的教学原则

(1)**动机原则**。所有学生都具有内在的学习愿望，内在动机是维持学习的基本动力。学生具有三种最基本的内在动机，即**好奇内驱力**(即求知欲)、**胜任内驱力**(即成功的欲望)和**互惠内驱力**(即人与人之间和睦共处的需要)。教师如果能善于促进并调节学生的探究活动，便可激发他们的这些内在动机，有效地达到预定的学习目标。

(2)**结构原则**。任何知识结构都可以用动作、图像和符号三种表征形式来呈现。动作表征是借助动作进行学习，无需语言的帮助；图像表征是借助表象进行学习，以感知材料为基础；符号表征是借助语言进行学习，经验一旦转化为语言，逻辑推导便能进行。至于究竟选用哪一种呈现方法为好，则视学生的年龄、知识背景和学科性质而定。

(3)**程序原则**。教学就是引导学习者通过一系列有条不紊地陈述一个问题或大量知识的结构，以提高他们对所学知识的掌握、转化和迁移的能力。通常每门学科都存在着各种不同的程序，它们对学习者来说，有难有易，不存在对所有的学习者都适用的唯一的程序。

(4)**强化原则**。教学规定适合的强化时间和步调是学习成功重要的一环。知道结果应恰好在学生评估自己作业的那个时刻。知道结果过早，易使学生慌乱，从而阻挠其探究活动的进行；知道结果太晚，易使学生失去受帮助的机会，甚至有可能接受不了正确的信息。

记忆有妙招

为方便考生记忆，编者将掌握学科的基本结构的教学原则总结成以下口诀：
冻结城墙。**冻**：动机原则。**结**：结构原则。**城**：程序原则。**墙**：强化原则。

考点3 发现学习

1. 发现学习的概念

布鲁纳认为，发现是教育儿童的主要手段，学生掌握学科的基本结构的最好方法是发现学习。发现学习是指给学生提供有关的学习材料，让学生通过探索、操作和思考，自行发现知识、理解概念和原理的教学方法。

2. 发现学习理论在学习、教学中的意义

布鲁纳认为，教学不仅应当尽可能使学生牢固地掌握科学知识，还应当尽可能使学生成为自主、自动的思想家。这样的学生在结束正规的学校教育后，才能独立地向前迈进。研究发现，发现学习具有四个方面的作用：(1)能提高智慧的潜力；(2)有助于外在动机向内在动机的转化；(3)有利于学生学会发现探索的方法；(4)有利于所学材料的保持。但它也受到学生的先前知识、学生的智力水平、学习材料的性质、教师的指导及教学时间等因素的制约。

四、奥苏伯尔的有意义接受学习理论(有意义言语学习理论)【单选、判断、辨析、论述】★★

考点1 接受学习

与布鲁纳的发现学习观相反，奥苏伯尔认为，学生的学习主要是接受学习。接受学习的特征是把要学习的全部内容或多或少地以定论的形式呈现给学习者，不需要学习者任何形式的独立发现，只需要学习者把学习材料加以内化，把新旧材料的内容有机地结合，即新学习的内容与认知结构中的有关内容融为一体，并存储下来。

奥苏伯尔

奥苏伯尔强调，必须消除对接受学习的误解。接受学习未必都是机械学习，它可以而且也应该是有意义的学习。同样，发现学习未必都是有意义的学习，它也可能是机械学习。

考点2 有意义学习的实质

奥苏伯尔的有意义学习理论主要研究学生在课堂中的学习。奥苏伯尔认为学生在学校学习语言符号所代表的系统知识，主要是有意义学习而不是机械学习。学生在学校中的有意义学习应该是有意义的接受学习和有意义的发现学习，但他更强调有意义的接受学习，因为有意义的接受学习可以在短时期内使学生获得大量的系统知识。

有意义学习的实质就是以符号为代表的新观念与学习者认知结构中原有的适当观念建立起**非人为的**和**实质性的**联系的过程，是原有观念对新观念加以同化的过程。所谓非人为的联系，是指有内在联系而不是任意的联想或联系，指新知识与原有认知结构中有关的观念建立在某种合理的逻辑基础上的联系。所谓实质性的联系，是指表达的语词虽然不同，但却是等值的，也就是说这种联系是非字面的联系。

真题面对面

1. [2019统考，单选]奥苏伯尔认为学生的学习主要是(　　)

A. 有意义的接受学习　　B. 有意义的发现学习
C. 有意义的机械学习　　D. 有意义的发展学习

2. [2019宁波,判断]有意义学习的实质是在学习知识过程中,将符号所代表的新知识与学习者认知结构中已有的适当观念建立起实质性和人为的联系的过程。( )

答案:1. A 2. ×

考点3 有意义学习的条件

(1)客观条件,是指受学习材料本身性质的影响。有意义学习的材料本身必须合乎这种非人为的和实质性的标准,即具有逻辑意义。教材一般符合此要求。

(2)主观条件,是指受学习者自身因素的影响。主要表现在:①学习者必须具备有意义学习的心向;②学习者认知结构中必须具有适当的知识,以便与新知识进行联系;③学习者必须积极主动地使这种具有潜在意义的新知识与认知结构中有关的旧知识发生相互作用,使旧知识得到改造,新知识获得实际意义,即心理意义。

考点4 组织学习的原则与策略

1. 组织学习的原则

(1)逐渐分化原则。逐渐分化原则即首先应该传授最一般、包容性最广的观念,然后根据具体细节对它们逐渐加以分化,这样可以为每个知识单元的教学都提供理想的固定点,即对新知识起固定作用的先前知识。

(2)整合协调原则。整合协调原则是指如何对学生认知结构中现有要素重新加以组合。

2. 组织学习的策略——先行组织者

奥苏伯尔提出"先行组织者"的概念,即先于某个学习任务本身呈现的引导性学习材料。先行组织者的抽象、概括和综合水平高于学习任务,并与认知结构中的原有观念及新的学习任务相关联。

考点5 有意义言语学习理论在知识掌握中的应用

有意义接受学习的教学实例如下:

实例1 初中三年级地理课关于"地形"的教学

(1)出现组织者(可以多种形式,可以是概括的说明或定义等等)

地形的定义:地形是具有特殊形状和构造的陆地;

然后出现另一个组织者:地形的模型。

(2)呈现下位内容

首先,比较模型中的三座山,然后交代三种地形(高原、丘陵和高山);让大家举出各种实例,相互影响和相互讨论。

这一阶段的讲话一定要面对面,师生之间与学生之间讲话时都要互相看得见。为此,可短时调整座位。

(3)小结

指出三种地形的相同点与不同点,与已知旧知识(如陆地)的不同点。这样,既充实了原有的陆地概念,又学会了新的概念。

实例2 圆周角的教学

(1)复习旧课关于圆心角的知识。

(2)出现组织者,看书,"顶点在圆上而且两边都和圆相交的角叫圆周角"。(学生自答上位观念)

(3)举出下位实例让学生判断。

(4)小结:强调关于圆周角的两个条件,又举例判断。

(5)提问:"圆周上的角可以有多少个?"(无数个)

从上述简单实例中可见，在有意义接受学习模式中，主要学习内容已经告诉了学生，这是外部条件；同时，学生要具备同化新知识的相应观念，这是内部条件。

分析接受学习的心理过程，可找出以下要点：第一，要找到新知识的同化点；第二，新旧知识要相互作用；第三，要找出新旧知识的异同。显然，这是个认知过程，是积极的思维过程，但不是发现的过程。

五、加涅的信息加工学习理论

考点1　加涅的认知加工学习观

1. 学习结构模式

加涅将学习过程看作是信息加工流程。1974年，他描绘出一个典型的学习结构模式图（如图4–2所示）。

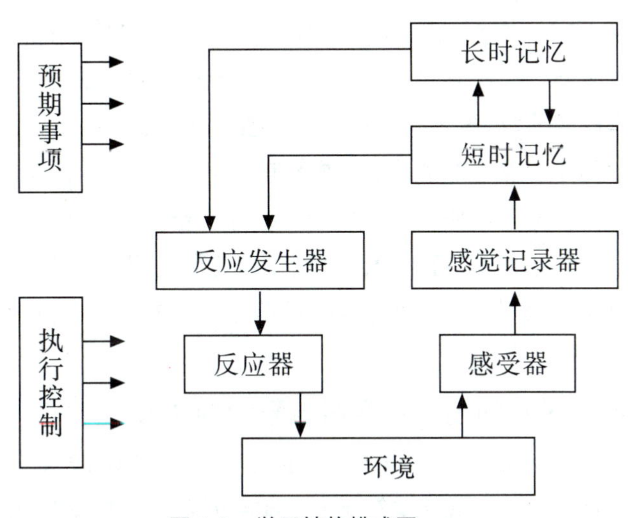

图4–2　学习结构模式图

这一模式分两个部分：

第一部分是右边的结构叫操作记忆，它是一个信息流。来自环境的刺激作用于学习者的感受器，然后到达感觉记录器，信息在这里经过初步的选择处理，停留的时间还不到一秒钟，便进入短时记忆，信息在这里也只停留几秒钟，然后进入长时记忆。以后当需要回忆时，信息从长时记忆中提取而回到短时记忆中，然后到达反应发生器，信息在这里经过加工便转化为行为，作用于环境，这样就发生了学习。

第二部分是左边的结构，包括预期事项（期望）和执行控制两个环节。预期事项环节起着定向的作用，使学习活动沿着一定方向进行。执行控制环节起调节、控制作用，使学习活动得以实现。第二部分的功能是使学习者引起学习、改变学习、加强学习和促进学习，同时使信息流激化、削弱或改变方向。

2. 学习过程的阶段性

加涅认为学习的外部条件和内部条件应加以区别，发生在学习者头脑里（中枢神经系统）的内部活动是学习过程，它是在外界影响下发生的。教学是有目的、有计划地发动、激发、维持和提高学习者学习的一整套外部条件。在此基础上，加涅提出了他的学习过程的八个阶段和相应心理过程的假设。

（1）动机阶段——激发学习者的学习动机。

（2）了解（领会）阶段——注意和选择性知觉。

（3）获得阶段——所学的信息进入短时记忆，并编码和储存。

（4）保持阶段——已编码的信息进入长时记忆储存。

（5）回忆阶段——进行信息的检索。

(6)概括阶段——实现学习的迁移。

(7)操作阶段——反应发生阶段。学生通过作业表现其操作活动。

(8)反馈阶段——证实预期,获得强化。

记忆有妙招

为方便考生记忆,编者将加涅的学习过程的八个阶段总结成以下口诀:

东街活宝会盖作坊。东:动机。街:了解。活:获得。宝:保持。会:回忆。盖:概括。作:操作。坊:反馈。

考点 2　加涅关于学习结果的划分的教育意义

按学习结果,加涅将学习分为智慧技能、认知策略、言语信息、动作技能和态度五种。具体内容参见本章第一节"加涅关于学习的划分"中"学习结果的分类"。这五项内容分属于三个领域:前三项内容属于认知领域;第四项内容属于动作技能领域;第五项内容属于情感领域。

加涅认为,上述五类学习不存在等级关系,其顺序是随意排列的,它们是范畴各不相同的学习。这种分类是对学习层次分类的一种简缩,它集中于学习的更高水平,充分体现了人类学习的特点,尤其符合学校学习的性质。加涅认为,把学习结果作为教育目标,有利于确定到达目标所需要的条件;而从学习条件中可以派生出教学事件,告诉教师应该做什么。因此,通过对学习结果的分析,可以为教学设计提供可靠的依据,从而为达到教学目标铺平道路。

考点 3　加涅关于学习过程的划分对学习与教学的意义

对于教学,加涅有以下三个主要观点:(1)不管教是否存在,学习都会发生。但我们可以通过规划教学事件来影响学习,即我们的规划不会导致学习的发生,但有助于学习者的学习。(2)学习过程有阶段性,对某个学习阶段有效的教学事件可能对另一个学习阶段是无用的,所以应谨慎地操作不同的教学事件。(3)教学事件应依据学习目标的类型予以规划。例如,对动作技能的学习有效的教学不会促进认知策略的发展。这三个观点构成了加涅教学设计原理的基础。该理论强调教学应根据学习结果的类型和学习过程的阶段性谨慎、系统地进行设计。

对应学习过程,加涅将教学过程划分为九个阶段:指引注意、告知目标、提示回忆原有知识、呈现教材、提供学习指导、引出作业、提供反馈、评估作业、促进保持与迁移。如果学习者在学习过程中自行满足了某些学习阶段的要求,则相应的教学阶段可以不出现。

教师所选择的教学方法包括教材呈现的方式、师生相互作用的方式和教学媒体的选择和运用等。加涅认为,教师可以根据教学目标中所确定的学习结果类型及某类学习当时所处的学习阶段,选择最适合的教学方法。

关于教学结果的测量与评价,应依据教学目标进行。所以,教学目标的设置和明确陈述是教学设计的关键。加涅对教学目标、教学过程、教学方法、教学结果的测量与评价作了系统而明确的阐述,形成了独特的教学理论思想。

考点大默写

1. 格式塔心理学家苛勒认为,学习是通过__________过程实现的。

2. __________是指动物在没有强化的条件下学习也会发生,只不过结果不太明显。

3. 布鲁纳认为，学习的实质是主动地形成____________。

4. 掌握学科的基本结构的教学原则有：动机原则、____________、程序原则、____________。

5. ____________是指给学生提供有关的学习材料，让学生通过探索、操作和思考，自行发现知识、理解概念和原理的教学方法。

6. 奥苏伯尔认为，有意义学习的实质就是以____________为代表的新观念与学习者认知结构中原有的适当观念建立起____________和____________联系的过程，是原有观念对新观念加以同化的过程。

7. 奥苏伯尔提出"____________"的概念，即先于某个学习任务本身呈现的引导性学习材料。其抽象、概括和综合水平高于学习任务，并与认知结构中的原有观念及新的学习任务相关联。

8. 布鲁纳认为学习包括三种几乎同时发生的过程：新知识的____________、知识的____________、知识的____________。

【参考答案】

1. 顿悟　2. 潜伏学习　3. 认知结构　4. 结构原则　强化原则　5. 发现学习　6. 符号　非人为的　实质性的　7. 先行组织者　8. 获得　转化　评价

第四节　人本主义学习理论

一、人本主义学习理论的主要内容

人本主义心理学是20世纪五六十年代在美国兴起的一种心理学思潮，其主要代表人物是马斯洛和罗杰斯。人本主义的学习和教学观深刻地影响了世界范围内的教育改革，是与程序教学运动、学科结构运动齐名的20世纪三大教学运动之一。

考点1　有意义的自由学习观

根据学习对学习者的个人意义，人本主义将学习分为无意义学习和有意义学习两类。

(1)无意义学习，是指学习没有个人意义的材料，类似于心理学上的无意义音节，不涉及感情或个人意义，仅仅涉及经验累积与知识增长，与完整的人(具有情感和理智的人)无关，学得吃力，而且容易遗忘。

(2)有意义学习，是指一种涉及学习者是完整的人，使个体的行为、态度、个性以及在未来选择行动方针时发生重大变化的学习，是一种与学习者各种经验融合在一起的、使个体全身心地投入其中的学习。例如，让一个学生取一杯冰水，他就可以学到"冷"这个词的意义，并知道冰加热能融化，而在夏天，装冰水的杯子外面会有水滴等。

人本主义者倡导有意义的自由学习观，有意义学习关注学习内容与个人之间的关系。它不仅是理解记忆的学习，而且是学习者所做出的一种自主、自觉的学习，要求学习者能够在相当大的范围内自行选择学习材料，自己安排适合于自己的学习情境。

考点2　学生中心的教学观　【单选】　★

教育与教学过程就是要促进学生的个性发展，发挥学生的潜能，培养学生学习的积极性与主动性。而学习是人固有能量的自我实现的过程，强调人的尊严和价值，强调无条件积极关注在个体成长过程中的重要作用。教育的目标、学习的结果应该是使学生成为具有高度适应性和内在自由性的人。教师的任务是要为学生提供学习的手段和条件，促进个体自由地成长。

学生中心模式又称为**非指导性教学模式**。在这个模式中，教师最富有意义的角色不是权威，而是"助产士"和"催化剂"，是一个"为学习提供便利条件的人""学习的促进者"。在这个模式中，罗杰斯强调：(1)以学生为本；(2)让学生自发地学习；(3)排除对学习者自身的威胁；(4)给学生安全感。人本主义理论提倡自我激励、自我调节的学习、情感教育、真实性评定、合作学习以及开放课堂和开放学校。

罗杰斯认为，促进学生学习的关键不在于教师的教学技巧，而在于特殊的心理氛围。它包括：(1)真实或真诚；(2)尊重、关注和接纳；(3)移情性理解。

二、罗杰斯的“以人为中心”思想对当今教育改革的意义

该理论充分强调学生的主体地位，对调动学生的学习积极性，充分发挥其创造力具有积极意义。罗杰斯对影响学生潜能发挥的条件的探索和他主张人际关系、情感态度是影响潜能发挥的主要条件的观点，正是行为主义和认知学派所忽视的一个重要方面。

(1)把教学看成是培养“完整的人”的活动，引起教学目的的转变；

(2)以情感领域为突破口，对传统的理性教育提出挑战；

(3)主张“以人为本”，让学校成为学生实现生命价值的地方；

(4)强调尊重学生的个性，发展学生的潜能，使其在主动的参与中享受到自身价值实现的快乐；

(5)强调师生的情感与人际关系的重要性，主张努力形成一种具有真诚、接受和理解特征的课堂心理气氛。

三、罗杰斯的“以人为中心”的思想在心理咨询中的应用

罗杰斯倡导的以人为中心疗法最初叫“非指导性治疗”，在20世纪50年代定名为“来访者中心理论”或“来访者中心心理治疗”，后来又改为“以人为中心疗法”。

1. 辅导目标

以人为中心疗法注重与来访者建立一种适当的关系，从而促使来访者成为一个功能完善的人。治疗的目的不仅是解决问题，更重要的是协助来访者成长，这样他们就更能克服目前与将来要面对的问题。在这种辅导关系中，来访者通常对自己有较现实的看法；较具自信和自主能力；能够对自己和本身的感受有较大的接纳；对自己有较积极的看法和评价；较少对自己的经验做出压抑；行为上表现得较成熟、较社会化、适应力较强；压力对他的影响程度降低，同时较易克服压力和挫败；性格上显得较为健康，人变得较具整合功能；对他人有较大的接纳。这些特征也正是辅导的目标所在。

2. 辅导员的角色

以人为中心疗法以辅导员本身的个人存在方式与态度为基础，而不是利用技术去指挥来访者。在辅导过程中，辅导员应该将自己这个真实存在的人看作是促使来访者改变的工具，而不是所应该扮演的专家角色。当他在人与人的关系上与来访者接触时，其“角色”就不具有任何角色功能。因此，辅导员的功能在于创立一种尊重、接纳、同感的辅导气氛，以协助来访者随着辅导过程的进展而成长。

3. 产生辅导效果的基本条件——辅导关系

罗杰斯的以人为中心疗法十分强调治疗者与来访者良好关系的建立，他认为从某种意义上说，治疗者对来访者持怎样的态度比治疗者的技巧更重要。他指出：“治疗的成功主要并非依赖治疗者技巧的高低，而依赖于治疗者是否具有某种态度。”1957年，他提出了以人为中心疗法过程中创造良好治疗氛围和建立融洽的治疗关系的三个必要条件。

(1)一致

一致包括真诚和真实，在心理辅导过程中真诚是非常重要的。辅导者应与来访者真诚相处，真心实意地帮助他们，成为来访者实实在在的朋友。对来访者要坦诚相待，不给自己戴上任何面具，表里如一，才能取得来访者的充分信赖，来访者才会愿意与辅导者推心置腹地交流思想。

(2)无条件地积极关注

辅导者应该无条件地关心来访者。积极关注指的是对来访者表现出的真诚的热情、尊重、接纳的态度。

(3)准确的同感的理解

辅导者从情感上要洞察来访者的经验情绪以及它们对来访者的意义,设身处地地与来访者一起对这些经验情绪产生共鸣反应,就好像这些经验情绪是发生在自己身上一样。这样就会给来访者营造一种安全、自由、放松的心理环境,使他乐于与辅导者敞开自己,从而使其思想、情感和人格向着有利于自身发展的方向努力。

4. 辅导关系的必要及充分条件

罗杰斯认为,辅导关系要具备一些治疗性特点,才能有益于创造一种适当的心理辅导气氛,使来访者能从中体验到必要的自由,以促进人格的改变。他在《心理治疗中人格改变的充分必要条件》中列出了六个条件,这六个条件必须持续地在辅导过程中出现:

(1)两人有心理上的接触;

(2)来访者处在一种不和谐的、脆弱或焦虑不安的状态;

(3)辅导员在此关系中是协调一致的、整合的人;

(4)辅导员产生对来访者的无条件积极关注;

(5)辅导员体验到来访者的内在经验世界、达成同感性理解,并力图把这种体验传达给来访者;

(6)辅导员对来访者的尊重、同感理解和无条件积极关注至少在一定程度上成功地传达给了来访者。

以人为中心治疗理论的提出,促使学校心理辅导者与来访者建立起一种相互依赖的朋友关系。真诚、同感、尊重等心理治疗和辅导的核心条件及方法,解决了心理辅导中难以与学生沟通相处的问题。而且,使得心理辅导和教育都成为一件很快乐的工作,因而将会吸引更多的来访者和辅导者参与其中,这对学校心理辅导的开展有积极的促进作用。

★★ 考点大默写 ★★

1. 人本主义倡导__________的自由学习观、__________的教学观。
2. 儿童通过触摸热水杯知道了烫的意思,以罗杰斯的观点看来,这属于__________学习。
3. 学生中心模式又称为非指导性教学模式。在这个模式中,教师最富有意义的角色不是权威,而是"__________"和"__________"。
4. 人本主义认为,辅导者应该__________地积极关注来访者。

【参考答案】

1. 有意义　学生中心　2. 有意义　3. 助产士　催化剂　4. 无条件

第五节　建构主义学习理论

建构主义是认知学习理论的新发展,对当前的教学改革产生了深远的影响。它不是一个特定的学习理论,而是许多理论观点的统称。

一、建构主义学习理论的主要内容 【单选、判断、简答】 ★★

考点 1　建构主义知识观

建构主义在一定程度上对知识的客观性和确定性提出质疑,强调知识的动态性。

(1)建构主义认为知识并不是问题的最终答案，而是随着人类进步而不断改正并随之出现新的假设和解释；

(2)知识并不能精确地概括世界的法则，而是需要针对具体情境进行再创造；

(3)知识不可能以实体的形式存在于具体个体之外，尽管我们通过语言符号赋予了知识一定的外在形式，但学习者仍然会基于自己的经验背景进行理解并建构属于自己的知识。

建构主义学习理论认为"情境""协作""会话""意义建构"是学习环境中的四大要素或四大属性。

考点2　建构主义学习观

建构主义在学习观上强调学习的主动建构性、社会互动性和情境性三方面。

(1)学习的**主动建构性**是指学生能够主动地对已有知识经验进行综合、重组和改造，从而用以解释新信息，并最终建构属于个人意义的知识内容。

(2)学习的**社会互动性**主要表现在学习是通过对某种社会文化的参与而内化相关的知识和技能、掌握有关工具的过程，这一过程常常需要通过一个学习共同体的合作互动来完成。建构主义者认为，学习不是每个学生单独在头脑中进行的活动，学习者也不是一个孤独的探索者，而是一个社会的人。学习总是学习者在一定社会文化环境下进行的，即使表现上学习者是一个人在进行学习，但是他在学习中采用的学习材料、学习用具以及学习环境等都是属于社会的，是集体经验的累积。

(3)学习的**情境性**主要指学习、知识和智慧的情境性，认为知识是不可能脱离活动情境而孤立存在的。只有通过实际应用活动，知识才能真正被理解。因此，人的学习应该与情境化的社会实践活动相联系，通过对某种社会实践的参与而逐渐掌握有关的社会规则并形成相应的知识。

真题面对面

[2021绍兴，单选]王老师认为学习是个体依据已有的知识经验进行主动建构的过程，这是下列哪种学习理论的观点(　　)

A. 人本主义学习理论　　B. 认知主义学习理论

C. 建构主义学习理论　　D. 行为主义学习理论

答案：C

考点3　建构主义学生观

建构主义非常强调学习者本身已有的经验结构，认为学习者在学习新信息、解决新问题时往往可以基于相关的经验，依靠其认知能力形成对问题的解释。建构主义者强调，学生并不是空着脑袋走进教室的，通过对儿童早期认知发展的研究也发现，即使是年龄非常小的孩子也已经形成了远比我们所想象的要丰富得多的知识经验。因此，教学不能忽视学生的已有经验，而是要把儿童现有的知识经验作为新知识的生长点，引导儿童从原有的知识经验中发展出新的知识经验。

真题面对面

[2022宁波，判断]建构主义认为学生不是空着脑袋走进教室的。(　　)

答案：√

考点4　建构主义教师观

信息加工的认知主义更多地把教师看成是学生学习的指导者、设计者，而建构主义更愿意把教师看成是学生学习的帮助者、合作者。建构主义认为教学不是由教师到学生的简单转移和传递，而是在师生的共同活动中，教师通过提供帮助和支持，引导学生从原有的知识经验中“生长”出新的知识经验。

二、建构主义的教学模式 【简答】★

建构主义的教学模式

1. 抛锚式教学模式

抛锚式教学模式指以问题为中心，将知识抛锚在一定的问题情境中，以激发学生的好奇心和创造力的教学模式。这里所谓的“锚”指的是支撑课程与教学实施的支撑物，它通常是一个故事、一段历险或者是学生感兴趣的一系列问题情境。

2. 支架式教学

支架式教学应当为学习者建构对知识的理解提供一种概念框架。这种框架中的概念是为发展学习者对问题的进一步理解所需要的。

3. 随机进入教学(随机通达教学)

随机进入教学，是指学习者可以随机通过不同途径、不同方式进入同样教学内容的学习，从而获得对同一事物或同一问题的多方面认识和理解。其基本原理是：对于同一教学内容，要在不同时间、在重新安排的情境下、带着不同的目的、从不同的角度多次进行学习，以此来达到获得高级知识的目标。建构主义者认为，学习的关键在于建构起围绕关键概念组成的网络结构，包括事实、概念、策略以及概括化的知识，从而形成随机通达的状态。

4. 认知学徒制

认知学徒制是指让学习者像手工艺行业中的徒弟跟随师傅那样在实际中进行学习，从多个角度观察、模仿专家在解决真实性问题时所外化出来的认知过程，从而获得可应用的知识和解决问题的能力。在认知学徒制中，教师经常给学生示范。然后，教师或者有经验的同辈支持学生努力地完成学习任务。最终，他们鼓励学生独立完成。

5. 培养学习共同体

这一模式适用于中小学教学，目的是解决课堂教学中彼此联系少的问题。培养学习共同体模式可以使用互联网支持系统，利用网络教学环境使得学生能够有机会理解自己是团体小组中的一名成员。讨论的题目常常是社团学习的焦点，积极鼓励学生思考怎样学习、问题如何解决、怎样更好地理解和促进人们共同生活的世界。培养学习共同体主要方法有成人的榜样作用、学生教学生、实施网上讨论。

真题面对面

[2022绍兴，简答]简述建构主义的教学模式。

答案：详见内文

三、建构主义学习理论对当前教育实践的启示 【论述、材料分析】★

建构主义学习理论的形成与发展对当代教育理论与教育实践都有广泛的影响，尤其是其理论中所概括的知识观、学习观和学生观的核心思想，能够给当前的教育实践很多启发。教师在教学过程中应当改变传统观念，对教学模式和教学方法进行重新改革。

(1)从建构主义的知识观出发，建构主义强调知识是个体对于现实的理解和假设，其受到特定经验和文化等的影响，因此每个人对知识所建构的理解都是不同的。因此，教师在教育教学过程中应当更加重视学生的个性化特点，因材施教，并不是要对所有的学生传授完全相同的原理知识，而是要让每个学生能够按照他的知识经验建构出新的知识内容。

(2)从教学的角度来看，建构主义认为学习就是主体对学习客体的主动探索、不断变革，从而建构对客体意义理解的过程。因此，在教学中应当注意学生的有意义建构，通过适当的教学策略启发学生能够自主建构认知结构。

(3)从学习者的角度出发，建构主义认为学生是有意义的主动建构者，而不是外部刺激的被动接受者和被灌输的对象，因此在教学过程中除了传统知识的传授，还应当充分发挥学生的主体地位，强调学生的自主性和能动性，在学习过程中能够主动发现、分析和解决问题。学生由被动的知识接受者变为主动的信息搜集者，教师由知识的灌输者变为引导学生建构知识意义的领路人，教师在学生心目中的地位也不再是不可亵渎的权威，而是学生学习的辅助者，师生之间成为共同的学习伙伴和合作者。

★★ 考点大默写 ★★

1. 建构主义强调知识的__________，认为知识是随着人类进步而不断改正并随之出现新的假设和解释。
2. 建构主义学习理论认为情境、__________、会话和__________是学习环境中的四大要素。
3. 建构主义在学习观上强调学习的__________、社会互动性和情境性。
4. 建构主义__________观认为学生并不是空着脑袋走进教室的。
5. 建构主义更愿意把教师看成是学生学习的__________、__________。
6. 以问题为中心，将知识抛锚在一定的问题情境中，以激发学生的好奇心和创造力的教学模式是__________。

【参考答案】

1. 动态性　2. 协作　意义建构　3. 主动建构性　4. 学生　5. 帮助者　合作者　6. 抛锚式教学模式

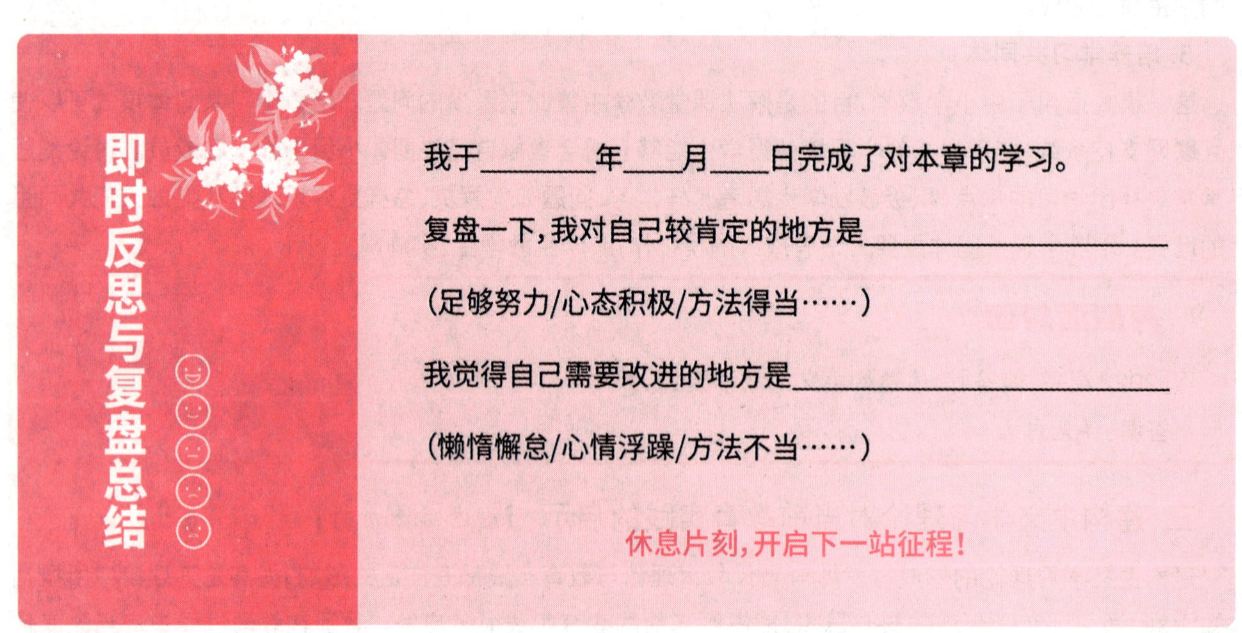

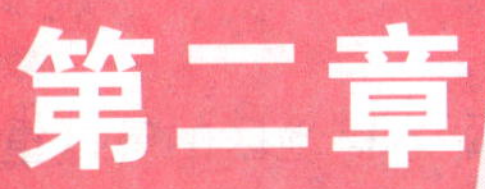

第二章 知识的学习与迁移

思维导图

- 知识的学习与迁移
  - 知识学习概述
    - 知识的概念：主体通过与环境相互作用而获得的信息及其组织
    - 知识的分类：陈述性知识和程序性知识、策略性知识、显性知识和隐性知识、感性知识和理性知识（易混）
    - 知识的表征
      - 陈述性知识：命题和命题网络，表象和图式
      - 程序性知识：产生式和产生式系统
  - 概念、规则与问题解决的学习
    - 概念的学习：过程：概念的获得、概念的运用（易错）
    - 规则的学习：概念：对自然界中定律、定理的学习
    - 问题解决的学习
      - 问题分类：结构良好问题、结构不良问题
      - 策略：算法；启发法
  - 陈述性知识的学习和程序性知识的学习
    - 陈述性知识的学习：掌握方式：符号学习、概念学习、命题学习（重点）
    - 程序性知识的学习
      - 过程：陈述性、程序化、自动化
      - 掌握方式：模式识别学习和动作步骤学习
  - 技能的形成
    - 技能及其种类
      - 概念：一套办事规则支配了人的行为
      - 广义的技能：智慧技能、认知策略、动作技能
    - 动作技能的形成
      - 菲茨和波斯纳：认知、联系形成、自动化
      - 冯忠良：操作定向、操作模仿、操作整合、操作熟练
    - 智慧技能的学习：学习过程：辨别、程序的学习
  - 学习策略
    - 学习策略的概念：规则、方法、技巧及其调控方式的综合
    - 学习策略的种类
      - 认知策略：复述、精加工、组织（难点）
      - 元认知策略：计划、监控、调节（难点）
      - 资源管理策略：时间管理、环境管理、努力管理、学业求助
    - 帮助学生学会学习——学习策略的训练：原则：“煮花生特有效”
  - 学习迁移
    - 学习迁移概述：种类：正迁移、负迁移和零迁移；顺向迁移和逆向迁移；水平迁移和垂直迁移；一般迁移和具体迁移；同化性迁移、顺应性迁移和重组性迁移（易错）
    - 学习迁移理论
      - 早期：形式训练说、相同要素说、概括化理论、关系转换说
      - 当代：认知结构迁移理论、产生式理论
    - 学习迁移与教学：影响因素：“知情心，策智能，学点教导”

浙江考向

本章属于教育心理学的重点章节，也是宁波、温州、台州、金华、绍兴、嘉兴、丽水等地区的笔试重点考查的章节，内容广泛、识记性和理解性知识多，在考试中常以选择题、填空题、判断题、名词解释、简答题、论述题等形式考查。本章的考向分析如下：

考点名称	常考题型	能力层级	考查热度
知识的分类	单选、填空、判断	识记、理解	★★
陈述性知识的掌握方式	单选、填空、判断、名词解释	识记、理解	★★
学习策略的种类	单选	识记、理解	★★★
学习迁移的种类	单选	识记、理解	★★★
学习迁移理论	单选	识记、理解	★★
学习迁移与教学	单选、简答、论述	识记	★★

核心考点

第一节　知识学习概述

一、知识的概念

我们在这里采用现代认知心理学的观点，将知识定义为：**知识是指主体通过与环境相互作用而获得的信息及其组织**。其实质是人脑对客观事物的特征与联系的反映，是客观事物的主观表征。

二、知识的分类　【单选、填空、判断】★★

1. 陈述性知识和程序性知识

安德森根据知识的不同表征形式，将知识分为陈述性知识和程序性知识。

(1)陈述性知识

陈述性知识也叫**描述性知识**，是个人能用言语进行直接陈述的知识，主要用于区别和辨别事物。通俗地讲，陈述性知识是关于事物或事实"是什么"的知识。

(2)程序性知识

程序性知识即**操作性知识**，是一种经过学习后自动化了的关于行为步骤的知识，表现为在信息转换活动中进行具体操作。也有人认为，程序性知识是个体难以清楚陈述、只能借助于某种作业形式间接推测其存在的知识，它主要用来解决做什么和怎么做的问题。

2. 策略性知识

美国心理学家**梅耶**提出了一种策略性知识。它是与程序性知识相似但又存在区别的知识。**策略性知识**是关于如何学习和如何思维的知识，即个体运用陈述性知识和程序性知识去学习、记忆、解决问题的一般方法和技巧。

3. 显性知识和隐性知识

1958年英国科学家、哲学家波兰尼提出了“显性知识”(明确知识)和“隐性知识”(缄默知识)的知识形态分类。

(1)显性知识

显性知识是指用“书面文字、图表和数学公式表述的知识”,通常是用言语等人为方式,通过表述来实现的,所以又称为“言明的知识”。

(2)隐性知识

隐性知识是指尚未被言语或其他形式表述的知识,是“尚未言明的”或者“难以言传的”知识。例如,我们能够从成千上万甚至上百万张脸中认出某一个人的脸,但是在通常的情况下,我们却说不出是怎样认出这张脸的。这便是波兰尼的著名命题:“我们知晓的比我们能说出的多。”缄默知识远远多于明确知识,且有不同于明确知识的显著特征:①不能通过语言、文字或符号进行逻辑说明;②不能以正规形式加以传递;③不能加以批判性反思。

4. 感性知识和理性知识

根据反映活动的深度不同,知识可分为感性知识和理性知识

(1)感性知识

感性知识是对活动的外表特征和外部联系的反映,可分为感知和表象两种水平。感知是人脑对当前所从事的活动的对象的反映,表象是人脑对从前感知过但当时不在眼前的活动的反映。

(2)理性知识

理性知识反映的是活动的本质特征与内在联系,包括概念和命题两种形式。概念反映的是活动的本质属性及其各属性之间的本质联系,命题也就是我们通常所说的规则、原理、原则,它表示的是概念之间的关系,反映的是不同对象之间的本质联系和内在规律。

真题面对面

1. [2022嘉兴,单选]个体难以清楚陈述、只能借助于某种作业形式间接推测其存在的知识,主要用来解决做什么和怎么做的问题的知识是(　　)

A. 感性知识　　B. 理性知识

C. 描述性知识　　D. 程序性知识

2. [2022温州,单选]学生在课堂上不仅获得了书本上的知识,还通过教师的言传身教,领悟了计划外的知识、观念和情感,这些都属于(　　)

A. 感性知识　　B. 理性知识

C. 显性知识　　D. 隐性知识

3. [2021台州,判断]隐性知识是指尚未被语言或其他形式表述的知识,是“尚未言明的”“难以言传的”知识。(　　)

答案:1. D　2. D　3. √

三、知识的表征

知识的表征是指信息在人脑中的存储和呈现方式,它是个体知识学习的关键。不同的知识类型在头脑

中具有不同的表征方式。

陈述性知识主要以**命题**和**命题网络**的形式进行表征，命题是我们能够评价是非对错的最小的意义单元。**表象**和**图式**也是其重要形式。程序性知识则主要以**产生式**和**产生式系统**进行表征。

一个大的知识单元中既有陈述性知识，也有程序性知识，二者相互交织在一起，许多心理学家用图式来描述这种大块知识的表征。

考点大默写

1. 现代认知心理学认为，________是指主体通过与环境相互作用而获得的信息及其组织。
2. 安德森根据知识的不同表征形式，将知识分为________知识和________知识。
3. 根据梅耶的观点，人头脑中出现的“学习时如何有效记忆，解决问题时如何明确思维方向”等知识属于________知识。
4. 感性知识是对活动的外表特征和外部联系的反映，可分为感知和________两种水平。
5. 陈述性知识主要以________和________的形式进行表征。

【参考答案】

1. 知识 2. 陈述性 程序性 3. 策略性 4. 表象 5. 命题 命题网络

第二节 概念、规则与问题解决的学习

一、概念的学习

考点1 概念的内涵

概念是人脑对客观事物本质特征的认识。事物的本质特征是决定事物的性质，并使该事物区别于其他事物的特征，非本质特征则是对事物不具有决定意义的特征。每一个概念都包括内涵和外延两个方面。

1. 概念的内涵和外延各有差异

每一个概念都包括内涵和外延两个方面。其中，内涵代表概念能够反映的事物的本质特征。例如，鸟这个概念的内涵就是“有羽毛、有喙”，鸟的内涵使得鸟可以区分于其他物种。外延代表的是概念所能囊括的所有个体或样例。例如，在鸟这个内涵下所能包括的一切有羽毛且有喙的动物，包括金丝雀、麻雀、布谷、鸵鸟等。所以，内涵和外延是相互关联的。一个概念的内涵越丰富，信息量越大，所能包含的外延就越少。反之，一个概念的内涵越抽象越概括，其所拥有的外延也就越丰富。

2. 概念是有层次的

概念可以分为不同等级，如鸟是一个概念，金丝雀又是一个概念，它们的等级是不同的。鸟的概念要比金丝雀的概念等级高，所包含的外延也更多。另外，概念还分为不同的层次，上位的概念称为属概念，下位的概念称为种概念。概念有助于将大量的信息组织成有意义的单位，从而大大简化了人的思维过程。

考点2 概念学习过程 【判断】 ★

概念学习的过程包括概念的获得和概念的运用两个环节。

1. 概念的获得

(1)概念形成

概念形成是指个体通过反复接触大量同一类事物或现象的共同特征或共同属性,并通过肯定(正例)或否定(反例)的例子加以证实的过程。概念形成的标志是把握概念的本质特征,并能在实际中运用。概念形成一般经历三个阶段:①抽象化;②类化;③辨别。发现学习是概念形成的主要方式。

概念形成与概念同化是概念学习的两个过程,它们代表不同的学习方式,要注意区分。

(1)概念形成:主动发现;

(2)概念同化:接受指导。

(2)概念同化

所谓**概念同化**,就是利用学习者认知结构中原有的概念,以定义的方式直接给学习者提示概念的关键特征,从而使学习者获得概念的方式。接受学习是概念同化的典型方式。

2. 概念的运用

概念一旦获得之后,就能在认知活动中发挥作用,从而对认知活动产生影响,这就是概念的运用,它一般反映在两个水平上:(1)在知觉水平上的运用。这是指运用已经获得的概念,帮助识别具体的同类事物并将其归入这一类型。(2)在思维水平上的运用。这是指运用概念对事物进行判断、推理或将概念进行重新改组,以满足解决问题的需要。

真题面对面

[2022金华/诸暨,判断]概念学习的过程包括概念的获得和概念的运用两个环节。(　　)

答案:√

考点3　影响概念形成与掌握的因素　【单选】★

1. 概念的定义性特征

概念定义性特征的多少及其具体程度是影响学生掌握概念的首要因素。一般来说,越复杂的概念具有的定义性特征就越多,而无关的特征也越多,因此就不容易分辨。而定义性特征是否具体、明确、突出,就更是决定概念学习难易程度的关键了。比如,“民主”这个概念,它的定义性特征就是抽象的,它具有“模糊边界”,属于难下定义的概念,那么学习此类概念就比学习具体概念要难得多。在实际生活中,对这类概念往往要通过掌握“原型”来获得。

2. 原型

原型是指一类事物的最佳代表,也就是某个概念的典型例证。在很多情况下,人们不是通过定义性特征,而是通过原型来掌握和记忆概念的。因此,在概念教学过程中是否为学生提供了原型,以及提供的原型是否鲜明、恰当,也是影响概念学习的重要因素。

3. 讲授概念的方式

如果教师只是口头讲解概念并呈现事先备好的样例或原型,学生被动地接受,就很难使其留下深刻的印象。若是让学生在听完讲解和实例后,自己主动再举出一些实例,老师给予评估,则学习效果会更好。因为学生自己积极主动地思考,会使其认知系统的各个部分更充分、协调地发挥作用。研究表明,学生每使用一次概念或是在新的丰富的情境中遇到同一概念,他们对这个概念的理解就会进一步加深。

4. 概念间的联系

学生正在学习的概念是否与学生已掌握的其他概念有紧密而明确的联系，也能影响概念学习效果。如果此概念能够与学生已有概念形成具有等级性的概念系统，那么这一概念就很容易被学习和记忆。

概念系统最典型的等级表现具有三个层次：处于第一个层次上的概念最具有概括性，被称为上级类概念（上位概念）；处于第二个层次上的概念具有中等程度的概括性，被称为基本类概念；处于第三个层次上的概念则具有最具体的特点，被称为下级类概念（下位概念）。例如：家具（上级类概念）→桌子（基本类概念）→电脑终端桌（下级类概念），就是一个典型的、具有三个层次的概念系统。一般认为，基本类概念既具体又有一定代表性，因此学生最先掌握的也就是这些基本类概念。

除了上述概念本身的特点和教师教学方法的因素外，学生自身的因素也能影响他对概念的学习。比如，学生在年龄、性别、智力、动机、情绪、经验、民族、语言能力以及使用学习策略上的个体差异，等等。但这些因素不仅影响着概念学习，对其他学习和学生的发展也都有重要作用。所以，我们就不在这里详细地加以论述了。

考点4　帮助学生有效地掌握概念（科学概念的掌握）

概念的掌握是指个人借助词语，在人脑中把人类现有的概念转化为个体的概念的过程。教学是引导学生获得科学概念的主要途径。教师在教学过程中帮助学生掌握概念时应注意以下几个方面：

1. 以感性材料作为概念掌握的基础

感性材料是概念形成的基础，感性材料越丰富、全面，概念的掌握就越准确。教学中可利用直观手段和实践活动为学生提供感性材料或经验，如组织学生进行调查访问、参观考察、实验研究等，以加深学生对科学概念的理解。

2. 合理利用过去的知识经验

在学习科学概念之前，学生头脑里常常已存在一些日常概念。因此，要充分合理地利用它们，使科学概念与之建立联系，发生作用。这就要求教师在教学中要做好以下两点：

(1)通过比较日常概念与科学概念的差异，确定概念的内涵，形成牢固的科学概念；

(2)利用直观手段，生动地显示事物的本质特征，使学生的已有经验得到重组和调整。

3. 提供概念范例，配合运用正例和反例，适当运用比较

范例是学生获取概念的重要条件和基础。范例从外部提供反馈信息，有助于学生掌握概念的主要特征。范例提供的方式多种多样，通常情况下可以向学生展示实物、模型、图像或做实验演示等。

正例又称**肯定例证**，指包含着概念或规则的本质特征和内在联系的例证；**反例**又称**否定例证**，指不包含或只包含了一小部分概念或规则的主要属性和关键特征的例证。概念的正例向学生传递了概括的关键信息，反例则给学生掌握概念传递了最有利于比较的辨别信息。在概念教学中，教师所用的正例和反例都必须是充分和典型的。例如，在教学生“鸟”这一概念时，“喜鹊”“大雁”“啄木鸟”等都可作为正例，而蝙蝠则作为反例呈现，这说明“会飞”不是“鸟”这一概念的关键特征，而是它的无关特征。如果正反例不典型、不充分，学生就会忽视概念的某些必要条件。

在提供例证的同时引导学生进行比较也是必要的。比较是将概念的正例和反例匹配呈现，让学生辨别、比较，从而弄清楚概念的有关和无关特征，以利于概念的学习。比较可分为同类比较和异类比较。

4. 突出有关特征，控制好无关特征的数量和强度，正确而充分地利用“变式”

所谓变式，就是用不同形式的直观材料或事例说明事物的本质属性，即变换同类事物的非本质特征，以便突出本质属性。简言之，变式就是指概念或规则的肯定例证在无关特征方面的变化。例如，在生物学中介绍“果实”的概念时，不要只选可食的果实（如苹果、西红柿、花生等），还要选择一些不可食的果实（如橡树籽、棉籽等），这样才有利于学生看到一切果实都有“种子”这一关键属性，而舍弃“可食性”等无关特征。

在运用变式时，如果变式不充分，学生在对其进行概括时，往往容易产生两种错误：一种是把一类事物或一些事物所共有的特征看作本质特征；一种是人为地增加或减少事物的本质特征。因此，在教学实际中，所选用的变式应使那些显著的但非本质的要素得到变异，最好在提出定义的基础上，再要求学生依据定义所提出的重要的或本质的特征去分辨各种客体。如果不适当地夸大变式的作用，认为它可以代替概括活动，则显然是错误的。教师应该明确：变式的作用在于促进概括，而非取代概括。

5. 正确运用语言表达，明确揭示概念的本质特征

教师在讲解概念时，可将词语与感性材料结合起来运用，取二者之长，使学生全面而深刻地理解概念的内涵，掌握概念的本质。好的概念定义取决于两方面因素：(1)新概念所属的上位概念；(2)新概念的定义特征。界定准确的概念不仅能促进学生形成正确的概念关系和概念体系，还有利于区别概念的有关和无关特征。

6. 形成正确的概念体系，并运用于实践中

概念不是彼此孤立的，而是相互联系构成一个体系而存在的。掌握概念不仅要分出事物的本质特征，而且要从事物的本质特征出发，把概念纳入一定的概念体系。把学到的概念在实践中加以应用，可以加深对概念的理解，检验对概念的掌握程度。

概念的应用可以表现在两方面：(1)举例说明概念，阐述概念的内涵；(2)处理实际问题，如解题、试验、解决社会生活中的问题等。

考点 5　转变错误概念的策略　【论述】 ★

纳斯鲍姆和诺维克根据建构主义思想，提出了促进学生错误概念转变的三步教学策略。

1. 揭示学生的前科学概念

揭示学生的前科学概念，这是实现概念转变学习的前提。了解或诊断学生的前科学概念的最有效方法是进行个别访谈。具体地说，在教学中，教师有意识地引导学生去论及自己的思想。教师不仅可以借此更好地了解学生的已有观念，而且外部的表达也会促使学生的自我意识和自我反省，而后者正是概念转变学习的一个必要条件。

2. 引发学生的认知冲突

引发学生的认知冲突，这是实现概念转变学习的契机和动力。所谓认知冲突，就是学生原有的认识结构与新现象之间无法包容的矛盾。学生在学习新的科学知识之前，头脑绝不是一片空白，而是有了形形色色的原有认知结构，在学习新知识时，他总是试图以这种原有的认知结构来同化对新知识的理解。当遇到不能解释的新现象时，就会引发认知冲突。一旦引发认知冲突，就能激起学生的求知欲望和好奇心，促使学生进行认知结构的同化与顺应。

3. 鼓励认知顺应

鼓励认知顺应，这是实现概念转变学习的关键。按照皮亚杰的观点，学生改变原有认知结构的主要机制是顺应。当新知识与原有认知结构有较大的差异或矛盾时，必须将原有认知结构进行调整和改变，通过顺应学习才能接纳新知识，解决认知矛盾，实现由原有的前概念向新的科学概念的转变。在科学教学中，一般可以通过探究性实验来引发和解决认知冲突，实现认知顺应，重建新的科学概念。

二、规则的学习

考点1 规则学习及其方式

规则学习即原理学习，是对自然界中定律、定理的学习。人们在认识世界、发现各种事物的内在联系的基础上得出的计算公式、法则、原理、定律等都是规则。

规则学习是通过接受式学习和发现式学习两种方式来进行的。**接受式的规则学习**是指教师从规则的正确表述入手，利用大量典型例子体现出规则所反映的概念间的规律性联系，这种学习又被称为**规则—例证学习**；**发现式的规则学习**是教师从例子入手，引导学生对例证进行观察、对比、分析、抽象、概括，找出共同规律，归纳出规则的内容，并让学生尝试用准确的言语进行表达的过程，这种学习一般又被称为**例证—规则学习**。

考点2 规则学习的条件

1. 内部条件

(1)对原理所涉及概念的学习和理解；(2)学习者的认知发展水平；(3)学习者的语言表达能力。

2. 外部条件

原理学习的外部条件主要体现在教师的言语指令中。原理教学的每一个环节几乎都是在教师的言语指令的引导下进行的。教师的言语指令设置得是否合理，在很大程度上影响着学生对原理学习的效果。

考点3 规则的教学

为了使学生更好地掌握规则，教师在进行规则教学时，必须要注意：

(1)了解学生对概念理解和掌握的水平。

(2)创设规则学习的问题情境。

(3)设置言语指令，唤起学生对相关概念的回忆。

(4)强调规则的运用，促进学生对规则的理解。

三、问题解决的学习

考点1 问题与问题解决 【单选】 ★

1. 问题的界定

问题就是给定信息与要实现的目标之间有某些障碍需要加以克服的情境。每一个问题都必然包含三种成分：(1)给定信息，指有关问题初始状态的一系列描述；(2)目标，指有关问题结果状态的描述；(3)障碍，指在解决问题的过程中会遇到的种种亟待解决的因素。

2. 问题的分类

按照问题的组织程度把问题分为结构良好问题和结构不良问题。

学习者在学科学习中遇到的绝大多数问题都是结构良好问题。例如，“从北京出发乘火车到香港，最短的路线应该怎么走?”其初始状态、目标状态和操作都是具体明确的。再如，“求边长为2厘米的正方形的面积”,其初始状态和目标状态,以及问题解决的方法都是明确的。另外,诸如让学生进行加减乘除的运算,在考试中进行单项选择,或者是解决一个复杂的物理问题等,都是结构良好问题,因为学生可以根据给定信息和目标,选择明确的解决方案来达到问题解决的目的。

结构不良问题并不是指这个问题本身有什么错误或是不恰当,而是指它没有明确的结构或解决途径。例如,“修电脑”,其初始状态不明确,要先检查电脑的故障出在哪儿;“用Photoshop做一朵漂亮的玫瑰花”,其目标状态不明确,什么样的玫瑰花才算“漂亮”;让学生考察当地城市的污染状况并写出一篇论文,其初始状态、目标状态、甚至问题解决方案都不明确,是名副其实的结构不良问题。

真题面对面

[2021宁波,单选]下列不属于结构良好的问题是(   )

A. 从北京到上海,最快的路线应该怎么走

B. 修电脑

C. 求边长为5cm的正方形的面积

D. 计算35×8的结果

答案:B

3. 问题解决的界定

问题解决是指为了从问题的初始状态到达目标状态,而采取一系列具有目标指向性的认知操作的过程。创造性是解决问题的最高表现形式。

问题解决具有以下三个特征:

(1)目的性。问题解决总是要达到某个特定的目标状态,因而具有明确的目的性。没有明确目的指向的心理活动,如漫无目的的幻想等,则不能称为问题解决。

(2)认知性。问题解决活动是通过内在的心理加工实现的,整个活动的过程依赖于一系列认知操作的进行。自动化的操作,如走路等,基本上没有重要的认知成分参与,因而不属于问题解决的范畴。

(3)序列性。问题解决包含一系列的心理活动,如分析、联想、比较、推论等,仅有一个心理操作也不能称为问题解决。而且,这些心理操作是有一定序列的,序列出错,问题也无法解决。简单的记忆操作不能称为问题解决,如回忆某人的名字等。

考点2 问题解决的策略 【单选】 ★

1. 算法

算法策略是将所有可能的针对问题解决的方法都一一列举出来并进行尝试,直到最终从根本上解决问题。很明显,算法策略需要在解决问题时进行大量的准备工作,需要花费较大的精力和较多的时间,但优点是能够确保找到问题解决的途径。例如,解锁密码箱时每一位密码都有0~9个数字,把所有数字组合一个一个进行尝试,直到找到打开密码箱的正确密码,这一过程就是在使用算法策略。

2. 启发法

与算法的思维过程不同,**启发法**是基于一定的经验,根据现有问题状态与目标状态之间的内在联系,采用较少搜索而找到解决问题途径的一种策略。启发法不需要像算法策略那样费时费力,往往是一种比较快

捷的方法，但却并不能保证一定可以成功地解决问题。以下是几种常用的启发法策略：

(1)手段—目的分析法

所谓**手段—目的分析法**，就是将需要达到的问题的目标状态分成若干个子目标，通过实现一系列的子目标而最终达到总目标。它的基本步骤是：①比较初始状态和目标状态，提出第一个子目标；②找出完成第一个子目标的方法或操作，实现子目标；③提出新的子目标，如此循环往复，直至问题解决。

手段—目的分析法是一种不断减少当前状态与目标状态之间的差别而逐步前进的策略，是一种常用的解题策略，对解决复杂问题有重要的应用价值。

(2)爬山法

爬山法是采用一定的方法逐步降低初始状态和目标状态的距离，以达到问题解决的一种方法，与手段—目的分析法类似。其不同之处在于，手段—目的分析法包括这样一种情况，即有时人们为了达到目的，不得不暂时扩大目标状态与初始状态的差距，以便最终达到目标。

(3)逆推法

逆推法是从问题的目标状态开始搜索直至找到通往初始状态的方法。逆向搜索更适合于解决那些从初始状态到目标状态只有少数解决方法的问题，数学中的推理运算有时采用这一策略。

真题面对面

[**2019统考，单选**]将问题的目标分成若干子目标，通过实现一系列子目标最终达到总目标。这个过程所使用的问题解决方法是(　　)

A. 逆向搜索法　　　　B. 手段—目的分析法

C. 分解法　　　　D. 爬山法

答案：B

考点大默写

1. 概念形成的过程有______、______、______。

2. ______就是用不同形式的直观材料或事例说明事物的本质属性，即变换同类事物的非本质特征，以便突出本质属性。

3. “求边长为2厘米的正方形的面积”属于结构______的问题。

4. 手机的开机密码忘记了，我们逐个进行尝试，终于找回了密码，这运用的问题解决的策略是______策略。

【参考答案】

1. 抽象化　类化　辨别　2. 变式　3. 良好　4. 算法

第三节 陈述性知识和程序性知识的学习

一、陈述性知识的学习

考点1 陈述性知识的掌握方式 【单选、填空、判断、名词解释】★★

根据知识本身的存在形式和复杂程度，陈述性知识学习分为符号学习、概念学习和命题学习。

1. 符号学习

符号学习又称**表征学习**，是指学习单个符号或一组符号的意义。符号学习的心理机制是符号和它们所代表的事物或观念在学习者认知结构中建立相应的等值关系。

(1)符号学习的主要内容是词汇学习。例如，汉字、英语单词的学习，就属于词汇学习。

(2)符号还包括非语言符号(如实物、图像、图表、图形等)。因此，对数学图表的认识、对瓜果树木的认识、对各种机床的认识等，也属于符号学习。

(3)符号学习还包括事实性知识的学习，即学习一组符号(语言或非语言)所表示的某一具体事实。例如，历史课中历史事件和历史人物的学习，地理课中地形地貌和地理位置的学习，均属于事实性知识的学习。

2. 概念学习

概念学习是指掌握概念的一般意义，其实质是掌握一类事物的共同的本质属性和关键特征。同类事物的关键特征既可由学习者从大量同类事物的不同例证中独立发现，也可由指导者用下定义的方式直接呈现给学习者，让其利用已掌握的概念来理解。中小学生在掌握概念时，其学习往往是分步的，一般是先达到符号学习水平，再提高至概念学习水平。概念学习以表征学习为前提，又为命题学习奠定基础，因此，它是意义学习的核心。

3. 命题学习

命题学习是指获得由几个概念构成的命题的复合意义，实际上是学习表示若干概念之间关系的判断。命题用句子表达，但命题不等于句子，命题只涉及句子表达的意义。命题既可以陈述简单的事实，也可以陈述一般规则、原理、定律、公式等，因此它被看成是陈述性知识掌握的高级形式。它旨在反映事物之间的关系，是一种更加复杂的学习。

奥苏伯尔根据新知识与原有认识结构的关系，将概念学习和命题学习分为下位学习、上位学习和并列结合学习。

(1)下位学习

下位学习，又称**类属学习**，是一种把新的观念归属于认知结构中原有观念的某一部分，并使之相互联系的过程。原有观念在包容和概括水平上高于新学习的知识。下位学习包括派生类属学习和相关类属学习。

派生类属学习指新观念是认知结构中原有观念的特例或例证，新知识只是旧知识的派生物。这种学习比较简单，只需经过具体化过程即可完成。例如，掌握了“轴对称图形”的概念后，再学习圆时，将“圆也是轴对称图形”这一命题纳入原有概念中，新命题就能很快获得意义。

当新知识扩展、修饰或限定学生已有的旧知识，并使其精确化时，便产生了**相关类属学习**。例如，学生已有“挂国旗是爱国行动”这一命题，现在要学习“保护能源是爱国行动”这个新命题，新命题因类属于旧命题而获得意义，原有概念的内涵被加深或扩展。

派生类属学习和相关类属学习的主要区别在于学习之后原有观念是否发生本质属性的改变。

理解相关类属学习和派生类属学习时，可以根据新知识与旧认知结构的包含程度来判断。如果新知识能完全被旧认知结构包含，则属于派生类属学习；如果新知识的概括程度小于旧认知结构，但是无法被旧认知结构直接解释，需要对旧认知结构进行扩充，这属于相关类属学习。

(2)上位学习

上位学习，又称总括学习，是在学生掌握一个比认知结构中原有概念的概括和包容程度更高的概念或命题时产生的。上位学习遵循从具体到一般的归纳概括过程。

(3)并列结合学习

并列结合学习，又称组合学习，是在新命题与认知结构中原有的命题既非下位关系又非上位关系，而是一种并列的关系时产生的。例如，学习质量与能量、遗传与变异、需求与价格等概念之间的关系就属于并列结合学习。一般而言，并列结合学习比较困难，必须认真比较新旧知识之间的联系与区别才能掌握。

真题面对面

[2022金华/诸暨，名词解释]上位学习

答案：详见内文

考点2　陈述性知识学习的一般过程

当代认知心理学认为，陈述性知识的掌握过程一般分为获得、保持和提取三个阶段。

(1)知识获得阶段，新信息进入短时记忆，与长时记忆中的相关信息建立联系，出现新的意义构建；

(2)知识保持阶段，新建构的意义储存于长时记忆中，如果没有复习或新的学习，这些意义将随时间的延长而遗忘；

(3)知识提取阶段，个体运用所获得的知识回答“是什么”和“为什么”的问题，并应用这些知识解决实际问题，使所学知识产生广泛的迁移。

考点3　陈述性知识学习的一般条件

由于大部分陈述性知识的学习属于奥苏伯尔所提出的有意义学习，因此他同时提出的有意义学习的主客观前提条件，也就成了陈述性知识学习的必不可少的前提条件。除此之外，陈述性知识的学习还需如下几个条件：

(1)学习者对新知识能积极关注；(2)学习者对相关旧命题(知识)能主动、有效地提取；(3)学生能合理使用工作记忆的有限容量；(4)学习者要进行充分的精细加工；(5)学生要把新知识及时组织和系统化；(6)必要的复习。

考点4　陈述性知识的教学策略

1. 激发学习动机，培养学习兴趣（动机激发策略）

陈述性知识的学习首先是学习者从外界有意识地选择新信息，然后进行主动建构并生成意义的过程。学习者学习动机的激发直接影响其对原有知识激活的程度及新意义建构的水平。这要求：(1)充分利用学习目标的激励作用；(2)及时修整学生的动机归因；(3)使新知识和预期同时呈现；(4)教师还应给学生提供产生成功动机的机会，以适当的方式给学生呈现新信息。

2. 有效运用注意规律（注意策略）

注意规律的运用有利于学习者在学习过程中激活与维持学习的心理状态，将注意力集中在学习材料上，也即注意策略。学生对陈述性知识的学习主要是通过视觉注意和听觉注意两种途径获取信息的，因此，教师可以从提高学生视、听效果方面组织教学。

从视觉渠道来看，教师可以采用以下方法：(1)在教科书中采用符号标志技术；(2)精心设计板书和直观材料的呈现方式。

从听觉渠道来看，主要是教师口头呈现的材料。教师的讲课策略应与板书、多媒体等直观材料的呈现相结合，这样能更好地促进学生的选择性知觉。

3. 对陈述性知识进行精加工（精加工策略）

精加工是有效掌握陈述性知识的必要条件，大多数有意义的陈述性知识都需要进行充分的精加工处理才能获得好的理解和掌握。精加工策略的应用对于学生识记知识、发现知识的内在联系有很大帮助。具体参见本章第五节中“精加工策略”的内容。

4. 合理使用工作记忆的有限容量

现代认知心理学研究表明，工作记忆的容量是有限的，只有7±2个组块。陈述性知识学习中的联结、精加工、组织等的发生，都要求被加工处理的命题在工作记忆中同时处于激活状态。因此，应充分利用工作记忆有限的容量促进陈述性知识的掌握，对组块容量的拓展将会增大工作记忆的容量，专家和新手的差别就在于此。

5. 必要的复习

进入命题网络之后，新知识会与命题网络中原有的旧命题发生相互作用，并导致认知结构和知识的改变与重构。在此过程中，如果得不到及时复习，新知识就会发生遗忘或改变。这时就有必要运用复习策略对知识进行记忆。具体实施时，教师可以在合理安排复习时间和内容以及挖掘复习的深度等方面给学生提供指导，提高学生复习的效果。

6. 整理和综合知识材料，使知识系统化（组织者策略）

组织者策略是将分散的、孤立的知识组织成一个整体并表示出它们之间关系的方法。在学习新知识时，学生可能不会恰当利用认知结构中的某些可以用来同化新知识的原有知识，而导致意义理解的困难。这时可以利用“先行组织者”给学生补充一些过渡性的学习材料。具体参见本部分第一章第三节中“组织学习的策略——先行组织者”的内容。

7. 了解学生已有的知识系统（认知结构优化策略）

奥苏伯尔指出，影响学习的最重要因素就是学生已经知道了什么。教师在教授新知识前，必须帮助学生优化其认知结构，利用现代化教学手段设置有趣的教学情境，增加学生的知识储备，促使学习者利用已有知识来获取新的知识。

二、程序性知识的学习

考点 1 程序性知识的种类 【填空】 ★

我们可以根据程序性知识的性质和特点，将其分为**动作型程序性知识和智慧型程序性知识**。前者又称动作技能、操作技能或运动技能，其产生式规则控制的对象是骨骼、肌肉等运动系统，如各种运动技巧、打字、弹琴等，都属于动作技能；而智慧型程序性知识包括智慧技能和认知策略。智慧技能中产生式规则控制的对象是脑中的智力操作或信息加工过程，如运算、阅读、写作等，多为外部难以觉察的思维过程。动作型程序性知识和智慧型程序性知识密切相关，在完成比较复杂的活动时，需要手脑并用。例如，司机驾驶汽车，既需要熟练汽车的操作技能，也需要判断驾驶过程中随时可能会出现的各种情况并进行有效的处理，这就是动作技能和智慧技能的相互配合、相互统一。

考点 2 程序性知识学习的一般过程

程序性知识学习的一般过程是从陈述性知识转化为自动化的技能的过程，它主要由三个阶段构成。

(1)陈述性阶段。该阶段是掌握程序性知识的前提，是对以陈述性知识形态存在的程序性知识的学习。学生首先要理解有关的概念、原理、事实和行动步骤等的含义，并以命题网络的形式把它们纳入个体的知识结构中。

(2)程序化阶段。经过大量的练习和反馈，陈述性知识转化为程序性知识，学生能使一个个产生式形成产生式系统，将各个行动步骤联合起来，流畅地完成各种活动。

(3)自动化阶段。随着进一步的练习，学生最终进入到自动化阶段。在这一阶段，学生无需有意识的控制或努力就能够自动完成有关的活动步骤，行为完全由规则支配，技能也相对自动化。操作的准确性和速度均得到大幅度提高，表现为纯熟的技能，不需要提取有关操作步骤的知识。

考点 3 程序性知识的掌握方式

程序性知识学习包括两种类型：模式识别学习和动作步骤学习。

1. 模式识别学习

模式识别学习是指学会对特定的内部或外部刺激模式进行辨认和判断。通过模式识别，我们才能对事物加以分类和判断，回答“如何确定某物是什么或不是什么”的问题。解释这类任务的行为表现的程序性知识被称为模式识别程序。模式识别程序学习的主要任务是学会把握产生式的条件项，这通常要经过概括化和分化两种心理机制。

2. 动作步骤学习

动作步骤学习是指学习者学会顺利执行某一活动的一系列操作步骤。这实际上代表了个体对做事、运算或活动的规则或顺序的实际运用能力。动作步骤学习以模式识别为基础，主要是通过程序化和程序的合成两个机制来完成。

考点 4 程序性知识学习的条件

由于程序性知识学习的第一阶段是对陈述性知识的学习，因此，促进陈述性知识学习的一般条件也会适用于程序性知识的学习。除此之外，程序性知识的学习还需要另一些条件：

1. 例证和比较

正例和反例的提供是学习模式识别的必要条件，没有对大量合适的正、反例的分析和比较，概括化和分化的过程就无法完成，也就很难达到对同类和不同类刺激模式的准确判别和区分。而模式识别如果无法完成，动作步骤也不可能被正确运用到该用的问题情境中来。

2. 练习和反馈

无论是模式识别还是动作步骤，无论是程序化还是程序组合，都需要大量的练习和反馈。练习在程序性知识的学习中是必不可少的，没有练习，程序性知识就不可能被称为程序性知识，没有练习，程序性知识只能永远以陈述性规则的命题及命题网络表征和贮存在人脑中，既无法实现程序化，更无法达到自动化地熟练运用。

从促进程序性知识的学习来看，提供练习要注意：(1)练习的内容；(2)练习的进度；(3)练习时间的分配；(4)练习的形式。

有练习就必须有反馈，练习的效果很大程度上取决于反馈的提供。与练习一样，反馈也应取决于不同的程序性知识。

考点5　程序性知识的教学策略

1. 课题的选择与设计策略

在教学过程中，教师根据程序性知识的不同特点，为学生选择和设计学习课题来促进程序性知识的理解和获得，这是教师指导作用的一个重要方面。教师在选择和设计学习课题时应注意以下几个方面：

(1)鉴别该学科在教学中所要达到的一系列终极目标；

(2)针对每一个目标，通过思考“要学习这一任务，学生必须做什么”来鉴别各个子目标；

(3)将这些目标由低级到高级排列成最佳迁移结构，以保证在教材中将较低级的目标放在前面，较高级的目标放在后面，以便在进行下一步学习前，每个子目标都已完全达到，具有必备的技能。

2. 示范与讲解策略

对于任何技能的学习，学生都应该首先理解有关的概念和规则，理解学习任务，明确“做什么”和“怎么做”。因此，教师在程序性知识的教学过程中以示范和讲解的方式对学生加以指导是不可缺少的。为了保证示范的有效性，教师可以借助录像、幻灯片、影片、计算机模拟等现代化技术手段，使信息呈现得更准确、更方便、更易于接受。言语讲解在技能形成过程中同样起到重要的作用。通过讲解，可以突出动作要领，提高学生对动作的认识水平，但要注意言语的简洁、概括与形象化。

3. 变式练习与比较策略

变式是促进概括化最有效的方法。变式练习是学习程序性知识的必要条件，它是指在其他教学条件不变的情况下，变化概念和规则的例证。在教学中，教师精心设计的变式练习，对于减轻学生的学业负担，提高学生对实际问题的解决能力有重要的意义。

比较是指在呈现例证或感性材料时，呈现一些学生容易混淆的与正例相匹配的典型反例，以促进分化的顺利实现，并提高其准确性。*例如，对于学习“鱼类”而言，“鲸”这个反例就比“老虎”“鸽子”等要好。*与变式一样，教师在使用比较时，也应该连续提供多个正反例子。

4. 练习与反馈策略

程序性知识的获得要从陈述性阶段过渡到程序性阶段，必须经过大量的练习。采取何种练习方式直接影响着程序性知识的学习。练习的方式有集中练习和分散练习。分散练习的效果要优于集中练习，特别是对于较复杂技能的学习，需要多次练习。教师在设计练习形式时应注意形式的多样性并合理地安排这些形式。

给学习者提供适当的反馈信息，是提高练习效果的有效方法。通过反馈，学生能辨别动作的正误，知晓自己的动作是否达到要求。一般来说，反馈有内部反馈和外部反馈、及时反馈与延时反馈之分。有效的内部反馈必须建立在正确的外部反馈的基础上。教师要根据具体情况，在学生的练习过程中或练习之后，提供不同形式的反馈信息。

5. 条件性策略（明确程序性知识的使用条件）

要使所学知识在需要时能被迅速、顺利、准确地提取和执行，就必须使所学的知识在头脑中建立一个“触发条件”，使之随时处于良好的备用状态。教师应注意经常提醒和帮助学生进行这种将知识“条件化”的工作，即明确程序性知识的使用条件，在学生练习使用之前，明确提醒学生所学知识的适用场合。

6. 分解性策略（分解程序的操作过程）

在程序性知识的教学过程中，教师还应注意将完成某类程序操作的完整过程分解为几个阶段，总结每个阶段上的最佳的和可能的运算方式，同时，对学生进行训练，使之掌握这些运算方式，再将它们连贯起来。这种分解式的训练比笼统的综合式训练对学生学会建立子目标的策略有更大的促进作用，能增强学生解决问题的能力并防止不适当的程序组合的产生。

★★ 考点大默写 ★★

1. 在陈述性知识学习中，__________是指学习单个符号或一组符号的意义。
2. 根据奥苏伯尔的观点，__________学习是在学生掌握一个比认知结构中原有概念的概括和包容程度更高的概念或命题时产生的。
3. 学生掌握了“轴对称图形”的概念后，再学习“圆是轴对称图形”的知识，这属于下位学习中的__________学习。
4. 当代认知心理学认为，陈述性知识的掌握过程一般分为获得、__________和__________三个阶段。
5. 根据程序性知识的性质和特点，将其分为动作型程序性知识和__________程序性知识。

【参考答案】

1. 符号学习（表征学习） 2. 上位（总括） 3. 派生类属 4. 保持 提取 5. 智慧型

第四节 技能的形成

一、技能及其种类

技能是指在练习基础上形成的、按某些规则或操作程序顺利完成某种智慧任务或身体协调任务的能力。这个定义强调技能是一种习得的能力，其实质是一套办事规则支配了人的行为。

在加涅的学习结果分类中，广义的技能可分三类：智慧技能、认知策略、动作技能。

二、动作技能的形成

考点1　动作技能的形成过程

1. 菲茨和波斯纳的三阶段模型

菲茨和波斯纳将动作技能学习的过程分为认知、联系形成和自动化三个阶段。

(1)认知阶段

认知阶段也称知觉阶段，这一阶段主要是理解学习任务，并形成目标意向和目标期望。

在学习一种新的动作技能初期，个体首先要通过对示范动作的观察及对刺激情境的知觉，形成一个内部的动作意象，以作为实际执行动作时的参照。

(2)联系形成阶段

在该阶段，练习者把组成动作技能的动作整体逐一进行分解，并试图发现它们是如何构成的，最后尝试性地完成所学新技能中的各个动作。经过练习，逐步掌握了一系列的局部动作，并逐渐从个别动作转向动作的组织与协调。但此阶段各动作之间依然结合得不够紧密，因此在动作转换和交替之际，经常会出现短暂的停顿现象。此外，练习者对动作技能的视觉控制逐渐减少、肌肉运动感觉的控制作用逐渐增强。随着练习时间和次数的增加，动作间的相互干扰逐渐减少，紧张程度有所下降，多余动作趋于消失。

(3)自动化阶段

动作技能形成的最后阶段是一长串的动作系列联合成为一个有机的整体并巩固下来。此阶段，各个动作相互协调似乎是自动流出来的，无需特殊的注意和纠正。动作技能逐步由脑的低级中枢控制。这时，练习者的多余动作和紧张状态已经消失，能根据情况变化，灵活、迅速而准确地完成动作，并且这种动作已经达到自动化程度，几乎不需要有意识的控制，这就是动作技能进入自动化阶段的熟练操作特征。

2. 冯忠良的四阶段模型

(1)操作定向

操作定向即学习者了解操作活动的结构与要求，在头脑中建立起操作活动的定向映像的过程。

(2)操作模仿

模仿的实质是将头脑中形成的定向映像以外显的实际动作表现出来。操作模仿阶段的动作具有以下特点：①动作品质：动作的稳定性、准确性、灵活性较差；②动作结构：各个动作要素之间的协调性较差，互相干扰，常有多余动作产生；③动作控制：主要靠视觉控制，动觉控制水平较低，不能主动发现错误与纠正错误；④动作效能：比标准速度要慢，个体经常感到疲劳、紧张。

(3)操作整合

操作整合是把构成整体的各动作要素，依据其内在联系联结成为整体，形成操作活动的序列，获得有关操作活动的完整的动觉映像的过程。操作整合阶段的动作具有以下特点：①动作品质：动作表现出一定的灵活性、稳定性和精确性；②动作结构：各个动作成分趋于分化、精确，整体动作趋于协调、连贯，各动作成分间的相互干扰减少，多余动作也有所减少；③动作控制：视觉控制不起主导作用，逐步让位于动觉控制；④动作效能：疲劳感、紧张感降低，心理能量不必要的消耗减少，但没有完全消除。

(4)操作熟练

操作熟练是操作技能掌握的高级阶段，是指通过动作练习形成的活动方式对各种变化的条件具有高度的适应性，动作的执行达到高度的程序化、自动化和完善化。操作熟练阶段的动作具有以下特点：①动作品质：动作具有高度的灵活性、稳定性和准确性；②动作结构：各个动作之间的干扰消失，衔接连贯、流畅，高度协调，多余动作消失；③动作控制：动觉控制增强；④动作效能：心理消耗和体力消耗降至最低，表现为紧张感、疲劳感减少，动作具有轻快感。

考点2 动作技能学习的条件

动作技能学习过程的顺利进行需要一定的条件，包括内部条件和外部条件。对这些条件的了解有助于我们更深入地认识动作技能学习的规律。

1.内部条件

在学习动作技能前，学习者必须具备或事先习得一些与所学习的动作技能有关的内容，缺少了这些内容，动作技能的学习便无法进行，这些内部条件被加涅称为“必要性的先决条件”，主要是指**局部动作技能**和**执行性子程序**。

通常，一套完整的动作技能可以分解成同时或按先后次序出现的局部技能。*例如，游泳包括腿的打水和手臂的划水，这是同时进行的，还包括转头、抬头或换气，这是在手臂划水之后进行的。*学习游泳，既要学习局部技能，又要学习将局部技能综合起来的规则，这种规则被菲茨和波斯纳称为“执行性子程序”。执行性子程序的本质是一套规则，即先执行哪一个局部技能，再执行哪一个局部技能，哪些局部技能要同时执行等。

研究表明，要习得完整的动作技能，执行性子程序和局部动作技能都必须事先习得，只学习其中一个而不学习另一个都不利于整个动作技能的学习。

2.外部条件

动作技能学习的外部条件主要指学习者学习环境中的一些因素，包括言语指导、示范、练习的安排、反馈的提供等。

(1)言语指导

言语指导是指导者在动作技能学习之初以言语描述或提示的方式向学习者提供的有关动作技能本身的重要信息。言语指导在动作技能学习中有重要作用。在动作技能学习的早期，执行性子程序是必须习得的，言语指导就可以有效地促进执行性子程序的习得。这种形式的言语指导通常是由学习者之外的环境因素，如教师、教科书等提供的，但学习者随后也可以自己运用这种言语指导来促进动作技能的学习。

此外，言语指导还可影响学习者对动作技能学习的标准或目标的认识并影响其最终习得的动作技能表现。

(2)示范

示范是将动作技能演示给学习者看。示范可以由教师来示范，也可以由学习者的同伴来示范，还可以用录像、照片等来示范。示范在动作技能学习的整个过程中都有重要的影响作用。

示范通常是由榜样来进行的，不同类型的榜样对动作技能的学习效果也有影响。研究者区分了示范时的两种类型的榜样，一种榜样叫专家榜样；另一种榜样叫学习榜样。这两种榜样对动作技能的学习有不同影响。

(3)练习的安排

练习是学习者抱着改进技能的目的而对动作进行的重复。练习是影响动作技能学习的最重要因素。

研究发现,为学习者提供或安排不同形式的练习,对其动作技能的学习有直接的影响。

①集中练习与分散练习

集中练习是指将练习时段安排得很接近,中间没有休息或只有短暂的休息;**分散练习**是指用较长的休息时段将练习时段分隔开。研究发现,对于连续的动作技能,分散练习的效果优于集中练习。对于离散的动作技能,有研究表明,集中练习比分散练习的学习效应好。

②随机练习与区组练习

假设有X项任务(或一种任务的X种变式)要练习,每项任务练习N次,有两种安排。一种是在进行第二项任务的练习之前,先完成第一项任务的N次练习,在进行第三项任务的练习之前,先完成第二项任务的N次练习……直到所有的任务都练习完为止,这种安排叫**区组练习**。另一种安排是,一项任务(任务A)的一次练习后,紧接着进行任务B的一次练习,接着任务C的一次练习……直到X项任务上所有N次练习都完成为止,而且一项任务(如任务A)的练习结束后,接下来练习哪项任务是随机确定的,这种安排叫**随机练习**。

有研究证明:区组练习在动作技能的习得阶段有积极作用,但在保持和迁移阶段则不如随机练习;换言之,随机练习对动作技能的学习要比区组练习产生更持久的影响,这一发现在心理学中称为情境干扰效应。

③身体练习与心理练习

身体实际进行活动的练习,称为**身体练习**。仅在头脑内反复思考动作技能的执行过程的练习形式,称为**心理练习**。心理练习不受时间、地点、器械的限制,而身体几乎不会产生疲劳。有研究表明,在任何可能的时候,学习时要尽量选择身体练习。但在不可能进行身体练习的情况下,心理练习是促进学习的有效方法。

需要指出的是,由于动作技能的重要特点之一是涉及实际的肌肉运动,因而真正的动作技能学习必须得有身体练习。心理练习所练习的可能是与动作技能有关的操作步骤(一种智慧技能)。单纯进行心理练习对动作技能学习虽有促进作用,但不能代替身体练习。

(4)反馈的提供

反馈是指学习者在运动之中或运动之后接到的运动产生的信息,如感觉到、听到、看到的及运动在环境中产生的结果。反馈在动作技能学习中的重要性仅次于练习。

①反馈可分为固有的反馈和增补的反馈两种。固有的反馈,有时叫内反馈,是练习者不依赖外来帮助而自己获得的反馈,它可以是练习者在执行某个动作时肌肉中的动觉感受器提供的感受,也可以是练习者对自己行为结果的直接观察。增补的反馈是由教师、教练或某种自动化的记录装置提供给练习者的反馈信息,通常是在练习者得不到固有反馈信息时给予的,是对固有反馈的增加和补充。

②反馈影响动作技能学习的机制。

考点3　动作技能(操作技能)的培训要求　【单选】 ★

1. 准确的示范与讲解

示范、讲解在操作技能形成过程中是不可缺少的,准确的示范与讲解有利于学习者不断地调整头脑中的动作表象,形成准确的定向映像,进而在实际操作活动中可以调节动作的执行。

2. 必要而适当的练习

练习是形成各种操作技能所不可缺少的关键环节,通过应用不同形式的练习,可以使个体掌握某种技能。一般来说,随着练习次数的增多,动作的精确性、速度、协调性等会逐步提高。虽然不同的学习者的练

习曲线存在差异,但也具有共同点,表现在:

(1)开始进步快。

(2)中间有一个明显的、暂时的停顿期,即高原期。通常把学生在学习过程中出现一段时间的学习成绩和学习效率停滞不前,甚至学过的知识感觉模糊的现象,称为"高原现象"。产生的原因在于:①学习方法的固定化;②学习任务的复杂化;③学习动机减弱;④兴趣降低;⑤心理和生理上的疲劳;⑥意志不够顽强。

(3)后期进步较慢。

(4)总趋势是进步的,但有时出现暂时的退步。整个练习过程中,成绩往往会有一些波动起伏现象。练习成绩的起伏现象是指在动作技能的形成过程中,练习的成绩时而上升,时而下降,有峰有谷,呈现明显的波浪式。多数情况下,练习曲线反映出来的技能的进步是先快后慢;也有少数情况可能出现先慢后快的趋势。

3. 充分而有效的反馈

反馈指在学习与练习过程中信息的返回传递。一般来讲,反馈来自两个方面:(1)内部反馈,即操作者自身的感觉系统提供的感觉反馈。这是个体通过自身的视觉、听觉、触觉、动觉等获取的反馈信息,尤其是动觉反馈信息最有代表性。(2)外部反馈,即操作者自身以外的人和事给予的反馈,有时也称结果知识。这是教师、教练、示范者、录像、计算机等外部信息源对学习者的操作结果及其操作过程的反馈。

反馈在操作技能学习过程中的作用是非常关键的,只有通过反馈,学习者才知道自己的动作是否合乎要求。其中准确的结果反馈可以引导学生矫正错误动作、强化正确动作,并鼓励学生努力改善其操作,作用尤为明显。影响反馈效果的因素有:(1)反馈的内容;(2)反馈的频率;(3)反馈的方式。

4. 建立稳定清晰的动觉

动觉是复杂的内部运动知觉,它反映的主要是身体运动时的各种肌肉活动的特性,如紧张、放松等,而不是外界事物的特性。这些有关肌肉活动的各种感知觉等与视觉、听觉有所不同,如果不经过训练,它们很难被个体明确地意识到,并经常受到外部因素的影响,处于被掩盖的地位。由于运动知觉的模糊性,经常会发生学习者对自己的错误动作不能意识到的现象,当然也就很难对动作进行有意识的调节或控制。这样就容易导致技术水平不稳定,难以找出动作失误的确切原因,致使操作技能的学习陷入盲目状态。因此,有必要进行专门的动觉训练,以提高其稳定性和清晰性,充分发挥动觉在技能学习中的作用。

真题面对面

[2021宁波,单选]学生在练习投篮技术时,成绩时而提高,时而下降,时而停顿,这是动作技能练习的(　　)

A. 高原现象　　　　B. 反馈

C. 起伏现象　　　　D. 倒退

答案:C

三、智慧技能的学习

常见的几种智慧技能类型包括辨别、概念、规则及程序(较复杂的规则)。本节重点介绍辨别和程序的学习过程。

考点1 智慧技能的学习过程

1. 辨别的学习过程

（1）突出刺激的关键特征。在学生遇到难以辨别的细微特征时，将要辨别的特征突出出来可以促进辨别学习。在教学中，可以采用卡片、投影、彩色粉笔等手段来突出关键特征。

（2）对比。在辨别多个刺激时，将刺激彼此对照有助于辨别。

（3）重复。吉布森的知觉实验表明，在没有外部反馈信息或强化的条件下，单纯重复观察图片，也能提高知觉辨别能力。

（4）用言语标志区别性特征。在辨别学习中，将刺激的区别性特征用言语标志出来有助于辨别。言语标志或言语指导不仅可以将学生的注意引向先前未注意到的刺激特征上，还可以作为回忆线索提高回忆效率。

2. 程序的学习过程

概念与规则的学习都有两种可行的学习方式供选择。程序的学习也有多种方式，其中一种比较好的学习方式是从对程序的示范中或从应用程序的样例中进行学习。在这种学习方式中，学习者先观察他人（一般是专家或教师）对程序的示范，而后对所示范的样例进行分析、解释，将所示范的程序的步骤类比到要解决的问题上，从而开始对程序的练习，直至熟练掌握为止。

程序的学习还可以有其他方式。一种方式是学生自己发现或自己建构出程序来。在这种学习中，学生虽然也能习得程序，但费时较多，而且习得的主要结果是生成程序的技能，这种学习更适合问题解决或高级规则的学习。另一种方式是将程序的步骤用言语方式列成清单，学习者参照清单来练习程序。

知识再拔高

智慧技能的形成阶段

冯忠良经过长期的“结构定向”教学实验研究，提出了智慧技能形成的三阶段理论。

表4-5 智慧技能的形成阶段

阶段	内容
原型定向	了解原型的活动结构，从而使主体明确活动的方向，知道该做哪些动作和怎样去完成这些动作
原型操作	依据智力技能的实践模式，把学生在头脑中已建立起来的活动程序计划以外显的操作方式付诸实施，获得完备的动觉映像的过程
原型内化	即智力活动的实践模式（原型）向头脑内部转化，由物质的、外显的、展开的形式变成观念的、内潜的、简缩的形式的过程

考点2 智慧技能的学习条件

1. 内部条件

智慧技能学习的内部条件是指学习者事先具备的相关原有知识。加涅的智慧技能层次论具体描述的就是这种内部条件，即概念的学习要以辨别或概念定义中涉及的概念为先决条件，规则的学习要以构成规则的概念为先决条件，程序的学习要以构成程序的较简单规则为先决条件。此外，在从概念、规则的例证中进行学习时，还需要学习者具备理解这些例证的原有知识。

2. 外部条件

智慧技能学习的外部条件指教学环境中影响智慧技能学习的一些因素，主要涉及例证与练习的选择与呈现，言语指导与反馈等。

(1)例证与练习的选择与呈现

概念、规则与程序的学习往往要涉及相应的例证。学习者在其学习环境中接触到的例证的质量和数量对智慧技能的学习有重要影响。学生学习中形成的一些错误观念往往是受例证的影响所致。

学习环境中为学习者提供的练习的质与量也影响智慧技能的学习。如果学习者在学习环境中进行练习的量较少，则熟练的智慧技能就不可能形成。此外，对智慧技能的练习如果集中在一段时间内，"毕其功于一役"，虽然有助于技能的形成，但不利于技能的长久保持，而同样数量的练习，如果分散在不同时间练习(称之为间隔练习)，就会有利于技能的保持。

(2)言语指导与反馈

言语指导指学习者在学习智慧技能过程中从外部获得的概念的定义、规则的陈述及对其加工概念规则的例证所给予的提示。反馈主要是指学习者在练习中所获得的有关练习效果的信息。智慧技能学习中如果缺乏言语指导，学生可能就难以进行学习。在概念同化和规例法中，言语指导是必不可少的外部条件。在概念形成和例规法中，言语指导也同样重要。

学生在练习智慧技能过程中获得的反馈也是智慧技能学习的重要条件。如果只有学生的练习而没有反馈，学生可能会形成不正确的智慧技能。

考点3 在教学中培养学生的智慧技能 【论述】★

1. 运用合适的例证促进学生的学习

(1)选择和呈现合适的正例

正例在无关特征上的充分变化有利于学生形成正确的概括。在运用正例时，要充分认识到例证形式或来源的多样性。学生对不同变化形式的正例有不同程度的理解。如果变化简单和变化复杂的例证同时呈现给学生，对于较复杂的正例学生可能难以理解，为此，在呈现不同形式的正例时，还要考虑到呈现的顺序。一般来说，从简单到复杂的呈现顺序有利于学生对例证和概念规则的理解。

(2)设计和寻找合适的反例

在智慧技能的教学中，效果最好的反例是匹配的反例，这些反例在概念的无关特征方面与正例非常相似，但不具有概念的关键特征或本质特征。

发展心理学家建议，在运用反例这一教学手段时，要考虑到学生的年龄特征。因为有研究发现，年幼的儿童在理解反例上存在困难，他们可以理解某个事物是某个概念、原理的例子，却难以理解"某事物不是某个概念原理的例子"这一观念，因而教授他们学习概念时，应多采用正例，少用或不用反例。

2. 提供学习指导

纯粹的发现学习并不是智慧技能学习的有效方式，有指导的发现学习才有可能促进智慧技能的学习。在智慧技能的学习中，教师要给学生提供有效的指导。

(1)要引导学生正确认识例证与概念、规则的关系。

(2)要引导学生对例证进行分析，关注例证中蕴含的关键特征。例证所体现的概念、规则的关键特征有时并不明显，需要教师采用一些教学手段给学生突出出来，这些教学手段可随所教学的概念、规则的不同而有所不同。

3. 设计并提供有效的练习

与陈述性知识的学习不同的是，智慧技能的学习必须经过练习，练习的好坏也直接关系到智慧技能学习的效果。设计和提供良好的练习需要考虑一些建议：(1)设计变式练习；(2)安排间隔练习；(3)对程序的练习可采取多种形式；(4)为学生的练习提供反馈。

此外，为促进学生以后能更好地学习，在智慧技能练习的早期，可以将学生练习中的成功和失败归之于其努力的程度上，即成功是因其学习和练习上的努力，失败是因为努力不够；而到了练习后期，相应的智慧技能已为学习者牢固掌握后，应及时将学生技能上连续而一致的成功归之于学生相应能力水平的提高。

★★ 考点大默写 ★★

1. 通常把学生在学习过程中出现一段时间的学习成绩和学习效率停滞不前，甚至学过的知识感觉模糊的现象，称为__________现象。
2. 菲茨和波斯纳将动作技能学习的过程分为认知、__________和自动化三个阶段。
3. 练习包括分散练习和集中练习。研究发现，对于连续的动作技能，__________练习的效果较好；对于离散的动作技能，__________练习的学习效应较好。
4. 辨别的学习过程包括突出刺激的关键特征、__________、重复和用言语标志区别性特征。
5. 冯忠良认为，智慧技能的形成经历了原型定向、__________和原型内化三个阶段，其中，了解原型的活动结构，知道该做哪些动作和怎样去完成这些动作属于__________阶段。
6. 在智慧技能的教学中，效果最好的反例是__________的反例，这些反例在概念的无关特征方面与正例非常相似。

【参考答案】

1. 高原　2. 联系形成　3. 分散　集中　4. 对比　5. 原型操作　原型定向　6. 匹配

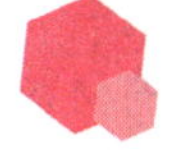

第五节　学习策略

一、学习策略的概念

学习策略指学习者在学习活动中，为了达到有效的学习目的而采用的规则、方法、技巧及其调控方式的综合。它既可以是内隐的规则系统，也可以是外显的操作程序与步骤。

二、学习策略的种类 【单选】 ★★★

最具影响力的学习策略的分类是**迈克卡**等人对学习策略的分类。他们认为，学习策略可分为认知策略、元认知策略和资源管理策略三种。认知策略是信息加工的策略；元认知策略是对信息加工过程进行调控的策略；资源管理策略则是辅助学生管理可用的环境和资源的策略，对学生的动机具有重要的作用。

考点1　认知策略

认知策略是学习者对信息进行加工的方法和技术。其基本功能有两个方面：一是对信息进行有效的加工与整理；二是对信息进行分门别类的系统储存。

1. 复述策略

复述策略是指在工作记忆中为了保持信息，运用内部语言在大脑中重现学习材料或刺激，以便将注意力维持在学习材料上的方法。它是短时记忆中的信息进入长时记忆的关键。

常用的复述策略有：(1)在复述的时间上，采用及时复习、分散复习。(2)在复述的次数上，强调过度学习。(3)在复述的方法上，包括运用有意识记和无意识记、排除相互干扰、运用多种感官协同记忆、整体识记与部分识记相结合、复习形式多样化、在阅读时做摘录、画线或圈出重点等。同时要注意保持积极的心向、态度和兴趣。如果我们对某事感兴趣，或者对它持积极态度，就会记得牢固；反之，则容易遗忘。

真题面对面

[2023宁波，单选]为了记住好朋友家里的电话号码，彤彤在回家的路上反复默读那串数字，这采用的记忆策略是(　　)

A. 精加工策略　　B. 计划策略　　C. 组织策略　　D. 复述策略

答案：D

2. 精加工策略 必背

精加工策略是指通过把所学的新信息和已有的知识联系起来，以此增加新信息的意义，即运用已有的认知图式和知识经验使新信息合理化，更易于理解。它常被描述成一种理解记忆的策略，其要旨在于建立信息间的联系，联系越多，能回忆起信息原貌的途径就越多，即提取的线索就越多；精加工越深入、越细致，回忆就越容易。对于比较复杂的课文学习，精加工策略有说出大意、总结、建立类比、用自己的话做笔记、解释、提问以及回答问题等。

(1)记忆术(人为联想策略)

记忆术即通过把那些枯燥无味但又必须记住的信息"牵强附会"地赋予意义，使记忆过程变得生动有趣，从而提高学习记忆的效果。常用的记忆术主要有：

①形象联想法。这种方法是通过人为联想，使无意义的、难记的材料和头脑中的鲜明、奇特的形象相结合，从而提高记忆效果。想象的形象越鲜明、具体越好，形象越夸张、奇特越好，形象之间的逻辑联系越紧密越好。

②谐音联想法。这种方法是通过谐音线索，运用视觉表象，假借意义进行人为联想。例如，把圆周率"3.1415926535……"编成顺口溜"山巅一寺一壶酒，尔乐苦煞吾……"等。

③首字连词法。这种方法是利用每个词语的第一个字形成缩写，或者用一系列词描述某个过程的每个步骤，然后将这一系列词提取首字作为记忆的支撑点。

④位置记忆法。这是一种传统的记忆术，最早被古希腊演讲家使用。它是通过与熟悉的地点顺序相联系来记忆一些名称或者客体顺序的方法。

⑤缩简和编歌诀。缩简就是将识记材料的每条内容简化成一个关键性的字，然后变成自己所熟悉的事物，从而将材料与过去经验联系起来。编歌诀法就是利用编制歌谣口诀的方式来帮助记忆的方法。

⑥关键词法。关键词法就是将新词或概念与相似的声音线索词，通过视觉表象联系起来。例如，英文的"gas"(煤气)一词，可以用汉语"该死"作关键词。两者读音相似，可以产生"人因煤气中毒而死"的联想，这

样“gas”一词就很容易记住了。

⑦视觉联想。视觉联想就是要通过心理想象来帮助人们对有联系的事物进行记忆。例如，前述位置记忆法实际上就是一种视觉联想法，利用了心理表象。联想时，想象越奇特而又合理，记忆就越牢固。例如，可以使用夸张、动态、奇异的手段进行联想。

⑧语义联想。通过联想，将新材料与头脑中的旧知识联系在一起，赋予新材料以更多的意义。实际上，就是要在理解的基础上，把过去的旧知识当作“衣钩”来“挂住”所要记住的新材料。因此，要设法找出新旧材料之间的内在逻辑联系。

⑨特征记忆法。法国大革命发生于1789年，只要记住前边是1，后面789是三个顺序相连的数，就很容易记。

⑩译意法。将要记的内容转译成有意义的材料。例如，郑州以西的第一个大城市是“洛阳”，可以记成“从郑州西望夕阳西下”，就不会忘记这个城市叫“洛阳—落阳”了。

⑪识记的连锁法。简单来说，如要识记没有任何内在联系的A、B、C、D、E几件东西，在识记时应首先通过联想把A和B联结起来，接着按顺序联结BC、CD、DE，最后将这四组东西联成一个锁链，就可以一个个地记起来了。

真题面对面

[2021温州，单选]教师在课堂上采用二十四节气歌帮助学生记忆二十四节气，这使用的是学习策略中的(　　)

A. 资源管理策略　　B. 精加工策略

C. 复述策略　　D. 元认知策略

答案：B

(2)内在联系策略(运用背景知识，联系客观实际)

对于意义性较强的学习材料则可以通过新知识与旧知识之间的联系，用头脑中已有的图式使新信息合理化。这种认知策略首先要求对新信息进行理解，其次强调新的学习材料与已有的知识进行衔接。正是由于它要求在头脑中主动形成一些思想之间的逻辑联系，所以也可以称其为“内在生成策略”。

(3)做笔记

做笔记策略是使用较为普遍的精加工策略。俗话说：“好记性不如烂笔头。”对于复杂的知识，教师可以指导学生做笔记。做笔记不仅可以有效地控制自己的认知加工过程，还有助于概括新的知识和建立新旧知识之间的联系。做笔记有利于保持学习者的注意和兴趣，以及有效地组织材料。

(4)提问

无论是阅读还是听讲，学生要经常评估自己的理解状态，思考这样一些问题：这些新信息意味着什么，与课文中的其他信息以及以前所学的信息有什么联系。如果教师在给学生上阅读课时，向学生提一些“谁”“什么”“哪儿”和“如何”的问题并要求学生回答，他们可能对阅读的内容领会得更好。

(5)生成性学习(生成策略)

生成性学习就是要训练学生对所阅读的东西产生一个类比或表象，如图形、图像、表格和图解等，以加强其深层理解。这种方法最重要的一点，就是需要积极地加工，不是简单地记录和记忆信息，也不是从书中寻章摘句或稍加改动，而是要改变对这些信息的知觉。在教学过程中，教师要指导学生拟写课文中没有的、与课文中某些重要信息相关的或用自己的话组成的句子，从而把所学的信息和自身的知识经验联系起来。

(6)记卡片策略

将要记录的内容写在卡片上，既有利于归类存放，又有利于存取、批注。它广泛应用于零散资料的收集，是非系统性自学最适宜的笔记形式。

3. 组织策略

组织策略是指将经过精加工提炼出来的知识点加以构造，形成更高水平的知识结构的信息加工策略。组织策略主要有两种：一种是归类策略，用于概念、语词、规则等知识的归类整理；一种是纲要策略，主要用于对学习材料结构的把握。

(1)归类策略

归类策略也即组块，组块的方法有很多，有相似归类、对比归类、从属归类、递进归类等。归类，也叫群集，是把材料分成小单元，再把这些单元归到适当的类别里。归类策略的应用能使人理清头绪，各知识点与概念之间不致混淆，方便知识的理解、记忆以及提取。

(2)纲要策略

纲要策略也称提纲挈领，是掌握学习材料纲目的方法。纲要可以是用语词或句子表达的主题纲要，比如以写小标题的形式概括重点，也可以是用符号、图式等形式表达的符号纲要。

①主题纲要法。主题通常是学习材料的各级标题，有时也需要自己进行提炼。列提纲时要先对材料进行系统分析、归纳和总结，然后按材料的逻辑关系，以简要的词语写下主要与次要的观点，也就是以金字塔的形式呈现教材的要点，每一具体的细节都包含在高一级的类别中。

②符号纲要法。符号纲要法是采用图解的方式体现知识的结构，即作关系图。它比主题纲要法更直观形象，但要求学习者对符号相当熟悉。在作关系图时，应先识别主要知识点，然后识别这些知识点之间的关系，再用适当的图解来标明这些知识点之间的内在联系。符号纲要法主要有：系统结构图、流程图、模式或模型图、网络关系图。

真题面对面

[2022绍兴，单选]张强在学习时，用简要的词语写出材料中的主要观点和次要观点，再以金字塔的形式呈现材料的要点及各种观点的直接关系，这种学习策略属于(　　)

A. 复述策略　　B. 组织策略

C. 精加工策略　　D. 资源管理策略

答案：B

考点2　元认知策略

1. 元认知

美国心理学家弗拉维尔于1976年在《认知发展》一书中首次提出了元认知的概念。他认为，元认知就是对认知的认知，具体地说，是个人关于自己认知过程的知识和调节这些过程的能力。董奇认为，元认知由元认知知识、元认知体验和元认知控制三部分构成。元认知知识是个体关于自己或他人的认识活动、过程、结果以及与之有关的知识，即知道做什么。它包括三个方面的内容：关于人的知识、关于任务的知识和关于策略的知识。**元认知体验**是个体伴随认知活动而产生的认知体验或情感体验。**元认知监控**是指个体在认知活动中，对自己的认知活动进行积极监控和相应的调节，以达到预定目标，即知道何时做、如何做。

2. 元认知策略的种类

学习的元认知策略是指个体为实现最佳的认知效果而对自己的认知活动所进行的调节和控制。它大致可分为以下三种：

(1)计划策略。计划策略是指根据认知活动的特定目标，在认知活动开始之前计划完成任务所涉及的各种活动、预计结果、选择策略，设想解决问题的方法，并预估其有效性等。元认知计划策略包括设置学习目标、安排时间、浏览阅读材料、预测重点难点、产生待回答的问题以及分析如何完成学习任务等。

(2)监控策略。监控策略是指在认知过程中，根据认知目标及时检测认知过程，寻找两者之间的差异，并对学习过程及时进行调整，以期顺利实现有效学习的策略。监控策略包括阅读时对注意加以跟踪和对材料进行自我提问、考试时监视自己的速度和时间等。它具体包括领会监控、策略监控和注意监控。

(3)调节策略。调节策略是指在学习过程中根据对认知活动监视的结果，找出认知偏差，及时调整策略或修正目标；在学习活动结束时，评价认知结果，采取相应的补救措施，修正错误，总结经验教训等。元认知调节策略与监控策略有关。例如：当学习者意识到他不理解课文的某一部分时，他就会退回去读困难的段落；在阅读困难或不熟的材料时放慢速度；复习自己不懂的课程材料；测验时跳过某个难题先做简单的题目等。调节策略能帮助学生矫正自己的学习行为，补救理解上的不足。

考点3 资源管理策略

1. 时间管理策略

在时间管理上，应做到：(1)统筹安排学习时间。(2)高效利用最佳时间。首先，要根据自己的生物钟安排学习活动。其次，要根据一周内学习效率的变化安排学习活动。再次，要根据一天内学习效率的变化安排学习活动。此外，要根据自己的工作曲线安排学习活动。因为随着学习的进行，人的精神状态和注意力会发生变化。一般来说，存在三种变化模式：先高后低；中间高两头低；先低后高。因此，每个人要根据自己的模式，安排学习内容，确保状态最佳时学习最重要的内容。(3)灵活利用零碎时间。

2. 环境管理策略

(1)注意调节自然条件，如流通的空气、适宜的温度、明亮的光线以及和谐的色彩等；(2)要设计好学习的空间，如空间范围、室内布置、用具摆放等。良好的学习环境对于学生保持良好的心态具有重要作用。

3. 努力管理策略

为了使学生维持自己的意志努力，需要不断鼓励学生进行自我激励。这包括：(1)激发内在的动机；(2)树立正确的学习信念；(3)选择有挑战性的任务；(4)调节成败的标准；(5)正确归因；(6)自我奖励等。

4. 学业求助策略

学业求助策略指当学生在学习上遇到困难时，向他人请求帮助的行为。学业求助不是自身能力缺乏的标志，而是获取知识、增长能力的一种途径，是一种重要的学习策略。学业求助包括两个方面：(1)学习工具的利用，如善于利用参考资料、工具书、图书馆、电脑等；(2)社会性人力资源的利用，如善于利用老师的帮助以及同学间的合作与讨论来加深对学习内容的理解。

真题面对面

[2022金华/诸暨,单选]学生小孙经常为自己选择有挑战性的任务,这属于资源管理策略中的(　　)

A.努力管理策略　　B.时间管理策略

C.环境管理策略　　D.学业求助策略

答案:A

三、帮助学生学会学习——学习策略的训练

考点1　学习策略训练的原则　【单选】★

(1)主体性原则,是指学习策略教学中应该发挥和促进学生的主体作用。它既是学习策略训练的目的,又是必要的方法和途径,任何学习策略的使用都依赖于学生主动性和能动性的充分发挥。

(2)内化性原则,是指在学习策略的学习过程中,学生能够不断实践各种学习策略,逐步将其内化成自己的学习能力,熟练掌握并达到自动化的水平,从而能够在新的情境中灵活应用。

(3)特定性原则,是指学习策略一定要适合于学习目标和学生的类型。同样的策略,不同的学生使用起来的效果是不一样的。教师要针对学生的年龄、已有的知识水平以及学习动机类型,帮助学生选择学习策略或改善不良的学习策略。

(4)生成性原则,是指在学习过程中要利用学习策略对学习的材料重新进行加工,产生某种新的东西。也就是说,学习者应该利用学习的策略对学习材料进行生成性加工,而不是简单利用别人已有的知识经验。

(5)有效监控原则,是指学生应该把注意力集中在学习结果和学习过程之间的关系上,监控自己使用每种学习策略所导致的学习结果,以便确定所选策略是否有效。经过这样的监控实践,学生就能够灵活地把握何时、何地以及如何使用某种策略,甚至在这些策略运作时能将它描述出来。

(6)个人效能感原则,是指学生在执行某一任务时对自己胜任能力的判断和自信程度,它是影响学习策略选择的一个重要的动机因素。

记忆有妙招

为方便考生记忆,编者将学习策略训练的原则总结成以下口诀:

煮花生特有效。煮:主体性。**花:**内化性。**生:**生成性。**特:**特定性。**有:**有效监控。**效:**个人效能感。

真题面对面

[2022温州,单选]段老师在帮助学生使用学习策略记忆单词时,强调要不断实践各种学习策略,如画线、列提纲等,将其转化为自己的学习能力。这体现了(　　)原则。

A.效能性　　B.生成性

C.特定性　　D.内化性

答案:D

考点2　学习策略的训练模式

1. 课程式教学模式

即所谓的学习策略教学的课程化，它通过开设专门的学习策略课程，讲授教与学策略的有关常识，包括教与学的模式、方法、手段等。

2. 学科渗透式教学模式

该模式是指将学习策略的训练与特定学科的学习内容相结合，在具体学科知识的学习过程中传授学科学习的方法与技巧。

3. 交叉学习式教学模式

这种教学模式是为了克服前面两种策略训练模式的不足而设立的，这种教学模式往往是先简短独立地教学习策略，包括学习策略的意义、适用范围、条件及具体操作程序等，然后将它与具体的学科内容结合起来，根据具体学习情境的差异，要求并帮助学生把所学的策略运用于具体的学习活动中。

考点3　学习策略训练教学

(1)注重对元认知监控和调节的训练。在加强学习策略教学的同时，注重元认知监控和调节的教学。元认知能意识和体验学习情境中各种变量间的关系及其变化，并导致感情活动的形成，而成熟的学习的调节与控制则能根据上述体验来监视并控制学习方法的使用，使之自始至终伴随学习过程并适合于新的情境下的学习。研究发现，元认知监控策略的有效教学可采取以下技术：①出声思考；②写思考日志；③计划和自我调节；④报告思维过程；⑤自我评价。

(2)有效运用教学反馈。反馈能改进学习，提高学习效果。研究证明，如果降低训练的速度，增加反馈，使学生知道他们运用策略的不足之处，评价训练的有效性，理解学习策略的效应，或者体会到学习策略的确改善了他们的学习，学生就更有可能把学习策略运用于更为现实的学习情境中去。

(3)提供足够的教学时间。学习的调节与控制是否自动化、学习方法的使用是否熟练，是学习策略持续使用和迁移的条件之一。为此，提供给学生足够的策略训练的时间，使之达到自动化的程度就显得十分必要。

★★　考点大默写　★★

1. 迈克卡等人认为，学习策略可分为认知策略、__________策略和__________策略三种。
2. 开学之初，教师通过多次考勤点名，很快就记住了所有学生的姓名。这种认知策略是__________。
3. 通过“山巅一寺一壶酒，尔乐苦煞吾……”来记忆圆周率“3.1415926535……”，这运用了记忆术中的__________法。
4. 在期末复习时，学生采用将课文内容以列结构提纲、画网络图的方法来帮助记忆。这种组织策略是__________策略。
5. 元认知策略是指个体为实现最佳的认知效果而对自己的认知活动所进行的调节和控制。它大致可分为__________、__________和__________三种。
6. __________策略指当学生在学习上遇到困难时，向他人请求帮助的行为。
7. 学习策略训练的原则包括主体性原则、__________原则、特定性原则、__________原则、有效监控原则和个人效能感原则。

【参考答案】

1. 元认知　资源管理　2. 复述策略　3. 谐音联想　4. 纲要　5. 计划策略　监控策略　调节策略　6. 学业求助　7. 内化性　生成性

第六节　学习迁移

一、学习迁移概述

考点1　学习迁移的概念　【单选】　★

学习迁移也称训练迁移，是指一种学习对另一种学习的影响，或习得的经验对完成其他活动的影响。迁移是学习的一种普遍现象，广泛存在于各种知识、技能、行为规范与态度的学习中，平时所说的“举一反三”“触类旁通”等即典型的迁移形式。通过迁移，各种经验得以沟通，经验结构得以整合。

考点2　学习迁移的种类　【单选】　★★★

1. 正迁移、负迁移和零迁移

根据迁移的性质和结果，可将迁移分为正迁移、负迁移和零迁移。

正迁移也叫“助长性迁移”，是指一种学习对另一种学习的促进作用。例如，学习数学有利于学习物理；学习珠算有利于心算；懂得英语的人很容易掌握法语等。

负迁移也叫“抑制性迁移”，是指一种学习对另一种学习产生阻碍作用。例如，掌握了汉语语法，在初学英语语法时，总是出现用汉语语法去套英语语法的情况，从而影响了英语语法的掌握。

两种学习也可能不发生影响，这种状态称为**零迁移**，它是迁移的一种特殊形式。

2. 顺向迁移和逆向迁移

根据迁移发生的方向，可将迁移分为顺向迁移和逆向迁移。

顺向迁移是指先前学习对后继学习产生的影响。在物理中学习了“平衡”的概念，就会对以后学习化学平衡、生态平衡、经济平衡产生影响。通常所说的“举一反三”就是顺向迁移的例子。

逆向迁移是指后继学习对先前学习产生的影响。例如，学习了微生物后对先前学习的动物、植物概念的理解会产生影响等。

3. 水平迁移和垂直迁移

根据迁移内容的抽象和概括水平不同，可将迁移分为水平迁移和垂直迁移。

水平迁移也叫横向迁移，是指先行学习内容与后继学习内容在难度、复杂程度和概括层次上属于同一水平的学习活动之间产生的影响。

垂直迁移也称纵向迁移，是指先行学习内容与后续学习内容是不同水平的学习活动之间产生的影响。垂直迁移表现在两个方面：(1)自下而上的迁移，即下位的较低层次的经验影响上位的较高层次的经验的学习；(2)自上而下的迁移，即上位的较高层次的经验影响下位的较低层次的经验的学习。

4. 一般迁移和具体迁移

根据迁移内容的不同，可将迁移分为一般迁移和具体迁移。

一般迁移也称非特殊迁移、普遍迁移，是指一种学习中所习得的一般原理、原则和态度对另一种具体内容学习的影响，即原理、原则和态度的具体应用。例如，获得基本的运算技能、阅读技能后运用到各种具体的学科学习中。

具体迁移也称**特殊迁移**，是指学习迁移发生时，学习者原有的经验组成要素及其结构没有变化，只是将一种学习中习得的经验要素重新组合并移用到另一种学习之中。例如，学习了“日”“月”对学习“明”的影响；掌握了加减法对做四则运算题的影响等。

5. 同化性迁移、顺应性迁移和重组性迁移

根据迁移过程中所需的内在心理机制的不同，可将迁移分为同化性迁移、顺应性迁移和重组性迁移。

同化性迁移是指不改变原有的认知结构，直接将原有的认知经验应用到本质特征相同的一类事物中去。原有认知结构在迁移过程中不发生实质性的改变，只是得到某种充实。

顺应性迁移指将原有认知经验应用于新情境中时，需调整原有的经验或对新旧经验加以概括，形成一种能包容新旧经验的更高一级的认知结构，以适应外界的变化。

重组性迁移指重新组合原有认知系统中某些构成要素或成分，调整各成分间的关系或建立新的联系，从而应用于新情境。在重组过程中，基本经验成分不变，但各成分间的结合关系发生了变化，即进行了调整或重新组合。

真题面对面

[2022宁波，单选]学完三棱锥的体积公式后，有助于学习四棱锥的体积公式，这种迁移方式属于(　　)

A. 普遍迁移　　B. 纵向迁移　　C. 负迁移　　D. 顺向迁移

答案：D

二、学习迁移理论 【单选】 ★★

表4-6　学习迁移理论

学习迁移理论		代表人物	主要观点
早期的迁移理论	形式训练说	沃尔夫	形式训练说是最早的关于迁移的理论，以官能心理学为基础。它认为心理官能只有通过训练才能得以发展，迁移就是心理官能得到训练而发展的结果，迁移是无条件的、自发的
	相同要素说	桑代克、武德沃斯	迁移是非常具体的、有条件的，需要有共同的要素。只有当两个机能的因素中有相同要素时，一个机能的变化才会改变另一个机能的习得。两种情境中的刺激相似，反应也相似时，迁移才会发生。两种情境中相同要素越多，迁移的量也就越大
	概括化理论（经验类化说）	贾德	一个人只要对自己的经验进行了概括，就可以完成从一个情境到另一个情境的迁移。对原理了解、概括得越好，迁移效果也越好。贾德在1908年所做的“水下击靶”实验，是概括化理论的经典实验
	关系转换说	苛勒	迁移是学习者突然发现两个学习经验之间关系的结果，是对情境中各种关系的理解和顿悟，而非由于具有共同成分或原理自动产生。苛勒所做的“小鸡觅食”实验是支持关系转换说的经典实验

续表

学习迁移理论		代表人物	主要观点
当代的迁移理论	认知结构迁移理论	奥苏伯尔	认知结构迁移理论指出，学生学习新知识时，认知结构的可利用性高、可辨别性大、稳定性强，就能促进对新知识学习的迁移
	产生式理论	安德森	前后两项学习任务产生迁移的原因是两项任务之间产生式的重叠，重叠越多，迁移量越大

"早期的迁移理论"考生易记忆错误，在做题时可根据关键词进行判断，"形式训练说"强调心理官能的训练；"相同要素说"强调有相同的要素；"概括化理论"强调对经验、原理的概括；"关系转换说"强调对关系的理解和顿悟。

知识再拔高

小鸡觅食实验

苛勒让小鸡在深、浅不同的两种灰色的纸下面寻找食物。通过条件反射学习，小鸡学会了只有从深灰色纸下才能获得食物奖赏。然后，变换实验情境，保留原来的深灰色纸，用黑色纸取代浅灰色纸。

问题是：如果小鸡仍然到深灰色纸下面寻找食物，那就证明迁移是由于相同要素的作用；如果小鸡是到两张纸中颜色更深的那张（即黑色纸）下面寻找食物，那就证明迁移是对关系作出的反应。

实验表明：小鸡对新刺激（黑色纸）的反应为70%，对原来的阳性刺激（深灰色纸）的反应是30%；而幼儿在做同样的实验时始终对黑色纸的刺激作出反应。

苛勒认为这结果证明是情境中的关系对迁移起了作用，而不是其中的相同要素，被试选择的不是刺激的绝对性质而是比较其相对关系（把在前一种情境中学会的关系即"食物总是在颜色较深的纸下面"迁移到后一种情境中，从而做出了正确的反应）。

小鸡觅食实验

真题面对面

[2021金华/诸暨,单选]奥苏伯尔提出的三个主要影响迁移的认知结构变量是(　　)

A. 结构性、可操作性和可辨别性　　B. 稳定性、可利用性和结构性

C. 可操作性、可利用性和结构性　　D. 可利用性、可辨别性和稳定性

答案:D

三、学习迁移与教学 【单选、简答、论述】 ★★

考点1　影响学习迁移的因素

研究表明,学习迁移并不是在任何情况下都能发生的,它会受到一系列的主客观条件的制约。

1. 学习材料的特点

学习材料作为学生学习的对象和知识的主要来源,对学习迁移有着重要影响。很多迁移理论都在其理论假说中提及材料对迁移的重要作用,如桑代克的相同要素说。例如,平面几何、立体几何之间共同因素比较多,学习时容易产生正迁移。相反,学习对象没有或缺少共同因素,或虽有共同因素,但要求学习者做出不同的反应时,则可能在学习时产生负迁移。共同因素是学习迁移产生的客观必要条件,但不是唯一的条件。

2. 原有的认知结构

奥苏伯尔的认知结构迁移理论认为原有认知结构的特征直接决定了迁移的可能性及迁移的程度。原有认知结构对迁移的影响表现在以下几个方面:

(1)学习者是否拥有相应的背景知识,这是迁移产生的基本前提条件。已有的背景知识越丰富,越有利于新的学习,迁移越容易。

(2)原有的认知结构的概括水平对迁移起到至关重要的作用。

(3)学习者是否具有相应的认知技能或策略以及对认知活动进行调节、控制的元认知策略对迁移的产生有重要影响。

3. 对学习情境的理解

大多数心理学理论都强调情境在迁移中具有重要作用。从学习迁移角度讲,知识经验获得的情境与知识应用的情境在许多方面都密切相关,如情境中事物之间的关系、问题呈现的方式与空间位置、两种情境的类似情况等。注意对情境中各种关系的理解,创设对知识应用有利的情境,引导学生运用所学的知识原理去解决各式各样的问题等,在促进迁移过程中应该受到重视。

4. 学习的心理准备状态(心向)

心理准备状态是在过去学习或活动过程中形成的,又对未来的学习或活动产生影响,这种影响有时候是积极的,有时候也可能是消极的。学习定势在迁移研究中是讨论较多的一种心理准备状态。

所谓**定势**就是指由先前影响所形成的往往不被意识到的心理准备状态,它将支配人以同样方式去对待同类后继活动。定势是在连续活动中发生的,前面的活动经验为后面的活动形成一种准备状态。它使人倾向于在认识方面或外显行为方面以一种特定的方式进行反应。定势实际上是关于活动方向选择方面的一种倾向性,这种倾向性本身是一种活动经验。它往往为分析问题、解决问题提供思路或线索,因此定势会影响学习迁移。定势的作用有两重性:一是积极的促进作用,二是消极的阻碍作用。

5. 学习策略的水平

学习策略和方法对学习迁移效果的影响范围非常广泛,主要表现在认知策略与元认知策略对迁移的影响。学习策略对迁移的影响主要表现在发展水平、学习策略的丰富程度以及依据情境的变化灵活运用等方面。

6. 智力与能力

个体智力的高低对学习迁移的质量有一定的影响,智力较高的人能较容易地发现学习情境之间的相同要素和关联,能更好地概括总结出一般原理原则,能较好地将习得的学习策略与方法运用于新的学习情境之中。

7. 教师的指导

教师有意识的指导能令学习者发生正迁移。教师要启发学生注意对学习材料进行必要的概括总结,还可以直接教给学生一般性的原则,有效地指导学生的实践。"授人以鱼,不如授人以渔",教师还应该关注学习方法和学习策略的传授,让学生学会学习。

记忆有妙招

为方便考生记忆,编者将影响学习迁移的因素总结成以下口诀:

知情心,策智能,学点教导。知:原有的认知结构。**情:**对学习情境的理解。**心:**心向。**策:**学习策略的水平。**智能:**智力与能力。**学点:**学习材料的特点。**教导:**教师的指导。

考点 2　促进学生有效的迁移

1. 改革教材内容,促进迁移

根据认知结构迁移理论,认知结构中是否有适当的起固定作用的观念可以利用,是决定新的学习与保持的重要因素。为了促进迁移,教材中必须有那种具有较高概括性、包容性和强有力的解释效应的基本概念和原理。

(1)精选教材,提高对概念和原理的理解水平。根据学习迁移规律的要求,应把各门学科中具有广泛迁移价值的科学成果作为教材的主要内容。所谓具有广泛迁移价值的材料,就是学科的基本概念、基本原理、基本法则、基本方法、基本态度等。

(2)合理编排教学内容,突出知识的组织特点。教材内容还要保持结构化、一体化与网络化的统一,才能更好地促进迁移的发生。

2. 合理编排教学方式,促进迁移

优良的教材只有通过合理的教学进行呈现和传达,才能充分发挥其迁移的效能,否则迁移效果并不会显著,甚至会阻碍迁移的产生。教师在组织教学时,一方面要抓住教材内容的核心,另一方面要合理安排教学程序,使得学生顺利地将所学习的内容融会贯通,提高迁移的效果。

(1)教学过程中应当按照从一般到个别,从整体到细节的顺序,渐进分化。

(2)应当注意将各个内容综合贯通,促进知识的横向联系。

(3)依据学生学习的特点,教学过程应由浅入深、由易到难、由已知到未知。

(4)在具体操作上,可以将知识分成若干单元,每个单元还可分成若干小步子,让后一步的学习建立在前一步的基础之上,前一步的学习为后一步提供固定点。

3. 教授学习策略，提高学生的迁移意识

“授人以鱼，仅供一饭之需；授人以渔，则终生受用无穷。”这句话给予教育者的启示是：学习不只是要让学生掌握一门或几门学科的具体知识与技能，而且还要让学生学会如何去学习，即掌握学习方法的知识与技能。实际上学生只有掌握了良好的学习方法，才能把所学知识技能顺利地进行应用，促进更广泛更一般的迁移，也就是说学会了如何学习就可以实现最普遍的迁移。

4. 改进对学生的评价

教学条件下的评价作为教学活动的组成部分，同样具有教育性，有效运用评价手段对学生形成积极的学习态度，对学习迁移都具有积极的作用。

知识再拔高

在教学过程中促进迁移要注意的事项

1. 课程的安排与教材的组织

在课程安排上，应采取由易到难，由简到繁的排列顺序，尽量防止不当的或过分类化的做法，防止对同一刺激频繁改变反应方式，从而减少负迁移的产生。

教材与课程安排也应相互协调，如果教材涉及面广，理论较深奥，则在课程安排上也应保证一定时间，在课程内容安排上亦可适当进行调整，如增设实验课程，开展社会调查等。

2. 教材的呈现顺序与要求

(1)从一般到个别，不断分化。(2)分析综合，促进知识的横向联系。(3)从易到难，进行序列化。

3. 教学规律的应用

(1)加强基本概念、原理、原则和科学规律的教学。(2)注意学科之间的有机联系及对知识的理解。(3)课外学习与课内学习的有机结合。

4. 注意学生的认知结构，加强信息反馈

在进行班、组教学时，往往会忽视个人的认知结构、知识技能水平，因而制订的一些教学计划很难奏效，所以教学上应尽量根据各个学生的认知特点、知识技能水平制订切实可行的教学计划。在实施教学计划过程中，教师应不断注意反馈信息，随着学习者知识技能的不断提高，而不断改变任务的要求。

真题面对面

[2022 金华，论述]试述教师在促进迁移教学中的注意事项。

答案：详见内文

★★ 考点大默写 ★★

1. ____________是指一种学习对另一种学习的影响，或习得的经验对完成其他活动的影响。

2. 根据迁移的____________和结果，可将迁移分为正迁移、负迁移和____________。

3. 根据迁移发生的方向，可将迁移分为顺向迁移和逆向迁移。“举一反三”是____________迁移。

4. 根据迁移内容的抽象和概括水平不同，可将迁移分为__________和垂直迁移。在掌握了“心理过程”的概念后，再学习“认知过程”这一概念，属于__________迁移。

5. 根据迁移内容的不同，可将迁移分为一般迁移和__________。掌握了加减法对做四则运算题的影响属于__________迁移。

6. 不改变原有的认知结构，直接将原有的认知经验应用到本质特征相同的一类事物中去，这种迁移称为__________迁移。

7. 迁移的__________说认为，只有当两个机能的因素中有相同要素时，一个机能的变化才会改变另一个机能的习得。

8. 关系转换说认为，迁移是学习者对情境中各种关系的理解和__________。苛勒的__________实验是支持该理论的经典实验。

9. __________就是指由先前影响所形成的往往不被意识到的心理准备状态。

【参考答案】

1. 学习迁移(训练迁移)　2. 性质　零迁移　3. 顺向　4. 水平迁移(横向迁移)　垂直(纵向)　5. 具体迁移(特殊迁移)　具体(特殊)　6. 同化性　7. 相同要素　8. 顿悟　小鸡觅食　9. 定势

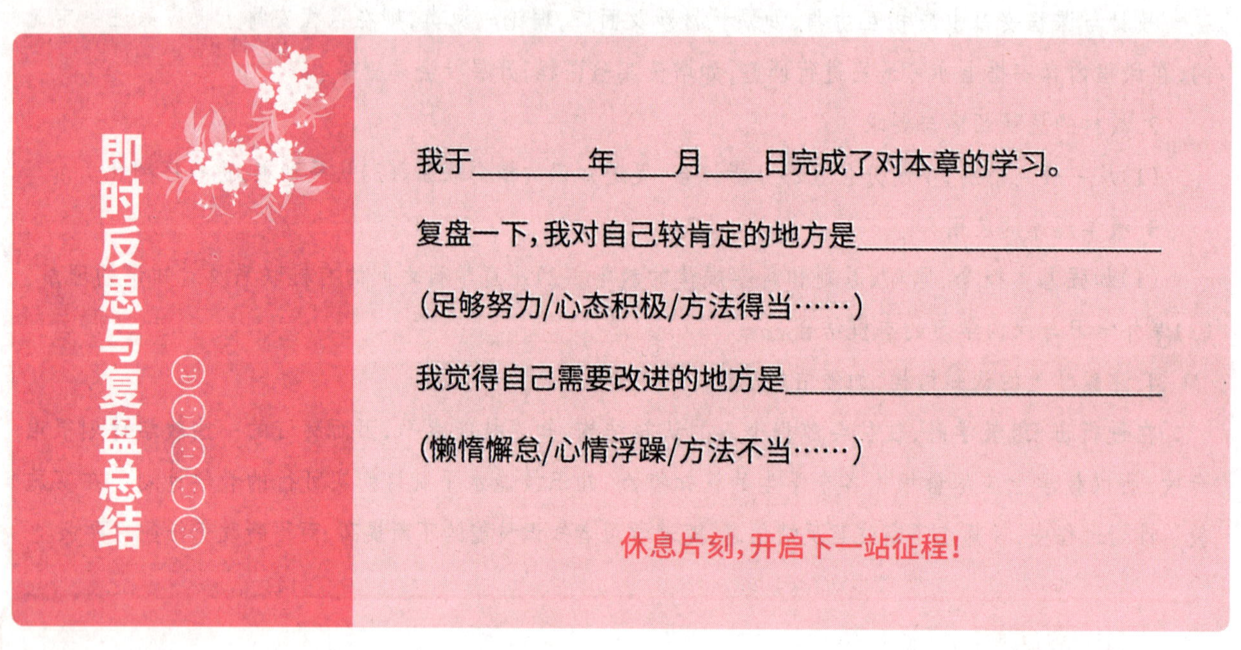

第三章 学习动机

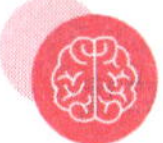

思维导图

- 学习动机
  - 学习动机概述
    - 学习动机的概念：激发个体进行学习活动，维持已引起的学习活动，并使行为朝向一定学习目标的一种内在过程或内部心理状态
    - 学习动机的种类（重点）
      - 内部学习动机、外部学习动机
      - 认知内驱力、自我提高内驱力、附属内驱力
    - 学习动机对学习的作用
      - 学习过程：学习动机对学习行为有引发、定向、维持和调节作用
      - 学习效果：耶克斯—多德森定律（倒U型曲线）
  - 学习动机理论
    - 强化动机理论：获得某种报偿
    - 成就动机理论：力求成功的动机和避免失败的动机
    - 归因理论（易错）
      - 六种原因：能力、努力程度、工作难度、运气、身心状况、外界环境
      - 三个维度：内部归因和外部归因、稳定性归因和非稳定性归因、可控制归因和不可控制归因
    - 自我效能感理论
      - 分类：结果期待和效能期待
      - 影响因素：个人自身行为的成败经验、替代经验、言语说服、情绪唤醒
    - 需要层次理论：学生缺乏学习动机可能是由于某种缺失性需要没有得到充分满足而引起的
    - 自我价值感理论
      - 高驱低避型：成功定向者；对学习有极高的自我卷入水平
      - 低驱高避型：逃避失败者；逃避失败要比对成功的期望重要
      - 高驱高避型：过度努力者；对一项任务既追求又排斥
      - 低驱低避型：失败接受者；退缩、对成就漠不关心
  - 运用学习动机理论激发学生学习动机
    - 增加学习的趣味性，激发学生的内在动机：增加学习内容、学习方式的趣味性
    - 运用强化动机理论给予学生积极的反馈：反馈要明确、适当，及时、经常
    - 根据目标设置理论为学生设置合理有效的目标：合理有效的目标转化为动机
    - 根据自我效能感理论，努力使学生获得成功体验：提供成功的机会
    - 根据归因理论引导学生积极归因：归因训练，积极归因等
    - 根据需要层次理论满足学生的缺失需要：满足缺失性需要

浙江考向

本章属于教育心理学的重点章节，也是宁波、温州、丽水、金华、台州、绍兴等地区的笔试重点考查的章节，内容广泛、识记性知识多，在考试中常以选择题、填空题、判断题、辨析题、简答题、论述题、材料分析题等形式考查。本章的考向分析如下：

考点名称	常考题型	能力层级	考查热度
学习动机的种类	单选、填空、判断	识记、理解	★★
学习动机与学习效果的关系	单选、填空、简答	识记	★★★
成就动机理论	单选	识记	★★
归因理论	单选、判断、辨析、论述、材料分析	识记、理解、运用	★★★
自我效能感理论	单选、判断、简答、论述	识记	★★
自我价值感理论	单选、简答、材料分析	识记、运用	★★

核心考点

第一节　学习动机概述

一、学习动机的概念

学习动机是指激发个体进行学习活动，维持已引起的学习活动，并使行为朝向一定学习目标的一种内在过程或内部心理状态。学习动机是直接推动学生进行学习的内部动力。一个学生是否想要学习、学习的努力程度、积极性、主动性等都与学习动机有关。

学习动机的两个基本成分是学习需要与学习期待，两者相互作用形成学习的动机系统。

二、学习动机的种类【单选、填空、判断】★★

1. 内部学习动机和外部学习动机

按学习动机产生的诱因来源，可分为内部学习动机和外部学习动机。

内部学习动机是指诱因来自学习者本身的内在因素，即学生因对活动本身发生兴趣而产生的动机。具有内部动机的学生，活动本身就能使其得到满足，无需外力的作用（如报酬和奖赏），也能产生荣誉感。

外部学习动机是指诱因来自学习者外部的某种因素，即在学习活动以外由外部的诱因激发出来的学习动机。

真题面对面

1. [2022宁波，单选]红红对画画感兴趣而努力学习画画；梦梦为了得到英语老师的夸奖而努力学习英语。红红和梦梦的学习动机分别是（　　）

A. 内部动机　外部动机　　B. 内部动机　内部动机

C. 外部动机　内部动机　　D. 外部动机　外部动机

2. [2021金华,单选]明知没有回报,小明还是坚持每周日下午去公园捡垃圾来保护环境,这体现的是(　　)

A. 自我提高内驱力　B. 附属内驱力　C. 内部动机　D. 外部动机

答案:1. A　2. C

2. 认知内驱力、自我提高内驱力和附属内驱力 必背

根据学校情境中的学业成就动机的不同,**奥苏伯尔**等人把动机分为认知内驱力、自我提高内驱力和附属内驱力三个方面。

认知内驱力是指要求了解、理解和掌握知识以及解决问题的需要。一般来说,这种内驱力大多是从好奇倾向中派生出来的。但个体的这些好奇倾向或心理素质最初只是潜在的而非真实的动机,还没有特定的内容和方向,只有通过个体在实践中不断取得成功才能真正表现出来,并获得特定的方向。在有意义学习中,认知内驱力是最重要而且稳定的动机。这种动机指向学习任务本身(为了获得知识),满足这种动机的奖励(知识的实际获得)是由学习本身提供的,属于内部动机。

自我提高内驱力是指个体因自己的胜任或工作能力而赢得相应地位的需要。自我提高内驱力并非直接指向学习任务本身,而是把成就看作赢得地位与自尊心的根源,属于外部动机。

附属内驱力是指个体为了获得长者们(如家长、教师)的赞许或认可而表现出把工作、学习做好的一种需要。它既不直接指向学习任务本身,也不把学业成就看作赢得地位的手段,而是为了从长者那里获得赞许和接纳。附属内驱力是一种间接的学习需要,属于外部动机。

认知内驱力、自我提高内驱力和附属内驱力在动机结构中所占的比重并非一成不变,通常是随着年龄、性别、个性特征、社会地位和文化背景等因素的变化而变化。在儿童早期,附属内驱力最为突出,他们努力获得学业成就,主要是为了实现家长的期待,并得到家长的赞许。到了儿童后期和少年期,附属内驱力的强度有所减弱,来自同伴、集体的赞许和认可逐渐替代了对长者的依附。在这期间,赢得同伴的赞许就成为一个强有力的动机因素。而到了青年期,认知内驱力和自我提高内驱力成为学生学习的主要动机,学生学习的目的在于满足自己的求知需要,并从中获得相应的地位和威望。

认知内驱力

自我提高内驱力

附属内驱力

真题面对面

1. [2020丽水,填空]奥苏伯尔等人把动机分为＿＿＿＿＿＿、自我提高内驱力和附属内驱力。

2. [2021宁波,判断]奥苏伯尔认为学习动机可以分为三种,认知内驱力属于内部动机,自我提高内驱力和附属内驱力属于外部动机。(　　)

答案:1. 认知内驱力　2. √

三、学习动机对学习的作用

学习动机是学习活动顺利进行的支持性条件。学习动机对学习的作用可表现在两个方面：影响学习过程和影响学习效果。

考点1 学习动机对学习过程的影响 【单选】 ★

学习动机对学习过程的影响主要表现在：学习动机对学习行为有引发、定向、维持和调节作用。

1. 引发作用

当学生对于某些知识或技能产生迫切的学习需要时，就会引发学习内驱力，唤起内部的激动状态，产生焦急、渴求等心理体验，并激发起一定的学习行为。

2. 定向作用

学习动机以学习需要和学习期待为出发点，使学生的学习行为在初始状态时就指向一定的学习目标，并推动学生为达到这一目标而努力学习。

3. 维持作用

学习动机促使学生能在长时间的学习活动中保持认真的态度，坚持把学习任务胜利完成。在学习过程中，学生的学习是认真还是马虎，是勤奋还是懒惰，是持之以恒还是半途而废，在很大程度上取决于学习动机的水平。美国心理学家阿特金森在全面探讨了有关动机研究的文献后，发现了一个较为普遍的规律：完成某项具体学习任务所需要的时间与对该项任务的动机水平成正相关。由此可见，学习动机水平高的学生能在长时间的学习活动中保持认真的态度和坚持把学习任务胜利完成的毅力，而学习动机水平低的学生则缺乏学习行为的稳定性和持久性。

4. 调节作用

学习动机调节学习行为的强度、时间和方向。如果行为活动未达到既定目标，动机还将驱使学生转换行为活动方向以达到既定目标。

真题面对面

[2022温州，单选]小莲在路上遇到一位外国人向她问路，她吭吭哧哧解释了半天还是没能让对方明白怎么走，于是小莲产生了羞耻感，报名参加培训班，学习外语口语。这体现了学习动机的(　　)作用。

A. 维持　　B. 定向　　C. 引发　　D. 调节

答案：C

考点2 学习动机与学习效果的关系 【单选、填空、简答】 ★★★

1. 学习动机对学习效果的影响

学习动机对学习效果的影响可分为两个方面：一方面是总体上整个动机水平对整个学习活动的影响；另一方面是具体的学习活动中学习动机对学习效果的影响。

(1)总体而言，在一般情况下，学习动机与学习效果的关系是一致的。学习动机越强，有机体对学习活动的积极性就越高，学习效果就越佳，表现为学习动机可以促进学习，提高成绩。

学习动机是影响学习行为、提高学习效果的一个重要因素，但却不是决定学习活动的唯一条件。在学习中，激发学习动机固然是重要的，但应当把改善各种主客观条件以提高学习行为水平作为重点来抓。

(2)对一项具体的学习活动而言,学习动机与学习效果的关系并不是那么简单。只有当学习动机的强度处于最佳水平时,才能产生最好的学习效果。

“耶克斯—多德森定律”表明,动机不足或过分强烈都会影响学习效果。①动机的最佳水平随着任务性质的不同而不同。在比较容易的任务中,行为效果(工作效率)随着动机的提高而上升;随着任务难度的增加,动机的最佳水平有逐渐下降的趋势。②一般来讲,最佳水平为中等强度的动机。③动机水平与行为效果呈倒U型曲线。

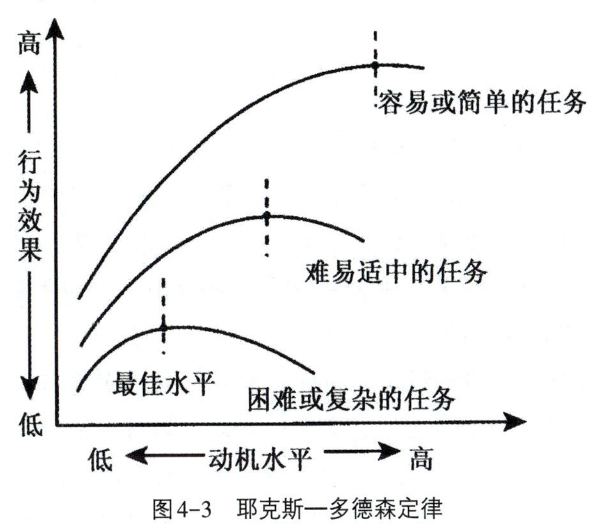

图4-3 耶克斯—多德森定律

2. 学习效果对学习动机的影响

学习效果反作用于学习动机。所学知识的增多,学习成就的取得可以进一步激发学生的好奇心、求知欲,进一步提高学生的自信心等,从而增强学生进一步学习的学习动机。教师在强调动机对学习的重要作用的同时,也应该看到所学的知识反过来又可以增强学习的动机。对于那些尚无学习动机或者学习动机不强的学生,尤其是年龄较小的学生,教师没有必要推迟学习活动。教学的最好办法是,把重点放在学习的认知方面而不是动机方面,致力于有效地教他们掌握有关知识,让他们获得成功的体验。学生尝到了学习的乐趣,就有可能产生或者增强其学习的动机。

真题面对面

1. [2020丽水,填空]耶克斯—多德森定律中,动机水平和行为效果呈__________曲线。
2. [2022金华/诸暨,简答]简述耶克斯—多德森定律的内容。

答案:1. 倒U型 2. 详见内文

考点大默写

1. 学习动机的两个基本成分是学习需要和__________。
2. 按学习动机产生的诱因来源,学习动机可分为__________学习动机和__________学习动机。
3. 很多科学家都在自己的研究领域内进行不懈的探索,根据奥苏伯尔的观点,他们的动机主要为__________。
4. 学生在学习过程中,是持之以恒,还是半途而废,在很大程度上取决于学生的学习动机水平。这表明学习动机具有__________作用。

5. 著名的“耶克斯—多德森定律”指出了动机的最佳水平应是＿＿＿＿＿程度的激活或唤起，此时对学习具有最佳的效果。

【参考答案】

1. 学习期待　2. 内部　外部　3. 认知内驱力　4. 维持　5. 中等

第二节　学习动机理论

一、强化动机理论

学习动机的强化理论是由联结主义心理学家提出来的，他们不仅用强化来解释学习的发生，而且用它来解释动机的产生。在他们看来，人的某种学习行为倾向完全取决于先前的这种学习行为与刺激因强化而建立起来的稳固联系，强化可以使人在学习过程中增强某种反应发生的可能性。按照这种观点，任何学习行为都是为了获得某种报偿。因此，在学习活动中，采取各种外部手段如奖赏、赞扬、评分、竞赛等，可以激发学生的学习动机，引起其相应的学习行为。

一般来说，正强化和负强化都起着增强学习动机的作用，如适当的表扬与奖励、获得优秀成绩、取消讨厌的频繁考试等便是正强化或负强化的手段。惩罚则一般起着削弱学习动机的作用，但有时也可使一个人在失败中重新振作起来，如频繁的惩罚、考试不及格等便是惩罚的手段。在学习中如能合理地增强正强化，利用负强化，减少惩罚，将有助于提高学生的学习动机水平，改善他们的学习行为及其结果。

二、成就动机理论　【单选】　★★

考点1　基本观点

成就动机理论的主要代表人物是**阿特金森**。他认为**成就动机**是指个体努力克服障碍，施展才能，力求又快又好地解决某一问题的愿望或趋势。它是人类所独有的，是后天获得的具有社会意义的动机。在学习活动中，成就动机是一种主要的学习动机。

阿特金森把个体的成就动机分为两类：力求成功的动机和避免失败的动机。**力求成功者**的目的是获取成就，即通过各种活动努力提高自尊心和获得心理上的满足，成功概率为50%的任务是他们最有可能选择的。**避免失败者**则往往通过各种活动防止自尊心受伤害和产生心理烦恼，倾向于选择非常容易或非常困难的任务。如果成功的概率大约是50%时，他们会回避这项任务。

考点2　成就动机理论的教育启示

(1)在教育实践中对力求成功者，应通过给予新颖且有一定难度的任务，安排竞争的情境，严格评定分数等方式来激发其学习动机；

(2)对于避免失败者，则要安排少竞争或竞争性不强的情境，如果取得成功则要及时表扬并给予强化，评定分数时要求稍稍放宽些，并尽量避免在公共场合下指责其错误；

(3)由于力求成功者的动机比避免失败者的动机具有更大的主动性，因此，对学生还应增加他们力求成功的成分，使他们不以避免失败为满足，而以获取成功为快乐，这样才能真正调动一个人的积极性。

三、归因理论　【单选、判断、辨析、论述、材料分析】　★★★

考点1　基本观点

归因是人们对自己或他人活动及其结果的原因所做的解释和评价。在学习和工作当中，人人都会体验到成功与失败，同时还会去寻找成功与失败的原因，这就是对行为进行归因的过程。人们会把成败归结为不同的原因，并产生与之相应的心理变化，从而影响今后的行为。

归因理论是由社会心理学家**海德**首先提出来的。后来，罗特对归因理论进行了发展，提出了控制点的概念，并依据控制点把个体分为“内控型”和“外控型”。**内控型**的人认为自己可以控制周围的环境，无论成功还是失败，都是由自己的能力或努力等内部因素造成的，他们乐于对自己的行为负责；**外控型**的人则感到自己无法控制周围的环境，无论成败都归因为他人的影响或运气等外在因素，他们往往对自己的行为不愿承担责任。

在海德和罗特研究的基础上，美国心理学家**韦纳**对行为结果的归因进行了系统的研究。他把人经历过事情的成败归结为六种原因：能力、努力程度、工作难度、运气、身心状况、外界环境。又把上述六项因素按各自的性质，分别归入三个维度：内部归因和外部归因、稳定性归因和非稳定性归因、可控制归因和不可控制归因。

表4-7　韦纳成败归因理论中的六因素与三维度

维度 因素	成败归因维度					
	稳定性		因素来源（控制点）		可控制性	
	稳定	不稳定	内部	外部	可控制	不可控制
能力	√		√			√
努力程度		√	√		√	
工作难度	√			√		√
运气		√		√		√
身心状况		√	√			√
外界环境		√		√		√

努力

能力

难度

运气

韦纳认为，每一维度对动机都有重要的影响。控制点维度与个体成败的情绪体验有关。稳定性维度与个体对未来成败的期望有关。可控性维度既与情绪体验有关，又与对未来成败的预期有关。

一个总是失败并把失败归于内部的、稳定的和不可控的因素（即能力低）的学生会形成一种习得性无助的自我感觉。**习得性无助**是当个体感到无论做什么事情都不会对自己的重要生活事件产生影响时所体验到的一种抑郁状态。

真题面对面

1. [2022宁波，判断]小王的学习成绩很差，他认为是自己不够努力。小王的归因方式是不可控的。（　　）

2. [2022金华,辨析]将成败归因于外部、不稳定、不可控的因素是最糟糕的归因方式。

答案:1. × 2. (1)这种说法是不正确的。(2)韦纳把人经历过事情的成败归结为六种原因:能力、努力程度、工作难度、运气、身心状况、外界环境。又把上述六项因素按各自的性质,分别归入三个维度:内部归因和外部归因、稳定性归因和非稳定性归因、可控制归因和不可控制归因。其中,运气和外界环境属于外部、不稳定、不可控的因素,这种归因可能会导致个体产生侥幸心理、动力不足。但将失败归因于内部、稳定和不可控因素时,将产生习得性无助感,这是个体归因中最糟糕的一种。故题干说法不正确。

考点2 帮助学生正确归因以提高其学习成绩

韦纳的归因理论在教育上具有重要意义:

(1)教师根据学生的自我归因可预测其此后的学习动机。学生自我归因虽未必正确,但却是重要的。因为归因促使学生在从了解自己到认识别人的过程中,建立起明确的自我概念,促进自身的成长。而如果学生有不正确的归因,则更表明他们需要教师的辅导与帮助。

(2)长期消极的归因不利于学生的人格成长,这就需要教师利用反馈的作用,并在反馈中给予鼓励和支持,帮助学生正确归因,重塑自信。韦纳发现,在师生交互作用的教学过程中,学生对自己成败的归因,并非完全以其考试分数的高低为基础,而是受到教师对他的成绩表现所做反馈的影响。

(3)通过归因训练改变学生消极的自我认识,提高学习动机。当个体将成功归因于能力和努力等内部因素时,会产生骄傲、自豪感,增强自信心和动机水平;将成功归因于任务容易、运气好、别人帮助等外部原因时,则满意感较少。当个体将失败归因于能力弱、不努力等内部原因时,会产生愧疚感;将失败归因于任务太难、运气不好或教师评分不公正等外部原因时,则较少产生愧疚感。无论成败,归因于努力比归因于能力会产生更强烈的情绪体验。努力而成功会让人感到愉快,努力而失败的人也应受到鼓励,不努力而失败会让人感到愧疚。因此,教师在给予奖励时,不仅要考虑学生的学习结果,而且要联系学生学习进步与努力程度的状况来看,强调内部、稳定和可控制的因素。在学生付出同样努力时,对能力低的学生应给予更多的奖励;对能力低而努力的人给予最高评价;对能力高而不努力的人则给予最低评价,以此引导学生进行正确归因。

真题面对面

1. [2021温州,单选]韦纳将导致成败的六项因素归入三个维度,而长期消极归因不利于学生成长。当学生在考试中取得不理想成绩时,教师应给予怎样的归因是最合适的( )

A. 该生能力不足　B. 该生运气不好　C. 考试太难　D. 该生不够努力

2. [2023金华,论述]论述韦纳归因理论的启示。

答案:1. D 2. 详见内文

四、自我效能感理论 【单选、判断、简答、论述】 ★★

考点1 自我效能感的内涵

自我效能感由班杜拉首次提出,是指人对自己能否成功从事某一成就行为的主观判断。班杜拉指出,人的行为受行为的结果因素与先行因素的影响。行为的结果因素是人们通常所说的强化。行为的先行因素就是人在认识到行为与强化之间的依随关系之后产生的对下一步强化的期待。期待包括结果期待和效能期待。**结果期待**是指人对自己的某一行为会导致某一结果的推测。**效能期待**是指人对自己能够进行某一行为的能力的推测或判断，它意味着人是否确信自己能够成功地进行带来某一结果的行为。当个体确信自己有能力进行某一活动，他就会产生高度的“自我效能感”，并努力实施该活动。

真题面对面

[2022绍兴，单选]“人们对自己是否能够成功地从事某一成就行为的主观判断”被称为（　　）

A. 自我期待　　B. 自我价值感　　C. 自我效能感　　D. 自我认同

答案：C

考点2　自我效能感的作用

（1）决定人们对活动的选择，以及对活动的坚持性。自我效能感水平高者倾向于选择富有挑战性的任务，在困难面前能坚持自己的行为；而自我效能感水平低者则相反。

（2）影响人们在困难面前的态度。自我效能感水平高者敢于面对困难，富有自信心，相信通过坚持不懈的努力可以克服困难；而自我效能感水平低者在困难面前则缺乏自信，畏首畏尾，不敢尝试。

（3）自我效能感不仅影响新行为的习得，而且影响已习得行为的表现。

（4）自我效能感还会影响活动时的情绪。自我效能感高者活动时信心十足，情绪饱满；而自我效能感低者则充满恐惧和焦虑。

考点3　自我效能感的影响因素

（1）**个人自身行为的成败经验（直接经验）**。这一效能信息源对自我效能感的影响最大。一般来说，成功经验会提高效能期望，反复的失败会降低效能感。当然，成败经验对效能期望的影响还要取决于个体对成败的归因方式。如果把成功归于外部、不可控的因素就不会增强自我效能感；把失败归于外部、不可控的因素也不一定就降低自我效能感。因此个体的归因方式直接影响自我效能感的形成。

（2）**替代经验**。个体的许多效能期望是来源于对他人的观察，如果看到一个与自己一样或不如自己的人成功，自己的效能感就会提高。

（3）**言语说服**。它是凭借说服性的建议、劝告、解释和自我引导，来改变人们自我效能感的一种方法。它使用简便，是一种极为常用的方法。但依靠这种方法形成的自我效能感不易持久，一旦面临令人困惑或困难的情境时，就会迅速消失。

（4）**情绪唤醒**。班杜拉发现，高水平的情绪唤醒使成绩降低而影响自我效能感。

值得指出的是，上述四种因素对效能期望的作用依赖于个体的认知和评价，人要对与能力有关的因素和非能力因素对成败的作用加以权衡。

真题面对面

[2022宁波，判断]通过言语说服而产生的自我效能感不容易持久，往往在面对困难时会迅速消退。（　　）

答案：√

考点4　增强学生的自我效能感

自我效能感与成就行为是相互促进的，在学校中，要注意从以下几个方面去增强学生的自我效能感。

1. 让学生更多地体验到成功

行为的成败经验，对效能感的影响是最大的。成功的经验会提高人的自我效能感，多次失败的经验会降低人的自我效能感。因此，教师在学校中要让学生产生更多的成功体验，要善于给学生提供难度适中的学习任务和要求。

学生对行为成败的归因方式，也会影响自我效能感，教师应注意引导学生进行积极的归因，即把成功与努力和能力相联系，将失败与努力不足相联系，从而增强学生的自我效能感。

2. 为学生提供适当的榜样

教师在提供榜样时，一是要给学生提供信息，使学生从榜样的示范中学习到有效地解决问题的方法和策略；二是要给学生提供比较标准，使学生通过与榜样的比较，获得判断自身效能的信息。因此，教师要注意给学生提供不同层次的榜样，使不同层次的学生都能找到适合自己的榜样，增强自我效能感。在学校中要特别注意的是，不给学生提供过高的榜样，这种榜样对大多数学生都不具备学习的可行性，降低了自我效能感，对学生的行为影响甚微。

3. 恰当地运用外部强化

不论是直接强化，还是间接强化，恰当地使用都能够促进学生对自身能力的认知，增强自我效能感。教师要对学生提出适当的目标，推动学生向难度适中的学习任务挑战，努力学习并掌握新的知识和技能，取得成功，从而产生自我效能感。对于学生的进步，教师要及时给以强化，这样有利于使学生学会判断自己能力的提高，增强自我效能感。

4. 使学生学会自我强化

自我强化是人根据自己设立的标准来评价自己的行为时，以自己能支配的强化去增强和维持自己达到标准的行为。教师要通过示范教导等方式使学生学会确立合适的目标和根据自己的能力与目标来评价自己，对自己的行为进行检查、评价。教师可以通过让学生一步一步地设立较近的目标的方法使学生逐步学会确立适当的目标。因为接近的目标能够很快得到结果，有助于使学生进行自我评价，同时也容易成功，增强学生的自我效能感。

真题面对面

[2023绍兴，论述]根据班杜拉的自我效能感理论，试述教师如何增强学生的自我效能感。

答案：详见内文

五、需要层次理论

人本主义心理学家马斯洛认为，要揭示动机的本质，必须关注人的需要。他把需要区分为一些基本的层次，对这些需要层次进行研究，从整体上把握动机的实质。虽然马斯洛的需要层次理论本身没有直接的教育意义，马斯洛也并未直接研究学习动机问题，但是需要层次理论却对教育、教学、学习等产生了间接的影响。需要层次理论说明，在某种程度上学生缺乏学习动机可能是由某种缺失性需要没有得到充分满足而引起的。

(1)教师发现学生行为异常时，要了解学生的日常状况，看其低级的生理需要是否得到满足。

(2)个体要有一个有秩序、规范的生活环境和生活方式，这是一种生存的需要，是在生理的需要得到满足以后产生的。生理需要和安全需要虽然并不直接推动学习，却是保证学生进行有效学习的前提条件。这两种需要得不到满足，不仅学习活动无法进行，而且会导致学生出现身心疾病。

(3)归属与爱的需要是学生交往的动力，在学校环境中，师生交往、同伴交往既是学习的条件，也是学习的内容。教师和家长要尽可能地给学生以爱，要创造一个良好和善的学习环境；要重视师生之间的交互作用，要让学生在集体中受到欢迎和接纳，得到友情，尽可能使学生不遭到拒绝或排斥。

(4)尊重需要是推动学生学习的重要动力，学生具有好胜心、求成欲、自尊的动机和避免失败的心愿，因此，教师要很好地利用这一特点，要使学生有成功和获得赞许的机会，使他们从中获得成功的体验，同时要重视和珍惜他们的每一点进步和每一次成功。

(5)求知需要就是学习动机，审美需要在很大程度上也是学习动机，它们推动人去求真、求善、求美。

(6)自我实现的需要推动人发挥自己的潜能，是学校教育应该重点加以培养的。培养自我实现的人在学习上至关重要，同时也是教育的主要目标。

六、自我价值感理论 【单选、简答、材料分析】 ★★

自我价值感理论

自我价值感理论是由美国教育心理学家科文顿提出的。该理论是在成就动机理论的基础上，结合了自我效能感理论及归因理论而形成的。该理论的独特之处在于着眼于“为什么有些学生不愿意学习”的问题，从学习动机的负面来对前人的理论进行补充与发展。

考点 1　自我价值感理论的基本思想

1. 自我价值感是个人追求成功的内在动力

能力、成功、自我价值感三者形成连锁因果关系：有能力的人容易成功，成功的经验又给人以自我价值感。多次经历之后，对自我价值感的追求自然就成了个人追求成功的内在动机。因此，有些学生在学校努力学习，对学习有着极高的积极性，其内在的原因是他渴望通过努力学习，取得学业成功，从而提升他的自我价值感。

2. 学生倾向于把成功看作能力的显现，而不是努力的结果

科文顿在研究中发现：成功的学生大多将自己的成功归因于自己的能力(即能力归因)，而不承认是自己努力的结果(即努力归因)，因为能力归因比努力归因更能让人产生自我价值感。

3. 追求成功的需要不能满足时，学生倾向于回避失败，以维持自我价值感

在竞争激烈的学校生活中，永远成功者毕竟是少数，这样许多学生在长期追求成功又得不到成功的情况下，要维持自我价值感，同时又不承认能力低下，就只有不努力，用逃避失败来维持自我价值。

4. 学生对能力与努力的归因倾向随着年级的升高而变化

一般来讲，随着年龄的增长，学生会将能力看得越来越重要，而轻视努力的作用，因此学习动机的水平随年龄的增长而下降。

考点 2　自我价值感理论的四象限动机模型

自我价值感理论将动机类型划分为四种，与之相应地将学生划分为四种：

(1)**高驱低避型**。高驱低避型又称为“成功定向者”。这种动机类型的学生拥有无穷的好奇心，表现得自信、机智，对学习有极高的自我卷入水平。他们通过不断地刻苦努力发展自我，通常这些学生的学习超越了对能力状况和失败状况的考虑，对他们而言，学习本身具有价值，学习本身就是一种奖励。他们超脱于教学环境，学习行为根本不用依赖于外界的刺激，可适应任何一种教学条件。

(2)**低驱高避型**。低驱高避型又称为“逃避失败者”。对于这类学生，逃避失败要比对成功的期望重要。他们表面看来没有学习的动机，但其实他们有强烈的对失败的恐惧，面对没有把握成功的任务时，他们的这种恐惧会十分强烈,而必须采用逃避的手段。但是他们可能不会真的放弃参加任务或者辍学,更多的是在心理上采用防御措施,比如尽量降低该任务的重要性等。

(3)**高驱高避型**。高驱高避型又称为"过度努力者"。具有这种动机形式的人同时受到成功的诱惑和失败的恐惧,他们对一项任务怀有既追求又排斥的冲突情绪,他们兼具了成功定向者和避免失败者的特点。对他们而言,焦虑引起并加强了对学习的注意。他们采取的防御方式是用取得成功来避免失败。

这类学生通常学习努力、聪明能干,对于大部分没有挑战性的作业和功课,他们会自己提出更高的要求和目标,以赢得老师额外的奖励。表面看他们很好,但事实上他们受着紧张、冲突的严重困扰。追求成功同时又要掩饰自己的努力,他们中就出现了一种"隐讳努力"的现象。他们在同学中尽量表现得贪玩、不在乎考试,但私下里却偷偷努力,拼命学习。这样,成功时,他们的成绩更有价值,更能说明他们的能力过人;即使失败,也可以为自己的失利找到很好的理由,不会被认为无能。

(4)**低驱低避型**。低驱低避型又称为"失败接受者"。他们没有对成功自豪的期望,也没有对羞耻感的恐惧。他们内心很少有冲突,同时学习的机会和时间也非常有限。他们放弃了通过能力的获得来保持其身份地位的努力。这些学生在面临学业挑战时表现出退缩、对成就漠不关心,这种不关心意味着放弃,这样也就防止了对自己无能的评价。

考点 3　自我价值感理论的教育意义

科文顿的自我价值感理论很好地解释了一部分学生智力水平较高,但就是不愿意努力学习的原因:维持自我价值感,避免因努力但并没有成功而带来的自我价值感的丧失。此外,该理论还给教育者提出一点启示:在引导学生进行积极归因时,应强调和突出努力的价值,引导学生认识到努力作为一种品质是非常可贵的,尤其是坚持不懈、持之以恒的努力并非易事,引导学生正确理解努力在个人成功中的作用,从而培养学生的努力归因而不能简单和错误地认为"既然笨鸟先飞,那么先飞的必是笨鸟"。

真题面对面

1. [2022 台州,单选]根据科文顿的自我价值感理论,下列哪项属于"高驱低避型"学生的典型特征(　　)

A. 对学习有极高的自我卷入水平　　B. 对成功没有期望,对失败没有恐惧

C. 对学习任务有既追求又排斥的情绪　　D. 对失败的逃避重于对成功的期望

2. [2021 金华,简答]简述自我价值感理论的基本思想。

答案:1. A　2. 详见内文

★★ 考点大默写 ★★

1. 阿特金森认为,个体的成就动机中含有两种成分:__________的倾向和__________的倾向。
2. 根据阿特金森的成就动机理论,__________者倾向于选择成功概率为 50% 的任务。
3. 小贺在某次考试中考到了班级第一名,她认为这次能考这么好主要是因为运气好,很多不会做的题目都蒙对了。根据韦纳的归因理论,这属于外部的、__________、不可控的归因。
4. 在韦纳的归因理论中,__________因素属于可控的归因。
5. 一个总是失败并把失败归于内部的、稳定的和不可控的因素的学生会形成一种__________的自我感觉。

6. 根据班杜拉的自我效能感理论，__________期待是指人对自己能够进行某一行为的能力的推测或判断。
7. 班杜拉认为，个人自身行为的__________经验对自我效能感的影响最大。
8. 自我价值感理论是由美国教育心理学家__________提出来的。
9. 根据自我价值理论，__________型的学生往往兼具了成功定向者和避免失败者的特点。

【参考答案】

1. 力求成功　避免失败　2. 力求成功　3. 不稳定的　4. 努力程度　5. 习得性无助　6. 效能　7. 成败　8. 科文顿　9. 高驱高避

第三节　运用学习动机理论激发学生学习动机

激发学生的学习动机，是指通过有效的教学措施使动机由潜在状态变为激活状态。我们认为每个学生都有学习动机，关键是如何把这种潜在的状态激活并引导到相应的学习活动中。各种学习动机理论为我们提供了多种认识学习动机的角度，也为我们激发学习动机提供了多方面的具体措施。下面我们将根据这些理论，对激发学习动机的具体措施加以总结。

一、增加学习的趣味性，激发学生的内在动机

1. 增加学习内容的趣味性

选择容易令人产生兴趣的内容作为教学内容可以有效激发学生学习的内部动机。那么什么样的内容可以使学生感兴趣呢？大致可以概括为四类：(1)本身充满趣味性的内容，如精彩的故事，幽默、妙趣横生的例子等；(2)学生熟悉和关心的内容；(3)学生认为重要的和有价值的内容；(4)能激发学生认知冲突的内容。

2. 增加学习方式的趣味性

除增加学习内容的趣味性以外，教师还可以通过增加学习方式的趣味性来激发学生的学习兴趣，提高其学习的内部动机。学生喜欢的学习方式多种多样，下面介绍几种常用的方法。

(1)实验演示。尤其是通过实验演示引发学生的认知冲突，往往可以起到很好的提高动机的作用。格思里和科克斯的研究发现，通过科学活动，让学生有实际的体验，有助于学生对书本上相关主题的学习，使之具有更强的学习动机。

(2)游戏。实践表明，学生对游戏总是充满兴趣的，无论什么学科什么年级，似乎都可以找到适合学生的游戏。

(3)模拟。模拟或角色表演是让学生承担某种角色，并从事与角色相适应的活动。模拟能提高学生的学习兴趣、动机和情感。

总之，要使学生对学习充满热情，具有较强的动机，增加学习内容和学习方式的趣味性是非常重要和有效的。

二、运用强化动机理论给予学生积极的反馈

教师对学生的反馈包括教师对学生所做出的一切反应，在这里，可以把反馈看作“关于某人努力结果的信息”。教师的反馈不仅直接影响学生行为的形成，还影响学生的归因。给予学生合理的反馈应注意以下几个方面的问题。

1. 反馈要明确、适当

要使反馈成为一个有效的激励因素，它必须是明确的。研究表明，具体的反馈兼具信息性和激发性，尤其当教师的反馈是有意识地引导学生进行努力归因时，反馈的激励效果会更好。

另外，在具体的同时，反馈还要适当。这里的适当是指给予的反馈一定要适量、适度，要最有利于提高学生的学习动机。

(1)物质奖励不宜过多。通过强化增加学习行为并不总是有效的，当强化以物质奖励为主时，就有可能削弱学生原有的内部动机。**德西效应**就是一个很好的例子。

心理学家德西在1971年做了一项实验，以大学生为被试，实验任务是解答有趣的智力难题。一开始所有的大学生都没有报酬。第二个阶段，A组的大学生每完成一个难题可得到一美元的报酬，B组没有报酬。最后在两组学生自由活动或休息时间里进行观察，发现这样一个问题：在自由活动时，受到奖励的那组学生只有少数人继续自觉地解答问题，未受到奖励的那组学生却有更多的人在继续解答未解答出的智力难题。该实验说明，外部的物质奖励降低了学生原有的内部动机。所以，教师应该重视如何适度使用物质奖励的问题。

(2)表扬要恰如其分。对于学生的成功表现，教师的表扬不要夸张，要真诚。如果对学生一个较小的成功给予过度的表扬，反而有可能导致学生的消极归因。

(3)表扬和批评要因地制宜、因人而异。研究发现，男生易受批评的影响，女生易受表扬的影响。对于学习成绩较差、自信心较低的同学，应以表扬为主，使其获得更多的成功机会，逐步树立起学习信心；对于成绩较好但有些自傲的学生，要提出更高要求，在表扬的同时指出其不足。总之，表扬和批评应该考虑学生的个别差异及时间、地点等因素，争取获得最佳的反馈效果。

2. 反馈要及时、经常

从时间的角度看，反馈还要注意及时和经常。如果在学生成功或失败之后很久才给予反馈，那么效果就会随时间的推移而下降。一方面，在延续了很长时间之后，学生很难将行为和反馈联系起来。另一方面，如果是对所犯的错误进行了延迟反馈，那么在获得反馈之前的很长一段时间里，学生就会持续犯这样的错误。

反馈还需要经常。根据行为主义理论，如果奖励的次数不够频繁，那么其效果就不大。频繁地给予小奖励比偶尔地给予大奖励更能促进学生的学习。

三、根据目标设置理论为学生设置合理有效的目标

目标设置理论认为，目标本身就具有激励作用，目标能把人的需要转化为动机，使人的行为朝着一定的方向努力，并将自己的行为结果与既定的目标相对照，及时进行调整和修正，从而实现目标。也就是说，目标可以激发学生的动机，提高学习效果。因此，教师在课堂教学中应该尽可能设置一个合理的能促进学生有效学习的目标，使学生在目标的指引下有目的且充满热情地学习。

设置目标首先要注意的问题是，教师提出的目标必须要明确、难度适中才可以达到相应的激励效果。其次，帮助学生设置目标。

心理学家就如何帮助学生设置目标提出了以下建议：

(1)尽可能让学生设置目标。

(2)如果学生自己不能设置目标，那么要引导学生与教师共同设置目标。

(3)使学生确信目标是可以达到的。

(4)一定要给学生向目标迈进的反馈。

四、根据自我效能感理论，努力使学生获得成功体验

成功体验可以增加学生的自我效能感，还有利于学生的积极归因，对提高学习动机非常重要。教师应尽可能创造条件给学生提供成功的机会，使他们获得更多的成功体验。具体做法可以分为两类：直接的方法就是为学生创造成功条件，让学生拥有真切的成功体验。比如，对学习成绩差的学生，教师可以提一些简单的问题，使他们在课堂上和其他学生一样有回答正确受到老师肯定的机会。间接的方法则是为学生树立成功的榜样。根据班杜拉的自我效能感理论，如果学生看到和他相似的同学获得了成功，他的自我效能感就会提高，从而愿意去尝试某些原本不敢尝试的任务，学习动机得到提高，同时也给自己增加了获得成功的机会。当然，除这些方法以外，教师还应帮助学生树立起“我能成功”的观念。

五、根据归因理论引导学生积极归因

很多时候，教师只能看到学生的行为结果，而不能了解其背后的归因方式。事实上，有些学生的失败很大程度上取决于消极的归因方式。如果能够改变不合理的归因，就有可能提高学生的自我效能感，促进学生努力学习，提高学习成绩。一般来讲，把成败都归因于努力的因素是一种相对积极的归因（在前文已作解释）。但是，要改变学生一直以来的归因方式却并非易事，需要进行归因训练。归因训练就是通过一定的训练程序，使学生掌握归因技能，有意识地进行归因，逐渐改变不良的归因模式，建立积极的归因模式，从而提高学习积极性。归因训练的步骤如下：

（1）了解学生的归因倾向；（2）让学生进行某种活动，并取得成败体验；（3）让学生对自己的成败进行归因；（4）引导学生进行积极的归因。

归因训练要注意的问题是：根据学生的具体情况引导正确归因。虽然很多研究者都认为，把成败归因于努力是相对积极的归因，但这并非放之四海而皆准的真理。每个学生的具体情况有所不同，应该寻找最适合该学生的归因方式，或者说，在不同的阶段，引导学生进行最有利于学习的归因。例如，有个非常自卑的学生，总是把成功归因于运气等外在因素。对他而言，首先引导他把成功归因于能力是很重要的，在此基础上再引导他把成功归因于努力。再比如，有些学生实际上已经很努力了，但由于学习方法等方面存在问题，学习仍然失败。如果再让他把失败归因于没有努力，一方面学生自己难以接受，另一方面即使他接受了，继续努力也不会有好的学习效果。这时就要引导学生寻找方法的因素，同时把归因训练和学习方法的指导结合起来进行。

六、根据需要层次理论满足学生的缺失需要

人本主义动机理论对教学的一个重要启发就是，从完整的人的角度来理解学生的学习动机。如果学生的缺失需要没有得到满足，就不可能产生更高级的成长需要。而上述策略似乎都着眼于成长需要的满足，很少从学生的生理需要、安全需要、归属与爱的需要、尊重的需要等缺失需要的角度来考虑，而这类需要没有得到满足，势必难以培养以求知需要为基础的学习动机。试想，一个饥肠辘辘、成天担心被老师责骂及同学嘲笑的孩子如何有可能专心学习?

总之，学生的学习动机对其学习效果和学习成绩有重要影响，教师要根据学生的具体特点和具体情境，有意识地运用学习动机理论，有针对性地引导学生，激发其内在动机与外在动机，促进其自觉主动地学习。

考点大默写

1. ＿＿＿＿＿＿效应说明，外部的物质奖励降低了学生原有的内部动机。
2. 根据自我效能感理论，＿＿＿＿＿＿可以增加学生的自我效能感，还有利于学生的积极归因，对提高学习动机非常重要。
3. 根据需要层次理论，如果学生的＿＿＿＿＿＿没有得到满足，就不可能产生更高级的成长需要。

【参考答案】

1. 德西　2. 成功体验　3. 缺失需要

我于＿＿＿＿年＿＿月＿＿日完成了对本章的学习。

复盘一下，我对自己较肯定的地方是＿＿＿＿＿＿＿＿＿＿

（足够努力/心态积极/方法得当……）

我觉得自己需要改进的地方是＿＿＿＿＿＿＿＿＿＿

（懒惰懈怠/心情浮躁/方法不当……）

休息片刻，开启下一站征程！

第四章 教师心理

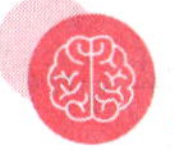

思维导图

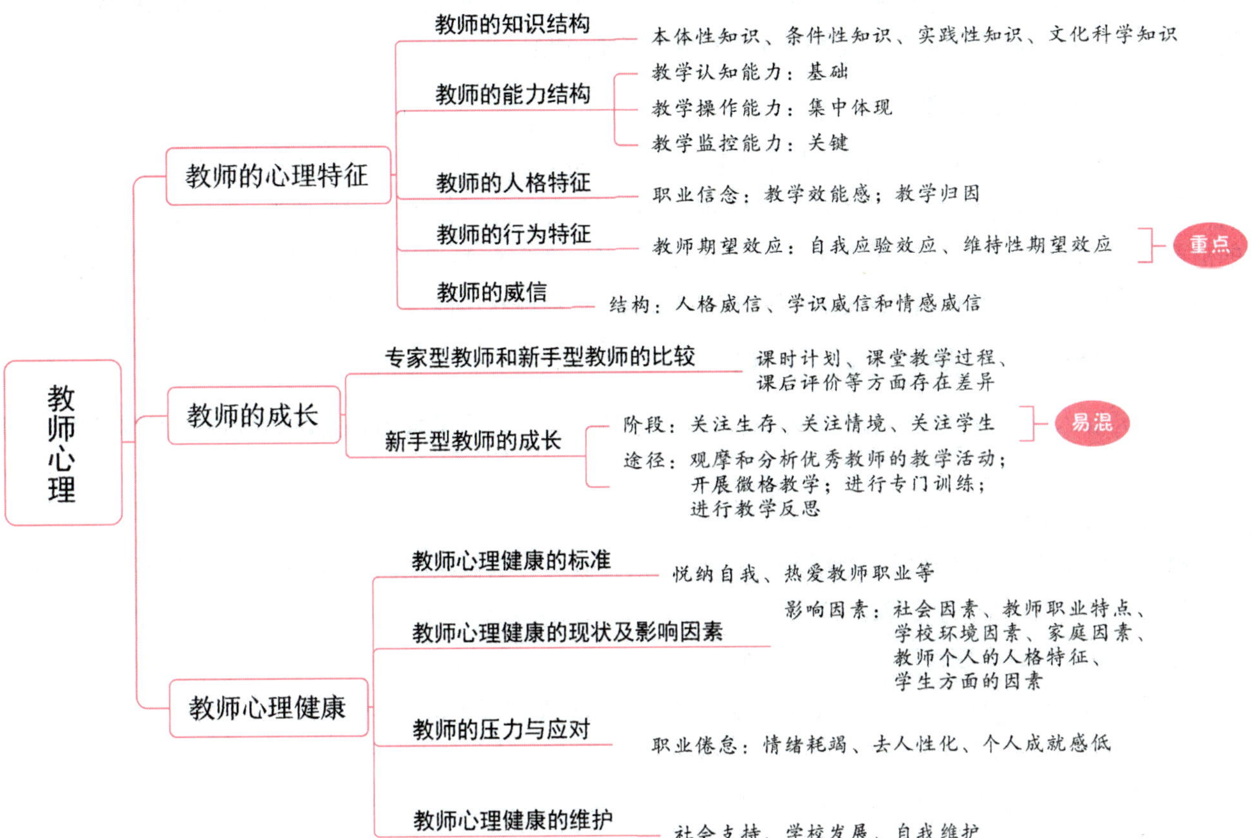

浙江考向

本章属于教育心理学的基础章节，也是宁波、温州、丽水、绍兴等地区的笔试频繁考查的章节，内容广泛、识记性知识多，在考试中常以选择题、判断题、论述题、材料分析题等形式考查。本章的考向分析如下：

考点名称	常考题型	能力层级	考查热度
教师的期望行为	单选、判断	识记	★★
教师成长的阶段	单选	识记	★★
教师的职业倦怠与干预	论述、材料分析	识记、运用	★★

核心考点

第一节　教师的心理特征

教师心理特征是指教师这一群体在教育教学过程中所表现出来的心理特征，通常包括认知特征、情感特征、个性特征、社会性特征等。由于这部分内容较多，不宜全面分析，这里主要就教师的知识结构、能力结构、人格特征、行为特征以及教师威信等方面内容作简要分析。

一、教师的知识结构

随着时代的发展和课程的改革，教学内容和教学培养目标不断更新，教师需要掌握的知识越来越多。教师不仅要扮演"传道授业解惑"的角色，更是教学活动的"组织者、设计者、合作者"。为了满足教学和工作的需要，教师需要不断地学习，不断更新自己的知识结构。教师的知识结构一般可分为四个方面：本体性知识（学科专业知识）、条件性知识（教学法等方面的知识）、实践性知识（教学经验）、文化科学知识。

二、教师的能力结构 【单选、简答】★

申继亮等人采用内隐理论的研究范式，对教师的教学能力进行了系列研究，把教师的教学能力分成以下几个方面：

1. 教学认知能力

教学认知能力是指教师对所教学科的定理、法则和概念等的概括化程度，以及对所教学生的心理特点和自己所使用的教学策略的理解程度。

教师的认知特征主要包括以下三个方面：

（1）观察力特征。善于观察学生是教师教育能力结构的基本要素。

（2）思维特征。思维能力是教师职业素养的重要标志。

（3）注意力特征。教师注意力的特点集中表现在注意分配能力上。

2. 教学操作能力

教学操作能力是指教师在教学中使用策略的水平，其水平高低主要看他们是如何引导学生掌握知识、积极思考、运用多种策略解决问题的，它是教师课堂教学能力的集中体现。

3. 教学监控能力

教学监控能力是指教师为了保证教学达到预期的目的而在教学的全过程中，将教学活动本身作为意识对象，不断对其进行积极主动的计划、检查、评价、反馈、控制和调节的能力。

在这个教学能力结构中，教学认知能力是**基础**，教学操作能力是教学能力的**集中体现**，而教学监控能力是**关键**。

三、教师的人格特征

教师具备了一定的知识和能力，其人格特征就成为影响学生的重要因素，教师优良的人格特征对学生健康人格的塑造有重要影响。教师的人格特征包含多方面的内容，如教师的职业信念、教师的性格特点和教师对学生的理解等。教师人格特征对学生的影响主要表现在：（1）影响着学生个性的发展；（2）影响着学生智力的发展；（3）影响着学生的学习成绩。

在教师的人格特征中，有两个重要特征对教学效果有显著影响：一是教师的热心和同情心；二是教师富于激励和想象的倾向性。在教师的激励下，学生的行为更富有建设性。

1. 职业信念

教师的职业信念是指教师对成为一个成熟的教育教学专业工作者的向往和追求，它为教师提供了奋斗的目标，是推动教师成长的巨大动力。有关职业信念的心理学研究主要集中在以下两个方面：

(1)教学效能感

教学效能感一般指教师对自己影响学生行为和学习结果的能力的一种主观判断。这种判断会影响教师对学生的期待和指导，从而影响教师的工作效率。

教学效能感又分两个部分：一般教学效能感和个人教学效能感。前者指教师对教与学的关系、教育在学生身心发展中的作用等问题的一般看法和判断；后者指教师认为自己能够有效地影响学生，相信自己具有教好学生的能力。

(2)教学归因(教师控制点)

教学归因是指教师对学生学习结果的原因的解释和推测，这种解释和推测所获得的观念必然会影响其自身的教学行为。一般来说，倾向于将原因归于外部因素的教师，往往会更多地将学生的学习结果归结于学生的能力、教学条件等因素，因而在其面对挫折时，就比较倾向于采取职业逃避策略，做出听之任之或者怨天尤人的消极反应。

2. 职业性格

有研究认为，优秀教师的性格品质的基本内核是“促进”，即对别人的行为有所帮助。教师的“促进”主要表现在三个方面：(1)理解学生；(2)与学生相处；(3)了解自己。

四、教师的行为特征

1. 教师的教学行为

教师的教学行为可以从以下六个方面来衡量：

(1)教师行为的明确性，即教师的教学行为是否正确；

(2)教学方法的多样性，即教师的教学方法是否灵活、多样，调动学生学习的积极性的手段是否有效；

(3)任务取向，即教师在课堂上的所有活动是否围绕教学任务而进行；

(4)富有启发性，即教师的课堂教学对学生能否启发得当；

(5)参与性，即在课堂教学过程中，班上的学生是否都能积极地参与到教学活动中去；

(6)及时评估教学效果，即教师能否及时掌握学生的学习状况和课堂中出现的问题，并据此调整自己的教学节奏和教学行为。

如果一个教师在教学中能做到这六个方面，那么其教学行为应是非常恰当的，教学效果也必然会好。

2. 教师的期望行为 【单选、判断】 ★★

教师期望效应也叫罗森塔尔效应或皮格马利翁效应，即教师的期望或明或暗地传递给学生，会使学生按照教师所期望的方向来塑造自己的行为。教师期望效应的发生，既取决于教师自身的因素，也取决于学生的人格特征、原有认知水平、归因风格和自我意识等心理因素。

教师期望效应有两类：第一类为**自我应验效应**，即由原先错误的期望引起并把这个错误的期望变成现实的行为。例如，某同学的父亲是著名的文学家，那他的老师很自然地认为他具有成为出色的作家的潜力，假设该学生文学天赋平平，但这个老师对其满腔热情，表达对其能力的十足信心，鼓励他经常练习，常常对其作业进行额外的批改。结果这种对待使他果真成为优秀的小作家。但如果老师不特别对待这位学生，结果就不会是这样，这就可看作自我应验效应。第二类是**维持性期望效应**，即老师认为学生将维持以前的发展模式，其问题在于，如果老师认可这种模式，那么他将很难注意和利用学生潜在能力的发展。例如，老师对后进生和优等生的不同期望，使得他很难关注后进生的进步，甚至对其进步持怀疑态度，认定他是在别人的帮助下甚至作弊得到的。这种期望维持甚至增大了优等生和后进生的差距。

真题面对面

[2022宁波，判断]教师期望效应有利于学生的发展，教师应当时刻保持对学生的期望。(　　)

答案：×

五、教师的威信 【材料分析】 ★

考点1　教师威信概述

1. 教师威信的概念

教师威信是指由教师的资历、声望、才能和品德等因素决定的，教师个人或群体在学生或社会中的影响力。教师威信实质上反映了一种良好的师生关系，是教师成功地扮演教育者角色、顺利完成教育使命的重要条件。

2. 教师威信的分类

教师威信有两种：一种是权力威信，另一种是信服威信。

权力威信是教师根据教育法律法规、学校规章制度、教育传统以及社会心理优势而建立起来的威信。

信服威信是由于教师良好的思想品德、教学能力、教学态度与民主作风而使学生自愿接受、内心佩服而树立起来的威信。教师应该树立信服威信，而不应该追求权力威信。

3. 教师威信的结构

教师威信主要包括人格威信、学识威信和情感威信三个方面的内容。

考点2　教师威信的形成与发展

1. 教师威信形成的过程

教师威信形成的过程，一般来说是由“不自觉威信”向“自觉威信”发展的。新教师在学生心目中是有一定吸引力的，是有一定威信的，但这种威信是短暂的“不自觉威信”。随着学生对教师德才方面的逐渐了解，师生之间情感的日益加深和融洽，教师的威信就由“不自觉威信”发展成为“自觉威信”，这才算是真正的威信。当然，教师必须经过不断的努力，“不自觉威信”才有可能发展为“自觉威信”，否则“不自觉威信”也可能逐渐消失。

2. 建立教师威信的途径

(1)培养自身良好的道德品质；(2)培养良好的认知能力和性格特征；(3)注重良好仪表、风度和行为习惯的养成；(4)给学生以良好的第一印象；(5)做学生的朋友与知己。

3. 教师威信的维护

(1)教师要有坦荡的胸怀、实事求是的态度；(2)教师要正确认识和合理运用自己的威信；(3)教师要有不断进取的敬业精神；(4)教师要言行一致，做学生的楷模。

★★ 考点大默写 ★★

1. ____________是指教师为了保证教学达到预期的目的而在教学的全过程中，将教学活动本身作为意识对象，不断对其进行积极主动的计划、检查、评价、反馈、控制和调节的能力。
2. 在教师的人格特征中，有两个重要特征对教学效果有显著影响，一是教师的热心和____________，二是教师富于激励和想象的倾向性。
3. ____________一般指教师对自己影响学生行为和学习结果的能力的一种主观判断。
4. 教师期望效应分为____________效应和____________效应，其中，____________效应是指由原先错误的期望引起并把这个错误的期望变成现实的行为。
5. 教师威信有两种：一种是权力威信，另一种是____________。

【参考答案】

1. 教学监控能力　2. 同情心　3. 教学效能感　4. 自我应验　维持性期望　自我应验　5. 信服威信

第二节　教师的成长

一、专家型教师和新手型教师的比较 【单选】 ★

研究者认为，教师的成长过程是一个由新手到熟手再向专家型教师发展的过程。专家型教师是有教学专长的教师。专家型教师和新手型教师有如下差异：

表 4-8　专家型教师和新手型教师的比较

比较范畴		专家型教师	新手型教师
课时计划	课时计划的内容	突出了课程的主要步骤和教学内容，并未涉及一些细节；修改与演练所需的大部分时间都是在正式计划的时间之外，自然地在一天中的某个时候发生	把大量的时间用在课时计划的一些细节上；要在临上课之前针对课时计划做一下演练或利用课间来修改课时计划
	教学的细节	教学的细节方面是由课堂教学活动中学生的行为决定。他们可以从学生那里获得一些有关教学细节的问题	新教师的课时计划往往依赖于课程的目标，仅限于课堂中的一些活动或一些已知的课程知识，而不能够把课堂教学计划与课堂情境中的学生行为联系起来
	制订课时计划	根据学生的先前知识来安排教学进度。他们认为实施计划是要靠自己去发挥的。因此，他们的课时计划就有很大的灵活性	仅仅按照课时计划去做，并想办法去完成它，却不会随着课堂情境的变化来修正他们的计划
	备课	表现出一定的预见性。他们会在头脑中形成包括教学目标在内的课堂教学表象和心理表征，并且能预测执行计划时的情况	认为自己不能预测计划执行时的情况，因为他们往往更多地想到自己做什么，而不知道学生将要做些什么

续表

比较范畴		专家型教师	新手型教师
课堂教学过程	课堂规则的制定与执行	课堂规则明确，并能坚持执行	课堂规则较为含糊，难以坚持执行
	维持学生注意	有一套完善的维持学生注意的方法	相对缺乏
	教材内容的呈现	注重回顾先前的知识，并能根据教学内容选择适当的教学方法	不能很好地呈现教材内容
	课堂练习	看作检查学生学习的手段	把它当作必经的步骤
	家庭作业的检查	具有一套检查学生家庭作业的规范化、自动化的常规程序	缺乏相应的规范
	教学策略的运用	具有丰富的教学策略，并能灵活运用	或缺乏或不会运用教学策略
课后评价	关注的焦点	多谈论学生对新教材的理解情况和课堂中值得注意的活动，很少谈论课堂管理问题和自己的教学是否成功	更多地关注课堂中发生的细节
其他	师生关系	热情、平等地对待学生，师生关系融洽，具有强烈的成就体验	还没有形成良好的师生关系
	人格魅力	具有注重实际和自信心强的人格特点，能更好地控制和调节情绪，理智地处理面临的教育教学问题，并在课后进行评估和反思	不能理智地处理面临的教育教学问题，课后评价和反思能力不足
	职业道德	对职业的情感投入程度高，职业义务感和责任感强	有待发展

二、新手型教师的成长

考点1　教师成长的阶段 【单选】 ★★

福勒和布朗根据教师的需要和不同时期所关注的焦点问题，把教师的成长划分为关注生存、关注情境和关注学生三个阶段。

1. 关注生存阶段 必背

处于关注生存阶段的一般是新教师，他们非常关注自己的生存适应性，最担心的问题是“学生喜欢我吗”“同事们如何看我”“领导是否觉得我干得不错”等。因而，可能会把大量的时间花在如何与学生搞好个人关系上，想方设法控制学生，而不是更多地考虑如何让学生获得学习上的进步。

2. 关注情境阶段

处于关注情境阶段的教师关心的是如何教好每一堂课，以及班级大小、时间压力和备课材料是否充分等与教学情境有关的问题，如“内容是否充分得当”“如何呈现教学信息”“如何掌握教学时间”等。传统教学评价集中关注这一阶段，一般来说，老教师比新教师更关注此阶段。

3. 关注学生阶段

当教师顺利地适应了前两个阶段后，成长的下一个目标便是关注学生。教师将考虑学生的个别差异，认识到不同发展水平的学生有不同的需要，根据学生的差异采取适当的教学，促进学生发展。能否自觉关注学生是衡量一个教师是否成熟的重要标志之一。

关注生存阶段

关注情境阶段

关注学生阶段

真题面对面

[2022温州,单选]曾老师从师范学校毕业后在某中学当实习老师,他最关注的问题是自己能否获得学生的喜爱和校长的认可。曾老师处于教师事业发展的(　　)

A. 任教前关注阶段　　B. 关注生存阶段

C. 关注情境阶段　　D. 关注学生阶段

答案:B

考点2　教师成长的途径

教师成长与发展的基本途径主要有两个方面:(1)通过师范教育培养新教师作为教师队伍的补充;(2)通过实践训练提高在职教师的素质。

促进教师成长有以下几种方法:

(1)观摩和分析优秀教师的教学活动。课堂教学观摩可分为组织化观摩和非组织化观摩。组织化观摩是有计划、有目的的观摩,非组织化观摩则没有这些特征。一般来说,为培养和提高新教师和教学经验欠缺的年轻教师的教学能力,宜进行组织化观摩,可以是现场观摩,如组织听课,也可以是观看优秀教师的教学录像。非组织化观摩要求观摩者有相当完备的知识和洞察力,否则难以达到观摩学习的目的。

(2)开展微格教学。**微格教学**是指以少数的学生为对象,在较短的时间内(5~20分钟),尝试做小型的课堂教学,并把这种教学过程摄制成录像,课后再进行分析。这是训练新教师、提高其教学水平的一条重要途径。微格教学有许多特点,但最能体现其特点的是训练单元小。

(3)进行专门训练。教师的成长与发展也可以通过专门的教学能力训练来实现。例如,训练新教师掌握教学过程中有效的教学策略等。研究表明,专家型教师所具有的教学技能和教学策略是可以教给新教师的,新教师在掌握这些知识后,会在一定程度上促进其教学。

(4)进行教学反思。**教学反思**是指教师以自己的教学活动为意识对象,对自己的教育理念、教学行为、决策以及由此所产生的结果进行认真的自我审视、评价、反馈、控制、调节和分析的过程。教学反思的过程一般为:具体经验→观察分析→抽象的重新概括→积极的验证。教学反思的成分有:①认知成分;②批判成分;③教师的陈述。

布鲁巴奇等人认为教学反思的方法主要有:①**反思日记**,即在每天教学工作结束后,要求教师写下自己的经验，并与指导教师共同分析；②**详细描述**，即教师相互观摩彼此的教学，详细描述看到的情景，并对此进行讨论分析；③**交流讨论**，即来自不同学校的教师聚集在一起，首先提出课堂上发生的问题，然后共同讨论解决问题的办法，最后得到的方案为所有教师共享；④**行动研究**，即为弄清课堂上遇到的问题的实质，探索用以改进教学的行动方案，教师以及研究者可以进行调查和实验研究，这不同于研究者由外部进行的旨在探索普遍法则的研究，而是直接着眼于教学实践的改进。

此外，教学反思的方法还有教学案例和教师成长档案袋。

美国教育心理学家**波斯纳**提出了一个教师成长公式：**经验+反思=成长。**

★★ 考点大默写 ★★

1. ____________型教师的课时计划简洁、灵活，以学生为中心，具有预见性。
2. 根据福勒和布朗的教师成长阶段论，处于____________阶段的教师，最担心的问题是"学生喜欢我吗""同学们怎么看我"等。
3. 根据福勒和布朗的教师成长阶段论，某教师在课堂教学中将主要精力总是集中在如何掌握教学时间上。据此，这位教师的成长可能处在____________阶段。
4. 是否自觉关注____________是衡量一个教师是否成熟的标志。
5. 微格教学有许多特点，但最重要的特点是____________。

【参考答案】

1. 专家　2. 关注生存　3. 关注情境　4. 学生　5. 训练单元小

第三节　教师心理健康

一、教师心理健康的标准

(1)能积极地悦纳自我，即真正了解、正确评价、乐于接受并喜欢自己；(2)有良好的教育认知水平；(3)热爱教师职业，积极地爱学生；(4)具有稳定而积极的教育心境；(5)能控制各种情绪与情感；(6)和谐的教育人际关系；(7)能适应和改造教育环境；(8)具有教育独创性。

二、教师心理健康的现状及影响因素

考点 1　教师心理健康的现状

大量的调查研究显示，在教师队伍中的确存在着心理健康问题，这与教师职业对教师心理健康水平的高要求形成了尖锐的矛盾。专家们认为，这种现象发展下去将对教育环境造成污染，教师的心理问题必须尽快诊治。这就要求我们对教师心理健康存在的问题进行研究，从而达到调节和维护的目的。

考点 2　影响教师心理健康的因素

导致教师心理健康出现问题的原因有社会因素、教师职业特点方面的因素、学校环境因素、家庭因素，还有教师自身的个性因素等。

1. 社会因素

(1)社会的信息化和现代化发展，要求教师必须不断学习，不断更新自己的知识结构，不断丰富自己的教学策略和手段，而这无疑增大了教师的压力。

(2)教育系统的不断变革,直接给教师提出了许多新要求。在这些新要求中,教学观念的变革、教学方式的改进、教学内容的修订等都不同程度地增加了教师在适应上的困难,而对教师的针对性培训却远未跟上,使不少教师忙于应付。

(3)社会支持系统乏力。

2. 教师职业特点

教师心理健康问题的出现与其职业特点和职业角色有关。

(1)教师职业的特点要求教师在品德、行为等各方面具有示范性。教师不仅要以身示范,担当起育人的职责,而且要以学生的人格完善和身心健康、和谐发展为己任,这无疑加剧了教师职业的压力。

(2)教师的职业角色比较固定,使得教师的工作显得单调而重复,容易产生倦怠心理。

(3)当今社会对教师职业角色提出了许多要求,诸如教师不仅仅是"教员"的角色,还是"领导者""榜样"的角色、"父母"角色、"心理医生""灵魂工程师""青少年的朋友"等多种角色,这许多角色使教师在承担角色义务时经常会感受到角色压力,产生角色心理冲突,极易造成教师的角色混乱,成为威胁教师心理健康的危险因素。

3. 学校环境因素

学校环境因素对教师心理健康影响巨大。有的学校对教师的管理不够人性化,对教师的一些不规范行为动辄给予严厉的处罚,给教师的心理造成巨大的压力。许多学校将教师的考评、待遇甚至福利都与教师的业绩挂钩,而业绩考核仅仅是学生的成绩,学校经常公开进行班级排名、学科排名、学生排名、教师排名,给教师创造了一种竞争性很强的氛围和心理压力。有的学校只关心教师的业绩,不关心教师的心理状态,当教师处于焦虑、压抑、无助时,无法得到疏导和心理援助,致使许多教师出现心理健康问题。有的学校风气不正,人际关系不正常,导致一些教师心理不平衡或心理扭曲。

4. 家庭因素

家庭因素对教师心理健康的影响也是不可忽视的。许多与家庭有关的因素会影响教师的心理健康。

(1)家庭成员对教师职业不了解,他们认为教师一天上几节课就完事了,很轻松,因而对教师所具有的压力、焦虑等不良情绪往往给予忽视。

(2)教师除了完成学校工作外,还要承担大量的家务劳动、孩子的教育任务,有的还要赡养老人,有的家庭经济状况不好等,这些因素都会导致教师压力倍增,出现心理疲惫。

(3)家庭对教师工作不支持,家庭氛围压抑,导致教师在学校里出现的不良情绪在家里不能得到缓解或宣泄。

(4)家庭人际关系不良,如夫妻关系、与父母的关系不正常,这是导致教师心理不健康的最严重的问题。

5. 教师个人的人格特征

人格特征往往决定个体的行为方式,决定个体应对压力的方式。教师的自尊需要过强、自我效能感过低、思维方式过于消极、性格过于内向、情绪过于敏感、性格反复无常,将导致他在处理日常工作时困难重重,进而引发心理健康危机。

6. 学生方面的因素

有时候,学生方面的问题也会导致教师心理不健康。

(1)有的学生养成不良的行为习惯,具有不良的性格特征,经常在班级里捣乱,破坏班级秩序,教师难以管教,当出现问题时,学校领导就批评教师,给教师带来很大的压力。

(2)学生家长不理解、不配合教师,甚至给教师出难题,把孩子的不良表现归咎于教师教育不到位,责怪教师,导致教师心理委屈,出现心理枯竭,把愤怒发泄到学生身上,出现体罚学生等违规行为。

三、教师的压力与应对

非教师职业的人所具有的心理健康问题,教师也可能有。但对于教师的职业来讲,教师的角色适应、职业压力和职业倦怠、生涯适应是教师心理健康中的重要问题。下面将对职业压力和职业倦怠分别进行讨论:

考点1　教师的职业压力与应对

教师的工作压力和职业倦怠是影响教师心理健康的重要因素。职业压力多侧重于外在要求对教师心理的影响,职业倦怠多指主观感受对教师教育行为的影响。

1. 职业压力的概念和分类

教师的职业压力是教师对来自教学情境的刺激产生的情绪反应。了解教师职业压力的来源,帮助教师有效地应对,是维护和促进教师心理健康的重要途径。

伍尔若和梅将教师的职业压力按性质的不同分为五类:(1)中心压力,即较小的压力及日常的麻烦。*例如,某次课的幻灯片丢了*。(2)外围的压力,即教师经历的重大生活事件或压力情节。*例如,换到一所新的学校或长期的人际关系冲突*。(3)预期性压力,即教师预先考虑到的令人不愉快的事件。*例如,将要与校长进行一次谈话*。(4)情境压力,即教师现在的心境。(5)回顾压力,即教师对自己过去的压力事件及相关经历进行评价而产生的压力。

2. 职业压力的应对

应对是指教师针对职业压力所采用的认知和行为方式的改变以及情绪的调整。应对的策略包括以下两大类:

(1)直接行动法。它包括积极地处理压力源的所有策略:①找出并监视职业压力的来源,减少过多、过重的职业压力;②调整个人的期望水平,制定合适的工作目标;③改变易增加压力的行为方式,处理好工作与休闲的关系;④扩展应对资源,善于寻求和利用社会支持。

(2)缓解方法,即努力减轻由职业压力引起的消极情绪体验。它包括:①积极认知,理智、客观地看待压力对自身的影响;②主动应对,提高抗压能力;③掌握调控方法,学会心理放松,缓解不良的情绪。

考点2　教师的职业倦怠与干预　【论述、材料分析】　★★

1. 职业倦怠的概念和特征

长期的职业压力会导致教师的职业倦怠。职业倦怠是个体在长期的职业压力下,缺乏应对资源和应对能力而产生的身心耗竭状态。

玛勒斯等人认为职业倦怠主要表现在三个方面:(1)情绪耗竭,指个体情绪情感处于极度的疲劳状态,工作热情完全丧失;(2)去人性化,即刻意在自身和工作对象间保持距离,对工作对象和环境采取冷漠和忽视的态度;(3)个人成就感低,表现为消极地评价自己,贬低自己工作的意义和价值。

2. 职业倦怠的原因

教师职业倦怠产生的心理紧张源有:(1)社会因素,即教师职业的声望压力;(2)职业因素,即教师担当的多种角色所产生的角色职责压力、角色冲突、学生问题、升学考试压力等;(3)工作环境,即教师与学生、家长、领导、同事之间的人际关系压力,学校的考评、聘任制度所带来的压力;(4)个人因素,即教师个人的认知方式和应对紧张的策略与心理压力的产生密切相关。

3. 职业倦怠的干预

合理的预防、积极的应对以减少和消除职业倦怠的方法主要有以下三点：

(1)个体的自我干预。个体干预的目的是通过改变个体自身的某些特点来增强适应工作环境的能力。个体干预的主要方法有：放松训练、时间管理、社交训练、压力管理和态度改变等。以下是个体干预职业倦怠的几种有效建议：①观念的改变；②积极的应对策略和归因方式；③合理的饮食和锻炼。

(2)组织的有效干预。组织干预的思路是通过削减过度的工作时间、降低工作负荷、明确工作任务、积极沟通与反馈、建立有效的社会支持系统来预防和缓解职业倦怠。学校对教学的评价机制是影响教师工作的积极性和创造性的重要因素，改善学校的领导方式是缓解教师职业压力的有效途径。学校应提倡过程性和发展性评价，为教师建立有效的社会认同支持系统，正确认识教师的教育教学成果。另外，要为教师提供深造及参与学校民主决策的机会，增强教师对学校的认同感和归属感。

(3)构建社会支持网络。减少和消除职业倦怠，需要建立一个和谐的社会支持网络。首先，对教师的角色期待进行合理定位；其次，国家应切实采取措施提高教师的经济待遇和社会地位，维护教师的合法权利，使教师切实感受到社会的尊重；最后，教育部门应探索出有效的教师教育培训体系，将职前与职后培训有机结合起来，提高教师智力方面与非智力方面的水平，重视教师承受压力和自我缓解压力的训练。

真题面对面

[2023金华，论述]论述教师如何克服及缓解职业倦怠。

答案：详见内文

四、教师心理健康的维护

教师心理健康的维护主要体现在学校、社会及教师自身三个方面，其中，学校和社会的关心与重视是维护教师心理健康的必要外部因素和前提条件，而教师自身积极、主动和科学的自我维护则是保障教师心理健康状态的内部动因和根本途径。

1. 社会支持策略

(1)应通过各种媒体的宣传和国家法律法规的规定，营造出全社会重视教育、尊重教师、关心教师的社会氛围，真正形成“尊师重教”的社会氛围；

(2)要加快教育体制改革，消除教育体制中的一些不合理因素，加强教师的专业化进程；

(3)把教师心理健康教育纳入到全社会公共心理卫生体系中，充分利用社会领域中的专业化心理辅导、心理咨询和心理治疗资源来加强教师心理健康的预防、诊断和矫治工作。

2. 学校发展策略

(1)学校管理者要善于了解并创造条件满足教师的合理需要；(2)注重心理健康教育，提高教师的心理健康水平；(3)优化校园文化建设，拓展教师的业余生活空间。

3. 自我维护策略

在社会高度重视教师心理健康、学校全力促进教师心理健康的前提下，要想真正提高教师的心理健康水平，教师个人加强自我维护才是根本途径。

(1)教师应该树立科学理性的自我概念；

(2)教师要保持一种开放的心态，勤于学习；

(3)教师要掌握一些压力应对的策略和方法，进行积极的自我调适，避免消极情绪的影响。

总之，只要社会、学校及教师本身都能充分认识到教师心理健康的重要意义，齐心协力，科学对待，教师心理问题严重的现状一定会得到根本缓解，教育事业也将走上更加协调、健康发展的轨道。

★★ 考点大默写 ★★

1. 教师的____________是教师对来自教学情境的刺激产生的情绪反应。
2. ____________是个体在长期的职业压力下，缺乏应对资源和应对能力而产生的身心耗竭状态。
3. 张老师这段时间对工作失去了热情，觉得工作没意思，同时总是感觉很疲劳，工作效率不高。张老师目前的状态属于职业倦怠____________方面的表现。
4. 教师对教学工作采取冷漠的态度，在自身与工作对象间保持距离。这是教师职业倦怠的____________特征。

【参考答案】

1. 职业压力　2. 职业倦怠　3. 情绪耗竭　4. 去人性化

我于________年____月____日完成了对本章的学习。

复盘一下，我对自己较肯定的地方是____________________

（足够努力/心态积极/方法得当……）

我觉得自己需要改进的地方是____________________

（懒惰懈怠/心情浮躁/方法不当……）

休息片刻，开启下一站征程！

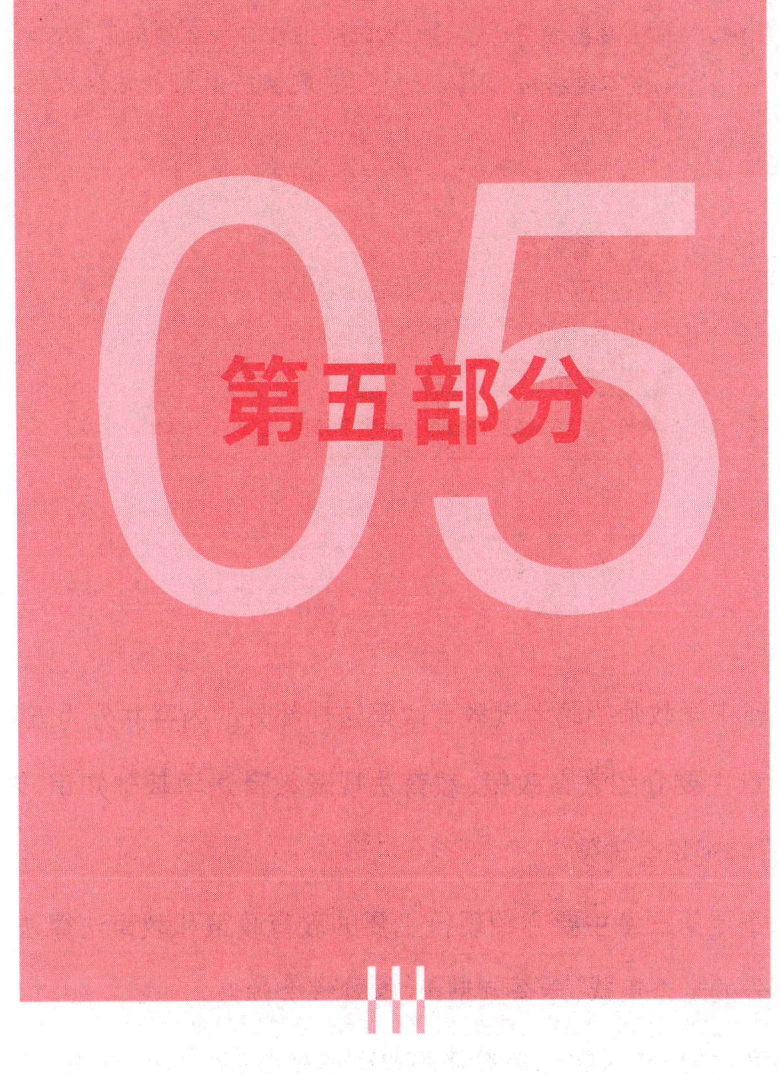

教育政策法规

SHAN XIANG

内容导学

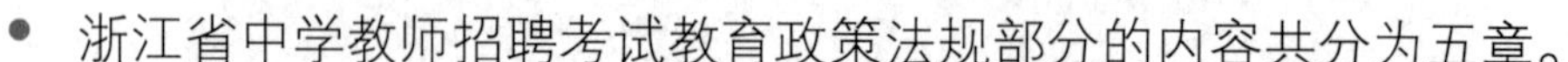

- 浙江省中学教师招聘考试教育政策法规部分的内容共分为五章。
- 第一章主要介绍教育政策、教育法规及教育法学基础知识，考查题型主、客观均会涉及。
- 第二章至第三章主要介绍现行主要的教育政策和教育法律法规，是该部分的考查重点，考查题型主、客观均会涉及。
- 第四章主要介绍《中小学教师职业道德规范》的内容，考查题型一般为客观题。
- 第五章主要介绍依法治校、依法执教和教师违法（侵权）行为预防，考查题型一般为客观题。
- 考生应重点掌握第一章、第三章和第五章的内容，并结合历年真题和每章的栏目有重点地复习。对于以客观题为主要考查形式的知识点，应注重识记与理解；对于以主观题为主要考查形式的知识点，不仅要做到识记和理解，更要能灵活运用。

第一章 教育政策法规基础知识

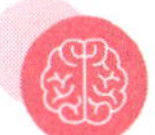

思维导图

- 教育政策法规基础知识
  - 教育政策概述
    - 教育政策的概念与类型
      - 概念：政党、政府等政治实体为实现一定历史时期的教育目的和任务而规定的行动依据和准则（重点）
    - 教育政策的基本特征
      - 说法一：政治性与原则性；目的性与可行性；稳定性与可变性；合法性与权威性；系统性与多功能性
      - 说法二：利益倾向；目标倾向；权威性与合法性；功能多样性；价值相关性；过程及阶段性
    - 教育政策的体系结构
      - 纵向结构：依照教育政策的内在逻辑关系做出的纵向排列
      - 横向结构：不同领域的教育政策依横向并列关系加以排列形成的组合方式和秩序
    - 教育政策的制定与实施
      - 制定的过程：认定教育政策问题、确定教育政策目标、拟定教育政策方案、选择教育政策方案等
      - 实施的渠道：中国共产党的各级组织、地方各级人民政府和广大人民群众
    - 教育政策的评价与监控
      - 教育政策监控：教育政策监控主体，依据一定的教育法规或制度，对教育政策的制定、执行、评价及终结活动进行监督、调整和控制的过程
  - 教育法规概述
    - 教育法规的概念与类型
      - 概念：国家权力机关和国家行政机关为调整教育与经济、社会、政治的关系，调整教育内部各个环节的关系而制定和发布的教育法律（基本法律和法律）、法令、条例、规程、制度等规范文件的总称
    - 教育法规的基本特征
      - 遵循教育规律与顺应社会主义市场经济要求相结合；系统性与独立性相结合；原则性与灵活性相结合；针对性与可行性相结合；体现教育民主性与保障教育公共性；立法自主与择优借鉴相结合
    - 教育法规的体系结构（易混）
      - 纵向结构：我国《宪法》中有关教育的条款；教育基本法律；教育单行法律；教育行政法规；地方性教育法规；教育规章
      - 横向结构：教育基本法；基础教育法；高等教育法；职业教育法；成人教育或社会教育法；学位法；教师法；教育投入法或教育财政法
    - 教育法规的制定与执行
      - 教育立法：教育法的制定
      - 教育法规的实施方式：教育法规的遵守和适用
    - 教育法规的监督
      - 既包括国家机关的监督，也包括社会力量的监督
  - 教育政策与教育法规
    - 教育政策与教育法规的关系
      - 区别：两者的制定主体不同；两者的执行方式不同；两者的规范效力不同；两者调整和适用的范围不同；两者所要解决问题的性质不同（难点）
    - 教育政策、法规的功能
      - 保障功能、规范功能、制约功能、管理功能、激励功能
    - 教育政策、法规在国家政策、法规体系中的地位
      - 教育政策在国家政策体系中的地位：教育政策是国家政策不可或缺的组成部分；在现代国家的政策体系中，教育政策具有独特的重要地位

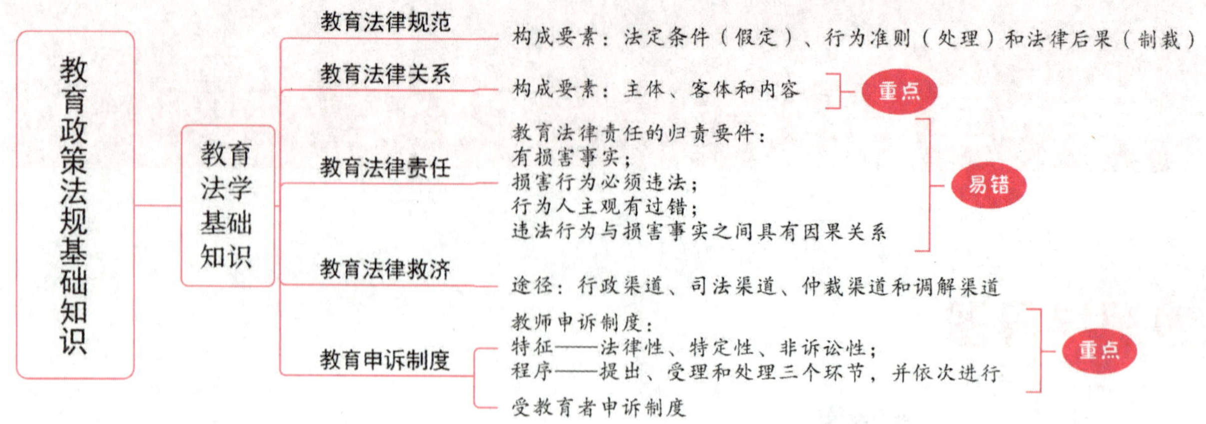

浙江考向

本章属于教育政策法规的基础章节，也是金华、衢州、宁波等地区的笔试考查的章节，内容广泛、识记性知识多，在考试中常以选择题、名词解释、简答题等形式考查。本章的考向分析如下：

考点名称	常考题型	能力层级	考查热度
教育政策的概念与类型	单选、名词解释	识记	★
教育法规体系的纵向结构	单选	识记、理解	★★
教育政策与教育法规的关系	单选、简答	识记、理解	★★★
教育法律关系的构成要素	单选、简答	识记	★★
教育法律责任的归责要件	单选	识记、理解	★
教育申诉制度	单选、名词解释	识记	★★

核心考点

第一节　教育政策概述

一、教育政策的概念与类型【单选、名词解释】★

1. 教育政策的概念

教育政策是一种有目的的动态发展过程，是政党、政府等政治实体为实现一定历史时期的教育目的和任务而规定的行动依据和准则。

2. 教育政策的类型

（1）依据制定政策主体的不同，可分为政党的教育政策、国家的教育政策和社会团体的教育政策；

（2）依据政策内容与层次的不同，可分为总政策、基本政策和具体政策；

（3）依据政策效力范围的角度，可分为全局性政策和区域性政策；

（4）依据政策所起作用的角度，可分为鼓励性政策和限制性政策。

此外，按政策适用时间的不同，还可分为短期政策、中期政策和长期政策。

二、教育政策的基本特征

(1)政治性与原则性；(2)目的性与可行性；(3)稳定性与可变性；(4)合法性与权威性；(5)系统性与多功能性。

另外，也有说法认为，教育政策的基本特征包括：(1)利益倾向；(2)目标倾向；(3)权威性与合法性；(4)功能多样性；(5)价值相关性；(6)过程及阶段性。

三、教育政策的体系结构

考点1　教育政策的表现形式

(1)党的政策性文件。①中国共产党章程；②中国共产党全国代表大会的决议；③党中央制定和批准的文件；④中国共产党的地方各级领导机关的决议；⑤党中央、党的地方各级领导机关所属各部门制定或批准的文件。

(2)全国人民代表大会、省级人民代表大会和有立法权的市级人民代表大会及其常务委员会制定或批准的有关教育的政策性文件。

(3)国家行政机关制定、发布的有关教育工作的政策性文件。

(4)党中央和党的地方各级领导机关所属有关部门与国务院和地方人民政府所属各部门共同制定或批准的有关教育的政策性文件。

(5)党和国家领导人有关教育问题的讲话、指示。

考点2　教育政策的纵横结构

(1)教育政策的纵向结构是指依照教育政策的内在逻辑关系做出的纵向排列。从不同的角度出发，就有不同的排列方式。例如，依照政策阶段性过程划分的长期教育政策、中期教育政策、短期教育政策和即时教育政策；依照政策空间系列划分的教育总政策、基本教育政策和一般教育政策。

(2)教育政策的横向结构是指不同领域的教育政策依横向并列关系加以排列形成的组合方式和秩序。从横向结构来说，教育政策可划分为：高等教育政策、普通教育政策、职业和成人教育政策以及少数民族教育政策、残疾人教育政策等。

四、教育政策的制定与实施

考点1　教育政策的制定

1. 教育政策制定的过程

教育政策的制定是判定教育政策问题和对政策方案进行选择的过程，其程序大致分为认定教育政策问题、确定教育政策目标、拟定教育政策方案、选择教育政策方案等几个基本环节。

2. 我国教育政策的制定机关

(1)党的机关，主要包括党的最高领导机关和党的地方各级领导机关。

(2)国家权力机关，主要包括全国人民代表大会和地方各级人民代表大会。中华人民共和国全国人民代表大会是最高国家权力机关，它的常设机构是全国人民代表大会常务委员会。全国人民代表大会及其常设机构是制定国家政策(包括教育政策)的重要机构。

(3)国家行政机关，主要包括中央人民政府和地方各级人民政府。

考点2　教育政策的实施

1. 实施渠道

我国教育政策实施的主要渠道是中国共产党的各级组织、地方各级人民政府和广大人民群众。

2. 实施途径

(1)通过党的报刊及其他宣传工具；(2)通过工会、共青团、妇联等群众组织，在学校还包括教育工会、学生会、少先队等群众组织；(3)通过各民主党派、无党派民主人士；(4)通过各级各类学校的校长、教师的教育、教学活动。

五、教育政策的评价与监控

1. 教育政策的评价

教育政策评价是指依据一定的评价标准，对教育政策运行的全过程进行系统的分析与判断，总结政策运行的成绩与经验，揭示存在的问题与不足，从而为修订和完善教育政策，并为实现教育政策的良性运行服务。

2. 教育政策的监控

教育政策监控是指教育政策监控主体，依据一定的教育法规或制度，对教育政策的制定、执行、评价及终结活动进行监督、调整和控制的过程。它是教育政策监督与控制的合称。

第二节　教育法规概述

一、教育法规的概念与类型

1. 教育法规的概念

教育法规是指国家权力机关和国家行政机关为调整教育与经济、社会、政治的关系，调整教育内部各个环节的关系而制定和发布的教育法律(基本法律和法律)、法令、条例、规程、制度等规范文件的总称。

2. 教育法规的类型　【简答】★

(1)依据教育法规创制方式和表达方式的不同，可分为成文法和不成文法，还可以分为制定法、判例法和习惯法。我国现行的教育法规基本上都属于制定法、成文法之列。

(2)依据教育法规效力等级和内容重要程度的不同，可分为根本法和普通法，或称之为基本法与单行法。例如，《中华人民共和国教育法》是我国教育的根本法、基本法，而《中华人民共和国义务教育法》《中华人民共和国教师法》等为普通法、单行法。

(3)依据教育法规规定内容的不同，可分为实体法和程序法。在我国现行教育法规中，尚没有纯粹的程序法，通常是实体性内容与程序性内容同时出现在同一部教育法规中。

(4)依据教育法规适用范围的不同，可分为一般法和特殊法。

二、教育法规的基本特征

(1)遵循教育规律与顺应社会主义市场经济要求相结合；(2)系统性与独立性相结合；(3)原则性与灵活性相结合；(4)针对性与可行性相结合；(5)体现教育民主性与保障教育公共性；(6)立法自主与择优借鉴相结合。

三、教育法规的体系结构

教育法规的表现形式有成文法和不成文法两种，我国主要采取以书面形式表现的各种成文法。教育法律规范在表现形式上可分为专门法源与共同法源，专门的法源指我国的教育法规的体系。

教育法规体系是指教育法作为一个专门的法律部门，按照一定的原则组成的一个相互联系、相互协调、完整统一的法律有机整体。

考点1 教育法规体系的纵向结构 【单选】 ★★

教育法规体系的纵向结构，是指由不同层级的教育法律文件组成的等级、效力有序的纵向体系。由于制定机关的性质和法律地位不同，上下层次的教育法规之间具有从属关系。对教育法规纵向形式层次进行分析的目的，在于明确我国教育法规有哪些层次的法律形式。我国教育法律体系的纵向结构为：

1. 我国《宪法》中有关教育的条款

《中华人民共和国宪法》由最高国家权力机关（全国人民代表大会）制定，具有最高的法律地位和法律效力，是国家的根本大法，是其他一切法律法规制定的依据。《中华人民共和国宪法》中有关教育的条款是我国教育立法的根本依据，是教育法规的最高层次，其他形式的教育法律、法规都不得与之相违背。

2. 教育基本法律

教育基本法律是由全国人民代表大会制定，调整教育内部、外部相互关系的基本法律准则。它对整个教育全局起宏观调控作用，或称为“**教育宪法**”“**教育母法**”。我国的教育基本法律为1995年第八届全国人民代表大会第三次会议通过的《中华人民共和国教育法》。

3. 教育单行法律

教育单行法律一般是由全国人民代表大会常务委员会制定的，规定教育领域某一方面具体问题的规范性文件，其效力低于《中华人民共和国宪法》和教育基本法，如《中华人民共和国教师法》等。

4. 教育行政法规

教育行政法规是行政法规的形式之一，它是由最高国家行政机关（国务院）依据《中华人民共和国宪法》和教育法律制定的关于教育行政管理的规范性文件。其效力低于《中华人民共和国宪法》和教育法律，高于地方性教育法规和教育规章。它们内容广泛、数量众多，在实际工作中起主要作用。教育行政法规的名称一般有三种：条例、规定、办法或细则，如《教师资格条例》等。

5. 地方性教育法规

地方性教育法规是地方国家权力机关制定的规范性文件的专称。由省、自治区、直辖市和设区的市、自治州的人民代表大会及其常务委员会制定。制定地方性教育法规，须报全国人大常委会备案。地方性教育法规只在该行政区域内有效，不得同《中华人民共和国宪法》、法律、行政法规相抵触，其名称通常有条例、办法、规定、规则、实施细则等，如《浙江省实施〈中华人民共和国教师法〉办法》等。

6. 教育规章

教育规章是中央和地方有关国家行政机关依照法定权限和程序制定颁布的有关教育的规范性文件，有的称为教育行政规章，包括部门教育规章和地方政府教育规章。

（1）部门教育规章

部门教育规章是国务院所属各部、各委员会发布的有关教育的规范性文件。这类文件主要是就国家有关教育的法律、行政法规的实施问题制定出相应的实施办法、条例、大纲、标准等，以保证有关法律、法规的实施,如《教育行政处罚暂行实施办法》《学生伤害事故处理办法》等。

(2)地方政府教育规章

地方政府教育规章是省、自治区、直辖市和设区的市、自治州的人民政府所制定的有关教育的规范性文件。地方政府教育规章只在本行政区域内有效,其效力低于《中华人民共和国宪法》、教育法律、教育行政法规和地方性教育法规。它是整个教育法规体系的重要组成部分。

考点2　教育法规体系的横向结构

教育法规体系的横向结构,是指依据教育法规所调整的教育社会关系的特点或教育关系构成要素的不同,划分出若干处于同一层级的部门教育法,形成法规调整的横向体系。我国教育法规体系的横向结构主要包含以下几个部类:

(1)教育基本法。(2)基础教育法。(3)高等教育法。(4)职业教育法。(5)成人教育或社会教育法。(6)学位法。中华人民共和国颁布的第一部教育法律是《中华人民共和国学位条例》。(7)教师法。(8)教育投入法或教育财政法。

四、教育法规的制定与执行

考点1　教育立法

1. 教育立法的概念与意义

教育立法即教育法的制定,是指国家立法机关依照法律程序制定规范性教育法律文件的活动。

在现代社会,教育立法具有特殊的意义:(1)教育立法反映了现代国家加强法制化建设的根本要求;(2)教育立法起着保障教育事业在社会发展中的重要地位的作用;(3)教育立法有规范教育发展环境与教育内部管理的作用。

2. 教育立法的基本程序

法律制定的程序又称立法程序,立法的程序一般分为四个步骤:教育法律草案的提出、教育法律草案的审议、教育法律草案的表决和通过、教育法律的公布。

考点2　教育法规的实施方式

教育法规的实施可以有两种方式,即教育法规的遵守和适用。

1. 教育法规的遵守

教育法规的遵守亦称**教育守法**,是教育法规实施的一个基本形式,它是指国家机关及其工作人员、社会团体和公民自觉按照教育法律规范的要求去行为,从而使教育法规得到实施。无论是依法作为,还是依法不作为,都属于守法的范畴。

教育法规的遵守是法的自律性实施,是教育法律关系主体自觉地运用教育法律规范去规范自己的行为,因此,它对教育法规的实施具有更为现实的意义。社会各方面自觉地遵守教育法规是教育法规实施的主要方式。

2. 教育法规的适用　【单选】 ★

(1)教育法规适用的概念

教育法规适用简称**教育司法**,一般是指国家司法机关依照法定职权和程序,具体运用教育法律、法规处理案件的诉讼活动。它是以国家名义运用教育法律、法规行使国家司法权的活动。广义上,教育法规的适用还包括行政机关依法做出裁决的活动。本书使用教育法规适用在狭义上的概念。教育法律纠纷的存在是教育司法的前提，即只有当存在教育法律纠纷需要解决时，教育司法才成为必要。

(2)教育法规适用的特点

①教育法规适用的主体是检察机关和审判机关；②教育法规适用具有被动性；③教育法规适用具有国家强制性；④教育法规适用具有程序法定性；⑤教育法规适用具有态度中立性；⑥教育法规适用具有裁决权威性。

(3)教育法规适用的要求

①公正准确。公正准确是教育司法活动的灵魂和生命。②合法合理。③及时高效。

(4)教育法规适用的基本原则

①尊重事实，依法办案原则；②司法平等原则；③司法独立原则。

考点 3　教育行政执法

教育行政执法是指国家有关行政机关及其所属工作人员在现实生活中实施教育法规的活动，是有关行政机关及其工作人员按照法定职权和程序所采取的直接影响公民、社会组织或其他社会力量有关教育的权利与义务，或对其教育权利与义务的行使和履行进行监督的具体行政行为。教育行政执法是教育法律法规实施的重要途径，国家机关执行教育法律法规以保证教育与政治、经济、社会协调发展，它不仅是国家的权力，也是国家的义务。

五、教育法规的监督

教育法规监督通常有广义和狭义之分。广义上是由所有国家机关、社会组织和公民对各种法律活动的合法性所进行的监察和督导。

狭义上特指国家专门法律监督机关，即人民检察院依据法定权限和程序对教育法实施情况进行的监督活动。一般来说，教育法规监督是广义的监督，既包括国家机关的监督，也包括社会力量的监督，这两方面监督的有机结合，就构成了教育法规监督体系。

教育法规监督是保障教育法规正确制定的关键，也是保障教育法规正确实施的必要手段，还是保障教育法律关系正常运行的重要途径。它的内容包括：合宪性监督、合法性监督、合理性监督。

第三节　教育政策与教育法规

一、教育政策与教育法规的关系　【单选、简答】★★★

1. 教育政策与教育法规的联系

(1)教育政策与教育法规都决定于上层建筑，具有共同的目的。二者在本质上是相同的、一致的，都是上层建筑的重要组成部分；都是为了调整和规范教育活动和教育关系，规范和调整教育主体的权利和义务；都反映了工人阶级和广大人民群众的意志；都是实现社会主义教育发展目标的重要工具。

(2)教育政策是制定教育法规的依据，教育法规是教育政策的具体化、条文化和定型化。教育政策规定了教育行政管理活动的方向，指导着教育法规的制定和实施。我国制定的任何教育法规，都是以教育政策为主要依据，因此，教育法规实际上是规范化、法律化的教育政策，是被奉为国家意志的教育政策。

(3)教育政策决定教育法规的性质，教育法规的内容体现教育政策。通过一定的立法程序，把体现工人阶级和广大人民群众意志的教育政策转化为国家意志的教育法规，具有国家的强制性和普遍的约束力。

(4)教育政策是实施教育法规的指导,教育法规是实现教育政策的保证。如果在实施教育法规的过程中,对教育政策的精神实质缺乏理解,就势必带有很大的盲目性,就很难充分发挥教育法规在管理教育事业中的积极能动作用,甚至会死抠教育法规条文而违背教育政策,影响教育事业的健康发展。

2. 教育政策与教育法规的区别 必背

(1)两者的制定主体不同。教育法规是由国家权力机关和国家行政机关按法定程序制定的。而教育政策的制定既可以是政党组织,也可以是国家立法机关和国家行政机关。

(2)两者的执行方式不同。教育法规的执行是以国家的强制力为后盾的,任何组织和个人都必须遵守,不得违反。而教育政策的执行方式主要是依靠行政力量或党的纪律,运用号召、宣传、教育、解释、动员等方式贯彻实施,其强制力是有限的。

(3)两者的规范效力不同。法规是在总结执行政策的实践经验的基础上而制定的一种特殊的行为准则,其规定明确而具体。教育法规是一种社会规范,规定了人们的权利和义务。而教育政策的规范效力显得比较复杂,由国家立法机关和国家行政机关制定的教育政策具有普遍的约束力,但由政党机关制定的教育政策的规范效力则只对政党组织及其党员有效。

(4)两者调整和适用的范围不同。教育政策制定的灵活性和及时性决定了教育政策调整的范围更广泛,它可以渗透到教育领域的各个方面发挥其调节和规范作用。教育法规则更具有稳定性和长效性,所以其调整的范围要相对小一些,主要是教育活动的根本方面和教育的基本关系,如教育权利和义务等。

(5)两者所要解决问题的性质不同。对于那些急于解决的、暂时的、尚未定型的教育问题,采取制定政策的方式去协调和解决为好。而对于那些需要严格界定的、严肃对待的、比较稳定的教育关系,就需要教育法规做出具体的、明确的、稳定的、可操作的法律规范和调整。

总之,教育法规与教育政策之间是一种相互制约、相互补充的辩证关系。一方面,社会主义教育法规的制定和执行必须以党的教育政策为指导,以相应的教育政策为依据;另一方面,教育政策一旦经由国家权力机关的法定程序审议,被制定成为教育法规以后,对党本身也具有了一定的约束力。在实践中应避免将二者割裂或简单地等同。

真题面对面

[2022金华,简答]简述教育政策与教育法规的区别。

答案:详见内文

二、教育政策、法规的功能

(1)**保障功能**。保障功能是指教育政策、法规客观上起着维护与保障教育事业发展的作用。保障功能是教育政策、法规的基本功能。

(2)**规范功能**。规范功能是指教育政策、法规为教育事业的发展提供了某种标准与范式,起着某种规定性的作用。教育政策、法规的规范功能主要表现在:①指引作用。即指教育政策、法规具有对人的教育行为起着导向、引路的作用。②评价作用。即指教育政策、法规对他人的教育行为的评价标准所起的作用。任何教育政策、法规,当它成为一种行为规范时,这种规范也就具有判断、衡量他人行为标准的作用。

(3)**制约功能**。制约功能是指教育政策、法规有着限制或禁止某种教育行为的作用。

(4)**管理功能**。管理功能是指教育政策、法规对教育工作具有管理的作用。教育管理很大程度上是通过执行教育政策、法规进行的。教育政策、法规的管理功能体现在通过政策、法规对教育工作进行规划、控制、协调，以保证教育活动有目的、有秩序地进行，同时也保证教育活动合法地进行。

(5)**激励功能**。激励功能是指教育政策、法规客观上起着一种鼓舞、促进教育事业不断向前发展的作用。

三、教育政策、法规在国家政策、法规体系中的地位

1. 教育政策在国家政策体系中的地位

(1)教育政策是国家政策不可或缺的组成部分;(2)在现代国家的政策体系中，教育政策具有独特的重要地位。

2. 教育法规在国家法规体系中的地位

关于教育法规在国家整个法律体系中所处的地位问题，目前教育界普遍主张将教育法规作为一个独立的法律部门从行政法中独立出来。在现代社会中，教育法规在国家法律体系中越来越占有独特的重要地位，这是因为:(1)依法治国要求加强教育法规建设;(2)完善教育法规体系是完善国家法律体系的重要内容;(3)加强教育法规建设是教育发展的实践需要。

第四节　教育法学基础知识

一、教育法律规范

考点1　教育法律规范的概念

教育法律规范是由国家制定或认可，并以国家强制力保证实施的行为规则。它是通过教育法律条文表现出来的，具有自己内在逻辑结构的一般行为规则。每一部具体的教育法都是由若干个行为规则组成的有机整体，其中组成教育法行为规则有机整体的单个行为规则就是一个具体的教育法律规范。教育法律规范与教育法规是个别与整体的关系。

在教育实践中，并非所有与教育有关的行为都以教育法律规范来约束，这是不可能的，也是不必要的。因为教育过程在相当大的程度上是一种精神活动过程，精神活动的最大特点之一是人的主观能动性的发挥。因此，对教育活动的某些方面以过于具体的教育法律规范予以约束，可能会限制这种主观能动性的发挥。

考点2　教育法律规范的结构(构成要素)

教育法律规范的结构是指构成教育法律规范内容的各个组成部分及其相互关系。从逻辑结构上看，教育法律规范通常由法定条件(假定)、行为准则(处理)和法律后果(制裁)三个要素组成。

(1)**法定条件(假定)**是指适用该行为规范的条件和情况，它是把规范同主体的实际行为联系起来的部分，指出在什么情况下，这一规则生效;

(2)**行为准则(处理)**是指行为规范本身，是法律规范中规定的行为规则的基本要求，它指明该项法律规范确定的行为模式的内容，使主体明确可以做什么，禁止做什么，以及要求做什么;

(3)**法律后果(制裁)**是指违反该项法律规范时所导致的法律后果，通常是以国家强制性措施要求承担的惩罚性或补偿性责任。

考点3　教育法律规范的类别

表5-1　教育法律规范的类别

分类标准	类别	概念	特点
要求人们行为的性质	义务性规范	教育法律关系主体必须为一定行为或不为某种行为	必须、应当、义务、禁止
	授权性规范	教育法律关系主体有权做出或不做出某种行为	可以、有权、不受……干涉、有……的自由
表现的强制性程度	强制性规范	法律关系参加者必须做出或禁止做出一定行为的规范	禁止性和义务性
	任意性规范	法律关系参加者可以做出一定行为的规范	自行确定
法律后果	制裁性规范	对法律关系参加者做出违反"行为准则"的有过错行为进行制裁的规范	预警、惩戒
	奖励性规范	对法律关系参加者做出有益于社会的行为时给予奖励的规范	奖励

二、教育法律关系

考点1　教育法律关系的概念

教育法律关系是教育法律规范在调整人们有关教育活动的行为过程中形成的权利和义务关系，是一种特殊的社会关系。在教育领域内，学校与政府、学校与社会、学校与教师、学校与学生的关系因为有相应的法律规定，故皆属于法律关系。

考点2　教育法律关系的分类

表5-2　教育法律关系的分类

分类依据	种类	概念
教育法律关系主体的社会角色	教育内部的法律关系	适用教育法律规范调整的教育系统内部各类教育机构、教育工作人员、教育对象之间的关系
	教育外部的法律关系	适用教育法律规范调整的教育系统与其外部社会各方面之间发生的法律关系
主体之间关系的类型	隶属型教育法律关系	以教育管理部门为核心，向外辐射，与其他主体之间形成的教育法律关系
	平权型教育法律关系	两个具有平等法律地位的教育关系主体之间产生的教育法律关系
教育法律规范的职能	调整性教育法律关系	按照调整性教育法律规范所设定的教育关系模式，主体的教育权利能够正常实现的教育法律关系
	保护性教育法律关系	在教育主体的权利和义务不能正常实现的情况下，通过保护性教育法律规范，采取法律制裁手段而形成的教育法律关系

考点3　教育法律关系的构成要素　【单选、简答】★★

教育法律关系的构成要素有主体、客体和内容，三者相互制约、缺一不可，其中任何一个要素的改变，都会导致原有法律关系的变更。

1. 教育法律关系的主体　必背

教育法律关系的主体是指教育法律关系的参加者，也就是在具体的教育法律关系中享有权利并承担义务的人或组织。我国教育法律关系的主体可分为三类:公民(自然人)、机构和组织(法人)、国家。

教育法律关系中最重要的法律主体是教师与学生,教师的教育教学和学生的学习是教育活动的主要内容和基本形式。教师与学生之间的法律关系是产生教师与学生权利、义务的基础。教师与学生之间的法律关系包括:(1)教育和被教育的关系;(2)管理和被管理的关系;(3)保护和被保护的关系;(4)互相尊重的平等关系。

2. 教育法律关系的客体

教育法律关系的客体是教育法律关系主体的权利与义务所指向的对象。教育法律关系的客体一般包括物质财富、非物质财富、行为三个大的方面。教育领域中存在的法律纠纷,往往都是因其而引起的。

3. 教育法律关系的内容

教育法律关系的内容是教育法律关系的主体依据法律规定而享有的权利与义务。教育法律关系一旦产生,其主体间就在法律上形成了一种权利与义务关系。

考点 4　教育法律关系的发生、变更和消灭

(1)教育法律关系的发生,是指教育法律关系主体之间形成了一定的权利义务关系。例如,某个适龄儿童进入某校学习,即和该校发生了一定的权利义务关系。

(2)教育法律关系的变更,是指教育法律关系构成要素的改变,包括主体、客体或内容等要素的改变。

(3)教育法律关系的消灭,是指教育法律关系主体、客体的消灭,主体间权利义务的终止。

教育法律关系的发生、变更和消灭是因一定的客观情况的出现而引起的。通常把能够引起法律关系发生、变更和消灭的客观情况称为法律事实。法律事实是教育法律关系发生、变更和消灭的根据。

三、教育法律责任

教育法律责任是教育法律关系主体因实施了违反教育法的行为,依法应承担的带有强制性的法律后果。

考点 1　教育法律责任的类型　【单选】 ★

根据违法主体的法律地位、违法行为的性质和危害程度的不同,教育法律责任主要可分为行政法律责任、民事法律责任和刑事法律责任。在特定情况下还可以追究违宪责任。

1. 行政法律责任

行政法律责任是指行政法律关系主体因违反行政法律、法规而应承担的法律后果,简称行政责任。根据我国的教育法律、法规的有关规定,承担违反教育法的行政法律责任的方式主要有两类:行政处分和行政处罚。

(1)行政处分

行政处分是由国家机关或企事业单位对其所属人员予以的惩戒措施,包括警告、记过、记大过、降级、降职、撤职等。行政处分有时也称纪律处分。

(2)行政处罚

行政处罚是指国家行政机关依法对违反行政法律规范的组织或个人进行的行政制裁。

以行政处罚的内容为标准,行政处罚可分为四类:①申诫罚。是最轻微的处罚,表现形式有警告、通报等。②财产罚。主要有罚款、没收非法所得等形式。③行为罚。是限制或剥夺违法者特定行为能力的一种制裁,主要有停止营业、扣留或吊销许可证。④人身罚。是限制或剥夺违法者人身自由的处罚,是最严厉的

一种行政处罚，人身罚主要有行政拘留（最高期限为15天）和劳动教养（期限为1～3年）。这四类处罚可单独使用，也可并处。

2. 民事法律责任

民事法律责任是指行为人由于实施民事违法行为所导致的赔偿或补偿的法律责任，简称民事责任。

3. 刑事法律责任

刑事法律责任是指行为人由于实施刑事违法行为所导致的受刑罚处罚的法律责任，简称刑事责任。刑事责任是一种惩罚最为严厉的法律责任。

4. 违宪责任

教育作为宪法确定的公民基本权利之一，与宪法所规定的教育基本制度密切相关。同时，依据宪法和有关教育法的规定，公民对义务教育以外的其他教育具有选择的自由，参与平等竞争的自由，以及教育者具有学术自由等。这些权利的获得，均以宪法为根本来源。因此，在一定情况下，产生违宪责任也是可能的。

此外，涉及共同违法的教育案例处置中，行政法律责任、民事法律责任和刑事法律责任可能会综合出现，即对案例中各违法主体所处的不同地位、所做出的不同行为及其主观过错的不同程度等，分别予以不同的制裁。

考点2　教育法律责任的归责要件 【单选】 ★

所谓归责，是指法律责任的归结。它要解决的是法律责任应该由谁来承担的问题。教育法规既然设定了法律责任，就必须要解决好归责的问题。教育法律关系主体只有具备以下四个教育法律责任的归责要件，才会被认定为教育法律责任主体，承担相应的法律后果。

1. 有损害事实

即行为人有侵害教育管理、教学秩序及从事教育教学活动的公民、法人和其他组织合法权益的客观事实存在。这是构成教育法律责任的前提条件。

2. 损害行为必须违法

行为违法即行为人实施了违反法律、法规的行为。这也是构成教育法律责任的前提条件。这个条件包括两个方面的含义：一方面是指行为的违法性，只有行为违反了现行法律的规定才是违法行为；另一方面，违法的必须是一种行为。如果内在的思想不表现为外在的行为，则并不构成违法。社会主义法制原则不承认思想违法。

3. 行为人主观有过错

所谓过错，是指行为人在实施行为时，具有主观上的故意或过失的心理状态。

所谓故意的心理状态，是指行为人明知自己的行为会发生危害社会的结果，但希望或放任这种结果的发生。例如，招生办公室主任收受贿赂后，有意招收分数低的学生，不招收分数高的学生，致使分数高的学生落榜。

所谓过失的心理状态，是指行为人在本应避免危害结果发生时，由于疏忽大意或者过于自信而没有避免，以致发生危害结果。例如，教师对学生进行人格侮辱后，学生因不堪忍受而自杀。该教师的行为即有过失的因素。

4. 违法行为与损害事实之间具有因果关系

违法行为是导致损害事实发生的原因，损害事实是违法行为造成的必然结果，二者之间存在着内在的必然的联系。前者决定后者的发生，后者是前者的必然结果。因果关系是承担法律责任的重要条件之一。

考点3 教育法律责任的归责形式

教育法律责任的归责形式也就是教育法律责任主体的归责形式。从教育法律关系的角度来看，各教育法律责任主体可能承担的责任形式如下：

1. 教育行政机关及其他国家机关

行政机关承担法律责任主要是补救性的，其承担法律责任的形式主要包括：承认错误、赔礼道歉、恢复名誉、消除影响、恢复职务、撤销违法决定、纠正不正当行为、返还权益、赔偿等。其中，赔偿是行政法律责任的最主要形式之一。

2. 教育行政机关及其他行政机关的工作人员

对行政工作人员的制裁性法律责任主要有：警告、记过、记大过、降级、降职、撤职、开除公职等。

3. 实施教育教学活动的学校、校长与教师

(1)学校承担的教育法律责任形式主要包括：通报批评、整顿、停办、停止招生、取缔，取消学校发放学业证书资格、举办考试资格，没收违法所得，赔偿损失等。

(2)校长承担的法律责任，就其性质而言，包括民事责任、行政责任和刑事责任等。具体形式主要包括：行政处分、撤销行政职务、罚款、刑事制裁等。

(3)教师承担教育法律责任的形式主要包括：被取消教师资格、行政处分、解聘、赔偿损失、刑事制裁等。

4. 就学学生

由于学生是特殊的教育法律责任主体，一般采用纪律处分，如警告、记过、留校察看等。学校纪律处分就其实质而言，是对违反教育法法定义务的一定处罚，应视为学生承担教育法律责任的一种形式。学生承担法律责任有其自身的特点，我国《刑法》《治安管理处罚法》都做了相应的规定。

5. 父母或者其他监护人

父母或者其他监护人本身并不负有接受义务教育的义务，但由于其监护对象是处于义务教育阶段的适龄儿童和少年，因而父母或者其他监护人有义务送被监护人按时入学接受规定年限的义务教育。

6. 其他负有遵守教育法义务的公民和法人

其他社会组织和公民，有义务遵守教育法的有关规定。如果违反了教育法律规范，应依法承担相应的法律责任。

四、教育法律救济

考点1 教育法律救济的概念、特征和作用

1. 概念

教育法律救济是指教育法律关系主体的合法权益受到侵犯并造成损害时，获得恢复和补救的法律制度。在教育领域中主要运用的法律救济方式包括教师申诉制度、受教育者申诉制度、行政复议、行政诉讼、行政赔偿和民事诉讼。

2. 特征

(1)纠纷的存在是教育法律救济的基础；(2)损害的发生是教育法律救济的前提；(3)补救受害者的合法权益是教育法律救济的根本目的，也是教育法律救济的基本功能；(4)具有补救与监督双重作用。

3. 教育法律救济的作用

(1)保护教育法律关系主体;(2)维护教育法律的权威;(3)促进教育行政部门依法行政;(4)有利于推进教育法制建设。

考点 2 教育法律救济的途径

法律救济的途径是指相对人的合法权益受到损害时,请求救济的渠道和方式。法律救济的渠道有四种:行政渠道、司法渠道、仲裁渠道和调解渠道。其中,行政渠道、仲裁渠道和调解渠道统称为非诉讼渠道。

(1)行政渠道。行政救济渠道主要有行政申诉和行政复议两种方式。行政救济是教育法律救济的主要方式。

(2)司法渠道。司法渠道又称诉讼渠道,是指相对人就特定的侵权行为向人民法院提起诉讼,请求救济。

(3)仲裁渠道。仲裁渠道与行政、司法渠道不同。仲裁是建立在纠纷双方自愿平等的基础上,由非国家机关的仲裁机构以平等的第三者身份进行的活动。

(4)调解渠道。调解有司法调解、行政调解、民间调解三种形式。

考点 3 教育法律救济的基本原则 【单选】 ★

(1)事后救济;(2)职权专属;(3)正当程序。

五、教育申诉制度 【单选、名词解释】 ★★

教育申诉制度是指作为教育法律关系主体的公民,在其合法权益受到侵害时,向国家机关申诉理由,请求处理的制度。我国的教育申诉制度主要有教师申诉制度和受教育者申诉制度。

考点 1 教师申诉制度

1. 教师申诉制度的概念和特征

教师申诉制度,是指教师在其合法权益受到侵犯时,依照法律、法规的规定,向主管的行政机关申诉理由,请求处理的制度。教师申诉制度的特征包括:法律性、特定性、非诉讼性。

2. 教师申诉的范围

根据《中华人民共和国教师法》的规定,教师申诉的范围包括:

(1)教师认为学校或其他教育机构侵犯其《中华人民共和国教师法》规定的合法权益的,可以提起申诉。

(2)教师对学校或其他教育机构作出的处理决定不服的,可以提出申诉。

(3)教师认为当地人民政府的有关行政部门侵犯其根据《中华人民共和国教师法》规定享有的合法权益的,可以提出申诉。需特别指出的是,这里的被申诉对象只能是当地人民政府隶属的行政机关,而不能是当地人民政府。其他企业、事业单位或个人侵犯教师合法权益的,不列入教师申诉制度的范围。

3. 教师申诉的程序

教师申诉程序包括提出、受理和处理三个环节,并依次进行。

教育行政部门应当在接到申诉的30日内,作出处理。逾期未作处理或者久拖不决的,若申诉内容涉及人身权、财产权及其他属于行政复议、行政诉讼受案范围的,申诉人可依法提起行政复议或行政诉讼。

考点 2　受教育者申诉制度

1. 受教育者申诉制度的概念和特征

受教育者申诉制度即学生申诉制度，是指受教育者在其合法权益受到侵害时，依法向主管的行政机关申诉理由，请求处理的制度。受教育者申诉制度具有与教师申诉制度相同的法律性、特定性和非诉讼性。

2. 受教育者申诉的范围

《中华人民共和国教育法》第四十三条规定了受教育者的权利，其中第四项规定："对学校给予的处分不服向有关部门提出申诉，对学校、教师侵犯其人身权、财产权等合法权益，提出申诉或者依法提起诉讼。"根据这一规定，提起申诉的人必须是受教育者或其监护人，被申诉人是学校或教师，申诉的事项必须符合《中华人民共和国教育法》规定的受理范围。

根据《中华人民共和国教育法》的规定，学生申诉的范围包括：

(1)对学校作出的各种处分不服，如警告、严重警告、记过、留校察看、勒令退学、开除学籍等，可以提出申诉。

(2)对学校或教师侵犯其人身权，如在教育活动中对其进行体罚或变相体罚，限制其人身自由权等合法权益，可以提出申诉。

(3)对学校或教师侵犯其财产权，如非法乱收费、乱摊派、乱罚款，非法没收其财物，强迫其购买非必需教学物品等，可以提出申诉。

(4)对学校或教师侵犯其知识产权可以提出申诉。例如，教师剽窃学生的著作权、发明权或其他科技成果权，学校强行将学生的知识产权收归学校等。

3. 受教育者申诉制度的程序

和教师申诉制度一样，受教育者申诉制度也有提出申诉、申诉受理和申诉处理等环节。

★★　考点大默写　★★

1. ____________是一种有目的的动态发展过程，是政党、政府等政治实体为实现一定历史时期的教育目的和任务而规定的行动依据和准则。
2. ____________是教育司法活动的灵魂和生命。
3. 依据教育法规规定内容的不同，教育法规可分为实体法和____________。
4. 根据表现的强制性程度，可将教育法律规范分为____________规范和任意性规范。
5. 教育法律关系的客体一般包括物质财富、非物质财富、____________三个大的方面。
6. 法律救济的渠道有四种：行政渠道、____________渠道、仲裁渠道和调解渠道。
7. 教育基本法律是由全国人民代表大会制定，调整教育内部、外部相互关系的基本法律准则。它对整个教育全局起宏观调控作用，或称为"____________""教育母法"。
8. ____________制度，是指教师在其合法权益受到侵犯时，依照法律、法规的规定，向主管的行政机关申诉理由，请求处理的制度。
9. 教育规章包括部门教育规章和地方政府教育规章。其中，《学生伤害事故处理办法》是____________教育规章。

10. ______________是教育法律关系发生、变更和消灭的根据。

11. ______________是指国家行政机关依法对违反行政法律规范的组织或个人进行的行政制裁。

12. 教育法律救济的基本原则包括：______________原则、职权专属原则和正当程序原则。

13. ______________申诉制度，是指受教育者在其合法权益受到侵害时，依法向主管的行政机关申诉理由，请求处理的制度。

【参考答案】

1. 教育政策　2. 公正准确　3. 程序法　4. 强制性　5. 行为　6. 司法　7. 教育宪法　8. 教师申诉　9. 部门　10. 法律事实　11. 行政处罚　12. 事后救济　13. 受教育者(学生)

即时反思与复盘总结

我于________年____月____日完成了对本章的学习。

复盘一下，我对自己较肯定的地方是______________________

(足够努力/心态积极/方法得当……)

我觉得自己需要改进的地方是______________________

(懒惰懈怠/心情浮躁/方法不当……)

休息片刻，开启下一站征程！

第二章 现行主要的教育政策及重要规定

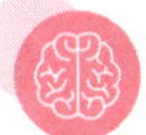

思维导图

现行主要的教育政策及重要规定

- 《中共中央关于教育体制改革的决定》——把发展基础教育的责任交给地方，有步骤地实行九年制义务教育——实行基础教育由地方负责、分级管理的原则
- 《关于深化教育改革全面推进素质教育的决定》——加强领导，全党、全社会共同努力开创素质教育的新局面——努力采取有效措施，切实加大教育投入，逐步实现国家财政性教育经费支出占国民生产总值4%的目标
- 《关于适应新形势进一步加强和改进中小学德育工作的意见》——切实提高中小学德育工作的针对性和实效性——要把思想政治教育、品德教育、纪律教育、法制教育作为中小学德育工作长期坚持的重点
- 《基础教育课程改革纲要（试行）》——课程标准——国家课程标准是教材编写、教学、评估和考试命题的依据，是国家管理和评价课程的基础
- 《中国学生发展核心素养》——总体框架——以科学性、时代性和民族性为基本原则，以培养“全面发展的人”为核心，分为文化基础、自主发展、社会参与三个方面，综合表现为人文底蕴、科学精神、学会学习、健康生活、责任担当、实践创新六大素养，具体细化为人文积淀等十八个基本要点（难点）
- 《中国教育现代化2035》——基本理念和基本原则
  - 基本理念：更加注重以德为先，更加注重全面发展，更加注重面向人人，更加注重终身学习，更加注重因材施教，更加注重知行合一，更加注重融合发展，更加注重共建共享
  - 基本原则：坚持党的领导、坚持中国特色、坚持优先发展、坚持服务人民、坚持改革创新、坚持依法治教、坚持统筹推进
- 《关于全面加强新时代大中小学劳动教育的意见》——全面构建体现时代特征的劳动教育体系——劳动教育是国民教育体系的重要内容，是学生成长的必要途径，具有树德、增智、强体、育美的综合育人价值
- 《关于全面加强和改进新时代学校体育工作的意见》——不断深化教学改革——合理安排校外体育活动时间，着力保障学生每天校内、校外各1个小时体育活动时间，促进学生养成终身锻炼的习惯（易错）
- 《关于进一步减轻义务教育阶段学生作业负担和校外培训负担的意见》——全面压减作业总量和时长，减轻学生过重作业负担（重点）
  - 初中书面作业平均完成时间不超过90分钟
  - 鼓励布置分层、弹性和个性化作业，坚决克服机械、无效作业，杜绝重复性、惩罚性作业
- 《生命安全与健康教育进中小学课程教材指南》——主要内容（易混）
  - 健康行为与生活方式领域要点包括：个人卫生与保健；用眼健康；公共环境卫生等
  - 心理健康领域核心要点包括：社交与社会适应；情绪与行为调控等

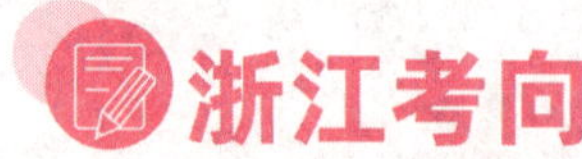

浙江考向

本章属于教育政策法规的重要章节，也是金华、温州、衢州等地区的笔试重点考查的章节，内容广泛、识记性知识多，在考试中常以选择题、填空题等形式考查。本章的考向分析如下：

考点名称	常考题型	能力层级	考查热度
《中国学生发展核心素养》	填空	识记	★★
《关于全面加强和改进新时代学校体育工作的意见》	单选	识记	★★
《生命安全与健康教育进中小学课程教材指南》	单选	识记	★★

核心考点

第一节　《中共中央关于教育体制改革的决定》

中共中央关于教育体制改革的决定(节选)

(1985年5月)

一、教育体制改革的根本目的是提高民族素质，多出人才、出好人才

教育必须为社会主义建设服务，社会主义建设必须依靠教育。社会主义现代化建设的宏伟任务，要求我们不但必须放手使用和努力提高现有的人才，而且必须极大地提高全党对教育工作的认识，面向现代化、面向世界、面向未来，为九十年代以至下世纪初叶我国经济和社会的发展，大规模地准备新的能够坚持社会主义方向的各级各类合格人才。

二、把发展基础教育的责任交给地方，有步骤地实行九年制义务教育

实行九年制义务教育，实行基础教育由地方负责、分级管理的原则，是发展我国教育事业、改革我国教育体制的基础一环。义务教育，即依法律规定适龄儿童和青少年都必须接受，国家、社会、家庭必须予以保证的国民教育，为现代生产发展和现代社会生活所必需，是现代文明的一个标志。

三、调整中等教育结构，大力发展职业技术教育

发展职业技术教育要以中等职业技术教育为重点，发挥中等专业学校的骨干作用，同时积极发展高等职业技术院校，优先对口招收中等职业技术学校毕业生以及有本专业实践经验、成绩合格的在职人员入学，逐步建立起一个从初级到高级、行业配套、结构合理又能与普通教育相互沟通的职业技术教育体系。

四、改革高等学校的招生计划和毕业生分配制度，扩大高等学校办学自主权

当前高等教育体制改革的关键，就是改变政府对高等学校统得过多的管理体制。在国家统一的教育方针和计划的指导下，扩大高等学校的办学自主权，加强高等学校同生产、科研和社会其他各方面的联系，使高等学校具有主动适应经济和社会发展需要的积极性和能力。

五、加强领导，调动各方面积极因素，保证教育体制改革的顺利进行

学校逐步实行校长负责制，有条件的学校要设立由校长主持的、人数不多的、有威信的校务委员会，作为审议机构。要建立和健全以教师为主体的教职工代表大会制度，加强民主管理和民主监督。

第二节 《关于深化教育改革全面推进素质教育的决定》

关于深化教育改革全面推进素质教育的决定（节选）

（1999年6月）

一、全面推进素质教育，培养适应二十一世纪现代化建设需要的社会主义新人

1. 实施素质教育，就是全面贯彻党的教育方针，以提高国民素质为根本宗旨，以培养学生的创新精神和实践能力为重点，造就“有理想、有道德、有文化、有纪律”的、德智体美等全面发展的社会主义事业建设者和接班人。

2. 实施素质教育，必须把德育、智育、体育、美育等有机地统一在教育活动的各个环节中。学校教育不仅要抓好智育，更要重视德育，还要加强体育、美育、劳动技术教育和社会实践，使诸方面教育相互渗透、协调发展，促进学生的全面发展和健康成长。

……

二、深化教育改革，为实施素质教育创造条件

8. 基本普及九年义务教育和基本扫除青壮年文盲（简称“两基”），是全面推进素质教育的基础。

9. 调整现有教育体系结构，扩大高中阶段教育和高等教育的规模，拓宽人才成长的道路，减缓升学压力。

……

三、优化结构，建设全面推进素质教育的高质量的教师队伍

……

四、加强领导，全党、全社会共同努力开创素质教育的新局面

22. 全面推进素质教育，必须切实加强党和政府的领导。

23. 全面推进素质教育，根本上要靠法治、制度保障。

24. 努力采取有效措施，切实加大教育投入，逐步实现国家财政性教育经费支出占国民生产总值4%的目标。

25. 社会用人制度对于实施素质教育有着重要的导向作用，改革用人制度是全面推进素质教育的当务之急。

26. 全面推进素质教育，是我国教育事业的一场深刻变革，是一项事关全局、影响深远和涉及社会各方面的系统工程。

第三节 《关于适应新形势进一步加强和改进中小学德育工作的意见》

关于适应新形势进一步加强和改进中小学德育工作的意见（节选）

（2000年12月）

一、认清形势，统一认识，进一步增强搞好中小学德育工作的紧迫感和责任感

1. 加强和改进中小学德育工作是教育工作的一项紧迫任务。

……

2. 中小学校德育工作要坚持正确的指导思想。

二、切实提高中小学德育工作的针对性和实效性

3. 要把思想政治教育、品德教育、纪律教育、法制教育作为中小学德育工作长期坚持的重点，遵循由浅入深、循序渐进的原则，确定不同教育阶段的内容和要求。小学德育工作主要通过生动活泼的校内外教育教学活动，对学生进行以“爱祖国、爱人民、爱劳动、爱科学、爱社会主义”为基本内容的社会主义公德教育、社会常识教育和文明行为习惯的养成教育。中学德育工作的基本任务是把学生培养成为热爱社会主义祖国的具有社会公德、法制意识、文明行为习惯的遵纪守法的公民，引导他们逐步树立正确的世界观、人生观和价值观，不断提高爱国主义、集体主义和社会主义思想觉悟，为他们中的优秀分子将来能够成长为共产主义者奠定基础。中学特别是高中阶段，要注重有针对性地对学生进行马列主义、毛泽东思想和邓小平理论基本观点教育，辩证唯物主义和历史唯物主义基本观点教育。要加强国情教育，帮助学生了解我国改革开放以来取得的巨大成就，正确认识当前存在的矛盾和困难，以及党和政府努力解决这些问题的决心和措施，进一步坚定社会主义信念。

4. 加强中小学德育课程建设。中小学思想品德、思想政治课和职业学校德育课的教育教学活动是学校德育工作的主导渠道。

5. 德育要寓于各学科教学之中，贯穿于教育教学的各个环节。

6. 把丰富多彩的教育活动作为德育工作的重要载体，努力培养学生的社会责任感和奉献精神。

7. 校内教育与校外教育相结合，切实加强社会实践活动。

三、大力加强教师职业道德建设

8. 教师职业道德建设是加强中小学德育工作和全面推进素质教育的关键环节，必须切实抓紧抓实。

……

四、全社会共同努力，各部门通力协作，保障青少年健康成长

……

五、切实加强对中小学德育工作的领导

14. 做好青少年的思想教育工作，直接关系到实施科教兴国战略的成败，关系到我国社会主义事业的前途和命运。

……

第四节　《基础教育课程改革纲要（试行）》

基础教育课程改革纲要（试行）（节选）

（2001年6月）

改革开放以来，我国基础教育取得了辉煌成就，基础教育课程建设也取得了显著成绩。但是，我国基础教育总体水平还不高，原有的基础教育课程已不能完全适应时代发展的需要。为贯彻《中共中央国务院关于深化教育改革全面推进素质教育的决定》（中发〔1999〕9号）和《国务院关于基础教育改革与发展的决定》（国发〔2001〕21号），教育部决定，大力推进基础教育课程改革，调整和改革基础教育的课程体系、结构、内容，构建符合素质教育要求的新的基础教育课程体系。

新的课程体系涵盖幼儿教育、义务教育和普通高中教育。

一、课程改革的目标

1. 基础教育课程改革要以邓小平同志关于“教育要面向现代化，面向世界，面向未来”和江泽民同志“三

个代表"的重要思想为指导，全面贯彻党的教育方针，全面推进素质教育。

新课程的培养目标应体现时代要求。要使学生具有爱国主义、集体主义精神，热爱社会主义，继承和发扬中华民族的优秀传统和革命传统；具有社会主义民主法制意识，遵守国家法律和社会公德；逐步形成正确的世界观、人生观、价值观；具有社会责任感，努力为人民服务；具有初步的创新精神、实践能力、科学和人文素养以及环境意识；具有适应终身学习的基础知识、基本技能和方法；具有健壮的体魄和良好的心理素质，养成健康的审美情趣和生活方式，成为有理想、有道德、有文化、有纪律的一代新人。

2. 基础教育课程改革的具体目标：

改变课程过于注重知识传授的倾向，强调形成积极主动的学习态度，使获得基础知识与基本技能的过程同时成为学会学习和形成正确价值观的过程。

改变课程结构过于强调学科本位、科目过多和缺乏整合的现状，整体设置九年一贯的课程门类和课时比例，并设置综合课程，以适应不同地区和学生发展的需求，体现课程结构的均衡性、综合性和选择性。

改变课程内容"难、繁、偏、旧"和过于注重书本知识的现状，加强课程内容与学生生活以及现代社会和科技发展的联系，关注学生的学习兴趣和经验，精选终身学习必备的基础知识和技能。

改变课程实施过于强调接受学习、死记硬背、机械训练的现状，倡导学生主动参与、乐于探究、勤于动手，培养学生搜集和处理信息的能力、获取新知识的能力、分析和解决问题的能力以及交流与合作的能力。

改变课程评价过分强调甄别与选拔的功能，发挥评价促进学生发展、教师提高和改进教学实践的功能。

改变课程管理过于集中的状况，实行国家、地方、学校三级课程管理，增强课程对地方、学校及学生的适应性。

二、课程结构

3. 整体设置九年一贯的义务教育课程。

小学阶段以综合课程为主。小学低年级开设品德与生活、语文、数学、体育、艺术（或音乐、美术）等课程；小学中高年级开设品德与社会、语文、数学、科学、外语、综合实践活动、体育、艺术（或音乐、美术）等课程。

初中阶段设置分科与综合相结合的课程，主要包括思想品德、语文、数学、外语、科学（或物理、化学、生物）、历史与社会（或历史、地理）、体育与健康、艺术（或音乐、美术）以及综合实践活动。积极倡导各地选择综合课程。学校应努力创造条件开设选修课程。在义务教育阶段的语文、艺术、美术课中要加强写字教学。

4. 高中以分科课程为主。为使学生在普遍达到基本要求的前提下实现有个性的发展，课程标准应有不同水平的要求，在开设必修课的同时，设置丰富多样的选修课程，开设技术类课程。积极试行学分制管理。

5. 从小学至高中设置综合实践活动并作为必修课程，其内容主要包括：信息技术教育、研究性学习、社区服务与社会实践以及劳动与技术教育。强调学生通过实践，增强探究和创新意识，学习科学研究的方法，发展综合运用知识的能力。增进学校与社会的密切联系，培养学生的社会责任感。在课程的实施过程中，加强信息技术教育，培养学生利用信息技术的意识和能力。了解必要的通用技术和职业分工，形成初步技术能力。

6. 农村中学课程要为当地社会经济发展服务，在达到国家课程基本要求的同时，可根据现代农业发展和农村产业结构的调整因地制宜地设置符合当地需要的课程，深化"农科教相结合"和"三教统筹"等项改革，试行通过"绿色证书"教育及其他技术培训获得"双证"的做法。城市普通中学也要逐步开设职业技术课程。

三、课程标准

7. 国家课程标准是教材编写、教学、评估和考试命题的依据，是国家管理和评价课程的基础。应体现国家对不同阶段的学生在知识与技能、过程与方法、情感态度与价值观等方面的基本要求，规定各门课程的性质、目标、内容框架，提出教学和评价建议。

8. 制定国家课程标准要依据各门课程的特点，结合具体内容，加强德育工作的针对性、实效性和主动性，对学生进行爱国主义、集体主义和社会主义教育，加强中华民族优良传统、革命传统教育和国防教育，加强思想品质和道德教育，引导学生树立正确的世界观、人生观和价值观；要倡导科学精神、科学态度和科学方法，引导学生创新与实践。

9. 幼儿园教育要依据幼儿身心发展的特点和教育规律，坚持保教结合和以游戏为基本活动的原则，与家庭和社区密切配合，培养幼儿良好的行为习惯，保护和启发幼儿的好奇心和求知欲，促进幼儿身心全面和谐发展。

义务教育课程标准应适应普及义务教育的要求，让绝大多数学生经过努力都能够达到，体现国家对公民素质的基本要求，着眼于培养学生终身学习的愿望和能力。

普通高中课程标准应在坚持使学生普遍达到基本要求的前提下，有一定的层次性和选择性，并开设选修课程，以利于学生获得更多的选择和发展的机会，为培养学生的生存能力、实践能力和创造能力打下良好的基础。

四、教学过程

……

五、教材开发与管理

……

六、课程评价

……

15. 继续改革和完善考试制度。

在已经普及九年义务教育的地区，实行小学毕业生免试就近升学的办法。鼓励各地中小学自行组织毕业考试。完善初中升高中的考试管理制度，考试内容应加强与社会实际和学生生活经验的联系，重视考查学生分析问题、解决问题的能力，部分学科可实行开卷考试。高中毕业会考改革方案由省级教育行政部门制定，继续实行会考的地方应突出水平考试的性质，减轻学生考试的负担。

……

七、课程管理

16. 为保障和促进课程适应不同地区、学校、学生的要求，实行国家、地方和学校三级课程管理。

……

八、教师的培养和培训

……

九、课程改革的组织与实施

……

第五节 《中国学生发展核心素养》

中国学生发展核心素养(节选)

(2016年9月)

学生发展核心素养,主要是指学生应具备的,能够适应终身发展和社会发展需要的**必备品格**和**关键能力**。研究学生发展核心素养是落实立德树人根本任务的一项重要举措,也是适应世界教育改革发展趋势、提升我国教育国际竞争力的迫切需要。

一、总体框架 【填空】 ★★

中国学生发展核心素养,以科学性、时代性和民族性为基本原则,以培养"全面发展的人"为核心,分为文化基础、自主发展、社会参与三个方面,综合表现为人文底蕴、科学精神、学会学习、健康生活、责任担当、实践创新六大素养,具体细化为人文积淀、国家认同、批判质疑等十八个基本要点。

二、基本内涵

(一)文化基础

文化是人存在的根和魂。文化基础,重在强调能习得人文、科学等各领域的知识和技能,掌握和运用人类优秀智慧成果,涵养内在精神,追求真善美的统一,发展成为有宽厚文化基础、有更高精神追求的人。

1. 人文底蕴

主要是学生在学习、理解、运用人文领域知识和技能等方面所形成的基本能力、情感态度和价值取向。具体包括人文积淀、人文情怀和审美情趣等基本要点。

2. 科学精神

主要是学生在学习、理解、运用科学知识和技能等方面所形成的价值标准、思维方式和行为表现。具体包括理性思维、批判质疑、勇于探究等基本要点。

(二)自主发展

自主性是人作为主体的根本属性。自主发展,重在强调能有效管理自己的学习和生活,认识和发现自我价值,发掘自身潜力,有效应对复杂多变的环境,成就出彩人生,发展成为有明确人生方向、有生活品质的人。

1. 学会学习

主要是学生在学习意识形成、学习方式方法选择、学习进程评估调控等方面的综合表现。具体包括乐学善学、勤于反思、信息意识等基本要点。

2. 健康生活

主要是学生在认识自我、发展身心、规划人生等方面的综合表现。具体包括珍爱生命、健全人格、自我管理等基本要点。

(三)社会参与

社会性是人的本质属性。社会参与,重在强调能处理好自我与社会的关系,养成现代公民所必须遵守和履行的道德准则和行为规范,增强社会责任感,提升创新精神和实践能力,促进个人价值实现,推动社会发展进步,发展成为有理想信念、敢于担当的人。

1. 责任担当

主要是学生在处理与社会、国家、国际等关系方面所形成的情感态度、价值取向和行为方式。具体包括社会责任、国家认同、国际理解等基本要点。

2. 实践创新

主要是学生在日常活动、问题解决、适应挑战等方面所形成的实践能力、创新意识和行为表现。具体包括劳动意识、问题解决、技术应用等基本要点。

第六节 《中国教育现代化2035》

中国教育现代化2035(节选)

(2019年2月)

一、基本理念和基本原则

《中国教育现代化2035》提出了推进教育现代化的八大基本理念:更加注重以德为先,更加注重全面发展,更加注重面向人人,更加注重终身学习,更加注重因材施教,更加注重知行合一,更加注重融合发展,更加注重共建共享。

明确了推进教育现代化的基本原则:坚持党的领导、坚持中国特色、坚持优先发展、坚持服务人民、坚持改革创新、坚持依法治教、坚持统筹推进。

二、总体目标

《中国教育现代化2035》提出,推进教育现代化的总体目标是:到2020年,全面实现“十三五”发展目标,教育总体实力和国际影响力显著增强,劳动年龄人口平均受教育年限明显增加,教育现代化取得重要进展,为全面建成小康社会作出重要贡献。在此基础上,再经过15年努力,到2035年,总体实现教育现代化,迈入教育强国行列,推动我国成为学习大国、人力资源强国和人才强国,为到本世纪中叶建成富强民主文明和谐美丽的社会主义现代化强国奠定坚实基础。

2035年主要发展目标是:建成服务全民终身学习的现代教育体系、普及有质量的学前教育、实现优质均衡的义务教育、全面普及高中阶段教育、职业教育服务能力显著提升、高等教育竞争力明显提升、残疾儿童少年享有适合的教育、形成全社会共同参与的教育治理新格局。

三、战略任务

《中国教育现代化2035》聚焦教育发展的突出问题和薄弱环节,立足当前,着眼长远,重点部署了面向教育现代化的十大战略任务:

一是学习习近平新时代中国特色社会主义思想。

二是发展中国特色世界先进水平的优质教育。创新人才培养方式,推行启发式、探究式、参与式、合作式等教学方式以及走班制、选课制等教学组织模式,培养学生创新精神与实践能力。

三是推动各级教育高水平高质量普及。

四是实现基本公共教育服务均等化。

五是构建服务全民的终身学习体系。

六是提升一流人才培养与创新能力。

七是建设高素质专业化创新型教师队伍。

八是加快信息化时代教育变革。

九是开创教育对外开放新格局。

十是推进教育治理体系和治理能力现代化。

第七节 《关于全面加强新时代大中小学劳动教育的意见》

关于全面加强新时代大中小学劳动教育的意见(节选)

(2020年3月)

一、充分认识新时代培养社会主义建设者和接班人对加强劳动教育的新要求

(一)重大意义。劳动教育是中国特色社会主义教育制度的重要内容,直接决定社会主义建设者和接班人的劳动精神面貌、劳动价值取向和劳动技能水平。长期以来,各地区和学校坚持教育与生产劳动相结合,在实践育人方面取得了一定成效。同时也要看到,近年来一些青少年中出现了不珍惜劳动成果、不想劳动、不会劳动的现象,劳动的独特育人价值在一定程度上被忽视,劳动教育正被淡化、弱化。对此,全党全社会必须高度重视,采取有效措施切实加强劳动教育。

(二)指导思想。以习近平新时代中国特色社会主义思想为指导,全面贯彻党的教育方针,落实全国教育大会精神,坚持立德树人,坚持培育和践行社会主义核心价值观,把劳动教育纳入人才培养全过程,贯通大中小学各学段,贯穿家庭、学校、社会各方面,与德育、智育、体育、美育相融合,紧密结合经济社会发展变化和学生生活实际,积极探索具有中国特色的劳动教育模式,创新体制机制,注重教育实效,实现知行合一,促进学生形成正确的世界观、人生观、价值观。

(三)基本原则

——把握育人导向。

——遵循教育规律。

——体现时代特征。

——强化综合实施。

——坚持因地制宜。

二、全面构建体现时代特征的劳动教育体系

(四)把握劳动教育基本内涵。劳动教育是国民教育体系的重要内容,是学生成长的必要途径,具有树德、增智、强体、育美的综合育人价值。

(五)明确劳动教育总体目标。通过劳动教育,使学生能够理解和形成马克思主义劳动观,牢固树立劳动最光荣、劳动最崇高、劳动最伟大、劳动最美丽的观念;体会劳动创造美好生活,体认劳动不分贵贱,热爱劳动,尊重普通劳动者,培养勤俭、奋斗、创新、奉献的劳动精神;具备满足生存发展需要的基本劳动能力,形成良好劳动习惯。

(六)设置劳动教育课程。

(七)确定劳动教育内容要求。根据教育目标,针对不同学段、类型学生特点,以日常生活劳动、生产劳动和服务性劳动为主要内容开展劳动教育。结合产业新业态、劳动新形态,注重选择新型服务性劳动的内容。

初中要注重围绕增加劳动知识、技能,加强家政学习,开展社区服务,适当参加生产劳动,使学生初步养成认真负责、吃苦耐劳的品质和职业意识。普通高中要注重围绕丰富职业体验,开展服务性劳动、参加生产劳动,使学生熟练掌握一定劳动技能,理解劳动创造价值,具有劳动自立意识和主动服务他人、服务社会的情怀。

(八)健全劳动素养评价制度。

三、广泛开展劳动教育实践活动

(九)家庭要发挥在劳动教育中的基础作用。

(十)学校要发挥在劳动教育中的主导作用。

(十一)社会要发挥在劳动教育中的支持作用。

四、着力提升劳动教育支撑保障能力

……

五、切实加强劳动教育的组织实施

……

第八节 《关于全面加强和改进新时代学校体育工作的意见》

关于全面加强和改进新时代学校体育工作的意见(节选)

(2020年10月)

一、总体要求

1. 指导思想。以习近平新时代中国特色社会主义思想为指导,全面贯彻党的教育方针,坚持社会主义办学方向,以立德树人为根本,以社会主义核心价值观为引领,以服务学生全面发展、增强综合素质为目标,坚持健康第一的教育理念,推动青少年文化学习和体育锻炼协调发展,帮助学生在体育锻炼中享受乐趣、增强体质、健全人格、锤炼意志,培养德智体美劳全面发展的社会主义建设者和接班人。

2. 工作原则

——改革创新,面向未来。

——补齐短板,特色发展。

——凝心聚力,协同育人。

3. 主要目标。到2022年,配齐配强体育教师,开齐开足体育课,办学条件全面改善,学校体育工作制度机制更加健全,教学、训练、竞赛体系普遍建立,教育教学质量全面提高,育人成效显著增强,学生身体素质和综合素养明显提升。到2035年,多样化、现代化、高质量的学校体育体系基本形成。

二、不断深化教学改革 【单选】 ★★

4. 开齐开足上好体育课。

5. 加强体育课程和教材体系建设。

6. 推广中华传统体育项目。

7. 强化学校体育教学训练。逐步完善"健康知识+基本运动技能+专项运动技能"的学校体育教学模式。教会学生科学锻炼和健康知识,指导学生掌握跑、跳、投等基本运动技能和足球、篮球、排球、田径、游泳、体操、武术、冰雪运动等专项运动技能。健全体育锻炼制度,广泛开展普及性体育运动,定期举办学生运动会或体育节,组建体育兴趣小组、社团和俱乐部,推动学生积极参与常规课余训练和体育竞赛。合理安排校外体育活动时间,着力保障学生每天校内、校外各1个小时体育活动时间,促进学生养成终身锻炼的习惯。加强青少年学生军训。

8. 健全体育竞赛和人才培养体系。

真题面对面

[2022金华,单选]《关于全面加强和改进新时代学校体育工作的意见》要求:合理安排校外体育活动时间,着力保障学生每天校内、校外各(　　)的体育活动时间,促进学生养成终身锻炼的习惯。

A. 70分钟　　B. 30分钟　　C. 1个小时　　D. 2个小时

答案:C

三、全面改善办学条件

……

四、积极完善评价机制

……

五、切实加强组织保障

……

第九节　《关于进一步减轻义务教育阶段学生作业负担和校外培训负担的意见》

关于进一步减轻义务教育阶段学生作业负担和校外培训负担的意见(节选)

(2021年7月)

为深入贯彻党的十九大和十九届五中全会精神,切实提升学校育人水平,持续规范校外培训(包括线上培训和线下培训),有效减轻义务教育阶段学生过重作业负担和校外培训负担(以下简称"双减"),现提出如下意见。

一、总体要求

……

二、全面压减作业总量和时长,减轻学生过重作业负担　必背

4. 健全作业管理机制。学校要完善作业管理办法,加强学科组、年级组作业统筹,合理调控作业结构,确保难度不超国家课标。建立作业校内公示制度,加强质量监督。严禁给家长布置或变相布置作业,严禁要求家长检查、批改作业。

5. 分类明确作业总量。学校要确保小学一、二年级不布置家庭书面作业,可在校内适当安排巩固练习;小学三至六年级书面作业平均完成时间不超过60分钟,初中书面作业平均完成时间不超过90分钟。

6. 提高作业设计质量。发挥作业诊断、巩固、学情分析等功能,将作业设计纳入教研体系,系统设计符合年龄特点和学习规律、体现素质教育导向的基础性作业。鼓励布置分层、弹性和个性化作业,坚决克服机械、无效作业,杜绝重复性、惩罚性作业。

7. 加强作业完成指导。教师要指导小学生在校内基本完成书面作业,初中生在校内完成大部分书面作业。教师要认真批改作业,及时做好反馈,加强面批讲解,认真分析学情,做好答疑辅导。不得要求学生自批自改作业。

8. 科学利用课余时间。学校和家长要引导学生放学回家后完成剩余书面作业,进行必要的课业学习,从事力所能及的家务劳动,开展适宜的体育锻炼,开展阅读和文艺活动。个别学生经努力仍完不成书面作业的,也应按时就寝。引导学生合理使用电子产品,控制使用时长,保护视力健康,防止网络沉迷。家长要

积极与孩子沟通，关注孩子心理情绪，帮助其养成良好学习生活习惯。寄宿制学校要统筹安排好课余学习生活。

三、提升学校课后服务水平，满足学生多样化需求

……

四、坚持从严治理，全面规范校外培训行为

……

五、大力提升教育教学质量，确保学生在校内学足学好

……

六、强化配套治理，提升支撑保障能力

……

七、扎实做好试点探索，确保治理工作稳妥推进

……

八、精心组织实施，务求取得实效

……

第十节 《生命安全与健康教育进中小学课程教材指南》

生命安全与健康教育进中小学课程教材指南（节选）

（2021年11月）

为贯彻习近平总书记关于教育、卫生与健康的重要论述，落实《“健康中国2030”规划纲要》，充分发挥中小学课程教材在生命安全与健康教育中的重要作用，特制定本指南。

一、重要意义

生命安全与健康是人类生存、发展的基本需求和永恒追求。生命权、身体权和健康权是每一位公民的权利。

良好的学校生命安全与健康教育有助于学生树立正确生命观、健康观、安全观，养成健康文明行为习惯和生活方式，自觉采纳和保持健康行为，为终身健康奠定坚实基础。

将生命安全与健康教育全面融入中小学课程教材，是实现生命安全与健康教育系列化、常态化、长效化的重要举措，对培养德智体美劳全面发展的社会主义建设者和接班人具有重要意义。

二、基本原则

（一）坚持“生命至上、健康第一”理念

以学生健康成长和终身健康为核心，覆盖生理、心理和社会适应领域，关注影响生长发育的自然环境与社会环境因素，帮助学生树立关爱生命、热爱生活的观念，形成健康意识，养成健康生活方式，提升健康素养。

（二）增强“安全为本”意识和能力

立足日常生活情境，覆盖居家、校园及其他公共场所，关注网络空间，引导学生学会科学应对自然灾害、事故灾害和社会危机事件，增强防灾减灾意识，提升危险预判、紧急避险、求生逃生等自救和他救技能，培养应急救护能力，提高防范网络电信诈骗的意识和能力。

（三）遵循学生身心发展规律

充分考虑不同年龄学生身心发育特征和认知水平，对教育目标和内容进行系统设计，在小学、初中和高中三个学段有序铺开，总体呈现循序渐进、螺旋上升的特点。

（四）注重有机融入学科

依据学科特点，以核心素养为导向，选取生命安全与健康教育相关内容，作为学科教学素材，有机整合融入学科教育，注重趣味性、互动性、体验性、生成性，提升教育实效性。

三、总体目标

力求做到生命安全与健康教育进教材、进课堂、进学生头脑，在中小学课程教材中的布局安排更加系统、科学，内容更具针对性、适宜性、实用性。课程教材在有效增强学生“生命至上、健康第一”意识、提高心理社会能力、养成健康行为等方面的育人功能显著提升，为学生健康成长、终身发展和全民健康素养的提升奠定坚实基础。

四、主要内容 【单选】 ★★

（一）领域 **1** 健康行为与生活方式

很多疾病往往是由长期不良生活方式所导致的。在健康相关的社会环境因素中，“健康行为与生活方式”的可塑性最强。应教育学生从小认识日常行为和生活方式对健康的影响，学会正确理解健康信息，自觉采纳健康行为，注意养成良好生活习惯，形成健康的生活方式。

本领域要点包括：认识健康；**个人卫生与保健**；健康问题与疾病预防控制；**用眼健康**；耳鼻口腔健康；形体健康；健身锻炼与运动；健康作息；合理膳食；**公共环境卫生**；关注健康信息。

（二）领域 **2** 生长发育与青春期保健

青春期是旺盛的生长发育期，是个体从童年向成年逐渐过渡的重要时期，也是预防成年期疾病（慢性非传染性疾病，如糖尿病、高血压、恶性肿瘤）的关键时期。针对这一时期的身心发展规律和变化特点，不断调整行为方式和生活习惯，适应自身以及学习和生活环境变化，对健康成长和维护终身健康至关重要。应教育学生了解生长发育和青春期保健的基本知识与技能，学会自我保护，减少健康风险行为及其危害。

本领域要点包括：生长发育；青春期心理；青春期性健康；性侵害预防；珍爱生命。

（三）领域 **3** 心理健康

个体心理健康关乎家庭幸福和社会和谐。儿童青少年时期是培育积极心理品质的关键时期，应引导学生学习心理健康知识，增强社会适应能力，保持积极心理状态，了解并掌握解决心理问题的主要方法和途径，增强主动寻求帮助的意识，主动化解困扰，增强抗挫折能力，提升幸福感。

本领域核心要点包括：**社交与社会适应**；情绪与行为调控；心理问题与援助支持。

（四）领域 **4** 传染病预防与突发公共卫生事件应对

儿童青少年往往是传统传染病和新发传染病的易感人群。学校集体生活方式下，学生相互接触频繁，罹患传染病的风险较大，易引发突发公共卫生事件。应引导学生掌握传染病防控知识和技能，了解我国公共卫生体系及突发公共卫生事件应对机制，树立公共卫生意识，提高传染病预防能力。

本领域核心要点包括：传染病基础知识；常见传染病及防控措施；传染病对社会的影响；口岸公共卫生；突发公共卫生事件应对。

（五）领域 **5** 安全应急与避险

伤害、暴力威胁等是影响儿童青少年生命安全及健康的主要因素。其中，溺水和交通伤害（道路交通事故）是常见的导致学生意外受伤和死亡的重要原因，校园欺凌和涉及学生的网络电信诈骗等时有发生。应引导儿童青少年增强安全防护意识，学会预防和规避危险，掌握应急常识和急救技能，提升信息素养，增强网络信息的辨别意识和能力。

本领域核心要点包括：应急常识与急救技能；用药安全；社会安全；校园安全；实验、实习安全及职业健康；网络与信息安全。

真题面对面

[2022金华,单选]教育部印发《生命安全与健康教育进中小学课程教材指南》,从五个领域对生命安全与健康教育内容进行明确要求,下列不属于健康行为与生活方式领域的是(　　)

A. 个人卫生与保健　　B. 用眼健康

C. 社交与社会适应　　D. 公共环境卫生

答案:C

五、学段要求 【单选】 ★★

(一)小学阶段

……

(二)初中阶段

注重讲解原理和机制,深化学生认识,强化健康行为养成的主动性和自觉性,引导学生:

1. 学会分析与评估健康影响因素,积极实践健康行为和生活方式,保证用眼健康,预防近视,合理规划时间保证睡眠,拒绝吸烟、饮酒、使用毒品等危害健康的行为;系统了解和主动预防儿童青少年常见病,采取实际行动保护自身健康;认同"人与自然和谐共生"理念,保护公共环境卫生。

2. 理解生长发育的主要规律和影响因素,正确评估生长发育状况;学习青春期保健的基本知识和技能,提高预防性骚扰与性侵害的能力;积极应对青春期心理健康问题,学会正确对待挫折。

3. 学会客观认识和对待自己,学会欣赏和宽容他人;做好进入高中学习或就业的准备;提高情绪管理的能力,学会减压放松方法,学会克服焦虑情绪,提高应对挫折的能力,能够主动求助。

4. 知道常见传染病及防控措施,了解疫苗接种和免疫规划的意义,掌握个人防疫防护技能;了解艾滋病的传播途径及预防措施;了解口岸传染病预防控制;提高突发公共卫生事件应急准备意识和防护能力。

5. 培养安全责任意识,学会急救知识,掌握相关技能,提高预防和应对自然灾害、事故灾害等突发事件的能力;了解安全用药基本知识,预防药物误用、滥用;了解实验和劳动实践中安全防范措施,预防校园安全事故;增强网络信息的辨别意识和能力,防范网络电信诈骗。

(三)高中阶段

主要强调学生的生命责任感和意义,以及发现问题和积极解决问题的能力,引导学生:

1. 深入了解烟草、酒精和毒品危害身体健康的机制,营造无烟环境,远离酒精和毒品(含新型毒品);了解慢性非传染性疾病的预防知识;坚持自觉规律的体育锻炼,科学用眼,健康作息,合理膳食,保持健康体重;关注健康信息,强化公共卫生意识。

2. 深入理解健康生命的意义和价值,理解生长速度的变化规律,认同体态以健康自然为美;理解性、爱情和婚姻的关系,了解婚姻和生育相关知识及法律法规,能够有效预防和应对性骚扰与性侵害。

3. 了解社交与心理健康的关系,提高健康的异性交往能力;适应高中生活,学会正确应对校园欺凌和校园暴力,做好进入高校学习或就业的准备;正确认识和对待童年期不良经历,健康成长;理解竞争和合作的关系,学会公平竞争和团结合作;能够识别并预防焦虑抑郁等心理问题。

4. 了解传染病基础知识及防控措施,能够识别可能感染艾滋病病毒的危险行为,提高防范能力,能够分析传染病对社会、经济和科技发展的影响;了解国门生物安全查验机制和现代口岸核化生有害因子防控;了解我国公共卫生体系及相应政策和传染病防治相关主要法律法规,能够以新型冠状病毒肺炎疫情防控为例,说明中国防疫抗疫的主要过程、关键做法及意义。

5. 进一步掌握应急救护知识与技能，了解用药安全机理；遵守实验、实习场所的安全原则，强化社会安全意识；预防校园安全事故发生，营造校园安全氛围；遵守国家网络安全相关法律法规，进一步提升防范网络电信诈骗能力。

真题面对面

[2022温州，单选]教育部印发了《生命安全与健康教育进中小学课程教材指南》，考虑到不同年龄学生的身心发育特征和认知水平，对小学、初中和高中三个学段分别设置教育目标和内容。下列不属于初中阶段目标的是(　　)

A. 引导学生学习青春期保健的基本知识和技能

B. 提高预防性骚扰与性侵害的能力

C. 学会正确应对校园欺凌和校园暴力

D. 提高情绪管理的能力

答案：C

六、组织实施

……

考点大默写

1.《中共中央关于教育体制改革的决定》指出，教育体制改革的根本目的是提高__________，多出人才、出好人才。

2. 基础教育课程改革的具体目标之一是，改变课程过于注重__________的倾向，强调形成积极主动的学习态度，使获得基础知识与基本技能的过程同时成为学会学习和形成正确价值观的过程。

3. 学生发展核心素养，主要是指学生应具备的，能够适应终身发展和社会发展需要的__________和__________。

4. 中国学生发展核心素养，以__________、__________和__________为基本原则。

5. 中国学生发展核心素养综合表现为__________、__________、__________、健康生活、责任担当、实践创新六大素养。

6.《中国教育现代化2035》提出了推进教育现代化的八大基本理念：更加注重__________，更加注重全面发展，更加注重面向人人，更加注重终身学习，更加注重因材施教，更加注重知行合一，更加注重融合发展，更加注重共建共享。

7.《中国教育现代化2035》提出，到__________年，总体实现教育现代化，迈入教育强国行列，推动我国成为学习大国、人力资源强国和人才强国，为到本世纪中叶建成富强民主文明和谐美丽的社会主义现代化强国奠定坚实基础。

8.《关于全面加强新时代大中小学劳动教育的意见》指出，__________要注重围绕增加劳动知识、技能，加强家政学习，开展社区服务，适当参加生产劳动，使学生初步养成认真负责、吃苦耐劳的品质和职业意识。

9.《关于全面加强新时代大中小学劳动教育的意见》指出，__________要发挥在劳动教育中的基础作用；__________要发挥在劳动教育中的主导作用；__________要发挥在劳动教育中的支持作用。

10.《关于全面加强和改进新时代学校体育工作的意见》指出，强化学校体育教学训练，要逐步完善“__________+基本运动技能+专项运动技能”的学校体育教学模式。

11.《关于进一步减轻义务教育阶段学生作业负担和校外培训负担的意见》指出，要分类明确作业总量，初中书面作业平均完成时间不超过________分钟。

12.《关于进一步减轻义务教育阶段学生作业负担和校外培训负担的意见》指出，要提高作业设计质量，鼓励布置________、________和________作业，坚决克服机械、无效作业，杜绝重复性、惩罚性作业。

13.《生命安全与健康教育进中小学课程教材指南》指出，生命安全与健康是人类生存、发展的________和________。

【参考答案】

1. 民族素质　2. 知识传授　3. 必备品格　关键能力　4. 科学性　时代性　民族性　5. 人文底蕴　科学精神　学会学习　6. 以德为先　7. 2035　8. 初中　9. 家庭　学校　社会　10. 健康知识　11. 90　12. 分层　弹性　个性化　13. 基本需求　永恒追求

我于________年____月____日完成了对本章的学习。

复盘一下，我对自己较肯定的地方是________________

（足够努力/心态积极/方法得当……）

我觉得自己需要改进的地方是________________

（懒惰懈怠/心情浮躁/方法不当……）

休息片刻，开启下一站征程！

第三章 现行主要的教育法律法规及重要规定

思维导图

- 现行主要的教育法律法规及重要规定
  - 《中华人民共和国教育法》
    - 《中华人民共和国教育法》的制定——1995年9月1日起施行
    - 《中华人民共和国教育法》的部分内容——受教育者享有的权利和应当履行的义务（重点）
  - 《中华人民共和国义务教育法》
    - 《中华人民共和国义务教育法》的制定——1986年7月1日起施行
    - 《中华人民共和国义务教育法》的部分内容——对违反学校管理制度的学生，学校应当予以批评教育，不得开除（易错）
  - 《中华人民共和国教师法》
    - 《中华人民共和国教师法》的制定——1994年1月1日起施行
    - 《中华人民共和国教师法》的部分内容——教师享有的权利和应当履行的义务（重点）
  - 《中华人民共和国未成年人保护法》
    - 《中华人民共和国未成年人保护法》的制定——1992年1月1日起施行
    - 《中华人民共和国未成年人保护法》的部分内容——坚持最有利于未成年人的原则
  - 《中华人民共和国预防未成年人犯罪法》
    - 《中华人民共和国预防未成年人犯罪法》的制定——1999年6月28日通过
    - 《中华人民共和国预防未成年人犯罪法》的部分内容——未成年学生旷课、逃学的，学校应当及时联系其父母或者其他监护人
  - 《学生伤害事故处理办法》
    - 《学生伤害事故处理办法》的制定——教育部2002年6月25日发布的部门规章
    - 《学生伤害事故处理办法》的部分内容——学校无法律责任的情形（难点）
  - 《中小学教育惩戒规则（试行）》
    - 《中小学教育惩戒规则（试行）》的制定——2021年3月1日起施行
    - 《中小学教育惩戒规则（试行）》的部分内容——可以当场实施的教育惩戒
  - 《中小学幼儿园安全管理办法》
    - 《中小学幼儿园安全管理办法》的制定——2006年6月30日发布的部门规章
    - 《中小学幼儿园安全管理办法》的部分内容——学校应当组织学生定期体检（易混）

浙江考向

本章属于教育政策法规的重点章节，也是金华、宁波、嘉兴、台州、绍兴、温州、衢州等地区的笔试重点考查的章节，内容广泛、识记性知识多，在考试中常以选择题、填空题、判断题、辨析题、简答题等形式考查。本章的考向分析如下：

考点名称	常考题型	能力层级	考查热度
《中华人民共和国教育法》	单选、填空、判断、简答	识记	★★★
《中华人民共和国义务教育法》	单选、填空、判断	识记	★★★
《中华人民共和国教师法》	单选、填空、判断	识记	★★★
《中华人民共和国未成年人保护法》	单选、辨析	识记、理解	★★

核心考点

第一节　《中华人民共和国教育法》

一、《中华人民共和国教育法》的制定

《中华人民共和国教育法》(以下除需要称全称外，简称为《教育法》)于1995年3月18日第八届全国人民代表大会第三次会议通过，自1995年9月1日起施行。这是我国教育史上具有里程碑意义的大事。《教育法》的颁行，标志着我国开始进入全面依法治教的新时期，对我国教育事业的改革和发展以及物质文明、精神文明建设，将产生巨大而深远的影响。

《中华人民共和国教育法》进行过三次修改：(1)根据2009年8月27日第十一届全国人民代表大会常务委员会第十次会议《关于修改部分法律的决定》进行第一次修正；(2)根据2015年12月27日第十二届全国人民代表大会常务委员会第十八次会议《关于修改〈中华人民共和国教育法〉的决定》进行第二次修正；(3)根据2021年4月29日第十三届全国人民代表大会常务委员会第二十八次会议《关于修改<中华人民共和国教育法>的决定》进行第三次修正。

二、《中华人民共和国教育法》的部分内容　【单选、填空、判断、简答】　★★★

第一章　总　则

第一条　为了发展教育事业，提高全民族的素质，促进社会主义物质文明和精神文明建设，根据宪法，制定本法。

第二条　在中华人民共和国境内的各级各类教育，适用本法。

第三条　国家坚持中国共产党的领导，坚持以马克思列宁主义、毛泽东思想、邓小平理论、“三个代表”重要思想、科学发展观、习近平新时代中国特色社会主义思想为指导，遵循宪法确定的基本原则，发展社会主义的教育事业。

第四条　教育是社会主义现代化建设的基础，对提高人民综合素质、促进人的全面发展、增强中华民族创新创造活力、实现中华民族伟大复兴具有决定性意义，国家保障教育事业优先发展。

全社会应当关心和支持教育事业的发展。

全社会应当尊重老师。

第五条 教育必须为社会主义现代化建设服务、为人民服务，必须与生产劳动和社会实践相结合，培养德智体美劳全面发展的社会主义建设者和接班人。

第六条 教育应当坚持立德树人，对受教育者加强社会主义核心价值观教育，增强受教育者的社会责任感、创新精神和实践能力。

国家在受教育者中进行爱国主义、集体主义、中国特色社会主义的教育，进行理想、道德、纪律、法治、国防和民族团结的教育。

第七条 教育应当继承和弘扬中华优秀传统文化、革命文化、社会主义先进文化，吸收人类文明发展的一切优秀成果。

第八条 教育活动必须符合国家和社会公共利益。

国家实行教育与宗教相分离。任何组织和个人不得利用宗教进行妨碍国家教育制度的活动。

第九条 中华人民共和国公民有受教育的权利和义务。

公民不分民族、种族、性别、职业、财产状况、宗教信仰等，依法享有平等的受教育机会。

第十条 国家根据各少数民族的特点和需要，帮助各少数民族地区发展教育事业。

国家扶持边远贫困地区发展教育事业。

国家扶持和发展残疾人教育事业。

第十一条 国家适应社会主义市场经济发展和社会进步的需要，推进教育改革，推动各级各类教育协调发展、衔接融通，完善现代国民教育体系，健全终身教育体系，提高教育现代化水平。

国家采取措施促进教育公平，推动教育均衡发展。

国家支持、鼓励和组织教育科学研究，推广教育科学研究成果，促进教育质量提高。

第十二条 国家通用语言文字为学校及其他教育机构的基本教育教学语言文字，学校及其他教育机构应当使用国家通用语言文字进行教育教学。

民族自治地方以少数民族学生为主的学校及其他教育机构，从实际出发，使用国家通用语言文字和本民族或者当地民族通用的语言文字实施双语教育。

国家采取措施，为少数民族学生为主的学校及其他教育机构实施双语教育提供条件和支持。

第十三条 国家对发展教育事业做出突出贡献的组织和个人，给予奖励。

第十四条 国务院和地方各级人民政府根据分级管理、分工负责的原则，领导和管理教育工作。

中等及中等以下教育在国务院领导下，由地方人民政府管理。

高等教育由国务院和省、自治区、直辖市人民政府管理。

第十五条 国务院教育行政部门主管全国教育工作，统筹规划、协调管理全国的教育事业。

县级以上地方各级人民政府教育行政部门主管本行政区域内的教育工作。

县级以上各级人民政府其他有关部门在各自的职责范围内，负责有关的教育工作。

第十六条 国务院和县级以上地方各级人民政府应当向本级人民代表大会或者其常务委员会报告教育工作和教育经费预算、决算情况，接受监督。

第二章 教育基本制度

第十七条 国家实行学前教育、初等教育、中等教育、高等教育的学校教育制度。

国家建立科学的学制系统。学制系统内的学校和其他教育机构的设置、教育形式、修业年限、招生对象、培养目标等，由国务院或者由国务院授权教育行政部门规定。

第十八条 国家制定学前教育标准，加快普及学前教育，构建覆盖城乡，特别是农村的学前教育公共服务体系。

各级人民政府应当采取措施,为适龄儿童接受学前教育提供条件和支持。

第十九条 国家实行九年制义务教育制度。

各级人民政府采取各种措施保障适龄儿童、少年就学。

适龄儿童、少年的父母或者其他监护人以及有关社会组织和个人有义务使适龄儿童、少年接受并完成规定年限的义务教育。

第二十条 国家实行职业教育制度和继续教育制度。

各级人民政府、有关行政部门和行业组织以及企业事业组织应当采取措施,发展并保障公民接受职业学校教育或者各种形式的职业培训。

国家鼓励发展多种形式的继续教育,使公民接受适当形式的政治、经济、文化、科学、技术、业务等方面的教育,促进不同类型学习成果的互认和衔接,推动全民终身学习。

第二十一条 国家实行国家教育考试制度。

国家教育考试由国务院教育行政部门确定种类,并由国家批准的实施教育考试的机构承办。

第二十二条 国家实行学业证书制度。

经国家批准设立或者认可的学校及其他教育机构按照国家有关规定,颁发学历证书或者其他学业证书。

第二十三条 国家实行学位制度。

学位授予单位依法对达到一定学术水平或者专业技术水平的人员授予相应的学位,颁发学位证书。

第二十四条 各级人民政府、基层群众性自治组织和企业事业组织应当采取各种措施,开展扫除文盲的教育工作。

按照国家规定具有接受扫除文盲教育能力的公民,应当接受扫除文盲的教育。

第二十五条 国家实行教育督导制度和学校及其他教育机构教育评估制度。

第三章 学校及其他教育机构

第二十六条 国家制定教育发展规划,并举办学校及其他教育机构。

国家鼓励企业事业组织、社会团体、其他社会组织及公民个人依法举办学校及其他教育机构。

国家举办学校及其他教育机构,应当坚持勤俭节约的原则。

以财政性经费、捐赠资产举办或者参与举办的学校及其他教育机构不得设立为营利性组织。

第二十七条 设立学校及其他教育机构,必须具备下列基本条件:

(一)有组织机构和章程;

(二)有合格的教师;

(三)有符合规定标准的教学场所及设施、设备等;

(四)有必备的办学资金和稳定的经费来源。

第二十八条 学校及其他教育机构的设立、变更和终止,应当按照国家有关规定办理审核、批准、注册或者备案手续。

第二十九条 学校及其他教育机构行使下列权利:

(一)按照章程自主管理;

(二)组织实施教育教学活动;

(三)招收学生或者其他受教育者;

(四)对受教育者进行学籍管理,实施奖励或者处分;

(五)对受教育者颁发相应的学业证书;

(六)聘任教师及其他职工,实施奖励或者处分;

(七)管理、使用本单位的设施和经费;

(八)拒绝任何组织和个人对教育教学活动的非法干涉;

(九)法律、法规规定的其他权利。

国家保护学校及其他教育机构的合法权益不受侵犯。

第三十条 学校及其他教育机构应当履行下列义务:

(一)遵守法律、法规;

(二)贯彻国家的教育方针,执行国家教育教学标准,保证教育教学质量;

(三)维护受教育者、教师及其他职工的合法权益;

(四)以适当方式为受教育者及其监护人了解受教育者的学业成绩及其他有关情况提供便利;

(五)遵照国家有关规定收取费用并公开收费项目;

(六)依法接受监督。

第三十一条 学校及其他教育机构的举办者按照国家有关规定,确定其所举办的学校或者其他教育机构的管理体制。

学校及其他教育机构的校长或者主要行政负责人必须由具有中华人民共和国国籍、在中国境内定居、并具备国家规定任职条件的公民担任,其任免按照国家有关规定办理。学校的教学及其他行政管理,由校长负责。

学校及其他教育机构应当按照国家有关规定,通过以教师为主体的教职工代表大会等组织形式,保障教职工参与民主管理和监督。

第三十二条 学校及其他教育机构具备法人条件的,自批准设立或者登记注册之日起取得法人资格。学校及其他教育机构在民事活动中依法享有民事权利,承担民事责任。

学校及其他教育机构中的国有资产属于国家所有。

学校及其他教育机构兴办的校办产业独立承担民事责任。

第四章　教师和其他教育工作者

第三十三条 教师享有法律规定的权利,履行法律规定的义务,忠诚于人民的教育事业。

第三十四条 国家保护教师的合法权益,改善教师的工作条件和生活条件,提高教师的社会地位。

教师的工资报酬、福利待遇,依照法律、法规的规定办理。

第三十五条 国家实行教师资格、职务、聘任制度,通过考核、奖励、培养和培训,提高教师素质,加强教师队伍建设。

第三十六条 学校及其他教育机构中的管理人员,实行教育职员制度。

学校及其他教育机构中的教学辅助人员和其他专业技术人员,实行专业技术职务聘任制度。

第五章　受教育者

第三十七条 受教育者在入学、升学、就业等方面依法享有平等权利。

学校和有关行政部门应当按照国家有关规定,保障女子在入学、升学、就业、授予学位、派出留学等方面享有同男子平等的权利。

第三十八条 国家、社会对符合入学条件、家庭经济困难的儿童、少年、青年,提供各种形式的资助。

第三十九条 国家、社会、学校及其他教育机构应当根据残疾人身心特性和需要实施教育,并为其提供帮助和便利。

第四十条　国家、社会、家庭、学校及其他教育机构应当为有违法犯罪行为的未成年人接受教育创造条件。

第四十一条　从业人员有依法接受职业培训和继续教育的权利和义务。

国家机关、企业事业组织和其他社会组织，应当为本单位职工的学习和培训提供条件和便利。

第四十二条　国家鼓励学校及其他教育机构、社会组织采取措施，为公民接受终身教育创造条件。

第四十三条　受教育者享有下列权利：

（一）参加教育教学计划安排的各种活动，使用教育教学设施、设备、图书资料；

（二）按照国家有关规定获得奖学金、贷学金、助学金；

（三）在学业成绩和品行上获得公正评价，完成规定的学业后获得相应的学业证书、学位证书；

（四）对学校给予的处分不服向有关部门提出申诉，对学校、教师侵犯其人身权、财产权等合法权益，提出申诉或者依法提起诉讼；

（五）法律、法规规定的其他权利。

第四十四条　受教育者应当履行下列义务：

（一）遵守法律、法规；

（二）遵守学生行为规范，尊敬师长，养成良好的思想品德和行为习惯；

（三）努力学习，完成规定的学习任务；

（四）遵守所在学校或者其他教育机构的管理制度。

第四十五条　教育、体育、卫生行政部门和学校及其他教育机构应当完善体育、卫生保健设施，保护学生的身心健康。

真题面对面

［2021绍兴，简答］简述我国法律法规所规定的学生的义务。

答案：详见内文

第六章　教育与社会

第四十六条　国家机关、军队、企业事业组织、社会团体及其他社会组织和个人，应当依法为儿童、少年、青年学生的身心健康成长创造良好的社会环境。

第四十七条　国家鼓励企业事业组织、社会团体及其他社会组织同高等学校、中等职业学校在教学、科研、技术开发和推广等方面进行多种形式的合作。

企业事业组织、社会团体及其他社会组织和个人，可以通过适当形式，支持学校的建设，参与学校管理。

第四十八条　国家机关、军队、企业事业组织及其他社会组织应当为学校组织的学生实习、社会实践活动提供帮助和便利。

第四十九条　学校及其他教育机构在不影响正常教育教学活动的前提下，应当积极参加当地的社会公益活动。

第五十条　未成年人的父母或者其他监护人应当为其未成年子女或者其他被监护人受教育提供必要条件。

未成年人的父母或者其他监护人应当配合学校及其他教育机构，对其未成年子女或者其他被监护人进行教育。

学校、教师可以对学生家长提供家庭教育指导。

第五十一条　图书馆、博物馆、科技馆、文化馆、美术馆、体育馆（场）等社会公共文化体育设施，以及历史文化古迹和革命纪念馆(地),应当对教师、学生实行优待,为受教育者接受教育提供便利。

广播、电视台(站)应当开设教育节目,促进受教育者思想品德、文化和科学技术素质的提高。

第五十二条 国家、社会建立和发展对未成年人进行校外教育的设施。

学校及其他教育机构应当同基层群众性自治组织、企业事业组织、社会团体相互配合,加强对未成年人的校外教育工作。

第五十三条 国家鼓励社会团体、社会文化机构及其他社会组织和个人开展有益于受教育者身心健康的社会文化教育活动。

第七章 教育投入与条件保障

第五十四条 国家建立以财政拨款为主、其他多种渠道筹措教育经费为辅的体制,逐步增加对教育的投入,保证国家举办的学校教育经费的稳定来源。

企业事业组织、社会团体及其他社会组织和个人依法举办的学校及其他教育机构,办学经费由举办者负责筹措,各级人民政府可以给予适当支持。

……

第五十七条 国务院及县级以上地方各级人民政府应当设立教育专项资金,重点扶持边远贫困地区、少数民族地区实施义务教育。

第五十八条 税务机关依法足额征收教育费附加,由教育行政部门统筹管理,主要用于实施义务教育。

省、自治区、直辖市人民政府根据国务院的有关规定,可以决定开征用于教育的地方附加费,专款专用。

第五十九条 国家采取优惠措施,鼓励和扶持学校在不影响正常教育教学的前提下开展勤工俭学和社会服务,兴办校办产业。

……

第六十二条 国家鼓励运用金融、信贷手段,支持教育事业的发展。

第六十三条 各级人民政府及其教育行政部门应当加强对学校及其他教育机构教育经费的监督管理,提高教育投资效益。

第六十四条 地方各级人民政府及其有关行政部门必须把学校的基本建设纳入城乡建设规划,统筹安排学校的基本建设用地及所需物资,按照国家有关规定实行优先、优惠政策。

……

真题面对面

[2022台州,单选]根据《中华人民共和国教育法》,下列说法错误的是( )

A. 尊敬师长是受教育者应当履行的义务

B. 教育活动必须符合国家和社会公共利益

C. 设立学校必须有必备的办学资金和稳定的经费来源

D. 我国禁止运用信贷手段发展教育事业

答案:D

第八章 教育对外交流与合作

第六十七条 国家鼓励开展教育对外交流与合作,支持学校及其他教育机构引进优质教育资源,依法开展中外合作办学,发展国际教育服务,培养国际化人才。

教育对外交流与合作坚持独立自主、平等互利、相互尊重的原则,不得违反中国法律,不得损害国家主权、安全和社会公共利益。

第六十八条 中国境内公民出国留学、研究、进行学术交流或者任教，依照国家有关规定办理。

第六十九条 中国境外个人符合国家规定的条件并办理有关手续后，可以进入中国境内学校及其他教育机构学习、研究、进行学术交流或者任教，其合法权益受国家保护。

第七十条 中国对境外教育机构颁发的学位证书、学历证书及其他学业证书的承认，依照中华人民共和国缔结或者加入的国际条约办理，或者按照国家有关规定办理。

第九章 法律责任

第七十一条 违反国家有关规定，不按照预算核拨教育经费的，由同级人民政府限期核拨；情节严重的，对直接负责的主管人员和其他直接责任人员，依法给予处分。

违反国家财政制度、财务制度，挪用、克扣教育经费的，由上级机关责令限期归还被挪用、克扣的经费，并对直接负责的主管人员和其他直接责任人员，依法给予处分；构成犯罪的，依法追究刑事责任。

第七十二条 结伙斗殴、寻衅滋事，扰乱学校及其他教育机构教育教学秩序或者破坏校舍、场地及其他财产的，由公安机关给予治安管理处罚；构成犯罪的，依法追究刑事责任。

侵占学校及其他教育机构的校舍、场地及其他财产的，依法承担民事责任。

第七十三条 明知校舍或者教育教学设施有危险，而不采取措施，造成人员伤亡或者重大财产损失的，对直接负责的主管人员和其他直接责任人员，依法追究刑事责任。

第七十四条 违反国家有关规定，向学校或者其他教育机构收取费用的，由政府责令退还所收费用；对直接负责的主管人员和其他直接责任人员，依法给予处分。

第七十五条 违反国家有关规定，举办学校或者其他教育机构的，由教育行政部门或者其他有关行政部门予以撤销；有违法所得的，没收违法所得；对直接负责的主管人员和其他直接责任人员，依法给予处分。

第七十六条 学校或者其他教育机构违反国家有关规定招收学生的，由教育行政部门或者其他有关行政部门责令退回招收的学生，退还所收费用；对学校、其他教育机构给予警告，可以处违法所得五倍以下罚款；情节严重的，责令停止相关招生资格一年以上三年以下，直至撤销招生资格、吊销办学许可证；对直接负责的主管人员和其他直接责任人员，依法给予处分；构成犯罪的，依法追究刑事责任。

第七十七条 在招收学生工作中滥用职权、玩忽职守、徇私舞弊的，由教育行政部门或者其他有关行政部门责令退回招收的不符合入学条件的人员；对直接负责的主管人员和其他直接责任人员，依法给予处分；构成犯罪的，依法追究刑事责任。

盗用、冒用他人身份，顶替他人取得的入学资格的，由教育行政部门或者其他有关行政部门责令撤销入学资格，并责令停止参加相关国家教育考试二年以上五年以下；已经取得学位证书、学历证书或者其他学业证书的，由颁发机构撤销相关证书；已经成为公职人员的，依法给予开除处分；构成违反治安管理行为的，由公安机关依法给予治安管理处罚；构成犯罪的，依法追究刑事责任。

与他人串通，允许他人冒用本人身份，顶替本人取得的入学资格的，由教育行政部门或者其他有关行政部门责令停止参加相关国家教育考试一年以上三年以下；有违法所得的，没收违法所得；已经成为公职人员的，依法给予处分；构成违反治安管理行为的，由公安机关依法给予治安管理处罚；构成犯罪的，依法追究刑事责任。

组织、指使盗用或者冒用他人身份，顶替他人取得的入学资格的，有违法所得的，没收违法所得；属于公职人员的，依法给予处分；构成违反治安管理行为的，由公安机关依法给予治安管理处罚；构成犯罪的，依法追究刑事责任。

入学资格被顶替权利受到侵害的，可以请求恢复其入学资格。

第七十八条 学校及其他教育机构违反国家有关规定向受教育者收取费用的，由教育行政部门或者其他有关行政部门责令退还所收费用；对直接负责的主管人员和其他直接责任人员，依法给予处分。

第七十九条 考生在国家教育考试中有下列行为之一的，由组织考试的教育考试机构工作人员在考试现场采取必要措施予以制止并终止其继续参加考试；组织考试的教育考试机构可以取消其相关考试资格或者考试成绩；情节严重的，由教育行政部门责令停止参加相关国家教育考试一年以上三年以下；构成违反治安管理行为的，由公安机关依法给予治安管理处罚；构成犯罪的，依法追究刑事责任：

（一）非法获取考试试题或者答案的；

（二）携带或者使用考试作弊器材、资料的；

（三）抄袭他人答案的；

（四）让他人代替自己参加考试的；

（五）其他以不正当手段获得考试成绩的作弊行为。

第八十条 任何组织或者个人在国家教育考试中有下列行为之一，有违法所得的，由公安机关没收违法所得，并处违法所得一倍以上五倍以下罚款；情节严重的，处五日以上十五日以下拘留；构成犯罪的，依法追究刑事责任；属于国家机关工作人员的，还应当依法给予处分：

（一）组织作弊的；

（二）通过提供考试作弊器材等方式为作弊提供帮助或者便利的；

（三）代替他人参加考试的；

（四）在考试结束前泄露、传播考试试题或者答案的；

（五）其他扰乱考试秩序的行为。

第八十一条 举办国家教育考试，教育行政部门、教育考试机构疏于管理，造成考场秩序混乱、作弊情况严重的，对直接负责的主管人员和其他直接责任人员，依法给予处分；构成犯罪的，依法追究刑事责任。

第八十二条 学校或者其他教育机构违反本法规定，颁发学位证书、学历证书或者其他学业证书的，由教育行政部门或者其他有关行政部门宣布证书无效，责令收回或者予以没收；有违法所得的，没收违法所得；情节严重的，责令停止相关招生资格一年以上三年以下，直至撤销招生资格、颁发证书资格；对直接负责的主管人员和其他直接责任人员，依法给予处分。

前款规定以外的任何组织或者个人制造、销售、颁发假冒学位证书、学历证书或者其他学业证书，构成违反治安管理行为的，由公安机关依法给予治安管理处罚；构成犯罪的，依法追究刑事责任。

以作弊、剽窃、抄袭等欺诈行为或者其他不正当手段获得学位证书、学历证书或者其他学业证书的，由颁发机构撤销相关证书。购买、使用假冒学位证书、学历证书或者其他学业证书，构成违反治安管理行为的，由公安机关依法给予治安管理处罚。

第八十三条 违反本法规定，侵犯教师、受教育者、学校或者其他教育机构的合法权益，造成损失、损害的，应当依法承担民事责任。

真题面对面

[2021 台州，判断]非法侵占学校及其他教育机构的校舍、场地及其他财产的，要承担刑事责任。（ ）

答案：×

第十章 附 则

第八十四条 军事学校教育由中央军事委员会根据本法的原则规定。

宗教学校教育由国务院另行规定。

第八十五条 境外的组织和个人在中国境内办学和合作办学的办法，由国务院规定。

第八十六条 本法自1995年9月1日起施行。

第二节 《中华人民共和国义务教育法》

一、《中华人民共和国义务教育法》的制定

《中华人民共和国义务教育法》(以下除需要称全称外，简称为《义务教育法》)，于1986年4月12日第六届全国人民代表大会第四次会议通过，并于1986年7月1日起施行，是新中国成立以来颁布的第一部基础教育方面的法律，是促进和保障我国基础教育健康发展的基本法。

《中华人民共和国义务教育法》进行过三次修改：(1)根据2006年6月29日第十届全国人民代表大会常务委员会第二十二次会议进行修订；(2)根据2015年4月24日第十二届全国人民代表大会常务委员会第十四次会议《关于修改〈中华人民共和国义务教育法〉等五部法律的决定》进行第一次修正；(3)根据2018年12月29日第十三届全国人民代表大会常务委员会第七次会议《关于修改〈中华人民共和国产品质量法〉等五部法律的决定》进行第二次修正。

二、《中华人民共和国义务教育法》的部分内容 【单选、填空、判断】 ★★★

第一章 总 则

第一条 为了保障适龄儿童、少年接受义务教育的权利，保证义务教育的实施，提高全民族素质，根据宪法和教育法，制定本法。

第二条 国家实行九年义务教育制度。

义务教育是国家统一实施的所有适龄儿童、少年必须接受的教育，是国家必须予以保障的公益性事业。

实施义务教育，不收学费、杂费。

国家建立义务教育经费保障机制，保证义务教育制度实施。

第三条 义务教育必须贯彻国家的教育方针，实施素质教育，提高教育质量，使适龄儿童、少年在品德、智力、体质等方面全面发展，为培养有理想、有道德、有文化、有纪律的社会主义建设者和接班人奠定基础。

第四条 凡具有中华人民共和国国籍的适龄儿童、少年，不分性别、民族、种族、家庭财产状况、宗教信仰等，依法享有平等接受义务教育的权利，并履行接受义务教育的义务。

第五条 各级人民政府及其有关部门应当履行本法规定的各项职责，保障适龄儿童、少年接受义务教育的权利。

适龄儿童、少年的父母或者其他法定监护人应当依法保证其按时入学接受并完成义务教育。

依法实施义务教育的学校应当按照规定标准完成教育教学任务，保证教育教学质量。

社会组织和个人应当为适龄儿童、少年接受义务教育创造良好的环境。

第六条 国务院和县级以上地方人民政府应当合理配置教育资源，促进义务教育均衡发展，改善薄弱学校的办学条件，并采取措施，保障农村地区、民族地区实施义务教育，保障家庭经济困难的和残疾的适龄儿童、少年接受义务教育。

国家组织和鼓励经济发达地区支援经济欠发达地区实施义务教育。

第七条 义务教育实行国务院领导，省、自治区、直辖市人民政府统筹规划实施，县级人民政府为主管理的体制。

县级以上人民政府教育行政部门具体负责义务教育实施工作；县级以上人民政府其他有关部门在各自的职责范围内负责义务教育实施工作。

第八条 人民政府教育督导机构对义务教育工作执行法律法规情况、教育教学质量以及义务教育均衡发展状况等进行督导，督导报告向社会公布。

第九条 任何社会组织或者个人有权对违反本法的行为向有关国家机关提出检举或者控告。

发生违反本法的重大事件，妨碍义务教育实施，造成重大社会影响的，负有领导责任的人民政府或者人民政府教育行政部门负责人应当引咎辞职。

第十条 对在义务教育实施工作中做出突出贡献的社会组织和个人，各级人民政府及其有关部门按照有关规定给予表彰、奖励。

第二章 学 生

第十一条 凡年满六周岁的儿童，其父母或者其他法定监护人应当送其入学接受并完成义务教育；条件不具备的地区的儿童，可以推迟到七周岁。

适龄儿童、少年因身体状况需要延缓入学或者休学的，其父母或者其他法定监护人应当提出申请，由当地乡镇人民政府或者县级人民政府教育行政部门批准。

第十二条 适龄儿童、少年免试入学。地方各级人民政府应当保障适龄儿童、少年在户籍所在地学校就近入学。

父母或者其他法定监护人在非户籍所在地工作或者居住的适龄儿童、少年，在其父母或者其他法定监护人工作或者居住地接受义务教育的，当地人民政府应当为其提供平等接受义务教育的条件。具体办法由省、自治区、直辖市规定。

县级人民政府教育行政部门对本行政区域内的军人子女接受义务教育予以保障。

第十三条 县级人民政府教育行政部门和乡镇人民政府组织和督促适龄儿童、少年入学，帮助解决适龄儿童、少年接受义务教育的困难，采取措施防止适龄儿童、少年辍学。

居民委员会和村民委员会协助政府做好工作，督促适龄儿童、少年入学。

第十四条 禁止用人单位招用应当接受义务教育的适龄儿童、少年。

根据国家有关规定经批准招收适龄儿童、少年进行文艺、体育等专业训练的社会组织，应当保证所招收的适龄儿童、少年接受义务教育；自行实施义务教育的，应当经县级人民政府教育行政部门批准。

第三章 学 校

第十五条 县级以上地方人民政府根据本行政区域内居住的适龄儿童、少年的数量和分布状况等因素，按照国家有关规定，制定、调整学校设置规划。新建居民区需要设置学校的，应当与居民区的建设同步进行。

第十六条 学校建设，应当符合国家规定的办学标准，适应教育教学需要；应当符合国家规定的选址要求和建设标准，确保学生和教职工安全。

第十七条 县级人民政府根据需要设置寄宿制学校，保障居住分散的适龄儿童、少年入学接受义务教育。

第十八条 国务院教育行政部门和省、自治区、直辖市人民政府根据需要，在经济发达地区设置接收少数民族适龄儿童、少年的学校（班）。

第十九条 县级以上地方人民政府根据需要设置相应的实施特殊教育的学校（班），对视力残疾、听力语言残疾和智力残疾的适龄儿童、少年实施义务教育。特殊教育学校（班）应当具备适应残疾儿童、少年学习、康复、生活特点的场所和设施。

普通学校应当接收具有接受普通教育能力的残疾适龄儿童、少年随班就读，并为其学习、康复提供帮助。

第二十条 县级以上地方人民政府根据需要，为具有预防未成年人犯罪法规定的严重不良行为的适龄少年设置专门的学校实施义务教育。

第二十一条 对未完成义务教育的未成年犯和被采取强制性教育措施的未成年人应当进行义务教育，所需经费由人民政府予以保障。

第二十二条 县级以上人民政府及其教育行政部门应当促进学校均衡发展，缩小学校之间办学条件的差距，不得将学校分为重点学校和非重点学校。学校不得分设重点班和非重点班。

县级以上人民政府及其教育行政部门不得以任何名义改变或者变相改变公办学校的性质。

第二十三条 各级人民政府及其有关部门依法维护学校周边秩序，保护学生、教师、学校的合法权益，为学校提供安全保障。

第二十四条 学校应当建立、健全安全制度和应急机制，对学生进行安全教育，加强管理，及时消除隐患，预防发生事故。

县级以上地方人民政府定期对学校校舍安全进行检查；对需要维修、改造的，及时予以维修、改造。

学校不得聘用曾经因故意犯罪被依法剥夺政治权利或者其他不适合从事义务教育工作的人担任工作人员。

第二十五条 学校不得违反国家规定收取费用，不得以向学生推销或者变相推销商品、服务等方式谋取利益。

第二十六条 学校实行校长负责制。校长应当符合国家规定的任职条件。校长由县级人民政府教育行政部门依法聘任。

第二十七条 对违反学校管理制度的学生，学校应当予以批评教育，不得开除。

真题面对面

[2022金华，单选]下列说法符合我国《义务教育法》规定的是（ ）

A. 学校可以向学生推销对学生学习确有帮助的商品、服务，并从中获取微利

B. 对违反学校管理制度的学生，学校应予以批评教育，情节严重者可以开除

C. 学校实行党委书记负责制，党委书记由县级人民政府教育行政部门依法聘任

D. 学校不得聘用曾经因故意犯罪被依法剥夺政治权利的人担任工作人员

答案：D

第四章 教 师

第二十八条 教师享有法律规定的权利，履行法律规定的义务，应当为人师表，忠诚于人民的教育事业。

全社会应当尊重教师。

第二十九条 教师在教育教学中应当平等对待学生，关注学生的个体差异，因材施教，促进学生的充分发展。

教师应当尊重学生的人格，不得歧视学生，不得对学生实施体罚、变相体罚或者其他侮辱人格尊严的行为，不得侵犯学生合法权益。

第三十条 教师应当取得国家规定的教师资格。

国家建立统一的义务教育教师职务制度。教师职务分为初级职务、中级职务和高级职务。

第三十一条 各级人民政府保障教师工资福利和社会保险待遇，改善教师工作和生活条件；完善农村教师工资经费保障机制。

教师的平均工资水平应当不低于当地公务员的平均工资水平。

特殊教育教师享有特殊岗位补助津贴。在民族地区和边远贫困地区工作的教师享有艰苦贫困地区补助津贴。

第三十二条 县级以上人民政府应当加强教师培养工作，采取措施发展教师教育。

县级人民政府教育行政部门应当均衡配置本行政区域内学校师资力量，组织校长、教师的培训和流动，加强对薄弱学校的建设。

第三十三条 国务院和地方各级人民政府鼓励和支持城市学校教师和高等学校毕业生到农村地区、民族地区从事义务教育工作。

国家鼓励高等学校毕业生以志愿者的方式到农村地区、民族地区缺乏教师的学校任教。县级人民政府教育行政部门依法认定其教师资格，其任教时间计入工龄。

第五章　教育教学

第三十四条 教育教学工作应当符合教育规律和学生身心发展特点，面向全体学生，教书育人，将德育、智育、体育、美育等有机统一在教育教学活动中，注重培养学生独立思考能力、创新能力和实践能力，促进学生全面发展。

第三十五条 国务院教育行政部门根据适龄儿童、少年身心发展的状况和实际情况，确定教学制度、教育教学内容和课程设置，改革考试制度，并改进高级中等学校招生办法，推进实施素质教育。

学校和教师按照确定的教育教学内容和课程设置开展教育教学活动，保证达到国家规定的基本质量要求。

国家鼓励学校和教师采用启发式教育等教育教学方法，提高教育教学质量。

第三十六条 学校应当把德育放在首位，寓德育于教育教学之中，开展与学生年龄相适应的社会实践活动，形成学校、家庭、社会相互配合的思想道德教育体系，促进学生养成良好的思想品德和行为习惯。

第三十七条 学校应当保证学生的课外活动时间，组织开展文化娱乐等课外活动。社会公共文化体育设施应当为学校开展课外活动提供便利。

第三十八条 教科书根据国家教育方针和课程标准编写，内容力求精简，精选必备的基础知识、基本技能，经济实用，保证质量。

国家机关工作人员和教科书审查人员，不得参与或者变相参与教科书的编写工作。

第三十九条 国家实行教科书审定制度。教科书的审定办法由国务院教育行政部门规定。

未经审定的教科书，不得出版、选用。

第四十条 教科书价格由省、自治区、直辖市人民政府价格行政部门会同同级出版主管部门按照微利原则确定。

第四十一条 国家鼓励教科书循环使用。

真题面对面

[2023嘉兴，填空]《中华人民共和国义务教育法》规定，学校应当保证学生的____________，组织开展文化娱乐等课外活动。

答案：课外活动时间

第六章 经费保障

……

第四十三条　学校的学生人均公用经费基本标准由国务院财政部门会同教育行政部门制定，并根据经济和社会发展状况适时调整。制定、调整学生人均公用经费基本标准，应当满足教育教学基本需要。

省、自治区、直辖市人民政府可以根据本行政区域的实际情况，制定不低于国家标准的学校学生人均公用经费标准。

特殊教育学校（班）学生人均公用经费标准应当高于普通学校学生人均公用经费标准。

第四十四条　义务教育经费投入实行国务院和地方各级人民政府根据职责共同负担，省、自治区、直辖市人民政府负责统筹落实的体制。农村义务教育所需经费，由各级人民政府根据国务院的规定分项目、按比例分担。

各级人民政府对家庭经济困难的适龄儿童、少年免费提供教科书并补助寄宿生生活费。

义务教育经费保障的具体办法由国务院规定。

第四十五条　地方各级人民政府在财政预算中将义务教育经费单列。

县级人民政府编制预算，除向农村地区学校和薄弱学校倾斜外，应当均衡安排义务教育经费。

……

真题面对面

[2021温州，单选]根据《中华人民共和国义务教育法》的规定，以下说法不正确的是(　　)

A. 地方各级人民政府应当在财政预算中将义务教育经费单列

B. 国家鼓励教科书循环使用

C. 国家组织和鼓励经济发达地区支援经济欠发达地区实施义务教育

D. 凡年满七周岁的儿童，其父母或者其他法定监护人应当送其入学接受并完成义务教育

答案：D

第七章 法律责任

……

第三节 《中华人民共和国教师法》

一、《中华人民共和国教师法》的制定

《中华人民共和国教师法》（以下除需要称全称外，简称为《教师法》）从1986年开始起草，后经过八年酝酿、修改，于1993年10月31日经第八届全国人民代表大会常务委员会第四次会议通过，自1994年1月1日起施行。

《中华人民共和国教师法》根据2009年8月27日第十一届全国人民代表大会常务委员会第十次会议《关于修改部分法律的决定》进行过修正。

二、《中华人民共和国教师法》的部分内容 【单选、填空、判断】★★★

第一章 总　则

第一条　为了保障教师的合法权益，建设具有良好思想品德修养和业务素质的教师队伍，促进社会主义教育事业的发展，制定本法。

第二条 本法适用于在各级各类学校和其他教育机构中专门从事教育教学工作的教师。

第三条 教师是履行教育教学职责的专业人员，承担教书育人，培养社会主义事业建设者和接班人、提高民族素质的使命。教师应当忠诚于人民的教育事业。

第四条 各级人民政府应当采取措施，加强教师的思想政治教育和业务培训，改善教师的工作条件和生活条件，保障教师的合法权益，提高教师的社会地位。

全社会都应当尊重教师。

第五条 国务院教育行政部门主管全国的教师工作。

国务院有关部门在各自职权范围内负责有关的教师工作。

学校和其他教育机构根据国家规定，自主进行教师管理工作。

第六条 每年九月十日为教师节。

第二章 权利和义务

第七条 教师享有下列权利：

（一）进行教育教学活动，开展教育教学改革和实验；

（二）从事科学研究、学术交流，参加专业的学术团体，在学术活动中充分发表意见；

（三）指导学生的学习和发展，评定学生的品行和学业成绩；

（四）按时获取工资报酬，享受国家规定的福利待遇以及寒暑假期的带薪休假；

（五）对学校教育教学、管理工作和教育行政部门的工作提出意见和建议，通过教职工代表大会或者其他形式，参与学校的民主管理；

（六）参加进修或者其他方式的培训。

第八条 教师应当履行下列义务：

（一）遵守宪法、法律和职业道德，为人师表；

（二）贯彻国家的教育方针，遵守规章制度，执行学校的教学计划，履行教师聘约，完成教育教学工作任务；

（三）对学生进行宪法所确定的基本原则的教育和爱国主义、民族团结的教育，法制教育以及思想品德、文化、科学技术教育，组织、带领学生开展有益的社会活动；

（四）关心、爱护全体学生，尊重学生人格，促进学生在品德、智力、体质等方面全面发展；

（五）制止有害于学生的行为或者其他侵犯学生合法权益的行为，批评和抵制有害于学生健康成长的现象；

（六）不断提高思想政治觉悟和教育教学业务水平。

第九条 为保障教师完成教育教学任务，各级人民政府、教育行政部门、有关部门、学校和其他教育机构应当履行下列职责：

（一）提供符合国家安全标准的教育教学设施和设备；

（二）提供必需的图书、资料及其他教育教学用品；

（三）对教师在教育教学、科学研究中的创造性工作给以鼓励和帮助；

（四）支持教师制止有害于学生的行为或者其他侵犯学生合法权益的行为。

真题面对面

1.［2022 宁波，单选］根据《中华人民共和国教师法》的规定，下列不属于教师应当履行的义务的是（　　）

A. 关心、爱护全体学生，尊重学生人格

B. 不断提高思想政治觉悟和教育教学业务水平

C. 参加专业的学术团体并在学术活动中充分发表意见

D. 批评和抵制有害于学生健康成长的现象

2. [2022宁波，判断]作为教师享有指导评价权，教师可以指导学生的作文、日记、信件等内容。(　　)

答案：1. C　2. ×

第三章　资格和任用

第十条　国家实行教师资格制度。

中国公民凡遵守宪法和法律，热爱教育事业，具有良好的思想品德，具备本法规定的学历或者经国家教师资格考试合格，有教育教学能力，经认定合格的，可以取得教师资格。

第十一条　取得教师资格应当具备的相应学历是：

(一)取得幼儿园教师资格，应当具备幼儿师范学校毕业及其以上学历；

(二)取得小学教师资格，应当具备中等师范学校毕业及其以上学历；

(三)取得初级中学教师、初级职业学校文化、专业课教师资格，应当具备高等师范专科学校或者其他大学专科毕业及其以上学历；

(四)取得高级中学教师资格和中等专业学校、技工学校、职业高中文化课、专业课教师资格，应当具备高等师范院校本科或者其他大学本科毕业及其以上学历；取得中等专业学校、技工学校和职业高中学生实习指导教师资格应当具备的学历，由国务院教育行政部门规定；

(五)取得高等学校教师资格，应当具备研究生或者大学本科毕业学历；

(六)取得成人教育教师资格，应当按照成人教育的层次、类别，分别具备高等、中等学校毕业及其以上学历。

不具备本法规定的教师资格学历的公民，申请获取教师资格，必须通过国家教师资格考试。国家教师资格考试制度由国务院规定。

第十二条　本法实施前已经在学校或者其他教育机构中任教的教师，未具备本法规定学历的，由国务院教育行政部门规定教师资格过渡办法。

第十三条　中小学教师资格由县级以上地方人民政府教育行政部门认定。中等专业学校、技工学校的教师资格由县级以上地方人民政府教育行政部门组织有关主管部门认定。普通高等学校的教师资格由国务院或者省、自治区、直辖市教育行政部门或者由其委托的学校认定。

具备本法规定的学历或者经国家教师资格考试合格的公民，要求有关部门认定其教师资格的，有关部门应当依照本法规定的条件予以认定。

取得教师资格的人员首次任教时，应当有试用期。

第十四条　受到剥夺政治权利或者故意犯罪受到有期徒刑以上刑事处罚的，不能取得教师资格；已经取得教师资格的，丧失教师资格。

第十五条　各级师范学校毕业生，应当按照国家有关规定从事教育教学工作。

国家鼓励非师范高等学校毕业生到中小学或者职业学校任教。

第十六条　国家实行教师职务制度，具体办法由国务院规定。

第十七条　学校和其他教育机构应当逐步实行教师聘任制。教师的聘任应当遵循双方地位平等的原则，由学校和教师签订聘任合同，明确规定双方的权利、义务和责任。

实施教师聘任制的步骤、办法由国务院教育行政部门规定。

第四章　培养和培训

……

第五章　考　核

第二十二条　学校或者其他教育机构应当对教师的政治思想、业务水平、工作态度和工作成绩进行考核。

教育行政部门对教师的考核工作进行指导、监督。

第二十三条　考核应当客观、公正、准确，充分听取教师本人、其他教师以及学生的意见。

第二十四条　教师考核结果是受聘任教、晋升工资、实施奖惩的依据。

第六章　待　遇

第二十五条　教师的平均工资水平应当不低于或者高于国家公务员的平均工资水平，并逐步提高。建立正常晋级增薪制度，具体办法由国务院规定。

……

第二十七条　地方各级人民政府对教师以及具有中专以上学历的毕业生到少数民族地区和边远贫困地区从事教育教学工作的，应当予以补贴。

……

第七章　奖　励

……

第八章　法律责任

第三十五条　侮辱、殴打教师的，根据不同情况，分别给予行政处分或者行政处罚；造成损害的，责令赔偿损失；情节严重，构成犯罪的，依法追究刑事责任。

第三十六条　对依法提出申诉、控告、检举的教师进行打击报复的，由其所在单位或者上级机关责令改正；情节严重的，可以根据具体情况给予行政处分。

国家工作人员对教师打击报复构成犯罪的，依照刑法有关规定追究刑事责任。

第三十七条　教师有下列情形之一的，由所在学校、其他教育机构或者教育行政部门给予行政处分或者解聘：

（一）故意不完成教育教学任务给教育教学工作造成损失的；

（二）体罚学生，经教育不改的；

（三）品行不良、侮辱学生，影响恶劣的。

教师有前款第（二）项、第（三）项所列情形之一，情节严重，构成犯罪的，依法追究刑事责任。

第三十八条　地方人民政府对违反本法规定，拖欠教师工资或者侵犯教师其他合法权益的，应当责令其限期改正。

违反国家财政制度、财务制度，挪用国家财政用于教育的经费，严重妨碍教育教学工作，拖欠教师工资，损害教师合法权益的，由上级机关责令限期归还被挪用的经费，并对直接责任人员给予行政处分；情节严重，构成犯罪的，依法追究刑事责任。

第三十九条　教师对学校或者其他教育机构侵犯其合法权益的，或者对学校或者其他教育机构作出的处理不服的，可以向教育行政部门提出申诉，教育行政部门应当在接到申诉的三十日内，作出处理。

教师认为当地人民政府有关行政部门侵犯其根据本法规定享有的权利的，可以向同级人民政府或者上一级人民政府有关部门提出申诉，同级人民政府或者上一级人民政府有关部门应当作出处理。

真题面对面

1. [2022金华/诸暨,单选]教师对学校或者其他教育机构侵犯其合法权益,或者对学校或者其他教育机构作出的处理不服,可依法提出申诉,教育行政部门应当在接到申诉的(　　),作出处理。

A. 三日内　　B. 七日内　　C. 十五日内　　D. 三十日内

2. [2023宁波,判断]根据《中华人民共和国教师法》,教师体罚学生,经教育不改的,学校、其他教育机构或者教育行政部门可以对该教师给予行政处分或者解聘。情节严重,构成犯罪的,依法追究刑事责任。(　　)

答案:1. D　2. √

第四节　《中华人民共和国未成年人保护法》

一、《中华人民共和国未成年人保护法》的制定

《中华人民共和国未成年人保护法》(以下除需要称全称外,简称为《未成年人保护法》),于1991年9月4日第七届全国人民代表大会常务委员会第二十一次会议通过,于1992年1月1日起施行。《未成年人保护法》的颁布填补了我国法制建设的一项空白,为保护青少年的健康成长提供了重要的法律依据。

《中华人民共和国未成年人保护法》进行过三次修改:(1)根据2006年12月29日第十届全国人民代表大会常务委员会第二十五次会议进行第一次修订;(2)根据2012年10月26日第十一届全国人民代表大会常务委员会第二十九次会议《关于修改〈中华人民共和国未成年人保护法〉的决定》进行修正;(3)根据2020年10月17日第十三届全国人民代表大会常务委员会第二十二次会议进行第二次修订。

二、《中华人民共和国未成年人保护法》的部分内容　【单选、辨析】★★

第一章　总　则

第一条　为了保护未成年人身心健康,保障未成年人合法权益,促进未成年人德智体美劳全面发展,培养有理想、有道德、有文化、有纪律的社会主义建设者和接班人,培养担当民族复兴大任的时代新人,根据宪法,制定本法。

第二条　本法所称未成年人是指未满十八周岁的公民。

……

第四条　保护未成年人,应当坚持最有利于未成年人的原则。处理涉及未成年人事项,应当符合下列要求:

(一)给予未成年人特殊、优先保护;

(二)尊重未成年人人格尊严;

(三)保护未成年人隐私权和个人信息;

(四)适应未成年人身心健康发展的规律和特点;

(五)听取未成年人的意见;

(六)保护与教育相结合。

……

真题面对面

[2022金华，辨析]保护未成年人意味着采纳未成年人的所有意见。

答案：(1)这种说法是不正确的。(2)根据《中华人民共和国未成年人保护法》第四条规定，保护未成年人，应当坚持最有利于未成年人的原则。处理涉及未成年人事项，应当符合下列要求：①给予未成年人特殊、优先保护；②尊重未成年人人格尊严；③保护未成年人隐私权和个人信息；④适应未成年人身心健康发展的规律和特点；⑤听取未成年人的意见；⑥保护与教育相结合。因此，保护未成年人需要采纳未成年人的意见，但鉴于未成年人的年龄特点和认知发展水平，其可能存在不合理的意见，故需要采纳未成年人合理的意见。

第二章　家庭保护

……

第二十二条　未成年人的父母或者其他监护人因外出务工等原因在一定期限内不能完全履行监护职责的，应当委托具有照护能力的完全民事行为能力人代为照护；无正当理由的，不得委托他人代为照护。

未成年人的父母或者其他监护人在确定被委托人时，应当综合考虑其道德品质、家庭状况、身心健康状况、与未成年人生活情感上的联系等情况，并听取有表达意愿能力未成年人的意见。

具有下列情形之一的，不得作为被委托人：

（一）曾实施性侵害、虐待、遗弃、拐卖、暴力伤害等违法犯罪行为；

（二）有吸毒、酗酒、赌博等恶习；

（三）曾拒不履行或者长期怠于履行监护、照护职责；

（四）其他不适宜担任被委托人的情形。

……

第三章　学校保护

……

第三十八条　学校、幼儿园不得安排未成年人参加商业性活动，不得向未成年人及其父母或者其他监护人推销或者要求其购买指定的商品和服务。

学校、幼儿园不得与校外培训机构合作为未成年人提供有偿课程辅导。

……

第四章　社会保护

……

第五十八条　学校、幼儿园周边不得设置营业性娱乐场所、酒吧、互联网上网服务营业场所等不适宜未成年人活动的场所。营业性歌舞娱乐场所、酒吧、互联网上网服务营业场所等不适宜未成年人活动场所的经营者，不得允许未成年人进入；游艺娱乐场所设置的电子游戏设备，除国家法定节假日外，不得向未成年人提供。经营者应当在显著位置设置未成年人禁入、限入标志；对难以判明是否是未成年人的，应当要求其出示身份证件。

……

第六十三条　任何组织或者个人不得隐匿、毁弃、非法删除未成年人的信件、日记、电子邮件或者其他网络通讯内容。

除下列情形外，任何组织或者个人不得开拆、查阅未成年人的信件、日记、电子邮件或者其他网络通讯

内容:

(一)无民事行为能力未成年人的父母或者其他监护人代未成年人开拆、查阅;

(二)因国家安全或者追查刑事犯罪依法进行检查;

(三)紧急情况下为了保护未成年人本人的人身安全。

第五章 网络保护

……

第五节 《中华人民共和国预防未成年人犯罪法》

一、《中华人民共和国预防未成年人犯罪法》的制定

《中华人民共和国预防未成年人犯罪法》(以下除需要称全称外,简称为《预防未成年人犯罪法》),于1999年6月28日第九届全国人民代表大会常务委员会第十次会议通过。《中华人民共和国预防未成年人犯罪法》旨在预防未成年人犯罪,责任主体涉及学校、家庭、社会和政府部门等。

《中华人民共和国预防未成年人犯罪法》进行过两次修改:(1)根据2012年10月26日第十一届全国人民代表大会常务委员会第二十九次会议《关于修改〈中华人民共和国预防未成年人犯罪法〉的决定》进行修正;(2)根据2020年12月26日第十三届全国人民代表大会常务委员会第二十四次会议进行修订。

二、《中华人民共和国预防未成年人犯罪法》的部分内容 【单选】 ★

第一章 总 则

第一条 为了保障未成年人身心健康,培养未成年人良好品行,有效预防未成年人违法犯罪,制定本法。

第二条 预防未成年人犯罪,立足于教育和保护未成年人相结合,坚持预防为主、提前干预,对未成年人的不良行为和严重不良行为及时进行分级预防、干预和矫治。

……

第十二条 预防未成年人犯罪,应当结合未成年人不同年龄的生理、心理特点,加强青春期教育、心理关爱、心理矫治和预防犯罪对策的研究。

……

第二章 预防犯罪的教育

……

第三章 对不良行为的干预

第二十八条 本法所称不良行为,是指未成年人实施的不利于其健康成长的下列行为:

(一)吸烟、饮酒;

(二)多次旷课、逃学;

(三)无故夜不归宿、离家出走;

(四)沉迷网络;

(五)与社会上具有不良习性的人交往,组织或者参加实施不良行为的团伙;

(六)进入法律法规规定未成年人不宜进入的场所;

(七)参与赌博、变相赌博,或者参加封建迷信、邪教等活动;

(八)阅览、观看或者收听宣扬淫秽、色情、暴力、恐怖、极端等内容的读物、音像制品或者网络信息等;

(九)其他不利于未成年人身心健康成长的不良行为。

……

第三十四条　未成年学生旷课、逃学的,学校应当及时联系其父母或者其他监护人,了解有关情况;无正当理由的,学校和未成年学生的父母或者其他监护人应当督促其返校学习。

第三十五条　未成年人无故夜不归宿、离家出走的,父母或者其他监护人、所在的寄宿制学校应当及时查找,必要时向公安机关报告。

收留夜不归宿、离家出走未成年人的,应当及时联系其父母或者其他监护人、所在学校;无法取得联系的,应当及时向公安机关报告。

……

真题面对面

[2021金华,单选]根据《中华人民共和国预防未成年人犯罪法》的规定,出现下列哪种情况时,学校应当及时联系家长(　　)

A. 离家出走　　B. 经常打架　　C. 旷课　　D. 夜不归宿

答案:C

第四章　对严重不良行为的矫治

第三十八条　本法所称严重不良行为,是指未成年人实施的有刑法规定、因不满法定刑事责任年龄不予刑事处罚的行为,以及严重危害社会的下列行为:

(一)结伙斗殴,追逐、拦截他人,强拿硬要或者任意损毁、占用公私财物等寻衅滋事行为;

(二)非法携带枪支、弹药或者弩、匕首等国家规定的管制器具;

(三)殴打、辱骂、恐吓,或者故意伤害他人身体;

(四)盗窃、哄抢、抢夺或者故意损毁公私财物;

(五)传播淫秽的读物、音像制品或者信息等;

(六)卖淫、嫖娼,或者进行淫秽表演;

(七)吸食、注射毒品,或者向他人提供毒品;

(八)参与赌博赌资较大;

(九)其他严重危害社会的行为。

……

第五章　对重新犯罪的预防

……

第六节　《学生伤害事故处理办法》

一、《学生伤害事故处理办法》的制定

《学生伤害事故处理办法》是教育部2002年6月25日发布的部门规章,明确了学生伤害事故与责任、处理程序、事故损失的赔偿、责任者的处理等事项。根据2010年12月13日《教育部关于修改和废止部分规章的决定》进行修正。

二、《学生伤害事故处理办法》的部分内容 【单选】★

第一章 总 则

……

第二条 在学校实施的教育教学活动或者学校组织的校外活动中，以及在学校负有管理责任的校舍、场地、其他教育教学设施、生活设施内发生的，造成在校学生人身损害后果的事故的处理，适用本办法。

第三条 学生伤害事故应当遵循依法、客观公正、合理适当的原则，及时、妥善地处理。

……

第五条 学校应当对在校学生进行必要的安全教育和自护自救教育；应当按照规定，建立健全安全制度，采取相应的管理措施，预防和消除教育教学环境中存在的安全隐患；当发生伤害事故时，应当及时采取措施救助受伤害学生。

学校对学生进行安全教育、管理和保护，应当针对学生年龄、认知能力和法律行为能力的不同，采用相应的内容和预防措施。

……

第七条 未成年学生的父母或者其他监护人(以下称为监护人)应当依法履行监护职责，配合学校对学生进行安全教育、管理和保护工作。

学校对未成年学生不承担监护职责，但法律有规定的或者学校依法接受委托承担相应监护职责的情形除外。

第二章 事故与责任

……

第九条 因下列情形之一造成的学生伤害事故，学校应当依法承担相应的责任：

(一)学校的校舍、场地、其他公共设施，以及学校提供给学生使用的学具、教育教学和生活设施、设备不符合国家规定的标准，或者有明显不安全因素的；

(二)学校的安全保卫、消防、设施设备管理等安全管理制度有明显疏漏，或者管理混乱，存在重大安全隐患，而未及时采取措施的；

(三)学校向学生提供的药品、食品、饮用水等不符合国家或者行业的有关标准、要求的；

(四)学校组织学生参加教育教学活动或者校外活动，未对学生进行相应的安全教育，并未在可预见的范围内采取必要的安全措施的；

(五)学校知道教师或者其他工作人员患有不适宜担任教育教学工作的疾病，但未采取必要措施的；

(六)学校违反有关规定，组织或者安排未成年学生从事不宜未成年人参加的劳动、体育运动或者其他活动的；

(七)学生有特异体质或者特定疾病，不宜参加某种教育教学活动，学校知道或者应当知道，但未予以必要的注意的；

(八)学生在校期间突发疾病或者受到伤害，学校发现，但未根据实际情况及时采取相应措施，导致不良后果加重的；

(九)学校教师或者其他工作人员体罚或者变相体罚学生，或者在履行职责过程中违反工作要求、操作规程、职业道德或者其他有关规定的；

(十)学校教师或者其他工作人员在负有组织、管理未成年学生的职责期间，发现学生行为具有危险性，但未进行必要的管理、告诫或者制止的；

（十一）对未成年学生擅自离校等与学生人身安全直接相关的信息，学校发现或者知道，但未及时告知未成年学生的监护人，导致未成年学生因脱离监护人的保护而发生伤害的；

（十二）学校有未依法履行职责的其他情形的。

第十条 学生或者未成年学生监护人由于过错，有下列情形之一，造成学生伤害事故，应当依法承担相应的责任：

（一）学生违反法律法规的规定，违反社会公共行为准则、学校的规章制度或者纪律，实施按其年龄和认知能力应当知道具有危险或者可能危及他人的行为的；

（二）学生行为具有危险性，学校、教师已经告诫、纠正，但学生不听劝阻、拒不改正的；

（三）学生或者其监护人知道学生有特异体质，或者患有特定疾病，但未告知学校的；

（四）未成年学生的身体状况、行为、情绪等有异常情况，监护人知道或者已被学校告知，但未履行相应监护职责的；

（五）学生或者未成年学生监护人有其他过错的。

第十一条 学校安排学生参加活动，因提供场地、设备、交通工具、食品及其他消费与服务的经营者，或者学校以外的活动组织者的过错造成的学生伤害事故，有过错的当事人应当依法承担相应的责任。

第十二条 因下列情形之一造成的学生伤害事故，学校已履行了相应职责，行为并无不当的，无法律责任：

（一）地震、雷击、台风、洪水等不可抗的自然因素造成的；

（二）来自学校外部的突发性、偶发性侵害造成的；

（三）学生有特异体质、特定疾病或者异常心理状态，学校不知道或者难于知道的；

（四）学生自杀、自伤的；

（五）在对抗性或者具有风险性的体育竞赛活动中发生意外伤害的；

（六）其他意外因素造成的。

第十三条 下列情形下发生的造成学生人身损害后果的事故，学校行为并无不当的，不承担事故责任；事故责任应当按有关法律法规或者其他有关规定认定：

（一）在学生自行上学、放学、返校、离校途中发生的；

（二）在学生自行外出或者擅自离校期间发生的；

（三）在放学后、节假日或者假期等学校工作时间以外，学生自行滞留学校或者自行到校发生的；

（四）其他在学校管理职责范围外发生的。

第十四条 因学校教师或者其他工作人员与其职务无关的个人行为，或者因学生、教师及其他个人故意实施的违法犯罪行为，造成学生人身损害的，由致害人依法承担相应的责任。

真题面对面

[2021金华，单选]章某和李某在课间打闹，教师未及时制止。后来章某将李某鼻子打成骨折，对于该后果应当承担责任的主体是（　　）

A. 章某及其监护人　B. 章某　C. 章某和李某　D. 章某和学校

答案：D

第三章　事故处理程序

……

第四章　事故损害的赔偿

第二十三条　对发生学生伤害事故负有责任的组织或者个人，应当按照法律法规的有关规定，承担相应的损害赔偿责任。

……

第二十八条　未成年学生对学生伤害事故负有责任的，由其监护人依法承担相应的赔偿责任。

学生的行为侵害学校教师及其他工作人员以及其他组织、个人的合法权益，造成损失的，成年学生或者未成年学生的监护人应当依法予以赔偿。

……

第七节　《中小学教育惩戒规则(试行)》

一、《中小学教育惩戒规则(试行)》的制定

《中小学教育惩戒规则(试行)》于2020年9月23日教育部第3次部务会议审议通过，2020年12月公布，自2021年3月1日起施行。

二、《中小学教育惩戒规则(试行)》的部分内容　【单选】★

……

第二条　普通中小学校、中等职业学校(以下称学校)及其教师在教育教学和管理过程中对学生实施教育惩戒，适用本规则。

本规则所称教育惩戒，是指学校、教师基于教育目的，对违规违纪学生进行管理、训导或者以规定方式予以矫治，促使学生引以为戒、认识和改正错误的教育行为。

……

第四条　实施教育惩戒应当符合教育规律，注重育人效果；遵循法治原则，做到客观公正；选择适当措施，与学生过错程度相适应。

……

第七条　学生有下列情形之一，学校及其教师应当予以制止并进行批评教育，确有必要的，可以实施教育惩戒：

(一)故意不完成教学任务要求或者不服从教育、管理的；

(二)扰乱课堂秩序、学校教育教学秩序的；

(三)吸烟、饮酒，或者言行失范违反学生守则的；

(四)实施有害自己或者他人身心健康的危险行为的；

(五)打骂同学、老师，欺凌同学或者侵害他人合法权益的；

(六)其他违反校规校纪的行为。

学生实施属于预防未成年人犯罪法规定的不良行为或者严重不良行为的，学校、教师应当予以制止并实施教育惩戒，加强管教；构成违法犯罪的，依法移送公安机关处理。

第八条　教师在课堂教学、日常管理中，对违规违纪情节较为轻微的学生，可以当场实施以下教育惩戒：

(一)点名批评；

（二）责令赔礼道歉、做口头或者书面检讨；

（三）适当增加额外的教学或者班级公益服务任务；

（四）一节课堂教学时间内的教室内站立；

（五）课后教导；

（六）学校校规校纪或者班规、班级公约规定的其他适当措施。

教师对学生实施前款措施后，可以以适当方式告知学生家长。

第九条 学生违反校规校纪，情节较重或者经当场教育惩戒拒不改正的，学校可以实施以下教育惩戒，并应当及时告知家长：

（一）由学校德育工作负责人予以训导；

（二）承担校内公益服务任务；

（三）安排接受专门的校规校纪、行为规则教育；

（四）暂停或者限制学生参加游览、校外集体活动以及其他外出集体活动；

（五）学校校规校纪规定的其他适当措施。

第十条 小学高年级、初中和高中阶段的学生违规违纪情节严重或者影响恶劣的，学校可以实施以下教育惩戒，并应当事先告知家长：

（一）给予不超过一周的停课或者停学，要求家长在家进行教育、管教；

（二）由法治副校长或者法治辅导员予以训诫；

（三）安排专门的课程或者教育场所，由社会工作者或者其他专业人员进行心理辅导、行为干预。

对违规违纪情节严重，或者经多次教育惩戒仍不改正的学生，学校可以给予警告、严重警告、记过或者留校察看的纪律处分。对高中阶段学生，还可以给予开除学籍的纪律处分。

对有严重不良行为的学生，学校可以按照法定程序，配合家长、有关部门将其转入专门学校教育矫治。

第十一条 学生扰乱课堂或者教育教学秩序，影响他人或者可能对自己及他人造成伤害的，教师可以采取必要措施，将学生带离教室或者教学现场，并予以教育管理。

教师、学校发现学生携带、使用违规物品或者行为具有危险性的，应当采取必要措施予以制止；发现学生藏匿违法、危险物品的，应当责令学生交出并可以对可能藏匿物品的课桌、储物柜等进行检查。

教师、学校对学生的违规物品可以予以暂扣并妥善保管，在适当时候交还学生家长；属于违法、危险物品的，应当及时报告公安机关、应急管理部门等有关部门依法处理。

第十二条 教师在教育教学管理、实施教育惩戒过程中，不得有下列行为：

（一）以击打、刺扎等方式直接造成身体痛苦的体罚；

（二）超过正常限度的罚站、反复抄写，强制做不适的动作或者姿势，以及刻意孤立等间接伤害身体、心理的变相体罚；

（三）辱骂或者以歧视性、侮辱性的言行侵犯学生人格尊严；

（四）因个人或者少数人违规违纪行为而惩罚全体学生；

（五）因学业成绩而教育惩戒学生；

（六）因个人情绪、好恶实施或者选择性实施教育惩戒；

（七）指派学生对其他学生实施教育惩戒；

（八）其他侵害学生权利的。

……

真题面对面

[2021 金华,单选]根据《中小学教育惩戒规则(试行)》的规定,下列教育行为中,不能在学生违规违纪情节严重或者影响恶劣情况下实施的是(　　)

A. 给予不超过一周的停课或者停学,要求家长在家进行教育、管教

B. 由法治副校长予以训诫

C. 安排专门的课程或者教育场所,由社会工作者或者其他专业人员进行心理辅导、行为干预

D. 指派学生对其他学生实施教育惩戒

答案:D

第八节　《中小学幼儿园安全管理办法》

一、《中小学幼儿园安全管理办法》的制定

《中小学幼儿园安全管理办法》是教育部、公安部、司法部、建设部、交通部、文化部、卫生部、工商总局、质检总局、新闻出版总署2006年6月30日发布的部门规章,规定了中小学幼儿园安全管理的有关事项。

二、《中小学幼儿园安全管理办法》的部分内容

第一章　总　则

第一条　为加强中小学、幼儿园安全管理,保障学校及其学生和教职工的人身、财产安全,维护中小学、幼儿园正常的教育教学秩序,根据《中华人民共和国教育法》等法律法规,制定本办法。

……

第四条　学校安全管理工作主要包括:

(一)构建学校安全工作保障体系,全面落实安全工作责任制和事故责任追究制,保障学校安全工作规范、有序进行;

(二)健全学校安全预警机制,制定突发事件应急预案,完善事故预防措施,及时排除安全隐患,不断提高学校安全工作管理水平;

(三)建立校园周边整治协调工作机制,维护校园及周边环境安全;

(四)加强安全宣传教育培训,提高师生安全意识和防护能力;

(五)事故发生后启动应急预案、对伤亡人员实施救治和责任追究等。

……

第二章　安全管理职责

……

第七条　教育行政部门对学校安全工作履行下列职责:

(一)全面掌握学校安全工作状况,制定学校安全工作考核目标,加强对学校安全工作的检查指导,督促学校建立健全并落实安全管理制度;

(二)建立安全工作责任制和事故责任追究制,及时消除安全隐患,指导学校妥善处理学生伤害事故;

(三)及时了解学校安全教育情况,组织学校有针对性地开展学生安全教育,不断提高教育实效;

(四)制定校园安全的应急预案,指导、监督下级教育行政部门和学校开展安全工作;

（五）协调政府其他相关职能部门共同做好学校安全管理工作，协助当地人民政府组织对学校安全事故的救援和调查处理。

教育督导机构应当组织学校安全工作的专项督导。

第八条 公安机关对学校安全工作履行下列职责：

（一）了解掌握学校及周边治安状况，指导学校做好校园保卫工作，及时依法查处扰乱校园秩序、侵害师生人身、财产安全的案件；

（二）指导和监督学校做好消防安全工作；

（三）协助学校处理校园突发事件。

第九条 卫生部门对学校安全工作履行下列职责：

（一）检查、指导学校卫生防疫和卫生保健工作，落实疾病预防控制措施；

（二）监督、检查学校食堂、学校饮用水和游泳池的卫生状况。

第十条 建设部门对学校安全工作履行下列职责：

（一）加强对学校建筑、燃气设施设备安全状况的监管，发现安全事故隐患的，应当依法责令立即排除；

（二）指导校舍安全检查鉴定工作；

（三）加强对学校工程建设各环节的监督管理，发现校舍、楼梯护栏及其他教学、生活设施违反工程建设强制性标准的，应责令纠正；

（四）依法督促学校定期检验、维修和更新学校相关设施设备。

……

第三章 校内安全管理制度

……

第二十三条 学校应当按照国家有关规定配备具有从业资格的专职医务（保健）人员或者兼职卫生保健教师，购置必需的急救器材和药品，保障对学生常见病的治疗，并负责学校传染病疫情及其他突发公共卫生事件的报告。有条件的学校，应当设立卫生（保健）室。

新生入学应当提交体检证明。托幼机构与小学在入托、入学时应当查验预防接种证。学校应当建立学生健康档案，组织学生定期体检。

……

第四章 日常安全管理

……

第三十一条 小学、幼儿园应当建立低年级学生、幼儿上下学时接送的交接制度，不得将晚离学校的低年级学生、幼儿交与无关人员。

第三十二条 学生在教学楼进行教学活动和晚自习时，学校应当合理安排学生疏散时间和楼道上下顺序，同时安排人员巡查，防止发生拥挤踩踏伤害事故。

晚自习学生没有离校之前，学校应当有负责人和教师值班、巡查。

第三十三条 学校不得组织学生参加抢险等应当由专业人员或者成人从事的活动，不得组织学生参与制作烟花爆竹、有毒化学品等具有危险性的活动，不得组织学生参加商业性活动。

第三十四条 学校不得将场地出租给他人从事易燃、易爆、有毒、有害等危险品的生产、经营活动。

学校不得出租校园内场地停放校外机动车辆；不得利用学校用地建设对社会开放的停车场。

……

第五章 安全教育

……

★★ 考点大默写 ★★

1.《中华人民共和国教育法》规定，教育必须为社会主义现代化建设服务、为人民服务，必须与生产劳动和__________相结合，培养德智体美劳全面发展的社会主义建设者和接班人。

2.《中华人民共和国义务教育法》规定，凡年满__________的儿童，其父母或者其他法定监护人应当送其入学接受并完成义务教育；条件不具备的地区的儿童，可以推迟到__________。

3.《中华人民共和国义务教育法》规定，教师的平均工资水平应当__________当地公务员的平均工资水平。特殊教育教师享有特殊岗位补助津贴。

4.《中华人民共和国教师法》规定，学校或者其他教育机构应当对教师的政治思想、__________、工作态度和工作成绩进行考核。

5.《中华人民共和国教师法》规定，取得教师资格的人员首次任教时，应当有__________；受到剥夺__________或者故意犯罪受到有期徒刑以上刑事处罚的，不能取得教师资格。

6.《中华人民共和国未成年人保护法》规定，保护未成年人，应当坚持__________未成年人的原则，保护与教育相结合。

7.《中华人民共和国预防未成年人犯罪法》规定，预防未成年人犯罪，立足于教育和保护未成年人相结合，坚持__________、提前干预，对未成年人的不良行为和严重不良行为及时进行分级预防、干预和矫治。

8.《学生伤害事故处理办法》规定，学校对学生进行安全教育、管理和保护，应当针对学生年龄、__________和法律行为能力的不同，采用相应的内容和预防措施。

9.《中小学教育惩戒规则（试行）》规定，实施教育惩戒应当符合__________，注重育人效果；遵循__________原则，做到客观公正；选择适当措施，与学生过错程度相适应。

【参考答案】

1. 社会实践 2. 六周岁 七周岁 3. 不低于 4. 业务水平 5. 试用期 政治权利 6. 最有利于 7. 预防为主 8. 认知能力 9. 教育规律 法治

即时反思与复盘总结

我于________年____月____日完成了对本章的学习。

复盘一下，我对自己较肯定的地方是________________

（足够努力/心态积极/方法得当……）

我觉得自己需要改进的地方是________________

（懒惰懈怠/心情浮躁/方法不当……）

休息片刻，开启下一站征程！

第四章 《中小学教师职业道德规范》

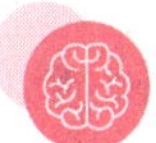

思维导图

- 《中小学教师职业道德规范》
  - 1997年修订的《中小学教师职业道德规范》
    - 依法执教：学习和宣传马列主义、毛泽东思想和邓小平同志建设有中国特色社会主义理论，拥护党的基本路线，全面贯彻国家教育方针，自觉遵守《教师法》等法律法规，在教育教学中同党和国家的方针政策保持一致，不得有违背党和国家方针、政策的言行
    - 爱岗敬业：热爱教育、热爱学校、尽职尽责、教书育人，注意培养学生具有良好的思想品德。认真备课上课，认真批改作业，不敷衍塞责，不传播有害学生身心健康的思想
    - 热爱学生：关心爱护全体学生，尊重学生的人格，平等、公正对待学生。对学生严格要求，耐心教导，不讽刺、挖苦、歧视学生，不体罚或变相体罚学生，保护学生合法权益，促进学生全面、主动、健康发展
    - 严谨治学：树立优良学风，刻苦钻研业务，不断学习新知识，探索教育教学规律，改进教育教学方法，提高教育、教学和科研水平
    - 团结协作：谦虚谨慎、尊重同志、相互学习、相互帮助，维护其他教师在学生中的威信。关心集体，维护学校荣誉，共创文明校风
    - 尊重家长：主动与学生家长联系。认真听取意见和建议，取得支持与配合。积极宣传科学的教育思想和方法，不训斥、指责学生家长
    - 廉洁从教：坚守高尚情操，发扬奉献精神，自觉抵制社会不良风气影响。不利用职责之便谋取私利
    - 为人师表：模范遵守社会公德，衣着整洁得体，语言规范健康，举止文明礼貌，严于律己，作风正派，以身作则，注重身教
  - 2008年修订的《中小学教师职业道德规范》
    - 爱国守法——教师职业的基本要求：全面贯彻国家教育方针；自觉遵守教育法律法规，依法履行教师职责权利；不得有违背党和国家方针政策的言行
    - 爱岗敬业——教师职业的本质要求：对工作高度负责；认真备课上课；认真批改作业；认真辅导学生；不得敷衍塞责（重点）
    - 关爱学生——师德的灵魂：关心爱护全体学生，尊重学生人格，平等公正对待学生；对学生严慈相济，做学生的良师益友；保护学生安全，关心学生健康，维护学生权益；不讽刺、挖苦、歧视学生，不体罚或变相体罚学生
    - 教书育人——教师的天职：遵循教育规律，实施素质教育；循循善诱，诲人不倦，因材施教；培养学生良好品行，激发学生创新精神，促进学生全面发展；不以分数作为评价学生的唯一标准
    - 为人师表——教师职业的内在要求：坚守高尚情操，知荣明耻；严于律己，以身作则；衣着得体，语言规范，举止文明；关心集体，团结协作，尊重同事，尊重家长；作风正派，廉洁奉公；自觉抵制有偿家教，不利用职务之便谋取私利
    - 终身学习——教师专业发展的不竭动力：崇尚科学精神，树立终身学习理念，拓宽知识视野，更新知识结构；潜心钻研业务，勇于探索创新，不断提高专业素养和教育教学水平

浙江考向

本章属于教育政策法规的基础章节，也是台州、丽水、衢州、温州等地区的笔试频繁考查的章节，内容结构清晰、识记性知识多，在考试中常以选择题、填空题、判断题、简答题、材料分析题等形式考查。本章的考向分析如下：

考点名称	常考题型	能力层级	考查热度
2008年修订的《中小学教师职业道德规范》	单选、填空、判断、简答、材料分析	识记、运用	★★

核心考点

第一节　1997年修订的《中小学教师职业道德规范》

一、依法执教

学习和宣传马列主义、毛泽东思想和邓小平同志建设有中国特色社会主义理论，拥护党的基本路线，全面贯彻国家教育方针，自觉遵守《教师法》等法律法规，在教育教学中同党和国家的方针政策保持一致，不得有违背党和国家方针、政策的言行。

二、爱岗敬业

热爱教育、热爱学校、尽职尽责、教书育人，注意培养学生具有良好的思想品德。认真备课上课，认真批改作业，不敷衍塞责，不传播有害学生身心健康的思想。

三、热爱学生

关心爱护全体学生，尊重学生的人格，平等、公正对待学生。对学生严格要求，耐心教导，不讽刺、挖苦、歧视学生，不体罚或变相体罚学生，保护学生合法权益，促进学生全面、主动、健康发展。

四、严谨治学

树立优良学风，刻苦钻研业务，不断学习新知识，探索教育教学规律，改进教育教学方法，提高教育、教学和科研水平。

五、团结协作

谦虚谨慎、尊重同志、相互学习、相互帮助，维护其他教师在学生中的威信。关心集体，维护学校荣誉，共创文明校风。

六、尊重家长

主动与学生家长联系。认真听取意见和建议，取得支持与配合。积极宣传科学的教育思想和方法，不训斥、指责学生家长。

七、廉洁从教

坚守高尚情操，发扬奉献精神，自觉抵制社会不良风气影响。不利用职责之便谋取私利。

八、为人师表

模范遵守社会公德，衣着整洁得体，语言规范健康，举止文明礼貌，严于律己，作风正派，以身作则，注重身教。

第二节　2008年修订的《中小学教师职业道德规范》

一、爱国守法——教师职业的基本要求

爱国守法是教师处理其与国家社会的关系时所应遵循的原则要求。其要求教师：热爱祖国，热爱人民，拥护中国共产党领导，拥护社会主义。全面贯彻国家教育方针，自觉遵守教育法律法规，依法履行教师职责权利。不得有违背党和国家方针政策的言行。这里只详细介绍以下三点：

1. 全面贯彻国家教育方针

教师是从事国家教育事业的专业人员，教师代表国家从事人民的教育事业。教师爱国、爱中国共产党、爱社会主义，具体行为表现在全面贯彻国家教育方针。这是要求教师的一切教育教学行为都要符合国家教育方针的要求。

2. 自觉遵守教育法律法规，依法履行教师职责权利

爱国要求教师必须守法，遵守教育法律法规的规范要求。法律法规的核心是权利和义务，因此，教师必须自觉履行教育法律法规所规定的教师的权利和义务。

3. 不得有违背党和国家方针政策的言行

上面两个要求是“爱国守法”方面倡导性的职业行为规定，而这一要求则是禁止性的职业行为规定。在教师的职业活动中，出现违背党和国家方针政策的言行，是违背“爱国守法”职业行为规定的。

二、爱岗敬业——教师职业的本质要求

爱岗敬业是教师处理其与教育事业的关系时所应遵循的原则要求。其要求教师：忠诚于人民教育事业，志存高远，勤恳敬业，甘为人梯，乐于奉献。对工作高度负责，认真备课上课，认真批改作业，认真辅导学生。不得敷衍塞责。这里只详细介绍以下五点：

1. 对工作高度负责

在教师与教育事业的关系上，这一职业行为要求仍然是原则性的，但是从“责任”的要求来看，也可以说是具体的。这是说，教师对教育事业在行为上最重要的是“责任”。

2. 认真备课上课

教师对教育事业负责，是通过课堂教学来实现的，因而教师在职业行为上首先就要做到认真备课上课。认真备课上课，是要求教师认真备好每一节课，认真上好每一节课。

3. 认真批改作业

学生写作业和教师批改作业，是教学活动的重要环节。教师没有认真地批改作业，学生就不能得到准确的学习信息反馈，教学环节就有缺失。

4. 认真辅导学生

现代教学活动是以班级授课制为基础的，但是学生的学习是有个性的、有个体差异的，因而集体教学与个别辅导必须结合起来。只有班级教学活动，而没有学生个别辅导，这样的教学也是不完整的。

5. 不得敷衍塞责

这是禁止性的职业行为规定，也是原则性、概括性的规定。“不得敷衍塞责”是从禁止性方面强调了教师的教育教学责任。

真题面对面

[2022台州，单选]（　　）是教师职业的本质要求，它要求教师要把自己的理想、信念毫不保留地献给学生和教育事业。

A. 爱国守法　　B. 爱岗敬业　　C. 热爱学生　　D. 严谨治学

答案：B

三、关爱学生——师德的灵魂

关爱学生是教师处理其与学生的关系时所应遵循的原则要求。新《规范》中关于“关爱学生”方面所规定的具体职业行为要求有以下几点：

1. 关心爱护全体学生，尊重学生人格，平等公正对待学生

关爱学生的范围是全体学生，而不是某一部分。在实际教育活动中，有些教师不是不能给予学生关爱，而是往往不能给予全体学生关爱，这不符合教师职业行为的要求。

关爱学生的核心是尊重学生人格。尊重学生人格，就是把学生看作与自己一样有尊严、有利益诉求的人。

关爱学生的关键是做到对学生平等、公正。平等，是师生之间的平等、生生之间的平等；公正，是将关爱给每一个学生，不论这些学生的发展状况如何、社会背景和家庭背景如何。

2. 对学生严慈相济，做学生的良师益友

关爱学生不是不要严格。严格要求学生，也是对学生的成长负责；然而严格不意味着没有宽容，学生成长总会出现这样那样的问题。所以，要严慈相济。严慈相济体现的也是亦师亦友的师生关系。严格要求是作为教师的责任，倾心帮助是作为朋友的热诚。学生在严慈相济、良师益友的环境中才能健康成长。

3. 保护学生安全，关心学生健康，维护学生权益

关爱学生还要求教师对学生的安全、健康负责，对学生的权益负责。学生的安全，是他们的人身安全；学生的健康，是他们的身心健康；学生的权益，是法律赋予他们的权益。

4. 不讽刺、挖苦、歧视学生，不体罚或变相体罚学生

这是对教师在与学生关系上的禁止性规定。在语言上讽刺、挖苦学生，在态度上歧视学生，这是职业行为不容许的。在教育学生的方法上，采用体罚和变相体罚，也是教师职业道德不容许的。

四、教书育人——教师的天职

教书育人是教师在处理其与职业劳动的关系时所应遵循的原则要求。新《规范》中关于“教书育人”方面所规定的具体职业行为要求有以下几点：

1. 遵循教育规律，实施素质教育

教育的本质要求是促进人的健康全面发展，遵循教育规律就要实施素质教育。素质教育从根本上说，就是“育人”。“教书”是途径，“育人”是目的。两者不可偏废。没有“教书”，“育人”没有依托；没有“育人”，“教书”就失去了本来意义。

2. 循循善诱,诲人不倦,因材施教

符合教书育人要求的教师职业劳动行为应当是耐心的、引导的、充满教育热情的,而且能够实施针对每一个学生"量身定做"的教育。

3. 培养学生良好品行,激发学生创新精神,促进学生全面发展

把"育人"作为目的的教育,把德育放在重要位置上,把教育学生成"人"放在首要位置上;"育人"也要把培养具有创新精神的现代人作为职业劳动的要求。

以"育人"为目的的教育,必须实施全面发展的教育,最终要达到学生全面发展的目的。

4. 不以分数作为评价学生的唯一标准

在"教书育人"方面禁止的行为,就是背离"育人"目标的做法,或者说是应试教育的做法。教师头脑中必须明确,以分数作为评价学生唯一标准的做法,是教师职业行为明确禁止的。

五、为人师表——教师职业的内在要求

为人师表是教师在处理其与自己的关系时所应遵循的原则要求。新《规范》中关于"为人师表"方面所规定的具体职业行为要求有以下几点:

1. 坚守高尚情操,知荣明耻

这是要求教师在职业行为上符合社会主义的荣辱观。

2. 严于律己,以身作则

教师在职业活动中对自己要严格要求,要以自己的行为作为他人,特别是学生的楷模。

3. 衣着得体,语言规范,举止文明

以身作则,在行为举止上,要注意穿着、言语和行为符合现代文明要求,能够为学生做出榜样。

4. 关心集体,团结协作,尊重同事,尊重家长

以身作则,也表现在处理与同事、学生家长的关系上,要能够尊重他人,与他人和谐相处。在处理与家长关系时应遵循的要求如下:(1)主动与学生家长联系;(2)认真听取家长的意见和建议;(3)尊重学生家长的人格;(4)教育学生尊重家长。

5. 作风正派,廉洁奉公

以身作则,体现在为人作风上,就是"廉洁奉公"。这一行为要求在教师方面,就是要求教师不从学生那里谋取自己的利益,就是"廉洁从教"。

6. 自觉抵制有偿家教,不利用职务之便谋取私利

有偿家教,是市场经济条件下出现的比较严重的违背教师职业行为规范的问题,新《规范》特别作为禁止性规定提出。

六、终身学习——教师专业发展的不竭动力

终身学习是教师在处理其与自己发展的关系时所应遵循的原则要求。新《规范》中关于"终身学习"方面所规定的具体职业行为要求有以下几点:

1. 崇尚科学精神,树立终身学习理念,拓宽知识视野,更新知识结构

科学精神是求真的精神,是不断探索的精神。根据科学精神的要求,在一个终身学习的社会里,教师应当具有终身学习的理念,在行为上能够自觉地继续学习,发展自己的知识。

2. 潜心钻研业务，勇于探索创新，不断提高专业素养和教育教学水平

教师的发展，特别是指自己的专业发展。一个能够自觉地提高自己专业水平的教师，才能不断适应教育实践给自己提出的新要求。

考点大默写

1. 2008 年修订的《中小学教师职业道德规范》的基本内容包括__________、爱岗敬业、关爱学生、__________、__________和终身学习。
2. __________是教师处理其与教育事业的关系时所应遵循的原则要求，是教师职业的本质要求。
3. 朱熹曾经说过："无一事而不学，无一时而不学，无一处而不学。"这句话体现了《中小学教师职业道德规范》(2008 年修订)中的__________。

【参考答案】

1. 爱国守法　教书育人　为人师表　2. 爱岗敬业　3. 终身学习

我于______年____月____日完成了对本章的学习。

复盘一下，我对自己较肯定的地方是__________________

(足够努力/心态积极/方法得当……)

我觉得自己需要改进的地方是__________________

(懒惰懈怠/心情浮躁/方法不当……)

休息片刻，开启下一站征程！

第五章 依法治校、依法执教与教师违法（侵权）行为预防

思维导图

- 依法治校、依法执教与教师违法（侵权）行为预防
  - 依法治校
    - 依法治校的含义
      - 依照教育法律、法规所规定的权限和程序来管理学校
    - 依法治校的指导思想与目标
      - 指导思想：以中国特色社会主义理论为指导、以人为本等
      - 目标：依法行政的工作格局，学校工作机制和制度等
    - 依法治校的意义
      - 重要保障：科教兴国战略，教育改革成果，学校管理、教育秩序稳定
      - 全面贯彻教育方针的保障
      - 国家法制建设的基础工程
  - 依法执教
    - 依法执教的含义
      - 教师按照教育法律、法规使自己的教育教学活动法制化和规范化
    - 依法执教的基本要求（重点）
      - 坚持正确的政治方向
      - 拥护党的基本路线和领导
      - 自觉增强法律意识
      - 认真贯彻党和国家的方针政策
    - 依法执教的意义
      - 依法治国的必然要求
      - 依法治教的重要内容
      - 人民教师之必需
    - 依法执教的原因
      - 我国教育法制建设的逐步完善；公民法律意识的不断增强；教师法律素质亟待提高；教师以德执教的必然要求；教师依法维权的迫切需要
  - 教师违法（侵权）行为预防
    - 教师违法（侵权）行为的含义
      - 教师出于故意或由于过失而侵害他人（主要是学生）合法权利的行为
    - 教师违法（侵权）行为的主要类型及其表现特征（易混）
      - 侵犯学生的受教育权
      - 侵犯学生的人身权
      - 侵犯学生的财产权
      - 侵犯学生的著作权
      - 不作为违法侵权
    - 教师违法（侵权）行为的主要法律责任
      - 行政处分或者解聘；追究刑事责任
    - 预防教师违法（侵权）行为的必要措施
      - 建立完善的教育法规体系；建立严格公正的教育执法制度；加大安全教育力度等

浙江考向

本章属于教育政策法规的基础章节，也是金华、绍兴、丽水等地区的笔试考查的章节，内容广泛、识记性知识多，在考试中常以选择题、判断题、简答题、材料分析题等形式考查。本章的考向分析如下：

考点名称	常考题型	能力层级	考查热度
教师违法（侵权）行为的主要类型及其表现特征	单选、判断、材料分析	识记、运用	★★
预防教师违法（侵权）行为的必要措施	简答	识记	★★

核心考点

第一节　依法治校

一、依法治校的含义

依法治校就是依照教育法律、法规所规定的权限和程序来管理学校。从教育法规的作用形式来看，依据教育法律规范来约束管理对象的教育行为和约束管理者自身的管理行为是依法治校不可分割的两个方面；从学校主体来看，依法治校的内容包括校长及其他行政管理人员对学校事务与人员的管理和教师依法施教及对学生的管理。依法治校是依法治教的重要组成部分。

二、依法治校的指导思想与目标

考点1　全面推进依法治校的指导思想

（1）全面推进依法治校，必须以中国特色社会主义理论为指导，坚持社会主义办学方向，弘扬和践行社会主义核心价值体系，将坚持和改善学校党的领导与学校的依法治理紧密结合起来；（2）必须全面贯彻国家教育方针，把立德树人，培养德智体美劳全面发展的社会主义建设者和接班人作为学校教育的根本任务，全面提高校长、教职工和学生的法律素质，加强公民意识教育，培养社会主义合格公民；（3）必须坚持以人为本，依法办学，积极落实教师、学生的主体地位，依法保障师生的合法权利；（4）必须切实转变管理理念与方式，提高管理效率和效益，为全面推进依法治国和全面实现教育现代化打下坚实的基础。

考点2　依法治校工作的目标

推进依法治校工作的目标是：（1）教育行政部门法治意识增强，形成依法行政的工作格局；（2）学校建立依法决策、民主参与、自我管理、自主办学的工作机制和现代学校制度；（3）各级各类学校校长、教师和受教育者的法律素质有明显提高；（4）建立完善的权益救济渠道，教师和受教育者的合法权益依法得到保障，形成良好的学校育人环境；（5）保证国家教育方针的贯彻落实，实现教育的公平，保证学校正确的办学方向，为教育改革与发展创建良好的法制环境。

三、依法治校的意义

实行依法治校在我国具有重大的现实意义和深远的历史意义。具体表现在如下五个方面：

（1）依法治校是科教兴国战略得以实现的重要保障；（2）依法治校是促进和保护教育改革成果的重要保障；（3）依法治校是促进学校管理科学化、民主化，维护教育秩序稳定的重要保障；（4）依法治校是全面贯彻教育方针的保障；（5）依法治校是国家法制建设的基础工程。

第二节 依法执教

一、依法执教的含义

依法执教就是要求教师在教育教学活动中，按照教育法律、法规使自己的教育教学活动法制化和规范化。依法执教是依法治教在教师工作中的具体体现，也是对教师的基本要求。

1995年制定的《中华人民共和国教育法》是我国第一次以国家基本法律的形式明确了教育的地位和作用，从而为教育事业的改革和发展提供了坚实有力的法律保障。

二、依法执教的基本要求

依法执教的基本要求有以下四点：(1)坚持正确的政治方向；(2)拥护党的基本路线和领导；(3)自觉增强法律意识；(4)认真贯彻党和国家的方针政策。具体内容如下：

1. 教师要模范地遵守宪法及其他各种法律、法规

教师是人类文化的传播者，是我国社会主义现代化建设人才的培育者。教师的劳动具有高度的示范性和感染性，教师对学生产生着潜移默化的作用。虽然在我国人人都应当遵守宪法及其他各项法律、法规，依法进行生活、学习和工作，但教师更应当模范地做到这一点。每一个教师都要争做遵守宪法及其他各种法律、法规的模范。

2. 教师要依法进行教育教学活动

(1)教师要认真贯彻执行教育方针，遵守各种规章制度，执行学校的教学计划，完成教育教学工作任务；

(2)教师要对学生进行宪法所确定的关于四项基本原则的教育、爱国主义教育、民族团结教育以及法制教育；

(3)教师要关心、爱护全体学生，尊重学生人格，保证学生在德、智、体等方面的发展；

(4)教师要制止有害于学生的行为或者其他侵犯学生合法权益的行为，批评和抵制有害于学生健康成长的现象。

三、依法执教的意义

(1)依法执教是依法治国的必然要求。依法治国的依据是我国的宪法和法律，基本要求有四个方面，即有法可依，有法必依，执法必严，违法必究。其中有法可依是依法治国的法律前提，也是依法治国的首要环节；有法必依是依法治国的中心环节。

(2)依法执教是依法治教的重要内容。

(3)依法执教是人民教师之必需。

四、依法执教的原因

依法执教的原因有以下五点：(1)我国教育法制建设的逐步完善；(2)公民法律意识的不断增强；(3)教师法律素质亟待提高；(4)教师以德执教的必然要求；(5)教师依法维权的迫切需要。

真题面对面

[2022绍兴，简答]简述依法执教的原因及基本要求。

答案：详见内文

考点 依法治教、以法治教与以罚治教

依法治教就是国家机关以及有关机构依照有关教育的法律规定，在其职权范围内从事有关教育的治理活动，以及各级各类学校及其他教育机构、社会组织和公民依照有关教育的法律规定，从事办学活动、教育教学活动及其他有关教育的活动。

在依法治教的工作中，要澄清两种模糊认识。一是把依法治教理解为“以法治教”。实际上，二者是有区别的。依法治教的含义是依据法律来管理教育，而“以法治教”则是指运用法律手段来管理教育。但是运用法律手段不能等同于依法办事。审判机关、检察机关办理刑事案件，可以说是运用法律手段。如果办案人员徇私枉法，就不是依法办案。同时，依法治教绝不仅仅是用单一的法律手段简单地取代过去单一的行政手段管理教育，而是综合运用法律手段、经济手段和行政手段及其他手段管理教育。依法治教所强调的是依法办事。无论采用哪一种手段，都必须依法办事。二是把依法治教理解为“以罚治教”。法律作为一种特殊的行为规范，当然具有惩罚、警戒、预防违法行为的重要功能，但这不是法律的唯一功能。法律还有评价、指引、预测人们的行为，保护、奖励合法行为以及思想教育等基本功能。在依法治教的过程中，不能仅仅注重法律的惩罚功能，而忽视法律的其他基本功能。“以罚治校”，甚至“以罚代教”，是对依法治教的曲解，会给依法治教工作造成误导。

真题面对面

[2019统考，辨析]依法治教就是以罚治教。

答案：(1)这种说法是不正确的。(2)法律作为一种特殊的行为规范，当然具有惩罚、警戒、预防违法行为的重要功能，但这不是法律的唯一功能。法律还有评价、指引、预测人们的行为，保护、奖励合法行为以及思想教育等基本功能。在依法治教的过程中，不能仅仅注重法律的惩罚功能，而忽视法律的其他基本功能。

第三节 教师违法(侵权)行为预防

一、教师违法(侵权)行为的含义

教师侵权行为即指教师出于故意或由于过失而侵害他人(主要是学生)合法权利的行为。在履行教师职责、实施教育教学活动中，中小学教师实施的侵权行为若是执行职务的行为，那么学校必须承担因此而导致的损害后果。如果是教师的个人行为导致他人权利受损，则学校不必承担责任。

二、教师违法(侵权)行为的主要类型及其表现特征 【单选、判断、材料分析】 ★★

考点1 侵犯学生的受教育权

受教育权是学生最基本的权利。常见的侵犯学生受教育权的表现形式主要有：

(1)侵犯学生受教育机会的平等权。我国《教育法》第九条规定了公民受教育机会平等的基本原则。受教育机会平等，是指公民在受教育方面的权利和义务具有平等的法律地位，不因民族、种族、性别、职业、财产状况、宗教信仰等方面的不同或者差别而受到不平等的对待。

(2)侵犯学生的入学权。我国《义务教育法》第十一条规定了义务教育对象的入学条件，即凡达到入学年龄(新学年开学前满六周岁),不论性别、民族、种族,只要有接受教育的能力,都必须入学接受规定年限的义务教育。同时,实施义务教育的学校必须依法接收应该在本校就读的适龄儿童入学。

(3)侵犯学生参加考试的权利。我国《教育法》第四十三条规定,受教育者享有“参加教育教学计划安排的各种活动”的权利。这是学生在学校中享有的最基本的权利。在教育教学中,学生有权参加教学计划安排的授课、讲座、课堂讨论、观摩、实验、实习和考试等活动。

(4)随意开除学生。我国《未成年人保护法》第二十八条规定,学校应当保障未成年学生受教育的权利,不得违反国家规定开除、变相开除未成年学生。一些学校随意开除学生或勒令未成年学生退学的行为,就侵犯了未成年学生的受教育权。

此外,还有侵犯学生上课学习的权利、侵犯学生受教育的选择权、侵犯学生升学复学方面的同等权利、以侵犯姓名权的手段侵犯学生的受教育权、延误学生录取通知书的发放等。

真题面对面

[2020丽水,判断]受教育权是学生在学校各项权利中最基本的权利。(　　)

答案:√

考点2　侵犯学生的人身权 必背

根据有关法律规定,学生的人身权可分为生命权、身体权、健康权、姓名与肖像权、名誉与荣誉权、人格尊严权、人身自由权、隐私权等。

(1)侵犯学生的生命权、身体权和健康权。在学校教育中,这类侵害主要是由体罚或变相体罚,校舍、教育教学设施设备不安全以及学校、教师的不作为侵权等造成的。

(2)侵犯学生的姓名肖像权、名誉荣誉权。除一些特殊情况外,学生有权禁止他人未经允许制作和使用自己的肖像,有权禁止他人对自己的肖像进行毁损、玷污、丑化或歪曲。学生的名誉不得受到歪曲或损害。荣誉是一个人受到外部给予的光荣称誉,每个学生在学校应有平等的机会获得。

(3)侵犯学生的人格尊严权。学校和教师必须尊重学生的人格尊严,严禁对学生实施体罚、变相体罚或其他侮辱人格尊严的行为。

(4)侵犯学生的人身自由权。人身自由是公民的一项基本权利,包括身体行动自由和表达的自由。侵犯学生人身自由权的表现形式有:非法拘禁和限制学生、非法搜查学生、非法限制学生表达自由的权利等。

(5)侵犯学生的隐私权。隐私包括个人私生活、个人日记、照片、储蓄及财产状况、生活习惯及通讯秘密等。隐私权是指公民生活中不愿为他人公开或知悉的个人秘密的不可侵犯的人身权利。学校和教师侵犯学生隐私权的表现形式有:故意隐匿、毁弃或者非法开拆学生信件,披露、宣扬学生自身及家庭成员的资料,提供学生成绩的方式不适当等。

(6)性侵害。近年来,少数教师对学生实施性侵害的现象日趋严重,被侵害的对象绝大部分是十四周岁以下的中小学生,其中最主要的性侵害案件是强奸和猥亵儿童。

考点3　侵犯学生的财产权

个人的财产所有权是指公民对个人所有的财产依法进行占有、使用、收益和处分的权利。合法财产是指公民的合法收入、储蓄、房屋、生活用品、文物、图书资料、林木、牲畜和法律允许公民所有的生产资料以及其他合法财产。学生的合法财产受法律保护,教师不得侵占、破坏或者非法扣押、没收等。学生对教师侵犯其财产权的行为可依法申诉或提起诉讼。教师侵犯学生财产权的表现形式有:损坏学生财物、非法没收学生物品、乱罚款、乱摊派、推销商品等。

考点4 侵犯学生的著作权

《中华人民共和国著作权法》所称的作品，是指文学、艺术和科学领域内具有独创性并能以一定形式表现的智力成果。著作权人对其作品享有发表权，任何人未经许可不得发表其作品。中小学生的作文也是作品，是受我国《著作权法》保护的文字作品。

考点5 不作为违法侵权

依性质不同，侵权行为可分为两类，即作为侵权行为和不作为侵权行为。作为侵权行为是指行为人以一定的作为致人损害的行为，如体罚、侮辱学生等。不作为侵权行为是指行为人以一定的不作为致人损害的行为。根据《中华人民共和国教师法》《中华人民共和国未成年人保护法》的规定，学校和教师负有保护学生的法定义务，如果教师没有积极履行保护职责或阻止有害学生的行为即构成不作为侵权。学校和教师的不作为侵权行为表现形式有：

(1)对学生身体状况关照不力；

(2)教师对生病或者受伤学生救护不力；

(3)在履行职责中违反工作要求、操作规程；

(4)学校活动组织失职；

(5)饮食安全事故；

(6)未及时向学生监护人履行告知义务。

知识再拔高

体罚、变相体罚与教育惩戒

(1)体罚，即对学生身体的惩罚。其非人道性在于无视学生为人的尊严，直接造成肉体上的痛苦。这类惩罚在造成学生肉体痛苦的同时，也给学生精神上带来了极大的痛苦。常见的表现有：脚踢、手打、扯头发、拧耳朵、掐肌肉、扇耳光、扭胳膊；利用各种工具对学生进行惩罚。

(2)变相体罚，即并不是直接对学生人身诉诸拳脚和工具，而是以各种借口或其他形式间接地对学生进行处罚，如罚打扫卫生、不让回家吃饭等。

(3)教育惩戒是教师依据一定的规范，以不损害学生身心健康为前提，以制止和消除学生的不当行为，帮助学生改正错误为目的，以惩罚为特征的一种教育方式。

体罚和变相体罚直接损害未成年学生的身体健康，侵犯了他们的人格尊严，危害他们的心理健康，不利于他们的健康成长。我们要反对体罚与变相体罚，反对不符合教育目的的惩罚，但不能连符合教育目的的教育惩戒也一起反对。

三、教师违法(侵权)行为的主要法律责任 【简答】 ★

考点1 教师违法(侵权)行为

(1)故意不完成教育教学任务给教育教学工作造成损失的。构成此项违法责任必须具备两个条件：①主观上是“故意的”，即明知会对教育教学工作造成损失，但却放任这种行为的发生；②客观上要有“给教育教学工作造成损失”的后果。

(2)体罚学生，经教育不改的。体罚学生是指教师以暴力的方法或以暴力相威胁，或以其他强制性手段，侵害学生的身体和精神健康的侵权行为。

(3)品行不良、侮辱学生，影响恶劣的。主要指教师的人品或行为严重有悖于社会公德和教师职业道德，严重有损为人师表的形象和身份，在社会上和学生中产生了恶劣的影响。

考点 2　教师的法律责任

(1)按现行教师管理权限，由所在学校、其他教育机构或教育行政部门给予行政处分或者解聘。解聘包括解除岗位职务聘任合同，由学校或其他教育机构另聘做其他工作；也包括解除教师聘任合同，被解聘者另谋职业。

(2)教师有上述违法行为中的后两种行为，情节严重，构成犯罪的，由人民法院追究刑事责任。

(3)对学校、其他教育机构和学生造成损害或损失的，应当依照有关规定赔偿损失、消除影响、恢复名誉等。这既可由学校或教育行政部门处理，也可由人民法院强制执行。

四、预防教师违法(侵权)行为的必要措施 【简答】 ★★

(1)建立完善的教育法规体系；(2)建立严格公正的教育执法制度；(3)建立全面的教育法律监督机制；(4)增强法制观念，宣传、普及教育法规；(5)加强学校的规范管理；(6)增强教师的法律意识，减少侵权行为的发生；(7)加强学生对自己法定权利的认识，培养学生的自我保护意识；(8)加大安全教育力度。

真题面对面

[2021金华，简答]简述预防教师违法(侵权)行为发生可采取的措施。

答案：详见内文

★★ 考点大默写 ★★

1. ____________就是要求教师在教育教学活动中，按照教育法律、法规使自己的教育教学活动法制化和规范化。
2. 一些学校出现随意开除学生或勒令未成年学生退学的行为，这侵犯了学生的____________权。
3. 某教师在下课休息期间，未经允许随意翻看学生的个人日记，这种行为侵犯了学生人身权中的____________权。
4. 某教师因为学生没有完成作业而对学生进行罚款，这种行为侵犯了学生的____________权。
5. 体罚学生，经教育不改，且情节严重，构成犯罪的教师，应由人民法院追究其____________责任。

【参考答案】

1. 依法执教　2. 受教育　3. 隐私　4. 财产　5. 刑事

我于__________年_____月_____日完成了对本部分的学习。

复盘一下，我对自己较肯定的地方是____________________

(足够努力/心态积极/方法得当……)

我觉得自己需要改进的地方是____________________

(懒惰懈怠/心情浮躁/方法不当……)

恭喜完成对本书的学习，小香祝您金榜题名！

图书反馈

重磅！真题有奖征集！

「凡提供当年度考试真题者，根据真题完整度，可获得500元以内现金奖励。」

具体请联系QQ:1831595423

（温馨提示：所提供真题须是当年度考试真题，且真实有效。）

联系方式：400-600-3363　　研发部QQ：1831595423

招教网
招考资讯平台

山香官网
考编服务平台

山香网校
线上学习平台

图书订正链接
勘误更新平台